ADMINISTRATIVE JUSTICE IN THE UNITED STATES

美国的行政司法

〔美〕皮特·L.施特劳斯 著

徐晨 译

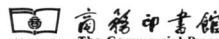
商务印书馆
The Commercial Press

By Peter L. Strauss

ADMINISTRATIVE JUSTICE IN THE UNITED STATES

Third Edition

根据卡罗来纳州学术出版社 2016 年版译出

© 2016 Peter L. Strauss

译者前言

基于历史的视角,大陆法系国家和英美法系国家历经了 18 和 19 世纪的社会变革,都有在保护个人权利的前提下来控制国家权力的政治理念和制度架构。正如英国学者韦德所说:"今天看到的主要问题是权力能被法律控制到何种程度。"[①]在行政法的发展上,由于控制政府权力的司法制度和思想观念的差异,两大法系国家的行政法也不尽相同。然而,随着政治、经济和文化的区域化和全球化发展,两大法系国家的行政法有了相互融合的趋势。这一点在欧洲国家之中显得更为明显。"行政法律体系建立在国家宪政法律传统和文化价值的基础之上。英国的法官们几个世纪以来一直适用于普通法,而德国的法官们则致力于行政法律原则以保护公民应对国家行为。然而,过去数十年行政法律体系变得越来越不孤立了。这是欧洲法律景观与日益复杂的行政法律问题的根本性发展所带来的结果。"其中,"激发和出现欧洲普通法的最为重要的因素是欧洲法院和欧洲人权法院的法学。欧洲法院提出了要求同等和国内救济的有效性,寻求迫使各个国家的法院将国家救济置于共同体法律的棱镜之下。"[②]以下从行政法学科、司法架构、行政法史以及我国行政法的继受与发展等方面予以比较分析,为本书的阅读提供一个初步的知识框架。

一、行政法学科的比较

大陆法系与英美法系的行政法学有着各自的特点,以德国为代表的大陆法系行政法从概念到原理,辅之以法律条文的解释说明,形成了一个较为

---

① 〔英〕L. 赖维乐·布朗、约翰·S. 贝尔:《法国行政法》,高秦伟等译,中国人民大学出版社 2006 年版,第 1 页。

② Martina Künnecke, *Tradition and Change in Administrative Law: an Anglo-German Comparison*, Springer, 2 (2007).

完整的学科体系。以美国为代表的英美法系行政法则关注联邦行政程序法的具体适用，以判例引出问题，评论和分析法官的裁判意见，以形成预测法律的职业能力。以下以两大法系行政法的教科书为例予以说明：

（一）德国行政法的教学内容

德国行政法教科书以哈特穆特·毛雷尔所著《行政法学总论》（法律出版社 2000 年版）为例，本书共 30 章，分为七编：行政和行政法、行政法的基本概念、行政活动（行政行为、其他活动方式）、行政程序和行政强制执行、行政组织、国家赔偿法。该书系德国康斯坦茨大学法学院的主流教材。

第一编　行政和行政法
　　第一章　行政
　　第二章　行政和行政法的历史发展 宪法和行政
　　第三章　有关行政的法
　　第四章　行政法的法律渊源
　　第五章　行政程序法
第二编　行政法的基本概念
　　第六章　依法行政原则
　　第七章　裁量和不确定的法律概念
　　第八章　主观公权力与行政法律关系
第三编　行政活动 行政行为
　　第九章　行政行为的概念、意义和种类
　　第十章　违法的行政行为
　　第十一章　行政行为的存续力、撤销和废止
　　第十二章　行政行为的附款
第四编　行政活动 其他活动方式
　　第十三章　法规命令
　　第十四章　行政合同
　　第十五章　事实行为

第十六章　计划和计划行为

　　第十七章　行政私法活动 补贴行为 两阶段理论

　　第十八章　行政自动化

第五编　行政程序和行政强制执行

　　第十九章　行政程序基本问题

　　第二十章　行政强制执行

第六编　行政组织

　　第二十一章　行政组织法的基本建构

　　第二十二章　直接国家行政概述

　　第二十三章　间接国家行政

　　第二十四章　行政规则

第七编　国家赔偿法

　　第二十五章　《基本法》第34条和《民法典》第839条规定的职务责任

　　第二十六章　财产损害赔偿

　　第二十七章　牺牲请求权

　　第二十八章　其他请求权依据

　　第二十九章　后果清除请求权

　　第三十章　国家赔偿法的改革

（二）美国行政法的教学内容

　　美国行政法教科书以皮特·L.施特劳斯等人所著《行政法：案例与评论》为例。全书共九章，分为四个部分：概述、活动中的行政机关、行政机关与宪法、行政机关与法院。[①] 该书系美国哥伦比亚大学法学院的主流教材。

[①] Peter L. Strauss, Todd Rakoff, Cynthia R. Farina and Gillian E. Metzger, *Administrative Law: Cases and Comments* (eleventh edition), Foundation Press(2011).

4　美国的行政司法

第一部分　概述
　　第一章　行政法导言
第二部分　活动中的行政机关
　　第二章　行政行为（Administrative Action）的程序框架
　　第三章　规章制定（Rulemaking）
　　第四章　行政裁决（Adjudication）
　　第五章　透明度、电子政府和信息时代
第三部分　行政机关与宪法
　　第六章　行政机关与议会和总统的关系：结构性宪法
　　第七章　程序性正当法律程序和行政国（Administrative State）
第四部分　行政机关与法院
　　第八章　行政行为的司法审查范围
　　第九章　获得司法审查：可诉性（Justiciability）

二、司法架构的比较

（一）德国的司法架构

根据《德意志联邦共和国基本法》的规定，司法权由联邦宪法法院、各联邦法院，以及各州法院分别行使。德国的司法架构由宪法法院、普通法院、行政法院和专业法院组成。一般而言，每个法院系统都包含有一审法院、上诉法院和联邦最高法院。一审法院、上诉法院属于州（邦）法院，联邦最高法院系终审法院。

1. 宪法法院。德国的宪法法院由联邦宪法法院和州宪法法院构成。联邦宪法法院负责解释《基本法》，并负责裁决联邦的法律和与联邦基本法有关的各州法律的效力。各州设有自己的宪法法院，负责裁决本州在宪法范围内所产生的宪法性问题。

2. 普通法院。普通法院主要受理普通民事案件和刑事案件。（1）州层级有三级，即初等法院、高等法院和邦最高法院。（2）联邦层级有联邦最高法院,审理所有上诉到联邦层级的案件。普通法院审理案件实行四级三审终审制。

3. 行政法院。行政法院主要受理行政案件。(1)州层级有两级,即由初等行政法院、州高等行政法院或者行政法院。(2)联邦层级有联邦行政法院,负责审理由州层级法院上诉到联邦的行政案件。行政法院审理案件实行三审终审制。

4. 专业法院。德国司法体系中还有一些专业法院:(1)劳动法院。它负责审理与劳动法有关的诉讼案件,包括雇佣关系、劳资之间的集体谈判协议等方面的案件。其由州层级的负责初审的劳动法院、负责上诉的州劳动法院,以及联邦层级的联邦劳动法院组成。(2)社会法院。它负责审理有关社会保险、社会福利的案件。其由州层级的负责初审的社会法院、负责上诉的州社会法院,以及联邦层级的联邦社会法院组成。(3)税务法院或者财政法院。它负责审理纳税人与公共财税部门之间的案件。其由负责上诉的税务法院和联邦税务法院两个层级组成。此外,还有联邦专利法院和联邦军事法院等。

(二)美国的司法架构

1. 州法院的司法架构。州法院的司法架构是由初审法院和两级上诉法院组成。(1)初审法院(Trial Court)。拥有一般管辖权的初审法院,包括高等法院(Superior Court)、巡回法院(Circuit Court)和某些州所称的地区法院(District Court),其负责处理大多数民事案件和所有重罪刑事案件。在美国大多数州,还有些较不正式的位居巡回法院或者高等法院之下的初审法院,包括治安法院(Justice of the Peace)和小额索赔法院(Small Claims Court),其负责处理所有小额金钱赔偿的民事案件和所有轻罪刑事案件。此外,还有拥有特殊管辖权的初审法院,包括遗嘱检验法院、遗产处理法院、少年法庭等。(2)上诉法院(Appellate Court)。在初审法院之上,有两级上诉法院,包括中级上诉法院(Court of Appeals)和州最高法院(Supreme Court)。中级上诉法院的任务在于改正初审法院的错误,而州最高法院只审判需要厘清其法律或者有重大争议的案件。

2. 联邦法院的司法架构。联邦法院的司法架构是由初审法院和两级上诉法院组成。(1)初审法院。即联邦区域法院(United States District Court)。拥有一般管辖权的联邦法院系分布在不同区域的联邦层级的初审法院,其负责处理联邦法的案件和涉及不同州居民的州法案件。某些联邦法院拥有特殊管辖权,包括审理控告联邦政府的美国索赔法院(the United States Claim Court)、审理涉及联邦税务案件的税法法院(the Tax Court)、审理涉及关税和贸易协定之民事争议的国际贸易法法院(the Court of International Trade)、审理破产争议的破产法法院,以及维护国家安全的外国情报监督法院(the Foreign Intelligence Surveillance Court)等。(2)上诉法院。在联邦区域法院之上,有两级上诉法院,包括联邦上诉法院(Federal Court of Appeal)或者联邦巡回法院(Circuit Court of Appeal)和美国最高法院(the United States Supreme Court)。联邦上诉法院或者联邦巡回法院负责审理来自联邦区域法院的上诉案件。此外,联邦巡回法院对于某些行政机关(如全国劳工关系委员会)的裁决有上诉审查权。美国最高法院承担联邦和州的双重功能,即审理来自联邦上诉法院的上诉案件以及涉及联邦法争议的州法院判决的上诉案件。[①]

(三)司法架构的比较

在德国司法架构中,最具大陆法系特点的就是专门处理行政案件的行政法院的建立。自德国《基本法》规定建立行政法院后,到1960年4月1日颁布《行政法院法》,后几经修改,分别对法院组织、诉讼程序、法律诉讼和救济、费用和执行以及过渡条款作出了规定。其特点如下:(1)彻底实践对人民权利的保障。行政法院与行政机关完全独立,并分为三级审判体制。行政法院法官审判独立,并有身份的保障。行政诉讼事项由列举主义转变为概括条款。各级行政法院的审判采取合议制。司法管辖实行先受理管辖的原则,即普通或者行政法院做出有无管辖权的决定,对于其他裁判权的法院具有拘束力。诉讼类型包括撤销、给付、确认和形成之诉。(2)确保行政权

---

① 参见〔美〕伯纳姆:《英美法导论》,林利芝译,中国政法大学出版社2003年版,第139页以下。

合法及合目的地行使。(3)重视公益的维护。(4)特设声名异议制度以减轻行政法院的负担。① 随着1976年德国《行政程序法》的生效以及行政诉讼审查范围的扩大,德国行政法院面临着日益复杂的司法挑战。

在美国的司法架构中,并没有设置类似于大陆法系的行政法院,而是基于平等原则认为公民和政府之间的行政纠纷与私人间的纠纷没有差别,均作为民事案件受到普通法院的管辖。这种观念可以追溯到1885年英国法学家戴雪在其所写《宪法导论》一书中提出的法治理论,其核心要素包括:(1)法治系法律规则而非武断权力的影响,法治禁止政府武断、享有特权以及宽泛的裁量权。(2)法治指法律面前人人平等,或者所有阶层的公民同等地受普通法院所实施的普通法约束。(3)法治意味着宪法是法院通过普通法传统发展起来的一般法的产物。其中,戴雪之所以排斥法国的行政法制度,是因为其强调普通法院及在普通法院面前的平等,而法国及其他国家设有专门的行政法院负责审理与国家有关的争议,违背了法治的要求。②

美国康奈尔大学行政法与民事诉讼法教授杰弗里·拉克林斯基(Jeffrey J. Rachlinski)在其《美国的行政诉讼:对通才法官令人费解的坚持》一文中指出了在法律救济方面美国行政法的特点:(1)在初审法院和上诉法院层面,美国司法系统通过法院的一般管辖权来运作,即作为通才的法官不受案件性质的限制,审理民事、刑事、家事、遗嘱认证以及行政纠纷。其中,公民与政府之间的行政纠纷依据民事诉讼程序来予以审理。一般而言,州法院和联邦法院都没有对法官予以专业分工,而是随机地分派案件给法官,以避免当事人挑选法官。(2)行政裁决机构与行政机关同时存在于州和联邦的层级,行政裁决机构处理的案件类型很广泛,包括交通罚金、劳动争议等。这些案件由行政法官来审理,他们并非法院系统的法官,而是具有独立裁决权力的行政官员。行政裁决机构是一种特殊类型的行政机关,属于行政机关的一部分,而不是司法机关,其职责在于对行政部门中的个案进行

---

① 参见城仲模:《行政法之基础理论》,台湾三民书局1985年版,第65页。
② 〔英〕莱兰、安东尼:《英国行政法教科书》,杨伟东译,北京大学出版社2007年版,第28页。

事实调查并做出裁决。当事人对行政法官作出的裁决不服,还可以到上诉法院提起上诉,直至美国联邦最高法院。(3)以国家劳工关系委员会(National Labor Relations Board,NLRB)为例来说明行政机关、行政裁决机构和法院的关系。首先,法律赋予国家劳工关系委员会监督企业与工会的劳资纠纷,并规定了纠纷解决制度。企业或者工会可以向专业的行政法官寻求救济,这些行政法官听取证据,作出裁决。当事人不服的,可以向国家劳工关系委员会的分支机构提出异议;仍然不服的,还可以向国家劳工关系委员会再提出异议。对委员会的决定不服的,可以向联邦巡回法院起诉,再上诉至美国联邦最高法院。

三、行政法史的比较

(一)德国行政法的历史发展

德国自15世纪开始继受罗马法之前,受到法律一元化的日耳曼法的影响,并没有公法与私法的区分。[①] 只有到了君主制的国家和市民的社会在政治上发生抵牾的时代,才有了公法与私法的划分,而这种划分体现了政治领域的分离。同时,国家权力的理性法建立决定了从前国家的自然状态向公民社会状态的关键转折。[②]

1. 警察国家(亦称为立宪主义前阶段国家)

自17世纪中期至19世纪中期,德国缓慢地由旧封建制度向宪政时代过渡。在各诸侯实施君主立宪体制之前,即立宪主义前阶段国家,可以称为警察国家。通过警察(包括所有行政机关)的观念,将谋求人民福利与社会进步的重责,置于代表执行国家公权力的警察之上。由于这一时期行政法尚未法典化,行政系以警察法与依其概括条款授权而订定的行政命令来予以执行。[③] "作为行政主要组成部分的警察机关,其直接有权处理管辖范围

---

① 参见城仲模:《行政法之基础理论》,台湾三民书局1985年版,第86页。
② 〔德〕施托莱斯:《德国公法史:国家法学说和行政学 1800—1014》,雷勇译,法律出版社2007年版,第20页。
③ 参见吴志光:《行政法》,台湾新学林出版股份有限公司2012年版,第14页。

内一切有关公共利益而又未明确规定由另一机关处理的事项。警察机关本身受到严格管理,并受上级特别是作为最高管理者的诸侯本人的监督。诸侯可以对警察机关作出特别指令。"①

德国行政法学源于 18 世纪的国家学、警察学和财政管理学,为其部分之内容。其中,具有代表性的人物是冯·莫尔(Robert von Mohl),其在 1829 年发表的《符腾堡王国国家法》和 1832 年的《法治国基本原则下的警察学》中发展出"警察"观点,实现了对警察学的形式改造,而这些形式为行政法和行政学说指明了方向。一方面,随着经济自由主义的推行,人口结构的变化、技术和工作环境的更新使得行政活动的内容发生了显著的变化。在卫生健康、贫困人口、户籍、农业、林业、电讯等行业,警察行政的专业化使得以前的警察学走向衰落。另一方面,旧的公共管理转变成受宪法和法律约束的行政,即警察的行为领域受分权原则和法律约束原则的规定比以前更为明确。② 随着警察国家的形成,国家观念将国库财产从邦君主的个人财产中划分出来,国库由公务人员管理,作为法人在民事法律关系中代表邦君主一方,并在与臣民的法律争议中作为诉讼当事人出庭参加诉讼。③ 国库理论迄今仍有一定影响,转化成行政主体进行私法行为的国库行政(私经济行政)。

2. 自由法治国家(亦称为市民法治国家)

正如奥托·迈耶所言,警察国家是旧的法律形态和现在的法律形态之间的过渡阶段,新的国家制度是建立在警察国家的基础之上的。1688 年英国的光荣革命确立了的法治思想,后为美国所承袭,时至 1789 年法国大革命,追求自由、平等、博爱的自由主义思潮迅速波及整个欧洲,导致 19 世纪欧洲各国(包括德国)自由主义立宪运动的展开。随着 19 世纪君主立宪制度的建立,通过分权对权力予以制约,以保障人民的自由权利。与警察国家

---

① 〔德〕奥托·迈耶:《德国行政法》,刘飞译,商务印书馆 2002 年版,第 43 页。
② 〔德〕施托莱斯:《德国公法史:国家法学说和行政学 1800—1014》,雷勇译,法律出版社 2007 年版,第 332 页。
③ 〔德〕奥托·迈耶:《德国行政法》,刘飞译,商务印书馆 2002 年版,第 52 页。

的区别在于,法治国的所有作用都是以法律的形式决定的。法治国就是经过理性规范的行政法国家。[1] 行政须有立法机关所制定的法律为依据,才可干涉人民的自由权利。现代意义的行政法,即根据这一行政的法律拘束而建立起来。同时,自1863年(巴登)和1875年(普鲁士)设立行政法院之后,行政诉讼制度的建立对行政法学的发展有着重要意义。

德国行政法之父奥托·迈耶(Otto Mayer)在1895和次年出版的《德国行政法》奠定了今日德国行政法总论的架构与基础,完成了"从国家学到法学的转变"。[2] 从19世纪后半叶以来,德国行政法系以秩序与安全保障为中心,较为偏重行政组织,尤以官吏制度为最。[3] 在这一时期,由于奉行经济放任主义,国家任务限于消极维持社会秩序,即承担夜警国家的职能。

3. 社会法治国家(亦称为福利法治国家)

20世纪以后,贫富不均等社会问题日趋复杂,人民对国家职能扩大的需求增加,1919年德国颁布魏玛宪法建立了一个议会民主制、联邦制的共和国,并落实社会国原则的理念于宪法条文,保障人民所享有的社会福利及基本权利。行政法从以往消极限制国家权力的行使,以及维持社会秩序的夜警职能,转变为积极要求国家提供各种社会服务和生存照顾。二战以后,德国法制在社会的法治国家主义原则下予以重建。同魏玛宪法相比,1949年颁布的德国《基本法》围绕着人权保护而制定,确立了民主、共和、社会福利国家、联邦国家以及实质的法治国等一系列政治和法律原则。在提供社会福利方面,国家应提供个人需要的社会安全,以及作为经济、社会和文化等条件的各种给付和设施.还必须对社会和经济进行全面的干预,同时,国家的给付活动应当遵守权利的界限和约束。

对此,国民权利的保障、分权原则和自由原则的维持、实质法治原理的实施、社会福利主义的推行以及国民经济生活的扶助等,均成为行政法的重

---

[1] 〔德〕奥托·迈耶:《德国行政法》,刘飞译,商务印书馆2002年版,第60页。
[2] 〔德〕平特纳:《德国普通行政法》,中国政法大学出版社1999年版,第5页。
[3] 城仲模:《行政法之基础理论》,台湾三民书局1985年版,第87页。

要目标与内容。① 德国行政法学者福斯特霍夫(Ernst Forsthoff)在 1938 年发表的《作为给付主体的行政》一文中,首次全面论述了给付行政的发展,通过生存照顾的概念将提供人民生活必要条件和给付确定为行政的任务。② 在这一时期,具有代表性的行政法发展是 1976 年颁布的《联邦行政程序法》,它将一些不成文的行政法一般原则以法律规定的形式确立下来,通过标准的统一和行政的简化,以促进和保障公民在行政程序中的权利。随着欧洲一体化和欧盟的建立,德国行政法对欧盟行政法产生了一定的影响,同时,亦受到其他欧盟成员国行政法的影响。

(二)美国行政法的历史发展③

霍姆斯法官告诉我们:"对法律的理性研究……很大程度上是对历史的研究。"④历史展现出其纷繁多样的背景,似乎给予我们某种对未来的启示,但总是在我们认为找到答案的时候改变了方向。

1. 立宪国家的建立(1787—1875 年)

当美国作为一个殖民地从英国脱离出去的时候,有一样东西被保留和延续了下来:即益格鲁-撒克逊民族所固有的渴望自由和限制权力的普通法传统。这种法律传统不仅让英国的殖民统治丧失了合法性,而且将美国推向了一个成文立宪的国家。制宪者的立宪思想受到孟德斯鸠和洛克的影响,甚至可溯及亚里士多德的政治哲学。⑤ 由此,建立了一个权力分立的宪政国家。从宪法的前言中可以看出建立立宪国家的初衷,即维护国家秩序,促进社会福利和确保自由的实现。但是,这些不同取向的目标中蕴含着内在的价值冲突,反映在政府与社会的关系上就形成了不同的公共治理理念。实际上,从合众国建立以来,美国人就被两种相反的公共行政模式所困扰,即民主治理和专家治理。以往被称为杰克逊的思想传统提倡社会由普通大

---

① 参见城仲模:《行政法之基础理论》,台湾三民书局 1985 年版,第 88 页。
② 〔德〕毛雷尔:《德国行政法总论》,高家伟译,法律出版社 2001 年版,第 17 页。
③ 徐晨:《权力竞争:控制行政裁量权的制度选择》,中国人民大学出版社 2007 年版。
④ 〔美〕伯纳德·施瓦茨:《美国法律史》,王军译,中国政法大学出版社 1990 年版,第 4 页。
⑤ See Karen O'Connor, Larry J. Sabato, *American Government*, Allyn and Bacon, 55(1997).

众自己来治理,或者至少由直接代表人民和向人民负责的行政管理者来治理。① 正如杰克逊所说:"我并不支持积极的政府,政府总是具有压迫性,这一主张以牺牲人民为代价,给了政府太多的东西……最好的政府是民众最大限度参与的政府,而民众参与的政府是杜绝了官僚主义、职业化的公共行政……作为塑造者和指导者来管理国家的政府。"② 与此相反,首先由汉密尔顿倡导的联邦主义传统,则强调政府效率的需要。他提倡强有力的行政首长和官僚体制,要求各部门的主管应该得到特别优厚的报酬,拥有实权和超过行政首长的任期。因而,公共行政的需要不应受永远变化的无知潮流的影响,而应由行政专家来满足。③ 尽管,在公共治理模式上有着明显的不同,但是两种治理模式都处于美国公共行政传统背景之中,即植根于文化中的行政约束的传统。

在这一时期,由于自由放任的经济发展,行政权主要限定在财产权的保护上。法律史学者施瓦茨(Bernard Schwartz)指出,19世纪前半叶的公法,将公共健康、安全和道德纳入治安权,以之作为政府施加的个人权利必须对之让路的限制的根据。司法机关还用实质性正当程序代替以前的自然法的方法,以制止政府行使专断的权力。④ 更为重要的是,行政法在这一时期还处于缓慢的发展过程之中。这种缓慢最初根源于盎格鲁血统的美国人法学对行政法的基本憎恶:对法律原则的崇尚要求政府官员不能受制于为其利益创制的特别规则,而应当与个人一样受普通法的约束。⑤ 这种基本观念肇始于英国学者 A. V. 戴雪的误导,即不承认行政机关拥有行政裁量权,认为"任何实质性的自由裁量权都是对自由的威胁"⑥,甚至认为法国的行政

---

① See Martin Shapiro, "Administrative Discretion: The Next Stage", 92 *The Yale Law Journal* 1487, 1495(1983).
② 〔美〕尼古拉斯·亨利:《公共行政与公共事务》,项龙译,华夏出版社 2002 年版,第 5 页。
③ 〔美〕汉密尔顿、杰伊、麦迪逊:《联邦党人文集》,程逢如等译,商务印书馆 2004 年版,第 355 页以下。
④ 〔美〕伯纳德·施瓦茨:《美国法律史》,王军译,中国政法大学出版社 1990 年版,第 56 页。
⑤ See Martin Shapiro, "Administrative Discretion": The Next Stage, 92 *The Yale Law Journal* 1487, 1487(1983).
⑥ 〔英〕詹宁斯:《法与宪法》,龚祥瑞、侯健译,生活·读书·新知三联书店 1997 年版,第 38 页。

法是对行政官员的特权法,而否认行政法存在的必要性。① 不管怎样,行政法学的缓慢发展并不能掩盖行政权的客观存在。从横向角度来看,由于政府权力范围的有限性,行政权在广度范围上对个人的自由和财产影响相对较小,同时,就个案而言,其空间还受到成文宪法和普通法的约束。从纵向角度来看,未显雏形的行政法作用主要通过美国法院对行政官员的行为采取传统书面令状的形式来加以控制。在适用这些救济时,法院依靠权限观念形成了一个严格的区分:在行政官员权限内的行为和越权行为,前者完全不受司法审查,而后者法院可以以越权判定无效。

2. 管制行政的产生与美国法的传统模式(1875—1930年)

美国在最初的发展体现了一个基本的治理结构,这一结构由有限政府、消极自由和自由放任经济等要素构成。但是,到了19世纪下半叶,随着美国以耕地和家庭小工业为主的农业社会向工业化和城市化转型,贫困、房屋破败、健康不良、犯罪等问题不断凸显,而形成了要求政府积极作为的政治和社会运动。这样,积极自由和积极政府的理念逐渐成为社会的主流,即强调个体在政府的帮助下实现其最大潜能,政府在经济和人民生活中扮演积极的角色,而不仅仅限于保护生命、自由和财产。② 因此,这些都为管制行政的出现提供了社会和思想基础,同时也构成行政国家萌芽的初始条件。

根据威尔逊(J. Q. Wilson)的观点,管制机构的建立可分为四个阶段,其中,有两个阶段处于这一时期:第一阶段是1887—1890年,1887年成立州际商业委员会负责管制交通,1890年通过《谢尔曼法案》,控制经济垄断的发展。第二阶段是1906—1915年,通过《食品与药物法》《肉品检验法案》《联邦储蓄法案》和《克雷顿和联邦委员会贸易法》等,一些管制活动得到了加强。③ 这些管制着眼于政府对经济的控制,试图通过公布引导一般适用

---

① 〔英〕戴雪:《英宪精义》,雷宾南译,中国法制出版社2001年版,第359页以下。
② 〔美〕史蒂文·J.卡恩:《行政法:原理与案例》,张梦中等译,中山大学出版社2004年版,第11页。
③ 〔美〕戴维·H.罗森布鲁姆、罗伯特·S.克拉夫丘克、德博拉·戈德曼·罗森布鲁姆:《公共行政学:管理、政治和法律的途径》,张成福等译,中国人民大学出版社2002年版,第54页。

的规则来影响私人关系。同时,其本身构成对行政权的约束,被管制的公司通常借助司法审查来阻止管制决定,而联邦和地方法院通过运用普通法来制止管制。在许多情形中,普通法的书面令状系统被法律规定所替代,这些规定确定了对管制行为的司法审查权。同时,许多法律还规定形成事实记录的审讯型听证,以构成行政决定的基础。当缺乏司法介入的法律规定的时候,法院往往坚持以听证作为正当程序的要求。审查法院通常详细审查行政行为,以决定其是否基于听证记录,行政机关的事实调查是否合理,行政机关是否在法定权限内行事,其决定是否基于合法的相关因素的考虑,以及在特定情形下其决定是否专断。①

在这一时期,逐渐形成了行政法的传统模式,其从法律执行和司法决定发展而来,以控制政府对私人自由和财产利益的干涉。这一传统模式由四个基本要素构成:(1)对私人事务,立法机关授权行政审核,并通过规则或者标准来限制行政裁量权;(2)行政机关所适用的程序旨在保证其行为符合立法指示;(3)司法审查必须确保行政机关适用准确和公正的程序,以及符合立法旨意;(4)行政过程必须便于司法审查的进行。在理论上,传统模式作为"传送带"服务于限制行政权和使其合法化。在早期,法院基于保守的法治理念,将传统模式的这些要素转化为对公共行政的不同情、不信任,甚至敌视的司法态度。② 由此,在行政扩张和司法控制之间产生了某种紧张关系。

3. 新政的发展(1932—1945 年)

当罗斯福 1933 年 3 月 4 日就任总统职务时,美国正处于严重的经济萧条时期。数百万人失业,人们对未来缺乏信心。在经济衰退的影响和社会变革的需求下,罗斯福运用联邦政府的权力积极干预经济活动,制定被称为新政的一系列社会和经济计划。许多工业企业被列入联邦政府的管制名

---

① See Stephen G. Breyer, Richard B. Stewart, Cass R. Sunstein, Matthew L. Spitzer, *Administrative Law And Regulatory Policy: Problems, Text, And Cases*, New York: Aspen Publishers, 19(5th ed, 2002).

② Breyer, supra note 1, at20-21.

单,包括化妆品、公用事业、证券、航空、通信等,民营部门的劳工关系同样也受到联邦政府的管制。这些都使美国作为一个行政国家的特点变得尤为明显。

在新政的早些年,联邦法院与对新的管制计划的批评站在一边,他们以违宪为由使得许多授权法令归于无效,限制性地建构了行政权,以及对特定的管制决定予以详细审查。其中,最有影响的是,美国最高法院在 1935 年的巴拿马案和谢克特案中,以授权法中没有规定适当的标准而否定国会委任立法的合法性。① 在相对较短的时期内,由于受到来自总统"法院调整"计划的压力,最高法院从公开的敌对转向对政府行为的明显遵从。对行政行为的司法审查的有效性逐渐减少,特定的行政决定经常被予以维持,司法态度变为对神秘的行政专家知识的尊重。②法院对大多数管理领域中的技术问题的基本态度,曾在 1942 年表述如下:"确实,我们没有技术能力和法律权力评判委员会所选择的道路是否明智。"③这种变化在司法审查上表现为两个方面:其一,对于行政解释,法院给予了较高的司法尊重。只要这些行政解释受到实质性证据的支持,在记录中发现有授权,以及在法律上存在合理的基础,就几乎不受司法控制;其二,在具体案件的审理中采取尊重行政机关的实质性证据规则。④

4. 行政程序法与司法审查(1945—1962 年)

美国行政程序法的制定受到如下因素的影响:(1)独立管制机关急剧增多,程序不统一;(2)监督公务员的权力滥用;(3)受 1932 年英国行政改革运动的影响,推动行政监督制度改革;(4)新政所采取应急措施的负面影响。

---

① Panama Refining Co. v. Ryan,293 U. S. 388(1935),A. L. A. Schechter Poultry Corp. v. United States,295 U. S. 495 (1935).

② See Stephen G. Breyer, Richard B. Stewart, Cass R. Sunstein, Matthew L. Spitzer,*Administrative Law And Regulatory Policy*:*Problems*,Text,And Cases,New York:Aspen Publishers,24(5th ed, 2002).

③ 〔美〕伯纳德·施瓦茨:《美国法律史》,王军译,中国政法大学出版社 1990 年版,第 201 页。

④ See Foster H. Sherwood, "Judicial Control of Administrative Discretion 1932-1952", 6*The Western Political Quarterly*750,752(1953).

美国最高法院于1950年在一项判例中说:"行政程序法的形成,旨在对抗行政程序的急速扩张,以节制行政官员,以免其热衷于权力而超过了职务中所规定的限度。该法乃对于武断的官员防止其侵犯私人利益的一项保障。"[①]在1946年,美国正式颁布《联邦行政程序法》,通过对政府的行政立法和裁决行为加以程序控制,同时对非正式行为的裁量滥用给予适当的司法审查。由此可见,受到来自社会反对行政管制的压力,立法和司法都以不同形式作出了回应。

与以前相比较,一个最为明显的特征是行政程序法扩展了司法审查的深度。一方面,有法律效力的行政认定必须有基于所有记录的实质性证据的支持;另一方面,对于法律词语的行政解释,也越来越多地被法院所推翻。"在1944年转变之前,法院认为委员会不受普通法对该词语的解释的束缚。但到了1947年转变之后,普通法标准被用于推翻对同一词语的行政解释。"[②]在审查具体的证据上,如果行政机关依靠某些不适当的确认证据而作出结论,该决定会被推翻,即使行政机关否认这种依赖或者在记录中存在实质性证据的支持。在涉及处理行政行为中技术性事务的司法能力上,法官法兰克福特(Frankfurter)在1951年回应上述争论时指出,"在任何情况下,法院并非没有经验去理解这些复杂问题的本质,我们在之前有机会考虑复杂的科学事务"。[③] 这种司法态度的转变似乎划了一个圆圈回到初期的起点。但是,需要说明的是,这种转变的背后隐含着特定时期的社会变迁:即新政在50年代逐渐衰退,后来在种族、越南和环境的矛盾挣扎中分崩离析,专家治理失去了其支配地位,而司法控制的力量渗入进来。

5. 从行政国家到福利国家(1962—1980年)

正如施瓦茨所指出:在20世纪中期,"福利国家已经征服了美国的法律,正如已在社会其他领域发生过的情况一样。亚当·斯密无形的手已经

---

① 罗传贤:《美国行政程序法论》,台湾五南图书出版公司1985年版,第7页。
② See Foster H. Sherwood,"Judicial Control of Administrative Discretion 1932-1952",6 *The Western Political Quarterly* 750,752-753(1953).
③ Id, at 755.

被政府及其机构所确定的日益增多的'公共利益'所取代。"① 这种自新政以来的社会思潮并未随着政治的波动而停止其对社会的影响，其一直涌动在一个广阔多变的社会背景中。整个社会围绕着反战运动、民权斗争、平等对待以及环境保护等问题的不断变化，使得追求公共利益构成时代的总体趋向，而其实质内容沿着财产权向人身权以及社会权利的过渡呈现出不同层面的景象。从20世纪60年代到70年代早期，联邦管制着重于环境、工作场所的安全、劳动就业中的种族、妇女歧视等问题上。② 与20世纪30年代相比较，管制行政在实质内容和制度层面都有所不同。在"权利革命"或者"权利爆炸"的影响下，基本的目标包括"保护公共健康，维持在工作、空气、水和消费产品等各种场所的公共安全，以及抵制各种强势集团的歧视。"③

对此，行政法的发展表现在如下方面：(1)迅速增长的规章制定；(2)增加了对非正式、不可诉的裁量行为的关注；(3)信息自由法的颁布导致行政实务发生的许多变化；(4)通过联邦行政程序法的修订，1976年的法规废除了主权豁免的规定；(5)司法创造性的增加。④ 值得注意的是，法院突破了传统原则的束缚，对行政权施加了更多的司法控制，具体表现为：首先，法院扩展了在行政决定中的参与权利和为福利接受者、学生、政府合同一方、消费者中的公共利益代表、环境主义者、穷人以及其他松散组织的群体，寻求司法审查。第二，法院扩展了程序形式的范围和内容，要求行政机关一旦通过非正式手段实施行为，就要通过事实记录有更完整的证明文件。同时，行政管理者运用程序给予利益各方一个有效的途径，去确定和挑战行政决定

---

① 〔美〕伯纳德·施瓦茨：《美国法律史》，王军译，中国政法大学出版社1990年版，第205—206页。

② 在这一时期设立了更多的管制机构，以解决市场失灵以及政府需要解决的问题。例如，平等就业机会委员会(1964年)，住房与城市发展部(1965年)，交通部(1966年)，环境保护局(1970年)，职业安全和健康局(1970年)等等。

③ See Stephen G. Breyer, Richard B. Stewart, Cass R. Sunstein, Matthew L. Spitzer, *Administrative Law And Regulatory Policy: Problems, Text, And Cases*, New York: Aspen Publishers, 27(2002).

④ Richard J. Pierce, Jr., *Administrative Law Treatise* (Volume I, fifth edition), Wolters Kluwer, 1(2010).

的事实和分析的基础。第三,法院通过要求行政机关提供更多的解释和证明文件,和对其决定的事实和分析基础给予更严格的详细审查扩展,来扩展司法审查的有效性和范围。①

6. 在放松管制与再管制之间摆动(1980 年以来)

自 20 世纪 70 年代中期,美国的公共行政就逐渐露出了放松管制(deregulation)的端倪,其主要原因是持续了近八十年的管制行政累积了诸多弊病和受到广泛的社会批评。公众对管制行政的不满主要表现在以下几个方面:(1)管制的成本太大;(2)管制抑制经济绩效;(3)管制产生延误和繁文缛节;(4)管制者缺乏专业能力;(5)管制腐败问题;(6)过度扩大的管制范围;(7)管制程序失去控制,而无法产生作用;(8)缺乏管制绩效标准。对此,政府作出的反应是采取一系列放松管制的改革措施,例如,加强管制的协调工作,对管制项目进行集中化的评审,对管制的影响进行全面的评估,以及减少新的管制等等。② 并且,这种回应可分为两个层面来看。在政府放松管制计划的实施中,其管制重心由价格和准入控制转向更为广泛的环境、健康和安全管制。其中,有三个特别重要的发展:其一,政府通过在量级水平上来看待问题,而不是仅仅将其视为一种存在,即对进行定量分析显现出持续的兴趣;其二,政府乐于通过审查管制的成本和无意识影响来进行公平交易的评估;其三,政府趋向运用更巧妙的工具,特别是以信息披露和经济激励来替代命令和控制型的管制。③ 从制度安排的层面来看,政府由控制被管制对象转变为改善和协调由不同行政机关执行的管制计划。总体而言,这一时期在管制范围上由全面经济管制变为管制市场失灵的社会问题,在

---

① See Stephen G. Breyer, Richard B. Stewart, Cass R. Sunstein, Matthew L. Spitzer, *Administrative Law And Regulatory Policy: Problems, Text, And Cases*, New York: Aspen Publishers, 28-30(2002).

② 〔美〕戴维·H. 罗森布鲁姆、罗伯特·S. 克拉夫丘克、德博拉·戈德曼·罗森布鲁姆:《公共行政学:管理、政治和法律的途径》,张成福等译,中国人民大学出版社 2002 年版,第 438—447 页。

③ See Stephen G. Breyer, Richard B. Stewart, Cass R. Sunstein, Matthew L. Spitzer, *Administrative Law And Regulatory Policy: Problems, Text, And Cases*, New York: Aspen Publishers, 33(5th ed, 2002).

管制质量上由粗放管制趋向精细型管制,从而呈现出放松管制的公共管理模式。

在这种放松管制的社会背景下,立法机关的一个重要反应表现在行政程序法的改革上。行政程序法规定了正式和非正式的两种规章制定程序,对于非正式程序要求法规提案要在《联邦公报》上公开,征求公众意见,提案机关要对意见详细记录,并在最终形成的规章中予以说明;而对于正式程序则要求更加严格,涉及准司法性质的听证会,要表明法规提案得到实质性证据的支持,要经过严密的咨询和公正公开地吸取各方的意见。对此,司法的发展则体现在加强公众参与、程序性要求和司法审查力度上。从联邦最高法院的判例上看,法院的司法态度表现为:(1)当行政机关决定不采取某种行为时,法院给予其考量的自由;(2)法院通过施加更多的程序要求来限制行政权;(3)对涉及法律条款的行政解释,法院予以特别的注意。①

到了 20 世纪 90 年代早期,随着一些主要的航空机构和银行的失败,于是要求再管制(reregulation)的呼声浮出水面。② 这使得放松管制的进程增添了相反的元素,而变得不够明朗。但是,整个管制行政朝着成本核算和谈判沟通的软约束的方向发展。在立法方面,1990 年颁布《协商式规章制定法案》(NRMA)以促进政府规章制定的质量和有效性。而在司法方面,不同于以前的对行政权的司法遵从,法院的司法态度似乎有所转变。例如,在美国货车运输联合会诉环保署(American Trucking Ass'ns, Inc. v. EPA,1999 年)一案中,哥伦比亚特区上诉法院判决《空气净化法》第 108、109 条属于违宪的授权立法。③

---

① See Stephen G. Breyer, Richard B. Stewart, Cass R. Sunstein, Matthew L. Spitzer, *Administrative Law And Regulatory Policy: Problems, Text, And Cases*, New York: Aspen Publishers, 34 (5th ed, 2002).

② 〔美〕戴维·H. 罗森布鲁姆、罗伯特·S. 克拉夫丘克、德博拉·戈德曼·罗森布鲁姆:《公共行政学:管理、政治和法律的途径》,张成福等译,中国人民大学出版社 2002 年版,第 60 页。

③ See Robert Theuerkauf, "An Effort to Revive the Nondelegation Doctrine: D. C. Court of Appeals Makes a Fundamental Mistake and Sets Back Congress and the Environmental Protection Agency's Efforts to Further Protect Human Welfare", 39 *Brandeis Law Journal* 869, 871(2001).

四、我国行政法的继受与发展

中国的行政法制最早可以追溯到西周的官制,后至秦制、唐六典以及明清会典,可谓源远流长,日臻完备。然徒有因应朝代更迭的制度变迁,却少有追问制度内理的治学积淀。同时,自汉代以来专重儒术而轻乎法家,以致法学的发展极为缓慢。直至近代西学东渐,方有学者意识到中国行政法所面临的困境。一方面,我国清代以前的行政法仅仅是"关于政权作用法规之全体者",[①]却没有近代意义上强调宪政和公民权利的行政法。另一方面,"惜乎我国虽有行政法典,而无行政法学,虽有缜密之行政法规,而无科学之理论体系。追至晚近,治斯学者,仍须遵循欧洲学者所示之途径,反而求诸我国载籍,竟无所获,俯们仿徨,令人沮丧。"[②]

民国初年,我国行政法继受了德国和日本的行政法体系。随之在立法和行政法学方面有了初步的发展。在立法方面,最具代表性的是行政诉讼制度的发展。早在1912年,南京临时政府发布的《临时约法》开始有早期的行政诉讼立法,后因时局变动,并未具体施行。[③] 在1914年,北洋政府先后颁布《行政诉讼条例》《行政诉讼法》和《平政院裁决执行条例》等,开始正式实施行政诉讼法律制度。作为行政诉讼的审判机关,北洋政府的平政院负责审理中央或者地方官署的违法行为。在1932年,南京国民政府颁布《行政诉讼法》和《行政法院组织法》等。1933年,成立行政法院审理行政案件。[④] 在行政法学方面,有一批以白鹏飞、赵琛、朱章宝、陶天南等为代表的行政法学拓荒者。其中,行政法学者白鹏飞在1927年出版了《行政法总论》

---

① 〔日〕织田万:《清国行政法》,中国政法大学出版社2002年版,第6页。
② 〔日〕铃木义男等:《行政法学方法论之变迁》,陈汝德等译,中国政法大学出版社2004年版,第59页。
③ 《临时约法》第49条规定:"法院依法律审判民事诉讼及刑事诉讼,但关于行政诉讼,及其他特别诉讼,另以法律定之。"
④ 目前,我国的台湾地区仍然沿用仿效大陆法系国家的二元司法体系,建立了"最高行政法院"和"高等行政法院"(台北、台中和高雄等)的二级二审制。另参见台湾"司法院"编:《司法院史实纪要》1996年版。

一书,其内容包括行政权、行政法、公法的关系、行政行为、行政行为的无效和取消、行政上的强制执行以及损害赔偿等。同时,他指出中国行政法取法于日本,而日本以德意志为楷模,可见中国行政法的继受所在。① 但早期的行政法学也有继受过度而自省不足的问题,行政法学者林纪东在《中国行政法学之改造》一文中指出:(1)行政法学著作多从日本或者德国的同类著作承袭而来,但中国的政治制度与日德均不相同,妄袭他人著作而论,难免有削足适履之嫌。(2)因为过于承袭外国著作的结果,对于本国的实际现象难免忽略,对本国的行政诸制度亦较少介绍,以致读者对本国的行政法没有透彻的理解。(3)行政法学的著作大多十分繁杂,尤以行政法各论为甚。以内务行政、外务行政、财政行政和社会行政等为例,仅列举一两个法规,而没有祛除糟粕而撷取精华,令读者头痛和茫然。(4)行政法学固守解释论的立场,而放弃立法论不谈。对于法规仅以整理和解释为能事,而不论立法政策或者立法技术是否妥当。由此,行政法学重于对行政现象的说明,而失去了对行政现象的批判和反思。②

二战以后,由于政治、文化与地域等诸多方面的原因,以及受到两大法系的影响,我国行政法的发展呈现出"多源"化的样态:(1)在大陆地区,从早期接受强调计划管理的苏俄行政法,到改革开放后开始引介德日行政法,越来越偏向于大陆法系的特点,同时,亦有英美法系的影响,其发展可以视为对行政法的一种渐进式探索;(2)在台湾地区,因战乱与实施动员戡乱体制的关系,行政法学与法制的发展陷于停滞状态。直至20世纪70年代之后,由于海归学人引进新思潮、司法部门大法官相关解释的影响,以及终止动员戡乱时期后政治自由化所带动的行政法制革新等因素,使得台湾行政法律规范有了进一步的发展。③ 由于延续了民国时期源自德日的制度和理念,其中包括普通法院与行政法院二元司法体制的建立,台湾地区行政法律规范亦属于大陆法系的一个分支。(3)在港澳地区,香港基本上沿袭了英国的

---

① 陈新民:《法治国公法学原理与实践》(中),中国政法大学出版社2007年版,第306页。
② 林纪东:《中国行政法学之改造》,载《行政评论》1940年第1卷第3期。
③ 参见吴志光:《行政法》,台湾新学林出版股份有限公司2012年版,第16页。

普通法传统,其行政法制和行政法学可以说是英国法与香港地方发展的糅合;而澳门因长期被葡萄牙所管治,其行政法则具有大陆法系法律的特点。由于基本法保障港澳地区的高度自治,港澳地区的法律发展并未受到来自大陆的直接影响。

以中国大陆地区的行政法发展为例,中国行政法治在过去三十年发生了显著的变化。从计划经济向市场经济的转型,改变了崇尚阶级斗争和法律虚无的状态,引入了西方的法律制度和思想,使得政府权力在某种程度上受到了法律的约束。自20世纪80年代以来,在行政法制建设上大致经过了两个阶段:其一是制度框架的初建阶段。立法重点在于权力主体的设置,确定权力运行的职责范围等,而涉及经济、社会管理方面的具体内容主要由行政政策来执行;其二是解释、修正与上升为法律层次的阶段。随着《行政诉讼法》《行政处罚法》以及《行政许可法》等重要法律的颁布,政府活动越来越受到实体和程序方面的法律约束。整个立法进程的特点是由粗及细,从重实体到实体与程序并重,直至建立较为完整的法律体系。

同时,仍然要看到在政治、经济和文化等方面制约行政法发展的不利因素:(1)立法、行政和司法之间的关系趋于行政化或者同质化,从某种意义上讲,形成了以政府为中心集权性的政治结构,从而导致了一定程度上立法的虚化和司法的弱化,并显现出某些形式法治的特点。(2)自改革开放以来,过于注重经济的发展,而忽略了社会公平与正义的落实,使得在贫富和城乡差别、社会福利与民生、环境污染、食品安全等方面出现了一系列的社会问题,并有日益加剧的趋势。对此,自上而下的权力体制有了进一步集权的倾向,同时,这种粗放式的权力制约势必导致"一管就死、一放就乱"的循环状态。(3)在缺乏权力制约的情况下,在行政立法上出现了部门利益的法制化倾向,即行政机关通过地方试点的行政立法来强化自身的行政权力和部门利益;在行政执法上则通过增加许可审查、罚款创收、"运动式"执法检查等来谋取部门利益和个人利益。同时,在地方政府层面上,由于地方政府的权力过大以及各地的无序竞争等因素,出现了土地财政、地方保护主义等现象;在行政机关内部,则形成了以机关首长或者领导层为主的权力中心,从而导致行政执法的标准和力度容易受领导层的影响以及事后追究领导责任与执法责任不一致等问题。(4)受司法的不独立和行政化等因素的影响,行政审判并未从根本上起到监督行政的作用,行政审判的法官更多的是面临一种尴尬的处境:既需要满足原告的诉讼请求、化解社会矛盾,又要协调与作为被告的行政机关之间的关系,还要考虑来自上级的政治性或者政策性要求以及对行政审判缺乏信任的社会舆论压力。此外,司法审判的说理性不够和判例制度的缺乏,使得司法对法学发展的供给显得不足,表现出法学理论与司法实务相互脱节的态势。(5)无论是官本位思想还是关系网络的盛行,等级权力构筑了一个无孔不入的无形网络,并根植和延续在人们的思想和意识之中。一个等级化和权力依附的社会是无法容忍公民对权力提出挑战的,而通过分权制衡和正当程序来保障公民权利的行政法,在中国缺乏其发展的社会条件和文化氛围。

五、翻译说明与致谢

我国引介和翻译美国行政法方面的著作,大致分为三个阶段:(1)20世纪80年代末期和90年代初期为早期阶段,其中具有代表性的译著和论著包括施瓦茨的《行政法》[1]、盖尔霍恩的《行政法和行政程序概要》[2]、王名扬的《美国行政法》[3]等;(2)进入21世纪,引入美国行政法方面的著作更为全面,教材类的译著包括沃伦的《政治体制中的行政法》[4]、卡恩的《行政法原理与案例》[5]等;引入原版影印的著作包括布雷耶的《行政法和规制政策:问题、文本与案例》[6]和《行政法:难点与案例》[7]、芬克的《行政法》(案例与解析

---

[1] 〔美〕伯纳德·施瓦茨:《行政法》,徐炳译,群众出版社1986年版。
[2] 〔美〕欧内斯特·盖尔霍恩、罗纳德·M.利文:《行政法和行政程序概要》,黄列译,中国社会科学出版社1996年版。
[3] 王名扬:《美国行政法》,中国法制出版社1995年版。
[4] 〔美〕肯尼思·F.沃伦:《政治体制中的行政法》,王丛虎等译,中国人民大学出版社2005年版。
[5] 〔美〕史蒂文·J.卡恩:《行政法原理与案例》,张梦中等译,中山大学出版社2004年版。
[6] 〔美〕斯蒂芬·G.布雷耶:《行政法和规制政策:问题、文本与案例》,中信出版社2003年版。
[7] 〔美〕斯蒂芬·G.布雷耶、理查德·B.斯图尔特、卡斯·R.森斯特恩、马修·L.斯皮策:《行政法:难点与案例》,中信出版社2003年版。

影印系列)①、埃利克:《土地使用管理法:案例与资料》②等;专著类的译著包括贝勒斯的《程序正义——向个人的分配》③、马肖的《官僚的正义:以社会保障中对残疾人权利主张的处理为例》④和《行政国的正当程序》⑤、布雷耶的《规制及其改革》⑥、桑斯坦的《权利革命之后:重塑规制国》⑦、戴维斯的《裁量正义——一项初步的研究》⑧等;(3)自 2010 年之后,美国行政法的引介和翻译有所减缓,主要译著包括弗里曼的《合作治理与新行政法》⑨、桑斯坦的《简化:政府的未来》⑩和《为生命定价:让规制国家更加人性化》⑪、马肖的《创设行政宪制:被遗忘的美国行政法百年史 1787—1887》⑫等,而最具代表性的译著莫过于皮尔斯的《行政法》(三卷本)⑬。

以上介绍美国行政法教学内容的著作为皮特·L. 施特劳斯教授等人撰写的行政法案例教材,⑭而本译著《美国的行政司法》则为皮特·L. 施特劳斯教授所著的专论教材,可谓相辅相成。以下对相关翻译问题作一说明:(1)有关书名的翻译,最开始翻译为《美国的行政正义》,但考虑到行政正义

---

① 〔美〕芬克:《行政法》,中信出版社 2003 年版。
② 〔美〕罗伯特·C. 埃利克:《土地使用管理法:案例与资料》,中信出版社 2003 年版。
③ 〔美〕迈克尔·D. 贝勒斯:《程序正义——向个人的分配》,邓海平译,高等教育出版社 2005 年版。
④ 〔美〕杰里·L. 马肖:《官僚的正义:以社会保障中对残疾人权利主张的处理为例》,何伟文、毕竞悦译,北京大学出版社 2005 年版。
⑤ 〔美〕杰瑞·L. 马肖:《行政国的正当程序》,沈岿译,高等教育出版社 2005 年版。
⑥ 〔美〕史蒂芬·G. 布雷耶:《规制及其改革》,李洪雷等译,北京大学出版社 2008 年版。
⑦ 〔美〕凯斯·R. 桑斯坦:《权利革命之后:重塑规制国》,中国人民大学出版社 2008 年版。
⑧ 〔美〕肯尼斯·卡尔普·戴维斯:《裁量正义——一项初步的研究》,毕洪海译,商务印书馆 2009 年版。
⑨ 〔美〕弗里曼:《合作治理与新行政法》,毕洪海等译,商务印书馆 2010 年版。
⑩ 〔美〕凯斯·R. 桑斯坦:《简化:政府的未来》,陈丽芳译,中信出版社 2015 年版。
⑪ 〔美〕凯斯·R. 桑斯坦:《为生命定价:让规制国家更加人性化》,金成波译,中国政法大学出版社 2016 年版。
⑫ 〔美〕杰里·L. 马肖:《创设行政宪制:被遗忘的美国行政法百年史 1787—1887》,中国政法大学出版社 2016 年版。
⑬ 〔美〕理查德·J. 皮尔斯:《行政法》,苏苗罕译,中国人民大学出版社 2016 年版。
⑭ Peter L. Strauss, Todd Rakoff, Cynthia R. Farina and Gillian E. Metzger, *Administrative Law: Cases and Comments* (eleventh edition), Foundation Press, (2011).

偏向于价值层面的理解，最终选择译为《美国的行政司法》，这里所说的行政司法，不同于我国司法行政的概念，而是行政的执法和司法，尤其是行政执法中以行政法官主导的准司法以及美国联邦最高法院的司法裁判。（2）本译著中的行政行为均指政府行为、行政机关的行为或者机构行为，而非大陆法系的行政行为。

感谢我的导师叶必丰教授（现为上海市社科院法学研究所所长）指导我的博士论文《权力竞争：控制行政裁量权的制度选择》（于2007年在中国人民大学出版社出版），使我开始关注和研究美国行政法。感谢武汉大学法学院林莉红教授和美国太平洋大学麦克乔治法学院兰茨贝格（Brian Landsberg）教授的推荐，以及国家留学基金委的支持，使我有机会在2011—2012年赴哥伦比亚大学法学院进行学术访问，期间选修了皮特·L. 施特劳斯教授的《行政法》课程，并受到了哥大中国法律研究中心李本（Benjamin L. Liebman）教授的支持。在本书的翻译过程中，通过邮件接受了施特劳斯教授和宾夕法尼亚大学现代中国研究中心马瑞欣（Neysun A. Mahboubi）博士的悉心指教。

感谢商务印书馆王兰萍博士和武汉大学法学院项焱教授的推荐，使本书得以在商务印书馆出版，同时，感谢商务印书馆编辑金莹莹、高媛提供书稿翻译上的指导，并为本书承担了烦琐的编辑工作。

本译著献给我的女儿萌萌和支持我的家人！

徐 晨

2018年春于武汉大学枫园

献给已故的沃尔特(Walter)和克拉克(Clark)
以及尚在人世的乔安娜(Joanna)、本(Ben)、
贝瑟尼(Bethany)、诺亚(Noah)
和雷诺克斯(Lenox)

目　　录

序言 ………………………………………………………………… 1

第一章　导论 ……………………………………………………… 1
第二章　宪法背景 ………………………………………………… 13
　第一节　宪法的一般特征 ……………………………………… 13
　第二节　恒定与变化 …………………………………………… 18
　第三节　权力分立 ……………………………………………… 23
　　一、国会创设的行政机关：将立法、行政和纠纷解决予以整合而非
　　　　区分 ……………………………………………………… 27
　　二、尽管国会被赋予"全部的立法权"，但行政机关（和法院）通常
　　　　被授权批准规章（若生效则具有法律效力） ………… 34
　　三、尽管宪法将"司法权"授予享有终身任期和其他保障的法院，
　　　　但行政机关通常被授权对有关"案件和争议"的事务进行裁决 … 46
　第四节　基本权利 ……………………………………………… 49
　　一、言论/消费者保护 …………………………………………… 55
　　二、检查/不合理搜查 …………………………………………… 57
　　三、信息/指控犯罪 ……………………………………………… 62
　　四、作为程序的"正当法律程序" ……………………………… 64
　　五、正当程序与涉密证据的使用 ……………………………… 82
　　六、作为实质的"法律的正当程序"：征收问题 ……………… 83
第三章　政府的组织体系 ………………………………………… 87
　第一节　由宪法确定的行为者 ………………………………… 87
　　一、国会 ………………………………………………………… 87

二、总统 …… 108
　　三、联邦法官 …… 137
　第二节　行政的政治领导 …… 151
　　一、内阁部门 …… 152
　　二、各部门的管理局 …… 154
　　三、独立行政机关 …… 156
　　四、独立规制委员会 …… 158
　第三节　公务职位与高阶文官职位 …… 160
　　一、公务职位与分权 …… 162
　　二、行政裁决者和群组辩论 …… 163
　第四节　混合机构 …… 166
　　一、职业规制 …… 168
　　二、国有公司和其他经济组织 …… 170
　　三、附属私人规则制定者 …… 170
　　四、私有化 …… 171
　第五节　州和地方政府 …… 171
　第六节　执行官员 …… 175
　　一、公共执行 …… 175
　　二、私人执法 …… 178

第四章　行政法的范围 …… 182
　第一节　政府的基本权力 …… 182
　第二节　规制背景 …… 188
　　一、经济规制 …… 188
　　二、健康和安全规制 …… 198
　　三、私人土地 …… 204
　　四、社会保障、健康和福利 …… 205
　　五、税务征收 …… 208
　　六、公共服务 …… 210

七、监护机构 ... 212
八、移民和驱逐出境 ... 215
九、国家安全 ... 217
十、国际商业 ... 219
十一、公共土地和其他国家商品 ... 224
十二、政府缔约 ... 227
十三、各州的雇佣 ... 227
十四、州立公司 ... 228
十五、其他事务 ... 229

第五章 行政行为的程序形式 ... 231
第一节 建构联邦行政程序的来源 ... 233
一、宪法 ... 233
二、行政程序法 ... 236
三、其他法律 ... 240
四、总统的政治控制 ... 243
五、法院 ... 246
六、行政机关 ... 247

第二节 行政裁决 ... 248
一、正式的行政裁决 ... 248
二、非正式行政裁决 ... 259
三、受保护公众的参与要求 ... 261
四、替代性纠纷解决 ... 268

第三节 规则制定 ... 271
一、《联邦行政程序法》模式 ... 272
二、规则制定的变形 ... 279
三、非传统的规则制定 ... 314
四、协商式规则制定 ... 315
五、规则制定有效委任给其他组织？ ... 317

六、迫使行政机关进行规则制定 ……………………………… 318
　第四节　在规则制定和裁决之间的选择 ……………………………… 325
　第五节　调查 ……………………………………………………………… 329
　　一、检查 ………………………………………………………………… 330
　　二、法定表格和报告 …………………………………………………… 332
　　三、强制程序 …………………………………………………………… 335
　第六节　州行政法 ………………………………………………………… 337

第六章　对行政行为予以司法审查之外的法律控制 ………………… 341
　第一节　行政行为的内部结构 …………………………………………… 341
　第二节　政治介入或者监督 ……………………………………………… 346
　　一、在基于记录的程序中 ……………………………………………… 348
　　二、不相关的因素 ……………………………………………………… 350
　第三节　"开放政府" …………………………………………………… 351
　　一、《信息自由法》 …………………………………………………… 352
　　二、《电子信息自由法》 ……………………………………………… 359
　　三、《阳光下的政府法》 ……………………………………………… 361
　　四、《隐私法》 ………………………………………………………… 363
　　五、《联邦咨询委员会法》 …………………………………………… 366
　　六、数字时代的潜在影响 ……………………………………………… 367
　第四节　监察专员和监察机关 …………………………………………… 368
　第五节　非正式政策监督：一般和行业出版物 ………………………… 370
　第六节　"公共利益"模式和参与者 …………………………………… 372

第七章　获得司法审查 ……………………………………………………… 375
　第一节　司法审查的管辖基础 …………………………………………… 376
　　一、行政行为的法定和非法定审查 …………………………………… 376
　　二、可诉性的推定 ……………………………………………………… 382
　　三、法定排除司法审查 ………………………………………………… 385
　　四、法律委以行政机关裁量权的事项 ………………………………… 389

第二节　司法审查的初步问题 … 392
一、起诉资格 … 394
二、时机和地点的特别规则 … 404
三、先予救济 … 415

第三节　可获得的司法救济 … 416

第八章　司法审查的范围 … 419

第一节　概述 … 419
一、宪法问题 … 421
二、《联邦行政程序法》的架构 … 424

第二节　事实问题 … 426
一、实质性证据 … 428
二、"专断和反复无常" … 433

第三节　法律问题 … 435
一、美国实务中的法律解释 … 435
二、在行政机关层面的法律解释 … 446
三、行政机关或者法院？ … 452

第四节　裁量运用及其审判 … 463
一、公民保护奥弗顿公园诉沃尔普案 … 464
二、一致性 … 470
三、严格审查 … 473

第五节　"被违法维持或者不合理拖延的行政行为" … 475

第九章　政府及其机构的责任 … 477

第一节　针对主权的救济 … 478

第二节　作为一种司法审查模式的侵权诉讼 … 480
一、起诉政府机构 … 480
二、起诉政府官员 … 484
三、默示的诉因 … 488

第三节　契约责任 … 490

案例表 …………………………………………………………… 493
法律法规一览表 ………………………………………………… 512
文本和期刊引用表 ……………………………………………… 518
索引 ……………………………………………………………… 555

序　　言

　　这本书起源于罗马大学已故的皮拉斯(Aldo Piras)教授所主编的项目,该项目汇集了阐述美国和七个欧洲国家行政司法体系的论文。[1] 其希望通过探讨我们国家的政府法治,使得在其他法律体系下受到训练的专业人士在日趋相互独立的世界中能够增进彼此的理解,并为其公法中考虑作出改变的司法审判提供有益的可供选择的信息。皮拉斯教授在该项目接近完成之前去世了,但是,该文集最终由吉弗尔出版社(Guiffre Press)出版。这一专题论文的第一版和第二版在美国由卡罗来纳州学术出版社(Carolina Academic Press)单独出版。

　　随后的多年印证了这一项目的价值。在亚洲、欧洲和南美,这本书的英文版及其翻译对于试图了解美国公法(尤其是行政法)的律师和法学院学生有所助益。对美国国内的法学院学生或者其他人,该书有助于概观行政司法的体系,或者找到相关主题下大量文献的出发点。该书的最新版本在四大洲的教学和读者的支持下得以发展。它反映了美国行政法和政府所发生的重要变化,以及前后关联的实质性要素。

　　在此感谢与该项目有关的许多人。我的导师——已故的盖尔霍恩(Walter Gellhorn)教授将我介绍给皮拉斯教授,使我收益良多。参见编写案例教材的同事柏斯(Clark Byse)、法里纳(Cynthia Farina)、梅茨格(Gillian Metzger)、雷科夫(Todd Rakoff)、苏格兰(Roy Schotland)教授,以及过去和现在在哥伦比亚大学的同事,尤其是波普(Jessica Bulman-Pozen)、凯斯勒(Jeremy Kessler)、曼宁(John Manning)、皮尔斯(Richard Pierce)教授,范德堡法学院的斯塔克(Kevin Stack)教授、牛津大学的克雷

---

　　[1]　Administrative Law: The Problem of Justice in the Western Democracies, (1991). 这篇专题论文和英国的韦德(William Wade)教授和瑞典的瑞根马尔姆(Hans Ragnemalm)教授的论文被编入第一卷。

格(Paul Craig)教授、海德堡大学的艾斯曼(Eberhard Schmidt-Assman)教授,以及美国律师协会行政法和规制实践分会的许多朋友,他们阅读了本书,并作出有益的反馈,这极大地扩展了我对该主题的认识以及从多个层面进行观察的能力。莱顿大学、布宜诺斯艾利斯大学、慕尼黑大学、牛津大学、东京大学、欧洲大学学院以及普朗克比较公法和国际法研究所为我的短期访问提供了支持和帮助,在政府和公民及其商贸之间公平、有效和有效率的关系上所存在的困难,以及在美国进路上所发现的不同之处,上述访问加深了我对这些替代性进路的认识。我在哥伦比亚大学和国外的学生所从事直接的、临时的研究,以及课堂上的讨论同样有助于我对美国行政法的深入理解。在这一版本上,哥大法学院2017级学生布洛迪(Elizabeth Brody)和施维德(Robbie Schwieder)作为研究助手,给予我相当大的帮助。布洛迪编写了附录,罗伊格(Michael Roig)编写了各种表格。梅里尔(Claire Merrill)作为特别助理,通读了全书以及作出大量的修订。在卡罗来纳州学术出版社,发行人赛普(Keith Sipe)提供了有求必应的帮助,经理科尔顿(Tim Colton)将本书的原稿打印成册。没有这本书,我的生命会失色不少;而没有吾妻乔安娜(Joanna)的容忍和爱护,我亦无法相慰平生。

美国政治目前正处于危险的境地,其反映在最高法院的待决案件和我写作过程中正在进行的总统竞选上,这表明某些后续事件将会对本书的分析产生影响,而读者亦有必要予以考虑。尽管我们希望基本组织和程序的持续性,但是,行政法处在法律和政治的分界线上,每时每刻都在发生变化。由于准备出版本书的最终期限是确定的,本书的最新内容截至2016年4月中旬。这本书的过失之处,责任在我。鉴于本书是对广阔的行政法领域进行概述,本人唯有希望读者能够原谅其中存在的局限性以及论述上的一时错漏。

皮特·L.施特劳斯
哥伦比亚大学法学院

第一章　导论

行政法作为一门学科，政府及其运作系其首要内容。在美国，行政法关注于触及公民权益的政府行为（governmental action），所涉事项不包括与行政管理无关的刑法及其执行、一般法律的制定、民事纠纷的解决。由此，对行政司法的理解和评价与政府机构的运作及其相互作用息息相关。美国政府系统和法律体系中某些独特的、也许令人惊奇的表征，极大地影响着这一学科的美国进路，对于外国读者和希望了解这些机构特点的美国人来说，将关注点集于此则尤为有益。

众所周知，美国政府在形式上是联邦制的，当联邦宪法颁布实施的时候，松散的合众国拥有非常有限的国家权力，而十三个州则有各自的宪法。在随后每一个被承认的州中，这些州宪法及其相应制度保留了州政府架构和权力的独立性。在某些细节上，联邦宪法控制着这些州宪法，但仅在联邦政府及其宪法上的政治选择上，对各州施加了有限程度的要求，而大体上涉及州和地方政府之间的关系则属于留给各州自行决定的事务。各州并没有接受和负担联邦政府下属部门在各州独立存在的法定义务，很多州选择采取自治措施（"本土规则"），其中包括地方政治的制度安排，至少在州内的较大城市是如此。

总体来说，州和地方政府的架构和联邦政府类似，在其顶层有三个不同的部门，即各自行为独立的立法、行政和司法部门。选举产生的议员们审议和批准管理规范——法律或者地方层级的条例，但并不担负进行执行的职能。执行是行政人员的工作，即总统、州长、郡县执法人员、市长（所有选举产生的官员）或者经理。很多美国的大城市没有选举产生的市长，或者除了市长之外，还有一个职业的"城市经理"，其并非政治官员，而是公务员，由选举产生的官员来选任，负责政府组织中政策发展的管理。只有两个联邦层级的行政官员，即总统和副总统是选举产生的，而在各州通常提供更多经选举产生的行政职位,除了行政首长——州长和副州长,还包括司法部长、审计总长、某些重要规制机构的委员等,而各州是否如此以及在多大程度上这样做完全由其自行决定。被授权制定各自宪章的城市体现出类似的灵活性和多样性。例如,负责地方公共教育管理的部门通常是经选举产生,地方教育预算可以通过全民公决来予以批准。国会是两院制的,但州议会不必如此——内布拉斯加州就不是两院制,而城市立法机构则更少采取两院制。国会有周期性的休会,但其在根本上仍是全职机构,而州议会常常是非全职机构,有些是每两年召开一次会议。时间安排以农业生产为首要,而立法工作为其次。

　　美国的司法组织具有高度的多样性,诸多细节将在后续章节予以阐述。从其一般的起源来看,可以说美国并没有和欧洲一样的、经特别岗位培训的专职司法人员,法官通常是由经过中后期职业生涯的律师来转任。在联邦层级,他们经国会参议院的建议和批准,由总统任命为法官,如品行端正,将终身任职。联邦法官没有退休年龄的要求,其只有经过正式的国会弹劾程序——难以逾越的障碍才能被解除职务。另一方面,州和地方法官通常是经选举产生,他们的任职有一定的年限或者有退休年龄的限制。在某些州,他们经罢免选举后会被解职。州或者地方法官是否为选举或者任命产生、任期多长、其任命是否需要政治上的审核,这些都由各州或者被授权的地方政府来决定。经选举产生的法官需要通过参选来获得或者保持其司法职位,以及获得必要的资金来开展竞选,然后或许成为候选者。这就产生了诸多重要的问题。① 在联邦层级和大多数州,存在一个单一的司法等级体系,其顶层是一个最高法院,即美国联邦最高法院,但是,各州有其各自的最高

---

① 保护竞选活动中的言论是宪法第一修正案的核心,在一系列近期的判决中,联邦最高法院经 5 比 4 的投票后作出决定,其认为第一修正案包含了审查政治上金钱利益所产生的巨大影响,对竞选财务予以限制的重要内容。Citizens United v. Federal Election Comm'n,558 U. S. 310(2010); McCutcheon v. Federal Election Comm'n,572 U. S. ___(2014). 对于州司法选举的情形,首席大法官改变了其立场,亦以 5 比 4 投票作出决定,其支持佛罗里达州的法律禁止司法职位参选者从个人获得竞选献金。Williams Yulee v. Florida Bar,2015 年 4 月 29 日作出判决。

法院。② 也就是说,美国并没有单独的"宪法法院",也没有与普通法院相区分、作为司法机关组成部分的行政法院系统。一些州在特定的刑事法院进行刑事初审和上诉,但其他公私法律纠纷则由相同的法官席来听审。对于行政法律纠纷,最初的争议解决通常由作出裁决的官员来完成,他们是行政机关的雇员,或者在某些州,他们是中枢组织(a central body)的雇员,这些组织负责所有行政机关作出裁决的最初阶段工作。他们是公务员,归属于行政机关,而非司法机关。他们作出裁判的初审工作在负责执法的行政机关内进行。然而,最终行政裁决的生效仍然会受到统一的司法机关中通才型法官(generalist judges)的司法审查。

对于所有这些可能存在的多种形式,美国政府在基本的政治安排上表现出惊人的统一性,即明显倾向于将立法机关与行政相分离,亦减少其对公众承担直接的政治责任。美国的民主制度不是这样的议会民主,即行政首脑作为议员,在维持议会多数(或者信任)的条件下执政。③ 每个经选举产生的美国公职人员,包括联邦、州、地方层级的、立法机关、行政机关和司法机关的公职人员,均有固定的任期,其任期长短根据所在职位而有所不同,并不受制于任何政治因素的牵涉。因此,没有任何一次选举可以从整体上同意或者否决现任政府。当单个公职人员因其组织内的个人行为等被弹劾或者罢免,其"信任投票"并不为人所知。实际上,在职的议员如果参选,几乎不可避免地会重返公务职位,即使是重新当选,也很少被特定政府计划的

---

② 例如,纽约州的最高法院是上诉法院(the Court of Appeals),而在纽约州,初审法院(trial court)被称为"最高法院"。

③ 有关它们的差异和可接受的涵义的近期讨论出现在下列论文中:Rose-Ackerman, S. Egidy and J. Fowkes, *Due Process of Lawmaking: The United States, South Africa, Germany and the European Union* (Cambridge 2015); S. Rose-Ackerman, "Policymaking and Public Law in France: Public Participation, Agency Independence and Impact Assessment", 19 *Colum. J. Eur. L.* 22(2014); "Policymaking Accountability: Parliamentary versus Presidential Systems," in D. Levi-Faur. ed., *Handbook on the Politics of Regulation* (Cheltenham UK: Edward Elgar, 2011); F. Bignami, "From Expert Administration to Accountability: A New Paradigm for Comparative Administrative Law", 59 *Am. J. Comp. L.* 859(2011); R. Albert, "Presidential Values in Parliamentary Democracies", 8 *Int'l J. Const. L.* 207(2010); and P. Craig and A. Tomkins, eds., *The Executive and Public Law* (2006).

成败所影响。选举的成功往往取决于个人,而非政党条件所致。

行政人员和立法人员的分离有着重要的政治影响。当行政人员提出立法动议时,其对立法过程没有任何直接的控制,而仅有议员可以如此;而所提出的立法动议可能(通常是)被立法机关修改,并难以确保其获得任何形式的通过。在立法机关,有关党纪的规定并非产生于政党之间的内部安排,对于"政府"不产生影响,它们在过去通常也是不起作用的。国会的党纪在近几年变得更有作用了,日趋加深的党派分歧导致几乎没有"过道通行"和折中解决,而这在过去经常是成功立法的基础,这种分歧的结果是国会变得日益"破裂"[④]或者功能失调。在过去超过十五年间,这种无序——政治对立吸引了政治科学研究者的注意力,[⑤]并在不断增长的总统职权范围内成为一项重要因素,这一现象在后续章节会被着重描述。[⑥]

美国政治日趋增加的党派分歧强化了总统和国会系统之间其他的差异。多党联合的议会政府的构成变得复杂,但因其一致性,政府一旦形成将立即由担负政治责任的公职人员来全员领导,尤为典型的是那些监督公务员工作的高阶政治官员。美国内阁国务卿和其他行政机关的首长经参议院批准其提名后任职,这一过程日趋变得负有争议和耗时过多。正因为如此,当潜在的候选人受到审查,可能面临尴尬的结果时,甚至其提名都会被大大推迟。在批准过程中,各政治首脑被劝导对其职务行为作出承诺,并由此影响他们的行为。一旦他们任职,只有总统可以控制其任期。因死亡或者辞职,使得三大部门或者行政机关出现人员空缺,这在总统任职的中期会对政

[④] Thomas E. Mann and Norman J. Ornstein, *The Broken Branch: How Congress Is Failing America and How to Get It Back on Track* (2008);参见 Jack M. Balkin,"The Last Days of Disco: Why the American Political System is Dysfunctional",94 *B. U. L. Rev.* 1159(2014).

[⑤] C. Farina,"Congressional Polarization: Terminal Constitutional Dysfunction?",115 *Colum. L. Rev.* 1689,1691(2015).

[⑥] 参见最近《哥伦比亚法律评论》专题研讨上的三篇来稿:T. Merrill,"Presidential Administration and the Traditions of Administrative Law",115 *Colum. L. Rev.* 1953(2015),K. Stack."An Administrative Jurisprudence: The Rule of law in the Administrative State",115 *Colum. L. Rev.* 1985(2015), and W. Wagner,"A Place for Agency Expertise: Reconciling Agency Expertise with Presidential Power",115 *Colum. L. Rev.* 2019(2015).

治领导造成特别严重的困难。总统必须提名一个继任者,而在此时,其选择会受到较大的限制,即继任者不能马上就任,必须等待参议院的批准,而有可能再次被大幅推迟。行政机关的"二把手"或许是负责日常工作的首长,其可能不是总统的提名人。这样的结果是增加了对某些公职人员的依靠,他们不需要参议院的批准,并负责美国公务体系顶层的重要政策的发展。

在美国的分权思想之下,立法机关、行政部门和法院保持着明显的区分。每一个国家机关都担负着控制其他机关行为的角色,而其自身职能并不是共享的。尤其是,美国宪法明确禁止议员同时在行政部门任职。因此,作为政府官僚运作的组成部分,各机关首脑的任命一旦被参议院批准,其只服从于总统的直接监督。国会中各委员会可以要求其参加党派对立的"听证",国会必须每年批准其预算,但只有总统有权控制其后续任期,或者发布相比现行法律不那么正式的行政指示,并要求他们予以执行。同时,总统能够捍卫其行政工作,防止现行法律反对其政策。如果新的立法不符合其要求,总统有权予以否决;如果这样的话,国会只有在参众两院绝对多数的投票下才能推翻总统的否决——这种情况很少发生,而继续执行此项立法。政府行为最终受到独立的、通才型法官的法律控制,而非行政机关内部的准司法机构。这些区分的结果是相当程度上(可预期的)的分权,在美国人看来,协调的困难为防止政府集权提供了重要的保护。

正如后续章节将具体阐述的那样,这种行政和立法的严格区分对于在大多数法律体系中确定立法层级有着重要意义。以美国法律术语来表述,法律文本的层级可以列示如下:

  一个由人民认可的、很难修改的宪法
  数百个由代议立法机关每年制定的通行法律
  数以千计由行政机关每年根据行政程序发布的作为"硬法"的规章
  成千上万由各行政机构在有限政治监督下作出的遵守硬法而作为软法的文件和指示

在美国的法律体系中,规章和软法完全由行政机关来制定和发布,而国会对其予以正式控制的能量受到否决立法的限制,即总统可以否决与其行政倡议不符的立法,由此限制国会对规章和软法的控制。当通过司法审查在法律和技术上予以控制时,读者会发现司法审查的能量相当集中,因而在法律理论上备受关注的民主合法性就与总统的参与联系起来了。然而,总统作为单一的行动者,并不是和每一个议员一样对选民负责,尤其是其行为不透明,其内部控制也不必是"民主的"。因此,在随后的阐述中政治和法律之间的紧张关系扮演了实质性的角色。⑦

美国行政机关经常被误解的另一个特征是对规章负责的行政机构的定位,即其对个人事务的决定、规章或者指示的发布,或者两者兼具。一般看来,美国的规章主要由所谓的独立规制委员会来完成,这些委员会和通过规则制定提升民主合法性的总统并无关联。上述两种看法都不正确,当今主要的规制者栖身于内阁部门和环保署,目前有关规制的会议议程表明,⑧上述六个部门中每一个的规则制定数量都超过了最多产的独立规制委员会——证券交易委员会至少三倍。"独立规制委员会"具有合议领导的特点,其委员有着固定的任期,总统在有正当事由的情况下才能使其离职,而这多少有点政治平衡的意味。但是,现在各委员会组织完备,成为行政机关必要的组成部分,并受制于总统的监督,尽管这种监督相距较远。我们会发现内阁部门和环保署的规则制定,而非规制委员会的规则制定会受到总统辖制机关的强制性监督。这是政治的产物,而非法律或者裁判的结果,事实上这生动地表现出一种可以理解的趋势,即较少进行规则制定的规制委员会对美国经济的影响会较小。《联邦行政程序法》是有关公共程序的联邦法

---

⑦ 一位哥伦比亚大学的同事强有力地指出,在行政事务中的政治角色以及管理者拥有的组合职能,使其职能履行超越在法律之外,从而产生了不受限制的执法权威和随之而来的暴政,这种威胁正是美国宪法首要需要防范的。P. Hamburger, "Is Administrative Law Unlawful?" (2014)。在这篇短文中,读者会发现针对这个问题的消极答案,但却饱含着一种对政治领域予以必要法律限制的坚信。在现代社会,任何一个政府都需要通过行政来补充立法和司法职能。有必要找到在法律框架内对行政予以限制的各种方法,但无需选择回到16世纪的单一制(实际上并非简单)。

⑧ http://www.reginfo.gov/public/do/eAgendaMain。

律，各联邦机构必须予以遵守，其适用范围未加区分，包括所有的联邦机构，而无论其是否"独立"。

最后，可以看到美国政府区分总统、国会和最高法院，而这在宪法中仅有一个间接的表现，也是宪法中饱受争议的一个法律漏洞。与英国、加拿大以及其他国家进行制度比较，不只是美国宪法没有明确界定政府。[9] 美国制度颇具特色的地方在于政府组织完全由制定法来界定，其结果是总统或者内阁官员重组机关事务的权力来源于法律的授权。各部门的存在是被预期的，宪法承认由首长负责的部门，但其并没有直接设立任何一个部门。这一空间留给国会通过立法来创设，经过多年以后，国会认为确有必要且形式完备，即以各种形式设立了不同部门、独立委员会、政府公司，以及其他实现公共目标的组织。即使从最初来看，国会设立的各部门都有着不同的特征，例如，国会将外交和军事事务与总统权力紧密相连，而将财政部及其附属组织远离总统权限，而直接向国会负责。

对于部长任职于议会、信任投票、内阁控制立法起草和结果等比较熟悉的读者应该阅读以下章节，并谨记这些重要的特点。本书的写作旨在帮助那些不熟悉美国法律制度细节的读者，去理解行政司法更为重要的特点和问题。美国行政法更多地关注政府的决定如何作出，以及一旦作出后其合法与否。基于此，本书所关注的不仅仅是司法层面的问题，而更多的是美国官僚政治制度及其运作，尤其是美国部级政府所涉及的行政事务，这也是美国律师所采取的典型进路。实际上，美国行政法律师经常批评行政法教师过于强调法院，而在美国行政司法的关注点更多地体现在行政层面，司法只是为代表客户诉求的律师提供一种控制手段。

读者也应当看到本书源于更为平静的政治年代，而当今美国政治的对立给传统法治文化和期望带来极大的压力。这种多变的政治现实如何影响复杂机构之间的角色及其相互依赖？[10] 也许当今现实需要反思，在党派对

---

[9]　P. Craig and A. Tomkins, eds., *The Executive and Public Law* (2006).

[10]　C. Farina and G. Metzger, "Introduction: The Place of Agencies in Polarized Government", 115 *Colum. L. Rev.* 1683, 1685 (2015).

立和超越党派的时代,政府顶层之下的各机构如何为两党达成约定和出现新的共同点提供机会。[11] 如上所述,这一过程倾向于与合规性(regularity)相联系,即通过立法程序规则和有关行政程序的法律来实现。"非传统立法和非传统规则制定"在某种程度上的盛行,使得读者必须寻找额外的认识资源。[12]

最后,在这些介绍性的评论中,相应需要注意的是后续章节所阐述的内容尽管不全是,但大多是有关联邦层级的行政法。州公共事业委员会、地方土地管理机构、州执业许可机关,和地方餐饮以及其他公共卫生行政官员等都是重要的行政执法者,其在规模上小于联邦行政机关,由此财政支持较少,而日常运作也不那么正式,但其履行类似的职能和面临类似的问题。理解联邦行政法同样有助于理解这些州和地方的行政机关。在不同的州和市有着各自的变化,这有碍于作出既定的概述,由此有关行政法的文献以及在美国法学院作为主干学科的教学无一例外都以联邦层级为重心。[13]

参考文献注解: 对美国行政法中更深层面的议题感兴趣的读者可以找到各种各样的有用资源。

因特网提供了一个获取行政法基本资料的额外路径,同时,读者事实上亦希望借此能够更为具体地了解各种资料和程序。对于有关法律、法规和决议的资料(州和联邦),了解它们的最佳"自由图书馆"是康奈尔法学院的法律信息学会,网址:http://law.cornell.edu/。美国政府出版局也提供广泛的联邦政府资料,包括美国联邦法规和联邦公报,网址:http://gpo.gov/fdsys/。有关国会的资料,从辩论、议员报告、议案历史到与之相联系的议

---

[11] 同前注。

[12] A. Gluck, A. O'Connell and R. Po, "Unorthodox Lawmaking Unorthodox Rulemaking", 115 *Colum. L. Rev.* 1789(2015).

[13] M. Asimow and R. Levin, *State and Federal Administrative Law*(4th ed., West Academic 2014). 这本书是最为显著的例外,其教学材料来自作者的特有经历,包括有关加利福尼亚州行政法,以及最近在2010年参与州行政程序法范本的起草工作,这些立法发展由统一法律委员会中负责统一州法的全国会议委员们来完成。这一示范法是州立法的建议,其自身并非法律,见网站:http://www.uniformlaws.org/Act.aspx? title=State+Administrative+Procedure+Act+Revised+Model。

员个人网址,以及说明立法程序的教示短文,见于该网址:http://Congress.gov。有关总统的资料见于该网址:http://whitehouse.gov。该网站主要是为公民浏览提供服务,而非针对研究者,链接到"新闻"和"你的政府"会有更多的细节资料。同时,还有为消费者提供服务的网站,网址:http://usa.gov/,其作为联邦机构的入门,基本链接项目以公民利益问题为中心,也包括很多有用的指数资料。

对于行政法来说,有几个联邦网站比较重要。http://regulations.gov,这个网站的内容有每年各行政机关希望在来年制订规章的"规制计划"(regulatory plan),并提供有关联邦规则制定过程的说明;同时,允许个人了解规章提案、登录后可以进行评论,以及查看行政机关提供的支持材料和其他意见。http://Reginfo.gov,这个网站提供一个窗口去了解白宫对规章提案的监督以及行政机关要求公众提交的相关信息。http://justice.gov.oip/doj-guide-freedom-information-act-0,这个网站提供司法部对《信息自由法》作出的信息指南。http://FOIA.gov,这个网站不仅能够找到行政机关提交的有关法规管理细节的年度报告,还有相关的分析工具。http://data.gov,这个网站囊括了近十六万份信息纲要,这些材料由政府提供给公众自由选用,例如,非政府组织利用海岸的海拔高度和在这些地区存在的各种设备显示的数据集,研制出美国海岸线的交互地图,以此展示海平面升高后各种检测的结果。⑭ 链接到单个的行政机关,其最新和完整的资料可以从白宫和国会网站下载。在联邦行政机关的网站上,可以找到组织结构、信息材料合集(如解释),以及参与的机会。其中一些网站提供登录机会,进行相关利益事务的电子审批。⑮ 这些网址通常使用统一的格式:http://<缩写>.gov。对于内阁部门下的行政机关,网址有时为http://

---

⑭ http://sealevel.climatecentral.org。政府也为拟定计划去便利使用这些数据提供协助。http://whitehouse.gov/developers。

⑮ 许多行政机关也提供多网站摘要(rich site summary)服务,允许个人自动下载行政机关更新的可读博客或者音频资料。也有音频播客(podcast)功能,大量有关联邦行政机关的播客材料见网站:www.usa.gov/Topics/Reference-Shelf/Libraries/Podcasts.html。

＜行政机关缩写＞.＜部门缩写＞.gov。

　　州和大城市有其各自提供信息和服务的网站，一般网址格式是 gov 的扩展，例如，http://ny.gov(纽约州)、http://nyc.gov(纽约市)。州和地方行政机关的网页通常从这些网站链接进入。在佛罗里达州立大学网站中，http://www.law.fsu.edu/library/admin，美国律师协会行政程序文件数据库里有大量关于行政法的有用资料，如 1941 年有关行政程序法的司法部长报告，1947 年有关行政程序法的指南。最后，如同政府提供越来越多的在线信息一样，私人使用者也通过不同的方式开发出各种应用软件，例如，政府检测网站：http://govtrack.us，阳光基金会网站：http://www.sunlightfoundation.com。这两家网站都是开发政府信息运动中的领导者。阳光基金会开发一款 Docket Wrench 的工具，见网址：http://docketwrench.sunlightfoundation.com，和另一款 Scout 的工具，见网址：http://scout.sunlightfoundation.com，这些工具能够使用户看到和检索相关规制和立法信息。

　　有关美国行政法的重要专论最初是由戴维斯（Kenneth C. Davis）教授完成的，戴维斯教授是美国行政法学界的权威之一，其作为学者对许多问题不乏灼见，并对该领域产生长期影响。这部专著的第三版、第四版和第五版由皮尔斯教授续写，皮尔斯教授学有专长，并保持其独特的风格。[16] 在准备给学生使用的说明材料中，皮尔斯、夏皮罗（S. Shapiro）和沃库尔（P. Verkuil）教授所著的《行政法和程序》，[17] 内容特别全面和详实。美国律师协会行政法和规制实践分会出版了大量有用的著作，如 2012 年《联邦行政裁决指南》、《规则制定》、2013 年《联邦行政法基本原则综述》(第二版)，以及近期发展和其他出版物的年度汇总，这些材料都可以从该分会网站上获

---

[16] R. J. Pierce, Jr., *Administrative Law Treatise* (5th ed. Aspen Law & Business 2010), with annual supplements.〔美〕理查德·J.皮尔斯：《行政法》(三卷本)，苏苗罕译，中国人民大学出版社 2016 年版。——译者注

[17] *Administrative Law and Procedure*, 5th ed. Foundation Press 2009.

取。[18] 还有一些教学材料,尽管难以直接获取,但是为读者展示了这一领域丰富的早期资料,例如,P. 施特劳斯等著《行政法:案例与评论》(P. Strauss, T. Rakoff, C. Farina, and G. Metzger, Gellhorn & Byse's Administrative Law: Cases and Comments, 11th ed. Foundation Press 2011),或者 J. 马肖等著《行政法:美国公法体系,案例和材料》(J. Mashaw, R. Merrill, P. Shane, E. Magill, M. F. Cuellar, and N. Parrillo, Administrative Law: The American Public Law System, Cases and Materials, 7th ed. West Academic Publishing 2014)。脚注列示了一些更为重要的关于行政法及其发展的历史著作。[19] 州行政法的资料在文献中很少被广泛考察,但在 2000 年谢尔利·奈博格(Cheryl Nyberg)出版了一部全面的州行政法参考文献。

另外一类阅读材料较少带有技术性,其通过各种学术视角让读者能够更好地理解现代美国的行政司法。许多著作披露了现行的美国行政程序,描述了特定行政机关的工作或者有关重大社会冲突的行政解决。[20] 或者,

---

[18] http://www.americanbar.org/groups/administrative_law/pulications.html.

[19] J. Mashaw, *Creating the Administrative Constitution: The Lost One Hundred Years of American Administrative Law*(2011),这本书涉考察了美国行政法的最早历史,这使得对于传统理解要进行重新检视,如所有著作中普遍认为的,美国行政法起源于 1887 年州际贸易委员会的创设。作为一个确切的分类,"行政法"的学术和职业确认始于 20 世纪,K. Stack,"Lessons from the Turn of the Twentieth Century for First-Year Courses on Legislation and Regulation", *Journal of Legal Education*, 65 J. Legal Educ. 28 (2015)。随后重要的著作包括:J. Landis, *The Administrative Process*(Yale University 1938); Report of the Attorney General's Committee on Administrative Procedure, S. Doc. 8, 77th Cong., 1st Sess. (1941); The Attorney General's Manual on the Administrative Procedure Act (1947); L. Jaffe, *Judicial Review of Administrative Action*(Little Brown 1965); Peter Irons, *The New Deal Lawyers*(1982); S. Skowroneck, *Building a New American State: The Expansion of National Administrative Capacities*, 1877-1920 (Cambridge University 1962); R. Rabin, "Federal Regulation in Historical Perspective", 38 Stan. L. Rev. 1189 (1986); E. Rubin, *Beyond Camelot: Rethinking the Modern State*(2005)。

[20] 例如,S. Crawford. *Captive Audience: The Telecom Industry and Monopoly Power in the New Gilded Age*(Yale, 2013), D. Kessler, *A Question of Intent*(Public Affairs 2001)(FDA and tobacco); R. S. Melnick, *Between the Lines*(Brookings 1994)(Welfare rights administration); J. Mashaw, *Bureaucratic Justice: Managing Social Security Disability Claims*(Yale University 1983); J. Mashaw & D. Harfst, *The Struggle for Auto Safety*(Harvard 1990)(NHTSA and automotive safety); B. Ackerman & W. Hassler, *Clean Coal/Dirty air*(Yale 1981)(EPA and sulfur dioxide emissions)。

可以从如下教授的著作中寻找一种历史视角（常常带有政治忧患意识），如阿克曼[21]、恩斯特[22]、汉堡[23]、马肖[24]、麦克劳[25]、拉宾[26]、斯科夫罗内克[27]。基于第三个视角，如下教授的著作将行政法问题看作为了完成立法政策而进行相适应程序或者机构的选择，如布雷耶[28]、克劳利[29]、考夫曼[30]、威尔逊[31]。最后，在法学界中，政治科学和经济学的贡献日益受到关注。[32] 读者可以免费电子订阅各种政治科学研究网（经济学和政治科学与法学一样）的杂志，[33]借此概览现代学术的发展。

---

[21] B. Ackerman, *The Decline and Fall of the American Republic* (Belknap Press 2010)(liberal).

[22] D. Ernst, *Tocqueville's Nightmare: The Administrative State Emerges in America, 1900-1940* (Oxford University Press, 2014)(conservative).

[23] P. Hamburger, *Is Administrative Law Unlawful?* (University of Chicago Press 2014)(conservative).

[24] J. Mashaw, *Creating the Administrative Constitution: The Lost One Hundred Years of American Administrative Law* (2012)(liberal).

[25] T. McCraw, *Prophets of Regulation* (Belknap Press 1984).

[26] R. Rabin, "Federal Regulation in Historical Perspective", 38 *Stan. L. Rev.* 1189(1986).

[27] S. Skowronek, *Building a New American State: The Expansion of National Administrative Capacities, 1877-1920* (Cambridge 1982).

[28] S. Breyer, *Regulation and its Reform* (Harvard University 1982); *Breaking the Vicious Circle: Toward Effective Risk Regulation* (Harvard University 1992). 在这些著作发表之前，布雷耶教授在1980年成为联邦上诉法院的法官，在1994年成为美国联邦最高法院的大法官。

[29] S. Croley, *What Agencies Do: The Fourth Branch in Operation* (Princeton University Press, 2008).

[30] H. Kaufman, *The Administrative Behavior of Federal Bureau Chiefs* (Brookings 1981); *The Forest Ranger* (Resources for the Future 1960).

[31] J. Q. Wilson, *Bureaucracy: What Government Agencies Do and Why They Do It* (Basic Books 1989).

[32] J. Mashaw, *Greed, Chaos & Governance: Using Public Choice to Improve Public Law* (Yale 1997); D. Farber & P. Frickey, *Law and Public Choice: A Critical Introduction* (Univ. Chicago 1991); C. Sunstein, "Empirically Informed Regulation", 78 *U. Chi. L. Rev.* 1349(2011); C. Sunstein & R. Thaler, *Nudge* (2009).

[33] SSRN.com.

第二章　宪法背景

第一节　宪法的一般特征

特别是对于不大熟悉美国法律体系的读者来说，引介美国联邦行政法的写作应当起笔于美国宪法这一基础性的法律文件。作为一部成文宪法，其基本条款相当简洁凝练，并经久不衰。美国宪法于 1789 年被批准，几乎同时又被十个修正案所补充，即为人所熟知的权利法案，而在最近两个世纪中仅有数次作出重大修订。[①] 当然，宪法所管控的国家事务及其所处的世界自从那个时代开始已经发生了巨大的变化。固有文本和时代变迁的并存对宪法的生命力和适用构成了持续的挑战。

美国宪法的基础在于宪法权威来自人民的共识，在此意义上，美国没有未经法定的权利主张，而整个宪法是以法律的形式，基于人民的福祉由人民创造出来的。这意味着在行政法上的管理和推动国家发展的职权与权限并非理所当然就存在，如果其存在，也不是时而怀疑时而忌妒的民众所乐见的。从欧洲视角来看，解读美国行政法学说的关键在于，理解这个国家必须不断地以不同于欧洲大陆的各种方式来确保其自身对于美国人民的正当性。任何有关各州之间的权利对话关注的不是国家和公民之间的关系，而是联邦政府和各州之间的法律关系。

也许在整体层面上，美国宪法的起草者致力于解决 1787 年国家所面临的两个问题：增强政府的权力和有效性，而在以前的制度安排下政府显然不

[①]　自从美国内战后第十三、十四和十五修正案批准通过，也许只有第十七修正案（直接选举参议员）、第十九修正案（选举权扩及妇女）以及第二十二修正案（总统限于两个任期）对美国政府所处的政治环境作出了重大改变。

起作用。与此同时,避免在某一处创设太多的权力,以至于产生回归政府暴政的威胁,而这正是各州及其民众在之前的美国革命中所战胜的。(特别是对白人男性有产者来说,通常提及的第三个要素是保护公民长远利益的期望,以避免在普遍担忧直接民主的特定时期,被紧急状况或者群情激愤所抛弃。)基于十三个州各自永久和独立的宪法模式,美国宪法的许多特征至少可以部分地理解为,确保实现潜在冲突目标的方法或者手段。例如,在联邦层面上进行立法、行政和司法权力的严格区分,随后将对此进行讨论;保持政府的联邦架构,大部分独立的合法权力保留给各州,而联邦政府则由法定的、职权有限和独立的政治实体所构成;对权利法案的即时适用等等。宪法的成文性及其正式修订的制度障碍进一步延缓了权力制衡的转变。②

通过其自身条款,美国宪法在与其他法律或者承诺(特别是美国作为一方签署的条约)的关系上有着至上的权威。作为国家的最高法院,美国联邦最高法院很早就解释了这一宪法至上的条款,即在宪法与其他国内法发生冲突的情况下,宪法居于优先地位。同时,对于这种冲突是否存在,联邦法官负责最终作出裁决。③ 行政机关不得以违宪的方式行使职权,立法机关亦不得授权其如此行事。基于此,对于行政法来说,与其他学科一样,宪法上的争论在美国司法判理(jurisprudence)中具有特别的优先性。行政机关行使职权(或者依授权行事)存在违宪的主张得到认同,将一击中的完败行政行为。需要注意的是,最高法院被赋予了与众不同的法律权威,即有关合宪性的裁判不得被立法所改变。同时,只有最高法院九名大法官中超过五名同意,才能作出立法或者行政行为违宪的裁判。除最高法院随后自认有错以外,只有通过正式和固定程序进行成文修宪,才能修正最高法院的裁判。宪法至上是美国法律秩序的核心特征,而释宪权最终交给联邦政府中

---

② 简而言之,宪法修正案需要获得美国国会参众两院三分之二多数以及四分之三的州的支持才能通过。由三分之二州参加的宪法会议可以要求国会召开修宪会议,但这一程序至今未被启动(可能扩大到整个宪法的修订)。参见 W. Dellinger,"The Legitimacy of Constitutional Change: Rethinking the Amendment Process",97 *Harv. L. Rev.* 386(1983)。

③ Marbury v. Madison,5 U.S. (1 Cranch)137(1803)。

最弱部门的法官手中,甚至有时大法官的意见仅为微弱多数,由此产生的"反多数难题"(counter-majoritarian difficulty)一直是美国法律文献的核心组成部分。④

如上简述,美国宪法体系更深层面的特征在其联邦性质,它将单个的州(例如,马萨诸塞州或者佛罗里达州)视为独立的政治实体,与联邦政府保持法定的关系,而非作为合众国的下级。在一些著作中,这样的制度安排被阐述为权力分立,即作为分散政府权力的另一种方法,以此提升公民反抗政府暴政的信心。⑤ 在多数情形下,联邦和州的管理体制在形式上是彼此独立的。对个人的损害行为(例如,侵权),其处理大多以各州的资源为基础(通常是州法院的司法裁判对普通法进行解释),而联邦法律通过界定规制制度来解决健康和安全问题,以防止被州侵权法抵销的损害发生。假设某一损害就此发生,联邦法律或者规章是否以及在何种程度上取代州侵权法成为了诉讼中的常见问题,这在司法论证⑥和学术文献的近期讨论⑦中得到了相当谨慎的表现。

尽管如此,对于联邦政府所管理的事务,还有一种选择(有时被称为"合作联邦主义")是与各州共同承担责任。⑧ 例如,通过制定环境保护、工作场所安全、福利行政等国家计划,国会可以有选择地认可或者甚至列出州政府

---

④ 值得注意的力作有:J. B. Thayer,"American Doctrine of Constitutional Law",7 *Harv. L. Rev.* 129(1893);A. Bickel,*The Least Dangerous Branch*:*The Supreme Court at the Bar of Politics* (Bobbs-Merrill 1962);John Hart Ely,*Democracy and Distrust*:*A Theory of Judicial Review*(Yale 1980)and B. Friedman,"The Birth of an Academic Obsession:The History of the Countermajoritarian Difficulty. Part Five",112 *Yale L. J.* 153(2002)。

⑤ J. Bulman-Pozen,"Federalism as a Safeguard of the Separation of Powers",112 *Colum. L. Rev.* 459(2012);R. Brown,"Separated Powers and Ordered Liberty",139 *U. Pa. L. Rev.* 1513(1991)。

⑥ 例如,Geier v. Honda Motor Co.,529 U. S. 861(2000);Riegel v. Medtronic, Inc.,552 U. S. 312(2008);Wyeth v. Levine,555 U. S. 555(2009);Bruesewitz v. Wyeth,131 S. Ct. 1068 (2011);Arizona v. U. S.,132 S. Ct. 2492(2012)。

⑦ D. Merrill,"Preemption and Institutional Choice,"102 *Nw. U. L. Rev.* 727(2008);C. M. Sharkey,"Inside Agency Preemption",110 *Mich. L. Rev.* 521(2012);D. Rubenstein,"The Paradox of Administrative Preemption",38 *Harv. J. L. & Pub. Pol'y* 267(2015)。

⑧ Bulman-Pozen,同前注。

参与的清单，以此作为国家行政管理的替代性方案。当认可行为更接近民众和受制于地区条件，这有时也会产生特定计划由谁负责的混乱。权力下放到州和地方层级，并避免在没有提供必要资源的情况下将联邦政府的要求附加给州政府，系当前政治环境的重要因素。⑨ 当最高法院抵制联邦政府直接整合州政府资源的做法时⑩，可以看到对国会的权力很少进行法律限制，凭借明确的有关州际贸易方面的立法权，国会可以创建合作联邦主义体制。⑪ 因此，尽管在 2012 年最高法院裁决近期实施的《平价医疗法》(Affordable Care Act)中各州强制执行的条款违宪⑫，但在 2015 年的法律解释中，最高法院没有遵循法条的最初原意，而维持了以立法规划为中心的联邦条款的有效性，即不再理解为迫使各州无法自行其是，而是联邦官员有权实施法律。⑬ 以这一法案为例，我的两位同事曾指出：面对目前美国联邦政治的对立，各州作为执法主体参与其中，不仅软化了行政执法的总统令的强度，而且两党协调对立的可能性将常常受到阻碍。⑭

某些国家计划预设的前提并非宪法承认对特定事项的实体立法权，而在于国会有着更为普遍的宪法权力，运用联邦经费去提升国家福利。它们典型的形式是联邦资助将提供给任何一个同意采取法定措施的州。近几年来，最高法院对联邦立法的这种形式渐渐产生怀疑，而要求澄清被同意的法

---

⑨ 将联邦要求附加给州、地方和部落产生潜在的经济影响，这种顾虑不仅反映在总统的行政命令之中，参见 E. O. 12875(Oct. 26,1993) and 13132(Aug. 5,1999)，还有相关法律，参见 Unfunded Mandates Reform Act of 1995,2 U.S.C. §1501 et seq.，简要讨论见页边码第 342 页。

⑩ New York v. United States,505 U.S. 144(1992)(放射性污染)；Printz v. United States,521 U.S. 898(1997)(枪支控制)；but compare Reno v. Condon,528 U.S. 141(2000)；E. Caminker,"State Sovereignty and Subordinacy: May Congress Commandeer State Officers to implement Federal Laws?",95 Colum. L. Rev. 1001(1995).

⑪ 最高法院对州主权豁免问题日益关注，反而会使这些合作计划的联邦司法执行变得复杂化。

⑫ National Federation of Independent Business v. Sebelius,132 S. Ct. 2566(2012)，在后续章节有简要讨论。

⑬ King v. Burwell,135 S. Ct. 2480(2015).

⑭ G. Metzger,"Agencies, Polarization and the States",115 Colum. L. Rev. 1739(2015)；J. Bulman-Pozen,"Executive Federalism Comes to America",102 Va. L. Rev. __(2016).

定措施,⑮以及限定这些被执行的联邦标准的含义。⑯

　　联邦主义并非本章的直接议题⑰,但有两个附带的内容需要提及。首先,有关美国政府的理论是联邦政府仅仅享有宪法所列举的那些立法权,其主要规定为界定国会立法权的第一条第八款。例如,"规制与外国、若干州和印第安人部落的商业活动"的权力。⑱ 余下的立法权则保留给各州。从 1937 年开始,随着新政期间国家致力于摆脱大萧条,继而进入民权时代,最高法院对被列举的联邦权力进行扩大性解释,这种表现尤为明显,从而使得国会可以实现有全国影响的议题。一个被广泛接受的解释认为,作为议员代表其所在各州长久利益的可能性,联邦主义的政治保障在于对这些利益予以充分的、合规的保护。⑲ 近几年来,基于考量因素难以甄别,最高法院偶尔呼吁通过国家规制措施来解决问题,而这超出了国会的

---

　　⑮ Arlington Central School Dist. Bd. Of Ed. v. Murphy,548 U.S. 291(2006).

　　⑯ 一个州如果偏离了所同意的条件,将导致财政支持的完全撤回。事实上,这一"核选项"(nuclear option)很少被启动,但有显著的强制效果。在一个类似的情形中,由于当时有关同性恋的征兵政策与广泛适用的反歧视政策相互冲突,而一些大学有条件将征兵和其他校园招聘同等情况同等对待,国会对这些大学的防务研究进行拨款,以此有效防止同性恋者被排挤出校园的可能性。在独立商业联合会诉瑟贝列斯案[National Federation of Independent Business v. Sebelius. 132 S. Ct. 2566(2012)]中,涉及极具争议的《平价医疗法》,这种强制效果首次在最高法院的判决中表现得淋漓尽致。在多数意见中,罗伯特首席大法官指出,对于不遵守《平价医疗法》特定条款的,拒绝给各州拨付所有的联邦医疗补助资金,这种"枪指着脑袋"的经济压制使得各州别无选择,而只有保持沉默。另见 S. Bagenstos,"The Anti-Leveraging Principle and the Spending Clause After NPB",101 Geo. L. J. 861(2013).

　　⑰ 在前注⑭中提及了我的两个哥伦比亚大学法学院同事,他们在学术上持续关注这些问题。例如,G. Metzger,"Federalism and Federal Agency Reform",111 Colum. L. Rev. 1(2011),"Administrative Law as the New Federalism",57 Duke L. J. 2023(2008) and Congress,Article IV,and Interstate Relations,120 Harv. L. Rev. 1468(2007);and J. Bulman-Pozen in "From Sovereignty and Process to Administration and Politics: The Afterlife of American Federalism",123 Yale L. J. 1920(2014),"Partisan Federalism",127 Harv. L. Rev. 1077(2014),and "Federalism as a Safeguard of the Separation of Powers",112 Colum. L. Rev. 459(2012).

　　⑱ 参见 R. Primus,"The Limits of Enumeration",124 Yale L. J. 576(2014).

　　⑲ H. Wechsler,"The Political Safeguards of Federalism: The Role of the States in the Composition and Selection of the National Government",54 Colum. L. Rev. 543(1954). 另见,J. Choper,"Federalism and Judicial Review: An Update",21 Hastings Const. L. Q. 577(1994).

宪法权力。[20] 联邦立法权是否受到重大限制在此不再赘述。只要这种权力存在，至上原则使得任何有效的司法行为，在国家层面上（无论是宪法、条约、法律、行政或司法决定，还是层级较低的立法）都优先于任何有关与州法相冲突的主张。

其次，如前所述，尽管美国政府的联邦架构表明对待州和地方议题和国家议题一样，但本章并不想就此展开讨论。这是一个令人遗憾却又实际存在的限制。许多行政法律师感兴趣的问题往往发生在州和地方层级，例如，有关土地使用控制、执业许可、公共效用费率规制等大多数问题都为各州和地方负责处理。各州有其各自的宪法和法律，以此创设其特有的政府架构以及行政和司法程序。尽管本章将讨论某些联邦法律管控州行政事务的问题（主要是联邦宪法对于公平程序的要求），并指出联邦和州层级之间的差别，但不会对有关州行政法的问题着墨太多。在联邦层面上，对美国行政法的当代问题进行概述，已经足以构成一项艰巨的任务。

第二节　恒定与变化

自美国宪法在 1787 年实施以来，对其予以正式修订的障碍明显引发了美国政府的适应性问题。为了应对工业和后工业经济所带来的社会变化，现代行政国家（administrative state）应运而生，而这一挑战尤为切合本章的主题。没有人会假定制宪者会设想到这些变化，以及建立无数不同的政府

---

[20] 有两个显著的例子，最高法院认为州际效果太微弱，不能支持国会的行为。例如，United States v. Lopez, 514 U.S. 549 (1995)（枪支控制）；United States v. Morrison, 529 U.S. 598 (2000)（对女性施加暴力）；W. Buzbee and R. Schapiro, "Legislative Record Review", 54 Stan. L. Rev. 87 (2001)。但是，最高法院也维持了一项联邦立法，即将州内大麻交易作为州际贸易中的一部分来进行规制，Gonzalez v. Raich, 545 U.S. 1 (2005)。这一判决与以前维持州内小麦生产和使用规制的理由相呼应，Wickard v. Filburn, 317 U.S. 111 (1942)。由于最高法院对国会行使其权力的方式进行详细审查，一个明显的结果是工业和利益集团越来越多地在个案基础上抵制对其不利的立法。另见，Board of Trustees of the University of Alabama v. Garrett, 531 U.S. 356 (2001)（美国残疾人法）。

机构来予以应对。[21] 总体来说,美国法官们通过确认既存结构性变化来解释宪法,并根据改良的制度安排来重新解释公民权利,以此应对这些挑战。[22] 国家权力的扩张、新结构性制度安排以及将个人保护与现代新情况相适应,对此予以承认的历史被认为具有非正式或者事实修宪的程序功能。如果这些易于被接受的变化被国民所接受,司法认可的法律效果对宪政(Constitutional Governance)有着更为深远的贡献,而不止于法院偶尔作出行政行为违宪的裁判,同时,这种法律效果的讨论盛行于当代的法学界。[23]

一个很好的例子是,对于未经正当法律程序不得剥夺任何人的生命、自由和财产,这一宪法要求的发展体现了某种"修宪"程序。[24] 按照原意来理解,这一要求主要涉及法院的普通程序,亦体现了英国"宪法"最早文本上的含义,即要求整个政府遵循合法性原则的大宪章(the Magna Carta)。没有理由认为这一要求适用于政府官僚体系内的程序,因为在那个时代几乎没有官僚制,即使涉及与私人的关系,也很少被认为需要程序规范。直到 20 世纪初,在一系列有关税收的案件中,正当程序的行政判理才开始出现。[25]

在 20 世纪的前叶,有关行政背景下"正当程序"的适用和内容的争论在

---

[21] 制宪者认识到会有社会变化要求法律作出调整,这恰好说明了宪法文本保持开放结构的原因。

[22] 除八名大法官之外,只有托马斯大法官长期呼吁回到制宪时代的明确期望,对宪法进行解释。例如,Department of Transportation v. Assoc. of American Railroads, 135 S. Ct. 1225, 1240(托马斯的协同意见)and Perez v. Mortgage Bankers Assoc., 135 S. Ct. 1199, 1213(托马斯的协同意见)。

[23] 经典文献包括:Charles Black, Jr., *The People and the Court* (1960); L. Lessig, "Fidelity and Constraint", 65 *Fordham L. Rev.* 1365(1997). 布鲁斯·阿克曼(Bruce Ackerman)多卷本著作《我们人民》(We The People)(Harvard 1991, 1998, 2014),这套书将社会巨变的合法化直接归结于对持久政治承诺的普遍认同。

[24] 在宪法条文中,唯独这个条款出现了两次,即在第五修正案中对联邦政府的要求,以及在第十四修正案中对各州的要求。对于美国宪法中"正当程序"的发展,在后续章节还有更为深入的讨论。

[25] 例如,Londoner v. Denver, 210 U.S. 373(1908)。

国会和法院变得越来越常见,㉖其最为重要的发展始于二战以后20世纪50年代的反共运动,而在80年代期间风起云涌。随后,法院判定与政府的关系(如许可、福利资格、公务人员雇佣、公立学校的入学)被承认具有值得尊重的"财产"属性,未经"正当法律程序"不得被剥夺,这对于读者来说也许不足为奇,但在首次被表述出来时还是很引人注目的。㉗ 在终审阶段,法院界定了"正当程序"要求何种程序规范。一般来说,法院遵从了立法机关的选择(或许因为适当程序的立法选择普遍反映了有关公平和必要程序的社会观念),但并非始终如此。

当法院发现有关程序的立法规定不足以达到"正当程序"的要求时,立法机关必须尊重这种判决,因为基于宪法文本的旨意,立法机关无权实施一项与宪法相违背的法律。㉘ 无论一个人相信这些结果会产生什么样的正义性,当前目标的核心在于没有人能够假定正当程序条款的起草者会设想由法院来宣布具体的程序,即告知学校管理人员有关勒令学生休学十天所遵循的相关程序;㉙或者告知社会保障局官员在取消资格的正式和法定听证程序之前,对福利接受者暂停即时给付时实施何种听证程序;㉚或者一旦立法机关制订一项公务计划,实际上告知其应向政府雇员提供何种程

㉖ 《联邦行政程序法》在1946年颁布,正式裁决所适用的程序即体现了国会对于正当程序的一般要求。在此之前,有关行政裁决的必要内容有长达十余年的争论。在此期间,一些重要案件为行政机关在听证后作出决定设置了宪法性的程序规范。Ohio Bell Telephone Co. v. Public Utilities Commission of Ohio, 301 U. S. 292(1937); Morgan v. United States(Morgan I), 298 U. S. 468(1936); Morgan v. United States(Morgan II), 304 U. S. 1(1938)。

㉗ Goldberg v. Kelly, 397 U. S. 254(1970),此案的最初判决在后续章节有所讨论,其源自一篇颇具影响力的文章,Charles Reich, "The New Property", 73 Yale L. J. 733(1964),此文讨论在现代社会中,许多财富由无形的资格构成,例如,基于政府授予有利机会的那些资格。一旦个人有资格获得法定的政府利益,就有理由相信,这些个人被承认拥有这些利益(生命、自由或者财产)的权利,而这些权利受到法律的保护。

㉘ 因此,当面对国会致力于否决一个备受批评的宪法解释时,最高法院发现这样超越了法律。

㉙ Goss v. Lopez, 419 U. S. 565(1975)。

㉚ Goldberg v. Kelly,同前注㉗。

序保护。[31]

尽管这种"修宪"的司法实践由现实需要而生并被普遍接受,但法学家们却很难认同,对其予以批判抑或合理化的深入讨论在美国法律文献中比比皆是。而事实上司法裁判有这样一个基本特点,即司法裁判最终认定某项法律无效的结果阻止了大众意愿的形成,这些大众意愿通常由选举产生的立法机关的行为所代表,此时只有通过异常的方法,如陷入了所谓"反多数主义困境",司法裁判才会被推翻。[32] 对此,有一种观点强调民选组织所作出的政治判断具有优先性,并从这一困境中得出两个经验教训:首先,法院只有将其判决直接与宪法文本相联系,以此宣布立法违宪,其职权行使才具有正当性。其次,应当少用和慎用这一职权。

另一方面,在个人自由的保护以及使非主流团体免于立法机关的偏执和一时的公共舆情上,最高法院特有的(历史的)重要性引发了另外一些学者的争论,即对于政府行为的合宪性审查,宪法的书面文本不应被视为一种必要的限制。在他们看来,类推的适用和法官从当今美国社会的道德预设中所作的推理,都为保护个人应对国家权力的司法行为提供了充实的基础。[33] 美国宪法第九修正案规定,对某些权利的列举,不得被解释为否定或轻视由人民保留的其他权利。正如人们日常交易中的权利主张,或者父母有权就子女教育作出选择,这些权利并没有写入宪法,但一直被认为是值得保护的。[34] 然而,这些不成文的权利在范围上有多大,一直存在极大的争议。从获得避孕用品、夫妻隐私、堕胎、成人之间自愿的同性恋,到同性婚姻,当今司法判决对这些权利的推进并非基于宪法文本,这和宗教信仰或者

---

[31] Cleveland Board of Education v. Loudermill, 470 U. S. 532(1985). 立法机关可以自主决定是否批准一项公务计划,这意味着是否形成一项制度,即政府雇员在品行良好和高效工作的期间拥有职位的法定权利。一旦立法机关选择创制这种政府和雇员之间的关系,法院将对设置足够的相关管理程序有最终话语权。

[32] 参见前注 4。

[33] C. L. Black, Jr. , *A New Birth of Freedom*: *Human Rights Named and Unnamed*(1999); P. Brest, "The Misconceived Quest for the Original Understanding", 60 *B. U. L. Rev.* 204(1980).

[34] Calder v. Bull, 3 U. S. 386(1798); Meyer v. Nebraska, 262 U. S. 390(1923); Pierce v. Society of Sisters, 268 U. S. 510(1925).

言论自由等权利是不一样的。其中一些判决引起了尖锐的政治对立和最高法院的批评,㉟另外一些判决似乎反映了社会变化,并从中获得支持,但却没有那么激动人心。㊱

任何一个人考虑将美国宪法适用于利益问题时,其要点在于从文本入手,查阅相关判例,并对判例相应的限制和技术不断进行热烈和适时的

㉟ 在最著名的罗伊诉韦德案[Roe v. Wade,410 U. S. 113(1973)]中,最高法院支持了罗伊的诉讼请求,其认为妇女决定终止妊娠是一项基本权利,只有存在更具说服力的利益,各州对其施加的规制才具有正当性。参见本章有关基本权利的内容。宪法文本没有直接表述有关堕胎等类似问题,在长期的历史发展中,堕胎问题一直通过各种方式来予以规制。在采取这种观点的这些年里,合法化的政治斗争层出不穷,而自最高法院在布朗诉教育委员会案[Brown v. Board of Education,347 U. S. 483(1954)]中宣布终止美国南方法律上的种族隔离以来,尚未见如此之强度。在宾州东南部生殖健康诊所诉凯西案[Planned Parenthood of Southeastern Pennsylvania v. Casey,505 U. S. 833(1992)]中,最高法院以微弱多数驳回了推翻罗伊判例的诉求,这一诉求为布什政府所支持。五位大法官中的三个构成多数意见,而每个都是罗伊案后由反对堕胎的总统任命的,这表明无论这些法官是否加入多数意见,事前他们接受"遵循先例的义务",如果缺乏"接受先例标准的最具说服力的理由,……去论证后判推翻前判,无异于对政治压力的一种投降,亦是一种对最高法院司法初裁原则的不公正放弃"。尽管最高法院倾向于接受立法机关的判断,这些判断明显基于对堕胎的敌视,但其仍然不打算重新发布彻底的堕胎禁令。另见 Gonzales v. Carhart. 550 U. S. 124(2007)(支持 2003 年的《禁止怀孕后期堕胎法》The Partial-Birth Abortion Ban Act)。

㊱ 在最高法院,金斯伯格大法官(Ruth Bader Ginsberg)是堕胎权利的强有力支持者,其公开表示希望这些权利的发展,更多地依靠各州的立法判断,而保持一个渐进的过程。M. Heagney,Justice Ruth Bader Ginsburg Offers Critique of Roe v. Wade During Law School Visit University of Chicago Law School(May 15,2013),available at http://www. law. uchicago. edu/news/justice-ruth-bader-ginsburg-offers-critique-roe-v-wade-during-law-school-visit. 一旦多个成人之间私下同意的性行为被定性为严重的刑事犯罪,甚至是同性婚姻,这比有损害于既存(堕胎)利益的干预,更能引发公众态度戏剧性的转变。在 1986 年,最高法院支持州将成人之间自愿同性恋定罪,其指出"当宪法解释少有或者没有宪法语言或者目的上的根基,最高法院是最为脆弱的,也是最接近司法不公的。"见 Bowers v. Hardwick,478 U. S. 186,194(1986)。不到二十年后,有关同性恋的公众态度发生明显改变,最高法院也颠覆其立场,禁止各州对成人之间自愿同性恋定罪。见 Lawrence v. Texas,539 U. S. 558(2003)。十年后,当公众态度发生转变时,最高法院又要求联邦承认同性婚姻,经州法认可成为与异性婚姻一样的同等权利。见 Windsor v. United States,133 S. Ct. 2675(2013)。随后,最高法院被要求裁决各州是否可以就接受同性婚姻作出政治判断,结果是各州没有这样的选择权。在奥博戈尔诉霍奇斯案[Obergefell v. Hodges,135 S. Ct. 2534(2015)]中,最高法院认为宪法第十四修正案要求各州登记同性婚姻,同时承认他们在其他州被合法登记和完成的婚姻。

讨论。[37] 宪法文本对最高法院来说是否构成的一种限制，从中可以派生出何种文本含义（诉诸历史、政府架构、现代含义的可能性以及在过去与现在问题之间的类比？），这些都是令人惊奇而充满活力的问题。[38] 或许可以说，美国宪法的书面文字至少给法官们带来了较大的疑惑。

第三节　权力分立

尽管在美国宪法中并没有"分权"的文字表述，但从其架构和条款来看，确实存在权力分立的核心思想——立法、行政和司法相互分立。《宪法》第一条只规定了立法权，将其交由参众两院的国会来共同行使。第二条无条件地将几乎未加限定的行政权交给整个由民选总统领导的行政机关。第一条禁止议员同时任职于行政机关。第三条将司法权归于最高法院、各州法院以及国会决定创设的下级联邦法院。第四条进而触及国家政府和各州之间各种形式的其他权力分立。[39]

---

[37]　国会对破产程序中特别法官进行授权，而六名大法官发现并没有可援引的宪法条文，在这种涉及政治较少的情况下，拜伦·怀特（Byron White）大法官发表了反对意见："无论是否幸运，在宪法历史的这一时刻，合宪性问题不再仅仅从宪法文本中寻找答案。"见 Northern Pipeline Construction Co. v. Marathon Pipe Line Co.，458 U.S. 50,94(1982)。

[38]　Shelley Dowling, *The Jurisprudence of United States Constitutional Interpretation: An Annotated Bibliography* (2nd ed. Hein 2009)，这本书对于宪法解释问题有超过900个注释。其他重要的文献包括 E. Chemerinsky, *Constitutional Law: Principles and Policies* (4th ed., Aspen 2011); M. Tushnet, *The Constitution of the United States of America: A Contextual Analysis* (Hart 2009); and L. Tribe, *American Constitutional Law* (3d ed. Foundation Press 1999)。

[39]　简而言之，在各州会发现相同的理论和类似的制度杂合。各州行政机关以从属的方式行使所有不同政府职能，这并不认为是不正常或者不恰当。然而，在许多州（不是所有州）无法贯彻单一行政机关的思想。除了作为行政首脑的州长，各州宪法和法律常常要求选举相互竞争的，或者专业的行政官员，这些行政官员会拥有完全独立的政治权力。相同的例子包括负责法律强制执行的司法部长，负责规范政府开支的财政大员，甚至公用事业委员会或者地方学校董事会的成员。值得注意的是，随着联邦主义倾向多元化，一些州的法律架构使得州长十分强势，而在另一些州则比较弱势。

尽管偶尔有人提出统一原则,但作出简洁的理论解释却不大容易。[40]或许可以说,核心问题在于确保美国政府中三个主要部门的持续活力,作为分权的有效竞争节点,每一个部门都与美国政府庞杂的大部分(mass)相联系。一旦论者(通常是法院)接受了这种看法,即某一事件或者部门扼杀了这种生命力,换言之存在弱化某一部门核心职能的威胁("妨碍"),或者其中一个部门对其他部门的权力侵占("扩张"),则"权力分立"就会被唤醒。当然,在任何一种情况下这样的判断都很难作出,同时,总统在职权和角色上的不确定性,使其功能定位的分析变得复杂化。

为了推动宪法的正式批准,立宪支持者发表了一系列重要的文章。[41]在《联邦党人文集》中,詹姆斯·麦迪逊(James Madison)对宪法成文化的方案发表了其著名的解释,并维持其影响至今:

野心必须用野心来对抗。……作为控制政府滥权的必要设置,这是人性的反映。但是,除了最能反映人性之外,政府自身是什么呢?如果人人都是天使,就不需要政府了。如果是天使统治人,就不需要对政府施加外在或内在的控制了。在组织一个人管理人的政府时,最大困难在于必须首先确保政府能够管理被统治者,然后要求政府自我控制。

---

[40] 最近有一个很好的分析,其阐明了智识上的困难,见 H. Bruf, *Balance of Forces: Separation of Powers Law in the Administrative State* (2006); E. Magill, "The Real Separation in Separation of Powers Law", 86 *Va. L. Rev.* 1127 (2000); H. Bruff and P. Shane, *Separation of Powers Law: Cases and Materials* (3d ed. Carolina Academic Press 2011), 此书收集了广泛的材料。其他重要材料包括: P. Strauss, "The Place of Agencies in Government: Separation of Powers and Fourth Branch", 84 *Colum. L. Rev.* 573 (1984); C. Sunstein and L. Lessig, "The President and the Administration", 94 *Colum. L. Rev.* 1 (1994); E. Kagan, "Presidential Administration", 114 *Harv. L. Rev.* 2246 (2001); S. Calabresi and C. Yoo, *The Unitary Executive: Presidential Power from Washington to Bush* (2006); P. Strauss, "Overseer or 'The Decider'—The President in Administrative Law", 75 *Geo. Wash. L. Rev.* 695 (2007); and R. Revesz and K. Datla, "Deconstructing Independent Agencies" (And Executive Agencies), 98 *Cornell Law Review* 769 (2013).

[41] 《联邦党人文集》由参与起草过程的领袖们撰写,包括汉密尔顿(Alexander Hamilton)、麦迪逊以及杰伊(John Jay)。尤其是作为立宪的核心人物,麦迪逊作了大量的记录,后来被出版而成为现在研究立宪者思想的主要信息来源。总的来说,《联邦党人文集》被看作是认识宪法最初是如何被理解的主要来源。

毫无疑问,依靠民众是对政府的主要控制;但是经验教导人们,必须有辅助性的预防措施。[42]

"权力分立"不仅仅是一种控制政府趋于权力扩张(有人说像镣铐一样束缚)的政治理论,而且也应理解为单独处理私人纠纷的一项公平原则。[43]由此引发了一种观念,即规则的制定或者执行与将其公平适用于特定情形的判断不应相提并论。也许这种观念更多地涉及司法权从行政或者立法中的分离,而不只是行政和立法的彼此(与司法)分离。因此,这非常类似于英国普通法中"自然正义"的基本原则,即任何人不应成为自己案件的法官。[44]

与分权思想同样重要,制衡观念也担负着实现有限政府的功能。立法权被分给参众两院,以对立法规划形成共识。这实质上是因为在起草宪法时立法权最令人担心,其被认为议员们的猜忌将导致他们相互掣肘。对于立法权的制约,总统能够(在限定条件下)否决立法,法院有权(通过解释,而非宪法文本)[45]以违宪裁定立法无效。在国会制衡行政职能方面,和国会拨款和弹劾等权力一样,还包括要求参议员必须批准任命和条约。法院也有赖于任命、行政执行和拨款等。通过竞争和猜忌的营造,赋予每一个部门在其他部门行使职权时设置路障的权力,制宪者相信这样可以进一步减少政府脱离人民控制的机会。

常常有人说美国政府(国会、总统和法院)中三个主要部门的正式权力受到了威胁、没有得到充分的尊重或者可能被替代,这些说法在美国政府高层更有市场。因此,最高法院认定,尽管国会可以给主要行政机关的首长设置固定的任期,而总统仅在有正当事由的情况下才能予以免职,这使得他们

---

[42] The Federalist No. 51; see also No. 47。参见〔美〕汉密尔顿等:《联邦党人文集》,程逢如等译,商务印书馆 1995 年版,第 264 页。——译者注

[43] 参见前注 5,R. Brown 对这一观点作出了特别有说服力的阐述。

[44] P. Craig, "Natural Justice: Hearings; Natural Justice: Bias and Independence[chs. 12-13]", in *Administrative Law*(7th Ed., Sweet & Maxwell, 2012)。从根源上来看,"自然正义"更多地涉及个人的经济利益,而非政治权力的适当分立。

[45] Marbury v. Madison, 5 U. S. (1 Cranch)137(1803).

有点超出总统进行纪律惩戒的范围之外,[46]但国会不能从宪法上质疑这种"丢卒保车"的行政空间。[47] 国会也不能创设一个规制委员会,而总统无权进行人事任命,[48]或者授予行政官员以重要职权,而总统却没有基于正当事由予以免职的特权。[49] 与此类似,国会一直授权独立的行政机构去处理某些事务,否则,这些事务则会被委派给法院,而受制于有限的司法审查。[50] 尽管如此,国会不能全部把司法功能和司法权授予破产管理的行政官员(即使其受制于类似形式的审查)。[51] 虽然国会和总统各自拥有许多政治权力去监管行政机关的规则制定(从属立法),国会不能因为总统没有提出正式否决,而在法律上要求行政机关向其递交申请。[52] 同样,无论国会和总统基于何种安排允许行政人员在执行预算决定上有一些裁量权,国会不能授权其在具有法定强制力的预算中剔除特定的要素。[53] 这些司法裁判以及其他裁判[54],都是在最近几十年作出的,这表明分权思想有着持续的活力。

　　有关分权与制衡在第三章会有更为具体的讨论。对国会、总统、法院以及各种受其监管的参与者予以更多细节上的关注,这有助于理解它们的运作。这一节内容的余下部分,将选取三个根据宪法确定政府架构和功能的难题,并以例证说明宪法文本的宽泛性和解释宪法所存在的挑战。这些例证一部分是源于宪法文本的不确定性,一部分则源于政治理论求诸制宪者

---

[46] Humphrey's Executor v. United States, 295 U. S. 602(1935); P. Strauss, "The Place of Agencies in Government: Separation of Powers and the Fourth Branch", 84 *Colum. L. Rev.* 573 (1984).

[47] Free Enterprise Fund v. Public Company Accounting Oversight Board, 561 U. S. 177(2010).

[48] Buckley v. Valeo, 424 U. S. 1(1976).

[49] Bowsher v. Synar, 478 U. S. 714(1986).

[50] Crowell v. Benson, 285 U. S. 22 (1932); Commodity Futures Trading Commission v. Schor, 478 U. S. 833(1986).

[51] Northern Pipeline Construction Co. v. Marathon Pipe Line CO., 458 U. S. 50(1982); Stern v. Marshall, 564 U. S. 462(2011).

[52] Immigration & Naturalization Service v. Chadha, 462 U. S. 919(1983).

[53] Clinton v. City of New York, 524 U. S. 417(1998).

[54] Freytag v. Commissioner of internal Revenue, 501 U. S. 868(1991), 此案随后会有所讨论; Metropolitan Washington Airports Authority v. Citizens for the Abatement of Airport Noise, 501 U. S. 252(1991); Plaut v. Spendthrift Farm, 514 U. S. 211(1995).

和两百多年的实践发展,而它们之间的距离日趋扩大。

一、国会创设的行政机关:将立法、行政和纠纷解决予以整合而非区分

当美国宪法在国会、总统和最高法院中界定和设置三类特有的政府权力时,引人注意的是宪法并不界定政府本身。也就是说,宪法没有界定专家型(specialist)政府机构去完成有关公共事务的具体任务。宪法的前面三条将立法、行政和司法权力授予通才型(generalist)、对特定事务缺乏具体责任的机构,这可以设想为政府主要部门领导岗位的要求。尽管从文本的字里行间发现某些制度安排的期望,但事实上并没有论及组成主要部门的要素。制宪者同意行政部门须有单独一位负责人,以实现这样一种看法,即统一的政治责任是必不可少的。然而,他们对统制之下的政府形式并没有达成一致意见。[55]

制宪者拒绝了在宪法文本中创设内阁部门的计划,相反将此项任务留给了国会来完成。他们给予国会界定政府构成的权力,即通过制定"必要和适当"的法律来履行其立法职责。[56] 正如马肖(Jerry Mashaw)教授在其权威著作《创制行政宪法:美国行政法失去的一百年》中所阐述的那样,事实上

---

[55] 在美国学术界,存在有关这一历史应该如何来理解的有力争论。例如,比较 L. Lessig & C. Sunstein,"The President and the Administration",94 *Colum. L. Rev.* 1(1994)和 S. Calabresi and C. Yoo,*The Unitary Executive:Presidential Power from Washington to Bush*(2006)。也许不足为奇的是,在这篇短文中所反映出作者的立场有所发展,见 P. Strauss,"The Place of Agencies in Government:Separation of Powers and the Fourth branch",84 *Colum. L. Rev.* 573(1984),以及更为晚近的 P. Strauss,"Overseer or'The Decider'——The President in Administrative Law",75 *Geo. Wash. L. Rev.* 695(2007)。

[56] 美国宪法第1条第8款第18项。准确地来说,这一条款规定国会有权基于宪法"为了行使上述各项权力,以及本宪法赋予合众国政府或其各部门或其官员的所有其他权力,制定一切必要的和适当的法律"。如果当时宪法文本规定了一些被赋予特定责任的行政部门,这一表述会是制宪早期阶段的遗留物。当这些规定没有出现在制宪的最后一天时,对于宪法界定政府的需要,更趋向于一种弹性的立法反应,有关政府、某一部门或者某一官员的"宪法赋予的权力"的考量,变得没有下文。在实务中,唯我论并不被注意,这一条款被理解为授权国会创设政府,并对其部门和官员分配职责。由此产生了多种多样的政府机构,见 D. Lewis and J. Selina,*Sourcebook of Federal Executive Agencies*(ACUS 2013)。

国会当初（正如所期望的那样）创设了众多不同的与总统及其人事办公室相区分的政府单位，并通过法律授予这些单位进行日常管理的职责，而非将其交由总统。同时，宪法几乎完全没有只字片语用来表述这些基本单位和总统或者最高法院之间的关系。[57] 国会基于各种政府工作可以创设何种合适的机构，对于这种判断的主要限制暗含于分权思想之中。每一个通才型机构——国会、总统和最高法院，都与其他两个有着不稳定的关系，与担负特定职能的政府机构亦息息相关。大致而言，国会通过法律设立单个的政府机构，并授权其行事；总统将其作为政策或者政治事务，根据这些法律对其职责履行进行监督和指导；而法院确保它们依法而为。

然而，在国会创设的任何一个特定政府单位中，通常会发现分权思想并没有得到很好地贯彻。国会常常授权一个行政机关（例如，农业部）去履行所有典型的政府职能。这意味着某一部门可以首先制定规章（从属立法），对私人行为的管理设定标准；然后可以对私人行为进行调查，认定其是否违法；如果这样的话，其内部司法官员可以进行复查；最终以准司法的方式认定违法行为是否确实发生。[58] 分权的宪法规定和公平程序的宪法要求没有禁止这种普遍的立法选择。行政机关在政府和法律中专业化和内部化的层级隶属被视为一种法宝，用来解释一个政府机构如何在其专业领域内履行各种在政府最高政治层面被严格区分的职权。[59] 这种有瑕疵的分权产生了有关政府职能和宪法上的问题，例如，在一个行政机关中通过法定安排将司

---

[57] 参见后续第三章有关总统和法院的讨论。宪法明确规定总统是国家军事力量的"统帅"。除了一般条款以外，一个民选总统对于国内事务行使行政权，然而，宪法仅仅规定国会授权给总统或者由其选任的政府高层，以及总统有权要求主要部门首脑提供与其职责相关的书面意见。有关对政府行为或者国会立法有效性的司法权力，在授予最高法院"司法权"的条款中并没有得到具体的讨论，尽管最高法院一开始就断定宪法条文授权其审查政府其他部分的合法性，包括审查国会行为违宪的具体权力。H. Monaghan, "Marbury v. Madison and the Administrative State", 83 Colum. L. Rev. 1(1983)，此文对后者展开了有益的讨论。

[58] Withrow v. Larkin, 421 U.S. 35(1975). 然而，需要注意的是，除了军事司法的特别情况以外，刑事犯罪的监禁只能诉诸司法部，而由法院来裁决。

[59] T. Rakoff, "The Shape of Law in the American Administrative State", 11 Tel Aviv U. Studies in Law 9(1992).

法与政治功能予以严格区分,但不及于行政首长。因此,解决这些问题成为了美国行政法的主要任务。

从宪法角度来看,无论是正式"分权"架构的适应性,还是单个行政机关隶属层级履行所有政府职能的可接受性,也许最引人注目的例证来自"独立规制委员会"。如前所述,[50]可以看出这种结构性的差异与其在行政部门的位置或者其作为"行政机关"的地位无关。在美国行政法中,独立委员会和执法部门同等对待几乎所有的目标。它们是由多个成员组成的委员会来领导的政府部门,并在其管辖范围内对规制事务进行合议处理。[51] 不像内阁国务卿和其他行政部门的首脑服务于总统,这些委员们被委以固定任期,没有正当理由不得被免职。因此,他们相对于一般的执法机关,更加不受总统的影响和控制。类似的例子包括规制有关公司股票买卖事务的证券交易委员会、规制广播和电信活动的联邦通信委员会、规制商业行为某些方面的联邦贸易委员会。[52] 像一般行政机关(如卫生与公众服务部下辖的食品与药品管理局、运输部下辖的联邦航空管理局)的首脑一样,这些委员作为特定行政机关的独立管理者,可在特定的时间内履行所有不同的政府职能,包括对其职位范围内某些事项制定规章(从属立法)、授权进行调查、在行政机关内举行听证和对争议事项作出决定等。这些程序甚至可以起始于对行政人员在数月以前提出建议的批准,通常也可以要求其对自己的行政规则进行解释。

这些制度安排符合政府区分为三个部门的结构性要求,尽管在法院看来这

---

[50] 参见页边码第 9 页。
[51] 独立委员会通过多数投票来处理实质性事务,并受主席的领导,而委员会主席处理实质性事务的权力(与内部管理相区别)和委员们的权力几乎相同。为了确保持续性,委员的任期相互交错,这符合对政治交往予以平衡的要求。在委员会任职的政府公务员是否处于公务法的范围之内,在模式上与其他政府雇员相同,但在个案中,他们只接受来自委员的指示。
[52] 国会运用创设独立规制委员会的方法并没有既定的模式:独立的联邦通信委员会和联邦能源规制委员会在其各自的领域负责经济规制,而农业部(由内阁国务卿领导的行政部门)也有这样的目标;(独立的)国家劳工关系委员会和(行政的)劳工部都涉及劳工关系方面的规制;联邦贸易委员会和司法部都涉及反垄断政策的规制;核规制委员会和环保署都涉及对危害环境的行为进行许可规制。

是毋庸置疑的,但在理论上却难以说明其原因。[63] 当美国最高法院使用"分权"分析工具来推翻创设政府机构的国会立法时,其强调独立规制委员会并不受到分权分析的挑战。在过去三十年里,有两个判决可以作例证说明,如弗赖塔格诉国内税务局案[64]和自由企业学会诉美国公众公司会计监督委员会案。[65]

弗赖塔格诉国内税务局案挑战的是美国税务法院首席法官所赋予的权力,即向处理涉税案件的特别法院任命"特别"法官。这些法官所行使的权力涉及的范围不大,也不是很特殊,但是"非常重要"。这使得最高法院有必要澄清美国"官员"的宪法含义。基于此,最高法院裁决这些法官必须根据《宪法》第二条的任命条款以法定的方式来任职。这个条款包括了四种情形:(1)掌管政府计划而直接对总统负责的官员(例如,内阁部门的首脑),是最重要的政府官员,他们经参议院建议和批准由总统来任命,这一程序设定了避免过于忠诚或者被控制的要件。对于下级官员,《宪法》第二条表明国会可以作出任职规定;(2)由总统独自任命(无须参议院的批准);(3)由部门首脑任命;或者(4)由法院来任命。下级官员包括隶属机构的负责人以及其他重要政府官员(如特别法官)等,这些官员对政府行为担负实质性责任,其行为受制于由机关首长控制的层级。第二条表明没有其他的情形,但不能理解为仅对"雇员"选任进行控制。

在弗赖塔格诉国内税务局案中,最高法院五位大法官以微弱多数,确信无疑地阐述了《宪法》第二条所蕴含的理论,以期确保行使公权力的政治责任。"制宪者意识到任命权过于分散所造成的危险,并拒绝扩展这项权力,而我们亦是如此。"[66]因此,多数意见指出,国会授权任命"下级官员"的"部门首脑"很少,仅限于组成总统内阁的部级首长。任何其他结论将有违制宪者确定的方针,危及权力的分散。在这个意义上,由于美国税务法院的首席法官既非总统,也不是部门首长,其任命特别法官的权力不属于第二和第三

---

[63] 参见 P. Strauss, "The Place of Agencies in Government: Separation of Powers and the Fourth Branch", 84 *Colum. L. Rev.* 573(1984)。

[64] Freytag v. Commissioner of Internal Revenue, 501 U. S. 868(1991)。

[65] Free Enterprise Fund. v. Public Company Accounting Oversight Board, 561 U. S. 477(2010)。

[66] 501 U. S. at 885.(引用省略)

种的情形。但是，多数意见基于任命条款的目的，通过认定税务法院属于第四种情形规定的"法院"，从而避免牵涉到此前相关案件的说理。

如果将这种说理适用于独立规制委员会，其混合职能有碍于将之称为"法院"，这种困难在原意主义理论和当今实践进行比较时常常发生。对此，多数意见附加了一个奇特的脚注："我们并没有阐述任何这样的问题，即某一重要行政机关的首长（如联邦贸易委员会）任命下级官员的问题……"[57] 但是，相比税务法院的特别法官，独立规制委员会正式任命的成员享有更大的权力，同时，他们毫无疑问都属于"下级官员"。这些任命不是总统任命，不会损害委员会所期望的独立性，而独立规制委员会肯定不是内阁部门。同时，国会将任命权授予很多不属于内阁部门的行政机关，例如，环保署。还设立了在固定任期内从事公共服务的高阶文官职位（Senior Executive Service），其成员一般要求符合"下级官员"的标准。如果任命条款所蕴含的理论要求严格限制有权任命下级官员的部门首长数量（这一理论准确地反映了制宪者的特别信念），这就很难理解最高法院的确信，其说理并没有指责许多由国会反复作出的制度安排。

这些担心引发了一份由四位大法官支持的协同意见，这一强有力的协同意见由斯卡利亚大法官（Antonin Scalia）撰写，而其常常对宪法、法律和规章进行原意解读，可是他也表示愿意接受多年以来宪法变迁的结果。他认为"法院"所阐述的原理是有缺陷的，因为税务法院并不行使《宪法》第三条授予的"司法权"，其法官也不享有第三条规定的受保护的任期。同时，多数意见的脚注与文本中的说理明显不一致。然而，如果不从"原意主义"出发（即严格遵循文本被批准时的观点），则意味着至少存在三个理由，来接受基于任命条款的目的在脚注中被认定为"部门"的组织。首先，宪法在政府设计上确实存在模糊性，这有赖于国会对何谓"必要和合适"作出判断，从而及时实现任何环节上的立法目标。其次，现在有很多完备的管理手段，不会带来极大的不便。尤为重要的是，最高法院相信这些管理手段不会在政府

---

[57] Id. at 887.

的三大部门中产生不平衡,而这种失衡有可能威胁到国会、总统和最高法院的相关权力。通常来说,这些组织有责任在任何情况下与那些被认为有用的政治控制保持一定的距离,而国会在其针对这些行政机关的行为上反映出远离政治控制的期望。同时,总统(与国会和法院一样)与独立委员会保持着实质性的关系,虽然不是那种与执行部门常有的全方位关系。

在自由企业学会诉美国公众公司会计监督委员会案中,[68]司法判决采用了斯卡利亚大法官的意见,而在解释宪法文本中没有表述的结构性限制上,这份意见对最高法院的角色和相对自由作出了引人注目的说明。独立规制委员会在19世纪和20世纪早期,偶尔会成为国会的选择(例如,联邦贸易委员会),而在罗斯福新政期间以某种频率被创设出来。[69] 如前所述,[70]这些组织的共同特征是不像执行部门的首长,委员被任命为交错和固定的任期,而且仅在有正当事由的情况下才会被免职,从而确保其不受总统的直接控制。其中,证券交易委员会在1934年被国会创设,其目的在于稳定和规整被大萧条和1929年股市崩盘所扰乱的股票市场。在1930年代中期,最高法院维持了对联邦贸易委员会委员予以"正当事由"保护的合宪性,[71]随后有关国会采取独立委员会模式的争议基本上停止了。在2002年,在一系列著名的公司假账风波之后,国会采取了进一步的行动,看起来像是在一个独立规制委员会(证券交易委员会)内部又创设一个独立规制委员会(上市公司会计监管委员会),借此处理被披露出来的规制问题。国会授权证券交易委员会,而非总统去任命上市公司会计监管委员会委员,这些委员的任期相互交错,仅在有正当事由的情况下被证券交易委员会免职。随后,一家

---

[68] Free Enterprise Fund. v. Public Company Accounting Oversight Board, 561 U. S. 477(2010).

[69] 尽管1887年创设的进行铁路费率规制的州际贸易委员会,在传统上被认为是首个"独立规制委员会",但马肖教授在《创制行政宪法:美国行政法失去的一百年》一书第一章第19页作出重新阐述,根据1852年的《汽船安全法》,早期的监督检查委员会所进行的干预极大地改善了汽船安全。在州际贸易委员会之后,出现了联邦贸易委员会和联邦储备委员会;在1930年代产生了国家劳工关系委员会、国家海事委员会、民用航空委员会、联邦动力委员会、联邦通信委员会和证券交易委员会。

[70] 参见页边码第35页。

[71] Humphrey's Executor v. United States, 295 U. S. 602(1935).

受制于上市公司会计监管委员会监管的内华达州会计公司和其所隶属的非营利组织——自由企业学会,对这项新的立法提出了合宪性的质疑。

最高法院以有限的方式支持了这一诉求,其首先说明证券交易委员会是行政部门中必要的组成部分,受到总统的监管,它没有绝对的而仅有一定程度上的"独立性"。[72] 由此,它是一个基于任命条款之目的的"部门"。就算其委员受到正当事由例外免职的保护,最高法院仍然认为这种监管程度在宪法上足以保护总统忠实执行法律的职责。如果依宪而行,总统对于每一个委员会里"下级官员"的职责履行有着实质性的联系,而证券交易委员会对这些"下级官员"有权进行纪律惩戒。但是,证券交易委员会并不能对上市公司会计监管委员会的委员进行纪律惩戒。由此,最高法院认为国会通过在一个独立委员会内创设另一个独立委员会,弱化了总统必要的监管角色,以至于违反了宪法的结构性限制。总统执行权力的定位需要总统能够对执行部门的日常工作进行有效监管。"仅在正当事由下免职"的双重保护对宪法的定位设置了巨大的障碍,最高法院通过剔除法律对委员进行"正当事由"保护,同时保留了上市公司会计监管委员会及其所有其他方面的规制权力,以此消除了这一障碍。现在,像所有其他证券交易委员会的"下级官员"那样,总统通过对证券交易委员会的监管来监督这些官员的职责履行。即使存在法官超脱宪法文本的风险,这种功能性的解释比正式的解释更具灵活性,而被复制到弗赖塔格诉国内税务局案的说理之中。[73]

---

[72] 由此认可了作者本人在二十几年前作出的分析,见 P. Strauss,"The Place of Agencies in Government:Separation of Powers and the Fourth Branch",84 *Colum. L. Rev.* 573(1984)。

[73] 参见 P. Strauss,"Formal and Functional Approaches to Separation of Powers Questions—A Foolish Inconsistency?",72 *Cornell L. Rev.* 488(1987)和 E. Magill,"The Real Separation in Separation of Powers Law",86 *Va. L. Rev.* 1127(2000)。当弗赖塔格案多数意见及其脚注所产生智识上的迷思(Intellectual Mystery)开始消散时,自由企业学会案的一个脚注产生了另一个迷思,即基于任命条款的目的,将证券交易委员会设置在行政部门之中,并将其定性为一个部门。但是,最高法院却不认为其受制于总统统一监管机制,对此宪法明确规定总统的宪法权力要求"主要部门首脑提供与其职责相关的书面意见。"(美国宪法第 2 条第 2 款第 1 项)。相关迷思的讨论见 P. Strauss,"On The Difficulties of Generalization—PCAOB in The Footsteps of Myers,Humphrey's Executor,Morrison and Freytag",32 *Cardozo L. Rev.* 2255(2011)。

总的来说，国会创设多种形式的政府组织，[74]这可以被认为是国会自身不能直接卷入法律执行的产物，同时，这些行政机关必须与总统的监管有一定联系。也就是说，从功能上来看，将三种典型的政府职能整合到一个"行政机关"，其并不像将之集于总统、国会或者法院那样会对公民造成威胁。对明显违反"分权"原则予以抵消（以美国视角），其基础在于外部控制的存在。这些行政机关的行为受制于国会制定的立法、法院对其行为合法性所进行的司法审查，以及总统的任命和（未明确界定）政治权力。因此，它们不会成为政府失控的幽灵，相反如果总统或者国会试图总揽一切则会如此。就此而言，通过这些手段足以确保行政行为的公平性。[75]

二、尽管国会被赋予"全部的立法权"，但行政机关（和法院）通常被授权批准规章（若生效则具有法律效力）

　　宪法赋予国会"所有的立法权"，并相当详尽地规定了立法职能。它创设了国会的参众两院，设定了选区、选举周期、立法方式（包括对总统否决的规定），以及适于立法的选项。[76] 同时，宪法对一些其他方面的国会职能作出了具体规定，包括弹劾犯有"重罪或者行为不检的"行政或者司法官员、负责对政府开支进行拨款、参议院参与总统的任命和条约的批准，但不包

---

[74] 在此，没有讨论各种各样的公私混合的组织，这些组织由国会创设负责公共商业活动。斯卡利亚大法官在 Lebron v. Nat'l R. R. Passenger Corp. ,513 U. S. 374(1995)案中，对这些组织类型作了无差别的分析，其观点得到七位大法官的支持。但是，在二十年后 Department of Transportation v. Assoc. of American Railroads,135 S. Ct. (2015)案中，对待这些组织中的某些单位有着明显加重的顾虑。最近有一个详尽的解释说明，见 A. O'Connell,"Bureaucracy at the Boundary", 162 U. Pa. L. Rev. 841(2014)。

[75] 参见 T. Rakoff,"The Shape of Law in the American Administrative State",11 Tel Aviv U. Studies in Law 9(1992)。在规则制定和执行的相同构造之下，个体公平的问题取决于个案的适用，见 Withrow v. Larkin,421 U. S. 35(1975)。

[76] 宪法第一条第八款列举了国会的立法权，并规定国会可以"为了行使上述各项权力，制定一切必要的和适当的法律"。第九款规定了对这些权力的具体限制。相对于裁判而言，其特别强调了立法的两个特征，即总体性和前瞻性。国会不能通过褫夺公民权利的法案，以及对已经发生的行为，通过立法手段将特定人士定罪。同样，国会也不能制定溯及既往的法律，即在行为发生之后才被规定为犯罪。

括委员会、听证或者对政府其他部门行为的监管。在此,最主要的关注点在于立法过程,这明显被认为是首要和特有的。制宪者们似乎践行了英国政治哲学家约翰·洛克的观点,即立法权本身是一种代理(人民委托代理)的产物,人民委托给立法机关的唯一权力就是制定法律,而非创设其他立法者。

然而,在下一章节将会看到,国会的现代功能与所暗示的图景大不相同。即使刨去议员为下一轮选举筹款所耗费的大量时间,国会议员及其幕僚在非立法的事务上也花费了大把的时间。⑦ 国会在早期认为,有必要创设立法委员制度去回应立法与行政分离的系统要求,甚至要求立法机关和行政机关相互竞争。国会内各种委员会行使重要的调查职权,除了与年度拨款程序相关的实质性调查以外,它们还对行政执法进行具体监督的听证会,以及对既存的社会弊病或者丑闻进行一般性调查。由此,调查职权的行使造成了各委员会的职员数量暴增。⑱ 而这种增长结果又助长了立法的膨胀,即在华盛顿的政治环境里,委员会职员一旦上任就会有卖力工作和表现的持续需求。由于听证为异议表达、施加压力和揭露丑闻提供了一种手段,上述功能在这些年来表现得尤为突出,特别是过去数十年来白宫和国会一直被不同政党所控制。

国会议员的另一项重要工作是个案调查(casework),以帮助那些与联邦机构发生纠纷的特定选民。在许多现代政治学者看来,个案调查是一个

---

⑦ 一份近期的新闻报道概要估算,议员在一天的十个小时里,筹款占用四个小时;会见选民和其他官方访问者,以及开会整合立法和委员会的监管各自花费了两个小时;"策略性扩展"和"修整时间"各自占用一个小时。

⑱ 对国会活动的当下理解可以从一份重要的国会观察者杂志中获取,即《国会季刊》(Congressional Quarterly),网址是 http://www.cq.com,该杂志需要订购获取。国会季刊出版社出版的《国会从 A 到 Z》指出:"尽管在 1990 年因委员会裁员使得增长有所放缓,但自二战以来参众两院的职员数量一直保持高速增长。在 1947 年参众两院的委员会有 399 名助理,而到 2013 年,数量超过 2000 名。(委员会职员数量在 1980 年代中后期达到最高点,当时大约有 3000 名)此外,在 2013 年有超过 10000 名参众两院议员的私人助理。"见 C. McCutcheon, Congress A to Z, 542 (2014)。

国会议员是否有可能再次当选的基础。⑦ 作为一项活动，它需要有更多的人员配置（在议员个人办公室），而其本身也为这些职员所需。个案调查有时候呈现出与议员再选筹款需求相抵牾的关系，这种并存最近引发了不止一起丑闻，但这不像其他系统中的督查功能，其险恶莫过于耗时太多。同时，委员会的职员很少为选民指明正确的方向，或者确保相关事务受到行政官员的审查。由此可见，宪法界定了国会讨论和制定法律的职能，但国会却分心多处。

无论洛克观点的要求何在，法律授权其他政府机构制定规章，一旦生效，这些规章具有与第一届国会所通过法律一样的效力。⑧ 1789 年的《司法法》授权联邦法官制定有关司法程序的规章。授权条款的实施受到了质疑，其理由是根据宪法只有国会拥有立法权，并且国会不能在法律上将这一权力委任给其他政府机构，而这种挑战最终失败了。㉛ 随后，国会授权总统和行政部门类似的权力，即针对国会所制定的法律发布措施，而对这些措施的挑战同样以败诉告终。在 20 世纪早期，一名农场工人对其违反规章被定罪提起诉讼，该规章系农业部长批准，用以控制在国有林地放牧绵羊。法律授权部长"制定相关规则和规章，以及提供相关服务，以实现保护国有林地的目标，即规制其占有和使用，保护森林不受破坏"。法律规定违反依据该法发布的任何规章，将被处以一定数量的罚款或者最高一年的监禁。最高法院一致认为这一授权无可争议，只是"一种作出具体规定的权力"，而实际上

---

⑦ R. Davidson, W. Oleszek, F. Lee & Schickler, E., *Congress and its Members* 111-25(14th Ed. Sage, 2014); D. Butler, C. Karpowitz and J. Pope, "A Field Experiment on Legislators' Home Styles: Service versus Policy", 74 *J. of Pol.*, Vol. 74, No. 2(April 2012), pp. 474-486; C. Reenock & B. Gerber, "Political Insulation, Information Exchange, and Interest Group Access to the Bureaucracy", *J. of Pub. Admin. Research & Theory*, 18, 3, pp. 415-440(July 2008); J. Mashaw, Greed, *Chaos and Governance: Using Public Choice to Improve Public Law* (Yale 1997); D. Farber and P. Frickey, *Law and Public Choice: A Critical Introduction*, p. 17 ff. (University of Chicago Press 1991). J. Aberbach, *Keeping a Watchful Eye: The Politics of Congressional Oversight* (Brookings 1990).

⑧ 这段不受重视的历史兹予以详细说明，见 J. Mashaw, *Creating the Administrative Constitution: The Lost One Hundred Years of American Administrative Law* (2012)。

㉛ Wayman v. Southard, 23 U.S. (10 Wheat.) 1, 15-16(1825)。

是对轻罪的界定。㉒

　　随着政府的抱负及其所处现实情况的复杂性的不断增长，国会总是授予重要政府机构发布规章的权力，这种权力通常被实际运用。作为当代行政法知名学者之一，爱德华·鲁宾（Edward Rubin）教授将这种情况有效概括为国会进行"不及物"（intransitive）立法的倾向，即任命其他人去解决既存的问题，以此与自身直接设定法律标准的"及物"立法相区别。㉓ 目前，在管理私人行为的准法律文本中，这些规章（非国会制订的法律）确实占了相当大的比例。正如此文所述，与联邦法律汇编相比，对具有法律效力规则由联邦政府出版的年度汇编，占用法律图书馆书架空间超过两倍之多。

　　当然，这些规章不是国会制定的法律，行政机关制定规章必须基于宪法赋予的法定权力，如后续章节所讨论的那样，行政机关制定规章适用国会创设的程序，这与国会适用的立法程序有所不同。㉔ 同时，法院对规章的合法性审查比法律要更为严格。㉕ 尽管最高法院近期比较一致地将行政机关发布的规则认定为行使国会授予权力的执法行为（executive actions），㉖但是，长期以来行政机关的规则制定权被描述为一种"立法权"的委任。㉗ 考虑到所采用的准法律形式，就会很容易理解为什么存在这种描述。

　　作为一种政治理论，有关委任的问题至少可从两条思路展开：其一是，先前提到的洛克的观点，即人们仅授权立法者进行立法。根据鲁宾教授的说法，国会有义务进行注重结果的及物立法，而不是不及物地将立法权授予

㉒　United States v. Grimaud, 220 U. S. 506(1911).
㉓　E. Rubin, "Law and Legislation in the Administrative State", 89 *Colum. L. Rev.* 369(1989).
㉔　参见第五章第三节。
㉕　参见第七章。
㉖　最高法院最近扩展了有关"委任"问题的讨论，见 Whitman v. American Trucking Assn, 531 U. S. 457(2001)，一致认为法律授权环保署发布强制性规章的合宪性，这些控制污染的规章要求承担实质性的服从成本。其中两位大法官将这项法律认定为授权环保署行使"立法权"。在多数意见中，这些规章的制定属于执法行为。另见 Free Enterprise Fund. v. Public Company Accounting Oversight Board, 561 U. S. 477(2010)，页边页第 38 页。
㉗　当某一组织不属于《宪法》第三条规定的联邦法院，其被授权从事准司法活动，即产生了有关司法权委任的类似问题。参见页边码第 54 页。

他人,至少国会应当自己解决大法官所面临的根本性的政治问题。其二是,国会可以授权行政机关发布有法律效力的指示,但是,只有根据确保合法性的标准才可以如此行事。也就是说,国会授予的权力必须予以充分的限制,从而使得法院对该权力的适当行使有章可循。

概括而言,这些观点首先强加了无法维系的必要条件,即考虑到语言、预见和完成任务时间的限制,在复杂社会中不能指望单个机构对所有事务作出详细规定,从而使得"立法"处理变得合理。也许因为这个原因,尽管第一条思路被偶尔提及,[88]并常常获得批判法学的青睐,[89]但对美国宪政历史没有起到作用。"国会负责所有联邦的规则制定,将会转移其在更为紧迫的议题上的注意力,从而使得制宪者所设计的联邦政府无法有效运行。托马斯·杰斐逊曾指出,'将具体执法规定整合于一体是令人尴尬和有害的'。"[90]在朝鲜战争期间,杜鲁门总统通过行政命令接管那些因罢工而扰乱战争物资生产的钢铁厂。最高法院的布莱克大法官对其予以谴责:"在宪法的框架内,总统的权力在于监管法律的切实履行,这就驳斥了总统成为立法者的想法。"[91]然而,总统声称其依据自己的职权行事,而无需法定授权,这确实可以说与国会创设的法律框架相违背。在此,国会授权制定规章的程序并没有被运用。[92]考虑到总统享有独立的宪法权威和权力,这里存在委任总统行事的特定原因吗?事实上,总统行为只出现在1930年代最高法院

---

[88] 例如,托马斯大法官发表了少有的协同意见,见 Department of Transportation v. Assoc. of Am. Railroads, 135 S. Ct. 1225, 1240(2015)。

[89] 参见 D. Schoenbrod, *Power Without Responsibility*(1993),这个强烈批判的文本将洛克的观点披上了"公共选择"分析这件改为现代的外衣。"Symposium, The Phoenix Rises Again: The Nondelegation Doctrine from Constitutional and Policy Perspective", 20 *Cardozo L. Rev.* 731 (1999)。有关委任文献的一系列摘录见,P. Strauss, T. Rakoff, C. Farina, and G. Metzger, *Gellhorn & Byse's Administrative Law: Cases and Comments*, 619-24(11th ed. Foundation Press 2011) [Cited hereafter Administrative Law: Cases and Comments]。

[90] Loving v. United States, 517 U.S. 748, 758(1996)。

[91] Youngstown Sheet and Tube Co. v. Sawyer, 343 U.S. 579, 587(1952)。

[92] 在 Loving v. United States 案中,总统通过行政命令作出指示,即对"正在恶化的因素"予以适当考虑,以支持法院军事程序中的死刑判决。考虑到法律授权总统如此行事,以及总统作为军队总司令的宪法角色,最高法院一致维持了这一委任。

裁决的两个案件中,而最高法院曾认定国会授权给联邦行政机关进行规则制定是违宪的委任。㉝ 但是,当最高法院在最近对这两个判决进行解释时,并没有提及总统权力的特别因素,其指出:"在最高法院的历史中,我们发现只有两部法律缺乏'明确性原则'的要件,一部法律在字面上对裁量权的行使没有提供指导,另一部则授权规制所有经济活动,而其基础在于通过确保'公平竞争'来刺激经济,而非更为精确的标准。"㉞

作为一项合法性原则,"明确性原则"为第二条分析思路设定了法律框架。法院以此作出决断,即法院是否有权明确阐述行政行为的合法性,是否接受法律对行政行为的限制。然而,很明显这是一个发散性的标准,并难以执行。㉟ 最高法院明确指出:"行政裁量的可接受程度随着宪法授权的范围发生改变。国会无需在相关事务细节上提供任何指示,但是,在设定影响国家经济的空气标准上,其必须提供实质性的指导。"㊱然而,在多大程度上足以构成"实质性"的指导?"我们几乎从来没有觉得有资格去揣测,国会留给执行或者适用法律的行政机关作出政策判断的允许程度。"㊲为了"设定影响国家经济的空气标准",最高法院认为这样做才是充分的,即国会指示行政机关"在必要的水平上设定空气质量标准",也就是说不高不低的必需标准,以足够的安全余度来保护公共健康,并排除诸如在国家经济中权衡成本的考量。㊳

这些案件支持对委任施加限制,即行政权力作用于特定领域(然而,在

㉝ Panama Refining Co. v. Ryan, 293 U.S. 388(1935);A. L. A. Schechter Poultry Corp. v. United States, 295 U.S. 495(1935). 在这一时期,最高法院也裁决一项对在野政党过度委任的法律无效。Carter v. Carter Coal Co., 298 U.S. 238(1936).

㉞ Whitman v. American Trucking Assn, 531 U.S. 457,474(2001)。

㉟ 基于此,托马斯大法官支持"回到对联邦立法权的原本理解,并要求联邦政府只通过宪法规定的立法程序来创制适用于私人行为的一般规范。"见 Dep't of Transportation v. Assoc. of American Railroads, 135 S. Ct. 1225,1240(2015)。

㊱ Whitman v. American Trucking Assn, 531 U.S. 457,475(2001)

㊲ 同上,第 474—475 页,援引 Mistretta v. United States,488 U.S. 361,416(斯卡利亚大法官)和 373(多数意见)(1989)。

㊳ 同上,第 475—476 页。

这些领域内的权限界定并不明确),以及规定行为的一致性。但是,潜藏在这些案件中的诸多要素大部分没有出现在以前认定为违宪委任的两个案件之中。因此,法律要求联邦通信委员会根据"公共利益"配置广播许可证,授权其发布规则以明确作出配置所采取的标准,而这项法律充其量作出了含糊的指示。尽管如此,它们限定一定范围的行为适用于特定类型的许可发放、行为主体不包括总统、根据法定程序和法律规定公开地实施行为,以及国会、最高法院和总统在其各自的职位上对结果予以控制。在没有标准或者没有义务披露所采取措施的情况下,总统被授权行事对合法性并不构成威胁。

确实可以这样来看,行政机关作为次级规则的制定者被鼓励对其行为设定合法性制度架构,而法官实际上能否有效实施合法性检测就不那么重要了。在此,行政机关承认有义务说明其行为的合法性,并根据法条来组织其论点,则法院的司法运作相对于国会或者总统,处于一种普通或者说合作的模式,而不是宪法意义上可能相互对立的模式。最高法院指出国会的立法是否足够准确可能导致反复的对抗,而其无须提出这些微妙的问题,通过普通的解释就能够评估特定行政行为的合法性。当然,必须承认的是,在很多方面以合法性建构问题的能力是一种确信态度的产物。在规则制定上仅存的问题是行政机关在解决所面临的问题上享有相当大的实质性的裁量权,而这一问题的解决取决于它们是否承认在合法性的架构内行事。在一般的案件中,行政机关承认有义务向法院说明其实施行为的法定权力和遵循的法定程序,以及根据既存信息作出合法决定等,由此司法审查变得更加便利和正规化。因此,当行政机关服从于合法性的义务要求,并同意确保行为的一致性时,其本身就解决了委任的问题。[99]

在最高法院明确表述行政规章审查标准的重要案件中,谢弗林诉自然资源保护委员会案(Chevron v. NRDC)是一个阐明性的例证。[100] 一项法律

---

[99] See P. Strauss,"Legislative Theory and the Rule of Law:Some Comments on Rubin",89 *Colum. L. Rev.* 427(1989).

[100] Chevron U.S.A. Inc. v. Natural Resources Defense Council,Inc.,467 U.S. 837(1984),此案在后续章节有更多的讨论,参见页边码第 493 页。

授权环保署(EPA)制定规章来管理依靠空气传播的污染物排放。环保署发布了一项规章,尤其是允许在一个大的工厂场地处理所有的排放,如同其从一个源头散发出来(一个"泡泡"),而不是逐个烟囱地控制排放,由此必须予以说明理由。最高法院认为在行政机关使用这个法定的"泡泡"概念上,授权行政机关进行规制的法律本身是模糊的。据此,可以按照两个思路中的任何一个来解读法律,而在立法史上也没有予以明确界定。对于这个明显属于立法上的问题,在联邦系统中的某些法院可能作出这样的反应,即不认同行政机关的行为,或者说行政机关的权力不足以明确地支持其行为;或者法院可能被期望简单地解决涉及法条含义的争议问题,以便将来知道有关"泡泡"的解释进路是否被采用。最高法院作出的反应与众不同,它强调行政机关在确定法条含义上,经认可享有一定范围的裁量权,并指出这种行政机关行使的权力处在法律规定的限制范围内,其仅仅受制于法院所设置的一般检测,以此审查行政机关行使裁量权时的合理性。[⑩] 暗藏在这一判决中的论点是,如果在某个将来时刻,行政机关改采另一种法律解读也会符合这些检测,只要被一般要求的事实基础和解释所支持,这种解读就必须予以接受。因此,规则制定不只是依据法律,而是根据无争议的委任,行政机关有权在司法判定的范围内认定法条本身的含义。

当行政机关声称因缺乏法律标准而法院无法审查其行为时,委任问题就很有可能产生。一般来说,即使承认司法审查的可能性,在实质层面上通常的审查标准也会认可行政裁量,因为司法介入行政裁量可能是不恰当的。在一般的案件中,行政机关仍然承认其裁量权的行使会受到"滥用"标准的司法审查,其有义务确保这样的权力滥用不会发生。但是,假设某一行政机关声称被诉行为引发了法院无法解决的政治问题,而其拥有裁量权以规避司法介入的可能性,这就无法可依了吗?有一个案件涉及在美国原住民问题上负有许多规制责任的内政部部长作出的行政决定,即基于特定目的使

[⑩] 参见第八章以下。

用某个部落土地的行政决定。⑩²从某种角度来看,由于牵涉到公共土地的管理,内政部卷入职权纠纷的情况似乎比环保署要少一些。但至少在最初,部长对法院的态度是对抗的。他没有对其行为的合法性说明理由,反而声称整个事务取决于其行政裁量,而不受制于司法审查。面对这种论点,联邦上诉法院将其认定为非法委任所产生的结果。事实上,法院的裁决是国会不能授权作出不受司法审查的行政决定。只有当美国司法部副部长说服该部长收回其立场和向最高法院承认存在评估其行为合法性的标准,⑩³下级法院的裁决才被撤销,而案件被发回重审代替了对部长行为合法性的"一般"审查。⑩⁴

有助于解释此问题的进路是,司法审查的条款是国会创设行政权,将法律效果施加到民众身上的有效条件。作为在1960和70年代对行政法问题有影响力的上诉法院法官,哈罗德·利文撒尔(Harold Leventhal)以这种进路来提出论点:"正因为存在司法审查去确保行政机关在法定范围内行使委任权力,并基于这些限制,通过合理或者非歧视的行政来落实其目标,国会才会愿意委任其广泛的立法权,而法院亦支持这种委任。"⑩⁵

如同后续章节所阐述的那样,⑩⁶国会对于促成司法审查的有效性有着广泛的权力。推论而言,内在于军事和外交关系行为的特定形式,以及政府优先权的设置(如有关公诉的选择)都被保护而免于司法审查。但是,在国内规制的领域内,多大程度上能够确保行使委任权力的合法性,这在根本上取决于创设这种权力的条件。

总的来说,美国法院认为立法过程并不能适应现代社会所要求的对非

---

⑩² South Dakota v. U.S. Department of the Interior, 69 F. 3d 878 (8th Cir. 1995) vacated 519 U.S. 919 (1996).

⑩³ 副司法部长是美国司法部重要官员,其负责涉及美国利益的上诉行为,在此背景下对其他部门(以及独立规制委员会)行使相当大的权力。参见页边码第198页。

⑩⁴ Michigan Gambling Opposition v. Kempthorne, 525 P. 3d 23 (D. C. Cir. 2008), 后来发生的这个案件强调了认定这些标准存在困难。

⑩⁵ Ethyl Corp. v. EPA, 541 F. 2d 1, 68 (D. C. Cir. 1976) (emphasis supplied).

⑩⁶ 参见第七章以下。

常具体的技术性标准予以多样性定制。委任问题的援用有赖于特殊的情况,在大多数案件中,这有可能构成行政机关无法而为的危险,而法院不能在个案中予以有效回应。然而,在某些背景下,立法机关是否施加足够的努力成为司法的焦点问题。考虑到制定税法的政治责任的特殊重要性,宪法要求由更具回应性的众议院来确定税制和相应措施。在一个起诉行政机关法定权力的案件中,行政机关为许可设定了年费,并以优待某一选区的方式行使其权力,对此最高法院将其界定为一种违法的委任。[107] 当设定一定水平的收费来弥补许可的行政成本被接受时,行政机关作出的选择暗含了一种支配政治原则的征税权。

可以看到,德国宪法法院一直没有美国法院所面临的困难,即认定法律不够明确而难以支持规章的制定。[108] 偶尔有大法官拒绝判定易于司法处理的标准,而支持法院有责任检讨国会对基本议题的阐明。但是,从整个最高法院来看,易于司法处理的意见占据主流,由此出现了一个更为限制性的进路,即阐明其自身的解释惯例。这种解释惯例是对模棱两可的语言进行严格解释,而不是像一位大法官形象表述的那样,即寻找"老鼠洞里的大象"。[109] 可以看出,在此案中模棱两可的规定给了行政机关作出决定的权力,这与先前提及的雪佛龙案存在着紧张关系。一个晚近的判决解释了相关条款引发"基本议题"限制因素的问题。[110] 针对这个难以解释的问题,最高法院没有简单地遵从"合理"的行政解释,而是宣称其自身的解释责任。之所以如此,是因为这个问题处于所涉及规制方案的核心,而雪佛龙案不能适用于最高法院认为国会有责任作出决定的问题。也许在特定案件中,认

---

[107] National Cable Television Ass'n, Inc. v. FCC, 415 U.S. 336(1974).

[108] Bundesverfassungsgericht[BVerfG][德国联邦宪法法院],1 BvL 1/09,1 BvL 3/09,1 BvL 4/09 of Feb. 2010(Hartz IV),这是一个在英文文献的某些讨论中众所周知的例子。"Special Section: The Hartz IV Case and the German Sozialstaat",12 *German L. J.* 1941(2011).

[109] Whiman v. American Trucking Ass'ns, 531 U.S. 457, 468(2001). 另见 http://www.conservapedia.com/Elephant-in-mousehole_doctrine,"国会不能用模糊或者附属的条款来改变一个规制方案的基本细节,也就是说,不能在老鼠洞里藏一头大象。"这一原理说明了对宪法进行解释的文本主义进路的一个例外。——译者注

[110] King v. Burwell, 135 S. Ct. 2480(2015).

定立法机关所进行的立法是否足够精准（对美国法院而言是一项不切实际和不可取的任务），与评估立法技术（对支持模糊的立法有可预测的一般效果）有所不同。这一思路有助于理解这个尤为重要的现代分权案例，在这类案件中，最高法院不认同"立法否决"（legislative veto）的方式，即国会授权参众两院之一仅仅通过投票来反对行政行为，而无须另一院同意、提请批准或者由总统来否决。[111] 如果国会能够以这种方式为不理智的反对意见发声，便会更加容易地给予支持者特别的帮助，同时避免对长期政策的承诺作出明确阐述，国会可能更乐于有机会对公共事务进行不理智的干预，而非制定公共标准，或者更乐于监督，而非立法。立法否决是令人反感的，其原因在于它降低了国会进行精细立法的意愿。如果国会可以不计成本地适用模糊立法的规则，而留有无需理由说明的反对权力，这将掩盖国会的立法责任，并减少法院审查行政行为合法性的空间。[112] 无论国会何时授权行政机关制定有法律效力的规章，一旦弃用立法否决，国会就会有一定意愿作出精细的规定。1996年颁布的《国会审查法》（Congressional Review Act）暗示了类似的困难，但这并没有在法院得到检验。[113] 该法规定了一个简易的立法程序，专门用来立法机关对既定规章予以否决。一个通过制定法进行否决的程序本身不会造成任何问题，但是，该法进一步规定一旦制定了否决规

---

[111] INS v. Chadha, 462 U.S. 919(1983).

[112] Consumer Energy Council of America v. FERC, 673 F. 2d 425(D. C. Cir. 1982)，经确认概括更名为 Process Gas Consumers Group v. Consumer Energy Council of America, 463 U. S. 1216(1983)。如果国会保留不受审查的政治权力，以支持或者反对行政机关的规则制定，则法院担心这会削弱规则制定权受到法律限制的特性。

[113] 5 U.S.C. §§801(b) and 802(g). P. Strauss & D. Cohen, "Congressional Review of Agency Regulations", 49 Admir. L. Rev. 95(1997)，此文对这项法律进行了讨论。由于总统通常可以根据这项法律行使其否决权，以防止行政章被国会反对，当某一规则在新总统就任前不久制定，并处于反对该规则的政治环境之中，《国会审查法》才有可能具有直接的法律效果。在后面脚注中讨论了该法以这种方式到目前为止的所有运用。尽管如此，这项法律仍然确定了一种重要的行政责任。对此，负责法规管理的美国政府问责办公室（the Government Accountability Office）发布大量的指导文件，网址：http://www.gao.gov/legal/congressact/cra_faq.html。同时，作为一名受尊敬的研究者，柯蒂斯·科普兰（Curtis Copeland）近期向美国行政会议提交了一份有关该法的报告，网址：https://www.acus.gov/report/copeland-report-congressional-review-act。这份独立报告名称为《国会审查法：近期许多既定规则未呈交给美国政府问责办公室和国会》。——译者注

章的法律,就剥夺了行政机关在没有新的法律授权下制定"类似"规章的权力。对此,法律没有就否决方案中何谓"类似"予以具体界定,国会坚持认为法院在考虑规章是否被法律授权时,忽视了其依法而为的政治史。唯一要做的事情是国会以允许评估后续规则合法性的方式,来修订行政机关的规则制定权。在此,通过立法否决规章推行变成未经说明的简单"否决",进而没有指导标准,而让法院根据未修订的法律去考虑其行为在多大范围上限制了行政机关的权力。⑭

在比较行政法电邮组(listserv)最近发布的一个帖子中,皮特·林塞思(Peter Lindseth)教授通过这种方式描述了合法性原则和委任问题之间的关系:

> 在某些情况下,美国宪法自身直接提供了合法性限制,而无须国会的干预。但是,在绝大多数情况下,宪法要求民选国会提供合法性原则。然而,这种对行政行为的法律界限予以认定的权力不只是形式上的,在我看来,这里存在一种没有很好加以界定的最终规范性权力的实质性保留,即该权力只能由立法机关来行使,即使这种保留的准确界限仍受到了相当大的争议。这种保留体现在(我承认,也没有很好地体现)美国观念下的"明确性原则"(intelligible principle)中,和(也许更好体现在)德国观念下的内容、目的和范围,以及有关诸如"重要性理论"(theory of essentialness)的原理之中。但是,在上述两个案件中,我们谈到了立法保留的最终实体特征,用德语来说是"Vorbehalt des Gesetzes"(法律保留)和"Parlamentsvorbehalt"(议会保留),用意大利

---

⑭ 因此,目前国会对该法律机制的唯一一次运用发生在乔治·布什总统上任伊始的几个星期里。当时国会反对一项在克林顿总统任期最后数月里制定的规章,即通过职业安全和健康委员会(the Occupational Safety and Health Commission)去处理有关工作场所中重复性压力劳损("人机工程学")的问题。鉴于设定人机工程学标准的规章制定权带来不确定的结果,职业安全和健康委员会自这一事件之后没有再尝试进行规则制定,尽管其相信工三分之一的工作场所都具有这种特点。网址:https://www.osha.gov/SLTC/ergonomics/index.html。该委员会通过发布"软法"性质的指导文件来处理人机工程学上的问题。

语来说是"riserva di legge",只有民选国会才能行使……。

我认为在惠特曼诉美国卡车运输协会案中,斯卡利亚大法官的多数意见有助于说明美国语境下的这个要点。如果仅仅是对行政行为无法可依的担忧,华盛顿特区巡回法院认为环保署能够提供其明确性原则的主张(在该法院认定其实行立法中缺乏此原则之后),可能已经满足了合法性的要求。但是,斯卡利亚大法官指出只有国会才能提供这种特定的合法性原则(他认为通过立法而非特区巡回法院来确定)。由此至少表明,美国的不授权原则(nondelegation doctrine)将某些规范性权力只保留给了国会,而超越了仅对行政行为无法可依的担忧。[115]

三、尽管宪法将"司法权"授予享有终身任期和其他保障的法院,但行政机关通常被授权对有关"案件和争议"的事务进行裁决

行政机关被授权解决许多被认为适合司法审判的事务,例如,某人是否被适当认定有资格或者无资格获得福利;某人是否违反了规制性的法律或规章,而有理由被撤销许可或科以罚款;甚至当市场法规被违反,或者损害使得受害方有资格获得工伤赔偿时,规制计划的条款是否规定一方当事人从另一方获得金钱救济。和"立法权"的委任一样,这些"司法权"的委任产生了有趣的理论问题。在此,被实际行使的是"执法权力",而问题在于行政机关如何被授权像司法机关那样行事。同时,解决方案在总体上也有赖于对其予以充分司法控制的可能性。[116]

在1932年克罗韦尔诉本森(Crowell v. Benson)案中,[117]最高法院判决

---

[115] 参见2015年6月10日比较行政法电邮组中的邮件。

[116] 在先前讨论的Free Enterprise Fund v. Public Company Accounting Oversight Board(PCAOB)案中,陈述理由部分介绍了涉及证券交易委员会裁决的一些被告所提出的质疑,他们认为由于行政法法官受到"正当事由"免职的保护,证券交易委员会委员被假定亦是如此,基于任命条款他们的任命是无效的。有关他们绩效的论点似乎不可能被接受,但在上诉法院层面仍然没有被决议。参见Bebo v. SEC, 799 F. 3d 765(7th Cir. 2015)。

[117] 285 U.S. 22(1932).

认为"行政国家"正在显著地扩张并引发冲突,由此可见对考虑这个问题设定了一个宽泛的框架。在该案中,一名工人诉称在工作中受到伤害,而要求赔偿。如果在 19 世纪的法院,这是一个向其雇主提出的普通法侵权之诉。55 对司法驳回这些诉求的不满、类似事件发生频率的评估以及用于解决方案的专业知识,致使立法机关创设行政组织根据法定"工人赔偿"制度来斟酌处理这些诉求,从而依照既定的时间安排给予金钱救济。克罗韦尔先生是美国雇员赔偿委员会副专员,其命令雇主本森依照管理法规向一位受伤的雇员支付赔偿金,本森能够获得司法性救济,对该命令的合法性和合理性进行审查,但不是法院的审判(trial)。本森声称这种安排违反了《宪法》第三条将司法权授予法院的规定。

最高法院的分析区分了两种不同的情况。如果国会有权创设根本无须牵涉法院的法案,而司法性权力能够依其结论发生作用,则该法案能够选择对司法审查作出规定。但是,这个争议涉及个人之间的纠纷解决,而非某种"公共权利"。国会不能完全将法院排除在纠纷解决之外,使其根本不起任何作用,而纠纷解决导致一项某人向另一个支付钱款的命令。另一方面,国会有权创设司法部门的下级单位,类似于法官在不涉及有权由陪审团审判的案件中经常聘请专业人士、委员和评估专家,他们能够就提出的问题撰写事实认定报告,而呈交给法官的报告在本质上和美国雇员赔偿委员会的认定一样会受到同等对待。由于这个委员会只对工人和雇主(像本森那样的)之间的纠纷作出决定,它被看作是一个司法助手,而法定审查的条款得到维护。[113]

然而,这种很清晰的概念分析后来在 20 世纪被打破,法院认识到一方面对"正当程序"进行扩大性理解,[114]使得在大多数情况下克罗韦尔案所表述的"公共权利"分析趋于无效,而另一方面,行政机关担负多重职能,并通

---

[113] 这种观点保留了对"管辖权事实"作出独立司法认定的可能性,如损害是否发生在国会授权规制的通航水域,是否存在雇主和雇员的关系等。这种保留此后基本上就消失了。参见页边码第 460 页。

[114] 相关讨论见页边码第 80 页。

常设定给(《宪法》第二条规定的)执行部门。这使其作为(《宪法》第三条规定的)法院的助手成为可能。如今,对于克罗韦尔案说理中"公共权利"意味着什么,存在相当大的疑问。法院在根本上已经抛弃了当初的论点,即"公共权利"仅仅产生于宪法不要求司法参与的案件(尽管这种情况只有作出了立法选择而其适于司法考量才会成为可能)。在1986年商品期货交易委员会诉肖尔案中,[120]法院判决阐明了这种疑问以及相应的结果,似乎就授权行政机关制定规章的法律而言,这符合对行政裁决进行司法审查的规定。该案源自进行期货交易的个人肖尔与其经纪人康蒂公司之间的纠纷。康蒂的商业活动受制于商品期货交易委员会(CFTC)制定的规章,如相关法律所允许的那样,其可以通过商品期货交易委员会的裁决程序强制执行所科处的重大罚款(或者其他经纪人的惩戒)。肖尔因交易失利而负债于康蒂,但其声称这是因为康蒂违反了商品期货交易委员会的规章,于是向商品期货交易委员会提出了损害赔偿请求。相反,康蒂则向联邦地区法院起诉肖尔,要求其归还应付款。当肖尔试图拖延诉讼,而使商品期货交易委员会受理其请求时,康蒂自愿撤诉而在商品期货交易委员会的程序中提出反诉以弥补其债务损失,这亦为规章所允许。由此,商品期货交易委员会面临同样事实产生的两种争议,即肖尔要求赔偿,而康蒂要求弥补肖尔的欠债。商品期货交易委员会解决了这两个争议,并支持了康蒂的诉求。康蒂是根据他们签订的合同要求肖尔弥补所欠之债,这是一个范例性的司法争议。对于最高法院来说,问题在于一个行政机关能否被允许解决这样的争议。

最高法院的判决支持了商品期货交易委员会解决这样的争议,其理由在于裁判席(tribunal)解决双边争端时的便利,以及基于自愿被请求如此行事。考虑到允许解决双方同意的反诉对司法机关来说只是"琐碎细微事务"(de minimus)的介入,这符合对行政行为进行一般司法审查的规定。然而,这一观点引人注目之处在其认为"赔偿方案本身无可置疑具有宪法有效性"。也就是说,最高法院完全抛弃了克罗韦尔案中的二分法,即行政裁决者被允许

---

[120] Commodity Trading Futures Commission v. Schor, 478 U.S. 833(1986).

处理宪法不要求司法参与的案件,以及司法助手像特别专业人士、委员和评估专家那样,只负责斟酌处理个人之间的争议。与克罗韦尔案一样,这也是两个私人之间的争讼。但是,仅在规则制定和委任的背景下,作为说理的必要条件,可以得到司法审查的事实在该判决中清晰可见。同时,商品期货交易委员会作为一个功能完备的行政机关,其制定规则和实施独立的强制执行,不可能像克罗韦尔案的美国雇员赔偿委员会那样,被视为一个司法助手。显然,它是行政机关的一个组成部分。事实上,在案件涉及政府组织被授权执行公民对政府的民事义务时,"公共权利"只是这类案件的一种描述。在这类案件中,对裁决行为可以获得司法救济似乎成为了一项宪法上必需的要求。

第四节 基本权利

依据美国宪法起诉行政行为或者对行政机关授权的法律,这种情形主要来自公民根据权利法案(联邦宪法的前十个修正案)或者第十四修正案诉称其基本权利受到侵犯。[120] 在宪法通过之后,权利法案随即被批准,这部分地实现了确保宪法得以正式批准的期望,该法案界定了美国人民免于联邦政府行为的基本自由。在行政背景中,最常被援引的修正案是第一修正案(言论自由)、第四修正案(免于无理搜查和扣押的自由),以及第五修正案(反对强迫自证其罪的特权、保护财产避免在未予公平赔偿的情况下被充作公用、未经正当法律程序,不得被剥夺生命、自由或财产)。如上所论,[121] 第九修正案规定"宪法对某些权利的列举,不得被解释为否定或忽视由人民保留的其他权利。"尽管涉及普通贸易中的雇佣或者对未成年人养育作出选择

---

[120] 在侵犯基本权利(无论是宪法列举的,还是未列举的)上,能够启动司法审查的司法系统在美国并非是独一无二的。例如参见 Stephen Gardbaum, "The Myth and the Reality of American Constitutional Exceptionalism", 107 *Mich. L. Rev.* 391(2008);而从总体上,另见 Tom Ginsburg & Rosalind Dixon, *Comparative Constitutional Law* (2013)。

[121] 参见页边码第 34 页。

等权利并未出现在宪法文本之中，[123]但是，长期以来这些权利以及其他基本权利一直被认为是受到保护的。[124]

当权利法案通过时，其仅仅适用于联邦政府，而公民只有通过其所在州宪法中的类似条款来防止州行为的侵害。对于防止州行为侵害公民权利的联邦宪法保护来源于第十四修正案，即在美国内战后被正式批准的三个修正案之一。其明文规定各州尊重美国"公民的特权或者豁免权"，[125]以及在可能剥夺"生命、自由或者财产"的行为中所有"人"受到"正当法律程序"的保护，[126]也确认了所有人受到"法律的平等保护"。废止黑奴的斗争肇始于美国，而这一修正案具有相当大的现代意义。随后的解释没有倾向于详细说明被阶层划分的人民（公民）的"特权或者豁免权"，而是给"人"的保护，这个术语不仅涵盖非公民的人民，而且还包括像公司那样的拟制人。基于多重目的，这一术语被赋予了宽泛的界限。[127]

"正当法律程序"只是权利法案中一系列明确保护免于联邦干涉的权利之一，也是第十四修正案提及的一系列权利中的一个，而只有"正当法律程序"被作为一项权利为各州所遵从。权利法案的这些要素对行政法来说很重要，由此司法解释消除了两个制度架构之间的差异，而与制度架构相联系的不是"公民的特权或者豁免权"，而是"人"。如今看来，对于一般发生在州行政法背景下州和联邦行为者之间的问题，联邦宪法在没有改变实质内容的情况下实现了权利法案作出的每一个保证。（同样，所有人获得法律的平等保护的权利，只在第十四修正案中有所表述，通过解释引入了第五修正案

---

[123] C. L. Black, Jr., "A New Birth of Freedom: Human Rights Named and Unnamed"(1999); P. Brest, "The Misconceived Quest for the Original Understanding", 60 *B. U. L. Rev.* 204(1980).

[124] Calder v. Bull, 3 U. S. 386(1798); Meyer v. Nebraska, 262 U. S. 390(1923); Pierce v. Society of Sisters, 268 U. S. 510(1925).

[125] 该修正案开头将公民界定为"所有在合众国出生或归化合众国并受其管辖的人"，这立刻将此前大多数美国奴隶转为公民。

[126] 对"人"这个词附加了强调。

[127] Slaughter-House Cases, 83 U. S. 36(1872). 然而，由于缺乏充斥欲望的灵魂以及州法的创设，公司和其他集体性组织并不享有免于强迫自证其罪的保护，而自然人享有这种保护以及相关的"正当法律程序"权利。Hale v. Henkel, 201 U. S. 43(1906); BravSwell v. United States, 487 U. S. 99(1988).

规定的正当程序,如今这一权利被用于防止联邦和州行政机构的侵犯。[128])

在以前,"正当法律程序"条款的产生明显是用来解决美国宪法传统中自由民在州和联邦营地之间的运水问题。这些条款也使得一整套有关法定程序的特定主张成为必要,如前简述,[129]以及在后续章节再次阐述的那样,[130]这些程序对于行政法的讨论具有明显的重要性,因此,有必要通过初步分析来解释这种发展。同时,这也为理解有关宪法解释这个重要和持久的争论提供了一般性的背景。

在20世纪的前三十年,主要的宪法争论也关注于"正当法律程序",这种争论仍然意见纷呈。其问题在于"正当法律程序"是否存在实体性(立法限制的)和程序性(行政司法的)的参照适用。而实际上,问题是该条款是否允许联邦法院作出这样的裁判,即某些法律"剥夺"了公民受保护的自由,其应在各州被禁止。最高法院发展出一系列检测标准来评估对自由有负面效果的立法是否具有正当性。最为人熟知的而如今声名狼藉的例子是1905年洛克纳诉纽约案的说理,[131]该案裁决规制面包师工时的纽约州立法违宪,大法官们认为立法的公共利益与剥夺面包师约定雇佣时间的契约自由所产生的负面效果不存在合理关联。

在20世纪的前十年里,对社会或者经济计划的可欲性作出的立法判断予以重新检讨,这种意愿能够而且已经被保守的法官用来延缓社会福利立法的出现。在受到多年的强烈批评之后,针对1930年代后期的"经济规制",这一进路被抛弃。[132] 在随后的数十年,基于公共福利目的对经济活动

---

[128] Bolling v. Sharpe, 347 U.S. 497(1954).
[129] 参见页边码第24页。
[130] 参见页边码第74页。
[131] Lochner v. New York, 198 U.S. 45(1905).
[132] 这种弃用归结于实质正当程序思想的内在矛盾,以及认识到需要更有创造性的政府规制来回应大萧条。最高法院认为"财产权利和契约权利都不是绝对的……基于共同利益进行规制对于公众来说与私人权利同等重要。"见 Nebbia v. New York, 291 U.S. 502,523(1934)。这也显示了对立法机关作出实质性政策选择予以更多的尊重,经济规制与其被视为对人们自由的干涉,不如说是与邪恶力量的施压作斗争的合理方式,而这种邪恶力量源自精神缺陷或者不平等的贸易权力。见 West Coast Hotel Co. v. Parrish, 300 U.S. 379(1937)。

施加规制约束,这些州(或者联邦)的立法措施几乎不会因为上述理由而受到质疑。[133] 如今,洛克纳案成为了对法官急于实现其主观偏好以反对社会政治发展的一种隐喻,同时,那些援引此案的人往往将之作为一种反面教材(anti-canon)来对待,[134]以此显示对司法主观性的摒弃。

这些议题贯穿于将联邦权利法案和第十四修正案的正当程序条款予以结合的发展过程之中。在1930年代经济规制背景下摒弃"实质性正当程序"之后,最高法院常常面临这样的争议,即在言论和宗教自由以及刑事审判程序的背景下,第十四修正案所确保的"正当法律程序"的含义。由此,在1940年代后期对于解释的方式产生了激烈的论战,[135]一直持续到1960年代中期。解决这些争议而最初获得支持的一个进路是,追问权利是否具有"一个有序自由方案的本质",[136]由此可能被用来防范各州和联邦政府,或者用另一种确切的表述,何种政府行为是如此的怪异,以至于法官的"良心受到冲击"。[137] 持有这种观点的法官认为第十四修正案所确保的"正当程序"并不牵涉反映权利法案的一系列特定权利或者刑事程序,而只是"对于自由人的尊严和幸福不可或缺"的自由权利的一种保证,[138]即对于何者构成文明的必需,通过参引大法官们的渊博见解而被确认的目录。

其他大法官发现这一进路和潜藏在"实质性正当程序"乱局下的主观臆断一样令人反感。在联邦的权利法案中,有许多规定明确提及受保护的实体权利。在最高法院摒弃洛克纳案给予法官施加其规范性偏好的自由之后,一些大法官发现了更有吸引力的论点,第十四修正案的"正当程序"条款"包含"了既存的联邦宪法保护,即明确给予同等情况和同等程度的保护以

---

    [133] 除了之前注释中的材料,参见 Ferguson v. Skrupa,372 U. S. 726(1963);Duke Power Co. v. Carolina Environmental Study Group,438 U. S. 59(1978);G. Gunther,"Foreword:In Search of an Evolving Doctrine on a Changing Court:A Model for a Newer Equal Protection",86 *Harv. L. Rev.* 1(1972)。

    [134] 参见 J. Greene,"The Anti-Canon",125 *Harv. L. Rev.* 379(2011)。

    [135] Adamson v. California,332 U. S. 46(1947)。

    [136] Palko v. Connecticut,302 U. S. 319,325(1937)。

    [137] Rochin v. California,342 U. S. 165,172(1952)。

    [138] Adamson v. California,332 U. S. 46(1947),法兰克福特大法官的协同意见。

防止各州的侵犯。他们相信权利法案的规定将会被整合（从言论和宗教自由到与之相关的刑事诉讼程序的具体要求），其有着相当明确的内容,而这些规定已经成为（有关权利法案适用于联邦政府的含义）实体法学的主题。这些权利法案的规定及其引入看来产生了充足和确定的效果,即免于司法强令及其主观臆断的自由。最终,整合论在很大程度上是成功的,[139]偶尔有受联邦保护的权利不能适用于各州的例外,但这在理论上难以解释。[140] 最近,鉴于第二修正案所确保的"携带武器"的权利,在各州进行枪支控制的背景下又引发了争议。[141]

确保整合对司法主观性的防范只是相对的。例如,第六修正案所确保在刑事案件"接受辩护律师帮助"是否要求律师为无法负担费用的人提供平权补贴（affirmative subvention）,这无法通过文本来回答。在这一时期的1963年,这个问题最终被最高法院解决,并同等适用于联邦政府和各州。[142]同时,要求将单个统一标准适用于联邦和州的行为,对作出公正标准的判断构成了相当大的压力,由此整合保护带来了潜在的成本。当这种整合要求州和联邦检察官维持刑事程序的平等标准时,州检察官特别不希望确保这种整合要求,不予整合允许州法院在首席法庭顾问（assessor）的程序要求上有更多的选择。另一方面,由于要求更为广泛地适用在联邦层面,整合使得寻找较弱的联邦保护比单从联邦水平做出判断更有压力。例如,有人会相信最高法院做出判决,允许非一致同意的陪审团裁决,[143]或者在刑事审判中

---

[139] Adamson 案之后的十五年,最高法院坚守"基本公平"的进路,从第十四修正案中解读其仅要求的标准,而拒绝将整个权利法案进行整合。然而,在 1960 年代没有明确放弃这种说理的同时,开始融入越来越多的基于正当程序类别的个人权利。时至今日,权利法案的大多数条款已经和联邦政府一样平等地适用于各州。另见 Duncan v. Louisiana,391 U. S. 145(1968)。

[140] 例如,第十四修正案没有包含大陪审团的诉讼权利,见 Hurtado v. California,110 U. S. 516(1884)。

[141] McDonald v. City of Chicago,561 U. S. 742(2010),阿利托大法官（Alito）在相对多数意见中指出第十四修正案包含了基于自卫持有和携带武器的权利；托马斯大法官（Thomas）的协同意见将其作为一种公民的特权和豁免权来对待；见 Jamal Greene,"Fourteenth Amendment Originalism",71 *Md. L. Rev.* 978(2012)。

[142] Gideon v. Wainwright,372 U. S. 335(1963)。

[143] Apodaca v. Oregon,406 U. S. 404(1972)；Johnson v. Louisiana,406 U. S. 356(1972)。

陪审员少于十二人,⑭系出于各州的需要,而如果仅仅涉及联邦的陪审团审判问题,这些判决就不会作出了。

事实上,"实质性正当程序"在诸多方面仍然很重要。首先,州立法机关对规制问题作出的判断与权利法案保护的许多个人权利相冲突,会受制于严格的司法审查。如后所述,⑮有关适当程序的立法判断受制于独立的司法审查,有时以"实质性正当程序"的术语来加以概括。⑯ 除非存在极为充分的正当理由,与某些其他个人自由(例如,言论自由或者法律平等保护的权利)相抵触的法律或者规章可能会受到"严格审查"。⑰ 其次,如前所述,⑱"未成文的权利"(unnamed rights)有时与第九修正案联系在一起。在"未成文的权利"的范围内,像限制各州对妇女堕胎选择进行规制的最高法院判决一样,⑲宪法的保护现在常常以"实质性正当程序"的名义得到讨论。⑳ 对我们来说,需要认识到的要点是在程序背景之外适用正当程序条款,将牵涉到其历史、残存的观点以及持续的争论。

以下将逐一简述产生在行政法背景下最常见的基本权利问题。诚如所料,有关权利是否适当的争论时常会卷入相互竞争的价值对立之中,而每个价值都得到了一定程度上的承认。对此,将以简要方式确认这些对立,以及用于解决问题的典型分析或者教学框架。

---

⑭ Williams v. Florida,399 U. S. 78(1970).

⑮ 参见页边码第 87 页。

⑯ District Attorneys Office for the Third Judicial District v. Osborne,557 U. S. 52(2009).

⑰ 参见 United States v. Carolene Products Co.,304 U. S. 144(1938),最高法院在该案判决有名的"脚注四"中保留了作出这种区分的可能性。对于正当理由导致双重标准,有很多说理分析,例见 B. Cushman,"Carolene Products and Constitutional Structure",2012 *Sup. Ct. Rev.* 321(2012);F. Gilman,"The Famous Footnote Four:A History of the Carolene Products Footnote",46 *S. Tex. L. Rev.* 163(2004);J. H. Ely,"Democracy and Distrust,A Theory of Judicial Review"(1980);B. Ackerman,"Beyond Carolene Products",98 *Harv. L. Rev.* 713(1985);P. Linzer,"The Carolene Products Footnote and The Preferred Position of Individual Rights:Louis Lusky and John Hart Ely vs. Harlan Fiske Stone",12 *Const. Comm.* 277(1995)。

⑱ 参见页边码第 26 页。

⑲ Roe v. Wade,410 U. S. 113(1973),简要讨论见注释 35。

⑳ 对于实质性正当程序的综述,包括历史和现代的体现,见 T. Colby & P. Smith,"The Return of Lochner",100 *Cornell L. Rev.* 527(2015)and J. Hawley,"The Intellectual Origins of(Modern)Substantive Due Process",93 *Tex. L. Rev.* 275(2014)。

一、言论/消费者保护

第一修正案在某种程度上规定了"国会不得制定……剥夺言论自由的法律"。一般认为，这项禁止的主要目的在于对政治表达的保护，而区分何谓政治的困难以及美国社会对自由表达的普遍价值，引发了极为宽泛的解读。[151] 例如，司法解读不允许将基于性侵犯的审查制度和基于政治压迫的审查制度同等对待。法院也限制私人采取有关书面或者口头诽谤以及侵犯隐私的民事救济，以保护个人的名誉。同样明确的是，它们还限制各州适用诽谤罪来惩罚不同政见者。[152] 这些解读抑制了政府对言论活动作出预期性和响应性的反馈，尤其是前者。无论过去行为会挑起何种事端，对于仍未公开发表的言论，不得进行审查以及其他形式的事前限制（prior restraint）。最高法院一度认定"商业言论"（同样一度认定色情言论）处于第一修正案所确保的防止联邦（后来包括州）干预的"言论"自由范围之外。[153] 在随后数年，政治广告的广泛使用、公司对政治事务的参与，以及畅销书和新闻出版商的商业活动很容易被视为"商业言论"，对这种简单的说理产生了冲击。[154]

---

[151] 对于这个问题及其许多类似的问题，有比较好的入门材料，见 L. Tribe, *American Constitutional Law* (3d ed. Foundation Press 1999)，另见 M. Redish, *The Adversary First Amendment* (2013); R. Post, *Democracy, Expertise, and Academic Freedom: A First Amendment Jurisprudence for the Modern State* (2011); D. O'Brien, *Congress Shall Make No Law: The First Amendment, Unprotected Expression, and the Supreme Court* (2010); D. Richards, "A Theory of Free Speech", 34 *U. C. L. A. L. Rev.* 1837 (1987); V. Blasi, "The Checking Value in First Amendment Theory", 1977 *Am. B. F. Res. J.* 521; T. Emerson, *The System of Freedom of Expression* (1970)。

[152] New York Times Co. v. Sullivan, 376 U. S. 254 (1964).

[153] Valentine v. Christensen, 376 U. S. 52 (1942).

[154] 选举捐赠和政治开支不在第一修正案所保护的言论自由的范围内，见 Buckley v. Valeo, 424 U. S. 1 (1976)。近期，最高法院撤销了联邦法律以违反第一修正案为由限制公司的政治开支，见 Citizens United v. Federal Election Comm'n, 558 U. S. 310 (2010)。当对一些税法规定予以组合适用时，这一判决的效果是允许无限制的政治开支。在 Citizens United 案之后有三个重要判决：Arizona Free Enterprise Club's Freedom Club PAC v. Bennett, 564 U. S. 721 (2011)（一项州公共选举财政计划发起一块一块的个人捐款"比赛"，"实质上对所保护的政治言论施加了负担"。）; American Tradition Partnership, Inc. v. Bullock, 132 S. Ct. 2490 (2012)（推翻了一项类似于 Citizens United 案中有关《两党竞选改革法》规定的州法）; McCutcheon v. Federal Election Comm'n, 134 S. Ct. 1434 (2014)（判决对个人捐献设定总额限制的法律违宪）。Citizens United 案及其后续案件产生了激烈的争论，并被很多人认为是给予了富人和财团的寡头统治过度的政治权力，例见 R. Post, *Citizens Divided: Campaign Finance Reform and the Constitution* (2014); K. Sullivan, "Two Concepts of Freedom of Speech", 124 *Harv. L. Rev.* 143 (2010)。

规制者往往寻求对易于界定为言论的行为进行控制,例如,一个商人的欺诈广告或者一个雇主对雇员组织工会的胁迫言论等。规制者使用的措施看来是对言论的规制:禁止广告商的邮箱使用,要求其发布更正声明,或者只是命令其以后避免类似的行为;指示雇主发布更正启事,或者以特定的方式停止对雇员的言论。从常识来看,认为广告传达了重要思想往往是可笑的。[155] 毫无疑问,消费者欺诈和通过工人组织的经济胁迫进行压制,是两种政府试图打压的行为方式。但是,反映在第一修正案中对言论保护的推动力,确实存在(至少在理论上)思想交流和非法行为之间的定性问题,同时,缺乏明确界定的分析框架,这些都使得问题变得麻烦和不可预期。[156]

不久以前,第一修正案的另一部分——信教自由条款(free exercise clause)也支持对规制计划的司法质疑。[157] 如同以上正当程序的讨论,读者应当了解信教自由条款的历史及其争论。在1990年,一个最高法院的判决似乎推翻了以前的判决,其要求说明对于损害宗教实践的法律予以维持,存在令人信服的州利益,而现在的最高法院认为,即使不被令人信服的政府利益所支持,以及缺乏提升或者限制宗教信仰的明确目的,一般通行的州法可以适用于宗教实践。[158] 对于在宗教实践上州规制权的明显扩张,国会迅速作出回应,制定了《宗教自由重建法》(Religious Freedom Restoration

---

[155] 有广告商通过宣称含锌的食物添加剂对增大男性生殖器有潜在影响,来扰乱受众的不安全感。

[156] 一般参见 R. Post,"The Constitutional Status of Commercial Speech",48 *U. C. L. A. L. Rev.* 1(2000),这是一个重要的理论分析。在哥伦比亚特区联邦巡回上诉法院的三名法官审判席没有将其认定为不适当的胁迫言论之后,美国国家劳动关系委员会通过规制要求雇主通知雇员有根据劳动法设立组织的法定权利,见 Nat'l Ass'n of Mfrs. v. NLRB,717 F. 3d 947(2013);烟草制造商在香烟盒上附有烟草致病的图像说明,见 R. J. Reynolds Tobacco Co. v. FDA,696 F. 3d 1205 (2012);法院一致支持了农业部要求肉类包装标示原产地,否决了有关商业言论规制必须以不当行为的更正为基础的意见,见 Am. Meat Inst. v. U. S. Dep't of Agric. ,760 F. 3d 18,22-23(D. C. Cir. en banc 2014)。R. Post,"Compelled Commercial Speech",117 *W. Va. L. Rev.* 867(2015),该文在目前商业言论原则的背景下讨论了这三个判决。

[157] "国会不应制定有关确立国教或者禁止信教自由",U. S. Const,amend I,§1。

[158] Employment Division v. Smith,494 U. S. 875(1990)。

Act），明确要求说明存在令人信服的政府利益去维持一项影响宗教实践的法律。⑮ 尽管这项限制州规制行为的法案受到质疑，⑯但是，该法仍然规定联邦政府认可虔诚信教中迷幻药的使用，否则这些使用者会构成联邦重罪。⑯

在影响宗教实践或者信仰的政府措施上，要求作出有力的理由说明，这对《患者保护与平价医疗法》（Patient Protection and Affordable Care Act）有着重要影响。该法规定具有一定经营规模的雇主必须对全职雇员提供健康保险。最近，最高法院裁决宗教雇主（包括宗教大学）不得被要求出资支持涉及负担避孕费用的雇员计划。⑯ 作为回应，卫生与公众服务部发布规则规定如果填写了卫生和公众服务的表格，相关组织可以要求免除宗教义务。⑯ 目前，有关填写表格行为本身是否违反信教自由条款的问题被诉至法院。⑯

二、检查/不合理搜查

第四修正案涉及确保"人身、住宅、文件和财产不受无理搜查和扣押"。其中第二款对签发搜查证（授权搜查的官方文件）规定了明确的程序，甚至对于有身体接触的抵抗，规定了除非向司法官员阐明"合理根据"不得签发搜查证，且搜查证必须"具体"说明搜查地点和被搜查的材料。这一修正案有其历史根源，即在前美国革命时期，英国殖民统治者和军队在搜查不同政见者和抗税者等所实施的行为。由此可见，这一规定主要援用于刑法的执

---

⑮ Religious Freedom Restoration Act of 1993, 42 U.S.C. 2000bb et. seq.

⑯ 最高法院拒绝在州法背景下适用此项法律，其理由在于该法没有适当执行国会执行第四修正案的权力，见 City of Boerne v. Flores, 521 U.S. 507(1997)。

⑯ Gonzales v. O Centro Espirita Beneficente Uniao do Vegetal, 546 U.S. 418(2006).

⑯ Burwell v. Hobby Lobby Stores, 573 U.S. __(2014).

⑯ 参见"Coverage of Certain Preventive Services Under the Affordable Care Act", 78 Fed. Reg. 39870(July 2, 2013)。

⑯ Notre Dame v. Burwell, 573 U.S. __(2014); Wheaton College v. Burwell, 573 U.S. __(2014)。巡回法院对是否禁止要求宗教非营利组织使用雇员利益安全管理（EBSA）表格700作出了判决，见法庭指令于 Wheaton v. Burwell, 573 U.S. __(2014)。

行，同时，在没有搜查证进行搜查的情况下，⑯这种非法搜查产生何种后果，以及一旦审判触及搜证的采信时，⑯绝大部分最高法院的司法判理都涉及这一问题。

行政事务适用第四修正案产生于两个相关的背景，即以规制为前提政府官员进行检查，以及针对私人作出正式的行政征用令，这些人一般属于被规制对象，文件材料被认为与某些规制目的相关。这些行为是规制活动的核心，而信息则是规制过程的血液。

第四修正案要求事前取得搜查证意味着在最初拒绝提供有关鼠患证据的情况下，城市卫生稽查员可以下令进入工厂或者住宅搜集证据。不像刑事搜查者，稽查员致力于改善社区卫生，而非定罪；如果他必须对每个需要检查的房间说明某些特定的理由，这种检查与随机彻查社区或者根据某些总体计划进行检查相比，其有效性和效率就会有所减损。但是，在1960年代后期，反对上述意见的观点被采纳，⑯后来上述意见又被重新认可。⑱ 对于工业的规制无处不在，例如，出售枪支商店或者核电站，其中唯一的例外是国家能够要求不受限制的检查，以此作为被许可从事商业活动

---

⑯　搜查应当依照搜查证进行的推论是强有力的，但并非无可置疑，见 Terry v. Ohio, 392 U. S. 1(1968)。何时可以获得搜查证往往是个难题，而大体上必须要有不是出于诱导某人的某些实体理由，同时，最高法院较为支持申请搜查证的警官能够确保这种前提。因此，为了避免受到攻击，允许在被拘捕人的房间和车辆乘坐位进行即时无搜查证的武器搜查，但是不得在没有搜查证的情况下打开锁好的车厢或者逮捕归案后对其住所进行全面搜查。"没有搜查证在住宅进行搜查和扣押被推定为不合理和缺乏需要立即采取行动的情况"，见 United States v. Karo, 468 U. S. 705, 714-15(1984)。Riley v. California, 134 S. Ct. 2473(2014)(警察被要求在路检期间有搜查证才能查阅手机信息)；Kentucky v. King, 563 U. S. 452(2011)(警察撞门入室没有创设紧急情况规则的例外，而防止毁坏证据的无证搜查是正当的)；U. S. v. Wright, 777 F. 3d 635(2015)(否决了阻止搜查住宅的动议，而当时法律执行机构意外地将住宅内物品排除在特定扣押物品的搜证清单之外)。

⑯　目前，这些证据一般会被排除，以此作为一种实际手段来防止警察实施这些非法行为，而这很少有其他重要的阻止效果。然而，多年以来最高法院一直在这一规则的边缘审慎行事，例如，认为搜查被证明为非法，但基于合法的"诚实信用"作出，其搜查结果可以得到承认，见 Arizona v. Evans, 514 U. S. 1(1995)。

⑯　Camara v. Municipal Court, 387 U. S. 523(1967). See v. City of Seattle, 387 U. S. 541 (1967)，这些案件没有对工厂搜查和住宅搜查予以区分。

⑱　Marshall v. Barlow's Inc., 436 U. S. 307(1978).

的条件。[169] 因此,近五十年以来,检查一直被视为基于宪法目的的"搜查";第四修正案不仅要求被合理地执行(例如,营业时间),而且要求在缺乏"无处不在的规章"的情况下,被检查人可以在拒绝检查而受到处罚之前主张要有搜查证(或者行政传票),以此获得对财产搜查进行中立评估的机会。[170]

这种相当简洁的分析带来了实践和理论上的困难。在实践中,大多数被检查的公司似乎没有坚决要求搜查证,而无论他们是否受到了无处不在的规制。这无疑增进了彼此的善意,或者承认在许多案件中检查是互利的,而在其他案件中被认为是有效的强制。[171] 不过,也有一些公司坚持要求搜查证(随后予以抵制),这样做可以增加规制者的实际成本和不确定性,以这种方式亦可促使资源有限的规制者将精力放到抵制较弱的事务上。正如一位学者在比较美国和瑞典工作环境安全法的执行上所指出,第四修正案所暗含的刑事关联和非合作态度也促成了双方的对立态势。[172]

---

[169] Donovan v. Dewey, 452 U.S. 594(1981),各州可以限制从事某些其选定(具体规制)的商业活动,以及(通过条款释义)以限制的方式规制其他方面,前者不得援引第四修正案有关搜查证的要求,而后者则可以。而在许多对"实质性正当程序"思想予以非常规表述中,这种观点只是其中之一,在页边码第59页有讨论。随后,一个最高法院的判决对汽车废弃地适用了"具体规制"的例外,这反映了一种宽泛的视角,不仅对于这种商业活动的构成要件,而且还包括与"警察"搜查相区别"行政"搜查的界定,见New York v. Burger, 482 U.S. 691(1987)。基于州法的理由没有被赞同,见People v. Keta, 79 N.Y.2d 474(1992)。

[170] 在City of Los Angeles v. Patel, 135 S. Ct. 2443(2015)案中,意见不一的最高法院最终强调"无处不在的规章"的例外被严格限制在必然会出现明显公害的商业领域,如New York v. Burger案中所界定的汽车废弃地,这种公害就像必然会有汽车盗窃风险一样。当旅馆经营者被合法要求保存客人的全面记录时,在没有提供机会对查阅请求的有效性进行事前中立评估之前,如果经营者拒绝向到访警官披露这些记录,不得被威胁给予刑事处罚。

[171] 例如,如果公司一直等待某些官方行为,而缺少检查环节则该行为不会随即发生,见Wyman v. James, 400 U.S. 309(1971)(一位福利接受者拒绝社工家访,纽约市启动了中止福利给付的程序,最高法院对此予以支持,这与1970年的Goldberg v Kelly案不同——译者注)。一个上诉法院承认了在这种情况下的强制性,而拒绝了某种随意性,即对于污染企业同意纳入更为合作的规制体制,则行政机关可以制订计划免除这些企业的日常检查,见Chamber of Commerce of the United States v. US Department of Labor, 174 F3d 206(D.C. Cir. 1999)。

[172] S. Kelman, *Regulating America*, *Regulating Sweden: A Comparative Study of Occupational Safety and Health Regulations*(MIT Press 1981). See also E. Bardach and R. A. Kagan, *Going by The Book: The Problem of Regulatory Unreasonableness*(Temple University Press, 1982).

在理论上，问题出于第四修正案规定的搜查过程的特殊性，其核心在于已有嫌疑和涉嫌犯罪的特定证据。为了得出第四修正案完全适用于行政搜查的结论，最高法院不得不在行政背景下重新界定"合理根据"，以涵盖随机或者模式化的检查。搜查证"具体"描述搜寻对象，从而使得检查处于检查者的规制范围内，这种要求也不得不被忽视。从特定问题的视角来看，这些扭曲是努力将两百年前起草的条款适用于现代各种问题的自然产物。[⑫]

获取信息的正式命令也产生其他的问题。即使商业检查不涉及强制进入的警用策略或者在异常时间进行，也不难看出稽查员依法要求公司开门与警察强制"搜查和扣押"财物（第四修正案主要规定的事项）之间存在关联，而要求公民或者其他被规制组织向规制者提供特定信息或文件，与搜查和扣押之间的关联则有点过于遥远。[⑬] 在此，对隐私的唯一风险在于被要求的披露本身。这种风险可能是实质性的，却不存在国家执法人员行使暴力或者侵入住处的问题。

行政机关一般被授权要求个人提供信息，并受制于其相应的管辖范围，要么是总体上的（如要求公民填写报税表和被规制公司作出财务报告），或者在特定个案中。在以前的案件中，提交的文件被概括为一种"被要求的记

---

⑫ 总体上参见，S. Schulhofer, *More Essential Than Ever: The Fourth Amendment in the Twenty-First Century*, 99(Oxford Univ. Press 2012)。在刑事背景下，现代时期也出现了这样的挑战。个人电子监视规制的目的在于查明恐怖分子活动，其中一个情况是人们将不会被各个通知其通信被拦截，这种规制通过法院秘密签发一般搜查证得以实现，而过程变得无法容忍。在更为平常的背景中，城市警官查问驾驶者的驾照和登记，同时从车窗向里窥视和牵着缉毒犬绕行截停的车辆，最高法院认为这种检查站计划是一种违反第四修正案的犯罪控制措施，见 City of Indianapolis v. Edmond, 531 U. S. 32(2000)。在另一起案件中，最高法院认为从私人住宅边缘以外的某处，使用感温探测器去"观察"建筑物墙面上与众不同的热成像（暗示室内的大麻种植）属于第四修正案的"搜查"，其不得在没有搜查证的情况下实施，见 Kyllo v. United States, 533 U. S. 27(2001)。最高法院的观点强调保护私人住宅的特别需要，而文本中对于新事态的讨论倾向于否定住宅和更为商业化环境之间的差别，以此显示未来修正观点的可能。

⑬ 对于要求披露文件进行搜查和扣押，最高法院在其有点神秘莫测的判决中首先适用了第四修正案的指示，见 Boyd v. United States, 116 U. S. 616(1886)，并以一种后来判决难以解释的方式融合了第四和第五修正案的立法考量。参见 United States v. Doe, 465 U. S. 605(1984); J. Mc-Kenna, "The Constitutional Protection of Private Papers: The Role of a Hierarchical Fourth Amendment", 53 *Ind. L. J.* 55(1977)。

录或者报告",其合法性的控制在法律上的意义大于宪法上的意义。[15] 服从"被要求作出报告"的义务,可能在司法介入之前被行政机关予以直接执行。

另一方面,尤其是从一个人或者少数人那里搜集信息,提供信息的方式(通常称为传票)一般被认为其执行要求司法的参与。对于地方法官在搜查证生效前的审查,法院通过类推第四修正案的规定,以宪法说理得出结论。与检查许可证一样,在行政法背景下签发和执行传票的标准实际上是非常宽泛的。[16] 然而,这些标准很容易被人为操纵,而产生了迟延的可能性,在法官被说服接受这一事实之前,它们并不具有法律强制力。对于国会授权行政机关自力执行传票的可能性,最高法院有时似乎持开放的态度。[17]

由于个人拒绝接受传票的权利限于个人占有的文件,传票可能向记录的保管人签发,而这些记录可能包含其他人不愿公开的信息。但是,根据1978年的《财务隐私法》(Financial Privacy Act)规定的权利,[18]财务机构被允许在没有搜查证的情况下发布客户的信息,而其只需先通知客户,并给予客户较短期限去反对信息发布。另一方面,在国家安全的背景下,政府从某一信息源查找涉及另一个人(嫌疑人)的记录,这样的通知可能被禁止。[19] 即使这些信息可能是保密的,(也许不令人吃惊)政府常常可以通过其他手段来获取这些信息。[20]

---

[15] 参见页边码第364页有关《文书工作削减法》(Paperwork Reduction Act)的讨论。在随后部分讨论的第五修正案中不得被自证其罪的特权,只对个人适用,而不包括公司或者其他社团。

[16] 行政传票不必符合司法上刑事传票有关合理根据的要求,见 United States v. Morton Salt Co., 338 U. S. 632(1950),City of Los Angeles v. Patel,参见注释170。

[17] 比较 See v. City of Seattle, 387 U. S. 541(1967) 和 Zurcher v. The Stanford Daily, 436 U. S. 547(1978),参见"The Argument for Agency Self-Enforcement of Discovery Orders",83 Colum. L. Rev. 215(1983)。

[18] 12 U. S. C. §3405.

[19] 例如 18 U. S. C. §2709("反情报政府部门获取电话费和交易记录")和 18 U. S. C. §3511(信息请求的司法审查)。

[20] 参见 A Review of the Federal Bureau of Investigation's Use of Exigent Letters and Other Informal Requests for Telephone Records, Department of Justice, Office of the Inspector General, Oversight and Review Division, Jan. 2010(https://oig.justice.gov/special/s1001r.pdf)。

三、信息/指控犯罪

对于提供信息的行政命令,除了司法审查其合理性以外,权利法案规定了有关证明的特权,其有时被援引用来拒绝配合提供信息的命令。第五修正案的规定包含了任何"人"不得被要求自证其罪的保证。因此,一个"人"被指控犯罪,并确信其对某些信息要求作出的反应,可能成为定罪的证据链上的一个环节,在这种情况下他将免于作出反应。总的来说,这一特权在美国政治史上是强有力的;担心警察在刑事审讯中施加强制首先标定了其适用范围。在二战以后,进入歇斯底里的反共时期,证人在国会听证和行政听证中广泛运用这种特权,而政治煽动随之与反对这种运用相联系,这也促成了在其他调查背景下对修正案的宽泛解读。例如,最高法院以此为基础作出一系列的重要判决,要求警官在审讯前必须给予嫌疑人警示。[181] 就像在免除公职的说理上主张特权一样,试图惩罚这种特权的援用受到了强烈的抵制。[182]

然而,也许因为承认这种权力阻碍了许多规制行为,法院很少认定这种特权适用于行政背景下抵制提供信息的命令。首先,在任何情况下自证其罪的特权不能被公司或者其他拟制主体所主张。[183] 甚至自然人不能援用这种特权,从而拒绝提供有可能认定公司和其本身犯罪的公司文件或者信息(而其可能是看管人);最多在证明制作文件的行为事实上,其有权要求排除认定其个人犯罪的考量。[184]

---

[181] Miranda v. Arizona, 384 U. S. 436(1966), reaffirmed in Dickerson v. United States, 530 U. S. 428(2000)。

[182] 参见 Gardner v. Broderick, 392 U. S. 273(1968), 然而, 因拒绝回答直接(仅限于)与其履职相关的问题, 一名政府官员能够被解雇。

[183] 例如, 合伙企业、协会, 或者不具有法人资格的社团, 见 Hale v. Henkel, 201 U. S. 43(1906); Beilis v. United States, 417 U. S. 85(1974)。

[184] Braswell v. United States, 487 U. S. 99(1988); U. S. v. Hubbell, 530 U. S. 27(2000) See also United States v. Doe, 465 U. S. 605(1984), 这种特权仅适用于个人的证明行为, 并不排除政府要求调查对象签署函件指示与其有账户关系的外国银行配合调查, 见 Doe v. United States, 487 U. S. 201(1988)。

值得注意的是,在美国法上以这种方式区分自然人和拟制人是很不寻常的。在第五修正案中,"人"这个名词是作为动词确定的对象,包括行使不得自证其罪的特权(公司不属于人的范畴)和予以正当程序条款中的程序保护(公司属于人的范畴)。在言论自由或者保护财产免受国家不合理检查上,不存在这样的区分。在此,不得自证其罪的保护旨在避免国家对个人意愿的压制,这种在个人诚信上的利益不同于言论表达、财产和公平程序上的利益,其并不为自然人和拟制人所享有。[185] 也可以这样来理解,即最令人担心的各种官方强制,如严刑拷打,不可能发生在规制背景下。

在规制背景下,即便是自然人适用免于自证其罪的特权也会面临很多障碍。首先,他们只有通过确切的主张才能声称这种特权。例如,如果一个纳税人的收入来源是非法的,对于未填写所得税申报表其不能适用这种特权作为借口,而必须填写收入报告栏附有特权声明的报税表。比其他需要填写的,特权声明是一个更加明显的表示。任何其他部分的回答如果存在不实之处,即使用简单的"否"(No)来回答政府调查员的问题,填报者将会面临"不实陈述"的指控。[186] 其次,这一主张只能用于"证明性"言词交流,例如,它不能以此拒绝采集指纹或者其他身体证据。第三,提出这种主张只能基于潜在的犯罪指控,而不是趋于产生不想要的规制结果。最后,在拒绝提供文件的要求上,这一主张成立的条件受到较大的限制:文件必须属于提出主张的人,并被其占有。因此,如果向我的会计或者银行发出传票要求提供有关我的文件,则特权不能被适用。因为这不是要求我出示文件,同时,如果从我这里获得会计的文件,他们指控我犯罪的事实也是不相关的。只要能够证实根据传票提供文件是一个可能归罪于我的证明行为,我就可以提出特权主张。[187] 在听证的过程中,适用特权更多地发生在要求作出口头陈

---

[185] 同样,尽管根据第一修正案中作为"人"的法律地位,美国电话电报公司(AT&T)的政治捐献受到完全的保护,但信息自由法所保护的"个人隐私"并不保护公司免于政府披露其所拥有的不利信息,见 FCC v. AT&T,562 U. S. 397(2011)。

[186] Brogan v. United States,522 U. S. 398(1998)。

[187] United States v. Hubbell,530 U. S. 27(2000);Baltimore Dep't Social Services v. Bouknight,493 U. S. 549(1990)。

述的地方,其风险在于提出主张的人之前作出的回答表明其配合相关调查,这会被认为是对特权的放弃。

四、作为程序的"正当法律程序"

(一) 导言

第五和第十四修正案规定了与行政法密切相关的基本权利,其确保没有人(包括拟制人)在未经正当法律程序的情况下被"剥夺"生命、自由或者财产。这些保证仅仅适用于公共行为者(例如,州和联邦政府),而不适用于私人行为者。[18] 在其程序方面,修正案中的寥寥数语成为了美国法律体系中所有主张公平程序的来源。在宪法解释的讨论中,解释这些术语的进展微不足道。[19] 在此,有必要对学说构造的问题给予更多的关注。[20]

有关正当程序条款的文本极为笼统,而宪法(独特地)对其作出了两次规定,这一事实有力地表明一种见解,即这些规定阐述了美国法律秩序要求的核心主张。从历史上来看,这一条款反映了英国大宪章的精神,其中包括合法性原则和所有人受制于普通法律程序的特别保证。同时,它反映了17世纪国家对政治和法律予以统合的斗争,以及在美国革命之前各殖民地对旧法律秩序的强烈抵制。政府依法履行职责,这种要求本身是理解这些规定的坚实基础。对于受大陆法系传统熏陶的人来说,也许感到惊讶的是美

---

[18] 在美国内战后不久,对公共行为者的限制被确定下来,以免对私人行为者的种族歧视寻求救济。民权案件:United States v. Stanley,109 U. S. 3(1883)。尽管正当程序条款最表层的目的作为壁垒来防范暴政,其范围比想象的要宽泛。最高法院对公立医院、教育委员会以及其他公共组织适用正当程序条款,即使这些组织所实施的行为与其他私人市场行为者的行为难以区分(例如,雇佣和解雇),例见 Cleveland Board of Education v. Loudermill,470 U. S. 532(1985)。当机构混合了公私功能时,参见页边码第 186 页及下页。法院认定"州行为"确保了条款适用。Burton v. Wilmington Parking Auth. ,365 U. S. 715(1961);Brentwood Acad. v. Tenn. Secondary Sch. Ath. Ass'n,531 U. S. 288,121 S. Ct. 924(2001)。

[19] 参见页边码第 23 页(宪法变迁)和页边码第 59 页(实质性正当程序)。

[20] E. Sullivan & T. Massaro,*The Arc of Due Process in American Constitutional Law*(Oxford Univ. Press,2013);J. Mashaw,*Due Process in the Administrative State*(Yale University 1985). See also C. Farina,"Due Process at Rashomon Gate:The Stories of Mathews v. Eldridge",in P. Strauss,ed. ,*Administrative Law Stories*(2006).

国宪法对合法性原则没有作出明确规定。[19] 但是,在美国宪法理念中这种思想无处不在,尤其是正当程序条款常常被认为是对这种承诺的体现。

直接适用文本应当基于深层次的理解,并把握条款的本质和适用的稳定性,在某些涉及行政行为的背景下,这些条款限制了立法机关(法院或者行政机关)对程序制度的选择。由此,对于政府依法而为,其程序性规定并非总是充分的。在某些情况下,公民有权要求政府遵循或者提供一定的程序,而无论这些程序是否已经被法律规定。一项法律否定这些(未规定的)程序性保护将会是违宪的。例如,某州制定法律将所有普通法诉讼分配给一个非司法性的组织,或者允许行政机关在没有提供听证机会的情况下撤销职业许可,联邦法院将必定判其无效,其理由在于未经正当法律程序剥夺生命、自由或者财产。

以前规定的"正当程序"的程序要求只适用于个人之间的争议解决(正式或者非正式裁决),而不涉及创设有约束力法律规范的程序(如规则制定)。[20] 以联邦行政程序法为例,由于定义的不确定性,[21] 以及缺乏对彼此区别的程序予以清晰命名,将规则制定和裁决予以界分是存在问题的。立法机关能够适当地(长期以来已是如此)对一般承运的行为设定费率,并授权特定的从业者依法行事,否则其行为会被禁止。在上述背景下,某个从业者

---

[19] 宪法禁止溯及既往(回溯性)立法和褫夺公民权利的法案,在刑法背景下更能理解其意义。

[20] 有两个案件 Londoner v. Denver,210 U. S. 373(1908)and Bi-Metallic Investment Co. v. State Bd. of Equalization of Colorado,239 U. S. 441(1915),在 Bi-Metallic 案中,最高法院将其与 Londoner 案予以区分,认为"在受到例外影响的人中,相对较少的一部分在个案中基于个人理由受到关注"。由于规章只适用于少数人,"例外影响"和"个案中的个人理由",是受控制的观察对象,而非"人数",这些案件在第五章第一节会有全面讨论,页边码第 261 页。

[21] 5 U. S. C. 551 作了部分规定。(4)"规则"是指具有普遍或特殊适用性的行政机关声明的全部或一部分,其预期效果旨在执行、解释、对法律或政策予以具体规定,或设定行政机关组织、程序或活动的要求,包括批准或规定将来的费率、工资、公司或财务的架构及其重组、价格、设备、器具、服务或基于估值的补贴、成本、会计或者上述各项有关规定的实施。(5)"规则制定"是指机关制定、修改或废除规则的行为。(6)"命令"是指行政机关采取肯定的、否定的、禁止的、确认的形式,除规则制定以外包括许可在内所作出的最终处置决定的全部或一部。(7)"裁决"是指行政机关作出命令的过程。规则制定定义为"具有普遍或特殊适用性的……行政机关声明",可以用来描述许多诸如电站建设许可裁决的后果,"裁决"没有被真正界定,它变成了穷尽"规则制定"定义之后所留下的空间。在实务中,作为规则制定的必要特征,确定组织问题的实例和"预期效果"得到了广泛的承认。

处于一边(一般承运人,持有证照者),而不同的私人利益方(托运人、行业竞争者和社团成员)处于另一边。《联邦行政程序法》将费率制定归为规则制定,而许可属于裁决;有趣的是,如果深入了解行为的具体程序性要求,就会发现这两个程序实际上极为类似,其中,费率制定比大多数规则制定要正式一些,而许可则比大多数裁决要非正式一些。同时,该法规定了非正式规则制定的程序,其适应性使得无需重新审视这样的论点,即程序仅在裁决的情形下是"正当的"。

在宪法要求裁决应具备何种程序上,有关"实质性正当程序"和"整合"的争论无助于限制司法裁判的主观性。[194] "正当程序"这一术语几乎没有说明何种程序以及在何种情况下是正当的。同时,对于有关行政和民事司法行为的程序性主张(相较于刑事程序和民权背景下的整合争论),权利法案并不比第十四修正案更加具体。在每一个案件中,正当程序的要求在宪法背景下得到了体现,而法院不愿简单地接受立法判断(其主题超越文本之外)去寻找相应的具体规范。

此外,在相对稳定运作的民事审判上英美法有着悠久的历史,但直到20世纪中期,行政程序、公平程序的判理和解决问题的可用技术仍然没有得到很好的发展。[195] 在19世纪,大部分诉及税务评估程序的案件,已经发展出这样的论点,即有关纳税人或其财产的特定事实认定,应给予带有某些(即使非正式)准司法特征的听证机会。最高法院认为在作出最终决定之前必须给予纳税人某些口头陈述证据和进行辩解的机会。然而,在所支持的口头表达上,最高法院对其细节语焉不详。[196]

宪法上的追问包括三个各自负有争议的组成部分:所有程序是否是"正当的",在哪个环节它们必须予以及时规定,以及最后这些程序应当是什么样的。[197]

---

[194] 参见页边码第59页。

[195] 一般而言,参见 J. Mashaw, *Due Process in the Administrative State*,见脚注190。

[196] Londoner v. Denver, 210 U.S. 373(1908).

[197] 第四种类型的问题也产生了,即宪法是否对各种行政机关组织程序的问题设定限制。参见页边码第54页及以下诸页。

随着规制变得越来越普遍,在口头听证的必要性上争论不断出现在各种情况中。尽管许多争论涉及何种程序适于听证的问题,但在20世纪晚期之前几乎没有什么司法进展。所有程序是否应具有宪法上的正当性,这个问题开始陷入了乏味的"权利"和"特权"分类之中。剥夺一项"权利"被规定要求正当程序,而剥夺"特权"则没有。对于许可或者公职雇佣等许多牵涉行政部门的重要关系,法院将其纳入了"特权"的类别,但不是全部,也没有依据一个可识别的模式展开。在第二个问题上,最高法院似乎一再表明只有财产权利处于危险之中(特别是存在某些显见的紧急情况,而作出行政行为),必要的听证才能被予以推迟,而遵从临时的、即使是不可更改的政府行为。[198] 在第三个问题上,1946年的《联邦行政程序法》对准司法程序予以详细规定,[199] 其施行延缓了最高法院在联邦层面对有关听证权利的宪法内容予以界定。在该法案实施后的若干年中,最高法院作出的判决表明根据记录进行准司法听证的程序安排符合美国宪法的要求。[200]

同时,最高法院强调在刑法背景下准确界定程序权利的必要性,[201]并致力于法条的"整合",与此同时,在冷战期间的忠诚度调查对法院在司法和行政背景下考虑正当程序问题构成了挑战。基于忠诚度和安全上的怀疑,政府机关经常依靠匿名告密者制造的谣言来剥夺政府雇员的工作。结果导致调查让雇员的荣誉受到质疑,而雇员没有作出回应的实际可能性,由此引发了程序重要性的关注,即通过公平和公开程序来维持政府的公信力。这些

---

[198] 在一个较早的案件中,法院认为只要仓库所有人能够最终提起诉讼,去挑战稽查员作出判断的正确性,那么稽查员可以对据称受污染鸡肉进行简易扣押和销毁,见 N. Am. Cold Storage Co. v. Chicago,211 U. S. 306(1908)。另见 Phillips v. Commissioner,283 U. S. 589(1931);Fahey v. Mallonee,332 U. S. 245(1947)。当然,在刑事程序领域中,嫌疑人常常在远不如刑事审判正式的程序中被临时剥夺自由,这种类比令人吃惊地很少用于行政背景之中。

[199] 参见后文页边码第275页及以下诸页。

[200] Wong Yang Sung v. McGrath,339 U. S. 33(1950)。然而,这种暗示被悄悄放弃了,最高法院维持了一项法律的合宪性,这一法律明确规定了被 Wong Yang Sung 案暗示为无效的程序,见 Marcello v. Bonds,349 U. S. 302(1955),在何谓"正当"程序的问题上后续的法院判决忽略了可作为智识来源的联邦行政程序法。

[201] 参见上文页边码第60页。

程序也对（以前的）简单结论提出了质疑，即作为"特权"的拥有者，公务员不得主张程序保护。在行政背景下，他们强调程序保护的价值，这些程序保护长期以来与英美刑事审判相联系：获得律师帮助的权利、有权知晓指控者和控方证据、对质和交叉询问证人的权利、仅以公开程序产生的记录为基础作出判决的权利以及提出答辩和己方证据的权利等。

然而，对于每个案件来说，似乎需要的是具体的程序规定，另一方面显然也需要一定的弹性。对所谓共产主义活动的立法调查，必须尊重证人在程序保护上的主张。[202] 尽管调查结论可能在国内的部分地区损害了证人的声誉，但是，最高法院不会将立法调查作为民权问题，使其负担严格的程序要求。[203] 在没有机会面对指控者以及证据的情况下，某航空工程师不能因为涉及忠诚度的匿名指控，而受到禁止接触军事秘密（接触军事秘密为其职业所必需）的威胁。[204] 但是，一名在军事设施里工作的厨师受到安全身份上的未公开指控，并面临无法进入该设施（特定的工作岗位）的威胁，就不能提出类似的主张。[205]

在这一时期，这些要求程序保护的案件一般以这样的论点为基础，即在法律明确要求的程序保护上，违反相关规定的情况并没有发生。事实上，最高法院为政治部门提供了机会，以直接面对麦肯锡时代的过度反共。在最高法院很少形成一致意见反而挽救了这种论点，即只有在整个的特定案情基础上，才能决定正当程序的要求，同时，这种视角没有偏离"一个有序自由法案的本质"。[206] 作为"有序自由"进路的重要支持者，法兰克福特（Felix Frankfurter）大法官作出了有影响力的确切阐述：

……"正当程序"不像某些法律规则，它不是一个与时间、地点和各

---

[202] Watkins v. United States, 354 U.S. 178(1957).
[203] Hannah v. Larche, 363 U.S. 420(1960).
[204] Greene v. McElroy, 360 U.S. 474(1959).
[205] Cafeteria Workers v. McElroy, 367 U.S. 886(1961).
[206] 参见上文脚注136和附随的文章。

种情形无关而内容固定不变的技术性概念。根据数百年来英美宪法历史和文明所传承的合理对待观念,在最终的分析说理上来阐述正当程序,"正当程序"不能被局限在任何定式中靠不住的限制因素之内。在人与人之间,以及较为特别的个人和政府之间,"正当程序"表现出深层次的公平态度,其由历史、说理、过去的判决过程,以及民主信念带来的坚定信心所构成。正当程序不是一个机械装置,不是一个尺度,而是一个过程。在这个精致的调适过程中,无可避免地牵涉到那些受宪法委托的人随着过程的演变而作出的判断。[207]

显而易见,这不是推荐给"整合"争论中他的对手以及最终胜利者的准则。

(二)戈德堡诉凯利案

在1970年开始的时期,再次涌现出大量涉及正当程序的诉讼,这种情况与法律系统(迟来的)衍生出一系列特别影响穷人的问题紧密相关。在此期间,可以看到努力的结果,即对上述所有三个既定问题确定可行的分析框架,由此每个事例中个人提出的主张极大地扩展到程序方面。对于程序是否正当的问题,以前是参照权利和特权的区分来回应,这一时期开始基于与制定法的关系来进行考量,例如,许可、终身任期的公务员职位,或者福利资格。对于何时必须提供程序保护的问题,其与需要作出初步决定的问题相联系,推定规则变成"听证优先",对政府行为的"合理根据"进行详细调查。对于要求什么样的程序问题,一系列极为具体的程序看来都是基于权力控制的进路,至少最初是如此。这些结果很容易与整合思想联系在一起,而整合旨在通过具体标准来控制司法的主观性。

从表面上来看,戈德堡诉凯利(Goldberg v. Kelly)案源自一项州管理的福利计划,[208]纽约市一直想要终止凯利和其他人在福利计划中的登记资

---

[207] Joint Anti-Fascist Refugee Committee v. McGrath, 341 U. S. 123, 162-163. (1951)(协同意见).

[208] 397 U. S. 254(1970).

格，而该计划规定仅需根据有限的要点即可作出决定。最高法院承认联邦法律要求在最终终止资格之前应当提供全面的口头听证。由于一个支持凯利的裁决会导致追索暂停期间全部的福利给付，国家要想暂停给付唯一能做的是将问题处于争议中，而等候全面和正式的听证，即时间安排的问题。基于有限的目的授权暂停福利等候听证，纽约市采用了一个更为非正式的程序，这个程序始于社工怀疑福利接受者不适格，而进行非正式的面谈，如果其发现存疑，纽约市在暂停福利之前提供机会，让福利接受者向其监督者递交书面意见，但是，在这个环节并没有进一步给予司法意义上的听证。对于最高法院来说，这是不充分的。最高法院的意见需要予以详细说明，其论证前提仍然影响着有关正当程序的说理。

　　第一个论点实际上被州所承认，即正当法律程序的宪法权利适用于福利接受者主张继续获得福利。权利和特权的两分法多年来一直饱受诟病，尤其在与现代政府之间的各种关系上，公民的事实依赖（dependence-in-fact）不断增长，而法院倾向于将其概括为特权。这些批评者主张在现代国家中，基于正当程序条款（以及一般意义上的权利法案）的目的来保护公民免于政府的恣意，正当程序条款的适用范围应当涵盖对生活至关重要的各种关系。[209] 现在，最高法院已经明确指出这种论点占据优势。

　　接下来的问题是案件仅仅涉及福利给付的临时暂停而非最终终止，这一事实如何（如果可以的话）塑造说理分析。何谓被国家承认而必须提供听证的时机？这个问题在过去被理解为在临时暂停期间双方都存在实质性负担。一般来说，政府的紧急行为（如扣押被污染食品、关闭银行）可以被容忍，最高法院数次表明在仅仅涉及财产利益时，只需在剥夺财产权的事实之后进行听证，以寻求获得救济。[210] 然而，当依靠福利的人被错误地剥夺了福利时，即使在临时期间，其仍然面临着强烈需要。这种强烈需要说服了最高法院在戈德堡案中将暂停本身视为一种剥夺。由此，暂停要求正当程序保

---

[209] H. Jones, "The Rule of Law and the Welfare State", 58 *Colum. L. Rev.* 143(1958); C. Reich, "The New Property", 73 *Yale L. J.* 733(1964).

[210] 参见上文注释[198]。

护，如同最终终止福利资格一样。对福利接受者的需要予以平衡只是行政管理中的经济成本，这种考量在当时被最高法院所抛弃，但后来被证明更有说服力。

最后的问题：应当具体适用什么程序？国家承认某些程序的必要性：它规定了通知、与福利官员讨论事务的机会、作出决定、获得高级别的福利官员审查该决定的机会，以及就此递交书面材料的权利。但是，它没有规定由中立的司法官员主持听证、获得律师帮助的权利、出示证据和口头辩论的权利、获得机会审查所有案件需要的材料，或者对质和交叉询问反方证人，或者根据记录作出决定，而记录用来解释观点。如今，最高法院认为正当程序应当符合上述所有要求。

最高法院作出这份详尽的判决意见，其基础一直不是很明确。基于意见所需的不同因素，引证了以前的各种案件，包括海军工程师案（而不是厨师案），[211]例如，交叉询问在此不构成问题，但却忽略了早期案件在缺乏授权的情形下对程序主张予以认可的背景或者限制。最高法院认为相对于终止福利的最终程序，考虑到暂停福利支付的行政决定的暂时性，其程序要求要少一些。但从总体来看，相对于在重大问题上作出最终行政决定的程序，最高法院认定的一系列程序要求属于非典型的程序要求。例如，在戈德堡案后若干年，一项针对四十个联邦计划的调查发现只有一个计划（也是福利导向的）认可了所有戈德堡案中的权利。对于实质性多数的程序要求，少于一半的联邦计划对此予以规定。只有在某种程度上确保公平的通知，以及作为决定基础的理由说明受到了普遍地遵守。[212]

以戈德堡案为标志，总结前数十年刑事程序的工作成果而形成具体的规定，这种趋势延伸到了民事领域。对于最高法院认定的"听证优先"，其通过各种民事司法救济得到了迅速的扩展。例如，当偿付中止时，债权人多年来一直使用留置或者查封的方法来保护其利益安全，对此设定了即时停止

---

[211] 参见上文页边码第79页。

[212] P. Verkuil, "A Study of Informal Adjudication Procedures", 43 *U. Chi. L. Rev.* 739 (1976).

使用的简易程序。戈德堡案和许多这样的判决是"法律与贫困"运动的产物,这项运动根植于美国民权运动的后续影响,部分得益于政府补助政策的推行。最高法院判定贫穷的刑事被告人有权获得指定为其辩护的律师。[213] 随后不久,在民事纠纷中这种补救被认定为涉及正当程序的宪法要求,最高法院被说服扩展戈德堡案中有关获得律师帮助的权利表述,而要求国家免除司法诉讼费用或者为无法负担法律服务的个人提供律师费。[214] 当时,评论者对此并没有明显的嘲讽,他们认为"正当程序的解决方案"正在启动。回顾过去,可以看到最高法院在戈德堡案上作出了持久的贡献、快速实现了调和刚性命令的需要,以及努力建立一种分析框架,以取代作出确信声明的风格。

（三）门槛问题

正当程序条款没有规定必须遵守何种程序,似乎暗示需要跨越一道门槛来启动程序保护。该文本规定了国家试图"剥夺"个人的"生命、自由或者财产"时所遵循的义务。包括以上引述的法兰克福特大法官的著名观点在内,[215]一些早期的案件基于历史的角度从这一文本中召唤某种理念,而不是对设定门槛的要件予以具体化。但是,对于两个州立大学重订了两位教师的聘任合同（明显因为他们呼吁反对美国卷入越战）,有两个案件以简易程序作出了未经说明的驳回判决,而最高法院认为"生命、自由或者财产"作为三个截然不同的要素,剥夺其中一项都必须加以论证,即这一过程具有宪法上的"正当性"以支持其结论。[216] 正如所受到质疑的那样,如果教师因其政治立场而受到报复性的解聘,他们被剥夺"自由"则违反了第十四修正案和第一修正案对言论自由的保护,但是,对于这种侵犯没有相应的救济程序,

---

[213] Gideon v. Wainwright, 372 U. S. 335(1963).
[214] See Boddie v. Connecticut, 401 U. S. 371(1971).
[215] 参见上文注释[207]。
[216] Board of Regents of State Colleges v. Roth, 408 U. S. 564(1972); Perry v. Sindermann, 408 U. S. 593(1972).

修正案只是简单地不允许这种侵犯。[217] 如果教师对于继续聘任拥有"财产"上的利益,则他们在正当理由的问题上未经听证不得被解聘,而在听证过程中,他们能够质疑所提交的证据以及通过出示己方证据来加以反驳。

相较于权利/特权的区分,"财产/非财产"的区分看起来并没有多大的进步,而其区分理由也受到了批评。然而,最高法院对何谓财产作了宽泛的理解,其明确表述与现代政府之间的事实依赖关系促使了对权利/特权两分法的摒弃。从正当程序条款的角度来看,如果州或者联邦法律创设了与国家保持持续关系的资格,使得个人拥有财产权利,就缺少某些理由去改变它。

作为福利的接受者,凯利拥有宪法意义上的财产权利,亦有继续获得福利给付的既定资格。由此,在从福利名册上除名之前,其提出了正当程序的主张。而两位教师是否拥有"财产"权利将有赖于个案中的不同情形,即根据州法在这种职位上的人是否保有某种形式的终身任期,或者存在无须任何州法作为基础而持续任职的期望,相当于"自由"任职。[218] 这种期望不需要基于一项法律,例如,将执教若干年的教师归为终身任期的既定惯例。然而,在联邦法院认定程序"正当"之前,某些以法律为基础的持续任职关系或者期望亦展露无遗。

财产权利问题是展开正当程序质询的先决条件,其适用交替变化于三个方面。首先,在文献中被描述为"实证主义的陷阱"是对财产/非财产区分的批评之一。由于个人是否拥有一项权利资格取决于法律规定,立法机关能够以排除这种权利资格业已存在的方式来界定公民所依赖的重要关系。[219] 有关福利"改革"的联邦立法明确表示其目标之一是摒除任何这样的想法,即认为福利是一种权利资格。尽管立法大部分指向福利存续的时间

---

[217] 在此正当程序条款的运用是实质性正当程序案件的直接提示。最终,两个案件的判决似乎都容许了解雇的政治动机。

[218] "自由雇佣"允许任何一方基于好的、坏的或者根本无原因终止雇佣关系,它是美国雇佣期限的默认规则。

[219] O'Bannon v. Town Court Nursing Center, 447 U. S. 773(1980).

问题,但是,其规定似乎针对的是戈德堡案的看法。⑳ 当州法设定了公民和政府之间的关系,以及规定了这种关系终止或改变的程序时,即使一项权利资格已经存在,也会产生进一步的困难。一个法院如何将(制定法)权利资格与其相应的程序予以分离？公民不必接受"得到好处而多受点苦"(bitter with the sweet)吗？根据法律规定,对享有一定任期的公务员予以免职应当遵守特定的程序,而该公务员对这些程序中某一方面的合宪性提出挑战,问题就出现了。最高法院的多数意见认为,这些程序事实上符合独立的司法检测标准,而反对意见亦言之凿凿。㉑ 直到数年后,最高法院才在类似的案件中有力地否决了"得到好处而多受点苦"的说理。㉒

根据权利剥夺的观念,适用门槛标准的第二个问题可以得到较好地阐述。在涉及州行为对公民造成伤害的一系列案件中,最高法院明显基于权利剥夺的意义,形成了一系列几乎难以解释的正当程序观念。例如,一个早期的案件认定一个州未经事前应遵循的适当程序,不能张贴标示某人为酗酒者的照片,所张贴的照片显示其酒吧中饮酒也是非法的。㉓ 但是,某市发布所抓获(尚未定罪)小偷的照片,并标有"流窜作案的商店窃贼",会造成其声誉上的巨大损害,而未提供事前听证却没有受到质疑。㉔ 在另一个案件中,最高法院认定学校官员未经事前听证不得让学生休学十天,就读公立学校被认为是一种"权利资格"。㉕ 但是,一位老师对学生进行体罚,使得学生需要就医数日(不是正式让其休学),则不是未经正当法律程序对学生自由或者财产的剥夺。㉖

在免去承担责任的案件中,被诉行政行为并没有改变受害人自身的法

---

⑳ See C. Farina, "On Misusing 'Revolution' and 'Reform': Procedural Due Process and the New Welfare Act", 50 *Admin. L. Rev.* 591(1998).

㉑ Arnette v. Kennedy, 416 U.S. 134,153(1974)。相对多数的意见并不确保大法官的多数票决。

㉒ Cleveland Board of Education v. Loudermill, 470 U.S. 532(1985).

㉓ Wisconsin v. Constantineau, 400 U.S. 433(1971).

㉔ Paul v. Davis, 424 U.S. 693,712(1976).

㉕ Goss v. Lopez, 419 U.S. 565(1975).

㉖ Ingraham v. Wright, 430 U.S. 651(1977).

律状况,其仍然可以合法地进入商店或者在健康允许的情况下进入学校学习。更为重要的是,在这些(和其他)案件中,州法似乎以诽谤或人身侵犯的普通侵权民事诉讼形式提供了事后救济。在像这样的纠纷中,认定正当程序违法有碍于联邦主义制度安排的重置,即对以前留给各州控制的行政行为创设大规模的联邦监管。㉗ 从学校体罚案的反对意见来看,这些考虑因素似乎是从技术层面上来进行解释的(在州监狱管理问题上,后来最高法院基于类似的考虑撤回了适用正当程序的说理㉘),然而,深入分析这些案件的争论,似乎以反对意见来界定其正当性更为公平一些。

最后,"权利剥夺"涉及这样的问题,即"正当程序"是否属于作出初步资格认定的要求,这种资格认定须依法界定与政府之间的新型关系,如果获得核准,将构成一项"财产"资格。最高法院对这一问题并未作出判定。㉙ 同时,一些大法官明显认为不存在"正当程序"的要求。㉚ 一方面,对于与政府存在既定关系的个人而言,认为不存在"正当程序"的要求并没有从他们身上"带走"什么。法律总是更为关注于确定关系而非形成期望。但是,在这一争论中,"权利资格"的说理显得有些尴尬。对于公民是否被错误地否认其有权获得一项尚未享有的权利资格,或者以前享有而被终止,公民所提出的主张看起来是相同的。在州法设定固定的资格标准上,美国上诉法院都认为申请人以及既有的福利接受者寻求形成一种具有客观资格要求的关系,㉛他们可

㉗ 两个拒绝程序义务的案件都是根据民权法的规定(the Civil Rights Act, 42 U. S. C. §1983)而起诉。这项法律将在第九章予以简要讨论,对于各州官员凭借州法剥夺公民联邦权利的任何行为,其中包括基于联邦宪法正当程序条款的权利,该法使其对行为后果承担责任。对各州官员实施的某些行为予以联邦救济,是对公民自由的根本保障,例如,在民权领域中的公民自由。将几乎所有由各州官员造成的侵权行为予以宪法化,这种可能性的产生存在极大的困难。在有关政府合同履行的争论中,存在类似的说理:"如果加州使得被告人在解决合同纠纷上可以获得普通司法救济,则其程序具有正当性。"Lujan v. G & G Fire Sprinklers, Inc. ,532 U. S. 189(2001)。

㉘ 例如,Sandin v. Conner, 515 U. S. 472(1995),在页边码第 239 页有简要讨论。

㉙ 例如,Lyng v. Payne, 476 U. S. 926(1986)。

㉚ 例如,参见首席大法官伦奎斯特(Rehnquist)的意见,见 Walters v. National Association of Radiation Survivors, 473 U. S. 305,353(1985)。

㉛ 由于最高法院受理案件存在诸多限制,这些联邦中级法院作出的判决几乎不可避免地具有最终性。参见页边码第 160 页和 165 页。

能提出宪法上"正当程序"的主张,当然也要适应这样的可能性,即各州可能没有足够的资源给予所有合格者福利。[22]

(四)程序正当

一旦越过了这道门槛,并假定暂时避免了实证主义的陷阱,则问题在于大法官们如何定义宪法上的正当程序(而不是立法机关所创设的)。作为在这个问题上的重要案件,马修斯诉埃尔德里奇案产生的背景更像戈德堡案。[23] 埃尔德里奇根据联邦资助的计划一直享有残疾人的福利待遇,负责该事务的官员基于其提供的信息以及医生报告,确信他不再构成残疾。随后,通知埃尔德里奇其福利将被终止。在终止福利暂时生效之前,只有书面的程序可供适用。随后,Eldridge 有资格获得全面的口头听证,如果其有理,将获得临时被终止期间的所有福利。像凯利在戈德堡诉凯利案中那样,Eldridge 的论点是在全面听证之前,即使推迟其福利给付也是一种对财产利益的剥夺,对此没有适用戈德堡案所规定的程序应归于无效。

马修斯案产生的结果和戈德堡案有着很大的不同。戈德堡案分类确定了所应遵循的程序,而马修斯案试图在宪法规定的程序问题上界定所采取的司法质询。最高法院认为,这种质询要求的说理归结于三个因素:

> 首先是,受到行政行为影响的私人利益;其次是,通过程序适用,这些利益被错误剥夺的风险,可能存在的价值及其额外或者替代的程序保护;最后是,政府的利益,包括所涉及的职责以及额外或替代的程序所带来的财政和行政负担。[24]

基于这些因素,最高法院的多数意见首先认定,与戈德堡案相比,此案中的私人利益并没有那么重要。一个人被怀疑不是残疾而被临时停止残疾人福利给付,比被怀疑不属于贫困而被临时停止福利援助,其更有可能找到

---

[22] Kapps v. Wing,404 R3d 105(2d Cir. 2005).
[23] Mathews v. Eldridge,424 U. S. 319(1976).
[24] Mathews v. Eldridge,424 U. S. 334(1976).

其他潜在的临时收入来源。

根据分析,第二个因素可从两个方面展开质询:首先,在实际被适用和被诉的程序中明确存在的错误风险,其次,适用所提出的新程序,有可能将这种风险控制在可接受的成本范围内。最高法院认为适用书面程序作出初步认定,其错误风险很低,同时,通过增加戈德堡案中各种口头或者对抗性程序,也不可能显著地降低这种错误风险。同时,对于保障残疾人的资格争议,一般关注于当事人的体格健康状况,而非报告其诚信与否,这种观点放在福利背景下可能更具代表性。基于文件的呈交,至少可以临时决定当事人的体格健康状况。对此,最高法院认为,在初步处理的过程中,埃尔德里奇可以充分地接触到行政机关的文档,以及有机会进一步提交其所希望的书面材料。

最后,与戈德堡案相比,最高法院认为政府所提出的效率主张更为重要,尤其是(而在戈德堡案中最高法院没有这样认为)"任何特定的社会福利计划可以利用的资源都不是无限制的"。由此,举行暂停福利给付的听证以及经听证最终认定某人无权获得福利给付,由此产生额外的行政费用将从福利计划的总额中扣去,而这些费用原本可供那些确有资格参与计划的人获得福利给付。同时,对申请人的主张应当给予何种适当考虑,最高法院比较尊重福利计划管理者作出的"诚信判断"。

因此,马修斯诉埃尔德里奇案在许多重要方面对质询予以重新定位。首先,它强调了程序要求的多变性。最高法院并没有创设符合正当程序要求的程序标准清单,而是强调每一个安排或者计划需要引入其自有的评估。在此,首要表达的司法意见是一个人拥有正当程序条款所保护的利益,其有权获得"某种形式的听证",而认定这种听证的要件有赖于被诉特定计划的具体情形。其次,以整体的方式作出具体的评估。这种方式不是认同单个程序序列中某个特定的要素,而是在特定的背景下评估整体的适当性。

第三,在寻求程序变化的诉讼中,其程序意义尤为重要,因为评估是在计划运作层面作出的,而非根据诉至法院后特定当事人的特定需要来作出的。这些上诉案件一般归结于个别的事实,即以更为具体的程序为目标而提起特别的上诉。当然,可以假设服务于某一组织的律师通过司法途径来确立其有关社会政策的合理观点,并准确地选择特定的当事人作为原告,而非更有代表性的当事人。㉘ 作为戈德堡案判决的主笔,布伦南(William Brennan)大法官后来用这些观点来撰写判决书,㉙并以此在马修斯案中提出反对意见,即再次强调在此案中丧失福利的特定当事人的困境。多数意见的进路关注于福利接受者的总体状况以及特定计划的一般运作,似乎更趋向于维护而非危及既存的程序安排。

最后,具有类似效果的是,所述第二个因素给挑战既存程序的一方当事人增加了负担,其不仅要证明程序存在不足,还要说明适用某些特定的替代或者额外程序,将以合理的额外成本起到具体的改善作用。因此,仅仅批评程序本身是不够的,诉称程序不足的当事人必须准备好一个自身具有正当性的替代计划。

在有关程序问题上,如果将其视为对律师作出的一系列指示,而非基于司法视角,马修斯案的进路可能会更为成功。由此可知,何谓对程序性正当程序的主张进行论证的构成要素,同时,这种进路可能产生的效果在于,阻碍诉讼的说理来自有关特定个人状况的狭隘(即使是有说服力的)情形。然而,在特定的(坚持认为法院在所有作用范围上对整个程序性计划的运作予以评估)背景下,有关正当程序的内容缺乏既定的原则,以及质询要求的合理幅度反映出司法质询的深层次问题。㉚ 法官一开始就很少有参照点,同时,必须基于事实作出裁判,这可能使其无法运用诉讼技术。由此带来的结果是,鼓励法官接受立法机关在程序问题上的解决方案,或者其他更好的安

㉘ 在美国,许多非营利或者非商业诉讼由"公益"律师和律师事务所来组织。这些组织所提起的诉讼在宪法和行政法领域有着极为重大的作用。

㉙ W. J. Brennan, Jr., "Reason, Passion and 'The Progress of the Law'", 10 *Cardozo L. Rev.* 3(1988). 比较 O. Fiss, "Reason in All Its Splendor", 56 *Brooklyn L. Rev.* 789, 801(1990),其表述的观点是这样的进路与对司法权予以管控和合法化的规范不一致。

㉚ 例如,考虑波斯纳(Richard Posner)法官所作出的结论,即对于违停认定要求负责的警官出席听证,在法律效果上施加的成本远超其程序利益,见 Van Harken v. City of Chicago, 103 F. 3d 1346(1997)。

排，使其获得复杂而总体的评估。

有两个案例可以说明法官所面临的问题。在第一个案件中，根据国家医疗保险计划对某些低价值目标的请求作出认定，联邦上诉法院必须对所遵循的程序作出裁判。[238] 起初，法院自信地认为在任何情况下都要有获得某种口头程序的机会，因为以前从来没有案件基于"正当"程序而支持完全书面的程序。但是，在马修斯案中并没有体现要求口头答辩的因素，当上述案件后来发回法院时，马修斯案所要求的质询没有回答这样的问题，即如何切实地启动口头程序，以及非正式程序如何被适用。[239] 例如，对通过电话进行讨论，是否作出充分的规定？通过电脑"面谈"进行审查是否具有充足的可接受性？在此，诉讼的具体结果更有可能是双方当事人之间谈判的产物，而非来自司法命令。

第二个案件涉及一项严格限制律师费支付的法律，在根据《退伍军人权益法》提出检控请求时，该法律产生了退伍军人无法获得律师帮助的效果。尽管最高法院并非总是时刻留意马修斯案的确定表述，但在此案中却是如此。最高法院依靠有关退伍军人诉求的整体运作统计，来证实他们需要律师援助的比例不高。大多数退伍军人都胜诉了，退伍军人组织能够提供有效的代理服务，同时，在若干由律师无偿代理的案件中，退伍军人相比整体情况而言并没有显著地获得胜诉。[240] 不过，某些大法官认为在少数更为复杂的案件中存在律师援助的真正需要，这些统计掩盖了这一点。这是为退伍军人团体提供服务的律师尚未拓展的重点所在。一些大法官认为，在得到充分论证的案件中，马修斯案所要求的质询被用来证明有关律师援助的规定属于宪法上的要求；在其余的案件中，大法官则认为获得律师帮助类似

---

[238] Gray Panthers v. Schweiker, 652 F. 2d 146(D. C. Cir. 1980)，发回重审后重新考虑 716 R2d 23(D. C. Cir. 1983)。这一诉讼是美国司法实务中纲领性诉讼的例证。灰豹组织(Gray Panthers)是一家代表老年人利益的私立基金会，其组织领导掌握这方面的情况。无论多么强烈地认为其申请被错误否决，没有人只为 75 美金的医疗保险请求而诉至法院，或者负担得起耗时较长的上诉和发回重审，相对而言，在某种意义上像灰豹基金会那样的组织更适于作出决定。

[239] Gray Panthers v. Schweiker, 716 F. 2d 23(D. C. Cir. 1983).

[240] Walters v. National Association of Radiation Survivors, 473 U. S. 305(1985).

于口头因素,无疑是程序"正当"的要素之一。对大法官(包括最高法院的多数)来说,很明显在此案中马修斯案质询被大量的简易案件所扭曲,而所期望的程序变化并没有什么不同。

最高法院延续了以前的讨论,即一个人不能指望根据美国法列示出所要求的程序要素。对于从公立学校休学十天,[20]尽管没有规定有机会向校长(而不是涉及争议的老师)说明己方的事由,但如果提供了这种机会那就足够了。福利给付的暂停仍然要求戈德堡案规定的所有要素,而终止给付的程序要求会更多一些。在广受好评的《某种听证》一文中,弗兰德利(Henry Friendly)法官作出有说服力的分析,[21]形成了一份针对内容和相对优先顺序的清单:

(1) 一个无偏私的审判席;
(2) 告知所拟定的行为及其理由;
(3) 有机会说明不应采取被拟定行为的理由;
(4) 出示证据的权利,包括传召证人的权利;
(5) 知晓反方证据的权利;
(6) 交叉询问反方证人的权利;
(7) 仅以所出示的证据为基础作出决定;
(8) 有机会获得律师代理;
(9) 要求审判席对所出示的证据作出记录;
(10) 要求审判席对其决定的事实和理由作出书面认定。

再次需要强调的是,这些只是在"正当程序"争论中所声称的种种程序,大致按照其被认知的重要性来排序,而并非实际上所要求的一系列程序。

值得注意的是,弗兰德利法官所列的清单遗漏了这样的选项,即主张一方当事人有义务出示政府信息,这与裁决争议的责任是分开的。对方律师将争议提交给中立和完全充当仲裁者的法官,通常可以参照美国的司法判

---

[20] Goss v. Lopez, 419 U. S. 565(1975). 参见上文注释[12]。

[21] "Some Kind of Hearing", 123 U. Pa. L. Rev. 1267, 1279 et seq. (1975).

理,但在行政背景下并没有规定这样的对抗性程序。从民事审判的角度,律师更容易被理解为对抗性程序中的角色,但是,对争议事项的质询作出指示以及要求出示政府信息,行政法官可主动承担相应的责任,这不会损害行政法官作为"无偏私审判席"在宪法意义上的裁判职能。[23]

在马修斯案过了近三十年以后,一位缜密思考的评论者写下了这段文字,至今仍然字字玑珠:

> 被迫作出规定将新的程序性正当程序适用于庞杂的、日益变得不稳定的社会安全福利系统,必定会带来无法避免的法学灾难……最后,尽管这些规定致力于解决大量的涉案问题,但由此产生的不是法律上成熟的解决方案……或者论证有力的解决方案……而是运行了近三十年的解决方案。在新程序性正当程序的判理(jurisprudence)极为脆弱的重要关头,最高法院选择了对其予以节制和务实的固化,即基于既存的情况和自身所处的背景而尽其所能。
>
> ……如其在案件中所为,政府经常依据马修斯案的解决方案获得胜诉。但是,政府并非总是能够胜诉。[24] 该方案赋予了律师为其客户(以及像这些客户的其他人)表达意见的框架,以此法官可以在宪法架构内对其予以确定和评估。由此我们可以不断地将程序性正当程序作为一种"真实"的权利来对待,即由单个公民合目的性地提出主张,以对抗最为强力的行政机关。随着进入21世纪,所有发展势头都趋向跨州规制政策的整合,以及超越传统国家界限的政府架构,我们至少可以从这里开始着手。

---

[23] Mathews v. Eldridge, 424 U.S. 319(1976); Richardson v. Perales, 402 U.S. 389(1971)。最高法院表明一个负有这些职责的行政法法官有责任代表提出要求者进行全面的质询,见 Heckler v. Campbell, 461 U.S. 488(1983)。

[24] 例见 Brock v. Roadway Express Inc., 481 U.S. 252(1987); Cleveland Bd. of Hduc. v. Loudermill, 470 U.S. 532(1985); Santosky v. Kramer, 455 U.S., 745(1982)。

也许这根本不是实现目标的适度要求。[25]

另一种评价目标实现的可行方式是观察最高法院的待审案件,其中涉及正当程序问题的案件比例趋于减少,这或许表现出一种衰退的迹象。

在1970年代(自1970年10月开始的十个年度),美国最高法院有293个案件对正当程序作出表述,而1994年10月开始的十年期间,则只有109个这样的案件。这种趋势一直延续于整个1990年代乃至以后。在1992年10月开始到1993年期间有34个正当程序案件,但在1994年至1996年期间只有22个,在2002年至2003年期间仅有19个。[26]

五、正当程序与涉密证据的使用

在作出行政决定上,政府希望基于有关国家安全的信息来进行说理,而它并不希望向那些将会受到影响的人披露该信息。在刑法背景下,被告人有权与反方证人对质,这项权利由宪法第六修正案予以明确保障,这可能迫使政府在公开证据及其来源或者放弃检控之间作出选择。在1980年的《涉密案件程序法》(Classified Information Procedures Act)中,[27]国会创设的程序没有试图在对质权利上赋予有关安全信息的特权,而是着力于控制将此作为一种诉讼武器来使用。在行政背景下,也有人主张对质权利是正当程序说理的重要因素,但缺乏一项明确规定的权利,使得这些权利主张成为马修斯诉埃尔德里奇案说理中的核心因素。同时,在国家安全上,政府利益的

---

[25] C. Farina,"Due Process at Rashomon Gate: The Stories of Mathews v. Eldridge",in P. Strauss,ed. *Administrative Law Stories*,pp. 256-57(2006).

[26] P. Verkuil,"Privatizing Due Process",57 *Admin. L. Rev.* 963(2005).

[27] 18 U.S.C. App. 3.(1980年美国国会制定《涉密案件程序法》,内容是关于涉密刑事案件的诉讼程序,包括审前程序、审理程序及上诉程序。参见《涉密案件程序法》,张卓明译,载《行政法学研究》2010年第4期。——译者注)

权重受到了极大的限制,尽管以此主张而获得胜诉的可能性依然存在。基于不断增长的文献资料,这些问题将在第六章予以简要讨论。[248]

六、作为实质的"法律的正当程序":征收问题

不难看出,规章给某些人附加了经济负担,而授予了其他人以经济利益,这牵涉到人们在财产自由的市场中如何行事。当规章的实施服务于特定的利益,而让更为松散的大众来承担成本时,经济学家和政治学家从这个事实中更多地看到了政府权力滥用的可能性,这种运用被描述为征收各种"租"。大部分的职业许可或者费率规制都被认为具有这一特征,即对职业或者活动进行规制,旨在提升经济福祉而非保护公众免于权力滥用。如上所述,[249]洛克纳案正好是基于这样的理由作出判决,最高法院认为法律的适用使得一部分私人团体获益而另外一部分承担成本。而对洛克纳案的批判带来了一种解释,即法院不能确切地分辨出何种立法服务于公共利益,抑或服务于私人利益。[250]

在什么样的案件中,一个人或者少数人必须承受损失而由一般大众来获益呢?一方面,在经济背景下"实质性正当程序"受到批判,法院承认公众享有广泛的"警察权"(police power)来保护公共利益,甚至以终止或者限制以前合法营利的私人活动、阻碍私人投资为代价。另一方面,第五修正案(被第十四修正案整合用以防范各州的权利侵害)的另一个因素表现出一个与规制效果相联系的问题:当政府基于公用而征收私人财产(例如,为了建

---

[248] 参见页边码第241页及以下诸页。P. Strauss,"When the Curtain Must Be Drawn:American Experience with Proceedings Involving Information That,for Reasons of National Security,Cannot Be Disclosed",in *Revue Internationale des Gouvernements Ouverts* 101(2015),available at http://ojs.imodev.org/index.php?journal=RIGO;J. Landau,"Due Process and the Non-Citizen:A Revolution Reconsidered",47 *Conn. L. Rev.* 879(2015);P. Shane,"The Bureaucratic Due Process of Watch Lists",75 *Geo. Wash. L. Rev.* 804(2007);R. Posner,*Not a Suicide Pact:The Constitution in a Time of National Emergency*(2006).

[249] 参见上文注释[133]。

[250] "应由立法机关而非法院来权衡新规定的利弊",见 Williamson v. Lee Optical of Oklahoma Inc.,,348 U.S. 483,487,(1955)。

设新道路征收私人的部分土地）时,政府必须支付征收的"合理补偿"(just compensation)。一般来说,这是所有权控制的变化,而非政府影响的经济效果。即使我的其他财产从征收中获得巨大利益,我也有权获得补偿。同时,如果征收邻居的土地而减少了我的财产价值,以及通过阻止我进入城镇使得我一无所获而我的财产并没有被征收,我仍然有权获得补偿。[51] 当通过规制对财产的使用予以限制或者施加重大成本时,政府并未正式地"征收"财产。例如,如果基于污染控制的要求而迫使某个电力公司花费数百万来维持运营,该公司无法提出对这些成本予以公共补贴的诉求。总而言之,规制给特定个人带来较高成本的事实并不被认为与政府征收支付合理补偿的义务有任何关系。

在此,有关不动产开发利用的规制带来了最大的挑战。国家对历史地标予以保护,[52]要求开发商基于公共利用而保护开放空间,[53]或者阻止房屋建于河流的泄洪区,或受到暴风雨冲击和海平面上升威胁的低洼海岸。[54] 这有时被称为"逆向征收"(inverse condemnation),即政府没有像征收那样获得财产,但通过限制土地所有者使用土地而实现了予以征收的所有有利效果。如果法院认为土地所有者被剥夺了财产上的开发利用权,则政府要么给予合理补偿,要么放弃规制。

规制许可和逆向征收(亦称为规制性征收)之间的区分也许更具实践意义,而非理论意义,同时,法官接受规制的意愿,在某种程度上回应了(如同洛克纳案及其后来的批判)对政府计划的社会期望。越是保守的大法官,越有可能认为既定的规制命令如果得到有效执行,会对特定个人或者某一类

---

[51] 参考以下有影响力的文章:F. Michelman,"Property, Utility, and Fairness: Comments on the Ethical Foundations of 'Just Compensation' Law",80 *Harv. L. Rev.* 1165(1967)。

[52] Penn. Central Transp. Co. v. City of New York,438 U. S. 104(1978)。

[53] Nollan v. California Coastal Commission,483 U. S. 825(1987)。See also Dolan v. City of Tigard,512 U. S. 374(1994)。

[54] 比较 Lucas v. South Carolina Coastal Council,505 U. S. 1003(1992)(所有经济可行的开发利用)和 Palazzolo v. Rhode Island,533 U. S. 606(2001)(部分作为住所的高地的可行性开发利用)。逐渐显现的海平面上升问题在此文中有所讨论,见 S. Hecht,"Taking Background Principles Seriously in the Context of Sea-Level Rise",39 *Vt. L. Rev.* 781,788(2015)。

人造成侵扰,由此应当给予补偿。但是,这样的说理不受支持。在很长一段时间后,最高法院因规制要求过于苛刻再次将其认定为具有征收效果,由此分成了保守与自由两派。

因此,在1978年最高法院以六比三的差额比例维持了历史遗迹保护的立法,该立法具有限制某些建筑开发的效果,并在总体上比城市法规要更为严格。[255] 三个持异议的大法官极力反对该法律,认为"基于纽约人的整体利益,对该市至少万分之十一的建筑附加了实质性成本",由此应予合理补偿。在1987年有两个判决以五比四的微弱多数似乎显示出相反的发展方向。一个判决维持了一项规章,该规章要求地下煤矿保留50%不得开采,以支撑地表土地防止其沉降。煤矿开发商购得地下矿产的权利,并有权决定是否和在多大程度上需要从土地物主的地表来支撑整个土地的地表。多数意见认为与维护特定物主的地表权利以对抗采矿者不同,该规制具有"公共"目的,对煤矿所有权作出偏向性的干预并不是一种征收;而有四位大法官得出了相反的结论。[256] 在另一个案件中,某市作出决定允许土地物主在其捐献的通往临近海滩的公共通道上扩建面向海滩的住所,最高法院的多数意见认为该规制并不存在适当的公共目的。[257] 当城市对干预进行适当规制时,扩建观景房屋与海滩的公共通道并不相关,如果公众想要在私人土地上获得海滩的公共通道,其必须支付费用。

逆向征收的争论似乎超出一般土地利用的情形。在1998年,一家煤矿公司认为要求其对以前雇员提供新的退休福利是错误的,借助于"征收"原理的主流观点,其诉求获得了法院的支持。[258] 同年,有关"征收"的说理成功

---

[255] Penn. Central Transp. Co. v. City of New York, 438 U. S. 104(1978). 纽约市制定了《地标保护法》(Landmarks Preservation Law)。——译者注

[256] Keystone Bituminous Coal Ass'n v. De Benedictis, 480 U. S. 479(1987).

[257] Nollan v. California Coastal Commission, 483 U. S. 825(1987),另见 Dolan v. City of Tigard, 512 U. S. 374(1994).

[258] Eastern Enterprises v. Apfel, 524 U. S. 498(1998),在多数意见中,有四位大法官赞同这个理论,其中第五位大法官认为这涉及允许溯及既往的立法,其倾向于以(实质性)正当程序的理由作出结论。

地适用于某州的一项要求,即数额不足以获得实质利益,而由律师持有的小额客户基金,都必须归于特别的共同基金,以用于为穷人提供法律服务的福利计划。[259]假设在没有该项规制的情况下,这些款项不会放到任何产生利息的账户,由此这些计划失去了可用支持,亦不存在对这些基金的征收,反之则不然。在本案中的原告不是单个律师或者客户,而是原则上反对公共补助的保守团体。这一说理可以扩展到多大范围有待于进一步的观察。[260]

---

[259] Phillips v. Washington Legal Foundation,524 U. S. 156(1998);upheld in Brown v. Legal Foundation of Washington,538 U. S. 216(2003).

[260] 在总体上参见 L. Underkuffler,"Property and Change:The Constitutional Conundrum", 91 *Tex. L. Rev.* 2015(2013)(讨论现代征收学说的易变性)。在近几年,最高法院审理了若干起在不动产背景之外的征收案件,见 Horne v. Department of Agriculture,135 S. Ct. 2419(2015)(由于政府根据加州葡萄市场命令对商品集市进行控制,最高法院认为葡萄种植者有权获得合理补偿); Lingle v. Chevron U. S. A. Inc. ,544 U. S. 528(2005)(不服石油公司向独立承租经营者出租加油站的价格上限)。

第三章 政府的组织体系

在上述有关分权的讨论中,[1]介绍了联邦政府的三大主要部门,即国会、总统和最高法院。这些只是联邦层级的行为主体,其职能在联邦宪法中有明确表述。所有立法权归于联邦政府中国会的参众两院,所有行政权归于当选的总统,而司法权则归于最高法院(国会可以创设任何下级法院),其大法官经国会参议院批准被任命为终身任期。同时,可能存在与其他法院、"各职能部门"(departments)及其负责人(通常是行政系统内)之间的关系。然而我们也看到,政府工作实际上是由各职能部门和行政机关来完成,它们经立法创设,而非宪法,并常常履行宪法提及的所有三大职能。它们制定有法律效力的文本,被称为规章,并在其法定职责内予以执行;最初,它们依据准司法的职权来解决自身与私人之间(偶尔是对立的私人之间)的纠纷。不过,它们的所作所为受到国会、总统和法院的监督。可以想象,政府体系如同三匹马驱使的马车,每一匹马都有着特定的功能。在此,无须说明它们驱使马车的本质,只要确保马车的连接物可靠,它们就能实现被赋予的功能。尽管某些人相信在20世纪初为美国政府及其发展发明出一种没有马驱使的马车,[2]但是,本章将采取不同的视角。各行政机关与政府三大主要部门之间的关联对于政府行为的合法性是必不可少的。在本章中,首先概览三大主要部门,然后概述美国政府下属单位的结构和功能。

第一节 由宪法确定的行为者

一、国会

美国国会有由代表组成的参众两院。参议院由100名参议员组成,其

---

[1] 参见页边码第28页。
[2] 例如,G. Lawson,"The Rise and Rise of the Administrative State",107 *Harv. L. Rev.* 1231(1994)。

从每个州选举出两位。每个参议员由整个州参加投票的居民选举产生,并有六年任期。全国范围内的选举两年进行一次,每隔两年改选三分之一的参议员。除非特定的选举要求完成未到期的任期,每个州两个参议员职位只有其中一个进入改选,而每三次全国选举则非如此。众议院由 435 名代表或者国会议员组成,其按照各州的人口来分配名额,但至少每个州都有一名众议员。众议员每两年一选,在不止一名众议员的州,每个众议员代表由州法确定的各州内的独立分区。这些分区大致每隔十年根据全国人口普查结果予以重新划定,其目的在于对人口普查的人口变化作出回应,表现为各州代表的重新分配,[3]从而确保每个区符合尽可能容纳同等人口的宪法要求。[4] 正如所期望的那样,各区的形式(与人口规模相区别)通常由政治原则所决定,而这是否可以接受以及多大程度上不可接受,是否设定了可行的司法救济,这些法律争论经久不衰。[5]

可以看出,国会的制度设计服务于诸多国家政治目标(亦创设了一个适

---

[3] Franklin v. Massachusetts,505 U. S. 788(1992),这反映了普查结果适用于受影响各州的重要性,以及某个普查结果不利的州将不大可能确保对任何涉及自身的程序或者法律问题进行司法审查。

[4] Reynolds v. Sims,377 U. S. 533(1964)。

[5] 创设代表选区的过程具有特定的政治目的,如集中支持民主党的投票者,即为人熟知的利用重划选区来得到最多席位(gerrymandering)。由于选区界限由州立法机关来划定,一个明显有利的政治因素是在十年一次的普查公布时存在这一组织的政治控制,并且其必须有所作为。以排斥黑人选民的目的而划定政治界限被判决为无效,见 Gomillon v. Lightfoot,364 U. S. 339(1960)。直到 1986 年,最高法院才使得各法院更为普遍地受理涉及政治界线上明显歧视的案件,见 Davis v. Bandemer,478 U. S. 109(1986)。在北卡罗来纳州有一个形式奇特的选区,在某些地方其仅仅比一条连接市区的公路要宽,在这些市区中集合了可能支持民主党候选人的黑人选民,这一选区形式最初被认为是种族动机的产物而遭到反对,见 Shaw v. Reno,509 U. S. 630(1993),Shaw v. Hunt,517 U. S. 899(1996)。然而,当立法重构具有类似效果时,其获得支持,即最高法院的微弱多数意见认为,这并不表明种族而非政治构成了立法活动中的支配因素,见 Hunt v. Cromartie,532 U. S. 234(2001)。首先,该判决认为立法机关在寻求维持民主党和共和党在州议会代表上的平衡,在实现这种适当目标的过程中,立法机关可以依靠该州存在的情况,即作为美国黑人的种族身份和隶属民主党的政治派别之间具有较强的相关性。但是,在 2015 年最高法院拒绝作出类似的声明,见 Alabama Legislative Black Caucus v. Alabama,[135 vS. Ct. 1257(2015)]。综观而言,党派政治和最高法院最近使得 1965 年的选举权法案部分无效,是如何影响(尤其对于少数投票人)选举权,见 Samuel Issacharoff,"Ballot Bedlam",64 *Duke L. J.* 1363(2015)。

于立法的国家机关)。特别是在以前,参众两院的议员与特定的各州存在直接的联系。首先,参议员确实是由州议会选举产生,而非由公众直选产生。在 1913 年,第十七修正案引入参议员的普选,他们对全州保持影响力,并通过州政治系统实现其声望。⑥ 由此,他们很可能在国会中变成州政治利益的强力代表。他们的六年任期也促成其对短期政治动向保持一定程度的独立性。在美国宪法的起草者们看来,众议院的活动更受民众和政治的影响,而参议员构成一股保守的制约力量,(通过他们批准条约和重要任命的职责)亦对总统有所限制。在民主党总统克林顿首个任期的次年,共和党控制了参众两院,这也是自艾森豪威尔总统时期以来首次由共和党控制整个国会。在此期间,参议院对于众议院施加了温和的影响,通过立法来实现所承诺的"与美国有约"(Contract with America)。这种情况在奥巴马总统最后两年任期内亦是如此,但更多的是因为少数人借助冗长演说阻挠了温和的共和党人发声。⑦ 本书修订本正写于国会党派争斗显著增加的持续期间,⑧

---

⑥ "伴随着国家议题占据主要议程以及公民政治意识的提升,美国政治自身在 19 世纪的进程中趋于国家化。对州起草的政纲进行审查归属于全国性的政党,这显示出各州政党的优先考量及其位次极大地受到联邦层级的影响,同时,随着 19 世纪慢慢过去,各州政党的议程和联邦层级的议程日益集合在一起。"参见 James A. Gardner,"The Myth of State Autonomy: Federalism, Political Parties, and the National Colonization of State Politics", 29 *J. L. & Pol.* 1, 2-3(2013)。此外,各州政治进程的变迁使得参议员较少产生于州政治架构。随着金钱、媒体和名声的影响力不断增强,各州政治组织的重要性则趋于减弱。参众两院的议员更乐于在选民支持的国家倡议基础上,而非基于各州利益来发展独立的支持者。参见 L. Kaden,"Politics, Money, and State Sovereignty: The Judicial Role", 79 *Colum. L. Rev.* 847(1979)。

⑦ R. Beth & V. Heitshusen, Filibusters and Cloture in the Senate RL30360, Congressional Research Service(Dec. 24, 2014), http://www.senate.gov/CRSReports/crs-publish.cfm? pid=%270E%2C%2APLW%3D%22P%20%20%0A. 反对者针对立法发表不停顿的演讲,以期支持者撤回议案而让位于其他。这种"冗长演说拖延术"在参议院有着悠久的受人诟病的历史,它曾经是南方反对者长期阻扰民权立法所惯用的手段。最近以来,居于少数的参议员使用这种手段阻止总统的提名,尤其是对法官的提名,同时,由于无法以绝对多数通过结束辩论的动议,他们以此阻止法律提案。在奥巴马任期内这种手段的使用频率显著增加,导致参议院规则发生了某些变化,由此这种状况才有所缓解。同上 Beth & Heitshusen,第 10—11 页。

⑧ T. Mann and N. Ornstein, *The Broken Branch: How Congress Is Failing America and How to Get It Back on Track*(2008)and *It's Even Worse Than It Looks: How the American Constitutional System Collided with the New Politics of Extremism*(2013)。

参议院的参与导致立法产出的急剧减少,即使有关无争议的总统提名都被长期拖延,⑨以及众议院变得更加两极分化。⑩

在美国政治历史上,总统职位和国会(至少两院之一)由不同政党所控制的"分裂的政府"并不常见。在总统选举期间,对成功当选的总统候选人来说,存在一种从其自身政党出发改善议会候选人的选举行为的趋势。在下一个"中期"选举,特别是如果现任总统以引发公众不满的方式行事,则另一个政党通常会获得候选资格。因此,在发动伊拉克战争后,乔治·布什总统在第二个中期选举失去了对参众两院的控制;奥巴马总统上任就开始推行医保计划,随后出现了极端保守的共和党(茶党),其在总统任期的第一个中期选举失去了对众议院的控制,并在第二个中期选举失去了对参议院的控制。有人会认为美国这种常见的中期选举现象相当于议会的信任投票,如果没有激进的改变将导致政治僵局。这种僵局被认为促成了美国总统进行自力管控的增长态势,在后续章节会讨论这一明显的趋势。

---

⑨ 参见 A. O'Connell, "Shortening Agency and Judicial Vacancies Through Filibuster Reform? An Examination of Confirmation Rates and Delays from 1981 To 2014", 16 *Duke L. J.* 1645 (2014). 最高法院斯卡利亚(Antonin Scalia)大法官的去世后,从初印的草案提交到起草人对准备材料的首次审查,都明显印证了这一不幸的现象。目前控制参议院的共和党发表声明,坚决抵制由奥巴马总统在斯卡利亚大法官去世后尚有十一个月任期内提出的任何补缺提名,而直到 2017 年 1 月中旬就任,新总统无法提名继任者,由此可能延续一个漫长的确认过程。事实上,这一抵制预示着最高法院实际上在本年度余下期间以及整个下一年度都将持续保留职位的空缺。奥巴马总统提名了经验丰富的哥伦比亚特区上诉法院首席法官梅里克·加兰(Merrick Garland)来填补空缺,即使考虑到 63 岁的相对较大的年龄(预示其在合议庭上的时间会更短),以及作为众人所接受的典范,其表现出睿智、无政治倾向和采取中间路线作出决定,这些都不会使得共和党的抵制发生重大变化。当然,这也凸显了最高法院任命过程所具有的政治特征,斯卡利亚大法官在提名时属于公认的保守派人士,其提名被快速和一致通过。

⑩ C. Farina, "Congressional Polarization: Terminal Constitutional Dysfunction?", 115 *Colum. L. Rev.* 1689(2015). 在本书第二和第三版修订期间,该文观察到了高度的两极分化,并对政治科学的文献予以梳理,特别是对国会和选民分化予以实证分析的文献。不过,仍有大量的中间选民,如果其存在不足以"对未来充满黑暗和恶意的预言产生怀疑",她希望这预示着保留了"在重大政策问题上通过谈判达成共识的能力和……系统对改善调整仍然保持开放"。悬笔而思,但愿 2016 年的美国大选将有助于缓和目前的功能失调。

众议员再次当选的需要不超过两年,而这会促使其对选民负责。⑪ 众议员在其选区的办公室特别保留了骨干,并经常为其选民提供其他系统所有的申诉,帮助他们克服与联邦政府之间的困难。⑫ 议员与民众紧密相连反映了宪法的要求,即有关税收和预算等方面的财政立法由众议院创制(除此之外,所提议的立法由参议院来创制)。在电视时代,频繁的选举带来较高的成本,这使得议员花费大量的时间去筹集资金以支持其下一次竞选。在此导致的结果是,资助者的重要性得到提升。为了支持政治活动,由个人或者公司提供的捐赠,被视为受到宪法第一修正案保护的言论,⑬在此司法判决的推动下,这种关联被广泛加以利用。⑭

---

⑪ 事实上,现任国会议员如能确保良好的新闻报道和相对容易获得筹款,则一般都会获得再次当选。现任的好处尤其在众议院表现明显,在常规的选举年里超过 90% 的现任议员都获得了再次当选。如前所述,在中期选举中这个比例常常较低,例如,在 2010 年为 85%。辞去本职也许是为了寻求不同的政治职位,这也常常造成职位空缺的产生。无论是在众议院,还是在州和地方的政治职位,由于立法对一个政治家就任同一职位的全部时长施加了限制,在任的经历会产生极大的压力。但是,这不是某州有权对联邦国会代表施加限制(也不是国会乐于给自身施加限制)。在参议院,这种经验更加多种多样,例如,在 2006 年布什总统任期的低通过率,仅有 79 名现任议员被再次当选,在 2012 年总统选举期间发生种族冲突,有 91 名被再次当选。基于过去数十年美国选民的行为观察,会发现他们通常使得不同的政党控制国会(至少两院之一)而非白宫。由于这些选举发生在不同的地理单元(来自不同地区的代表,来自各州的参议员以及代表全国的总统),不能说这种结果是特定选民慎重而为的结果。虽然如此,这表明对统一政府某种程度上的不信任,也构成了分权制衡制度的基础。

⑫ 参议员也为选民提供个人服务。但是,因为他们代表整个州以及仅仅每隔六年才有再选的需要,至少在个体层面的选民服务传统上属于参议员职能的一小部分。国会议员提供个人服务的重要性或许进一步解释了在美国政治中申诉功能没有被广泛采用的原因。

⑬ Citizens United v. Federal Election Commission, 558 U.S. 310(2010).

⑭ 公共选择理论假设利益集团通过资助政治竞选来"购买"带来利益的立法。总体上参见 J. Macey, "Promoting Public-Regarding Legislation Through Statutory Interpretation: An Interest Group Model", 86 *Colum. L. Rev.* 223, 227(1986); J. Buchanan & G. Tullock, *The Calculus of Consent*(1962); G. Stigler, "The Theory of Economic Regulation, The Theory of Economic Regulation", 2 *Bell J. Econ. & Mgmt. Sci.* 3(1971). 对公共选择理论局限性的讨论,见 J. Mashaw, *Greed, Chaos, and Governance*(Yale Univ. 1997). 如果证明政治捐赠的目的在于获得特定的支持,捐赠和接受将构成严重的贿赂犯罪。这样的做法很少被付诸实施,而没有减弱多数人的看法,即将金钱和言论予以等同具有腐蚀美国政治的效果。另见 L. Lessig, *Republic Lost: How Money Corrupts Congress—And a Plan to Stop It*(Twelve 2011); 对一位政治说客作出的深入和公开披露的概述,见 R. Kaiser[former Washington Post correspondent and editor], *So Damn Much Money: The Triumph of Lobbying and the Corrosion of American Government*(Knopf 2009).

(一) 立法和拨款[15]

公共过程：根据宪法文本所关注的事项来判断，国会的工作在于制定法律，包括每年度的国家预算。尽管总统和行政机关实际上常常是提出法案的来源，但成为立法提案的来源并无法律（区别于政治的）意义。起草提案也可以在议员办公室里通过私人利益的代表（院外游说者）或者职业化的起草服务来完成。在形式上，无论其实际来源，所有的立法都必须由参议员或者众议员来提出。涉及任何议题的立法可以在参议院或者众议院里被提出（尽管所有征税的法案应当产生于众议院）。接下来每个提案被呈交到一个或者多个负责该议题事务的委员会，由其进行调查和作出报告。参众两院的委员会将在后续章节予以具体讨论，它们是由众议员或者参议员（以及专业人员）组成的相对较小的组织，并根据议题事务进行专业化分工。这些成员以大致的比例在民主党和共和党之间予以划分，从而使得国会的相关组织由两党共同执掌。由议院中的多数党议员担任主席，并召集他们开会。一般来说，委员会通过一个分会首先采取行动。尽管委员会没有法定义务对所提议的立法举行听证会，但是，国会的规则要求他们举行公开的听证会，除非有某些强有力的理由（例如涉及国家安全的问题），才可闭门举行听证会。议题争议较大的听证会常常被电视报道，如在 C-SPAN 电视网直播或者稍后迟延播出。

当一个委员会分会举行公开听证时，出席听证的人包括与提案利益攸关的其他立法者、在受到质询的领域内对其行为负责的政府官员、专家以及相关利益产业或者公共团体的代表。由分会邀请证人出席，而这并不作为一种权利，这些邀请分别由多数党和少数党的行政人员来予以扩展。以本人及其同事的经验来看，就像在美国诉讼当事人中被称为专家证人一样，这

---

[15] 参众两院议员对立法过程予以简要阐述，并出版了解释性的短文，分别参见 https://www.congress.gov/resources/display/content/How＋Our＋Laws＋Are＋Made＋-＋Learn＋About＋the＋Legislative＋Process，以及 https://www.congress.gov/resources/display/contenty-Enact-ment＋of＋a＋Law＋-＋Learn＋About＋the＋Legislative＋Process。有关目前立法实践板大地脱离了这些标准的说明，见 A. Gluck, A. O'Connell and R. Po, "Unorthodox Lawmaking, Unorthodox Rulemaking", 115 *Columbia Law Review* 1789(2015)。

些专家根据其有可能证实某种情况而被挑选出来。在实务中,像这样物色人选是常见和被接受的,其大致表明某人这样做的理由及其被期望作出的贡献,而对此作出反应则属于分会审时度势的政治职能。在此,一般会提交书面评议。

这些出席听证的人通常作出简要的口头陈述,对之前所提交的较长书面意见予以总结。分会议员及其行政人员接着向其提出问题,这将被口头回答或者随后递交书面答辩;证人常常接受书面提问,并要求作出书面回应。听证更多可能是表述一般性的政策问题,而非提案的具体行文问题,在此期间,委员会分会自身并不对法案进行处理。起草修订本是分会"审校"会议的产物,并由其行政人员跟进密集的修订工作(有或者没有利益局外人的参与)。尽管有人认为大部分的审校发生在非正式的行政过程(如果多数党和少数党的行政人员达成共识),以及闭门审校会议比闭门听证更为多见,但是,国会规则仍然想要这些审校会议公开进行。

只有分会同意支持特定的立法提案,该提案才会上交全体委员,并可能引发进一步的听证和变化。如果委员没有同意该提案,则法案在此终结。这种权力使得委员们对立法过程有着支配性的影响力。只有经委员同意提案,才可以将法案送到整个参议院或者众议院的议员席。权势较大的议员能够阻止法案出现在委员的面前,即使看起来符合大众要求的立法提案也会被排除在参众两院议员席之外。⑯

对于被送到两院议员席的法案,委员会的行政人员要撰写一份报告,指出已作出的各种选择及其辩护意见,以便向那些初涉法案的人进行解释说明。由于这些委员会的报告被视为有关立法问题和过程的指示器,它们一直对正式的法律解释具有重要意义。在这种方式下,即使法案本身没有被提交投票或者被两院否决,报告在决定立法的最终效果上仍然有着重要的

---

⑯ 大约超过10000件法案的一半在第113届国会(2013—2014)被提交给委员进行审议。其中1534件被提交报告以进行入门审议,而绝大多数的法案(1434件)在两院之一被通过。只有296件法案以同一形式被两院通过,而提交到总统签署变成法律。从历史上来看,四百到五百件是制定成为法律的一般水平,但是,即使以这种水平来看,仅有5%的法案完成了从法案提出到变成法律。

作用。被投票表决的法案往往以增加或者删减规定的方式对既存法律进行修改,这些报告是那些非负责此法案的议员了解法案的唯一手段。

这种重要性最近有所减弱,在以下第八章将会讨论。某些联邦法官表达了这样的担忧,即由于这些报告会对司法解释产生相应影响,委员会行政人员和说客们在撰写这些报告时被诱使以委员会报告的形式来实现不能进入国会投票的结果。在高度对立的事务上存在这种风险,所涉及的诱惑也为人所知,但对更为常规的事务来说,这种风险似乎不那么重要,了解委员所关心的问题和不同意见等将有助于理解那些尚未阐明的法条。国会工作的机构性质给予了某些保证,使得报告成为了解特定立法过程的有用窗口。⑰

如果法案被送入两院进行审议,在那里会对法案进行正式辩论、修订和投票。⑱ 国会辩论及其结果在 C-SPAN 电视网播出,在某种角度来看,不在现场的听众比那些议员们更为关注国会辩论。⑲ 如果法案被通过,接着它被送到另一个议院,通常会经历相同的立法过程。很明显,法案可能不会被议院通过,或者可能被修改,而随后以非常不同的形式获得通过。

如果法案以任何形式在第二个议院未被通过,即宣告失败。只有在影

---

⑰ 对于支持者美国上诉法院第二巡回法院的首席法官卡茨曼(Robert A. Katzmann)来说,这一进路很重要,尽管其有时被贴上目的论的标签,其指出:"在我看来,法官的基本任务是判断国会在通过法律中想要做的事情。换言之,这项任务是根据立法者设定的法律目的来解释法条,并对这些有助于理解法律含义的立法材料给予特别的注意。"R. Katzmann, *Judging Statutes* 31(Oxford Univ. Press 2014)。美国最高法院斯卡利亚大法官指出:"被未予表述的意图所统治……是专断的。治理社会的依据是法律,而非立法者的意图。对我来说,马萨诸塞州宪法阐明了著名的美国理念的本质,即法治而非人治,人可能随心所欲,而只有被制定的法律才对我们具有拘束力。"A. Scalia, *A Matter of Interpretation*:*Federal Courts and the Law* 17(Princeton Univ. Press 1986)。

⑱ 在众议院,而非参议院,逐条进行辩论和修订的过程由一个特别的委员会来完成,即为每一个法律提案创设"规则"的众议院规则委员会。在参议院的辩论则没有限制,除非被"辩论终结"特别动议所限制,这项动议要求绝对多数的投票(通常不可能达到),以反对借用冗长演说拖延立法。参见注释 7。

⑲ "观看视频容易对最高法院的行为产生错觉……如同金里奇(Newt Gingrich)的惊人之举,由于 C-SPAN 摄像机的固定机位,他发表演说就像站在空无一人的众议院,而实际上全场都是被他指责而鸦雀无声的民主党人。"J. Bruno, "The Weakness of the Case for Cameras in the United States Supreme Court", 48 *Creighton L. Rev.* 167, 206(2015);G. Packer, "The Empty Chamber", *The New Yorker*(Aug. 9, 2010)。

响代表任期的两年期间由参议院或者众议院以同一形式来加以制定,一项法案才能成为法律。[20] 这种两院制的要求是宪政方案中的一个重要因素。如果第二个议院以不同的规定通过了法案,解决争议的两种方法都可行。首先,最先通过法案的议院可能对采用第二个议院的版本很满意,就无需展开进一步的工作。然而,如果不同意的话,每个议院会指派代表作为特别的"会议委员"(conference committee),其工作职责在于参加会议,并找到合适的折中办法以推荐给两院。像其他委员的工作一样,这项工作应当在公开的会议中进行,但实际并非如此。[21]

美国国会并非完全欠缺政治纪律,在每个议院中的每个政党都有其选举产生的领导,其致力于确保党员统一行动。同时,对诸如指派委员的事务施加影响。很少听说有人凭借良知对某项措施进行投票而受到惩戒。最近,随着党派分歧开始扩大,党纪变得更加稳固,尤其是众议院的共和党。近年来国会遭遇的许多挫折可以追溯到共和党主席对立法的否决,这些立法得到整个众议院的多数支持,但是受到更为保守的共和党人的强力反对。议员可以更换党派,而不失去其职位,例如,佛蒙特州的杰弗里(Jeffords)参议员在 2001 年从共和党转换为民主党,他使得参议院由共和党转为民主党控制,并成为一个重要委员会的主席。[22]

---

[20] 在两年期的结尾,所有的法案因期限届满而不会最终制定成为法律,即使只剩下最后的障碍有待清除。当然,这些法案可以被再次提出,但它们必须再次历经整个过程,而不得正式要求缩短程序。

[21] "规则要求委员会面以公开的会议进行,其目的在于脱下秘密的外衣,而在过去这些委员们的工作完全保密。尽管如此,在最近几年阳光规则(the sunshine rules)被人为操控,使得大多数会议委员的工作完全是私下进行的。"S. Grossman, "Tricameral Legislating: Statutory Interpretation in an Era of Conference Committee Ascendancy", 9 N.Y.U. J. Legis. & Pub. Pol'y 251, 262 (2006); 另见 I. Bar-Siman-Tov, "The Puzzling Resistance to Judicial Review of the Legislative Process", 91 B.U. L. Rev. 1915, 1928 (2011)(列示委员会议的私人化,以作为寻租行为的例证)。对会议委员程序的一般讨论,见 E. Rybicki, Conference Committee and Related Procedures: An Introduction 5, Congressional Research Service (Mar. 9, 2015) 网址为 http://www.senate.gov/CRSReports/crs-publish.cfm?pid=%26*2D4Q%3C%5B3%0A(2015 年 6 月 8 日登录)。

[22] 通过改变参议院的政党控制,他不仅获得了主席的职位,而且还导致了所有参议院委员发生改变,而由民主党主政。

总统的角色：在制定法律的过程中，最后必经的步骤是将法案呈交总统予以签署。如果法案被签署，则其变成法律。然而，总统可以拒绝签署立法，以否决通知的形式退回国会。在这种情况下，该法案不能成为法律，除非国会以参众两院三分之二的投票推翻这项否决。㉓ 这种总统参与法律制定而作出"呈示"(presentment)的要求，和两院制一起，都被认为是两院拟定同一法条所必需，亦是在立法上美国分权制度的基本要素。㉔ 但是，值得注意的是，在授予否决权上，宪法只规定了拒绝整个法案的否决权。作为一种策略，国会可以通过采用立法包（既包含总统支持的条款，也有其反对的条款）的方式来极大限制总统作出否决的选择。同时，并不存在阻止国会制定这些综合性法律的强制性原则。特别是在粗略规定的拨款程序中，国会议员经常通过这一进路将其在开支优先性和其他事务上的选择与总统联系在一起。的确，综合性拨款立法变得如此庞杂，动辄就是上百页的文件，对于不是相关委员会成员的议员来说，即使阅读了提交的法案，也不能有效而为。㉕ 国会的个别议员将涉及特定利益的事务引介给某些支持者，有时会获得成功，但如果这些事务为众人所知，则不能被公开的投票所通过。㉖

国会议员是否能够以这样的可能性在制度上予以自我保护，即提出立

㉓ 一般来说，总统必须确实行使其否决权，对其决定承担公共责任，并承认国会有权作出最终决定。法案在通过后十个工作日会变成法律，除非被特别否决。如果国会在十天期间休会，时间太长使得送出去的否决通知无法及时被接受，除非总统实际签署了该法案，否则该法案不能成为法律。在休会期间拒绝签署被称为搁置否决权(Pocket Veto)。

㉔ 参见 INS v. Chaclha，页边码第 52 页。

㉕ A. Gluck，A. O'Connell，R. Po，"Unorthodox Lawmaking, Unorthodox Rulemaking"，115 Colum. L. Rev. 1789(2015)。与立法过程"传统"表述相分离的各种方式，作出如此认知的需求以及困扰法院、国会、总统和行政机关的症结，这篇短文对此进行了全面的梳理。例如，该文指出在第 111 届国会有 45% 的立法投票绕过了委员程序，是 1960 年代到 80 年代平均数的六倍。见第 1801 页注释 52。

㉖ 当正在写作本书时，在新闻报道中有个例子：证券交易委员会提议制定规则，要求公司向股东报告政治捐献的账目和收据。最高法院建议增加这一步骤，并在判决中重新确认了公司的权利，而这样进行捐赠易于限制其腐败的作用。该提案引发了 120 万人评论，大多数人支持而有一些强烈反对。在 2015 年的最后几天，国会制定的综合性开支办法包含了一个规定，其源头不得而知，但排除了证券交易委员会所要发布的规则。网址见 http://www.nytimes.com/2015/12/22/business/dealbook/hinder-ing-the-sec-from-shining-a-light-on-political-spending.html。

法项目的个别议员通过创设一种程序,让总统识别所反对的项目,而由此(在拨款的情况下)不用花费这些钱财?由于存在不负责任进行立法的可能性,尤其是涉及拨款事务,许多州的宪法授权其州长使用"择项否决权"(line item veto),即允许他们从法案中挑出特定的组成部分予以否决,由此防止这些组成部分变成法律。实践中的具体细节在各州千差万别,但核心主张是合理的民主政治需要对权力滥用予以有效审查,而这种权力滥用牵涉到将不受欢迎的项目隐藏在综合性立法之中。在 1996 年,经过多年的争论之后,国会通过了一项法律为总统设置了在限定条件下类似的权力。㉗随着 1997 年下一任总统宣布就职,这种措施开始变得有效,即在国会采取行动的时候,某些人的政党隶属关系尚不明确。在这样的事务中,这种行为往往被缺乏纪律要求的国会所承认,这种认可也激发了其他对政治难题主动而为的措施。㉘国会采用了有点复杂的机制,以期避免这种有违分权的措施被司法否决。但是,最终该法被判决违宪,其原因在于这事实上承认了在没有两院制和呈示总统的制度保证下,就有关既定法律的准确表述创设一项新法。㉙因此,最高法院裁定总统只能对国会制定的整个立法行使否决权。

权力和金钱:委任、授权、拨款:在上述内容中暗含着一种主张,即影响规制机关的立法采用了三种不同形式。在整个讨论中,最为明显的是创设法律标准和授权行政机关予以规制的实质性立法。创设公共组织或者私人责任的法律只需一次制定,并持续予以法律执行直到法律的修订,它被全盘考虑、报告和提交到某个国会专项事务委员会的议员席。但是,宪法也要求通过立法准许公共资金的开支,第二和第三类立法涉及开支。从财政的角度,行政机关计划持续的总规模是由一项法律来确定的,法律设定"授权"开

㉗ 只有针对预算拨款和支持少数纳税人的特定税法时,才能行使这项权力,其行使方式在此不做赘述。后一种规定是像"圣诞树装饰"一样令人反感的规定的绝好例子,自有门路进入综合性立法。

㉘ 例见 Dalton v. Spector,511 U. S. 462(1994)(军事基地关闭);Bowsher v. Synar,478 U. S. 714(1986)(预算赤字控制)。

㉙ Clinton v. City of New York,524 U.S. 417(1998).

销的最大值。资金开支的授权经常被长期给予,并可能是无限期的。然而,某些法律要求行政机关定期归还该授权,甚至是年年如此,而重新予以授权。这被认为是一种手段,以此国会促使其自身审查行政运作,决定是否(或者在何种水平)其持续拨款符合公共利益。无论通常国会如何操作,授权只设定准予开支的最大水平,而实际上并不提供资金给行政机关使用,行政机关被允许从国库中使用资金唯有依据年度拨款法。㉚ 尽管每年如此,拨款在形式上是立法性的,因而其必须通过以上所列的每一个步骤。在此,无论如何都要经由参众两院的特别拨款委员会。值得注意的是,使用不同类型的委员会去促成一般立法和拨款,导致行政机关至少有四个关注其工作的委员会,参众两院各有两个。

最近,在预算过程中国会议程的无序变得特别明显,㉛由于没有拨付必要的资金,政府出现关停的威胁或者正在发生,而实际的财政资金仅仅受到"持续性解决方案"和"综合预算调整法案"的影响,而非拨款措施本身。虽然如此,这只是一个确定拨款流程的过程,在各种想法趋于冷静的时候其会回到以前的井然有序,在后续章节将对此予以简要阐述。很明显,这一年度议程具有重要意义,即首先是行政机关承认其政治领导,然后国会和总统对行政运作予以较高程度的监督和控制。在实际运行中,这种复杂的过程所确立的要点在于通过配置行政机关所获得的资源极大地控制其行为,并以此影响国家优先考虑的事项和同期的政治力量,而这比司法或者其他法律控制显得更为系统、精确和及时。㉜

除了个别的例外情况,各行政机关一般先向总统的管理与预算办公室

㉚ U. S. Const. Art. I, §9, cl. 7.

㉛ 参见上文页边码第 102 页,T. Mann and N. Ornstein, *The Broken Branch : How Congress Is Failing America and How to Get It Back on Track*(2008)and *It's Even Worse Than It Looks : How the American Constitutional System Collided with the New Politics of Extremism*(2013).

㉜ 这并不表明这些控制必然是良性的,或者免于人为操作。它们也包括了某些如果经立法辩论,就无法通过公开投票表决的具体规定。例如,对于受欢迎的立法,其反对者年复一年屡获成功,即让拨款法案无法提供必要的资金来实现这一立法的目标。

(Office of Management and Budget)提交预算申请,后续有所讨论。㉝ 无论拨款法案的表述是否提及计划细节,㉞行政机关必须及时准备,并在立法讨论中对所提计划的各个方面提出全面和详尽的理由。值得注意的是,这有益于对行政机关的行政管理予以外部和内部的规训。年度预算陈述的准备给予行政机关的政治领导以重要的机会,与职业化的常任职员一起协商行政机关来年所遵循的方针,而这些职员对此会加深理解,亦被要求遵守与拨款措施相随的法律。当行政机关对优先事项进行讨论和安排时,这里成为了多种职能办公室竞求资源和表达其重要性的地方。经管理与预算办公室的全面审查后,由总统拟定并在每年二月送交国会一份统一的来年财政年度(十月一日开始)的国家预算提案。在作出这份提案的过程中,总统必须在联邦政府的范围内就行政机关的工作对相关优先事项作出决定,如果行政机关的预算是详尽的,亦须确定该预算所应遵循的优先性方针。总统的预算进展不会被国会的紊乱所打断。

根据 1974 年通过的一项法律,㉟国会在其国会预算办公室的专职职员的协助下,亦可提出年度预算提案。㊱ 对于某个行政机关而言,其拨款提案在多个阶段须经若干不同的委员会审查,其中,参众两院的专门拨款委员会尤为重要。多年以来,这些委员会与各行政机关保持着极为重要的关系,以此每年资助它们的计划。㊲ 总统可能更希望所有的提案都通过管理与预算办公室进行审查,而作为法律事务(一般来说是"独立"委员会),以及更多作为实务的现实存在(通过无法察觉的"漏洞"),某些行政机关会让其委员会了解其需要。在参众两院,有关一般开支水平和诸如国防预算等主要计划

㉝　参见下文页边码第 153 页。

㉞　尽管对于较大的行政机关,会作出具体的拨款,而对于较小的行政机关,拨款只是一个资金总额的陈述,即财政部将对行政机关的计划在下一财政年度所提供的资助,而并无进一步的规定。

㉟　1974 年《国会预算和截留控制法》,RL. 97-258,96 Stat. 877,31 U.S.C. §1400 ff。

㊱　参见下文页边码第 121 页。

㊲　这些可能产生影响的明显例子,见 I. Fein,"Comment:Reassessing the Role of the National Research Council:Peer Review,Political Tool,or Science Court?",99 *Calif. L. Rev.* 465,527-28 (2011)。

的辩论较为常见，规制机关预算在整个国家开支中占一小部分。㊳这些预算在相关委员会或者（如果参众两院在各自提案中拨付不同的款项）委员会会议之外，通常不是辩论的主题。那些每年必须和同一委员会打交道的行政机关，熟知和遵循委员会报告的指示，在仅有一项法律有正式法律效力的情况下会犹豫不决将资金从某一序列或者目的转向另一个，除非它们这样做获得了非正式的许可。

在实质性立法中。国会对环境设施或者工作场所安全的特定等级作出选择，其可以在许多竞求政府资金的任务中自由考虑该项任务所分配的资金数额，而反对进行规制会在政治上变得难以接受。然而，随后对预算的控制却提供了一种控制规制行为不常公开的手段；如果工业界公开要求减少工人的安全保护，就会造成政治上的难题，而事实上职业安全和健康管理局长期处于财政资金不足的状况。而且，随着近年来国会（和总统）注重于减少赤字，政府整体开支水平的降低成为其自身需要实现的实质性政治要务，而这一因素独立于严格的计划考量。降低政府开支水平的总体任务对于药品生产监管者来说，并非意味着这样的开支不够重要，但可预期的影响是，食品和药品管理局将会接受更少的资金来资助其计划。不难发现，许多计划被缩减的例子似乎并非源自有关该项计划重要性的特定判断。㊴一位学

㊳ 例如，在2016财政年度，环保署规制预算约为86亿美元；证券交易委员会约为17亿美元；联邦贸易委员会约为3.09亿美元。相比之下，同年国防预算为6050亿美元，总的国家预算为39990亿美元。联邦贸易委员会的数据见网址：https://www.ftc.gov/system/files/documents/reports/fy-2016-congressiorional-budget-justification/2016-cbj.pdf；所有其他的数据来自2016年总统的预算提案，见网址：https://www.whitehouse.gov/sites/default/files/omb/budget/fy2016/assets/budget.pdf。

㊴ 在本书写作期间，也许最声名狼藉的例子是减少对税务机关的财政资金，由此显著降低被审计后返还税款的比例，而人力资源的充足可以用以追回那些以前未征收的税款。国税局专员约翰·科斯基宁(John Koskinen)估算，国税局的预算在2015财年的执行人员配置上减少了1.6亿美元，这意味着将至少损失20亿美元的应缴税款。科斯基宁所描述的2015年预算缩减如何影响国税局雇员的情况，见网址：http://www.taxanalysts.com/www/features.nsf/Features/B2D35C5F606B7B 3E85257DCD00488C48? OpenDocument。总的来说，每减少一美元的预算，会有超过十美元的税收损失。如果减少执行会导致税收减少，或者如果减少工作场所监管会导致更高的事故率，这将不足为奇，而这些限制的经济理由通常是含糊不清的。

术泰斗曾经对此作出评论,[40]行政机关更为适合通过其所接受的财政资金来评估其效能,而非只是抽象地评定其法定职责的履行。

许多行政机关被授权从被监管的对象那里收取费用,并以此收入来源来满足其计划的开支。通过这种方法,一个行政机关可以规避这些问题和预算过程的纪律。当然,正是因为这种原因,收费方式引发了某些合宪性的问题,即宪法明显注重对政府行为予以财政控制。行政机关被授权以此方式保持其收入并非不可避免,通过收费获得的资金可以归于统一的财政账户,而行政机关的开支由通常拨付的政府资金来负担。然而,如果授权收费的话,行政机关只有在收费收入不能满足其需要时才会产生法定拨款的需求。在促成"使用者负担费用"的资金筹措上,目前的预算紧缺提供了重要的激励,这种资金筹措避免了与计划价值判断相关的限制。工业界之所以对有效的规制感兴趣,是因为其有助于建立必需的公共信任或者在此情况下规制易于归结为一种"租金"支付,由此其更加可能容忍这些收费。[41] 尽管如此,可以预见仍然存在诸多问题。收费水平将被设置用以鼓励或者阻碍某些私人行为,以及对规制直接成本的财政支持,[42]而从另一种方式上反映了行政机关与被规制的工业之间备受争议的不健康关系。制度上要求维持一定的政治独立性,而在实务中亦可看到对被规制工业不恰当地趋近。[43]

私人参与——游说:如前所述,在与日俱增的公共立法过程中,公众中的利益攸关方常常寻找各种影响产出的方式。如果直接支付贿赂用以确保政治上的支持(一种等价物"quid pro quo"),则私人与政治人员(法官)的关联会产生刑事问题。但是,在一定程度的公众质疑下,捐赠资金支持政治活动就不属于直接的刑事问题。竞选活动花费极多,由此政治人员和政治组

---

[40] L. Jaffe,"The Illusion of the Ideal Administration",86 *Harv. L. Rev.* 1183(1973).

[41] 对于谋划这些行政机关避免类似的问题,总体上的讨论参见:R. Barkow,"Insulating Agencies:Avoiding Capture Through Institutional Design",89 *Tex. L. Rev.* 15(2010)。

[42] 参见 National Cable Television Ass'n,Inc. v. FCC 案,上文页边码第 50—51 页。

[43] 在近期规制改革诉讼所带来的挑战中,一直在寻找避免这种规制俘获(capture)的技术,见 A. Wilmarth,Jr.,"The Dodd-Frank Acts Expansion of State Authority to Protect Consumers of Financial Services",36 *J. Corp. L.* 895(2011)。

织必须持续致力于筹集资金。由于被认为有理由花费大量的资金,以及向政治人员提供资金的可能性,即使没有特定的任务作为回报会带来麻烦,他们希望将可能支持其利益的人员安排到行政职位上,而不是简单地支持民主。㊹ 最高法院认为对于公民而言,捐款是受第一修正案保护的一种表达形式,㊺,这样的判决和政治人员在捐款中的自我利益都抑制了对捐款施加任何限制。㊻

117　　在此,有必要对有关特定立法提案的"游说"实践予以简要评述,立法辩论亦是如此。作为一种不合常规的影响来源,游说者在历史上受到一定的质疑,而在近年来他们变得日趋显要,其实践也变得有点规范化了。负有较高伦理要求的律师们寻求和愿意接受在立法讨论中诚实代表客户利益的工作。一个成功的立法过程及其行政实践,要求获得客观的信息和深入理解各种备选方案的可能后果。与政治论坛提供说服的机会一样,游说活动提供了这种信息。当游说没有伴生支持腐败的可能性时,其准确地反映了宪法所确保的公民请求获得救济的权利。游说者依靠与所希望影响的相关社群保持持续的关系,采取负责和可靠行为,并产生发展和维持其声望的特定

㊹　有关贿赂的法律只禁止对特定支持的直接金钱交易,而不禁止承认(或者希望确保)总体支持的而支付的款项。

㊺　Buckley v. Valeo,424 U. S. 1(1976);Citizens United v. Fed. Election Comm'n,130 S. Ct. 876(2010);Arizona Free Enter. Club's Freedom Club PAC v. Bennett,131 S. Ct. 2806(2011);McCutcheon v. Fed. Election Comm'n,134 S. Ct. 14344(2014)。公民联合会的决定及其结果允许了披露的要求,但对开支水平没有太多的限制,这种财政影响不断加大的可能性成为了一个值得关注的来源。例如,R. Briffault,"Corporations,Corruption,and Complexity:Campaign Finance After Citizens United",20 *Cornell J. L. & Pub. Pol'y* 643(2011);Chapter III:Campaign Finance,in J. Stevens,*Six Amendments:How and Why We Should Change the Constitution* (Little, Brown & Co. 2014)。由于国外捐款者不受第一修正案的保护,他们的捐款受到更为严格的规制(并在政治上更少被接受)。

㊻　The Federal Election Campaign Act,2 U. S. C. §431 et seq. ,《联邦竞选法》对竞选职位的个人候选人以及政治行动委员会予以相当大的捐款限制,这反过来使得捐款导向了特定的候选人,但是,允许不限数额的"软钱"("soft money")用以支持政党或者政治活动委员,他们常常围绕特定问题被组织起来(如有关乳制品工业的利益),这些"软钱"却被禁止直接捐款给特定候选人(所谓独立开支委员会或者超级政治行动委员会)。参见 Mariani v. United States,212 F. 3d 761(3d Cir. 2000);另见 R. BrifFault,"Super PACs",96 *Minn. L. Rev.* 1644(2012)。

需要。从某种程度上来说,他们以前常常服务于国会或者执行部门,以此获得了相应的地位。他们也帮助其客户理解政府官员的可能需要和行为,而这些政府官员正是他们打交道的对象。通过这种方式,游说者也担负着影响私人群体行为的协调功能。他们被民权和环保拥护者,以及贸易和商业团体所聘用。在立法的委员会阶段,游说者与委员会成员密切合作,帮助他们了解其客户所期望的产出。在最后阶段,他们试图在投票或者立法修改上说服其他委员,或者在法律一旦通过后寻求国会对行政行为的监督。

游说者的说服功能是如此的重要和合理,同时,也可能产生大量的贿赂和腐败,特别是在美国严重依赖私人资助竞选的政治环境之下。[47] 外国政府的代理人包括政治游说者,但不含外交官,他们一直受制于登记和遵守游说规制的要求,以及刑事惩戒。[48] 国会在 1995 年颁布了游说规章,其规定了登记和披露职业游说者的措施。[49] 在过去五年间,利益团体官方披露其游说开支为每年平均 30.3 亿美元,在册游说者的总数约为 12000 人,[50]实际可能更多。[51] 如今在律师报纸和律师协会制作的伦理和法律建议手册上,不难发现有关游说实践的定期专栏。[52]

(二)行政运作的委员会监督

尽管行政官员并不会正式地通过议会民主为特征的方式来回应立法,

---

[47] R. Briffault,"The Anxiety of Influence:The Evolving Regulation of Lobbying",13 *Election L. J.* 160,181(2014)(对游说和游说规制作了历史回顾)。读者也可查找以前有关"法律原则和政府伦理"的表述,其中 Briffault 教授为报告人,见网址:https://www.ali.org/projects/show/government-ethics/。

[48] 18 U. S. C. § 2386。

[49] 1995 年的《游说披露法》(Lobbying Disclosure Act of 1995,2 U. S. C. § 1601 et seq.),并被 2007 年的《诚信领导和开放政府法》(Honest Leadership and Open Government Act)所修订。

[50] https://www.opensecrets.org/lobby/。

[51] http://www.thenation.com/artide/178460/shadow-lobbying-complex。

[52] R. Gordon,T. Susman & W. Luneburg,eds., *The Lobbying Manual:A Complete Guide to federal Lobbying Law and Practice* (4th ed. 2009)。该书对从业人员的游说规制予以深入分析,在华盛顿特区的律师报纸(全国法律杂志的每周法律时刻)中定期出现了专栏和新闻报道。以前行政部门雇员通过"旋转门"(the revolving door)被允许代表其客户面对之前任职的行政机关,这一问题见页边码第 404—405 页以下。

他们却常常面对国会的委员会,并受制于其对行政机关管理行为的调查,而所谓的"独立规制委员会"与内阁部门的行政官员地位同等。㊳ 这些监督关系也许是行政机关和国会之间最为重要的关系。这种监督不仅产生于通常的立法背景和每年确保必要拨款的过程,而且通过独立于任何立法提案的调查,其可以源自国会单个议员的关切。每个行政机关至少与两个委员会有着监督关系,即有关专题事务和拨款的委员会,并分属参众两院各一个。委员会成员期望了解与行政机关相关的重要提案,自主召开听证会或者寻求以其他不大正式的方式来施加影响。它们之间的相互作用在行政机关这边通常被予以认真对待。㊴ 各个监督委员会的专职员工和行政机关以外的任何华盛顿公职人员一样,对行政机关的运作了如指掌。

与行政机关经正式程序作出的裁决性决定相比,对有关行政机关规则制订的计划或者提议(采用次级立法)予以强力监督更加会被接受。(在作出决定的背景下,政治压力产生"公平"的要求,这似乎是成为某些人的政治目标,后续有所讨论。)㊵国会在 1996 年采用了一项法定要求,即在所有行政机关的行为中,符合行政程序法所界定的规则制定即使不是每年成百上千,也足以达到数十项之多,其必须基于适当考虑向国会提交一份对异议的共同解决方案。㊶ 这一法律的明确表述和现实情形都表明,只有与所谓"重要"规则相关联,才会直接被援引此规定。这种"重要"规则对经济影响重大,到时总统早已在行政命令体制下给予了严格的监督,这在后续将有简要讨论。㊷ 事实上由于总统能够否决任何对法案所采用的解决方案,也许这一规定仅仅被援引用来否决某一总统任期末尾所拟定的规则,而该总统会

㊳ 在"独立规制委员会"中的"独立",其意义一般被国会视为与总统之间的相对独立,而非与国会之间。

㊴ 这种效果的证据尚不明显,但可参见 California ex rel Water Resources Board v. FERC, 966 F. 2d 1541(9th Cir. 1992); Hazardous Waste Treatment Council v. EPA, 886 F. 2d 355(D. C. Cir. 1989), cert. den. 498 U. S. 849(1990); Sierra Club v. Costle, 657 F. 2d 298(D. C. Cir. 1981)。

㊵ 参见下文页边码第 380—383 页。

㊶ 参见国会审查立法的简要讨论,上文页边码第 52 页。

㊷ 参见下文页边码第 143 页。

被另一个不大支持行政倡议的总统所接替,往往只有在这种特定时期才会被极为成功地援引。在此过程中,国会审查要求的主要预期效果会比较早地显现出来,这种权力的存在促使行政机关认可国会议员及其行政人员在规则制定程序中进行前期参与和施加影响。

除了与委员会及其行政人员的相对正式和持续关系之外,行政机关还常常与单个参议员和众议员就其选民特定利益的事务保持联系。对于受到行政行为的妨碍或者对其表示担忧的当事人,常见的做法是致信其参议员或者众议员,并由此将问题传递到行政机关。为了掌握既定事务的状况以及加快予以处理等,通常这在形式上会随之产生质询或者大致符合标准的请求。㊳ 然而,当参议员或者众议员对相关事务的预期产出表达其观点时,很明显这些干预会产生影响。如上所述,㊴ 作为众议员职责的主要方面,其以这种形式的选民服务来表达特定的观点,可以被看作是一种赢得选区支持连任的方式。一些学者相信这种倾向会弱化直接的立法职能,而这种职能是宪法为参议员和众议员所设定的唯一责任。如果一个人接受了公共选择理论的论证分析,这样的分化就会如其所愿,即冗长的立法过程允许立法者从寻求政策制定的众多投票选民那里获得信任,并使其远离不受欢迎的立法产出;实例调查能够直接转换为选票,这理所当然就成为了政治生活的目的。㊵ 诚如此,这些干预会占用行政机关大量的时间,而行政官员会将此视为一种关乎行政机关未来发展的重要行为。

㊳ 参见 A. Sofaer,"The Change-of-Status Adjudication: A Case Study of the Informal Agency Process," 1 *J. Leg. Stud.* 349(1972)和 J. Mashaw et al., *Social Security Hearings and Appeals* (1978)。这两项研究表明国会议员经常会快速处理选民所关注问题有关的行政行为,但是,通常会停止缺乏支持的行为。由此,质询的效果是在排队等候处理的行为中,让某人可以得到提前处理,而非影响其产出。

㊴ 参见上文页边码第 104 页。

㊵ "公共选择"是一个成熟发展的学科科目,其将古典微观经济学和博弈论引入政治科学的主题。在大多数专业分析中,不仅包括立法者,在理论上还有行政官员、法官以及公民,其主题起始于这种假设,即他们的行为表现为个人的功利主义和自我利益的最大化。对于立法者而言,最为经典的分析是以他们的行为为依据,而其行为最有可能是基于确保立法者的连任。在此前提下,很难找到利他主义或者其他社群导向的空间。同时,这些经济和政治行为的等式在实务上并非确保无误。参见上文页边码第 43 页注释㉙以及上文注释⑭的相关资料。

（三）国会的组织机构

不仅是在委员会，而且在单个参议员和众议员的私人办公室，这种监督行为会导致国会职员数量的剧增。不断减少的政府总职数仍然留给了国会行政，其超过了半个世纪以前的数倍。[61] 其次，事实上两个主要机构被国会委派承担持续的专业监督职能：国会预算办公室和政府问责办公室。第三，国会调查服务为立法者进行斟酌考量提供了持续的调研报告资料。[62] 尽管这些职能并不常常关系到行政法，但它们极大地影响着行政功能的实现。

在国会预算办公室中，[63] 有将近250名非党派雇员（大多数是经济学家）负责提供分析和建议，从而支持国会的年度拨款程序。他们借此身份和拨款委员会一起，在财政资助方面与国会机构保持持续的关系。自从1922年，国会机构始终要符合总统办公室（现为管理与预算办公室[64]）的要求，其根据国家政策对特定计划予以财政支持和促进，以此显示这种需要的相对重要性。由于在1974年国会预算办公室的创设，这一机构代表国会参众两院担任专业财政分析的角色，他们也必须对该机构在国家预算上说明其需求的正当性。[65]

国会研究服务中心（Congressional Research Service）依托国会图书馆，有大约600名研究人员，其根据议员的要求对不同领域的问题提出研究报告，包括政治和法律上的问题，而更多的是有关实际事务的问题。[66] 很多报告是机密的，而大多数并不保密，并有很多方式可以获取。[67] 大量报告的研

---

[61] 参见上文页边码第42页注释[78]。
[62] 尽管这两个所讨论的机构也许是最为显要的，但它们不是唯一的国会机构。
[63] https://www.cbo.gov/about/organization-and-staffing.
[64] 参见下文页边码第153页。
[65] 参见 A. Schick, *The Federal Budget: Politics, Policy, Process* (1995); A. Wikiavsky, *The New Politics of the Budgetary Process* (2d ed. 1992); W. Wander, F. Hebert and G. Copeland, *Congressional Budgeting: Politics, Process and Power* (1984); and A. Schick, "The First Five Years of Congressional Budgeting", in R. Penner, *The Congressional Budget Process After Five Years* 3 (1981). 但是，预算办公室的主要职能是对预算及其效果做出广泛的评估。
[66] http://www.loc.gov/crsinfo.
[67] https://www.fas.org/sgp/crs/; https://lib.law.washington.edu/content/guides/crs.

究人员对行政法文献作出了重要贡献。[68]

　　政府问责办公室是一个较大的机构,[69]其大约有 3000 名专业雇员。起初他们的职责是对行政功能进行回溯性分析,以审核行政机关开支的正确性。后来职责范围更为广泛,扩及联邦行政功能上的欺诈、浪费和管理失误。该机构由一位不寻常的官员——美国审计总长来领导,其由总统任命,任期为十五年。政府问责办公室与国会关系紧密,这显示出一种期望,即审计总长将从参众两院的领导层所拟定三名候选人名单中选定,并通过法律规定其免职须经国会,而非总统来作出。[70]政府问责办公室根据参众两院相关委员会的要求,对行政功能进行详细研究。最近,国会增设其减少赤字和与国会监督规则制定相关的法定责任。[71]在日常基础上,也许其最为重要的职能是作为机构持续存在的审计职能。这项工作的结果是向国会提交认定报告,这些报告会附带行政机关的反馈意见,并经常提出矫正措施,以此显示在行政功能控制的监督上政府问责办公室的实质贡献。[72]此外,政府问责办公室根据审计总长的意见不赞成拟定行政机关财政开支的纠正或者合法性,这会对相关行政人员产生法律影响,使得他们极其不愿意花费其财政资金。[73]同时,在特定背景下,政府问责办公室被授权介入政府合同纠纷。这种介入行为会产生分权问题,并对减少赤字的措施产生决定性影响,

---

　　[68] 例如,M. Rosenberg and T. Tatelman,*Congress's Contempt Power:Law,History,Practice and Procedure*(2008);L. Fisher,*Constitutional Conflicts Between Congress and the President*(2014);C. Copeland,*Cost-Benefit and Other Analysis Requirements in the Rulemaking Process*(2011)。自科普兰(Copeland)先生在国会研究服务中心退休以来,其为美国行政会议在这种以及其他主题的发展报告上,一直保持日常联系。

　　[69] 网址为 www.gao.gov,政府问责办公室源自总会计办公室,只是名称有所变化。

　　[70] 在 Bowsher v. Synar,478 U. S. 714(1986)案中,最终的要求被认定为违宪,最高法院出乎意外地将政府问责办公室作为行政机关来对待(因为其首脑在名义上被总统任命)。

　　[71] 参见上文页边码第 52 页。

　　[72] 感兴趣的人可以从政府问责办公室网站上,通过订阅获悉这些日常报告的通知。该机构对任何事件作出的报告、法律意见等都会发布在网站上,以便公众取阅。

　　[73] 有关政府问责办公室的综合资料包括,F. Mosher,*A Tale of Two Agencies:A Comparative Analysis of the General Accounting Office and the Office of Management and Budget*(1984);and F. Moghen,*The GAO:The Quest for Accountability in American Government*(1979)。

这些措施授权审计总长"像是"在运用行政权力,[74]但又存在时间限制,其干预这种纠纷的角色可能会打破意见支持的平衡。[75] 然而,这种纠纷一旦被解决,政府问责办公室将成为国会监督和控制行政行为的主要机构。

由于国会图书馆馆长和审计总长都要经过参议院同意,由总统正式任命,他们被准许"执行法律",而这项职能在宪法上保留给了总统及其所监管的机构。由此可知,赋予他们这样的职能后,总统和国会都不能认为总统监督事实上是适当的,而以此行事。同时,在任者不能因行政变动而被辞职,这些构成了美国分权理论中难以理解的要点之一。[76]

二、总统

美国总统是行政官员的首脑,宪法只对其职位和功能作出规定,而不涉其他行政官员。[77]《宪法》第二条主要表述了每四年一次的(相当复杂)选举机制,而对总统的权力着墨甚少。总统"被授予行政权力",亦是武装力量的"总司令",他"可以要求每个行政部门的主管官员对与其职务相关的任何事件作出书面意见"。他有权赦免罪犯。经出席参议员的建议和三分之二的

---

[74] Bowsher v. Synar 案,见注释[70]。

[75] Ameron, Inc. v. United States Army Corps of Engineers, 787 F. 2d 875, reaffirmed on rehearing 809 F. 2d 979(3d Cir. 1986), cert. granted 485 U. S. 958 and then dismissed pursuant to Rule 53, 488 U. S. 918(1988).

[76] 参见上文页边码第 122 页,以及 Intercollegiate Broad. Sys. v. Copyright Royalty Bd., 684 F. 3d 1332(2012)。

[77] 宪法的原始版本也创设了副总统,但只规定其承担一项主持参议院的国会角色,并可在票决不分胜负的情况下投票表决。宪法没有规定副总统其他的日常责任,在整个 20 世纪中期,其职责往往被忽视。随着政府的日益复杂化,副总统所担负的责任变得越来越重要。1967 年通过的第二十五修正案创设了一种副总统必须参与的机制,即准许副总统在总统失去行为能力时行使总统的权力。在这种机制并未启动时,副总统办公室的设置反映出其不断增长的重要性。同时,近期在任的副总统对于国内事务发挥了重要的作用。例见 R. Brownell II, "A Constitutional Chameleon: The Vice President's Place Within the American System of Separation of Powers Part i: Text, Structure, Views of the Framers and the Courts", *Kan. J. L. & Pub. Pol'y*, Fall 2014, at 1; J. Goldstein, "Constitutional Change, Originalism, and the Vice Presidency", 16 *U. Pa. J. Const. L.* 369 (2013); T. Walch, Ed., *At the President's Side—The Vice Presidency in the Twentieth Century* (1997).

同意，总统"有权缔结条约"。经参议员建议和多数同意，总统负责任命主要的联邦官员，而如前所述，[78]国会亦可作出其他任命"下级"官员的规定。他被赋予职责向国会提出其认为必要和适当的措施，但是，并不指望他这样做就必然会产生所预设的结果。最后，"他应当监督法律的切实执行"。

先前讨论的分权问题阐述了这些制度安排及其困难的历史发展。[79] 这些讨论反映了有关总统职位两种观点之间的持续对立：第一种观点是，总统对政府的行政行为担负政治责任，其在法律上有权予以控制；第二种观点是，这种法律角色只是对其他政府官员的监督，其他政府官员根据法定职权行事，并对国会授予其执法职责的实践承担法律责任。[80] 这种对立可以从所引用的条文中看到：未加界定的"行政权力"仅仅授予了总统。作为"行政部门"主要官员的特性，"各种职责"仍被宪法所提及，宪法明显希望"行政部门"的存在，却没有对其加以规定。唯一被表述的是这些官员与总统之间的关系，即总统任命这些官员必须经参议院的建议和同意，然后才能要求他们对其提供有关"职责"方面的"书面意见"，并有责任确保他们"忠实"地履行法定职责。美国宪法缺乏详尽的规定，就像有些国家早期宪法草案的第二条以及其他条款那样，[81]总统自己可以发起规制行为。总统不能在没有法定授权的情况下将国会所设定的职责转交给某个行政机关，而从此机关转

---

[78] 参见上文页边码第 36 页。

[79] 参见上文页边码第 28 页。

[80] 这种对立促成了这部著作，见 H. Kitrosser, *Reclaiming Accountability：Transparency, Executive Power, and the U. S. Constitution*（2015）。对总统职位形成的历史，作出了备受好评的阐述，见 C. Thach, *The Creation of the Presidency 1775-1789*（1923）。如其所述，制宪者们在寻求建立强有力的行政部门，同时，亦反对君主式统治。这种相互矛盾的目的导致了美国行政组织持续的不稳定。另见 P. Strauss, "Overseer or 'The Decider'—The President in Administrative Law", 75 *Geo. Wash. L. Rev.* 695（2007）; S. Calabresi and C. Yoo, *The Unitary Executive：Presidential Power from Washington to Bush*（2006）; E. Kagan, "Presidential Administration", 114 *Harv. L. Rev.* 2246（2001）。

[81] 例如，1853 年《阿根廷宪法》第 99 条。经修订，该宪法在许多其他方面移植了美国宪法，其明确规定阿根廷总统自己可以制定规章，以此执行国会通过的法律。同时，阿根廷的行政安排一直以此为荣。美国宪法的早期草案规定了行政部门及其提供书面意见，并明确指出总统能够反对这些意见而采取行动，后来这样的条款被通过的宪法所抛弃。

到另一个不同的机关,或者转给总统自设新的行政机关。对此,其他法律系统的情况可能并非如此。同时,宪法规定总统"应当监督法律的切实执行"(也就是说法律被其他人执行,这些人被国会赋予"各种职责"),这表明总统的职责在于监督,而非直接作出决定。

政府的成立被理解接受,往往起始于立法事务,而非行政命令。国会根据宪法有权"为了行使上述各项权力,以及行使本宪法赋予合众国政府或其各部门或其官员的种种权力,制定一切必要的和适当的法律"。㉜ 如同这一规定所预示的那样,国会设立政府机构的法律,一方面将之与总统办公室予以严格区分,另一方面,也与政府各有关部门有所区分。后者采取了多种形式,如由国务卿领导的内阁部门、行政长官领导的行政机关、由合议组织领导的独立规制委员会,以及政府公司等。然而,在拟定规制计划时,国会明确将法定权力授予这些机构来行使,而非由总统来授权。通过法律直接将规制权力授予总统是极为罕见的,一般仅限于有关国防、国家安全以及外交关系等事务。㉝ 无论如何,总统能够对农业部部长或者证券交易委员会主席就有关未决事务,以部长或者委员会所采取的形式发表自己的意见。对于行政部门和委员会来说,其行为活动由国会分配必要的资源来完成,而总统自身的资源极为有限。㉞ 后续章节将会讨论通过这些资源来监督(或者控制)行政行为的各种方式。

从总统的视角来看,行政的日常工作乃至最重要规章的发展,都很少成为总统所关注的事务。总统优先考虑的问题涉及外交关系、国家安全、在重要立法和年度预算上与国会的协作、支持这些事务的必要政治方针,以及对

㉜ 《宪法》第一条第八款,参见上文页边码第33页。
㉝ 例如,总统被赋予直接权力最终决定国际航空线路的安排,或者代替核规制委员会对有关核反应堆或受其管控核燃料的国际贸易作出判断。
㉞ 我的一位已故的受人尊敬的同事,查尔斯·布莱克(Charles Black)教授曾经谈及,当他指出国会有无可置疑的权力去减少白宫社交秘书的数量时,学生们总是会发笑,但是,这项权力是存在的。"所有国会权力的根本是拨款权力,这种权力连英国国王都得服从。"C. Black,"The Working Balance of the American Political Departments",1 *Hast. Con. L. Q.* 13(1974)。国会为总统配置行政职员,其提供的是对所设定职责的支持,总统不可避免和清醒地认识到在其实务运作中"权力制衡"理论的体现。

公众关注的事务有所作为。㊋ 事实上,所要讨论的总统行为大多是这类行为,如重要的白宫办公室、管理与预算办公室,㊌或者代表总统由副总统所采取的行为。的确,"国内规章"越来越成为副总统公文包的标准部件。㊍这对总统的实际控制有着某种意义:如果有可能从白宫行政的底层继续推进,㊎这会加大控制的风险,即低层级政治人员而非高层政治人员致力于改变决定,而这些决定本应由行政责任人作出。当我们谈及总统,实际上我们不是在说一个人,而是一大群并不担负政治责任的幕后人员。㊏

(一) 政治和行政权力

如果国会颁布法律对特定的政府官员授予(通常形式)裁量权,总统是否能够提出合法主张,通过控制其行使裁量权的方式来代替其作出决定?一方面,法律将计划实施的责任委派给行政官员,而总统如此行事是对法律规定的违抗。考虑到政府必须对大范围的事务予以技术和政治上的处理,

---

㊋ "从一开始,尼克松总统倾向于处理外交政策。对他来说,国内政策无非就是'在皮奥瑞亚搭建户外房屋'。"H. Bruff, *Untrodden Ground: How Presidents Interpret the Constitution* 327 (2015)。尼克松总统还关心没有中介调和的总统职位不是专有的问题。有关高度工业风险的规则制定获得了他的注意,如同他的继任者。国家高速公路交通安全局最初提出规则制定的建议,最终导致了美国汽车厂商增配气囊,每年成千上万的人都面临这些风险。通用汽车公司拥有此项技术,而福特公司寻求会见总统,这一过程被偶然记录下来,其催促总统停止或者至少延缓规则制定,以利其商业竞争。尼克松总统让埃利希曼(John Ehrlichman)打电话给交通部长沃尔普(John Volpe),转达了其希望至少延缓该规则的制定。而沃尔普的回应呢? 我将询问我的律师,"我在这里只是完成我的本职工作"。L. Bressman, E. Rubin, & K. Stack, *The Regulatory State* 779(2010)。尽管该规则继续被推进,沃尔普仍保持其职位,但这段对话如果放在当下的话,成打的实现单一政治目标的规则提案会被阻挡在白宫门外,或者推迟白宫过去所承诺的行为。

㊌ 参见下文页边码第 153 页。

㊍ 注释㊌。

㊎ L. Bressman and M. Vandenbergh,"Inside the Administrative State: A Critical Look at the Practice of Presidential Control",105 *Mich. L. Rev.* 47(2006)。

㊏ 同上,B. H. Patterson, Jr., *To Serve the President: Continuity and Innovation in the White House Staff*(Washington, D. C.: Brookings, 2008);C. Farina,"False Comfort and Impossible Promises: Uncertainty, Information Overload, and the Unitary Executive",12 *U. Pa. J. Const. L.* 357(2010);S. Calabresi and C. Yoo, *The Unitary Executive: Presidential Power from Washington to Bush*(2006);J. S. Hess & J. Pfiffner, *Organizing the Presidency*(2002);T. Lowi, *The Personal President*(1985)。一些白宫的机构见网址:http://www.whitehouse.gov/government/eop.html。

行政负责人理应获得比预期要多的权力。另一方面，否定总统的参与似乎削弱了这样的宪法判断，即总统是所有行政部门唯一的首脑，从而使得国会可以在分权架构之外创设行政机构。两百年来一直没有解决这个问题，也印证了问题的难度。[90] 近期总统办公室的行为、[91]对分权问题的当下评论和最高法院的判决，[92]这些所反映的趋势是更多地支持"强有力"的总统职权，而非"较弱"的总统职权。[93] 根据笔者一贯的看法，相互冲突的问题并没有得到解决，反而被强化。必须认识到的是，总统过度主张其拥有广泛的修订权力，同时，由于法定部门、行政机关和委员会实际上管理着国家的法律，总统与这些机构之间有必要保持某种形式上（更弱的）政治和法律关系。[94] 后续章节会讨论这种并未被普遍接受的观点。[95]

如果法律赋予某个官员抽象的责任，这就是说该官员没有裁量权，从一开始就确定其依法履行职责，而总统无权进行干预。[96] 最起码的合法性承

---

[90] 对此两难境地予以详尽阐述，见 E. Corwin, *The President: Office and Powers* 80-81(4th rev. ed. 1957)。

[91] 参见有关总统监督行政机关规则制定的讨论，页边码第 143 页。

[92] 参见弗赖塔格案和公众公司会计监督委员会案，页边码第 36 页，以及莫里森案，页边码第 139 页。

[93] 例如，E. Kagan, "Presidential Administration", 114 *Harv. L. Rev.* 2245（2001）; E. Magill, "The Real Separation in Separation of Powers Law", 86 *Va. L. Rev.* 1127(2000); M. Flaherty, "The Most Dangerous Branch", 105 *Yale L. J.* 1725(1996); L. Lessig & C. Sunstein, "The Presidency and the Administration", 94 *Colum. L. Rev.* 1(1994); S. Calabresi & S. Prakash, "The President's Power to Execute the Laws", 104 *Yale L. J.* 541(1994); 比较 C. Farina, "The Consent of the Governed: Against Simple Rules for a Complex World", 72 *Chi-Kent L. Rev.* 987(1997)。

[94] P. Strauss, "The President and the Constitution", 65 *Case Western L. Rev.* 1151(2015); "Overseer or 'The Decider'—The President in Administrative Law", 75 *Geo. Wash. L. Rev.* 695 (2007), "Presidential Rulemaking", 72 *Chi-Kent L. Rev.* 965(1997), and "The Place of Agencies in Government: Separation of Powers and the Fourth Branch", 84 *Colum. L. Rev.* 573(1984)。

[95] 近期三个研讨会促进了这种基于当代视角的观点：T. Merrill, "Presidential Administration and the Traditions of Administrative Law", 115 *Colum. L. Rev.* 1953(2015), K. Stack, "An Administrative Jurisprudence: The Rule of Law in the Administrative State", 115 *Colum. L. Rev.* 1985(2015), and W. Wagner, "A Place for Agency Expertise: Reconciling Agency Expertise with Presidential Power", 115 *Colum. L. Rev.* 2019(2015)。

[96] Marbury v. Madison, 5 U. S.（1 Cranch）137(1803); Kendall v. United States, 37 U. S.（12 Pet.）524(1838)。

诺是，总统及其行政官员受法律规定的职责所约束。然而，涉及利益的行政体制授予了实质性的裁量权。对此，法律不是要确定抽象的责任，而是要明确行政官员行使职权的各种情形。

早期的案例倾向于将裁量权的存在视为一种标志，即总统的行为至少在其裁量范围以内不能被法律所控制。由此，将"行政部门拥有宪法或者法律上的裁量权"与"法律赋予其特定的职责，而个人权利依赖于职责的履行"作比较，在司法审查、行政执法和立法行为的美国理论中，作出决定仍然居于中心地位。这就否定了任何触及裁量权部分的主张：

> 法院的职责范围仅仅在于对个人权利作出决定，而不是去调查行政部门或者行政官员如何履行涉及裁量权的职责。这些问题在本质上带有政治性，其通过宪法和法律呈现在行政部门的面前，而并未体现在司法之中。⑰

然而，经过一段时间以后，"裁量"这一术语变得越来越清晰，其涉及至少两种不同的现象。在第一层意义上，其涉及政治领域中的理由说明，其因根本上缺乏法律而留有余地。而在行政背景下，第二层意义的"裁量"也用于描述作出判断的空间，其中法律设定了重要的限制，并在司法上力求对行政行为予以规范。第一层意义的例子涉及外交关系的行为，事实上这种例子在所引用的案例中被予以强调。在这种政治环境中，对于"无法可依"的情况，⑱我们强烈期望执法官员"准确遵循总统的意愿，而仅仅是信息交流的管道。"⑲这可以被描述为一种无法可依的"裁量"。当法院和国会对裁量运用不进行直接控制时，总统承担直接责任的需要就变得明显。在第二层意义的例子中，在政府通过的规章中"裁量"受到更多的限制，该项规章用

---

⑰ Marbury, at 170; see H. Monaghan, "Marbury and the Administrative State", 83 *Colum. L. Rev.* 1(1983).

⑱ Citizens to Preserve Overton Park, Inc. v. Volpe, 401 U. S. 402, 410(1971).

⑲ Marbury案，注释96，第166页。

以控制发电站硫磺氧化物的排放量，其规定了发电站根据相关标准所采取的各种措施。相关法律将起草和发布这类规章的责任赋予了环保行政管理人员，就算其与总统及其行政人员进行密切的私下磋商亦无不可。[100] 或许不能说"个人权利"依赖于环保行政管理人员对法定职责的履行，而管理者在决定如何准确实施行为上享有实质性的自由。但是，这仍然不属于无法可依的"裁量"，而是有规可循的"裁量"。[101] 管理人员在法律限制的框架内履行职责，对于做什么和必须遵守何种程序，其受制于多少有点明确的法律限制。据此，可以很容易地予以分析和得出结论，即法院能够审查行政行为，以决定其裁量是否被滥用。[102] 总统是否或者在何种程度上有权直接或通过其行政人员来控制裁量权的运用，这是一个有趣且困难的问题，而法律框架一般仅承担相应的说服功能。

本章只关注于第二种形式上的行政裁量。[103] 如前所述，总统经常有较大余地去影响裁量性的决定。在这种背景下，很难说行政官员被授权使其"准确遵循总统的意愿"或者这些官员只是"信息交流的管道"。在第一种情形中，这些官员和总统都必须符合相应的法律限制：被设定的财务开支规格、[104] 须遵守的相关程序、所采取的调查，以及被考虑的各种因素（或者排除某些意见）。正式的法律权力留给了行政官员而非总统来行使。

在联邦上诉法院的一个案件中，有一项法律要求保护濒危物种，而问题

---

[100] Sierra Club v. Costle, 657 F. 2d 298(1981); B. Ackerman and W. Hassler, *Clean Coal, Dirty Air* (Yale 1981); J. Quarles, *Cleaning up America* (1976). 参见下文页边码第323, 330和513页。

[101] 这似乎是一种有关国会权力的宪法情形，即国会授予管理人员裁量权，法院决定其是否合法执行，这属于有法可依。参见上文页边码第50页。

[102] 这一区分反映在联邦行政程序法中有关司法审查的规定上，而法律条文似乎相互矛盾。司法审查被排除在某种程度上要看行政行为是否通过法律被转移到行政裁量上来, 5 U.S.C. §701(a)(2)。但是，因滥用裁量权，行政行为可以被司法审查, 5 U.S.C. §706(2)(a)。参见后续讨论, 下文页边码第416和502页。

[103] 由此问题随之产生，例如，美国中央情报局(CIA)实施与利益无关的行为。

[104] 根据1974年的《国会预算和截留控制法》（注释35），这是一种积极和消极的义务。不能花费未拨款的开销，行政部门也被限制扣缴（或者扣押）已拨付的款项；拒绝花费实现某一目标的开销，这等同于拒绝忠实地执行法律。见K. Dam, "The American Fiscal Constitution", 44 *U. Chi. L. Rev.* 271(1977)。

在于是否推迟该法的实际执行,上述这些论点相当引人注目,并主导了案件的判决意见。这是一种并不涉及个人权利的情形。法律将作出这种判断的权力交到由精英(包括重要的政府官员、各内阁部门的部长以及各白宫办公室的负责人)组成的特别委员会手中,要求他们遵循根据记录作出裁决的程序。对于总统试图强迫委员会成员在相关事务上进行投票,法院认为任何这样的行为都是不当的,并决定展开严格的调查。《联邦行政程序法》禁止在这种程序中与决策者有单方面接触(ex parte communication)。"《濒危物种法》明确授予委员会有作出豁免决定的裁量权,而没有仔细考虑到总统或者白宫将会卷入委员会的决策之中。"[105]

通过规则制定而非行政裁决,类似的裁量权得到运用,但是,没有法律禁止总统致力于说服或者劝导他人。同时,很显然总统比其下属官员有更好的职务条件去争取实质性的参与。唯有总统对行政管理工作担负直接的政治责任。尽管有人认为总统不可能因官方行为的某个细节而遭受政治上的后果(例如,有违其对国防的承诺),但他是对所有政令负责的唯一行政官员,[106]并将特定行为视为对其优先选项的重要反应。总统比各行政机关的首长亦有更好的职务条件去调和在国家法律上相互冲突的指示、设定在法律执行上国家的优先选项,以及协调政府工作。[107]这些职务条件中的每一个都允许总统对某个行政机关不大赞同的决定提出自己的意见。宪法对统一执法的基本承诺为这种意见的效力提供了法律基础,所争议的问题在于这种效力是否延伸到最终决策。

一个人看到总统的参与呈现不断增长的趋势,会认为总统是一个负责

---

[105] Portland Audubon Society v. The Endangered Species Committee, 984 F. 2d 1534, 1545 (1993).

[106] J. Mashaw,"Prodelegation:Why Administrators Should Make Political Decisions", 5 *J. L. Econ. & Org.* 81(1985); Chevron, U. S. A., Inc. v. Natural Resources Defense Council, Inc., 467 U. S. 837(1984).

[107] 例如,相关观察报告显示了这一功能的重要性,见 ABA Comm'n On Law and The Economy, *Federal Regulation: Roads to Reform* 70(1979),"有 16 个联邦机构在行政部门内部和外部,每一个都由其各自的法律所创设和管理,其职责直接影响能源的价格和供应"。

任的决策者。这表现为增加白宫对重要规则制定的宣布,并以此发布公告。[108] 新闻媒体遵循惯例将所完成的总统行为描述为事实上仅仅对担负法律责任的行政官员提供了行动建议。[109] 尽管司法判决准确地认识到总统权力会影响行政决定,[110] 但其无法就此定论,或许是不愿意如此。以笔者的观点来看,当争议问题涉及受到法律限制的行政裁量时,行政官员相信总统在作出决定上能够公正地主张其特别权利,由此产生法律上的不确定和政治风险。[111] 如同文件记录的那样,[112] 不是总统而是白宫的官僚超越了政策问题,对某些直接涉及行政裁量的科学或者技术性判断作出决定,由此产生的风险似乎特别高。

(二) 任命和免职

在复杂的政府中,总统缺乏正式途径以自己的决策来替代行政官员作出的决定,即使允许这样,也几乎是不可能的。总统控制行政的最明显方式

---

[108] 参见 D. Kessler, *a Question of Intent: A Great American Battle with a Deadly Industry* (2001)(FDA rules controlling tobacco);P. Strauss, "Presidential Rulemaking",72 *Chi-Kent L. Rev.* 965(1997);另见 J. Blackman,"The Constitutionality of DAPA Part II: Faithfully Executing the Law",20 *Tex. Rev. of L. & Pol.* 199(2015);R. Delahunty & J. Yoo,"Dream On: The Obama Administration's Nonenforcement of Immigration Laws, the DREAM Act, and the Take Care Clause",91 *Tex. L. Rev.* 781(2013)。

[109] 例如,N. Scheiber,"Obama Making Millions More Americans Eligible for Overtime",*The New York Times*, June 29, 2015。"奥巴马总统在周一晚间宣布了一项规则修订,该规则将使得数百万的美国人有资格获得加班费……"而实际上,他已经要求劳工部长开展规则制定,并最终在下一年度会产生新的改变。这项提案在七月上旬公布,评论直到九月上旬。超过 29 万个评论被记录,截止到 2016 年 3 月 31 日,尚无新规则发布。见 http://www.Reguiations.gov and search for WHD-2015-0001。

[110] Sierra Club v. Costle,注释 100。

[111] "作为行政首脑,总统被宪法赋予执行权力,但其在行使该权力时必须符合国会所作出的限制规定。只不过他能够将国会安排给农业部的职责委派给内政部……他可以偏离国会的其他职责安排。官僚或者政治上的被任命者面对总统的花招,也许会更易于看到职责和建议的对立,以及把握其局限性,即总统的理解能力和总统与较少的政治幕僚一起对相当复杂的技术性问题进行处理。政府的心理风险,要看公务员和政治任命者自我设想在法律文化中行事达到何种程度,而这种风险已相当高了。"P. Strauss,"Presidential Rulemaking",72 *Chi-Kent L. Rev.* 965,986(1997)。

[112] W. Wagner, "A Place for Agency Expertise: Reconciling Agency Expertise with Presidential Power", 115 *Colum. L. Rev.* 2019(2015)。值得注意的是,政府记录从纸质向电子的转换使得这种干预变得便利。"信息是权力",政府"云"消除了行政机关在纸质时代享有相关信息的垄断。

是通过任命支持其政策的行政官员,和他们一起进行论证说理并采取相应行动,以及规训对实施建议不作回应的那些人。宪法就有关总统任命政府官员作出了特别规定,而没有规定总统介入政府官员的免职(或者其他形式的规训)。[113] 任命和免职成为国会进行规制的主题,相关争议和诉讼持续至今。

宪法的任命条款直接将政府的主要任命权置于总统的手中,其行使要求参议院的同意而受到制衡。国会将任命"下级官员"的权力赋予总统、法院或者部门首脑。尽管这些规定似乎隐含着诸多限制,[114]但是,最高法院却支持国会在19世纪后期创设的任人唯贤和竞争的公务系统,以回应现有人事任命系统所滋生的各种丑闻。[115] 最终,近三百万名联邦政府雇员中的绝大多数继续任职,并受制于法律的限制,他们具体了解这些法律的历史和规定,并对其工作领域的公共服务持有强有力的意见。他们的任命并不适用政治原则,其自由流动而免于因政治理由被免职。进入20世纪,这些人员涵盖了重要部门的首脑,如林务局局长。[116] 尽管如此,公务职位之上的政治圈层要比欧洲政府深厚得多,而现在更为明显。总统和上千名政治任者(大多数由部门首长任命,而非总统亲自任命[117])居于这个庞大政府组织的顶端,自从卡特政府以后,公务职位中政策制定层级的人员被重新分类到高阶管理职位(Senior Executive Service),这些成员受制于薪资和纪律的例外规定。[118] 在20世纪中期,有报告将杜鲁门总统所行使的职权描述为"带领民众并尝试说服他们去做他们想要做的事情,这是我耗费大多数时间所要

---

[113] 宪法规定了弹劾总统和其他官员的可能性,这是高度正式和不大灵活的程序,其要求严重的过错和国会参众两院采取行动。没有人会以为只有一种手段可以免除行政官员的职务,这些官员不像总统那样,经选举产生有固定任期,也不像法官那样,被任命在"品行端正"的期间提供服务。

[114] 回顾 Freytag v. Commissioner 案的讨论,上文页边码第 36 页。

[115] United States v. Perkins, 116 U.S. 483(1886).

[116] H. Kaufman, *The Administrative Behavior of Federal Bureau Chiefs*(1981),以下讨论见页边码第 263 页。

[117] 有关政治任命过程,见 H. Heclo, *A Government of Strangers: Executive Politics in Washington*(1977); T. Weko, *The Politicizing Presidency: The White House Personnel Office*(1995)。

[118] 参见页边码第 183 页。

做的,这是总统权力之所在"。到了21世纪,政治控制的可能性得到极大的提升。[119]在2010年的判决中,最高法院基本上支持这样的主张,即"下级官员"必须受制于可以追溯到总统的政治控制。[120]

  这些法律比公务方面的法律更为困难,但仍未被认定为违宪,它们关注于主要的联邦办公室,由此限制总统的任命选择,而任命似乎不能作出缩减。在可能性范围的一端是某一职位的合理资格要求,例如,检察总长必须是律师。当合议规制委员会可能属于同一政党时,国会将进入该委员会的被任命者人数限制在微弱多数,从而提供两党合作的措施。在此,被任命者必须具备才干和品质使得行政决定被广泛接受,这种要求很早就被证明是合理的。有些规定不太容易被认为是合理的,如严格限制总统的提名选择,并让国会承担挑选特定个人的角色。这种安排的著名例子是有关任命政府问责办公室负责人——审计总长的规定。[121]即使总统在形式上有权不顾国会交给他的候选人名单,但政治力量对比是显而易见的。因此,法定方案将作出选择的主动权交由国会,反映出国会在尽力替代总统自身的权力。基于分权的角度,引人注目和明显重要的是国会及其选民正在失去与宪法所列官员清单的关联,不同于总统有权任命将被委派的官员。

  对此最高法院屡次作出认定,即使在该事务明确关系到其直接利益的情况下,国会也不能自己任命"官员"。例如,联邦选举委员会的职责在于调查联邦选举的实际情况,并制定和执行相关规则。[122]在设立该委员会的过程中,国会规定某些委员由总统任命无须参议院认可,而其他委员则直接由参众两院的领导层来任命。其目的明显在于实现政治平衡,以及对涉及高度政治敏感的事务予以相互控制。虽然如此,最高法院却认为委员会的职责在于执行联邦选举法。因此,该委员会必须由国会不能加以任命的"官

---

[119] D. Barron,"From takeover to Merger,Reforming Administrative Law in an Era of Agency Politicization",76 Geo. Wash. L. Rev. 1095(2008).

[120] Free Enterprise Inst.,Inc. v. Public Company Accounting Oversight Board,561 U. S. 477 (2010)[PCAOB],上文页边码第38页及以下诸页有所讨论。

[121] 参见上文页边码第122页。

[122] http://www.fec.gov/.

员"来领导。⑬ 在此,国会不仅削弱了总统的权力,正如所讨论的审计总长的例子,而且还寻求扩展其自身权力,但其权力扩展至少在宪法文本中找不到依据。

联邦储备委员会下设的公开市场委员会(Open Market Committee)带来了一个更为有限但仍然很困难的问题。⑭ 联邦储备委员会是一个独立的委员会,其通过控制银行业和国家货币供应对国家经济具有广泛的权力。它完全由总统任命的委员构成,委员任期为十四年,这些制度安排赋予了委员们与其他独立委员会不同的自由度。公开市场委员会作出有关货币市场运作的决定,并确保其得到贯彻执行。该委员会的成员抽调自联邦储备委员会的委员和现任各联邦储备银行的主席,而这些银行主席在本质上是私人机构的首席执行官,其由这些机构的董事会选举产生。在此,国会不直接涉及对总统任命的替代,存在问题的委员会被认为附属于美联储。但是,委员会成员很容易被归为"官员",他们掌管国家经济的权力本质,以及具有与美联储委员同等的地位,这些都使得他们成为极为重要的官员,而应当经参议院同意由总统来任命。⑮ 无论如何,这些人将行使实质性权力,而将人事委派置于私人之手,其合法性并没有得到确定。⑯

一旦某个"官员"被任命,总统在免除其职务上享有多大的自由呢? 不像"任命"问题,宪法文本没有直接规定免职的一般问题。当第一届国会制定出塑造政府的第一条时,基于宪法惯例的要求,国会参与任命和免职的权

---

⑬ Buckley v. Valeo,424 U. S. 1,121(1976);see also Metropolitan Washington Airports Authority v. Citizens for the Abatement of Aircraft Noise,501 S. S. 252(1991).

⑭ 美联储的网址:http://www.federalreserve.gov/,其委员会的网址:http://www.federalreserve.gov/fomc/。

⑮ Peter Conti-Brown,The Institutions of Federal Reserve Independence,forthcoming,32 *Yale J. Reg.* (2015). The Supreme Court's decision in Department of Transportation v. Assn of Am. Railroads,135 S. Ct. 1225(2015),后续讨论见下文页边码第 188 页,还留下了有关这种混合机构任命的有趣问题。

⑯ Carter v. Carter Coal Co. ,298 U. S. 238(1936),该案判决指责这种委派一直被假定是起作用的,但是,在根本上问题潜藏了近四十年。近十年来,在有关国会对国家旅客铁路公司的架构选择论证中,这一问题变得突出和明显。简要讨论见页边码第 188 页。参见 G. Metzger,"Privatization as Delegation",103 *Colum. L. Rev.* 1367(2003)。

力备受争议。政府的核心要员应当只服从于总统的意愿,这种观点流行范围较为狭窄。同时,同届国会创设了其他执行办公室,其内部架构似乎排除了"自由"地免职。八年以后,国会在美国内战末期通过制定《官职任期法》(Tenure of Office Act)加速了主要的宪法危机,该法将所有部门首长(内阁部长)的任期从自愿服务转化为只有经参议院的同意才被免职。约翰逊(Andrew Johnson)总统想要免除陆军部长的职务,只差一票而最终失败,后来国会试图对其进行弹劾。在近四十年后,这个问题才出现在美国最高法院的一个案件中,其涉及地方的邮政局长而影响不大。

除非重要政府官员服从于总统的意愿,否则总统可能不得不通过一些缺乏信任的人来完成最为重要的事务。在不大引人注目的层面上,能够发出免职威胁的总统比不能如此的总统会更好地控制管理者的行为,而免职不是唯一可用的规训手段。此外,由于这些问题的典型特征,最终的答案可能只有来自外部限制。总统运用免职威胁的能力必须具有合法性,而这种限制独立于国会和总统之间在政府机构上的权力竞争,在这种情况下才不会出现困难。由此,公务职位限制联邦雇员的免职就不会产生重大的宪法问题,即使是涉及根据特定法律行使实质性权力来执行政策的那些雇员。另一方面,约翰逊总统的执政经验表明国会要实质性取代总统试图统合法律执行的责任,而这些政治安排对此构成威胁,也是对1789年所作政治决策的挑战,由此产生重要的分权问题。在邮政局长案和1986年涉及政府问责办公室审计总长的判决中,最高法院认为国会寻求积极参与总统任命官员的免职构成违宪。[127] 很多美国判例似乎开始依赖这种观点,而事实上国会直接致力于参与免职事务的情况并不多见。

假设国会不是寻求亲自参与免职,而是对高层官员设定明确的任期,并将在任期内的免职限于"正当事由"。这是针对"独立规制委员会"的典型安排,这种合议机构一般由五到七名委员组成,每个委员服务于精确的任期,

---

[127] Myers v. United States, 272 U. S. 52(1926); Bowsher v. Synar, 478 U. S. 714(1986); see P. Strauss, "Formal and Functional Approaches to Separation of Powers Questions—A Foolish Inconsistency?", 72 *Cornell L. J.* 488(1987).

以至每年只有一个委员期限届满。当一位新总统进入白宫,他将发现各委员会的领导主要掌握在其前任所任命的委员手中。按照一般的进程,被新总统任命的委员开始掌权会耗时多年。尽管很少将政治责任与行政责任区分开来,⑱但这些机构负责大量的执法活动,而在这一方面它们确实行使了宪法只赋予总统的"行政权力"。这种安排也被用于保护"独立检察官"的任期,在 20 世纪后半叶的不同时期,这些"独立检察官"被授权对行政部门高层(包括总统)的犯罪行为进行调查和提起公诉。⑲从传统意义上来看,检察官只是在行使执法权力。

最高法院最初碰到"正当事由"的问题,发生在 1930 年代的罗斯福(Franklin Roosevelt)政府时期。在 1932 年当选后不久,他免除了联邦贸易委员会中一位共和党委员的职务,否则该委员的任期将持续到 1938 年。罗斯福总统对其免职没有主张任何"正当事由",而只是声称其有权在重要政府职位上安排与其政治观点相同的人。最高法院直接作出认定,总统免除官员职务应当遵守"正当事由"的限制性规定。⑳其部分说理指出联邦贸易委员会委员没有行使"行政"权力。考虑到法律的贯彻执行,这是反事实(counter-factual)的观点,㉑而最高法院的主张表明了政治与行政责任的区分,㉒此处的"行政"即为政治上的意义。由此,对于那些负责处理"政治性问题"以实现"总统意愿"的官员,国会不可以在其任期上施加类似的控制。㉓由于所颁布的《官职任期法》卷入了约翰逊总统的弹劾案,该法被最

---

⑱　美国核规制委员的职责在于核原料的进出口和必须考虑诸如国务院这些政治行为者所辖范围内的信息,该委员会可能是个例外。

⑲　独立法律顾问的法定权力在克林顿政府期间被削弱,从表面上来看,许多法律顾问扩大了调查权力,其中包括对总统所进行的调查,而这种检控实践方式以前是不被允许的。但是,这些权力被单一命令、责任缺乏和政治曝光所推动。

⑳　Humphreys Executor(Rathbun)v. United States,295 U. S. 602(1935).

㉑　如今,其结论可能是联邦贸易委员会的所作所为实际上都涉及法律的执行,在此意义上将会要求主要官员须经参议院同意由总统来任命。见 Buckley v. Valeo 案,注释 123。

㉒　参见页边码第 129 页。

㉓　Marbury v. Madison 案,文本见注释㉙。在涉及审计总长的反对意见中,怀特(White)大法官很谨慎地保留了其观点,注释⑦。

高法院认定为违宪,[134]国会就没有对那些行使权力政治多于行政的官员(如国务卿)施加类似的限制。

经法律授权任命"独立检察官"去调查行政部门最高层的不当行为,对该法提出挑战的诉讼成为了这些观点的测试案件。独立检察官不是被总统或者检察总长(通常负责任命联邦检察官)所任命,而是经过前期调查,认为"有合理理由相信进一步的调查或者检控是恰当的",在接到总检察长的书面证明后才由特别司法小组来任命。这份书面证明是检察总长可以裁量处理的事务,其免于任何形式的司法审查(不包括政治审查)。一旦作出,即确定了该项调查事务。独立检察官被任命后开始执行公务,其行为独立于司法部的直接监管,并拥有司法部所有的调查和检控权力。然而,独立检察官受命而为,"除了不可能做到的情况,必须符合司法部书面或者其他既定政策",同时,其受制于免职的纪律要求,即由总检察长亲自进行,而免职"仅限于正当事由、身体残疾、精神失能或者其他实质性损害独立检察官职责履行的条件"。

首席大法官的观点支持该项法律,而唯有斯卡利亚大法官持不同意见,其预示这些权力滥用将会最终使得国会在法律上作出让步。[135] 最高法院认为,在总检察长初步掌控是否启动调查和基于"正当事由"免职的可能性之间,该法并没有在确保切实执法的宪法义务上给总统附加过度的负担。毫无疑问,司法任命的历史传统和对检察官的控制强化了其结论。[136] 由此,对于检控判断予以直接的总统控制存在太多质疑,法律禁止总统向税务审计长施加压力,但很难设想出一个具有说服力的宪法理由去予以反对。也许最为重要的是,对何谓"正当事由"缺乏共识。对于这一问题,尚未有任何案件作出认定。如果事由包括不服从(insubordination)的情形,总统将会获得实质性的施压手段,借此清理那些受到保护的官员。由此,这个问题明显

---

[134] Myers v. United States,272 U. S. 52(1926).

[135] Morrison v. Olson,487 U. S. 654(1988).

[136] P. Shane,"Independent Policymaking and Presidential Power:A Constitutional Analysis", 57 *Geo. Wash. L. Rev.* 596,603-606(1989).

转变为总统在履行监督执法义务上有权向"官员们"作出什么样的指示。当然,这些法律包括委托独立委员会进行行政管理的法律。对于"正当事由"必须根据这种义务来予以解释,就产生了激烈的争论。[137]

在上一章所介绍的公众公司会计监督委员会(PCAOB)案中,最高法院提出了基于"正当事由"予以免职的问题,对相关争论提出了强有力的建议,具有一定的可接受性。[138] 这是因为,其假定证券交易委员会委员受到基于正当事由而被免职的保护,公众公司会计监督委员会所任命的委员(如同部门首长任命"下级官员")不能予以同等保护。如果允许同等保护的话,将使得他们远离总统的监管。从这种观点的表述来看,对"下级官员"似乎存在两个层面的"正当事由"保护,这并不妥当。根据笔者的判断,这很可能是最高法院对机构安排作出的反应,而非涉及其成员的任期。一个独立规制委员会以前不会在其内部创设另一个独立规制机构,相比将"下级官员"区分为两个层级的一刀切观点,从削弱总统监督职能中找到宪法上的不适当,这更加容易被理解。[139]

(三)"书面意见"

现在我们转入另一种权力的讨论,宪法明确将这项涉及行政决定的权力授予总统,规定其"可以要求每个行政部门的主管官员对与其职务相关的

---

[137] G. Miller,"Independent Agencies",1986 *Sup. Ct. Rev.* 41(1987);H. Bruff,"Presidential Power and Administrative Rulemaking",88 *Yale L. J.* 451(1979);P. Strauss,"The Place of Agencies in Government:Separation of Powers and the Fourth Branch",84 *Colum. L. Rev.* 573(1984).

[138] 参见页边码第 38 页。

[139] P. Strauss,"On The Difficulties of Generalization——PCAOB in The Footsteps of Myers",Humphrey's Executor,Morrison and Freytag,32 *Cardozo L. Rev.* 2255(2011)。类似的问题出现在华盛顿特区巡回法院的一个案件中,该案涉及国会图书馆和版权裁判所(Copyright Royalty Tribunal)。版权裁判所法官由国会图书馆馆长任命,而馆长被认为是行政部门的首长,因为其经参议院同意由总统来任命(虽然国会议员对图书馆长行为的总统监督表现出极大的担忧)。根据法律规定,这些法官只因"正当事由"而被免职,但是,他们重要职责(由于数字资料的广泛使用,使其决定和分配数百万美元的版税)的履行,得不到图书馆长的审查,从而让法院将他们归于必须由总统任命的"核心要员"。在 PCAOB 案之后,通过"正当事由"的司法保护,法院确信地将他们转换理解为下级官员,由此挽救了整个法定方案。Intercollegiate Broad. Sys. v. Copyright Royalty Bd. ,401 U. S. App-D. C. 407,684 F. 3d 1332(2012)。

任何事件作出书面意见"。从这一规定(以及其他)的字面意义上来看,对有关"职责"方面的行政事务作出实际决定的权力归属于受法律委派的官员,而非总统及其行政人员。不过,磋商仍然是合适的,其要求发生在作出决定之前。⑭ 在过去,这些磋商是非正式的,其不容易被观察到,亦无特定的形式。在纸质时代,规则制定如同其他行政行为,实质上发生在各行政机关的内部,而这些行政机关由国会创设,借此执行特定的法律制度。当各行政机关掌握说明其行为理由的信息时,总统关系事实上被限制在大的政策问题上,并非正式地存在于既定的行政架构之外。然而,在过去半个世纪里,更为正式的分析和报告技术得以不断发展,这些技术有着相当重要的影响。通过政策分析的技术来审查所提议的行为和替代方案,以决定预期的成本和效益。根据这些推断和预测,所作出的决定将会获得期望值。进入数字时代后,同一时期的行政机关信息即时地呈现在白宫的每一个办公桌上。由此,仅仅为了政治利益在细节层面进行干预的可能性大为增加。一个人应当为此感到困扰吗?

行政分析的核心管理事实上首先来自立法的要求,例如,1969年的《国家环境政策法》建立了一个"环境影响评估"的体制,其由一个总统办公室——环境质量委员会(Council on Environmental Quality)来管理。⑮ 各行政机关所要采取的行为有重大环境影响,就会被要求作出一定形式的分析,包括效果和避免或者控制的可能方法。行政机关在该委员会的总

---

⑭ 在此有人想要区分政策问题的咨询和特定司法纠纷的产出咨询。后者一般被认为是不适当的,其类似于这样的不当情形,即在法官对某一纠纷的是非曲直作出决定之前,与其有官方接触。参见 Portland Audubon 案的讨论,页边码第103—131页,以及 Professional Air Traffic Controllers Organization v. Federal Labor Relations Authority,685 F. 2d 547(D. C. Cir. 1982)。然而,前者被普遍接受。Sierra Club v. Costle,657 R2d 298(D. C. Cir. 1981);W. L. Cary,*Politics and the Regulatory Agencies*(1967)。

⑮ 42 U. S. C. §§4331-4335,网址:http://ceq. eh. doe. gov/nepa/nepanet. htm,该网站提供大量有关《国家环境政策法》的信息,而不涉及该委员会。比较网址:http://www. whitehouse. gov/ceq/index. html。与总统办公室的通常安排相一致,该委员会的权力严格限定于政府内部。所赋予的权力在于监督和协调政府机构所作的分析,而不是对直接影响环境和公众利益的政策争议问题作出决定。

体指导下作出分析,但对相关事务进行分析和作出最终决定的责任保留在行政机关手中。[42] 多年以来,国会在其他背景下发现了类似的有效手段:各行政机关被要求提前考量对小企业进行复杂规制的初步效果,并通过小企业管理局(Small Business Administration)来协调处理这些分析。[43] 在管理与预算办公室的监管下,他们分析相关需求的必要性和效果,而这些数据报告的要求为公众和其他受规制组织所提出。[44] 当规则制定的效果是对州、地方或者部落政府,以及私人部门施加大量的"无财政资助的委托管理"时,他们也在管理与预算办公室的监管下,遵循特定的分析和咨询程序。[45]

新政(New Deal)时期以后,总统根据审核"书面意见"的权力和向国会提出适当建议的宪法特权,要求各行政机关通过管理与预算办公室积极参与立法或者验证立法提议,并与白宫一起对所提交的意见进行处理和公示。[46] 很明显,其所实现的功能在于促进相互协调和一致性,这一过程引发了整个政府内的磋商以及对解决争议进行讨论的可能性。然而,这在形式上也极大地控制了立法与行政的相互作用。各行政机关可能被提出建议,即其行为目的与重要的总统目标相冲突,或者不符合总统所提出的计划,在

---

[42] 由于这涉及行政机关的义务,效果分析程序在司法上逐渐被认为应由受影响的公民、工业或者利益团体来启动实施,这一发展更多地归功于有关行政行为的诉讼。有关行政控制机制的有效性整体评估,见 S. Taylor, *Making Bureaucracies Think* (Stanford 1984)。

[43] Regulatory Flexibility Act,5 U.S.C. §§601-612. 参见 M. Breger,"Regulatory Flexibility and the Administrative State",32 *Tulsa L. J.* 325(1996);P. Verkuil,"A Critical Guide to the Regulatory Flexibility Act",1982 *Duke L. J.* 213。对该法的简要讨论,见页边码第 340 页。

[44] Paperwork Reduction Act of 1980,44 U.S.C. §3507(c),对该法的简要讨论见页边码第 364 页。

[45] Unfunded Mandate Reform Act of 1995,2 U.S.C. §1501 et seq,很显然这种预期会被复制,管理与预算办公室根据第 12866 号行政令(规制计划与审核),将该法的执行归于正在讨论的文本之中。见 OMB, Agency Compliance with Title II of the Unfunded Mandates Reform Act of 1995,4th Annual Report to Congress(1999)。对该法的简要讨论,见页边码第 342 页。近期的学术观点强调,这些被违背的义务理应受到普遍的遵守。见 C. Raso,"Agency Avoidance of Rulemaking Procedures",67 *Admin. L. Rev.* 65,69,98-100(2015)。

[46] 参见下文页边码第 153 页。

此情况下它们就不会呈交意见或者予以验证。⑭ 众所周知,各行政机关的常职人员和国会的委员会想出了各种逃避这种正式控制的交流手段,但是,这些控制旨在支持单一化管理的思想。协调和合作(也包括认同"书面意见"规定所暗含的法律义务)的有利条件缓和了国会与直接的总统控制之间的隔离,这对于独立规制委员会来说亦是如此。⑭

从尼克松总统在1970年代公开联邦的规则制定开始,每一位总统通过法定的行政模式要求各行政机关为白宫提交意见,以审查那些对国家经济有潜在重大影响的规章所进行的经济效果分析。论证分析的草案必须在所提议规制制定发布公告之前予以提交,最终论证在规则颁布之前被采用和发布。里根总统在规制制定过程的早期阶段增加了一个可适用的法定要求,各行政机关必须每年与其协调下一年度计划制定的规章,如同长期以来相互进行协调法律倡议一样。每一位继任的总统详细说明其前任的工作,扩展这些要求的边界和范围,并随之产生各种变化(如同所期望的那样),而这些变化反映其对规制的政治立场。因此,共和党总统领导下的行政管理倾向于从规制可取性的质疑和(大部分民主党人)对公务职位愿景的某些怀疑入手。民主党总统一般对规制缺乏敌意,其将重心更多地放在确保规制分析体制的运行和功效良好,以避免产生政治上的困境,并确保规制行为所带来的个人信用,而规制受到民众欢迎会让他们在政治上获利。国会对总统自身的利益会有所猜忌,(当不同政党分别控制国会和白宫时)也怀疑总统对规制事务进行政治干预。随着总统干预的代价不断增加,国会坚持要求这一过程的透明度。对于负责监督规则制定过程的白宫官员,国会要求其任命受制于参议院的确认,在某种情形下,国会会拒绝认可总统对某一职位的提名,直到确保规制过程的政治产出受到控制以及将要公之于众的结果。然而,近期的研究显示这些有关迅速行动和保持透明的正式承诺并没

---

⑭ OMB Circular No. A-19。总统是否将违反这一指示的行为进行纪律规训,以及在何种程度上会如此,这更多的是一个政治问题,而非法律问题;他必须持续地与行政机关和国会打交道。

⑭ 参见下文页边码第178页。

有得到一贯的遵守,[149]而国会对这个问题也没有施加压力。

　　克林顿总统在就任后不久发布了第 12866 号行政令,二十多年来在此制度框架下总统对重大规则制定的政治控制得以稳固和强化。[150] 从里根总统所提出的倡议来看,其分为两个阶段。第一个阶段要求每个行政机关包括独立规制委员会和内阁部门,提交年度的"规制计划",从而标示出行政机关在下一年度想要达成的重要规制行为。这些规制行为不仅被予以确认,而且根据总统确定的优先事项、预期成本效益、法律基础、相关公共风险(与其他规制之间的关系)和需要考虑的备选措施等被初步证明是合理的。像立法提案那样,这些议程受到可能与之相冲突(可能被管理与预算办公室予以解决)的其他行政机关的审查,同时,管理与预算办公室也根据总统的计划对其进行审查。如果被认可,这些规制计划作为法律要求构成 10 月份统一规制议程的一部分,并发布于联邦公报。这些出版物也可以通过互联网从检索数据库里获取,[151]通过对即将实现的规制倡议,以及行政机关所掌握的各方参与早期倡议发展的信息提前发出警示,公众借此从中受益。

　　这种总统控制的机制在优先设定和政策层面展开运作,由此各种可能性都容易被理解。在担任克林顿总统政策顾问之后,成为最高法院大法官之前,艾琳娜·卡根(Elena Kagan)教授撰写论文披露和赞扬了克林顿总统经常通过发布广泛关注的"指示"来促成行政机关的规则制定,以此赢得了

---

[149]　C. Copeland, Length of Rule Reviews by the Office of Information and Regulatory Affairs (2013),见网址:https://www. acus. gov/sites/default/files/documents/Copeland％20Report％20CIRCULATED％20to％20Committees％20on％2010-21-13. pdf;N. Mendelson,"Disclosing 'Political' Oversight of Agency Decision Making",108 Mich. L. Rev. 1127(2010).

[150]　58 Fed. Reg. 51735(1993). 与前任总统相比较,有关耗时较长的规制分析,见 R. Pildes & C. Sunstein, Reinventing the Regulatory State, 62 U. Chi. L. Rev. 1(1995)和 P. Shane,"Political Accountability in a System of Checks and Balances: The Case of Presidential Review of Rulemaking",48 Ark. L. Rev. 161(1995);另见 E. D. Elliott,"TQM-ing OMB: Or Why Regulatory Review Under Executive Order 12,291[the Reagan/Bush predecessor to 12,866] Works Poorly and What President Clinton Should Do About It",57 L. & Contemp. Prob. 167(1994);H. Bruff,"Presidential Management of Agency Rulemaking",57 Geo. Wash. L. Rev. 533(1989). 目前规制分析的情况,以及各种相备忘录和报告,见网址:http://www. whitehouse. gov/omb/oira.

[151]　目前的统一议程,见网址:http://www. reginfo. gov/public/do/eAgendaMain。

学术声望。[152] 值得注意的是,"规制计划"对于各行政机关自身的政治责任也有明显的益处。在行政令准备到位之前,经常听说美国行政机关的公务员倾向于先拟定提议,并就其内部分歧进行折中处理,再向担负政治责任的行政长官呈交提议,由此有效限制了这些官员的控制。如同拟定财政预算的年度过程一样,该议程"由行政长官亲自予以批准"的要求,使得对行政机关的政治控制变得便利,而行政人员在倡议发展过程中需要较早地获得担负政治责任的行政机关领导层的支持。

第12866号行政令的第二个阶段发生在规则本身的制定议程期间,这一过程的政治层面将在第五章予以探讨。[153] 简而言之,该命令要求单一领导的行政机关(不包括独立规制委员会)根据法定授权、总统的优先安排、对州、地方或者部落政府的任何影响,以及相关措施的规制理由等,对规则制定的提议进行可能效果的评估。行政机关必须在将提议公之于众,向管理与预算办公室下设的信息与规制事务办公室(Office of Information and Regulatory Affairs)提交该评估报告。如果得出的结论是效果将会是"重大"(例如,行政机关将向私人部门附加新的成本,每年超过一千万美元),该行政机关还必须提交一份"规制效果分析"草案,该分析草案在细节上考量了该提议预期的成本和效益,分析了"潜在有效和合理可行的替代方案",从而解释了他们没有作出选择的理由。由于行政令承诺对规则制定时间予以控制,[154] 在信息与规制事务办公室批准后就会发布该提议及其分析报告(由此对公众评议予以开放)。有关提议的最终行为要求进行第二次分析,该最终分析也必须由信息与规制事务办公室批准;"在某种程度上被法律所允许的情况下,分歧或者冲突……不能被管理与预算办公室负责人解决,就应当

---

[152] E. Kagan,"Presidential Administration",114 *Harv. L. Rev.* 2245(2001).

[153] 参见下文页边码第270和332页及以下诸页。

[154] Environmental Defense Fund v. Thomas,627 F. Supp. 566(D. D.C __ 1986),法院认为管理与预算办公室不能拖延规制分析超过法律设定的截止期限。但是,这样的截止期限很少被适用。在这一过程中,仅仅是拖延的运用就已是在主要由共和党领导的里根和布什政府与国会之间产生对抗的焦点。奥巴马政府亦是如此,或许拖延在于希望避免过度规制的政治批评,尤其是数月后会进入2012年的总统选举。参见C. Copeland,注释149。

由总统来解决,或者基于总统的请求由副总统"依照承诺保持广泛透明度的程序来行事。"在某种程度上被法律所允许"的限定条件,以及"该行政令不应理解为替代行政机关被法律所授予的权力或者职责"的承诺被多次反复地提及。至少在表面上,这一行政令尊重了国会所设定的职责安排。

唯独"执行性"的行政机关,而非独立规制委员会,被要求参与第二阶段的活动,尽管基于合作后者会被邀请和受到重视。通过严格的法律分析,"书面意见"条款扩及所有负责执行联邦法律的机关首长,而独立规制委员会符合这一定义,这项制度也适用于它们。[155] 然而,无论法律地位正当与否,这样的扩大适用在国会造成了政治风暴。也许这些委员会所发起的规则制定很少达到行政令中最重要的经济门槛,总统也不相信可能收益会超过其成本。在 2011 年增补的行政令中,[156] 奥巴马总统极力鼓励,而非要求独立规制委员会服从行政令。

克林顿总统的行政令明显反映了承担中心和协调角色的总统形象,而其后两位继任者强化了这种形象。但是,在确保总统的控制中,这种方法的有效性仍然存在一定的疑问。一方面,具体分析依常规得到完成,而这一过程常常发生变动(尽管文件的变动比这些行政令所承诺的要少得多)。不过,在里根政府时期,对较早行政令的管理所作出的缜密说明将其描述为一个考虑到行政机关"在人员的规模和专业上的有利条件",仅"在边际"实现均衡的协商过程。[157] 有人对克林顿总统行政管理中所提交经济效果报告进行跨期的实证分析,其结论是行政机关根据行政令的目的行事,其变动性较大,"在运用这类规制分析上,克林顿总统及其管理与预算办公室并未取得

---

[155] P. Strauss & C. Sunstein,"The Role of the President and OMB in Informal Rulemaking", 38 *Admin. L. Rev.* 181(1986);G. Miller,"Independent Agencies",1986 *Sup. Ct. Rev.* 41。在公众公司会计监督委员会案中,页边码第 38 页和 189 页有所讨论,最高法院一致同意基于任命条款的目的,证券交易委员会是一个执行机关,并在一个少见的注释中强调其对于"书面意见"问题不作出决定。由于要求机关首长作出意见的权利是明确只授予总统履行国会所赋予职责的权力,这就难以理解在此问题上所存在的疑问。

[156] E.O. 13,579,76 Fed. Reg. 41587(July 14,2011).

[157] H. Bruff,"Presidential Management of Agency Rulemaking",57 *Geo. Wash. L. Rev.* 533, 560(1989).

成功,这可能归因于缺乏花费政治资本的利益和意愿"。[158] 在2007年,该作者的另一项研究结论是经济分析仍然没有使规则变得最优有效和价值最大化,部分原因在于其成本。[159] 在学术上颇负盛名的凯斯·桑斯坦(Cass Sunstein)成为奥巴马总统信息与规制事务办公室的首任负责人,自离职赴任后其在工作上耗费了大量心血,不仅富有成效而且无政治偏向。[160] 以局外人来看,这两个方面都值得怀疑。[161]

这些研究人员对行政令的一些问题予以评注很有价值,他们以此阐明了已经确立的美国行政国家的主题。首先,当宪法将"所有立法权"赋予国会时,"行政令"的目的在于将相互分离的法律实体的行为具有拘束力,其合法性何在?其次,与此有关的问题再次出现,即总统对涉及行政机关判断的事务作出直接决定的权力,而被反复引述的"在某种程度上被法律所允许",对此予以承认。[162] 第三,在政府外部这些措施的效果是什么——可视度、予以评论或者介入的可接近性,乃至对司法执行的敏感性。

我们所讨论的行政令数量众多,其表明这些行政令一直是总统正式执行政策的既定模式。由于总统职位使其有权下达命令,这些行政令具有法律效力。同时,总统职位可能被连任,由此其无需通过立法授权来宣布这些

---

[158] R. Hahn, et al., "Assessing Regulatory Impact Analyses: The Failure of Agencies to Comply with Executive Order", 12,866,23 *Harv. J. L. & Pub. Poly* 859,878-79 and n. 51(2000). 从1999年到2008年,哈恩(Hahn)先生在从事规制研究的美国企业学会布鲁金斯联合中心担任主任。

[159] R. Hahn and P. Dudley, "How Well Does the U. S. Government Do Benefit-Cost Analysis?", 1 *Rev. Envtl Econ. And Poly* 192,209(2007).

[160] C. Sunstein, "The Office of Information and Regulatory Affairs: Myths and Realities", 126 *Harv. L. Rev.* 1838(2013); C. Sunstein, "The Most Knowledgeable Branch", 164 *U. Pa. L. Rev.* 1607(2016). 有关瓦格纳(Wagner)教授的担忧,见下文页边码第335页。

[161] 例如,L. Heinzerling, "Inside EPA: A Former Insiders Reflections on the Real Relationship Between the Obama EPA and the Obama White House", 31 *Pace Env'l L. Rev.* 325(2014); J. Nou, "Agency Self-Insulation Under Presidential Review", 126 *Harv. L. Rev.* 1755(2013); M. Livermore, "Cost-Benefit Analysis and Agency Independence", 81 *U. Chi. L. Rev.* 609(2014); N. Mendelson and J. Weiner, "Responding to Agency Avoidance of OIRA", 37 *Harv. J. L. & Pub. Pol'y* 447(2014); W. Wagner, "A Place for Agency Expertise: Reconciling Agency Expertise with Presidential Power", 115 *Colum. L. Rev.* 2019(2015).

[162] 比较上文页边码第130页。

措施或者赋予这些措施以法律效力。值得注意的是,这一结论如果正确的话,其涉及前面已经讨论的基于"正当事由"免职的问题。如果总统凭借其职位能够向联邦贸易委员会委员发出具有拘束力的指示,即使该委员期望受到免职条款的保护,违抗该指示会使得免职变得合情合理。为了确保政府雇员和政府承包商的忠诚、安全和可靠,在政府内部和与政府承包商之间制定非歧视计划,以及许多类似的目的,行政令一直被用于构建政府层面的各项制度,以此对敏感信息予以控制。

当行政令适用于政府承包商及其雇员偶尔被质疑时,⑬其在政府内部的接受必定反映出早已存在的一种观点:对分权的各种限制,正如在与其他部门以及普通民众之间的关系上,这些行政令适用于政府,而不具体规定有用的内部安排。⑭ 有关政府合同的案件和其他政府资源的配置被认为具有居间性质(intermediate)。⑮ 在控制这些资源配置的过程和基于自愿的关系中,政府的决定对个人产生影响。

在形成鲜明对比的案例中,总统寻求运用行政令来促成民众或者公司在法律地位上的变动,而不是与政府之间的商业关系发生变动。在朝鲜战争期间,杜鲁门总统面对国会拒绝立法授予权力,其凭借行政令的发布为没收私人钢厂而避免罢工和随之破坏战争资源生产提供了适当的基础,因这一行为无法律授权,其遭到了最高法院严厉的指责。⑯ 对于总统试图以立法者身份实施行为,通过严词表述指责其行为不当变得引人注目。⑰ 然而,没有人会相信这种指责使得相关制度无效,包括基于行政令设立的国家忠诚度和安全许可制度,或者其他有关内部、财产和合同管理等方面的制度。总统职位的统一性要求总统拥有向整个政府作出适当指示的某些手段,这

---

⑬ Chrysler Corp. v. Brown,441 U.S. 281(1979).
⑭ 比较页边码第123页,类似的观点涉及政府问责办公室(GAO)。
⑮ United States v. Midwest Oil Co. ,236 U.S. 459(1915).
⑯ Youngstown Sheet and Tube Co. v. Sawyer,343 U.S. 579(1952).
⑰ 参见页边码第46页。

亦是行政令的功能。任何这样的行政令都必须符合有效法律和宪法的限制性要求,这种更为限制性的理解与上述观点并无冲突。

第12866号行政令存在潜在的指导性问题。如果简单地将其视为运用特定分析工具的要求,它很符合既定的传统和宪法上"书面意见"的表述。不过,这一过程由管理与预算办公室来组织完成,而总统通过它对议程的特定产出予以实质性控制:首先,"在某种程度上被法律所允许"的主张,必须适用行政令中所规定的决定性原则;其次,要求行政机关确保其分析在继续推进之前,得到信息与规制事务办公室的认可,由此提升管理与预算办公室已经相当大的政治权力。假设法律授权环保署署长对相关事务作出决定,同时,允许而非要求其运用第12866号行政令所指示的分析来作出决定。该署长运用这些分析,不是由其自己选择而是被总统所要求,这本身并不违反委派署长行使作出决定的权力,因为对特定情形的判断适用仍归属于行政机关。尽管如此,借助于分析要求可以推翻行政机关的判断适用,而信息与规制事务办公室实际上控制着特定的产出。在美国,这一主张的事实基础涉及实质性(以及可以理解为政治的)纠纷;在布什第一个任期的政府期间,副总统奎尔(Quayle)公开表示其有能力停止那些被认为是不受欢迎的规章,其通过一个由其主持的"竞争力委员会"来完成,而在公众看来商业利益容易介入该委员会。

---

⑯ 总体上的讨论,见 H. Monaghan, The Protective Power of the Presidency, 93 Colum. L. Rev. 1(1993)。

⑯ Chamber of Commerce v. Reich, 74 F. 3d 1322, rehearing and rehearing en banc denied, 83 F. 3d 439,442(D. C, Cir. 1996)。

⑰ 参见 C. Sunstein, "Cost-Benefit Analysis and the Separation of Powers", 23 Ariz. L. Rev. 1267(1981);C. Sunstein & P. Strauss, "The Role of the President and OMB in Informal Rulemaking", 38 Admin. L. Rev. 181(1986)。

⑰ P. Shane, "Political Accountability in a System of Checks and Balances: The Case of Presidential Review of Rulemaking", 48 Ark. L. Rev. 161(1995); C. DeMuth and D. Ginsburg, "White House Review of Agency Rulemaking", 99 Harv. L. Review 1075(1986); A. Morrison, "OMB Interference with Agency Rulemaking: The Wrong Way to Write a Regulation", 99 Harv. L. Rev. 1059(1986)。

⑫ Dan Quayle, "Standing Firm: Personal Reflections on being Vice President" in T. Walch, Ed., At the Presidents Side—The Vice Presidency in the Twentieth Century 169,175(1997), and P. Shane, supra, n. 171。

对这种现象感到不适实质上应归功于第 12866 号行政令所作出的承诺,即保持透明度,以及对政府以外与信息与规制事务办公室有政治联系的人在一定程度上予以明确限制。但是,通过信息与规制事务办公室进行实质性私人游说,[113]以及通过行政令来实现政治目标的情况仍然存在。[114]

(四) 白宫职员

很显然,严格意义上的总统控制不是其亲自而为;总统的影响主要是政治上的而非法律上的,[115]其通过他方的干预来实现其影响力。在罗斯福政府,最初创设了总统的执行办公室,其包括六名只为总统提供咨询的政策顾问,而且他们不履行行政职能。如今,总统的随身职员动辄数百人,并作为一个相当大的官僚机构附属于总统的执行办公室,[116]他们为总统服务,包括筛选和组织需要总统予以关注的问题,以及总统所发表的意见为其所想。[117]对参议院推迟确认其对重要政府机构首长的提名,至少部分是作为一种反应,奥巴马总统任命了很多白宫"高参"("czar",他们像在总统执行办公室的大多数人那样,不需要经过参议院认可)代表其协调行政机关的行为。[118]

---

[113] 例如,D. Farber and A. O'Connell,"Article:The Lost World of Administrative Law",92 *Tex. L. Rev.* 1137(2014);W. Wagner,"A Place for Agency Expertise:Reconciling Agency Expertise with Presidential Power",115 *Colum. L. Rev.* 2019(2015)。

[114] 参见页边码第 335 页。

[115] 这起始于总统的职位,作为具有象征意义的国家元首和主要政党的党魁,其能够对各种奖励和惩罚的资源作出命令,并与其计划联系在一起。在不直接下令的地方,总统也具有强大的影响力,从高层行政职位的预算案提交和授权到法律服务、工作场所大小以及设备,政府的核心行政机构负责所有行政机关所需的物资。最后,总统(和基于行政令的效力)对公众关切以及在于国会进行斗争的过程中是一个强有力的联盟。

[116] 网址:https://www.whitehouse.gov/administration/eop。在 2016 财年,白宫的预算案见网址:https://www.whitehouse.gov/sites/default/files/docs/eop_fiscal_yea_2016_congressional_justifica-tion_0.pdf,其披露总需求略低于 7 亿美元,其中,0.55 亿美元用于支持 450 名"白宫幕僚",并与各种特别办公室(如管理与预算办公室)相区别,这些幕僚一起组成了总统的执行办公室(EOP)。

[117] 参见 J. Burke,*The Institutional Presidency* (1992)。

[118] A. Saiger,"Obama's 'Czars' for Domestic Policy and the Law of the White House Staff",79 *Fordham L. Rev.* 2577(2011)。

由国会向各行政机关赋予正式的法律职权，这确有必要，[⑰]而现实主义者则认为许多以总统名义的所作所为从来就没有经过总统的办公桌。总统在行政事务上拥有作出指示的权力，作出的指示很有可能反映了相对年轻官员的理解和意愿，而不是总统自己，这发出了警示性信号。[⑱] 当然，这也会被那些作出声明的人所理解，其结果导致复杂的深层次的政治实践。

白宫行政机构是相对流动的，其围绕政治问题被组织起来，而更多地对所关注的行政问题作出声明。副总统的职员、[⑲]经济顾问委员会，[⑳]以及白宫法律顾问有时也涉足规制问题。[㉑] 在这种背景下，过去数十年最为显著的发展变化是委派给副总统的监督职责不断增长。[㉒] 例如，尽管行政令没有明确指派副总统的职责，里根总统仍然指望布什副总统通过其日常协助来处理与行政令相关的问题。当国会拒绝确认布什（George H. W. Bush）总统对信息与规制事务办公室主任的提名，他创设了一个由奎尔副总统主持的有关竞争力的白宫委员会，负责确保联邦规制不会过度损害国内工业。该委员会"改变了或者曾试图改变各种以联邦规则为基础的规制，包括商业航空噪音、财产贷款的银行责任、残疾人的住房福利、在家工作的制衣工权

[⑰] C. Coglianese, "Presidential Control of Administrative Agencies: A Debate over Law or Politics?", 12 *U. Pa. J. Const. L.* 637, 638-41(2010).

[⑱] L. Bressman and M. Vandenbergh, "Inside the Administrative State: A Critical Look at the Practice of Presidential Control", 105 *Mich. L. Rev.* 47(2006).

[⑲] 参见注释⑦。

[⑳] 经济顾问委员会对国家经济进行分析，就经济政策向总统提供建议，并评估联邦政府的经济计划。它也筹备每年总统向国会所提交的经济报告，该报告广泛运用于实证参考。该委员会由三名成员组成，其中一个由总统委派作为主席（通常是受人尊敬的经济学家）。见网址：https://www.whitehouse.gov/administration/eop/cea，目前该网站提供该机构的描述、出版物、委员会成员简历的链接，以及讨论目前研究的博客。

[㉑] 白宫法律顾问是总统的个人律师和助手。其办公室很小，不要和检察总长的办公室混为一谈。检察总长作为司法部部长，也向总统提供法律建议，其负责管理整个联邦政府中民事和刑事法律事务。上千名律师包括各美国联邦司法辖区的律师，被司法部、联邦调查局、移民归化局、监狱管理局以及其他若干重要办公室所雇佣。

[㉒] 副总统的办公室并不符合常规，其兼有行政和**立法**职能，其在任者唯独不直接受总统的控制，总统不能免除其职务，而其政治抱负可能与总统产生紧张关系（特别是该总统不再有资格竞选连任），并对选民的责任相比总统而言更为疏远一些。因此，副总统的制度化角色被认为通过不**寻常的方式对统一行政构成威胁**。

利、养老金的披露要求、垃圾填埋地地下水的保护、宗教机构提供儿童照顾设施的报告要求，以及房地产转让的费用"。[185] 克林顿总统的第 12866 号行政令首次正式向副总统授权，即戈尔(Al Gore)副总统可以积极推动改造政府的国家计划。[186] 然而，由于副总统切尼(Cheney)的影响力不大，布什总统在其第二个任期，从第 12866 号行政令中取消了所有提及副总统的规定。[187] 奥巴马总统恢复了克林顿总统行政令中提及副总统的规定，但是，副总统所扮演的角色在白宫内部予以保密。鉴于政府的复杂性和副总统准备承担行政责任的确切愿望，这样的角色有望持续存在。

管理与预算办公室：多年以来，管理与预算办公室作为总统的左膀右臂，以最多的白宫职员承担总统的行政管理职能。[188] 与国会的政府问责办公室相比，该办公室在很多方面有类似之处，其职员少于 500 名，规模要小一些。[189] 这两个办公室都创设于 1921 年的同一部法律，该法首次规定由总统提出统一的国家预算，而在以前是每一个行政机关或者部门向国会提出各自的请求。作为管理与预算办公室的前身，预算管理局(Bureau of the Budget)负责协调拟定预算，而政府问责办公室负责审计，以确保预算的限制规定被切实得到执行。预算管理局最早设在财政部，1939 年被移至白宫。鉴于职能和规模的扩大，预算管理局在 1970 年代被重组为管理与预算办公室。目前，该办公室（包括信息与规制事务办公室）构成了一个庞大的职业官僚机构，其日常运作由办公室负责人以及少数服务于总统的其他政治任命者来领导。

管理与预算办公室协调年度预算议程的职责随之产生了对行政机关

---

[185] Bob Woodward & David S. Broder. Quayle's Quest；Curb Rules, Leave "No Fingerprints" The Washington Post(Jan. 9,1992)；available through Westlaw as 1992 WLNR 5331431.

[186] 其文档保存在"网络墓地"(cyber cemetery)，网址：http://govinfo.library.unt.edu/npr/default.htm。

[187] Jo Becker & Barton Gellman, Leaving No Tracks, The Washington Post(June 27,2007), available at http://voices.washingtonpost.com/cheney/chapters/leaving no tracks/(accessed 6/9/15).

[188] www.whitehouse.gov/omb,2016 财年的预算请求，注释 176，阐述其机构规模为 487 名全职员工，略大于"白宫幕僚"。

[189] 参见上文页边码第 122 页。

行为的广泛监督,该办公室审查人员(占全体职员的最大部分)要对被委派的行政机关工作相当熟悉,借此要求行政机关对可能产生预算结果的决定作出解释。尽管有可能去求助于总统(或者非正式地向有关国会人员),但该办公室每年可以为行政机关配置将来工作上想要的各种资源,这就赋予其掌控行政进程的实际权力。管理与预算办公室也负责根据法律和总统指示监督各种政府管理职能,并服务于一些协调职能,如调解行政机关之间的争议、监督各项研究或者其他涉及多个行政机关工作的探索,以及协调总统的立法计划等。[130] 在 2016 财年的预算提议中,管理与预算办公室指出国会依据前年颁布的五部法律向其委派了很多新的职责。[131]

管理与预算办公室由三组办公室组成,即有关联邦预算生成和监管的办公室、有关预算管理和协调的办公室(所谓"法定办公室")和有关内部职能的办公室。[132] 在我们看来,管理与预算办公室最为重要的职能由信息与规制事务办公室(属于第二梯队的法定办公室)来完成。信息与规制事务办公室负责监督第 12866 号行政令的议程,包括经济效果分析和规制议程。[133] 此外,在文书改革和减负立法下,[134]该办公室协调由行政机关向公众发布的信息,它也负责监督对政府信息政策的协调,包括《电子信息自由法》的执行。[135] 很明显,该办公室对于总统而言是国内行政管理的重要核心力量,即

---

[130] 参见上文页边码第 142—143 页。

[131] 2016 财年国会预算理由书,管理与预算办公室,见网址:https://www.whitehouse.gov/sites/default/files/omb/assets/organization/fy2016_omb_budget.pdf。

[132] 联邦预算由五个资源管理办公室(Resource Management Office)和预算审查处来进行规划,而每个资源管理办公室都分配有特定机构和计划领域。见网址:https://www.whitehouse.gov/omb/organization_mission/;https://www.whitehouse.gov/sites/default/files/omb/assets/about_omb/omb_org_chart_0.pdf。

[133] 参见上文页边码第 144 页。见网址:http://www.reginfo.gov,通过该网站可以了解信息与规制事务办公室目前的情况;https://www.whitehouse.gov/omb/oira/leadership,而该网站有关于该办公室本身的一些信息。

[134] 参见下文页边码第 364 页。

[135] 参见下文页边码第 392 页。

使其工作并不为律师和大众所广泛知晓。[136]

其他执行办公室：除了管理与预算办公室以外，总统的执行办公室还包括其他几个重要的办公室，其中每个办公室都协助总统进行监督和控制行政部门，如经济顾问委员会下设的环境质量委员会、国内政策委员会、国家安全委员会、科技政策委员会和美国贸易代表办公室等。[137]

三、联邦法官[138]

联邦《宪法》第三条规定"美国的司法权应当属于最高法院以及由国会随时下令设立的下级法院"。任何"第三条规定"的法官须由总统任命，并经参议院同意，享有终身任期（期间行为良好），其薪酬免受报复性的减损。司法权范围的界定比较准确，本章节的目的在于让人充分了解，根据联邦法律司法权所涉及的"案件"，其包括涉及国家行政的诉讼，或者将联邦宪法适用于州或地方行政的诉讼。[139] 对于由州或者地方法律所产生的案件，如果双方当事人居住在不同的州，则归属联邦法院管辖，即所谓"异籍管辖权"，这一规定旨在保护外州的当事人在审判中免于地方主义者的偏见（regionalist bias）。当联邦法官在异籍案件中作出判决时，美国联邦主义的原则要求法

---

[136] 在里根政府之前总统办公室职能的一份报告中，管理与预算办公室成为重点，见 H. Heclo, *A Government of Strangers* (Brookings 1977)；另见 L. Berman, *The Office of Management and Budget and the Presidency, 1921-1979* (Princeton University 1979); F. Mosher, *A Tale of Two Agencies* (LSU 1984)。

[137] 总统执行办公室的机构清单及其网页链接见：https://www.whitehouse.gov/administration/eop。

[138] 有关联邦法院的一般信息可以从美国法院行政办公室维护的网站上找到，其服务于统计和其他信息的交流。其主页为：http://www.uscourts.gov/，一个有用的文本见：http://www.uscourts.gov/UFC99.pdf。

[139] 什么构成一个"案件"，这是美国宪法上的一个有趣问题。简言之，必须存在一个当事人之间的真实争议，这些当事人有着真实和对立的利益，而法院凭借其职位给予最终而有效的救济。某个制造商的行为直接受到其认为不合法的法律或者规章的威胁，其所作宣示判断的诉讼构成一个"案件"，因为法院将会考虑通过宣布法律或者规章的有效与否，法院可以针对其执行给予有效的救济。而某人相信另一个可能存在的未来计划将是违法的，由此提起的诉讼则缺乏真实性的要件。参见起诉资格的讨论，见下文页边码第 429 页。

官根据相关州法来解决法律问题。[200]

在联邦法官和行政机关之间的关系上,最为重要的宪法架构问题是法院承担什么样的必要职能,即何种问题必须由《宪法》第三条规定的法官来裁判,而不是由行政官员或者任期不受保护的其他人员来处理。这一问题至少包括三个方面:

第一个方面是,对于某些事务的司法裁判是否需要考虑正式的分权,换言之,这些事务具有内在的"司法性",因而须由法官作出判断,而不仅仅是司法监督。这个问题类似于第二章所讨论的委任立法权问题。[201] 正如所讨论的那样,宪法对刑法之外的行政裁决留有极大的余地。[202] 对此作出解释存在理论上的困难,使得最高法院大法官作出了引人注目的结论,即"无论幸运与否,这个问题在宪法历史上不再仅仅依靠宪法文本来解决"。[203] 然而,不管这些困难如何,结果是简单的。在极为有限的诉讼类型和当事人一方为政府的问题上,法院坚持保留其司法权,而非作出行政裁决,例如,主张某些宪法自由所依赖的若干类别的事实问题。[204] 对其余部分的行政裁决,因受制于司法审查而被允许存在。

第二方面和第三方面密切相关,在委任行政机关对直接影响公民权利的事务作出最初决定的问题上,司法审查的法律规定是有效委任的必要条件吗?在剥夺公民"生命、自由或者财产"的决定上,某种形式的司法审查是正当法律程序的必然要求吗?

对于这些问题,行政行为的司法审查是否或者在多大程度上是对法院的宪法要求,仍然模糊不清。在某些案件中,他们似乎不能容忍任何的

---

[200] Erie R. R. Co. v. Tompkins, 304 U. S. 64(1938).

[201] 见上文页边码第54页及以下诸页。

[202] 在此,讨论限定在行政机关裁决职责的委派。最高法院对国会委派破产法院法官的司法职责的幅度显示出极大的敏感性,这些法官属于联邦法官,但缺乏《宪法》第三条规定法官的任期保护。Northern Pipeline Const. Co. v. Marathon Pipe Line Co., 458 U. S. 50(1982); Stern v. Marshall, 564 U. S. 2(2011); Wellness Int'l Network, Ltd. v. Sharif, 135 S. Ct. 1932(2015), 类似这些案件在本书中没有进行讨论。

[203] Northern Pipeline Construction Co. v. Marathon Pipe Line Co., 458 U. S. 50, 94(1982) (White, J. dissenting).

[204] 参见下文页边码第460页。

牵连;[205]在其他案件(直接影响公民资格)中,他们指出强审查(strong review)的关系是必要的。[206] 对此,存在不确定性被予以接受,因为立法者几乎没有动机去测试其边界。正如我们所看到的那样,在委任案件中的表述强烈表明对合法性进行实际审查是有效委任的必要条件。[207] 同时,立法者和公民能够认识到"在以合法性或者合法有效为目的的行政权力系统中,司法审查的可得性是心理上而非逻辑上的必要条件"。[208]

有两个例子使得概念问题变得更为清晰。某人被指控构成联邦犯罪,作为一项宪法权利其希望获得陪审团参与的司法审判。但是,对于违反有关工作场所安全的行政规章或者法律,国会将施加实质性"民事制裁"(civil penalties)的决定权交到行政机关手中,这些行政机关负责工作场所的规制,并仅受制于有点粗放的司法审查制度。[209] 对此,监禁和罚款之间的区分给出了一个正式却不完全令人满意的解释。在以上讨论的肖尔案中,[210]最高法院承认了国会可以授权联邦规制机关而非《宪法》第三条规定的联邦法院,对依据州普通法(构成整个争议一部分)的契约主张作出裁决,并受制于有限的司法审查。由此推定,国会在宪法上可以委任联邦行政机关,来处理违反联邦规章使得他人经济受损的行为。在此,其根本在于行政机关的裁决能够受到司法审查,而多元职能的行政机关不可能被看作为一种司法附属机构。联邦主义的原则阻止将州法争议委派给联邦行政机关来处理,一个案件如果没有特别情况并处于联邦行政法的框架内,司法审查的可利用性足以避免对其整个司法职能的威胁。[211]

---

[205] Thomas v. Union Carbide Agricultural Products Co.,473 U.S,568(1985);Johnson v. Robinson,415 U.S. 361(1974).

[206] Goldberg v. Kelly,397 U.S. 254(1970);Crowell v. Benson,285 U.S. 22(1932).

[207] 参见上文页边码第 50 页。

[208] L. Jaffe,*Judicial Control of Administrative Action* 320(1965).

[209] Atlas Roofing Co. v. Occupational Safety and Health Review Comm'n,430 U.S. 442(1977).

[210] 参见上文页边码第 56 页。

[211] "大家都认为国会拥有广泛的权力将裁决职能委派给法律创设的法院、行政机关和宪法创设的法院。对此却没有明确的限制,而最高法院的案件也语焉不详。"H. Bruff,"Specialized Courts in Administrative Law",43 Admin. L. Rev. 329,352-53(1991)。

最后,国会能够委任行政机关对有关政府利益的申请作出最终裁决,但是,对于国会所设程序是否符合宪法上的公平要求,法院拒绝认定国会可以将其排除在法院的最终裁决之外。[212] 有关司法审查核心功能的司法意见多种多样,其中不乏深刻的见解,[213] 亦有泛泛之论。[214] 对于必要的司法职能——国会是否应当限制司法介入威胁到法院的核心职能,[215] 通过普遍接受的学说来验证相当不明确,而实际上难以解决这一问题。

(一) 最高法院[216]

最高法院由九名大法官组成合议庭(panel),对所有全体出席审理(en banc)的案件作出裁决。在我们看来,整个最高法院的职能都是上诉审理。[217] 根据《宪法》第三条的规定,"无论是法律方面还是事实方面,最高法院有上诉审理权,但须遵照国会所规定的例外与规则"。国会的修订权力产生了有趣的分权问题,其对野心勃勃的最高法院构成了有效的反制。但是,对该条最为重要的运用是将最高法院的审查功能在很大程度上变成了一种可以权宜而为的制度安排。最高法院受理的所有案件,包括所有对联邦行政行为和州或者地方行政机关违反联邦宪法要求的一般审查,首先需要提交"调卷令"(a writ of certiorari)的申请。这一请求旨在说服最高法院去审查下级法院的裁决。基于有效性,其必须说明诉诸审查的重要法律理由,例

---

[212] Johnson v. Robison, 415 U.S. 361(1974); Walters v. National Association of Radiation Survivors, 473 U.S. 305(1985).

[213] Goldberg v. Kelly, 397 U.S. 254(1970).

[214] Thomas v. Union Carbide Agricultural Products Co., 473 U.S. 568(1985).

[215] H. Hart, "The Power of Congress to Limit the Jurisdiction of Federal Courts: An Exercise in Dialectic", 66 *Harv. L. Rev.* 1362(1953); G. Gunther, "Congressional Power to Curtail Federal Court Jurisdiction: An Opinionated Guide to the Ongoing Debate", 36 *Stan. L. Rev.* 895(1984); CFTC v. Schor, 478 U.S. 833(1986).

[216] http://www.supremecourt.gov/是最高法院的网站,可以找到大量待决诉讼的基本资料,包括在近期听审案件中口头辩论的音频和文本资料,每年由首席大法官撰写的联邦法院工作情况报告,该文本里有很多统计数据。https://www.law.cornell.edu/supremecourt/text/home 是最高法院法律信息学会的网页,其提供对待决问题的各种意见和简要陈述,以及其他有用信息。SCOTUS Blog(http://www.scotusblog.com)是一个法律分析和评论的有用资源。

[217] 存在极为有限的情形,即主要涉及以州为当事人或者外国的纠纷,其初审在最高法院。

如，不同地方的巡回上诉法院对于所提及的法律问题存在相互冲突的结果。[218] 仅仅有理由相信下级法院存在裁判错误是不够的。另一方当事人可以对审查不具有重要性予以理由说明，例如，下级法院只是依赖于特别的事实作出的裁判（无论正确与否），没有产生具有重要意义的问题。[219] 如果有四位大法官（比形成多数少一个）同意，寻求审查的请求将被准许。

由于受到资源的约束，最高法院实际限定每年受理约150个案件。在最近几年，最高法院事实上每年从大约1500到6000份未付费（诉讼费用免除[forma pauperis]）申请中准许大约80份申请得到听审。[220] 即使所有案件都源自付费的待决案件，也只有少于5%的申请被准许，获准申请的数量占到可能对下级法院判决提出申请的很小一部分。尤为重要的是，作出准许或者驳回调卷令的裁决无需经过口头辩论或者精心准备的摘要，驳回只是简单宣布，而没有解释。当最高法院终结诉讼时，驳回对在其他案件的裁判不产生影响，甚至不能被视为对提交到最高法院的问题作出裁决，而在另一个案件其无法确保最高法院进行全面审查。或许可以说，这是无法可依的裁量实践。

---

[218] 在后续章节会有更为详细的讨论，相互冲突的结果之所以发生，是因为巡回法院根据地理分布被组织起来，每一个巡回法院都有各自的管辖权，第二巡回法院的裁判具有法律效力，但对第九巡回法院所处理的争议没有先例的效力。

[219] 有关重要性的主题以及其他方面，最高法院的司法实践，见 S. Shapiro, K. Geller, T. Bishop, E. Hartnett & D. Himmelfarb, *Supreme Court Practice* (10th ed. 2013)。在以前的版本中，这一标题有时以"Stern and Gressman"为人熟知。即 Robert L. Stern & Eugene Gressman 所著《最高法院实务》。——译者注

[220] 最高法院的开庭期从10月的首个星期一到来年10月的首个星期一。如果没有很少出现的紧急情况，最高法院将在春季中旬完成被准许案件的辩论听审，到7月1日之前对所有听审案件作出裁决；对于尚未完成的案件，将在下一开庭期进行重新辩论。鉴于通常的时间安排，其允许在口头辩论之前提交有关争议的摘要（brief），准许调卷令申请如果发生在每年的前半段，通常要等到秋季——下一开庭期才会进入辩论。在2013—2014开庭期，有7376份申请提交到最高法院，其中5808份申请（通常是被监禁者）免除诉讼费用，1568份申请是付费的。大部分进入辩论环节的案件从前者从挑选出来，在最高法院所听审的79个案件中，付费待决案件仅占5%，尽管有人以为所有辩论案件大多来自付费待决案件。相关表格见网址：http://www.uscourts.gov/statistics/table/b-2/judicial-business/2014/09/30，其表明联邦巡回上诉法院案件的四十分之一被最高法院准许调卷令。

值得注意的是,对最高法院每年发表意见的总量予以限制有两层含义:最高法院对特定计划或者问题的控制大为削弱,充其量削弱了最高法院对下级联邦法官的控制。"在 1924 年,最高法院审查了上诉法院十分之一的案件……在 1984 年,最高法院仅仅审查了上诉判决的 0.56%……在其所辖区域内的极少数案件中,这些犯错的法院至少基于实务目的成为对联邦法律的最终解释者。"[221] 自从 1984 年,上诉法院裁判的数量大大增加,而每年诉至最高法院的裁判数量几乎被减半。从目前的统计数据来看,一个上诉法院的法官每年审理案件需要签名的约为 182 件,其中三分之一要亲自撰写意见,如果最高法院审查所有案件的十分之一,这将使得该法官在一年内与最高法院保持若干次直接的知识联系。然而,最高法院只审查 200 件案件中的一件,则表明上诉法院法官所在合议庭每隔两年不会受到审查,该法官的意见在十年内平均只有两到三次受到最高法院的审查。[222] 在后续章节,应当谨记这种金字塔式分布的不合理。

一般而言,如果调卷令申请被准许,双方当事人将对申请人提交到最高法院的问题准备全面的摘要,[223] 然后进行口头辩论(通常整个时长为一个小时或者少一些)。在这段时期之后,而到最高法院开庭期的七月份之前,最高法院对经过辩论的案件发表或多或少的书面意见。[224] 根据美国的先例制

---

[221] T. Baker & D. McFarland, "The Need for a New National Court", 100 *Harv. L. Rev.* 1400, 1405-06 (1987).

[222] 参见 P. Strauss, "One Hundred Fifty Cases Per Year: Some Implications of the Supreme Court's Limited Resources for Judicial Review of Agency Action", 87 *Colum. L. Rev.* 1093 (1987)。在 2013 年 9 月到 2014 年 9 月期间,上诉法院(不包括联邦巡回法院)发表了 10105 份签名意见,约有三分之一会发布到联邦报告系统。即使只考虑已发表的意见,这些意见涉及更为困难的问题而更有可能吸引最高法院的注意,每个区域的 167 名授权上诉审理的法官平均听审的案件有 70 件,撰写意见的案件有 23 件,见网址:http://www.uscourts.gov/statistics/table/b-2/judicial-business/2014/09/30。

[223] 最高法院偶尔将这些申请人所提出的问题限定于被认为值得注意的子集。同样,其有时也要求对不大引人注意的(或者对于阐述其判决)问题进行辩论。后者的实践并不受学术共同体的好评,最高法院一般对此予以回避。

[224] 例如,在上诉结果很明显的案件中,下级法院的裁判需要根据随后的最高法院判决来予以重新考虑,申请会被准许,而诉讼被简化而无需这些步骤。

度,这一意见对所有需要解决的联邦问题具有拘束力,鉴于最高法院所处的司法等级,其对所有美国法院和机构具有拘束力。

在此,作为具有普通法特征的制度,先例制度的考察将会饶有趣味。美国从英国继承了法律制度的基本要素,其中,普通法的司法制度得到了广泛接受。这一制度在很多重要方面本色依旧:

(1) 涉及私人之间纠纷的大多数州法主要从以前判决的案件中衍生出来。

(2) 作为一种基本主张,法官有责任通过遵循先例(stare decisis)的准则,接受本院或者直接的上级法院以前判决作出的判断,而无论其最初是否得出这样的结论。㉕

(3) 当遇到以前没有作出判决的观点,或者完全被说服(例如,提及此观点会导致法律的发展)依据先例会作出错误判决时,法官们应认识到其有责任在现有基本法律框架内进行类推,并考虑合理的政策和判决的可能后果,对待决问题作出判决。换言之,他们必须在此问题上创造新法,这一新法将对其自身和下级法院产生先例效果。㉖

美国法院的诉讼数量之大,使得对普通法程序的传统辩护提出挑战在文献评论中不大引人注意。联邦上诉法院审理有关"权利"诉求的案件数量和以裁量为基础由最高法院审理的案件数量是不对等的,这种情况也存在于有中级法院(intermediate court)的州司法系统。这种趋势强调最高级别的法院所承担的立法角色,并将之从次要职能转换为首要职能。由此,纽约上诉法院曾经在一个重要案件中作出评论,"对于在两个近期已经判决的案件中得到部分解决的问题,为了更进一步达成完整的解决方案,我们准许了

㉕ 参见第二章,注释㉘和㉟。

㉖ 大法官霍姆斯(Holmes)曾提及法官的普通法功能,并试图表明其有限性,其写道:"我毫不犹豫地承认在进行立法,而且必须如此,但是,他们仅仅在于填补漏洞。他们被限制进行跨界行为(from molar to molecular motions)。一个普通法法官不能说,我认为所考虑的学说是过去的胡言乱语,不应当在我的法院予以执行。一个行使海事方面有限管辖权的法官不会说,我充分考虑到普通法规则的主次,并将其全部引介至此。"Southern Pacific Co. v. Jensen,244 U. S. 205,221(1917)(Holmes,J.,dissenting)。

上诉请求"。[227] 在司法行为的继承模式中,法官断案是因为他们对提起诉讼的当事人负有责任,他们被要求以不同的方式作出判决。同时,如果他们不能依据既定的原则断案,就必须确保所创设的新原则与既存原则之间的连贯性,使之符合司法的要求,并建立在特定案件的事实基础之上。遵循先例的要素在于某个案件将来被遵从的效力受限于法院作出判决前的事实材料,以及法院有义务作出认定的情形。这些事实不仅构成了主导判决的情形,而且为案件的辩论设定了背景。法院的意见可能讨论其他问题,这种"法官的附带意见"(dictum)没有先例的拘束力。唯有"裁决"(holding),[228] 以及法院对特定情形作出的说理具有先例的拘束力。[229]

然而,当一个人从 8000 个申请中挑出 80 个案件时,他就不再会说最高法院(或者至少最大州的最高法院)这个最强有力先例的发源地,其判决是无意之中作出的,在某种意义上诉讼当事人选择所要起诉的案件,而判决只是审判义务的副产品;也不会说判决主要受当事人诉求的驱使。各级法院像最高法院一样选择案件,他们在这样一种判断的基础上进行听审,即基于国家法律制度的角度,何种法律问题是最为重要的。尽管无意和偶发是对普通法力量的智识辩解,如今"造法"不仅是有意而为,而且是最高法院的核心职能。不难理解,这常常会鼓励大法官在案件的特定事实之外发表宽泛的意见,而下级法院也知晓最高法院的等级地位和作用,并不将这些意见看作是"纯粹的格言"。这种不寻常的情况变化并没有甚嚣尘上,这无疑要归功于特别是在保守的圈子里常被表述的意见,即法官不应成为立法者。[230]

众所周知,这些案件的品质也影响着最高法院大法官的选择及其书面

---

[227] Goldberg v. Kollsman Instrument Corp. ,12 N. Y. 2d 432(1963).

[228] 在其他普通法国家,将其称为判决理由(ratio decidendi)。

[229] 有关普通法实务问题的介绍,见 K. Greenawalt,*Statutory and Common Law Interpretation*(2013);E. Levi. *An Introduction to Legal Reasoning*(1949,republished 2013)。

[230] 关于这个问题有趣的历史,见 E. Purcell,*Brandeis and the Progressive Constitution:Erie, the Judicial Power,and the Politics of the Federal Courts in Twentieth-Century America*(2000), 另见 E. Hartnett,"Questioning Certiorari:Some Reflections Seventy-Five Years After the Judges' Bill",100 *Colum. L. Rev.* 1643(2000)。

意见,特别是在反对意见中。在近十年来,最高法院法官造法的认识及其某些意见的争议性产生了高度政治化的大法官任命过程,包括在参议院中负责初查的司法委员会所举行的电视直播听证会。正在此时,早在总统选举年之前最高法院就空余了一个职位,但共和党控制的参议院拒绝考虑由在任民主党总统作出的补缺提名,这凸显了附属于这些职位的政治重要性。(下级法院的法官任命争议较少一些,但认识到大多数上诉法院判决具有最终有效性,使得这条道路也是变得困难重重,一些学术著作指出由共和党任命的三位法官组成的合议庭,其判决比由民主党任命法官组成合议庭的判决要更为保守,这也许在其促进作用。[21])尽管极力确保有五名大法官投票形成"最高法院的意见",[22]但协同意见和反对意见也时常发生,甚至在重要的争议问题上会出现很少见的五比四投票。最高法院的内部过程秩序井然,有会议讲话次序的礼仪要求,明确多数意见和其他事务的责任分配。同时,大法官作出报告,似乎超越了政治意见分歧而享受着私人关系的温情。虽然如此,特别是持反对意见的大法官,他们的某些意见对其同事很不客气和蔑视。这些大法官显然也意识到了其本职工作以及相关公共意见(一些对其观点予以争辩的著作和意见)的重要性。[23]

普通法系中一个特别让大陆法系律师感到惊奇的要素是,如果任何事情变得更为明显一些,它也适用于对法律的解释。在缺乏准据的法律文本时,普通法的司法判决被认为有效地创设了法律。"对于法国人来说……普及英美法系'案件'产生'法律'的假设,将会陷入两个愚钝的假设。首先,假设正因为法官进行重要的规范控制,这种控制必须具备立法资格……而没

---

[21] C. Sunstein and T. Miles, "Depoliticizing Administrative Law", 58 *Duke L. J.* 2193 (2009),该作者的统计分析认为两个共和党和一个民主党法官组成的合议庭与两个民主党和一个共和党法官组成的合议庭并没有这样的差异,这也许凸显了持不同政见者之间交流的中和效果。

[22] 多数意见是可能的,但是最高法院只作出一个判决,就没有下级法院可以依赖的统一说理。在这样的案件中,下级法院倾向是发表最为有限的意见,其并不确保会得到多数支持,同时,阐述其必须遵守的原则。

[23] 例如,在近年来的著作有,A. Scalia and B. Garner, *Reading Law: The Interpretation of Legal Texts* (2012); S. Breyer, *The Court and the World: American Law and the New Global Realities* (2015)和 *Making Our Democracy Work: A Judge's View* (2011)。

有认识到很少有法律体系赞成法官将其工作成果视为法律,大多数都不会这样,而更愿意将这种特别地位保留该立法机关……造法的司法判决……产生潜在的负面影响,例如,对法官的赞颂和随之产生的趋势会损害通过立法、行政、基层和其他过程的主流控制……因此,惹尼(Geny)解释道:'这很重要值得注意,司法判理并不构成独立的法律渊源,充其量它构成独特的惯例'。它只是一种'权力'、'推进装置'或者'惯例的创始人'。"[24]不过,一旦最高法院解释了法律文本,各级法院在将来有义务接受其解释。如前所述,[25]这是一个对宪法事项予以非正式修订的机制。在缺乏宪法修正案而其达成寥寥无几且困难重重的情况下,一旦最高法院宣布对宪法文本进行解释,就只有最高法院自身能够改变宪法了。针对普通法律,最高法院(但并不总是遵从这种观点)指出,最高法院将不会重新审查国会的法定解释,因为国会如果愿意的话,能够修订最高法院的解释。值得注意的是,这种表面上谦逊的态度实际上意在对解释的确定,相比司法行为的普通法或者民法模式,其得到了进一步的强化。在某种程度上,最高法院确定了相当模糊的法律文本的含义,由此其无可争议地制造了法律。

(二) 巡回上诉法院[26]

除了某些受理限定范围内争议的特别法院,将在以下第(四)部分予以讨论,最高法院以下的联邦法院管辖权根据地理分布,而非案件事项来组织安排。换言之,这些法院具有一般(联邦)管辖权,通过《宪法》第三条规定的司法权对所辖地域产生的所有纠纷进行审理。依此特定的、反向的管辖规定,即意味着所有涉及联邦行政法的争议要么由联邦政府所在地华盛顿特区的联邦法院来审理,要么由寻求救济者所在地或者争议发生地的联邦法院来审理。基于此,全国被划分为12个各自独立的"巡回"区域。在巡回区

---

[24] Mitchel de S. O. L'E. Lasser, *Judicial Deliberations* 172-73(2004).
[25] 参见上文页边码第18—19页。
[26] 该网站可以链接到美国每个上诉法院的主页,包括联邦巡回法院,见网址:http://www.uscourts.gov/links.html。

内,创设有两个层级的法院,包括初审法院(trial court),亦称为美国地区法院,其拥有某州部分和全部的管辖权;还有中级上诉法院(intermediate appellate court),亦称为美国巡回上诉法院。

十二个巡回区在规模上各有不同,[22]在地域范围上也是千差万别,[23]但总体而言,这些上诉法院的管辖权及其实践是类似的。目前,全国有167名巡回法官(加之续任的资深法官),他们通常轮流组成三人合议庭来审理上诉,往返于巡回区内各商业和法律中心听取辩论。巡回上诉法院审理的所有上诉均来自本巡回区的美国地区法院,同时,任何上诉案件可以直接对联邦行政机关提起。审理的案件从行政机关处直接向上诉法院提起,也有源于地区法院,它们之间的案件分配在后续章节会进一步讨论。[23] 在此,上诉法院直接审理的案件往往是根据特定法律,对较大联邦行政机关所提起的正式诉讼。

与最高法院相比较,无论直接从联邦行政机关还是从地区法院上诉至巡回法院,都会带来当事人权利的问题。由此,巡回法院不会碰到普通法上的问题,即被认为源自法院对审理何种案件的选择。[24] 各巡回法院对所有案件都要求书面的摘要。作为待决案件的控制措施,它们确认重要的观点,而所提出的问题足以确保口头辩论,同时,仅仅在摘要的基础上作出判断。与此类似的是,无论口头辩论是否进行,法院将在大多数案件中要么放弃某种意见的撰写,要么指示其意见不公布。尽管法院已经对案件作出裁判,但直到最近还不能说在同一巡回区发生的同类案件,其判决具有指向将来的

---

   [22] 第一巡回区包括新英格兰地区所在的缅因州、新罕布什尔州、马萨诸塞州、罗德岛以及波多黎各,有6名巡回法官;第九巡回区包括夏威夷州、阿拉斯加州、加利福尼亚州、俄勒冈州、华盛顿州、爱达荷州、蒙大拿州、内华达州和亚利桑那州,有29名巡回法官。

   [23] 哥伦比亚特区巡回区只有70平方英里和大约65万首都居民,第九巡回区包括全国土地面积最大和第三大的州,其人口最多,其中有两个州与相互毗邻各州(有时被称为低纬度48州"the lower 48")相距甚远,即夏威夷州和阿拉斯加州。

   [23] 参见下文页边码第411页。

   [24] 参见上文页边码第163页。

先例效果。[241] 例如,在 2014 年截至 9 月份,34114 份依法终结的上诉中仅有少于 20% 的上诉被给予口头辩论的机会,几乎 88% 的意见归档在这些案件中而未予公布。从统计数据来看,尽管未经口头辩论或者意见公布的判决在上诉法院实务中变得显著,但是,在涉及个人不能支付法院费用或者雇佣律师的诉讼中,这是不成比例的。同时,审查行政行为的重大诉讼也并非如此。

由于上诉法院法官组成的合议庭人数较少,同一巡回区某个合议庭以前曾对某个法律问题作出结论,有可能发生另一个合议庭希望对此作出不同的结论。这会导致从该巡回区召集人数较多的法官组成大合议庭,对受不同意见影响的问题全体出席审理并作出裁判。全体出席审理也会发生在这样的案件中,即一方当事人相信某个重要的问题被合议庭错判。类似于最高法院的调卷令,全体出席审理是裁量性的,其要求巡回上诉法院多数在职法官的同意。对于较大而地域延伸的巡回区,很明显会出现较多的行政困难,即使较少案件被要求全体出席审理,[242]但是,在巡回区内对法律的统一理解上,其他的实现方式并没有什么不同。

巡回法院管辖的地理特性意味着它们判决的先例效果限定于在特定巡回区的那些州。对于负责管理全国规制事务的联邦行政机关而言,这意味着对法律不同的理解适用于不同的地区,例如,一个解释适用于爱荷华州,而另一个适用于佛罗里达州、加利福尼亚州或者纽约州。在某个方面,这可

---

[241] 这种限制的合宪性问题随之产生。比较 Anastasoff v. United States, 223 F. 3d 898, vacated as moot 235 F. 3d 1054(8th Cir. 2000) 和 Hart v. Massanari, 266 F. 3d 1155(9th Cir. 2001), 同时, Fed. R. App. P. 32.1 该法在 2006 年被修订,以防止巡回法院限制或者禁止对卷宗中未发布意见的引用。解释性的评注指出:"引用未发布的意见是不受鼓励的,对此法院不得对当事人进行指导,也不得禁止当事人在阐述了同一问题的意见已公布时引用未公布意见。"但是,解释性评注也指出:"法院作出的某个未公布意见或者另一法院的未公布意见,其法律效果规则没有予以规定。"这仅仅适用于在 2007 年 1 月 1 日之后发布的意见。

[242] 例如,在有 29 名法官的第九巡回区,由 11 名法官组成一个全体出席审理的合议庭。(参见"Court Structure and Procedures, (C)(1)"网址:http://cdn.ca9.uscourts.gov/datastore/uploads/rules/rules.htm 上有在职法官的人数,以及"CIRCUIT RULE 22-4. APPEALS FROM AUTHORIZED SECOND OR SUCCESSIVE 2254 PETITIONS OR 2255 MOTIONS, (d)En Banc Review",在同样的链接上有组成全体出席审理的合议庭时最小法官人数。

以被视为一种机会,即如果国内税务局(Internal Revenue Service)局长不接受对第二巡回上诉法院对税法的解释,他通常不会期望获得最高法院对此问题的审查(由于缺乏任何实际冲突)。但是,第二巡回上诉法院的认定不会阻止该局长继续采用其偏好的解释,这些解释可能发生在其他巡回区的案件中,并获得广泛支持。当然,在另一方面,对同一法律在不同地区予以不同的理解会破坏国家行政管理的统一性;同时,某些合法性的理解使得行政长官继续依职权采用一种解释,该解释被某个法院判定为非法,而他却不诉诸更高层级的法院进行审查,这同样具有破坏性。因此,美国行政正义的真正问题来自于对最高法院的权能(capacity)予以严格限制,从而使得这些冲突发生后(或者某行政长官在其首次收到负面判决后拒绝默认,其继续适用构成威胁)得不到受理和解决。㉓

在行政法的特定案件中,两种考虑有助于控制巡回区内产生不同意见的问题。首先,对特定联邦行政机关作出的决定,一般由华盛顿特区巡回上诉法院进行审查,国会有时将这种专有管辖权授予美国上诉法院。但是,在普通案件中法院并未依此而为,由此在华盛顿特区的法院对几乎所有这样的决定享有可能的管辖权,其对行政问题的特别经验常常导致律师选择向其提起诉讼。低于0.5%的全国人口的居住在这里,所有联邦行政法案件大部分,特别是那些可能具有全国影响的诉讼都在此提起。反过来,其他巡回法院对特区巡回法院的意见给予特别的权重,尽管在形式意义上它们可以自由采用自己的判断,但特区巡回法院更为频繁地处理这些问题。㉔

第二个考虑先于对任何细节问题的考虑,㉕其体现在一个最高法院的

㉓ 在社会福利行政背景下,这一问题有简要讨论,而且更加令人困扰。见下文页边码第231页。

㉔ 在华盛顿特区巡回法院与最高法院的关系中,其专业性有其他的影响。由于最高法院的司法审查是受到很大的限制,华盛顿特区巡回法院有时能够通过其形成先例的过程建立一个实质性的法律构造,直到数年以后才发现最高法院有不同的观点。A. Scalia, "Vermont Yankee: The APA, the D. C. Circuit, and the Supreme Court", 1978 *Sup. Ct. Rev.* 345; Perez v. Mortgage Bankers Assoc., 135 S. Ct. 1199(2015),在最高法院意见中清晰表述的颠覆性观点可能削弱华盛顿特区巡回法院在其他上诉法院中的影响。

㉕ 详细讨论见下文页边码第493页。

判决中。在雪佛龙案中,[26]最高法院明确区分了在可能范围内法律含义的评估与在特定情形下的实际含义,将上诉法院的职责从确定准确的含义转换到限定行政机关经法律授权的行为空间。换言之,巡回上诉法院被指示其可以自行决定在法律文本中合理发现的可能含义,由此在其界定的行为空间内,这些法院必须符合对行政机关作出裁判(受制于合理审查)的基本职责。即使两个巡回法院在界定行政机关行为空间上有所不同,这里将有可能变成相互重合的重要领域。行政机关在重合的空间内实施行政行为将能够按照其所想定的结果来执行国家的统一政策,其原因在于不会发生巡回区内的法律冲突,一般也不会受到最高法院的司法审查。[27]

(三) 地区法院

美国被划分成94个司法区,每个州有一到四个司法区,每个司法区有一定数量的联邦地区法官。在2014年,全国有超过650名经授权产生的地区法官,受理了29万件民事案件和7.1万件刑事案件,很明显司法负担较重。几乎很少由单个法官来主审所有的地区法院诉讼。尽管在许多地区法院的审判中平民陪审团被用于事实的认定,但它们不用于行政诉讼,由此法官差不多都是自行审理。地区法官依据案件负担的某些因素获得破产法官和治安官(magistrates)协助,他们不是《宪法》第三条规定受终身任期保护的法官,其处理破产案件和某些诸如信息自由法的日常事务,但是,他们作出的判决类似于特别专业人士作出的判断,必须得到地区法官的确认。

地区法院对行政事务的管辖产生于两种方式:一项法律对管辖作出特别规定,如根据联邦信息自由法作出的行政决定,其司法管辖属于地区法院;或者法律没有特别规定法院的管辖,诉讼当事人以"联邦问题"为由促成地区法院的一般管辖。作为初审法院的产物,地区法院的判决在所审理案件之外很少具有先例效果。有关获得司法救济的更多细节,以及审查过程的方式分别在第七章和第八章予以阐述。

---

[26] Chevron, U. S. A., Inc., v. Natural Resources Defense Council, Inc., 467 U. S. 837(1984).

[27] 参见 P. Strauss,"One Hundred Fifty Cases Per Year: Some Implications of the Supreme Courts Limited Resources for Judicial Review of Agency Action", 87 *Colum. L. Rev.* 1093(1987)。

(四)专门法院

对于成组的专家问题及其审理法庭(tribunal),美国的司法管辖是根据国家和案件事项,而非地理边界来组织安排。美国联邦巡回上诉法院是这些法庭和问题的上诉法院,其 12 名法官的司法位阶与上诉法院的法官相一致。这些专门法院包括索赔法院(Claims Court,向美国政府要求损害赔偿,其主要为合同纠纷)、税务法院、专利法院和国际贸易法院。其中某些法院,例如税务法院对特定行政机关的行政决定提供专家审查;其他法院对于案件的初审亦有专家背景(如索赔法院关注于政府行为的适当性)。在此,或许特别值得注意的是在最高法院之下通过联邦巡回法院的司法审查来实现国家的统一性,即使某些问题由一般地区法院来管辖。例如,专利问题产生于地区法院诉讼,在诉讼过程中根据美国反垄断法,该判决认定专利权无效,而当事人支持向联邦巡回法院上诉,而不是普通的上诉法院。由此,当事人的专利权由相对专业的法庭来确保(联邦巡回法院法官及其行政雇员,包括受到专利法训练的律师都积极参与其中),作出有效或者不属于发明的判决将具有全国范围的法律效果。

第二节 行政的政治领导

在总统职位之外,美国政府中的单位(unit)有着多种多样的形式,而每一种形式都是法律规定的产物。对于想要理解美国行政法的人来说,有五种形式最为重要:内阁部门、部门下设的局或者署、行政部门下设的独立行政机关、独立规制委员会和联邦公司或者其他被授予公共权力的法定组织。以下章节将阐述其特征以及存在的相互关系。和其他联邦组织一样,联邦公司和其他混合组织是法律的创造物,而非宪法、总统要求或者私人创设。其他四个政府机构具有相当多的共同点:[24]机构领导层由总统任命者构成,

---

㉔ 国会偶尔赋予总统临时的权力通过新的或者修订的政府令来重组既存的政府职能。

其整体上的规模很小,尽管在大多数建立公务职位的国家中,其政治层通常相对于整体而言规模较大;除了有限的例外,它们的内部管理由同一套法律来支配(例如,公务法);这些政府机构都反映了相同的内部组织原则,一般都具有等级性质,除此之外还有涉及专业办公室的律师、经济学家或规划人员、财政专家、专职秘书以及行政法官等专门规定。

除了公私混合组织以外,对我们来说最为重要的是,美国行政机关所采取的公共程序并不因政府组织的不同形式而有太大的变化。由于存在特定计划的作用,行政机关之间的程序会有一些变化。将在第五章讨论的《联邦行政程序法》以及政府广泛适用而很少关注机构形式问题的其他法律,统一规定了一般适用的行政程序和由此在政府架构与行为上的预期。在无差别的一般模式下,仍存在有限的变化,例如,《阳光下的政府法》(Government in the Sunshine Act)[29]要求行政机关领导层在日程公告之后公开举行会议,该法仅适用于多成员的委员会;《文书工作削减法》(Paperwork Reduction Act)规定行政机关向信息与规制事务办公室提交记录以及其他信息要求,该办公室在其公之于众前予以处理,[30]并对独立委员会设定了有点不同于执法机构的行政程序。如前所述,[31]行政令对于重要的规则制定设定了规制效果分析的要求,对此目前仅仅适用于执法机构(事实上,这些机构负责最为重要的经济规则制定)。

一、内阁部门

内阁部门是在总统职位之外最早存在和最为重要的行政部门。宪法的早期草案规定了若干部门履行特定的职责,包括外交、军事、国内商业和海事等。它们由总统任命的部长来领导,与总统一起组成领导班子或者内阁,去监管政府的行为。当制宪者选择强调总统职位的统一性和职责时,这些规定被取消了,并在确定联邦政府的具体架构上留给以后的国会实质性的

---

[29] 参见下文页边码第 394 页。
[30] 参见下文页边码第 364 页。
[31] 参见上文页边码第 144 页。

弹性空间。㊲ 然而,在宪法规定中仍然保留设立这些部门的期望,这些规定包括必要和适当条款、作出任命的规定以及总统接受来自机关首长的"书面意见"的规定。

首届国会迅速设立的国务院、财政部、战争部、海军部以及检察总长办公室,它们由杰出人选来领导,事实上这些人很快被总统认定为"内阁",一起参与重要事务的商讨。㊳ 这些部门的中枢办公室很小,它们对雇员仅仅予以有限的控制,这些雇员在情况交流的工作时间上通常维持在数周或者数月。尤其是这些部门并不按照单一的模式来设立,即使在美国历史的早期阶段亦是如此。例如,财政部负责预算问题和对国会有特定利益的其他事物,与其他部门相比,其与国会的关系更为密切,并更加独立于总统。㊴

现在有 15 个部门,包括农业部、商务部、国防部、教育部、能源部、卫生和公众服务部、国土安全部、住房与城市发展部、内政部、司法部、劳工部、国务院、交通部、财政部和退伍军人事务部。㊵ 每个部门都是具有相当规模的行政机关,各部门部长经参议院批准由总统任命,并服务于总统的政治意愿。㊶ 其他政治任命者一般包括负责总体行政工作的次长或副部长、总法律顾问、负责行政管理或者监督特定计划的助理部长。鉴于每个部门的规模和范围,即使助理部长也仅需一个步骤就可以被免除对特定立法规划的直接责任。

以下通过一个例证对这些归纳概括予以具体说明。在 2014 财年,农业部有大约 10 万雇员和大约 1570 亿美元的预算,㊷ 包括 1420 亿用于计划支持的外部开支。该部的组织结构图显示有 12 个大的行政办公室和 18 个计

㊲ 参见上文页边码第 32 页。

㊳ 有关美国行政法早期历史的出色论述,见 J. Mashaw, *Creating the Administrative Constitution : The Lost One Hundred Years of American Administrative Law* (Yale 2012)。

㊴ 除了在前面注释中引用的 Mashaw 的著作以外,见 L. Lessig & C. Sunstein, "The Presidency and the Administration", 94 *Colum. L. Rev.* 1(1994); L. White, *The Federalists : A Study in Administrative History* (Macmillan 1948)。

㊵ 每个部门的链接,见网址:http://www.whitehouse.gov/government/cabinet.html。

㊶ 或者在司法部,由检察总长来领导。

㊷ http://www.usda.gov。

划办公室、服务或者行政,并分别由 7 位副部长来负责。[258] 例如,市场和规制计划局的副部长负责农业的市场服务(有 9 个不同的办公室和计划,范围涵盖从棉花到交通和市场),[259] 动植物检疫局(有 9 个办公室和计划,范围涵盖从生物技术规制服务到野生动物服务)[260] 粮食检疫、包装与储存管理局(两个计划)[261],其各自负责处理具有高度多样性的事务和规制挑战。其他助理部长亦具有类似的多重职责。各部部长及其助理在其部门内能够对一般政策予以指导和具体化,而在各部下设机构内对计划的具体理解和实际执行有时会引发某些政治任命者的免职。

以上强调了规制主题,需要注意到对于所有部门而言,最大部分的部门职责在于管理有关开支或者其他不常考虑"规制"的计划。由此,农业部较大比例的预算花费在对农民的转移支付;同样,交通部和住房和城市发展部管理各种支持设施的计划,如公路建设或者住房计划,这些计划很少出现在司法乃至行政背景下。[262] 无论是否妥当,国防部依据军品采购合同花费数十亿,并为军事合同一般程序所管理,这些都在"行政法"的关注之外。国务院和国防部所具有的职责难以通过传统的行政法术语来进行构造。但是,在这些部门中特定的局或者办公室,其职责仍会引发行政法上的关注。

二、各部门的管理局

与各部门的职能一样,美国政府的办公室、内务行政和国家局倾向于按照标准的等级划分来组织安排,其中行政架构和日常工作有着重要作用。美国政治科学专家考夫曼(Herbert Kaufman)在其《联邦各管理局局长的

---

[258] http://www.usda.gov/agencies/agchart.htm.
[259] http://www.ams.usda.gov.
[260] http://www.aphis.usda.gov.
[261] http://www.usda.gov/gipsa/.
[262] 但是,界定行政决定司法审查范围的核心案件——Citizens to Preserve Overton Park v. Volpe,401 U. S. 402(1971),页边码第 320、462 和 503 页会有拓展讨论,其产生于这样的背景,即交通部长(通过联邦高速公路管理局 Federal Highway Administration)作出决定,对田纳西州某条重要的高速公路建设予以补贴,即使该公路穿越有价值的城市绿地。

行政行为》一书中,[263]分析了六个这样的下属单位负责人的职能,每一个都负责一个或者多个政府计划的执行。所研究的六个单位包括动植物检疫局、林务局(这两个归属于农业部)、食品和药品管理局和社会保障局(这两个都是卫生和公众服务部的下属单位,而社会保障局现在是独立的行政机关)、海关总署和国内税务局(这两个是属于财政部)。它们代表了整体情况,其他同样切实履行规制职能的机构包括劳工部下设的职业安全和健康管理局、交通部下设的联邦航空管理局。即便受上级的领导,这些组织通常是非政治的,作为技术性行政机关,如联邦航空管理局,其工作很少受制于政治变动,而若存在于政治部门中则会与此相反:

> 要成为一个令人满意的国家局局长,他们要乐于完成小目标任务和争取某些……导致将来获得更大利益的机会。这些局长为了完成其目标……肯定会进行计算和协商,但是,他们会在条件允许的情况下步步为营,而非一蹴而就。[264]

一般而言,由法律来创设这些机构,即使将其设置在政治部门,也会规定特别的措施来确保其不受政治的影响。例如,国内税务局对有关个人纳税者的调查选择所作出的决定与政治指示相隔离;尽管联邦能源规制委员会属于能源部的一部分,但在形式上属于独立规制委员会,其与部长保持较为正式的关系。不过,有人或许会得出这样的结论,即近几年来所看到的机构发展趋向更大而非更小,通过高阶管理人员制度的设立,政治渗透到这些部门的下属单位。[265]

---

[263] Herbert Kaufman, *The Administrative Behavior of Federal Bureau Chiefs*, Brookings Institute, 1981.

[264] 同上,第174页,此书对国家局职能的研究,倾向于确认其行政特征,在考夫曼的早期著作中亦可找到。Herbert Kaufman, *The Forest Ranger* (Resources for the Future 1960),以及 J. Mashaw, *Bureaucratic Justice* (Yale 1983),在该书中有其关于社会保障局的研究。

[265] 参见页边码第183页,另见 D. Barron, "From Takeover to Merger, Reforming Administrative Law in an Era of Agency Politicization", 76 *Geo. Wash. L. Rev.* 1095(2008)。

三、独立行政机关

国会偶尔创设一个办公室,其职责层次与部门下设的管理局或者国家局相同,但将其置于部门架构之外,其具有独立性,在某种意义上部长不得对其下令。尽管如此,其由单个服务于总统意愿的管理者所领导,由此明显会受到总统职权的影响。这种安排最为出名的例子是成立于1970年的环保署,在2016财年的年度计划中,该署有大约15000名雇员,以及86亿美元的预算。[26] 这些资源用于污染控制标准的设置和执行,和支持建设设施以缓解已发生的污染。在政治控制行政的争辩中,环保署变成了焦点,这是因为在某种意义上(不管其有若干计划)环保署目标单一,其职能看起来易于受到技术官僚而非政治管理的影响,独立的法律地位使其努力以相当高的可视度来控制作出的决定,这些决定常常对美国工业和民众的生活品质有着重大的影响。[27] 事实上,以上讨论的经济分析报告制度的运行实质上是对环保署工作及其影响经济的认识的一种回应。[28]

环保署的组织构造在本质上与各部门是类似的,一些行政官员,例如其总法律顾问,负责为整个行政机关提供服务;其他官员对特定计划负有业务责任,这些计划包括清洁空气法、水污染和噪音污染等。其最高层级的行政官员为服务于总统意愿的政治任命者,但实际上所有行政机关职员包括许多具有重大决策职责的官员,都是固定的政府雇员。在传统意义上,环保署和各部门之间的区别也许在于其规模单一,但在某种意义上,其工作特点更具规制的统一性。由此可见,国会通过避免更多传统意义上的部门架构,促

---

[26] http://www.epa.gov,各种预算文件,包括附有表格的年度计划,见网址:http://www.epa.gov/ocfopage/budget/budget.htm。

[27] 例如,参见 W. Wagner,"A Place for Agency Expertise: Reconciling Agency Expertise with Presidential Power",115 *Colum. L. Rev.* 2019(2015)。这本篇幅不长的书阐述了环保署的微妙地位,明确支持技术官僚而非政治来予以控制,见 B. Ackerman and W. Hassler, *Clean Coal/Dirty Air* (Yale 1981);对华盛顿特区巡回法院审理的 Sierra Club v. Costle 案中的规则制定,亦有讨论,注释100。

[28] 参见上文页边码第144页。

使行政机关工作达到一定水平的可视度,这将会在某种程度上减少对其的政治影响。[269] 同时,作为执法部门的行政机关,环保署明显受制于各种形成预算的总统控制,如以上讨论的分析和法纪。而内阁地位带来了环境控制的政治声望正在讨论之中。

1994 年创设社会保障局作为一个独立机构处于卫生和公众服务部之外,而以前是归属于该部的,这很明显受到了意欲抑制政治介入的影响。该局局长管理着数千亿美元的预算和分散在 1300 个不同领域办公室的职员,其任期为六年比总统的任期还要长,"只有总统认定其失职或者有不法行为"才能被免职。[270] 其他高级别官员的任期也为六年,但没有免职保护。在签署法案中,克林顿总统注意到通过这一限制,司法部"提出了一个重要的宪法问题",即总统在一个任期内几乎没有任命一个局长的机会,但是,这尚未经过检测,在行政交替的变化过程中,各局局长履职平顺而并无波澜(without incident)。在这种情况下,美国行政会议负责人亦有固定任期,为五年。[271] 美国检察官的任期为四年,其通常始于总统宣誓上任后不久。[272] "基于正当事由"的保护不是这些任命的要件。

---

[269] 有关早年间环保署和白宫之间相争的阐述,见 J. Quarles, *Cleaning Up America: An Insider's View of the Environment Protection Agency*(Houghton Mifflin 1976)。后来在里根政府期间,国会和白宫在环保署的行政管理上产生激烈争论,这导致环保署长戈萨奇(Anne Gorsuch)辞职,其继任者茹科尔绍斯(William Ruckleshaus)深知对环保的承诺,在提名确认的过程中其强调在与白宫打交道时会保持实务上的独立性。然而,在布什总统的第二任期和奥巴马总统时期,事情变得明朗,包括对其决定予以政治控制的事实,以及署长通过文件处理保护行政机关相关非政治职员作出判断的能力:"因为行政机关根据《国家环境空气质量标准》作出的分析稳固有效,持不同意见的总统不能假装说'科学使我这样做',其不能表明在科学上存在不妥,相反总统的决定承认更为严格的质量标准只会带来太高的成本。由此产生的政策决定被披露大部分,因为科学的考虑是全面的,并被予以详细记录。"S. Shapiro et. al. ,"The Enlightenment of Administrative Law:Looking Inside the Agency for Legitimacy",47 *Wake Forest L. Rev.* 463,501(2012)。

[270] 42 U. S. C. § 902.

[271] 这个小机构通常根据其研究提出各种建议,简要讨论见下文页边码第 402—403 页。

[272] 在布什(George W. Bush)总统期间,司法部于中期解除了七名美国检察官的职务。不是因为严格依据法律他们有违法行为,政治力量促使这些免职的陈词引起了国会的注意,而最终导致了检察总长冈萨雷斯(Alberto Gonzales)的辞职。

四、独立规制委员会

独立规制委员会在以上章节经常被提及,为国会所采用的一种组织形式,即创设完全负责法律管理的政府机构,并与总统控制保持一定的距离。这些机构(经常简称为"独立机构")的职责总是涉及大量的规制,尽管规制并非其全部职责之所在。[23] 很明显其与那些仅负责规制的政府组织大不相同。有时会发现有关美国行政法的欧洲文献认为,独立规制委员会是美国规制组织的主要形式,它们是最重要的规则制定者,并完全独立于总统的监管等。但是,事实并非如此。环保署、职业安全和健康管理局(在劳工部)以及交通部下设的公路交通安全管理局和联邦航空管理局是主要的国家规制者和规则制定者,其对美国经济的影响远远超过了其他独立委员会。同时,在第二章讨论的公众公司会计监督委员会(PCAOB)案中,[24] 最高法院明确指出独立委员会必须被认为是执法部门的组成部分,并受到一定程度的总统监督。所有的行为均适用《联邦行政程序法》,不因其形式而有所差别。

马肖(Jerry Mashaw)教授指出第一个这样的委员会是国家在1852年设立的稽查员监督委员会(Board of Supervising Inspectors),其旨在防止穿梭于各州的汽船因锅炉爆炸而带来的死亡、人身损害和财产损失,而半自动的操作很快减少了这些事故的发生。[25] 根据惯例,美国行政法的评论一般将1887年设立的州际贸易委员会认定为第一个独立委员会,该委员会规制铁路费率,其多成员的独立地位直到若干年后国会设定其费率规制责任才予以确立。随后半个世纪相继设立了一些其他的独立委员会,尤其是联邦储备委员会(负责银行监管和货币供应)和联邦贸易委员会(负责贸易实务和推广)。在罗斯福新政期间,国会屡次设立这样的委员会。如今这些独立委员会的工作领域基本上从其组织名称就可看出,包括新政时期设立的

---

[23] 例如,核规制委员会奖励和监督合同的履行,以调查核电站运作的安全问题。

[24] 参见上文页边码第38页。

[25] Mashaw, *Creating the Administrative Constitution*: *The Lost One Hundred Years of American Administrative Law* (Yale 2012), Ch. 11.

证券交易委员会、国家劳工关系委员会和联邦通信委员会,以及随后设立的消费者产品安全委员会、商品期货交易委员会、联邦能源规制委员会(在能源部)、职业安全和健康审查委员会(与劳工部有密切联系)、联邦选举委员会、平等雇佣机会委员会和核规制委员会。

这些委员会在形式上由一个合议组织来领导,其委员经参议院批准由总统来任命,并有五到七年的固定任期,其中每年只有一个委员任期届满。总统通常必须在作出任命中遵守两党合作的某些限制,在其任期届满前仅在有"正当事由"的情况下才可解除委员的职务。委员会主席在委员会内享有特别的行政权力,其由总统任命,通常在职权范围内仅服务于总统的意愿。由此,该机构的行政首长在某种程度上按照一般模式向总统负责,其他官员由委员会或者主席来任命。该委员会与白宫之间存在非正式的协商,但总统在某种程度上并不控制附属的政治职位,而在某个部门或者类似环保署的独立行政机关中则情况相反。

这些都是委员会的基本特征,重要的是需要认识到这些特征不是一成不变的,严格总统监督的实际独立性通过各种方式来得以确保。[26] 国会遗漏了对这些委员基于正当事由予以免职的条款,考虑到迈尔斯案所提出的合宪性问题,最高法院在迈尔斯诉美国案和汉弗莱执行官诉美国案的判决中对此作出了确认,本章前面有简要讨论。[27] 但是,这种保护的事实在于稳固的既定惯例假定其合法有效,而最高法院的重要意见在本质上依靠假设来予以说理。[28] 一个独立规制委员会和任何其他形式的政府机构从根本上是难以区分的,包括其等级架构、职责的内部分配以及完成工作所遵循的程序。

通常看来,决定采用独立规制委员会的组织形式反映了在重大公共问

---

[26] A. Vermeule,"Conventions of Agency Independence",113 *Colum. L. Rev.* 1163(2013);R. Barkow,"Insulating Agencies: Avoiding Capture Through Institutional Design",89 *Tex. L. Rev.* 15(2010)。

[27] 参见上文页边码第137—138页。

[28] Free Enterprise Inst.,Inc. v. Public Company Accounting Oversight Board,561 U.S. 477(2010)[PCAOB],相关讨论见上文页边码第38页。

题上对专家判断(与政治判断相区分)的信任。然而,在国会作出的职责安排上并没有明确应予遵循的模式。例如,独立的联邦贸易委员会和司法部一起负责反垄断政策的事务;独立的联邦储备委员会和财政部的货币监理局(Controller of the Currency)对银行监管负有重要责任(与一些其他行政机关一起);卫生和公众服务部下设的食品和药品管理局、环保署和独立的核规制委员会共同负责对高技术工业可能发生的危害行为予以评估和控制。这一描述表明独立性的要素存在于内阁部门下设负责实际运作的各国家局。与此类似,尽管独立规制委员会的领导受到法律保护,如总统没有正式的事由不得免除委员的职务,但是,现实中大量存在对重大政策问题的总统指示。令人惊奇的是,如果勤奋的政府官员不想要这样的指示,至少有规定要求其与作出决定的最终责任相一致。在以前讨论的公众公司会计监督委员会(PCAOB)案中,㉖最高法院稳固地(适当地)确立了这样的观点,即这些委员会是执法部门的组成部分,由总统监督其行为,即使有点受到免职条款的限制,但亦为宪法之必要。因此,在政治领导上的确切差异不应当掩盖大量存在的共同点,特别是这些所存在的差异很少涉及行政法的关注点。

第三节　公务职位与高阶文官职位

　　关注政府行为的个人责任的相关讨论,到目前为止仍然以 270 万公务员中的数百名官员为中心,这些官员包括经参议院建议和同意由总统任命的官员,以及大量由各部门首长亲自任命的官员。与欧洲国家相比较,这些官员的规模相对较小,其表明所有联邦行政机关的专业职员,乃至国家局负责人的层次,都具有专业化的特征,而非政治特征。对于近 1400 名所谓"C明细表"(Schedule C)上的雇员,存在有限的例外规定,他们雇佣的期限和

㉖　见上文页边码第 39 页。

条件由公务法来调整，并相应地由有点复杂的行政安排来予以管理。类似于环保署作为执法部门的独立机构，人力资源管理办公室负责人事政策的制订和执行，[20]即确立补偿标准、授权行政机关使用具有吸引力的高阶职位并以此留住人才、管理遴选公务员的竞争性考查以及其他政府范围内诸如利益冲突规制的控制措施。功绩制保护委员会（Merit Systems Protection Board）是由三名委员组成的独立规制委员会，[21]其对受纪律处分的公务员提起的申诉以及其他涉及公务法的规制问题作出裁决。

受制于公务法的政府雇员通过竞争性程序获得工作岗位。一旦成功通过实习期，他们就变成常职雇员，仅因正当事由或者人员精简才能被免职。即使是重新安排到另一个职位，该雇员（如果不满意重新安排）仍要根据正式的程序来完成。基于以上讨论的正当程序分析的目的，[22]政府雇员保有其工作的利益被认为是一项"权利"，由此至少在形式上，政府为了实现此目的必须配置相应的程序，这些程序不仅仅是法律规定的问题，而应受制于宪法上的限制性规定。[23]（最高法院确已作出认定，如果政党隶属关系或者政治信任对于争议职责的有效履行而言不是一项合适的要求，第一修正案对言论自由的保护使得某些不在公务法范围内的政府员工免于政治性免职。[24]）某些具有一般特征的职位，其中引人注意的是某些律师职位，都被分配到 C 明细表上，由此遗漏在这些程序之外。与此同时，所有职位受制于详细规定的规章，包括分级任命和升职实务，以及其他旨在防止对行政工作进行政治操控的事项。[25] 首先，这些措施源自于这样的认识，即政治操控往往服务于腐败或者至少带有较多的个人目的；其次，这些措施产生于政治斗

---

[20] http://www.opm.gov/.
[21] http://www.mspb.gov/.
[22] 参见上文页边码第 84 页。
[23] Arnett v. Kennedy, 416 U. S. 134(1974); Cleveland Board of Education v. Loudermill, 470 U. S. 532(1985).
[24] 参见 Elrod v. Burns, 427 U. S. 347(1976); Branti v. Finkel, 445 U. S. 507(1980); Jimenez Fuentes v. Gaztambide, 803 F. 2d 1(1st Cir. 1986).
[25] 参见下文页边码第 198 页，以司法部副检察长办公室律师为背景的有趣讨论，另见 T. Merrill, "High Level, 'Tenured' Lawyers", 61 *Law & Contemp. Prob.* 83(1998).

争之中，包括国会主导的政党系统、地方政治机器，以及在复杂和综合的国家经济利益上寻求更为稳定和核心指示的改革者。[286]

一、公务职位与分权

一些学者将公务职位的事实存在看作是分权分析的新要素，并作为一种力量在行政机关内对政治领导提供限制性的反压力，这类似于国会或者法院对总统予以较大范围的限制。[287] 正如环保署前任副总法律顾问佩德森（William Pedersen）所指出，一旦看到司法审查在防止行政决定过程陷入政治扭曲上的效果，加强对规则的司法审查"给予这些关注行政决定是否记录完备和说理充分的人，一个和那些对此不大关注的人相处的杠杆。"[288]一个稳固的公务职位的服务期远远长于任何特定的总统任期，其贡献的不仅是专业技能，而且还有某些具有稳定作用的推动力。在总统权力对实现分权制衡构成威胁的年代，公务员能够通过向媒体或者监管委员会予以策略性"泄露"来协助公众或者国会，[289]以此形成制衡。

但是，不能指望政治领导对于公务员是中立的，他们有能力推动自己的议程，并会采取各种反制措施。在1980年代，里根政府首次在司法部创设

---

[286] 有关公务员系统以及规制国家产生的历史，见 S. Skowronek, *Building a New American State: The Expansion of National Administrative Capacities, 1877-1920* (Cambridge University Press 1982)。

[287] N. Katyal, "Internal Separation of Powers: Checking Today's Most Dangerous Branch", 115 *Yale L. H.* 2314(2006); J. Michaels, "An Enduring, Evolving Separation of Powers", 115 *Colum L. Rev.* 515(2015)。

[288] W. Pederson, "Formal Records and Informal Rulemaking", 85 *Yale L. J.* 38, 60(1975)。

[289] 面对一个新总统及其政治任命者意图实施计划时，政治学家喜欢将此描述为"铁三角"，即固定的行政职员、固定的国会委员会职员（行政机关职员受到激励去发展和培育与委员会的长期关系）以及私人工业或者利益集团的行政主管，这些行政主管长期处理受行政机关管辖的事务。H. Merry, *Five Branch Government: The Full Measure of Constitutional Checks and Balances* (University of Illinois Press 1980), 另见 H. Heclo, *A Government of Strangers, Executive Politics in Washington* (Brookings Institute 1977), 这部著作的分析在促进变化上具有影响力。有关持续存在的泄露现象，见 D. Pozen, "The Leaky Leviathan: Why the Government Condemns and Condones Unlawful Disclosures of Information", 127 *Harv. L. Rev.* 512(2013)。

"政治"代表负责政府最高层的法律建议和诉讼参与。[290] 通过行政令,[291]其创设了一项制度要求行政机关职员每年在向行政机关提交新的重大规则制定倡议之前,寻求获得行政机关政治领导层的批准,该制度现在被规制计划所涵盖。[292] 在1978年,国会对公务职位进行细分,将最高层重新界定为"高阶管理职位"(Senior Executive Service),这些成员能够获得额外津贴的奖励、重新安排职位和以其他方式给予与其规划职责直接相关的激励。[293] 无论是否有意作为一种手段来协助新任政府夺占各层级的公务职位,这些公务职位大多负责政府机构中的政策指示,其效果是赋予行政部门政治领导层相当大(即使不完全)的权力,这种权力牵涉到大约6000名官员的职位,他们履行重要的政策制定和执行的职能。[294] 这些变化无论是否重新带来公务法上的滥用,很明显在政治控制和受保护的公务职位上,两者的目标处于不可避免的紧张关系之中。

二、行政裁决者和群组辩论

美国的行政裁决者不是正式意义上在司法机关工作的法官,而是行政部门的雇员。在联邦层面,他们基本上在行政机关对争议作出决定;各州一般通过由行政裁决者组成的合议庭对争议作出最初裁决,但是,联邦政府却不是如此。起初,美国法院普遍容忍这种由行政机关自己对行政事务予以裁决的制度安排。[295] 总体而言,无论在内阁部门、像环保署一样的独立行政机关,还是在独立规制委员会,行政机关的裁决架构都是相同的。对于公务员以"法官"身份提供裁决服务,其避免政治干预是尤为重要的。这种裁决

---

[290] D. Barron,"From Takeover to Merger,Reforming Administrative Law in an Era of Agency Politicization",76 *Geo. Wash. L. Rev.* 1095(2008),此文对行政机关高层不断增长的政治化作出概述。

[291] E. O. 12,498,50 Fed. Reg. 1036(Jan. 4,1985);C. DeMuth,"Memorandum to the Cabinet Council on Economic Affairs",3 Inside the Administration,No. 3,7(Feb. 10,1984).

[292] 上文页边码第144页。

[293] http://www.opm.gov/ses.

[294] D. Barron,上文引述的著作,注释[290]。

[295] 上文页边码第54页。

的实现要求对各种问题像司法诉讼一样作出决定,其中一种方式是"基于记录",即要求所有当事人的意见交流必须基于记录,不得单方面接触。由此,禁止行政机关内部和来自外部的意见交流,这一问题将在第五章有关裁决程序中予以讨论。第二个进路在于对裁决者作出制度安排,使得他们或多或少地与其他机构和行为保持隔离,包括行政机关的人事部门和行政官员对政策偏离进行纪律处分的可能性。行政法官(administrative judges)无论是负责初步听证,还是负责审查其他行政人员作出的决定,其必定会在单独的内部组织中工作,而行政职员被要求将其作为一个法院来对待。但是,许多像这样的联邦官员,如负责对移民事务作出决定和复查的官员,他们缺乏受保护的公职任期,同时,这种裁决职责的制度安排一直被法院所接受。㉘

《联邦行政程序法》要求"基于记录"作出裁决,由此给予裁决者相当大的制度性保护。接着,由"行政法法官"(administrative law judges, ALJs)进行初步听证,这些公务员骨干被予以完好的制度隔离,并按照高阶管理职位的标准支付薪金,但是,尽管他们通常在特定的行政机关内工作,实际上却不受该行政机关所控制。㉙ 在1940年代,这些职位被创设以应对联邦行

㉘ Marcello v. Bonds, 349 U. S. 302(1955); Kalaris v. Donovan, 697 F. 2d 376(D. C. Cir. 1983), cert, denied 462 U. S. 1119(1983)。一项1994年的研究认为这些"行政法官"的数量类似于以下将会讨论的"行政法法官"。事实上,他们基本上对其作出判断的独立性充满信心。C. Koch, "Administrative Presiding Officials Today", 46 *Admin. L. Rev.* 271(1994)。

㉙ 在社会保障局内有关裁决数量和较大偏差的控制措施上,对行政法法官的保护造成了严重的不和,乃至诉讼。其中,裁决的偏差超过了在各部门内数百名行政法法官中普遍预期的否决和准许比率,见 Ass'n Admin. Law Judges v. Colvin, 777 F3d 402(7th Cir. 2015); Nash v. Bowen, 869 F. 2d 675(2d Cir. 1989); P. Strauss, T. Rakoff, C. Farina, and G. Metzger, *Gellhorn & Byse's Administrative Law*, *Cases and Comments* 317-20(11th ed. 2011). Damian Paletta, "Disability-Claim Judge Has Trouble Saying 'No': Near-Perfect Approval Record; Social-Security Program Strained", *The Wall Street Journal*, May 19,2011,其报告社会保障局的行政法法官作出裁决的频率每年在数十个到1300个之间,准许许可率在4%到99%之间,平均每年为60%的准许率和大约600个裁决。(Table 2. F8, "Workload of SSA's Administrative Law Judges", http://www.socialsecurity.gov/poIicy/docs/statcomps/supplement/2014/2f8-2fll.html)。社会保障局的数据库网址为:http://www.ssa.gov/ap-peals/publicusefiles.html,该网站允许查看1548名行政法法官的变动,他们每年受理的案件超过联邦地区法院两倍。最近,功绩制保护委员会拒绝了一个行政机关对某行政法法官的停职要求,因为该行政法法官拒不遵守社会保障局的工作指南。SSA v Larry J. Butler, No. CB-7521-14-0014-T-l(Sept. 16,2015)。

政机关中普遍存在的复杂经济规制问题,现在大约 1800 名行政法法官的 85％在社会保障局任职,对该局管理的社会福利救济提出个人主张作出裁决。[28] 对于社会保障局而言,行政法法官的任命以竞争为基础,从公务职位管理部门所提供的少数精英名单中选拔产生。大多数其他行政机关需要更少的行政法法官,并拒绝受到在最初任命名册中退伍军人优待规则的影响,其往往从曾在社会保障局或者别处任职的行政法法官中进行选拔。一旦作出任命,其任期固定(没有实习期)。在行政机关的架构内,行政法法官全部服务于单独设在秘书处内的办公室,其管理目的在于保持对该行政机关其他部门所作政策指导的独立性。在每一个行政机关通常都有一个负责行政事务的首席行政法法官。这些法官的薪金、职位安排和纪律措施都不受行政机关的控制,但是,(如果相反的话)必须受制于功绩制保护委员会的正式程序。对于正式听证程序的结果,行政法法官和行政职员之间的任何交流都必须基于记录,换言之,即不存在私下的交流。

读者在本章节最有可能碰到的行政法法官服务于主要的联邦规制机关,其高度专业化且数量相对较少。在较小的行政机关,行政机关首长或者委员会本身可以直接审查行政法法官的意见。但是,一般都会对承担此职能的司法官员或者审查委员会作出规定,同时,行政机关首长只有在存在裁量的情况下才会予以直接介入,这类似于最高法院的调卷令实务。如果行政机关的首长在费率制订或者初步许可之外的问题上审查行政法法官的裁决,并希望有助于理解裁决及其复杂记录的某些方面,他必须正式地寻求这种协助。[29]

在行政机关之外创设一个行政法法院(administrative law courts)系统

---

[28] 在 1947 年,联邦政府中 196 名听证官员(hearing officers)有 125 名(64％)在独立规制委员会工作,对规制事务作出裁决。

[29] 行政法法官作出司法审查报告的独特角色表明了限制向职员咨询的重要理由,参见下文页边码第 467 页。《联邦行政程序法》5 U.S.C. 554(d)(C),557(b)(1)允许行政机关首长在费率制订和初步许可的案件进行咨询,其根据在于这些问题基本上涉及非对抗性和复杂性的本质特征,这些问题经常产生于特定案件之外与行政职员的日常交流之中。实际上,关注于特定案件的咨询很少发生,参见下文页边码第 281 页。

来处理相关争议,这似乎并不遥远,这样的提案经常被提起。根据工作场所安全法所产生的争议,在政治上属于很敏感的问题,国会决定创设独立规制委员会,包括职业安全和健康审查委员会和联邦矿业安全和健康审查委员会,这些委员会设置在劳工部下设机构中负责相关法律的执行,对违反这些法律的行为作出的决定予以听证。[300] 有些州通过听证审查员(hearing examiner)组成的中枢委员会来处理所有行政争议。在联邦层面,一般仍然坚持采取这种非统一的措施,其制度基础在于行政法法官在不同的行政机关会面临不同的任务,并相信目前的法律制度在一定程度上保护了这些机构的独立性,而这样的统一化不会给独立性带来太大的改善。居于中枢的行政机关在规制问题上不可能维持各个行政机关所要求的专业知识,而事实上,其工作趋于被群体性诉求所淹没。此外,将听证设置在行政机关之外会让人担心,该机构趋向拒绝行政机关在政策上的职责和对政策的控制,即使(通常被予以承认)审查裁决的行政法法官服务于中枢行政机关内的合议庭。

第四节 混合机构

行政法学者在传统上关注于常规的政府机构及其行为。作为反对构建"大政府"的一种行为表现,预算紧缩希望避免限制政府的日常活动,或者争取私人力量的帮助来促进机构的建立,这使得公私界线变得模糊,而最近几年其发展步伐似乎不断加大。[301] 这种现象很少引起法院的注意。到目前为

---

[300] 这些不寻常的组织可能被认为更具司法性,而对工人的妥善规划安排着力较少,其存在是国会承诺执行工作场所安全措施未予全部落实的表现之一。在相互对立的案件中,最高法院一旦作出认定,职业安全和健康审查委员会(OSHRC)则有义务遵循职业安全与健康管理局(OSHA)对其规章的解释。Martin v. OSHRC, 499 U.S. 144(1991),也有单个行政法法官服务于若干银行规制机关。

[301] 由美国行政会议在2012年出版的美国行政机关资料读本,披露了国会创设出各式各样的政府架构。

止,最为有名的最高法院判决都涉及国家铁路客运公司(National Railroad Passenger Corporation)。在1995年的勒布朗诉国家铁路客运公司案中,[302] 斯卡利亚大法官为其他八位大法官详细阐述了他的意见,其明显接受了国会运用这种混合机构的历史及其各种形式,这种混合机构起源于美国第一国家银行。但是,最高法院除了依据宪法第一修正案的目的将国家铁路客运公司认定为政府实体以外,并没有进一步表述法律上的问题或者对于国会通过公司或其他半私人形式的组织来完成公共事务,任何组织架构上的宪法要求。二十年后,最高法院认定国家铁路客运公司为政府实体,其理由在于所有权和公司架构受到各方面的控制和支配,包括美国政府政治机构、实质性公共财政支持和公共控制的要素。[303] 在组织架构上的制度选择有很多,例如,规定对影响私人铁路公司的规制问题予以可行的"具有拘束力的仲裁",或者规定由董事会来推选国家铁路客运公司的董事长,而非由总统或部门首长来决定。对于是否准许这些架构选择的问题,最高法院并没有作出裁决,而是将其发回由华盛顿特区巡回法院作出初步考量。阿利托(Alito)大法官发表了具有说服力的协同意见,其表明至少存在这样的可能性,即这些问题将会被证明其关系重大。在带有某些类似特征的更为重要的组织中,如美国邮政署和联邦储备系统中的联邦开放市场委员会,最高法院将这些问题予以悬置,而对此阿利托大法官却忧心忡忡。[304]

在此,国会选择的多样性和相关问题及其考量的复杂性阻碍了所有细节上的考量。感兴趣的读者会发现加州大学伯克利分校的奥康奈尔(Anne Josephs O'Connell)教授发表了《在界分线上的政府机构》一文,并以86页的篇幅阐述了相关问题。[305] 以下列举几个例子足以说明这些问题。

---

  [302] Lebron v. Nat'l R. R. Passenger Corp,513 U. S. 374(1995).
  [303] Department of Transportation v. Assoc,of American Railroads,135 S. Ct. 1225(2015).
  [304] 对联邦储备问题的简要讨论,参见上文页边码第135—136页以及P. Conti-Brown,*The Power and Independence of the Federal Reserve* (2016),邮政服务委员会的问题与此类似。
  [305] A. O'Connell,"Bureaucracy at the Boundary",162 *U. Pa. L. Rev.* 841(2014)。J. Michaels,"An Enduring,Evolving Separation of Powers",115 *Colum. L. Rev.* 515(2015),该文认为基于宪法视角其界定可能会有进一步的发展。

一、职业规制

在各种职业和贸易上,各州进行规制的一般特征是大量创设由实务专家组成的政府机构,对这些职业的准入和职业纪律予以控制,并经授权根据专家意见对违反规制的行为采取行动,由此构成了职业规制的"非授权实务"。很明显,这些权力会带来自利行为和产生合法性问题的可能性,这些合法性问题至少涉及某些州权的运用。总的来说,这些州的制度选择是被接受的,[306]州法院偶尔会以不合适的委托授权将其认定为非法。[307]最高法院认为在竞争性职业中这些机构对从业者予以纪律处分,受到自利行为和非授权实务规制的不当侵蚀,[308]而这种非授权实务规制(普通的政府行为不会如此)可能违反反垄断法。[309]

在证券交易委员会与私人职业组织的关系中,存在一个不同的模式,这些私人职业组织从事金融市场行业,如金融业监管局(Financial Industry Regulatory Authority),作为私人非营利组织,其由国会授权成为金融规制服务的主要提供者,负责监管证券市场运作的公平和诚信。金融业监管局制定和执行规则,这些规则管理超过 4000 家公司和 63.5 万个经纪人,每年提交数百起诈骗案件给联邦官员进行检控,并作出超过 1.5 亿美元的罚款和赔偿令。由于金融业监管局为私人性质,其不受公务规则或者薪金支付方案的限制,但其行为受到证券交易委员会的严密监控,该委员会被授权否决金融业监管局的规则和审查其决定。[310]

---

[306] Withrow v. Larkin, 421 U.S. 35(1975); Friedman v. Rogers, 440 U.S. 1(1979).
[307] Texas Boll Weevil Eradication Foundation, Inc. v. Lewellen, 952 S.W. 2d 454(lex. 1997).
[308] Gibson v. Berryhill, 411 U.S. 564(1973).
[309] North Carolina Board of Dental Examiners v. Federal Trade Commission, 135 S. Ct. 1101 (2015).
[310] 金融业监管局是否类似于公众公司会计监督委员会,被视为政府机构呢?在公众公司会计监督委员会案中,最高法院明确区分了两者,前任证券交易委员会委员对于这一问题有所分析,见 R. Karmel, "Should Securities Industry Self-Regulatory Organizations Be Considered Government Agencies?", 14 *Stan. J. L. Bus. & Fin.* 151(2008)。

如在第二章所简要讨论的，[311]公众公司会计监督委员会也与证券交易委员会关系密切，其负责对公司会计实务进行规制，包括标准设定和标准执行。类似于金融业监管局，它在形式上属于非政府组织，其高管的薪金远超公务员的薪金（由行业支付的费用来承担），和金融业监管局一样其行为受到证券交易委员会的严密控制。但是，与金融业监管局不同，公众公司会计监督委员会的领导层由证券交易委员会来任命，法律规定了他们的固定任期，同时，只有证券交易委员会根据限定的事由才能免除他们的职务。也许国会认为对于消除诸如行政机关俘获等问题上的疑虑，公众公司会计监督委员会领导层担负着较大的责任，而金融业监管局董事会有12名"公共"成员，[312]其领导层大部分来自被监管的行业，同时，职位通过自治获得存续。然而，在最高法院看来，证券交易委员会的参与层级将公众公司会计监督委员会转化为一种组织，其受到宪法上组织架构的限制，即要求易于接受总统的监督，而这种易受性（susceptibility）被两种组合保护所破坏，包括证券交易委员会委员受到的"正当事由"免职保护和公众公司会计监督委员会领导层受到的"正当事由"免职保护。[313]如前所论，最高法院基于多重目的通过将"正当事由"免职保护的规定认定为违宪，拯救了公众公司会计监督委员会，由此该委员会的领导层与证券交易委员会的普通雇员地位同等，离总统的监督仅一步之遥，并被认作美国的"下级官员"。

长期以来，银行业一直与混合组织架构有关联。全世界的政府系统始终在确保中央银行的独立性，以避免政治的影响，这些政客往往为了短期政治利益而牺牲长期经济繁荣。[314]也许美国首个混合组织是成立于1791年的美国第一银行，作为私人公司其最初由三位总统任命的委员来领导，最后变成由其股东推选董事来领导；其以国家政府银行的身份提供服务，部分股

---

[311] 上文页边码第38页。

[312] 有关金融业监管局的法律第1(tt)条规定，"公共管理者"或者"公共委员会委员"意即任何公共管理者或者公共委员会委员都不是公司的首席执行官，不是行业主管官员，除此之外不能与经纪人、经销商或者依法登记的自治组织（不同于服务于自治组织中的公共董事）有重大的商业关系。

[313] 参见上文页边码第180页。

[314] P. Conti-Brown，上文引述的著作，注释[304]。

份为政府所有,并受到财政部的切实监管。在 1816 年,美国第二银行被特许成立,并具有类似的地位。与美国第一银行一样,其在政治上备受争议,但不是因为组织架构的特点。当国会在 1913 年创设联邦储备系统时,其将"联邦储备委员会"这个完全由联邦政府管理的组织与各地区联邦储备银行进行混合,而国家银行委员推选的董事会对这些地区银行进行管理。如上所述,⑲介于中间的联邦开放市场委员会由总统任命者和银行共同体推选的储备银行主席组成,执掌国家经济的管理。近期的多德-弗兰克法案(Dodd-Frank)进一步使其运作复杂化,并创设了另外的混合机构;其他类似的机构包括国家抵押银行、联邦国家抵押协会(房利美 Fannie Mae)和联邦住房借贷抵押协会(房地美 Freddie Mac)。

二、国有公司和其他经济组织

国会时常以公司形式来设立国家组织,这些组织按照领导层的指示在国家经济运行过程中对国家利益予以支持,而领导层在较大程度上由联邦控制。直到 1971 年,像这样在内阁部门中最大的组织(在美国其雇员数量为第三大)是美国邮政署(United States Postal Service,前身为邮政部,又称美国邮政服务公司),该机构有九名经参议院批准由总统任命的董事,再由他们推选一名署长(Postmaster General),接着这十个人选出一名副署长形成十一名成员的董事会。这两位首席执行官与其他董事一样拥有同等权力,其不是由总统来任命,由此引发了有关国家铁路客运公司诉讼中所提出的同类问题。田纳西流域管理局(Tennessee Valley Authority)像房利美一样创设于新政时期,它是美国东南部主要的国有公司,其负责发电、防洪和支持经济发展。

三、附属私人规则制定者

私人职业规制者,如刚才讨论的金融业监管局,他们采用规章去管理其

---

⑲ 上文页边码第 135—136 页。

会员和在行政机关监管下执行这些规章。与国际实务一样,在美国具体的行业标准主要由非政府组织通过互动协商的过程来制定,这些非政府组织根据特定的贸易或者成批的问题被组建起来(美国机械工程师学会、国家消防协会),或者作为保护性组织负责确保其产生的统一性(美国国家标准学会、国际标准化组织)。在世界上很多地方,这些通常被视为"软法",但美国的实务常常通过参照政府规制者所履行的法定义务对其予以整合。同时,目前的联邦立法亦要求联邦行政机关在其规制制定过程中尽可能地选择这样的行业标准。这一过程在第五章第三节有进一步的讨论。

四、私有化

将政府权力委派给这些私人组织仍然备受质疑。[316] 然而,这并未阻碍将传统上由政府提供的服务外包出去,并在政府监管下予以执行。"私有化"的范围从学校和市政交通运输扩展到监狱管理。[317] 除了这些近期的文献参考以外,[318] 私有化的问题在本书不作进一步的讨论。

第五节　州和地方政府

本书主要关注于联邦行政法,对州和地方政府机制的描述超出了本书的合理范围和本人的能力所及。虽然如此,读者会发现以下的纲要性评论

---

[316] 参见上文页边码第 126 页,D. Mishra,"An Executive Power Non-Delegation Doctrine for the Private Administration of Federal Law",68 *Vand. L. Rev.* 1509(2015)。

[317] 在 2015 年 5 月,11%的联邦罪犯关押在私人监狱,这些监狱一般羁押重罪以下的罪犯。在州的层面上,其比例类似,这些监狱通过提供服务变成了营利性的公司。相关数据见网址:http://www.bop.gov/about/statistics/population_statistics.jsp。美国司法部 2001 年的报告讨论了"私有化监狱出现的问题",见网址:https://www.ncjrs.gov/pdffilesl/bja/181249.pdf。随后的报告涉及私有化监狱医疗卫生的特别问题,见网址:http://www.seanc.org/files/4913/3961/6270/Privatizing_state_prison_report.pdf。

[318] G. Metzger,"The Constitutional Duty to Supervise",124 *Yale L. J.* 1836(2015);J. Michaels,"Privatization's Progeny",101 *Geo. L. J.* 1023(2013);J. Freeman & M. Minow,eds.,*Government by Contract:Outsourcing and American Democracy*(Harvard University Press 2009)。

亦有所助益。

州政府基本上依据类似于联邦宪法的成文宪法进行组建：首席执行官（州长）总体负责监督各部门或者机构的工作，这些工作主要由职业化的公务员来完成。立法机关除了内布拉斯加州以外都是两院制，负责制定法律。由初审和上诉法院构成独立的司法系统，该系统如同联邦司法被组建成三个层级，负责处理普通的诉讼，包括对行政行为的审查。在规制背景下，诉讼起始于某个行政机关内部，由类似于行政法法官的行政管理人员来处理，这些人员可能由中枢合议庭（central panel）委派，经过行政机关的审查后，可以诉至法院。

州政府和联邦政府之间存在重要的区别。例如，在州的层级上，很多行政官员是选举产生的，州和地方法官一般经选举产生，通常有较长的任期，州的首席财政官员也是选举产生的。在许多州，公用事业委员会的成员经选举产生，负责设定能源和交通服务的费率。各州选举各自的检察总长，作为州法的首要执行者在政治和行政法上都属于实力派人物。[12] 另一个重要的区别是州宪法比联邦宪法要更为具体和易于修订，但在公共生活中显得不大重要。

大多数美国经济规制由州一层级来完成。包括法律职业在内的许多职业准入和行为，都受州行政机关的控制，许多商业规制亦是如此（医院、保险、大多数的银行、公用服务中的零售快递等）。各州一般有劳工实务、健康、安全和环保等方面的地方法律，与联邦政府管理的国家计划密切对应。各州也管理许多公共服务，其中引人注目的是福利和教育方面。同时，一般适用于公民的民事和刑事法律都由各州的法院来管理执行。

州政府的下一级包括郡县、城市、城镇和村庄，每一个都趋于类似的三种职能的组织模式，尽管这些组织的权力附属于州法，其根据成文的宪章进

---

[12] 在政府工作上政治责任的破裂受到批评，其导致政策协调被政策割据所替代。R. Pierce, S. Shapiro, and P. Verkuil, *Administrative Law and Process*, 5th ed. foundation Press, p.14, 2009。

行组织运作。各州执行联邦计划,而没有独立的政治实体。[20] 不难发现,有市长、城市管理者或者郡县执行官作为行政部门的首脑,有市参议员组成的委员会或者理事会,或者郡县的立法机关。甚至在城镇的法院,对于较小事务的初审可以上诉到州司法系统。地方行政机关管理最初的福利给付、负责公共保护(警察、消防、卫生设施和健康安全检查等)、管理土地使用和建筑控制以及某些小型企业(small business)的许可。

美国的联邦主义与其他国家在形式上有所不同,其中一个重要方面出人意料,即联邦法律的执行不大需要依靠各州,联邦政府不能节制"各地方政府"(强占各州的资源)如此行事。当然,各州经常决定(或者被说服)执行联邦法律,而联邦法律在各州政府的有效适用,事实上要求各州花费资源来确保其执行。但是,各州财政资源的主权要求对此予以阻止,甚至排除私人当事人向州法院提起这样的诉讼,即某州对当事人所聘雇员的行为违反了明显有效的联邦义务,私人当事人请求赔偿经济损失。[21]

各州被说服执行联邦法律是一个不同的问题。联邦政府和州政府在历史上是泾渭分明的,后来在新政时期实施的重要福利和规制倡议使得两者的界线有点模糊不清了。当新政时期首次制定的各州国家福利法,它们以鼓励各州参与的形式予以颁布,即如果各州满足法定条件,它们将接受实质性的联邦补贴;根据失业法,原本要支付的联邦税款可以被大幅削减。这种各州受到激励来推行联邦法律产生了监管的需要,以确保联邦法律的条件被持续满足。公众参与的共识和机会得以不断发展,有时促使了更为严格的监管。[22] 如果某州系统性违反联邦计划,其惩戒是联邦推迟所有的待付款项,但是,由于这会造成政治上和对个体的影响,因而事实上很少发生。当非正式的监管发生时,对于以州接受联邦资金作为条件的支付条款,几乎

---

[20] 某些州宪法为人口众多的中心区规定了"本土规则"或者"宪章",在某种程度上创设了一种联邦模式。在联邦和州之间的制度安排上,既不共享权力,也不确保这种安排的持续存在是否与之符合。

[21] Alden v. Maine,527 U.S. 706,713(1999),在第九章有简要讨论。

[22] 参见 National Welfare Rights Organization v. Finch,429 F.2d 725(D.C. Cir. 1970)。

找不到对此予以直接执行的证据;当国会根据法定目的向州和地方政府交付"划区财政补助"(block grants)时,例如福利支付,其目的和效果在于放弃严密的控制。

对于特定州的开支或者规制决定的联邦审查,其公共过程更有可能与联邦计划联系在一起。美国行政法上的一个基础性判例产生于对某州申请公路项目的联邦资金作出的决定,这样的请求必须符合联邦标准和获得交通部的批准。㉝ 基于教育、住房和其他有价值的目的,经其他部门的批准,还有类似附条件的补助。如果确保获得批准,各州对危险污染物途经该州的运输管理,比交通部所要求的国家标准要更为严格。各州也会在联邦核规制委员会的监管下对医用放射性材料进行规制。作为负责确保工作场所安全的联邦机构,劳工部下设的职业安全和健康管理局可以对各州职业安全和健康计划予以认证,并根据该管理局的后续教育以及联邦补助支持来展开运作。27个州和地区在不同程度上有这样被批准的州计划,㉞然而,职业安全和健康管理局监管的有效性受到质疑。㉟ 从行政法上来看,在环境规制领域中明显会发现一系列类似的安排。在保护诸如空气和水这样的公共资源上,联邦标准的执行由联邦行政机关——环保署来完成。各州被下令发展符合联邦行政机关审批要求的州执行计划。任何一州不这样做,就会面临联邦执行,而一般这意味着重要的州规制机构被联邦机构打败。㊱《平民医疗法》规定各州可以通过建立健康保险来换取提高健康成本补助,

---

㉝ Citizens(o Preserve Overton Park v. Volpe,401 U. S. 402(1971),这个案件在下文页边码第 320、462、503 页有广泛的讨论。

㉞ http://www.osha-slc.gov/fso/osp/.

㉟ P. Strauss, T. Rakoff, R. Schotland, and C. Farina, Gellhorn & Byse, *Administrative Law, Cases and Comments* 840 (9th ed. 1995). See GAO, *Status of Open Recommendations* 72 (1999) and *Workplace Safety and Health ; OSHA Can Better Respond to State-Run Programs Facing Challenges* (Chapter Report, 04/16/13, GAO-13-320), available at http://www.gao.gov/assets/660/653799.pdf.

㊱ 参见 http://www.epa.gov/ocirpage/nepps/index.htm; GAO, *Environmental Protection: Collaborative EPA-State Effort Needed to Improve New Performance Partnership System* (GAO/RCED 99-171)。

如果任何一州不作这样的交换,联邦政府将自行建立,随之而来的诉讼在本质上证明这种安排对于联邦计划的成功是必不可少的。㉗

某些人认为在这些计划中各州的政治独立性存在一定的风险,而各州也保持一定程度上的管理独立,甚至在计划设计和监督上扮演关键角色。㉘随着各州开始依靠联邦资金推行计划,以获得资助为基础的各项条件不断得以实现和维持,㉙但是,接踵而来的是日益增加的弹性和进行定制(customization)的更多机会。当州和联邦官员对于既定规制计划的执行共同承担责任时,权力和责任会被隐藏和分散。近几年来,在限制联邦对州行为予以控制上的宪法诉讼蜂拥而至,㉚法律和行政令亦在寻求强化和控制在各州资源上联邦要求的效果。㉛ 这些并非本书的核心主题,而感兴趣的读者应将行政上的联邦主义问题看作是未来美国发展的标志。㉜

第六节　执行官员

一、公共执行

一般而言,在美国所有层面的公法执行行为,一方面存调查和评估的功能划分,另一方面也存在检控或者陈情,也就是说,这些事务发生在稽查员或者警官与律师或者检控官之间。在刑法领域,其包括某些(一般较为严重)行政违法,调查和评估是警方的责任。这样的情况存在于政府的各个层面,其绝大部分在地方层级,而在联邦层级的边境巡警队、烟酒火器管理局

㉗ King v. Burwell, U.S.(2015).
㉘ G. Metzger, "Federalism Under Obama", 53 *Wm. & Mary L. Rev.* 567(2011).
㉙ 参见 A. Rosenthal, "Conditional Federal Spending and the Constitution", 39 *Stan. L. Rev.* 1103(1987).
㉚ 页边码第 20 页。
㉛ 参见页边码第 342 页。
㉜ 有关美国联邦主义进一步有用资料,见注释⑤—⑰,上文页边码第 19—21 页。

以及联邦调查局有这样的职能。向法院提起刑事公诉(或者其他诉讼)是检察官的职能,在地方层级通常被称为地方检察官或者州检察总长,而在联邦层级被称为联邦检察官,这些联邦检察官往往与特定的联邦地区法院联系在一起,并在联邦检察总长的监管下履行职能。[33]

197　　最初的行政执法一般掌握在行政官员手中,而不是只负责调查和评估的各个行政机关。在1992年,地方、州和联邦行政机关中稽查员超过17.3万人;其中,地方稽查员负责巡查餐馆或者建筑工地,而联邦稽查员负责巡查屠宰场或者核电站。在各个情形中,这些稽查员都努力增进对特定行政规制的遵守,但是,他们如何行事则是处在小幅波动模式下的政策问题。其他的制度选择有:以警察的方式对违反规章的行为进行调查,由此依据执行程序作出罚款决定和强制令;或者以更为合作的方式来进行行政执法。[34] 当然,还有其他的调查方法,如被规制的公司向审查机关提交报告以及其他信息。所有这些问题将在第五章进一步展开讨论。决定启动程序和在该程序中陈述行政机关的情况,这通常属于行政官员而非调查员的职责,在这种情况下调查员在行政机关法律主管的监督下承担律师辩护功能,其称谓包括总法律顾问、法务律师、执行法律董事等。[35]

在联邦层面,作为联邦政府的司法部长,检察总长的角色在行政机关超

---

[33]　有人可能会将联邦检察官办公室作为司法部的一个职能办公室,但在历史上一个世纪以前该办公室就已经出现了,其行为具有相当大的独立性。这些联邦检察官经参议院批准由总统来任命,在其所在领域声名显赫。司法部(华盛顿办公室)提供协调性指导,在大多数情况下其不会直接卷入诉讼,除非案件进入上诉程序。

[34]　在职业安全和健康的背景下,有两本有用的著作对这种差别进行了探讨,S. Kelman, Regulating America, Regulating Sweden: A Comparative Study of Occupational Safety and Health Policy (MIT Press 1981)和E. Bardach and R. Kagan, Going by the Book: The Problem of Regulatory Unreasonableness (Temple University Press 1982)。职业安全和健康管理局执行若干以激励为基础的计划,并承诺减轻以检查执法为基础的罚款,从而促成行政执法上的合作。见网址:https://www.osha.gov/dcsp/compliance_assistance/index_programs.html。

[35]　参见 Symposium, Government Lawyering, 61 Law & Contemp. Prob. Nos. 1 and 2 (1998),后续问题见网址:http://www.law.duke.edu/journals/lcp/。有关可能存在特定利益的论著包括 P. Strauss, The Internal Relations of Government: Cautionary Tales from Inside the Black Box, #2 at 155; D. Strauss, The Solicitor General and the Interests of the United States, #1 at 165;以及 P. Schuck, Lawyers and Policymakers in Government, #1 at 7。

越管辖权的争议上变得重要。两个行政机关之间产生法条含义上的争议，会影响到两者的工作，这一争议能够通过法律顾问办公室起草由检察总长正式签署的意见来加以解决，㊱至少在他们看来是如此。㊲当公民和行政机关之间的争议诉至联邦法院，行政机关被要求在不同程度上依靠司法部（及其愿意运用）的法律资源，而在法院司法部为其代理人。除非像独立规制委员会那样经法律明确授权，任何行政机关自己不能在联邦地区法院提起诉讼。即使像执行行政传唤这样简单的问题，也必须通过司法部或者相关联邦检察官来解决。这与行政机关在运用政府诉讼资源上具有相对优先性的观点截然不同。如果案件败诉，其只能经司法部的认可才能进行上诉，在此情况下主要是经副司法部长办公室的准许。

即使是公民将行政机关诉至法院，并请求进行司法审查，而不是反过来由行政机关起诉公民，行政机关仍然不能完全控制其辩护。除非法律对此作出明确规定，政府辩论的最终意见由司法部决定。总体而言，这属于职业上的运作，而非政治参与（例如，由司法部的民权司来完成，而不是检察总长的个人办公室）。虽然如此，这意味着控制的减损，而行政机关有必要满足其他在职官员的要求才能进入诉讼程序。

当案件诉至最高法院时，司法部几乎予以彻底的控制，甚至包括独立委员会。未经副司法部长的同意，不得向最高法院发出调卷令申请。除了少数例外，其决定提交给最高法院文件的最终版本，并控制（以及经常作出）任何口头辩论的安排。尽管副司法部长是政治任命者，但大多数总统都认识到政府与最高法院的持续关系使其需要明智地作出选择，即担任此职的人选要有职业成就，其办公室工作达到职业上的较高层次。如果副司法部长

㊱ 有关这个重要办公室的工作描述，见 T. Morrison,"Stare Decisis in the Office of Legal Counsel",110 *Colum. L. Rev.* 1448(2010); D. Johnsen,"Faithfully Executing the Laws: Internal Legal Constraints on Executive Power",54 *UCLA L. Rev.* 1559,1596(2007); C. Pillard,"The Unfulfilled Promise of the Constitution in Executive Hands",103 *Mich. L. Rev.* 676(2005)。

㊲ 一旦行政机关收到检察总长的建议，它们不能提起检测其正确性的有效诉讼，但是，如果问题随后产生于公民和行政机关之间的争议，检察总长事前所表述的意见对法院而言只有说服的功效。

和行政机关在合适立场上未能形成共识,其所提交的摘要将告知最高法院相关事实和行政机关的立场。即使如此,主动性和控制的减损似乎是实质性的,也许对于私人律师而言更多地意味着这样一个要点,即副司法部长在决定政府诉讼立场上的独立性表明其参与未决诉讼的会议往往富有成效。

二、私人执法

公法的私人执行有各种各样的方式,尽管简单以"自愿参与"来质疑政府行为的合法性会受到有关起诉资格法律规定的阻碍,在第七章会有所讨论,而在本章亦会讨论公民不能控制任何特定类型诉讼的提起。如果行政机关事实上实施了行为,并以此对个人利益造成损害,个人寻求司法审查被认为属于私人执法。但是,必须要有对具体利益的事实损害,这将在"起诉资格"章节予以讨论。如果缺乏此要件,即使国会明确授予个人诉权,联邦法院一般会驳回这种"公民诉讼"(citizen suit)。但有一类诉讼存在例外,这类诉讼被描述为代位政府的告发人诉讼(qui tam),即国会授权私人当事人提起执行法律的诉讼,如果胜诉则会获得金钱赔偿(通常首先要告知政府,并等待其决定是否予以执行),并规定如果胜诉,提起诉讼的当事人可以分享一定比例的金钱赔偿。[38]

以斯卡利亚大法官为首,最高法院更为保守的大法官通过很多方式来抵制国会作出的选择,即鼓励私人或者协会代表其自身提起诉讼以执行联邦法律。卢汉诉野生动物保护协会案,[39]将在第七章予以进一步讨论,[40]在这个独一无二的案件中最高法院清晰地表明了其优先考量的因素,以《宪

---

[38] 参见下文页边码第 430 页,注释㊲。在已有宪法的情况下,法律作出这样的规定是否与宪法将执法权授予总统存在不一致呢? Vermont Agency of Natural Resources v. United States ex rel. Stevens,529 U. S. 765,778 n.8(2000),在该案中,最高法院的多数意见注意到了这个问题,但并未表述意见,即是否代位政府的告发人诉讼违反了《宪法》第二条,特别是任命的条款和切实执法的条款。见 D. Mishra,"An Executive Power Non-Delegation Doctrine for the Private Administration of Federal Law",68 Vand. L. Rev.1509(2015)。

[39] Lujan v. Defenders of Wildlife,504 U. S. 555(1992)。

[40] 下文页边码第 432 页。

法》第二条为基础阐述了总统执行联邦法律的优缺点。最高法院认为因违反联邦法律引起具体损害,私人当事人有权通过提起诉讼来寻求司法救济。在此情况下,诉讼当事人要求对律师费或者专家证人费用给予联邦补助,缺乏清晰明确的国会指示来予以支持。[341]

有人可能会将法律执行看作是这样的情形,即私人当事人从另一方寻求弥补金钱损失,其以损害为前提,而该损害是因另一方违反法律而引起。这样的诉讼一般以普通法为基础,从违反刑法或者规制法来推定存在侵权责任,被称为"法律上的当然过失"(negligence per se)。然而,最高法院的判决在20世纪的后期从其转向保守开始,明显减少了这种传统上的普通法推断。[342] 可想而知,拒绝这一推断有两个理由。首先,国会选择在相对复杂的规制计划中给予行政救济(administrative remedies),表达其对适当救济的平衡观念;而推断出额外的私人救济将有损这种平衡。[343] 但是,普通法法院一直习惯于作出这样的推断,而面对这种近乎自治的方式通常难以作出上述结论。[344] 其次,尤其是在联邦法院,普通法的特征受到限制,它们无法恰当地继续作出这样的推断,否则它们将变成近乎自治的司法机关。作为引人注目的司法方针,自治是最高法院的次要选择。[345]

也许最高法院这样做的后果是,新的联邦法律在多大程度上由立法或者规制,而非司法判决来产生。诚然,这些法律在民法意义上不是法典。如前所论,对法律的解释受到遵循先例的普通法制度的限制。[346] 基于其自身的传统,联邦法院在整个19世纪和20世纪的大部分时期完全就是普通法法院。然而,联邦法律和规制法的激增导致司法意见放弃通过普通法来推

---

[341] 例如,West Virginia University Hospitals, Inc. v. Casey, 499 U.S. 83(1991); Arlington Cent. Sch. Dist. Bd. of Educ. v. Murphy, 548 U.S. 291,126 S. Ct. 2455(2006)。

[342] Cort v. Ash, 422 U.S. 66(1975)。

[343] 例如,Block v. Community Nutrition Inst., 467 U.S. 340(1984)。

[344] 例如,Schlemmer v. Buffalo, Rochester & Pittsburgh R. Co., 205 U.S. 1(1907), Pine Grove Poultry Farm, Inc. v. Newton By-Products Mfg. Co., 248 N.Y. 293(1928)。

[345] 参见 P. Strauss, "Courts or Tribunals? Federal Courts and the Common Law", 53 Alabama L. Rev. 891(2002)。

[346] 参见 G. Calabresi, *A Common Law for the Age of Statutes* (1982)。

180　美国的行政司法

导新的法律权利义务,而只是基于对既存规定的类推来进行司法说理。在某个方面,这并不令人惊讶:在涉及州法而非联邦法律的案件中,意见存在分歧,而联邦法院与法国或者日本的法院相比,其没有更多的权力来创设新的一般法。它们只是根据相关既定法律予以斟酌考量,并作出判决,而无法期望其判决能够指引将来的案件。[547] 但是,作为对制定法权威的放弃,而发展判例有权要求联邦法律遵循先例的效果,这样的表述确实令人吃惊。[548]

联邦法院自从共和国建立以来,一直在宪法和法律的空隙中楔入有权获得先例效果的法律论点。部分是因为时代的需要,当时美国大部分的土地归属于各领地(territory),而非各州。部分是因为受英美法系的影响,法官以习惯方式来履行其司法职能。由此,最高法院认为某些州法对州际贸易予以非法干预,甚至在缺乏法律的情况下进行,以此为基础作出判决,并运用国会的宪法权力来规制州际贸易。[549] 在制定法背景下,最高法院长期以来一直宽泛地对待法律的条文,如《谢尔曼反托拉斯法》,[550]在法律义务上的司法说理更多地将其作为一个出发点,而不是适用法律的准确表述。最高法院借助于普通法上的认识,对在联邦法律的管理过程中产生的次要问题进行理由说明。[551] 最高法院运用宪法上的禁止性规定来反对不合理的搜查和扣押,以此为基础确认为追究民事责任的诉讼理由,以抵制联邦官员的违法搜查。[552] 在制定法时代初,许多法官确实在抵抗"他们的"普通法发生法律变化,而学者们坚持主张在普通法上通过法律类推的说理应当比通过

---

[547] 参见 Erie R. R. Co,注释 200。有关此案的详尽讨论,见 E. Purcell, *Brandeis and the Progressive Constitution:Erie,the Judicial Power,and the Politics of the Federal Courts in Twentieth-Century America*(2000)。

[548] P. Strauss,"The Perils of Theory",83 *Notre Dame L. Rev.* 1567(2008)。

[549] Cooley v. Board of Wardens,53 U. S. 299(1855);Comptroller of the Treasury of Maryland v. Wynne,135 S. Ct. 1787(2015)。

[550] 例如,Leegin Creative Leather Prods,v. PSKS,Inc.,551 U. S. 877,127 S. Ct. 2705(2007)。

[551] Pergram v. Hedrich,530 U. S. 2111(2000);Leegin Creative Leather Prods.,Inc. v. PSKS,Inc.,dba Kays Kloset... Kays Shoes,551 U. S. 877(2007)。

[552] Bivens v. Six Unknown Named Agents of the Federal Bureau of Narcotics,403 U. S. 388(1971)。

案例类推的说理更受欢迎,因为法律上的诉求具有更多的民主合法性。㊿

　　与后来这些实践相联系,如今的关注点清晰可见,即以宪法或者法律文本为基础进行类推说理,通过普通法的方式来创设法律规范,而该规范无法从其自身文本中直接援引。斯卡利亚大法官在1991年单独发表的协同意见中指出:"在法律未作规定的情况下,凸显诉讼的理由是普通法法院的适当功能,对联邦合议庭来说却并非如此。"㊾在2001年,他将此转化为法院认定的一部分,该认定为五位大法官赞同而有四位强烈反对。㊽尽管最高法院对这种特定诉讼理由的推断予以拒绝,标志着美国民权法上令人担忧的转变,但对于本书而言,其关联较少。引人注目的分水岭是这样一种论点,即"联邦合议庭"不同于"普通法法院"。㊼这种激进观点的含义并非建立在以前两个世纪的司法实践或者认识基础之上,有待进一步弄清。但是,最高法院似乎没有放弃在制定法管理的缝隙中对联邦普通法的发展,㊻或者对遵循先例思想的坚持。事实上,最高法院在类似的文本解释中强调必须遵循以前所作出的判定。㊺斯卡利亚大法官在庭审辩论后所发表的反对意见中唤起了遵循先例的运用。㊹

　　㊿　R. Pound,"Common Law and Legislation",21 *Harv. L. Rev.* 383(1908); see also H. F. Stone,"The Common Law in the United States",50 *Harv. L. Rev.* 4(1936).

　　㊾　Lampf,Pieva,Lipkind,Prupis & Petigrow v. Gilbertson,501 U. S. 350,365(1991)(Scalia, J. ,concurring in part and concurring in judgment).

　　㊽　Alexander v. Sandoval,532 U. S. 275(2001).

　　㊼　P. Strauss,"Courts or Tribunals? Federal Courts and the Common Law",53 *Alabama L. Rev.* 891(2002).

　　㊻　联邦法院没有一般性的普通法,在某种意义上它们没有这种一般性或者综合性的法理,因为许多私法问题大多出现在传统的普通法中,通常在各州的职权范围内,而非联邦政府职权范围所及。但是,在认定某个联邦法律无法解决的联邦问题时,这并不是说不能借助于普通法的资源,或者在形成解决方案时,这不能成为联邦非制定法或者普通法的一部分。如果失去普通法,联邦系统将变得空乏无力。尝试制定完备的法典往往是徒劳无功的,而宪法条款本身亦说明普通法的价值所在。见 D'Oench,Duhme & Co v. FDIC,315 U. S. 447,471(1942)(Jackson,J. ,concurring)。

　　㊺　参见 Dickerson v. United States,530 U. S. 428(2000); see also Neal v. United States,516 U. S. 284(1996)。

　　㊹　United States v. Mead Corp. ,121 S. Ct. 2164 U. S. (2001).

第四章 行政法的范围

第一节 政府的基本权力

涉及"行政法"的一般法定措施根据三重关系来界定其适用范围:"行政机关"与公众打交道时所遵循的影响"行政机关行为"的程序;对这些行为的司法(以及在较小程度上政治的)审查;涉及处理和发布政府信息的特定程序。[1](在此,我们讨论整个政府组织,不包括上一章简要讨论的"混合机构",如果法律创设的混合机构包含了政府组织,则基本上会明确实施相关行为,其适用与此相同。)尽管法院、立法机关和行政首脑与行政机关之间的关系是行政法上的关系,但根据法律规定,法院、立法机关和选举产生的行政首脑都不是"行政机关"。除此之外,"行政机关"的概念事实上还包括每一个行使公共权力的公共行政单位。[2] 较大的政府单位,如内阁部门,它们自身是行政机关,其内部附属机构也是行政机关,例如,劳工部下设的职业安全和健康管理局。"行政机关行为"的界定亦无所不包。立法机关规定的行政程序一般涉及相对正式的裁决程序和规则制定程序,如下所述,联邦"行政机关行为"包括对"有利个人的适用或者请求"予以准许、否决或者不作为。[3] 根据最新起草的模范州行政程序法的规定,[4]"行政机关行为"包括

---

[1] Federal Administrative Procedure Act, 5 U.S.C. §551(1), (13); Revised Model State Administrative Procedure Act §1-102(3), (4).

[2] 这些单位可能是某些其他组织的附属机构,而基于某些目的,其被认为是一个行政机关。例如,根据联邦行政程序法林务局(管理全国林木)是一个"行政机关",亦是农业部的一部分。无论林务局首席林务官和农业部部长的内部政治关系如何,林务局承担全国林木管理的法定职责。

[3] 5 U.S.C. §551(U)(C), (13).

[4] 参见页边码第 368 页。

"行政机关在职责、职能、活动或者作出法律要求的决定上的作为或者不作为"。[5] 实际上,这种分类与公共行政领域的分类一样宽泛。只有传统刑事诉讼、传统民事诉讼以及严格意义上的政治行为被排除在外,这些无疑超越了进行法律控制的范围。

"行政法"的范围在美国法上十分宽泛,有此发现不足称奇。在上世纪初,随着公共行政的成长,学者们不断发展这一概念。这种发展与寻求管控一样任意无常。对于影响私人的政府行为而言,就像一个大杂烩(grab-bag)无法有效契合任何既存的法律分析框架,包括法院在刑法或者民法上的论证框架。随着政府活动的日益增多,行政法的学术观点得以扩展到几乎所有与公共行政有关系的主题。一般认为,"行政法"具有附属宪法的特征,其涉及法定和惯例上政府的安排。如前所述,有关政府架构和行为的宪法问题仍然是当前的重要关注点。刑法与刑事程序是相互分离的主题,而行政法分析也触及警官和检察官的裁量实务。尽管"行政法"将政府因催债向联邦法院提起的诉讼排除在外,其涵盖的行为往往起始于执法机关,而最终都可以诉至法院来进行司法审查或者法律执行。尽管政府合同及其批准很容易被列入行政法的范围(却无法描述合同执行和争议解决的相关程序,如国防部或者能源部批准扶植替代能源的发展,不同于一般的行政特征),这些过程很少受到行政法学界的直接关注,在本书亦着墨不多。

在美国法的架构下,聚焦程序问题为概括行政法核心任务——确保对政府的有效控制,提供了一个分析框架。行政机关及其行为的多样性,特定行政机关的责任属性与所用程序之间的密切关系,这些都使得学理概括难上加难。尽管如此,仍有必要对程序问题予以关注。对于证券交易委员会、国家林务局、州公共事业委员会或者地方建筑稽查员的工作,基于"行政法"视角会关注于其程序,而不是特定的实体责任,这些实体责任在于执行某些联邦、州或者地方的政策,例如,证券交易委员会对证券市场及其相关交易行为进行规制。初步而言,所有的行政机关都会运用某些范式化(paradig-

---

[5] Revised Model State Administrative Procedure Act § 1-102(4)(C)(2010).

matic)的程序来完成其目标,这些行政机关与其监管者也存在范式化的关系,如法院对这些程序结果进行司法审查。事实上,要求统一范式旨在避免在对公众极为重要的事务上采取不可持续的特殊化处理,以及附带产生的风险,包括丧失对其予以政治控制、普通民众及其律师无法接触内情,以及减少理解的可能性和法院、立法机关或者行政首脑的有效控制。从维持对行政机关行为的有效控制来看,这些范式是必不可少的。

当然,行政机关行为受到其特定资源和职责的内在影响。作为以下章节的主题,这些范式化的程序和关系基于满足特定情形的需要而有所不同。因此,在对待具体情况上,必须要力求理解特定行政机关处理争议的职责和程序。相关分析往往从范式化的一般程序形式开始,而这些程序形式并不是受到监管的特定行政工作的直接职能。不过,仍须了解行政机关所处的独特背景。法律对行政机关明确规定了程序要求,而行政机关经商议可以采用程序性规则。同时,行政机关通过各州既定的方式对特定需求作出回应,其律师可能不了解其他行政机关如何达成类似目标,或者这些行政机关所卷入的程序性诉讼。(在国家层面上,行政机关之间对行政法问题的认识和协调在一定程度上是通过参与美国行政会议的工作来达成的,[6]在某些方面也是通过管理与预算办公室的监督来实现的,这些机构在本书的其他地方已有讨论)[7]

本章的内容将概述一般赋予美国行政机关的各种实体责任。为了便于初步理解,记住以下范式化程序的粗略模式不无助益。

正式裁决:它是一个很像民事审判的程序,行政法法官或者行政机关"基于记录"(on the record)对特定争议作出裁决。在美国模式下,这些通常表现为对抗性的程序,其发生在对立的私人当事人之间(一方当事人针对另一方当事人提请对行政规章的执行),以及更为常见的行政机关和私人当事人之间。偶尔在特定情况下,如大量有关社会福利资格的听证,他们适用

---

[6] 简要描述见下文页边码第 402—403 页。
[7] 参见上文页边码第 153 页。

纠问的模式(inquisitorial model),将申请者作为唯一的正式当事人,而行政法法官收集所有相关材料。行政裁决的一般特征是在行政机关内严格的职能分离,以致负责调查和陈述行政机关立场的行政人员不参与裁决过程。然而,对于私人当事人申请政府许可,所适用的程序则不那么严苛。正式裁决的结果一般会受到法院的司法审查,而法院相对来说更为关注事实的存在和产出结果的法律依据。

非正式裁决:它是解决法定计划中特定争议的程序,其不要求"基于记录"的听证。如果适用听证的形式,将会相当正式,即如果适用宪法上"正当程序"的要求,[8]必须承担法院认定的所有程序义务。"非正式裁决"一般适用于行政机关在行政方针上作出的决定,例如,决定授权使用联邦资金来建设特定的公路项目。相对而言,司法审查容许和承认行政行为中存在相当大的裁量空间。

正式的规则制定:它是对将要适用的类似法律(statute-like)的规则,"基于记录"作出决定的程序。例如,通过文本来界定标示"花生酱"的产品中花生的含量比例,或者决定何为公用服务的合理费率。正式的规则制定像初步许可一样,在某些程序架构的安排上不同于大多数的正式裁决。例如,不像行政裁决,在听证过程中负责拟定和呈交行政机关所作分析的行政人员被允许参与决策过程。尽管如此,听证和后续司法审查的基本特征类似于正式裁决。事实上,这种程序很少适用于费率设定背景之外情形(在根本上为宪法所要求)。

非正式的规则制定:它是对将要适用的类似法律的规则,通常采用的制定程序。它也是行政控制的对象。[9] 公众通过半年出版一次的汇编——"规制议程"对此有所了解,此汇编对所有行政机关的规则制定计划提出有限的建议,或者对所提议的规则制定作出有关特别进展的通告,或者公开邀请对已呈交的规则制定请求作出评论。然而,如果没有"良好事由"省略程

---

[8] 参见上文页边码第 74 页。
[9] 参见上文页边码第 144 页及以下诸页。

序环节,第一步必定是对提议的通告,即给予感兴趣的公众机会,对提议作出书面评论。口头听证是可以选择的,尽管有些法律鼓励进行口头听证,例如,许多与环境、健康和安全有关的规则。行政机关的政治领导层对此作出决定。在采用某一规则上,行政机关必须解释其基础和目的,并通过理由说明对收到的较为重要的评论作出回应。作出决定的过程允许和所有相关人员进行不受限制的协商。尽管司法审查对重要规则是否存在事实支持给予了越来越多的关注,但其审查强度相对而言是宽松的。某一规则一旦被有效采用,对受制者具有全部的法律效力。

软法创制:当行政机关解释所适用的规则、法律或者规章、采用基本政策、制作指导执法人员的手册,或者在其他方面采用各种措施时,就产生了软法创制,如果予以适当发布,则具有有限的法律效力。不像法律或者规章,"软法"在行政机关以外对人不具有正式的拘束力,但是,它可以被视为范例(precedent),而法院可能将其作为表述问题时具有说服力的论据。软法可以由行政机关内部产生,或者对请求作出回应;除了发布,一般没有法定的程序要求(但是,通常遵循类似于非正式规则制定的程序)。总的来说,由行政人员层级而非行政机关的政治领导层来作出决定。司法审查通常不会介入软法的创制,如果介入的话,法院基本上对其予以尊重。

检查(inspection):由有执法资格的政府官员直接进行实地视察,有时被用于替代裁决程序(例如,评定农产品或者审查驾照申请人的技能)。检查的适用受制于宪法中的限制性规定,[⑩]作为一项初步程序,其决定是否存在条件,以确保正式的行政行为合法正当。

在此,有两个有用的附加说明。首先,所有程序的意义都基于律师对该术语的使用,他们设定行为过程,这些行为易受外部参与和司法监督的影响。如前所述,与行政机关行为有牵连的公民(及其律师)也可获得施加影响或者控制的各种政治手段。这些也可被描述为"程序",法院对此很少予以关注,而唯一关注的是这些"程序"是否对可适用的非政治程序存在不当

---

⑩ 参见第四修正案有关"搜查和扣押"规定的讨论,见上文页边码第66页及以下诸页。

影响。任何人都有权对行政机关的行为寻求司法救济,但其所作的努力并不必然见效,或许根本不可能见效。例如,在司法判决中所看到的只是,交通部作出决定准许使用联邦资金,以支持建造一条将城市公园一分为二的高速公路,而有人请求对此予以司法审查。[11] 在这一判决的背后,隐含着十年来努力召集其他市民、地方、州和联邦的政治人员支持市民的关注,亦有其他社群力量的反对和对建造计划的变化进行斡旋,甚至包括相当明确的政治决定,这些被社群所关注的政治决定具有回应性并担负相应的责任。但是,这些外部干预和随之扩展的行政过程都没有导致交通部的决定曝光于诉讼之中,尽管如此,这些"程序"运作仍然是行政实务律师手中的重要武器。

其次,与此相关的是,民众及其律师基本上期望能看到他们所参与的环节,而非确保决策过程,即使以上简述的程序亦是如此。一旦这些互动终止而行政机关开始作出决策,其内部行政过程通常不为行政法所关注。事务处理需要通过多少办公机构、将会发生何种对话交流、对行政机关最终解释正在作出什么样的备忘录等,这些行政架构的要素对内部而言很重要,但是,行政法一般将这些内部工作视为未知领域(terra incognita)。[12] 对此,有两个重要的例外:首先,一个"基于记录"的过程(大多是正式裁决)具有某些本质上的含义,包括被承认的决策者、对话和基准,这些能够影响司法审查的结果。其次,尽管很少被司法审查,在行政机关的非正式规则制定中信息

---

[11] Citizens to Preserve Overton Park v. Volpe,401 U. S. 402(1971),该案的拓展讨论见下文页边码第 320、462、503 页;有关之前政治努力的讨论,见 P. Strauss,"Revisiting Overton Park:Political and Judicial Controls Over Administrative Actions Affecting the Community",39 *U. C. L. A. L. Rev.* 1251(1992) 和 P. Strauss,"Citizens to Preserve Overton Park v. Volpe—of Politics and Law,Young Lawyers and the Highway-Goliath", in *Administrative Law Stories* (Strauss ed. , 2006)。

[12] 参见对《信息自由法》中作出决定前文件的特别规定,相关讨论见下文页边码第 388 页。在一项重要的规则制定中,行政机关雇用了一些科学家,他们作为顾问分析所提交的材料,而在诉讼过程中以证人身份出现;行政机关可以拒绝公开他们的分析报告。一旦确保他们在报告中没有增加新的事实信息,法院会维持行政机关的拒绝,并认定并未反对他们参与行政机关的决策过程。United States Steelworkers of America v. Marshall,647 F. 2d 1189,cert. den. 453 U. S. 913 (1981)。

与规制事务办公室的参与,[13]是行政法文献的重要议题,也许这为总统参与行政行为的当代讨论提供最为重要的背景。

第二节 规制背景

一、经济规制

大多数委派给行政机关的工作,其意在保护公众免于经济损害,或者某些经济活动的政府命令在其他方面对公共利益有促进作用。普通法(合乎传统经济学)假定在功能齐全的市场中的参与者能够通过适当的警觉来保护自己,竞争这只"看不见的手"相比国家控制来说能够更好地促成商品和服务的有效分配。然而,很明显消费者在某些情形中无法通过个人警觉保护自己,而市场因种种原因导致失灵。这些情形与日俱增,并伴随着交通运输、技术和通信手段的变化,而这些改变了商品制造、运输和销售的外部环境。"经济规制"是指国家控制或者规制市场,以保护或者提升其经济效率,或者弥补经济力量不平衡的效果。从早期开始,各州规制在重要水道上私人桥梁和渡口所有者收取的费率,有效的(有时是经特许的)专卖权。同时,普通法设定了特别的规则,以确定针对住客或者旅客的旅店业主和运输业主的责任和义务,而那些住客或者旅客被认为对某些危害无法做出评估或者保护自己。到了19世纪末,不断发展的技术、运输和市场的方式,以及在那些市场中不受控制而富有实力的私人业主的贪婪行为,这些都带来了各州控制的增长,即控制竞争者在某些市场领域中的行为、市场准入和定价等。随之而来的变化,例如无线通信的发展,常常重新焕发了竞争的可能。经济分析表明除非与日常现实完全匹配,经济规制可能处于市场无效率,而实际上有可能被某些人所利用,他们表面上受制于经济控制,被排除在潜在

---

[13] 参见页边码第 144 页和 332 页。

竞争者之外,却从公众那里抽取"租"。[14] 结果导致从某些类型的规制作出重大退却,而将这些事务全部或者部分地回归市场。在手机领域,掌握有线连接的公司形成有效垄断,其所收取费率的规制需要消失了;货物运输的竞争以及在缺乏准入限制的情况下新的竞争者能够轻松进入货运行业,展示了在准入和费率设定要求(确保承运人支付的价格高于竞争市场)上规制性限制的各种方式。但是,基于安全上的考虑,航运业日益增长的集中化导致了在竞争和非竞争市场中用户的定价差异,乃至于明显带有掠夺性的实务操作,就像在19世纪首次出现对铁路费率予以规制的情形。

以下是目前在美国较为重要的经济规制类型:

（一）经济集中

自从1890年联邦《谢尔曼反垄断法》的推行(甚至在某些工业化的州为时更早),美国政府致力于防止经济权力过度集中于个人手中。联邦反垄断法的执行大量发生于法院,以回应私人或者政府的活动。直接的司法执行掌握在司法部反垄断部门的手中,作为处理明显违反反垄断法行为的公诉执法者,反垄断部门一般并不被认为属于行政法的范畴。但是,该部门对接受某些商业行为提出前期建议,对反垄断法执行作出政策说明,并在这些方面被视为一个行政机关。[15] 反垄断执法起源于国家独立规制委员会——联邦贸易委员会。[16] 联邦贸易委员会长期以来负责(在许多其他与贸易相关的职责中)对经济集中的问题作出调查和报告,并根据工业集中的影响来规制公司的兼并。该委员会非正式地提出建议,但是,其命令将会在正式的裁决之后发布,而命令的执行要求能够被诉诸法庭。在行政和独立机关之间责任的共同承担并非独一无二的,相反,两个机关常常需要协调其工作。

---

[14] S. Breyer, *Regulation and its Reform* (Harvard University Press 1982),其作出了全面和备受关注的分析,为质询设定了知识框架,并对联邦层面所产生的变化作出了有影响力的论述。

[15] 例见 http://www.usdoj.gov/atr/public/busreview/letters.htm,该网站以易于检索的格式收集了过去的商业评论作品,对研究这一机构的工作打下了坚实的基础。

[16] http://www.ftc.gov。

其他机关,例如负责通信管理的联邦通信委员会,[17]也有机会正式考虑经济集中的问题,这些问题产生于对集中化工业的许可发放,而申请者不能满足委员会在这些问题上的要求,则无法获得许可。就联邦贸易委员会来说,对其行为的司法审查为规制提供某些机会。

(二) 公共运输和公用事业的规制

公共运输(铁路、公交、汽运、出租车、航空、管线、内海航运线、通信卫星)和公用事业(水、电、煤气和电话)很少为国家或者地方所有,而在美国大多为私人公司经营,并受到严格的规制。一旦具备所有这些公司的特征,至少在以下三个方面存在强化的规制。

首先,对于某些公司(尽管不是全部)来说,大额投资和提供服务的固定网线表明公共利益通过垄断的形式得到最好的维护。其中,电力传输即为例证。设备的浪费重复将威胁到所有竞争者的经济活力,但是,由于这些垄断被赋予对公众重大的经济权力,创设这些垄断就必须得到规控。

其次,公众对这些公司所提供服务在品质和安全上的信赖表明了规制的其他需要,即提供非歧视性的服务,所提供的服务是诚实和充分的,保持安全可靠,以及这些目标所必需的经济条件等。

最后,有时涉及再分配的因素。在市场活动中,私人参与者会被期望去支持那些提高服务效率(因其规模或地理位置),或者有经济力量(因其处在选择竞争者的地位)的顾客。然而,公共部门更愿意去支持那些未得到良好处置的消费者,例如,他们喜欢在电话或者电力费率上让城市居民承担一些向贫困和人烟稀少的农村地区提供服务的费用;他们想要确保以较低的费率提供基本服务,并服务成本之上更好地反映其需求,或者基于向消费者提供服务的固定成本,他们相信与居民有关的费率相比其他工业消费者所设定的费率,应当作为公用事业而产生较少的利润。在通常意义上,这些涉及住宿条件的活动并不能反映出市场失灵,按照严格的经济学术语来讲,它们

---

[17] http://www.fcc.gov. 该网站表面上并不关注竞争考量,但如果用"antitrust"(反垄断)或者"anti-competitive"(反竞争)进行检索则有所不同。

是无效率的,它们给予较大用户以激励,使其作出其他的安排,例如,让用户自己发电。是否从中看到州权力的合法或者非法运用,将有赖于对最初作为州职能的再分配的批评态度,以及随后对特定再分配的评估。

这种规制发生在所有层面:联邦(州际运输或者公用事业)、州(州内汽运,或者零售煤气、电力、或者电话服务)、或者地方(水、出租车)。责任重合确保某些私人业主将会受制于多个方面的规制。例如,在建设电站的过程中,公用事业从业者必须获得许可,并符合联邦[18]、州[19]和地方[20]机关的规制要求。无论是行业准入,还是服务提供,申请者被要求证明新的设施或者服务满足"公共便利和需要",受影响的公众和那些类似服务的提供者被允许在正式裁决程序中反对这项申请。[21] 那些已经开业的从业者也面临广泛的规制,而这些规制旨在实现上述目标:他们被要求在正式的规则制定程序中为其收取费率或者服务水准的变化说明理由;法律或者规则规定了广泛保持记录的强制性要求;周期性的监管将确保对服务规制的遵从;非正式的规则制定创设了各种各样的法律标准,其与受规制工业相联系,并得以公开执行。

许多美国经济上的反规制运动被描述为这样的认识:首先,某些工业受制于其准入、费率和实际控制,并对所要达成的目标缺乏某种程度上的经济垄断力量;其次,通过保护其免于竞争激励和压力,规制本身提高了受规制从业者的经济力量。在商业航空的初期,对航空运输服务的联邦规制非常广泛。民用航空委员会(Civil Aeronautics Board)审批飞行资格、费率收取、能够或者必须提供服务的特定社区以及服务频率等。很明显,其结果导

---

[18] 水力发电或者核电设施的位置、电力的州际销售、安全和环境后果。
[19] 额外产能的需要、位置选定、传输线路的建设、州内费率。
[20] 传输线路的位置、分区、设定代码。
[21] 在受到规制的行业中,公司有某些动机去反对竞争者的提议,包括提供竞争者的成本,或者保护在规制下所实现的有利的经济状况。这些对提议几乎是反射性的反对经常发生,其往往被理解为这种规制的成本,反映了各种"租"参与在受规制的行业之中,而有时用规制来加以确保。竞争者是否需要被允许在规制性审批上反对提议,对此时常会产生可以理解的怀疑主义。例见,Envirocare of Utah v. Nuclear Regulatory Commission, 194 F. 3d 72(D. C. Cir. 1999)的案例讨论,下文页边码第 295 页。

致票价人为趋高,而所提供的相应服务品质低下。分析表明航空业能够在安全许可下变得更加富有竞争性。公众提供了大多数航空运输(机场和离场线路)所必需的基础设施,而对于铁路轨道、公用事业工厂或者电话电缆,情况并非如此。在此,航空公司的主要资本投资(飞机)是可以完全移动的。

当航空委员会被废除后,除了与安全相关的限制,取消了几乎所有准入和服务的限制,以及大多数涉及费率、降价、乘客升舱和交通模式变动(为许多社区提供更高效的服务)的限制。后来,类似分析导致了诸如汽运和公交等地面运输业的同等变化,因其也不要求对固定设施负担较重的资本投资。即使如此,这些变化仍不能表明回归到纯粹的公平竞争模式,其原因在于公众对这些设施的依赖度较高,而唯一被期望的是确保诚信、可靠和安全运作的持续规制。受到航空业集中化影响的近期经验以及随之出现的辐射状线路运作,使得某些担忧重新唤起,即在特定市场中过度的航空力量和在以前实务中再分配的某些利益。

市场规制的其他形式对于生产者的利益予以相当明确的限制,例如,农业生产的价格稳定。多年以来,牛奶市场的规制是行政法发展的重要来源,农业部试图控制影响牛奶市场的多重力量:依据年度生产规律安排奶牛产奶,确保秋季有足够的鲜奶供应则保证在春季有大量多余的牛奶;尽管交通运输的发展让全国市场能够获得鲜奶,但城市居民更偏爱当地的供奶,部分原因在于乳牛场代理着对外开放的"绿色"场地;通常情况下,毗邻城市的土地价值使得乳牛场不会在那里维持生产。根据倾向于排除消费者参与管理的地方"牛奶市场命令"进行规制,[22]由此产生复杂的结果,即保证社区鲜奶供应的稳定,但也生产了等量的黄油和奶酪,并且奶价比易于市场销售的再生奶要高。代表奶业利益的协会与全国步枪协会以及其他协会一起,成为政治运动的主要捐助者,其势力和影响无可置疑地投射到这些结果之中。

最后,值得注意的是,地方乃至州政府拥有一种"垄断权",用以从其地理区域排除某些活动,或者通过许可来抽取租金,这些活动可能与偏向行政

---

[22] Block v. Community Nutrition Inst. ,467 U. S. 340(1984).

控制的国家政策相冲突。联邦政府运用相关标准来规制危险物品的州际商业运输,依据法律许可州和地方适用更为严格的由交通部批准的规章(从而避免交通运输中不必要的冲突或者事实障碍)。以纽约市为例,其辐射性污染物的通行必须借助于特定的手段(如通航水道上的驳船),或者指定的路线,并阻断所有交通。如果污染物是从长岛的实验堆中产生,则会有其他问题需要解决。某一乡镇会极力控制手机信号发射塔的位置和性质,但是,频繁被拒和长期拖延导致联邦通信委员会各项程序的创设,从而限制这种情况的发生。[23]

(三) 职业规制

在美国行政法上,经济规制往往以牺牲大众的代价来提升受规制对象的福利,而无此负面影响的例证则是对职业的规制。职业规制一般是按照州法而非联邦法来进行管理,其典型的规制包括职业许可、某些职业实践的规章和不当执业行为的纪律。职业准入一般由教育要求和考试来控制,职业实践由管理部门推行的规章来控制,而纪律则由管理部门作出的正式裁决来控制。除了需要专业造诣的职业,如法律、医学和会计,这些规章还会触及美发、美容、水电和采矿等,实际上数以百计的职业在一个或者更多的州受到许可法的约束。[24]

像这样的规章,其宗旨在于保护公众免于不称职的或者甚至不择手段的业务操作,而普通消费者无法自行评估,同时,确保合格的从业者有经济条件去促成业务的健康发展。尽管在各州之间和各种职业之间制度安排有所不同,但职业规制基本上都是通过委员会进行管理,这些委员会由兼职的

---

[23] 47 U.S.C.S. §332(c)(7)(B)(ii);City of Arlington,Texas v. FCC,133 S. Ct. 1863(2013).

[24] W. Gellhorn,"The Abuse of Occupational Licensing",44 U. Chi. L. Rev. 6(1976). 加利福尼亚州的消费者事务部(网址为 http://www.dca.ca.gov/)为其辖下不同职业委员会公布了39个网站链接,例如,创立于1913年的州立验光业委员会,参见网址:http://www.optometry.ca.gov/strategic.asp,该委员会中九名成员要求六名须为验光师。(北加利福尼亚地区更小和更为保守的州列示了58个职业委员会,并发布年度报告,http://www.secretary.state.nc.us/pdf/NCLicensingBoardsFilings.pdf)在加州网站上,近期创设的针灸医师委员会也受到职业规制,http://www.dca.ca.gov/acup/,其历史揭示了声誉和自律的斗争(在此情况下,与其他更早成立的医药职业形成竞争),并构成类似立法的通常要素。

州行政人员构成，其主要从受规制团体中选拔出来。这种制度安排为自我利益开方便之门，并大行其道。联邦最高法院的诉讼，基本上都是规制者败诉，其揭示了比率设定[25]、竞争性广告的禁止[26]以及其他压制竞争[27]的实务操作。同时，这些诉讼认可了通过联邦贸易委员会程序对抗反竞争行为的可能性，如果"州行为主体"涉及其中，则不被允许。[28] 对此，学术上的分析几乎总是不讨好人的。[29]

对于新申请者的技能问题，质疑之声不绝于耳，例如，医药协会特许专科医生的比例或者州立律师资格考试的通过率，其设定直接与相关市场支持新竞争的容量联系在一起。公众无疑可以借助于规制保护来对抗不符合卫生条件的理发业，而将理发业规章掌握在理发店主的手中，结果会导致其他更多的争议。

（四）劳工经济条件的规制

与经济市场一样，为人熟知的劳工市场缺陷产生了广泛多样的规制措施。在联邦和州层级，无论是否依靠州际贸易的涉入，对于私人雇员和公务员来说，重要的独立机构运用正式的裁决程序来控制劳工关系的方方面面。[30] 在组织劳工协会的过程中和在经济谈判或者罢工的行为中，强制行为是被禁止的；如因受到雇主胁迫或者相关事由，雇员被解职、雇主要求退回薪金以及重新安排岗位都会得到纠正。其他规制者监管有关协会事务的行为，以确保劳工运动中的民主实践；其行政环节中的程序极为不正式，并

---

[25] Goldfarb v. Virginia State Bar,421 U. S. 777(1975).

[26] Bates v. State Bar of Arizona,433 U. S. 350(1977).

[27] Gibson v. Berryhill,411 U. S. 564(1973)；但是另见 Friedman v. Rogers,440 U. S. 1 (1979). 最高法院愿意认定这样的制度安排直接对个人来说是不公平的，相反个人会受到它们的影响，但是，其不愿意表明这种制度安排本身是不被允许的。

[28] North Carolina Bd. of Dental Examiners v. FTC,135 S. Ct. 1101(2015).

[29] 例如，W. Gellhorn,见上注 24,另见 G. Liebman,"Delegation to Private Parties in American Constitutional Law",50 *Ind. L. J.* 650(1975).

[30] 此联邦机构为国家劳工关系委员会，网址：http://www.nlrb.gov,对于联邦雇员，还有联邦劳工关系部，网址：http://www.flra.gov.

对受益的个人施加有限的控制。[31]

其他形式的规制,包括通过劳工部[32]在国家层面以及可能更多在地方层面,所提供的保护限于个人雇员的经济职位之内。自新政以来,联邦法律寻求控制大多数美国工作场所的最低工资和工时,其足以影响州际贸易。无论是私人起诉,还是管理者起诉,这些规定在法院得到直接的执行。经过多年,相关解释的实践得以发展,即通过对工业请求建议作出广泛和公开的回应,管理者在无须正式程序的情况下能够确保规定得到广泛的遵守。[33]同时,最低工资法也可能出现在州或者地方层级,由此产生相当多基于雇佣层级分析其效果的政治争议。其他法律规制不同的事务,如失业保险、家庭和医疗休假、工作场所歧视、移民工人的劳工条件[34],以及在提供利益的雇佣过程中有关退休或者养老金计划的术语和条件。[35] 有关工人健康和安全的规制稍后再述。

(五)消费者保护

所有政府层级的许多规制旨在保护消费者的经济地位,并由此及于广大民众。其中,表现最为突出的是有关国家银行系统、货币供给、信贷业务、证券和商品交易、保险业的规制。几乎所有上述规制基本上都由联邦层级来完成(尽管某些州参与了银行业的规制)。[36] 基于历史原因,保险业主要由各州进行规制。这些机构通过非正式的规则制定来确定标准,通过许可来控制准入,其常常享有特别的简易执法权,并被认为需要维持在金融机构中的公众信心。同时,这些机构的大部分行为是非正式的,尽管正式程序可以被适用,但启动该程序的事实会在金融领域产生负面影响,由此很少进入

---

[31] Dunlop v. Bachowski,421 U.S. 560(1975);see http://www.dol.gov/dol/olms.
[32] http://www.dol.gov.
[33] http://www.dol.gov/whd/regs/compliance/ca_main.htm.
[34] 同上。
[35] http://www.dol.gov/ebsa.
[36] 主要机构包括联邦储备委员会(负责货币供给、国家银行和信贷业务,网址:http://www.federalreserve.gov/)、货币监理局(http://vvww.occ.treas.gov/)、消费者金融保护局(http://www.consumcrfinance.gov/)、联邦住房金融局(http://www.fhfa.gov/)和联邦存款保险公司(http://www.fdic.gov/)。

这一阶段。那些请求批准的人要么放弃项目,要么作出改变使得行政职员认可该行为议程。

这一效果在诸如联邦证券交易委员会的工作中显得尤为突出,[37]该委员会不仅寻求控制易受影响的金融市场的运作,尤其是公司股票的交易,而且还要确保参与金融市场的消费者可以获得完备和准确的证券发售信息。事实上,随着互联网的发展,让信息(公司提交的和委员会作出规制反应的信息)变得可资利用成为委员会主要的"规制"手段。值得注意的是,这些反应是典型的非正式建议,其发生在与行政人员协商之后,而并非正式程序的结果。公司必须确保其章程和其他文件符合证券交易委员会的规章,不存争议。而证券交易委员会职员想要达成的是,对公司所提交的文件不会引发"行为",无需解决某些争议的正式听证,其所建议的更改将很快完成。

2008年经济危机发生之后,除了某些特别的干预之外,一个复杂全新的多机构规制架构及其运作将无可置疑地成为来年行政法学术上的重要来源。此规制架构主要由华尔街改革和消费者保护法案(《多德-弗兰克法案》)来规设,[38]而这项彻底的改革法案旨在"通过改善金融系统的问责和透明度来提升美国的金融稳定……,通过结束紧急援助来保护美国纳税人,并保护消费者免于金融服务的滥用"。在其他事项中,该法案创设了若干新的行政主体,包括金融稳定监管委员会,[39]这一组织受财政部的领导,其负责检定未来的经济震动和监管金融公司对系统风险的披露;还有消费者金融保护局,[40]作为美联储内部的独立的行政机关,其任务是保护消费者免于"不公平、欺诈或者被滥用的金融行为"。到目前为止,对此法案的反应可谓

---

[37] http://www.sec.gov.
[38] Pub. L. No. 111-203,124 Stat. 1376(2010).
[39] http://www.treasury.gov/initiatives/fsoc/Pages/home.aspx.
[40] http://www.consumerfinance.gov/.

形形色色。[41]

与证券交易委员会的情况一样,许多消费者保护规章的目标在于提供信息,以确保相关条款得以全面和诚信地披露,这些条款涉及贷款的批准、公司证券的发行、公司寻求新资本或者附加债务的经济条件等。在联邦层级,其他具有类似目标的规制形式包括联邦贸易委员会对服装商标的规制,以及食品和药品管理局对食物和饮料的规制。在州和地方层级,有与不动产发展有关的披露要求,以及对重量和检测的诚信乃至餐馆菜单的规制。

(六)人造物品或者公共物品的配置

市场自身无法实现缺席的规制架构的功能,只有对此予以限制,某些经济活动才最有价值。例如,这么多的无线电台挤在广播频谱上,它们的信号传播必须受到监管,从而避免在大多数收听区域上相互干扰。与此类似的现象有:这么多的飞机能在空况正常的早晨从既定的机场起飞,在水氧量被耗尽前泗流能够容纳那么多的污水,在过度放牧遭到破坏之前一平方英里的公共牧场上能够接纳这么多的食草动物。直到抵达可资利用的界限,这些活动中的每一项都是安全和可接受的,而超越了临界点,则会物极必反。

各种各样的技术被用于所要求的定量配给。现代美国经济学家倾向于拍卖,但即使是通过销售,对所获得权利(例如,可放牧的绵羊数量)的限制必须加以确定和执行。规制常常用于资源配置阶段,由此,无线电或者电视许可的申请者在控制信号干扰的条件下,须向联邦通信委员会提交启用广播设备的许可申请。在正式裁决程序中,他们必须证实其符合基于公共利益的服务标准。许可申请的竞争要求委员会在竞争者之中作出抉择。许可费用是被许可后价值的一小部分。同样,基于可利用的污染控制技术和受制于行政机关的监测和执行,工厂排放废水废气必须获得许可。然而,在付费使用这些公共资源上提出要求,这只有在受限的情况下才有可行性。例

---

[41] 例见 Coffee,"Systemic Risk After Dodd-Frank:Contingent Capital and the Need for Regulatory Strategies Beyond Oversight",111 *Colum. L. Rev.* 795(2011); A. Wilmarth,"The Dodd-Frank Act:A Flawed and Inadequate Response to the Too-Big-to-Fail Problem",89 *Or. L. Rev.* 951(2011).

如,发电站的排放物可导致酸雨,对此设置可交易的排污许可证,以此鼓励生产者发现投资污染控制装置更为有利。[42] 对于机场位置的分配、政府出售无线电波段的使用权、采伐国有林木或者开采石油等,所采用的是一个竞标的系统。这不是在消除规制(排放物必须被监测,出售条件得到优化),而是提供了一种挑选公司的手段,这些公司接受和政府之间既定的关系,而政府要求在作出竞争性选择的"绩效"上投入更少(并提供更多的回报)。

二、健康和安全规制

相比通过规制来补救经济市场的缺陷,通过规制来保护市民免于技术进步的伤害也许是后来的发展。在过去三十年间,这样的规章成为联邦政府规章的普遍形式。最初,对公害导致损害的补救属于普通侵权法的领域。然而,联邦政府自19世纪中期以来一直对蒸汽锅炉的安全予以规制,自19世纪末以来对铁路安全予以规制。同时,对于涉及工伤的司法诉讼,各州替代了工人赔偿的行政计划。单行的食品和药品立法以及对不健康工作条件的规制开始出现,首先发轫于各州,尔后扩及联邦政府,与此同时,铁路费率的规制变得显著突出。相比国家寻求防止损害发生的革新,现代社会的重要性更多的在于产生和检测风险能力的提升,容忍风险的意愿下降,扩大规制的运用以替代侵权责任。

对健康和安全事项的联邦规制比经济规制要多得多,其将非正式的规则制定作为主要工具予以广泛适用。传统的经济规制者只是偶尔适用非正式的规则制定,然后确定行为标准,而大宗投资很少被要求符合这些标准。在此,常规程序包括许可申请、请求制裁或者确定费率。其中,正式程序"根据记录"作出决定,并确定特定争议的产出结果,其甚至涉及在确定费率中为数不多的特定利益方。在健康问题上,首要的联邦规制者是食品和药品管理局(FDA),[43]其有着相同的行为模式:通常对特定药品的许可申请作出

---

[42] http://www.epa.gov/airmarkets/arp/index.html.

[43] http://www.fda.gov.

决定,或者对错帖标签的特定商品予以处理。该管理局制定规则,例如,其适用正式的规则制定程序,来决定贴有"花生酱"标签食品的花生比例。现在的健康和安全规制者适用非正式的规则制定,例如,设定清洁空气法标准的环保署(EPA)[44],劳工部下辖的负责制定工作场所安全规则的职业安全和健康管理局(OSHA),[45]核能规制委员会(NRC),[46]或者交通部下辖的国家高速公路交通安全管理局(NHTSA)。[47] 在程序意义上,这些行政机关都是重要的自由赋予者,其通过适用规则来履行职责。作为结果,这些标准对其产品的价格有着显著影响,或者对高度复杂设备的安装和维护提出要求,对受规制工业产生巨大的影响。如上所述,[48]这些效果对行政控制机制的发展有促进作用。在某些情形下,还包括附带的法定程序。[49] 但是,非正式的规则制定程序则是为这些规制机关创设的规范。

当然,涉及健康和安全问题的规制行为范围远远大于简单的规则设定,例如,在环保署的其他职责在,其包括:

- 适用非正式裁决程序,来监督由各州管理的联邦环境控制的执行;
- 批准(发放许可证)有污染危害的工业废弃物的排放,如果遭到反对,则要求正式的裁决;
- 检查相关设施的运作,对违反法定或者行政机关所确定的标准,通过法院的制裁(或者正式裁决)来予以执行;
- 保证工农业中在用化学品的安全性;
- 要求对危害物质及其排放的信息作出报告,并维护公众的信息存储;
- 确认和控制废弃物的处置地点,包括清理行为、对以前使用者的经济责任的行政和司法执行。

---

[44] http://www.epa.gov.
[45] http://www.osha.gov.
[46] http://www.nrc.gov.
[47] http://www.nhtsa.dot.gov.
[48] 参见页边码第 144 页。
[49] 参见页边码第 340 页。

在履行这些职责的过程中,环保署(和其他类似机构)发展出多种多样的技术。例如,在规则制定中,其致力于在于发现规制技术,为受规制对象寻找自己最有效的守法模式,以实现一致意见或者机会的最大化。"命令和控制型"规章规定了受规制对象必须做什么和如何来做,相对于与受影响利益方进行协商(如果存在可能的话)发展而来的规章,[50]以及设定需要完成的结果,而让受规制对象相对自由地决定如何完成目标的规章,"命令和控制型"规章效率较低。[51] 除了谋求受规制对象的合作之外,环保署通过提供易于评估的排放信息,来寻求受影响市民的帮助,以支持社区的努力和鼓励工业自愿进行自我管理。[52] 环保署所面临的较大挑战是处理过去受到污染的场地,这常常对社会和经济上处于不利地位的群体产生特定的影响。环保署致力于处理最恶劣的地方("有毒废物堆放点")[53]和现象("棕色地带")[54]这些基本上都涉及主要财政和规制所承诺的义务。在此,互联网提供扩大服务范围的机会,例如,通过向感兴趣的人提供登录,使其获取棕色地带项目的邮件通知。[55]

有关工作场所卫生和安全的规制提供了另一个例证,来说明从命令和控制趋向更为合作的路径。在较早时期,职业安全和健康管理局倾向于依靠列举特定的安全措施,并要求雇主采取之,同时,通过可能导致罚款的检查来执行标准。由于技术上的无效率和扰民,这招来了相当多的批评。基于

---

[50] 参见页边码第 345 页。

[51] 例如,一项规章限制了制造厂能够从其场地排放的污染物总量,但是,让制造厂自己决定如何予以控制以实现该目标。在 Chevron U. S. A. , Inc. , v. NRDC 467 U. S. 837(1984)案中,规章争议延伸出这样做的说理,相关讨论见页边码第 493 页。值得注意的是,在这种方式下的规制架构鼓励适用"软法"指导来通知受规制对象,由行政人员决定的符合所设定标准的方法或者手段。

[52] 环保署"长于斯(Where You Live)"项目对各种地理数据库和民众资源提供评估,尤其是毒物排放目录(第 365—366 页)、空气排放物统计(网址:http://www3.epa.gov/air/emissions/where.htm)、流域数据库(网址:http://water.epa.gov/type/location/)等。一些环保署的法律亦鼓励市民在执行法律上的努力。

[53] http://www.epa.gov/superfund/.

[54] http://www2.epa.gov/brownfields.

[55] http://www2.epa.gov/brownfields/subscribe-brownfields-listserve.

对这些措施的信任,其设定标准的活动受到高风险和具体细节的阻碍。[56] 稽查员被要求以"警察"模式执法,而确保对此拨付必要款项面临不断增长的困难。在此驱使下,该管理局开始通过替代途径试行其他办法,即让安全记录较差的雇主受到激励,去接受和管理人员协商的关系。只要这些雇主诚心处理由过去经验所造成的困难,管理局就放弃其惩罚性的检查体制。这种做法首先在缅因州试行,其结果是工伤比例(和行政成本)的大幅减少。职业安全和健康管理局极力将项目推向全国,但是,受到上诉法院裁判的阻碍,该判决要求作出这样的改变需要更为细致的程序,[57]同时,大力推行教育培训以及雇主改善需要保持自愿,而不与事故率挂钩。

如今,怀有重大政治和道德上暗示(overtone),而关心风险的评估,显性的知识问题就会出现在这一领域。[58] 在环境、健康和安全事务中造成伤害的能量是潜伏的,在十年或者更长时间不会显现。换言之,造成伤害的威胁是间接的,相比认定特定的介入事件或者来源作为造成个人伤害的确切原因,指出某项活动导致癌症的扩大会更为容易一些。然而,在受规制活动中,失败的结果不大可能像切尔诺贝利事故所鲜活证明的一样都是灾难性的。没有任何一项有关行为许可的规章能够完全消除风险,如果不是全部的话,其中许多风险需要与被替代的其他风险进行困难的比较。如果建设

---

[56] 例见 T. McGarity, R. Steinzor, S. Shapiro & M. Shudtz, Workers at Risk: Regulatory Dysfunction at OSHA, Center for Progressive Reform White Paper #1003(Feb. 2010); O. Lobel, "Interlocking Regulatory and Industrial Relations: The Governance of Workplace Safety", 57 Admin. L. Rev. 1071(2005); P. Schmidt, *Lawyers and Regulation: The Politics of the Administrative Process*(2005); T. McGarity & S. Shapiro, *Workers at Risk: The Failed Promise of the Occupational Safety and Health Administration*(Praeger 1993); J. Mendeloff, *The Dilemma of Toxic Substances Regulation: How Overregulation Causes Underregulation at OSHA*(MIT Press 1988).

[57] Chamber of Commerce v. United States Dep't of Labor, 174 F. 3d 206(D. C. Cir. 1999).

[58] See *The Feeling of Risk: New Perspectives on Risk Perception*(P. Slovic ed., 2010); M. Frank, *Choosing Safety: A Guide to Using Probabilistic Risk Assessment and Decision Analysis in Complex, High-Consequence Systems*(2008); C. Sunstein, *Risk and Reason: Safety, Law and the Environment*(2002); D. Moss, *When All Else Fails: Government as the Ultimate Risk Manager*(Harvard 2002); J. Graham and J. Wiener(eds.), *Risk versus Risk: Tradeoffs in Protecting Health and the Environment*(Harvard 1995); S. Breyer, *Breaking the Vicious Circle: Toward Effective Risk Regulation*(Harvard 1993).

一个核电站,必须将再次产生切尔诺贝利事故的极小但却存在的风险,与以下因素进行比较,包括利用内陆煤炭发出等量电力所导致的伤亡损害、国家之间的破坏和使用石油导致气候变化的风险扩大、可利用的替代性技术,以及如前所述额外电力的社会影响和风险。认定风险的社会可接受水平,为了认定和比较替代性活动带来的风险去发现可靠的方法,确定在规制系统中有能力予以控制的信心水平,所有这些似乎成为了政治系统的中心任务。

唯有行政法开始处理规制反应的适当风险选择问题,而规制反应的复杂化源自大众评估风险的方式明显不持续和受到限制。[59] 因此,在损害的担心程度上,灾难性的损失要大于逐渐累积的同等损失,个人无法控制的行为带来的损害要超过看起来在个人控制范围内形成的同等损害,以及(也许最为自相矛盾)慢慢出现和隐藏的不确定损害要大于直接明确的损害。这些特点反映在政治的选择之中,例如,当国会在相同的法律中规定特别的措施去确保校车安全时,有效降低生命安全风险的气囊以相当低的成本控制了与受保护人数有关的风险,其推行却阻碍重重。[60] 尽管吸烟的风险公之于众(吸烟风险越来越成为强制性警示的主题,包括对健康的影响、国家在广告上的限制和地方在公共场所吸烟的限制),但吸烟仍然为合法行为。有关工作场所安全的法律指示职业安全和健康管理局去适用在工作场所使用致癌化学品的规制标准,"并在可行的范围内,基于最佳的可用证据,充分保证雇员免于遭受健康或者功能上的身体损害"。[61] 另一项法律要求食品和药品管理局完全禁止食物添加剂在的进一步使用,无论多么轻微,都需要说

---

[59] 例见 Daniel Kahneman, *Thinking, Fast and Slow* (2011); J. Graham, "Saving Lives through Administrative Law and Economics", 157 *U. Pa. L. Rev.* 395(2008); C. Coglianese & G. Marchant, "Shifting Sands: The Limits of Science in Setting Risk Standards", 152 *U. Pa. L. Rev.* 1255(2004); C. Sunstein, *Risk and Reason: Safety, Law, and the Environment* (Cambridge University Press 2002); C. Sunstein, "Cognition and Cost-Benefit Analysis", 29 *J. Leg. Stud.* 1059 (2000); T. Kuran & C. Sunstein, "Availability Cascades and Risk Regulation", 51 *Stan. L. Rev.* 683(1999).

[60] See J. Mashaw and D. Harfst, *The Struggle for Auto Safety* (Harvard 1990).

[61] § 6(b)(5)Occupational Safety and Health Act(1982), 29 U.S.C. 655(b)(5).

明添加剂对实验室动物致癌,由此对人也致癌。[62] 在对其他危害予以规制时,[63]国会认定可接受的风险水平亦存在类似的对比。

在政治语境下,则不难理解国会的失败始终存在。一个陌生人驾驶载有儿童的校车,和我们驾驶自己的汽车;我们(认为我们是)为了乐趣选择吸烟,也不得不吃些以某些无法察觉的方式致癌的食物。相比使用矿物燃料的受害者(例如,矿井事故、呼吸疾病和海岸土地),我们对那些死于灾难性切尔诺贝利事故的人看得更清。在政治上,鼓吹有关人身价值的陈词滥调比阐述一项措施(帮助决定多大程度上国家干预具有正当性)要容易得多。

当国会看起来屈从于这种诱惑时,一些法官就发现了立法失败的迹象。面对以上设定的可行性标准,国会选择保护职业健康免于致癌化学品的潜在危险(与机械损害不同),而伦奎斯特(Renhquist)大法官强调国会未能解决这些问题意味着非法授权的发生。其他的大法官对同样的洞察作出反应,但揭示了更为保守的安排,即将法律解释为要求对所涉风险的程度作出阈值认定。[64](大法官们在其评估中或许不够公平,对国会所提出的选择何种风险予以规制的问题,他们依靠风险评估的职业模式,而忽略了有意义的组织解决方案。法律在任务指派上建议职业安全和健康管理局将适当的风险规制交给全国职业安全和健康协会,该组织由理论科学家构成,与负责医学研究的卫生和公众服务部紧密联系。[65])

---

[62] 21 U.S.C. §348(c)(3)(A)。这一严格的标准导致一项进一步使用糖精(通行的糖的替代品)的禁令,因为实验证据表明被注射大剂量化学品的老鼠患上膀胱癌。国会通过呼吁进一步的研究作出反应,并暂时将糖精从法律中豁免。但是,一般性标准仍然予以保持。

[63] 例如,在交通运输领域,汽车、飞机和核材料的运输以不同的严格程度来对待。在发电站中,核能的小而灾难性的风险比与燃煤有关的慢性病风险,或者燃油产生的地缘政治风险,更能引发不同的立法反应。

[64] Industrial Union Department, AFL-CIO v. American Petroleum Institute, 448 U.S. 607 (1980)。多数意见并不赞同对法律的可行性条件进行解读。九名大法官中的四名支持职业安全和健康管理局,认为法律所要求的保护应当减少患癌的风险,并在技术和经济上"可以实现";三名大法官要求由部长作出最初的确定,即"在既有的工业实践或者标准下存在身体健康损害的重大风险";第八位大法官强调实现既定健康标准所必需的费用"与所期待的健康和安全利益完全不成比例"。

[65] P. Strauss,"On Capturing the Possible Significance of Institutional Design and Ethos" 61 *Administrative L. Rev.* 259(Special Ed., 2009).

在各种各样试图控制的风险中如何作出最佳比较和选择,对此近年来已有大量的讨论。但是,仍然没有发现解决方案。特别是对于风险反应的自交变种问题,我们没有发现具有说服力的解决方案,亦在意料之中。环境和经济效果评估的广泛使用⑥和其他类似构建行政政策分析的方法,暗示了某些理由以期未来弄清这些问题。然而,对当今复杂的技术及其副产品,知识的限制和担忧的程度表明政治上的困难将会持续下去,由此采取管理而非立法的方式来予以化解。

除了直接与安全、环境和人身健康相关的项目之外,各种规制项目大多出自农业部,其寻求确保国家食品供应的稳定。这些项目各有不同(在州层级也有),从标识农业害虫和对受影响的农田或农作物进行隔离检疫的项目到对农作物进行检查和分级的项目,以及市场控制的项目,如前所述。⑥⑦尽管这些项目的效果相当可观,例如,为了应对禽流感(avian flu)的爆发,近几年消灭了数百万只鸟。但是,相关决定基本上由稽查员作出,甚至在机构层面上的正式裁决都极为罕见。在转基因作物(genetically altered crops)上,亦产生了重要的政治和规制问题,而有关危及人类的证据却很缺乏。如同涉嫌食物中毒的案件一样,补救方法是行政召回,毫无疑问其主要由协商而非诉讼来解决。⑥⑧

三、私人土地

较早的讨论简要地触及了"正当程序"(美国行政法的核心部分)问题之间的宪法关系,以及基于公用对私人财产予以征收或者征用的体制。⑥⑨后

---

⑥⑥ 参见页边码第 144 页。
⑥⑦ 参见页边码第 214 页。
⑥⑧ 食品和药品管理局采取了一项政策,即将低于既定水平的必定致癌的玉米发酵副产品不视为受到污染。对此,消费者组织能够超越通常情况下法院的勉为其难,对被诉政策的政府判断进行干预,并赢得该政策未经非正式的规则制定程序不得被采用的认定。CNI v. Young, 818 F. 2d 943(D. C. Cir. 1987); R. Thomas,"Prosecutorial Discretion and Agency Self-Regulation, CNI v. Young and the Aflatoxin Dance", 44 *Admin. L. Rev.* 131(1992)。
⑥⑨ 参见页边码第 94 页。

者并不总是被认为属于行政法的一部分,司法的而非行政的法官席被用来决定诸如"公平价值"和财产是否基于公用被合法征收的问题。另一方面,对土地保持私人所有的发展予以控制,总的来说具有行政法的特征。最为广泛的类似这样的控制是规范房屋安全建设(常常依赖于参考标准的整合,这些标准由非政府组织发展而来,例如,南方建筑规范国际委员会[70])的地方建筑法、都市区域划分条例、规范诸如密度、使用、美学(由选举产生的社区组织所采用和管理)的地方规定。[71] 土地利用的控制也出现在联邦和州的层级,其范围包括历史性地标或者地区的保护、诸如发电站或者管道等大工业的场地定位、对社区制造某些危害的行为控制,例如,冲压排水道、地表采矿或者危险废弃物的堆放。事实上,已有经济规制、健康和安全规制的特别示例。在此背景下,一般适用典型的程序。

四、社会保障、健康和福利

大多数涉及个人经济利益的国家计划,如对老年人的社会保障和其他福利、对不能参加工作的残疾人保险,自从1994年开始都由一个非比寻常的独立机构——社会保障管理局(SSA)来完成。[72] 直到此时,该局才成为健康和公众服务部——内阁部门的组成部门,摒除了在政治方向上强化其独立性的目标设定。[73] 同时,国家计划向贫困父母的未成年子女提供福利,其通过各州在有限的联邦附加条件下转化为划区限制使用的拨款(block grants)。健康和公众服务部长期以来管理对老年人和穷人的医疗保险[74],而在近期,其被要求执行颇有争议的《平民医疗法》。[75] 类似的福利计划包括劳工部管理的适用于某些雇员的联邦工人赔偿计划、农业部为穷人提供

---

[70] 有关参照的整合,参见页边码347页以内。
[71] 例见,纽约市建设部的网址:http://www.nyc.gov/html/dob/home.html。
[72] http://www.ssa.gov。
[73] 该局局长的服务年限为期六年,只有在"正当事由"的情况下才会被免职。参见页边码第177页。
[74] http://www.cms.gov。
[75] http://www.hhs.gov/healthcare/about-the-law/index.html。

食品补贴的食品券计划、退伍军人事务部为曾经在军队服役的人提供福利。单个的州在宽松的联邦监管下管理失业补偿,以及各种各样的地方福利计划。这些计划涉及福利的分配,代表个人的利益而非对行为的规制,其典型的问题是开始或者持续获得福利的个人资格。

对此予以概括是相当困难的,例如,医疗补助计划(对老年人和穷人的公共健康保险)最初由私人保险运营商按照与联邦政府的合同进行管理,而社会福利计划由联邦行政机关来进行管理。然而,有人会说这一过程适合对个人予以最低限度的照顾,其始于日常的行政工作,并通过若干层面的审查。如果不满意的话,福利申请者或者接受者可以要求记录在案的听证。[76] 在大多数联邦计划中,这种听证由联邦行政法法官完成,其受制于行政和司法的审查。如上所述,根据联邦宪法中正当程序条款的解释,[77] 在程序上相当详细的听证是强制性的,其适用于曾获福利被剥夺的人,在某些案件中,还要求听证之前福利支付被暂停。尽管大量的案件没有经过行政阶段,但是,仅仅在社保局就有超过1500名行政法法官负责类似的听证工作。这些行政法法官的工作和部门中申诉委员会对其进行的监管,可以获得司法审查,并构成美国地区法院司法业务的重要部分。[78]

同样,这些计划也解决其他类型的问题。为了行政减负,行政机关提出官方和适用的标准问题,并适用规则替代作出个人判断的一般标准。[79] 同时,有关受到支持的服务提供者的程序问题,因其受益者而有所不同。例如,食品券计划涉及商店业主和福利接受者,每一方都有资格的问题。业主仅仅被允许接受食品券用来支付购买基本食物,不能换取现金或者购买电

---

[76] 在医疗保险计划下,作为争议解决的功能,听证的利用是受到限制的。参见 Gray Panthers v. Schweiker, 652 R2d 146(D. C. Cir. 1980),相关讨论在页边码第 90 页。

[77] 参见页边码第 74 页。

[78] 在 2014 年 3 月 31 日,美国司法会议报告十二个月内有超过 19500 件涉及社会保险的案件,占大约 30 万件案件总数中的 6.5%。网址:http://www.uscourts.gov/statistics-reports/federal-judicial-caseload-statistics-2014。在 1984 年,占案件总数的 11.5%。参见 Annual Report of the Directors of the Administrative Office of the United States Courts 133(1984)。

[79] Heckler v. Campbell, 461 U. S. 458(1983)。参见相关讨论,页边码第 360 页。

灯泡，相比福利接受者不再有资格继续获得食品券，对于店主不当行为的行政制裁程序要不正式得多。然而，或许这些计划中最为尖锐的问题在于全国范围内实现计划的一致性。马肖(Jerry Mashaw)教授的一系列著作以联邦残疾人保险的行政管理为基础，[30]其说明了这一问题的两个方面：首先，需要实现什么样的一致性问题；其次，在保持一致性上可资利用的冲突模式。这些问题首先关注担负政治责任的管理者和常职公务员之间的适当关系。例如，福利欺诈问题被看得多严重，对此采取多严格的措施，这些通常属于政治性管理职能。在这一点上，不考虑常职公务员更为持久的视角，确保新政策的执行就会遇到常见的困难。第二个问题假定目标达成一致，但是，对于实现目标，至少有三个不同和相互冲突的方式：(1)行政模式，其强调内部管理工具和纪律，例如，员工手册、等级结构和鼓舞士气的努力等；(2)职业模式，其建立在帮助医生和社工的承诺之上，而他们直接对计划管理负责；(3)个人模式，其强调计划参与者的权利要求和尊严。如果一项计划总共产生很少的错误，或者在琐碎案件中可能犯下错误，都被管理者视为成功。基于对产生适当结果的承诺的信赖，专家进行计划评估，并对资格转化问题作出职业判断留下足够的空间。个人则会偏爱这样的计划，即对个人的参与和扩展特定权利主张的机会予以最大化。正如马修教授所作出的中肯论证，在某一点上每一个模式都具有吸引力，而它们相互之间不容易保持一致。"在具体的情形中，每一个模式的内在逻辑倾向于从其所处的领域将其他模式排除在外。……可悲的是，设计行政裁决的最佳系统将无法满足不一致的理念。"[31]

---

[30] *Bureaucratic Justice*：*Managing Social Security Disability Claims*(Yale Univ. 1983)；*Due Process in the Administrative State*(Yale Univ. 1985)；*Social Security Hearings and Appeals*：*A Study of the Social Security Administration Hearing System*(with Goetz, Goodman, Schwartz, Verkuil and Carrow)(Lexington 1978)。当这些计划的细节发生变化后，这些著作保持披露相对近期的行政职能研究。参见 G. Wunderlich, D. Rice & N. Amado, eds., *The Dynamics of Disability*：*Measuring and Monitoring Disability for Social Security Programs*(National Academies Press 2002)。

[31] Bureaucratic Justice，第 23 页。

联邦法院的地理安排和最高法院对监督下级法院裁判的能力限制引发了一致性问题的第三方面。例如,社保局的管理者负责国家计划的运作,而审查行政法法官决定的部门申诉委员会也是单一的组织,由此带来工作上的统一路径。但是,这项工作在93个不同司法区域、12个不同的巡回上诉法院受到司法审查。其中每一个法院都相信管理者有责任遵循其基于管辖权在案件中提出的意见。某一法院对行政判断非常容忍,而另一个法院对部门作出精神残疾的处理特别敏感,第三个法院更加关注于在个人不可能超过边际收益的国家经济中工作绩效的认定。管理者对这些所宣称的不同情况做出回应,则仅会将某些法院的判决作为已决案件捆绑在一起,而非作为管理未来决定的先例,这种"非默认"处理与法院产生了主要的冲突。当在特定的论点上与法院意见不一时,有时不是若干法院而是大多数法院,则最终依靠立法来对抗管理者的论点,以此解决争议。一般而言,这样的问题时有发生,例如,在税务行政和劳工事务中。最高法院有限的能力在确保全国法律的一致性上,[82]使得达成满意的解决方案变得十分困难。有人会说,司法和行政系统之间遭遇的复杂情况具有偶发性和被歪曲的特征(唯有失望的市民,而非错误获得支持的市民会寻求司法审查),这加大了困难的程度。

五、税务征收

长期以来,征收税款和其他消费税(excise)一直是行政管理的重要领域。在美国建国的最初时期,税款和关税的评估和征收是联合政府履行的首要行政职能,早期行政实践的历史研究对此给予较大的关注。[83] 税务征收保持其相当重要的地位。随着现代法律职业的自然分化,税务从业者并不倾向于将自己视为"行政律师"。但是,税收实务和程序事实上容易在行

---

[82] 参见页边码第160、168、510页。P. Strauss,"One Hundred Fifty Cases Per Year: Some Implications of the Supreme Court's Limited Resources for Judicial Review of Agency Action", 87 *Colum. L. Rev.* 1093, 1110-16(1987).

[83] 例见 L. White, *The Federalists: A Study in Administrative History* (MacMillan 1948).

政法术语中得到理解。

在联邦层面,除了那些跨越国境的货物之外,大多数税收和消费税的问题在财政部组成部门的管辖范围内,[84]其中包括负责税收的国内税务局,负责特别税和相关商品管控的烟酒火器管理局。这些行政机关通过规制、定期公布管辖权的法律解释、规定申报纳税的表格、收取和处理这些表格、进行必要的调查和启动执行程序,来充实了可适用的法定控制。在税务行政中,如果存在争议,这些程序基本上适用于普通法院或者像税务法院一样的专业审判席,而不是在行政部门之内。但是,在审判发生之前,审计或者其他行政部门内的程序对行政争议的解决给予了足够的机会。州和地方政府面临同样的问题,也通过行政部门中的专业机构来予以处理。

对于已经完成的行政调查,调查形成违反法律的背景信息。美国税务系统是一个自愿申报、由第三方(雇主向政府报告薪酬,公司报告股息等)定期作出强制性披露、偶尔进行事实调查的运行系统。由此推论,似乎显得不那么过于愤世嫉俗,即这样一个系统的需要极大地促进了美国法院不愿意将自证其罪的说辞归于对提交报告的义务的辩解。与此类似,最高法院拒绝将自证其罪的保护扩大到非私人的文件和个人对私有财产作出声明的权利主张。[85] 由此,在调查的过程中执行对信息(传票等)的行政要求,保持记录的法定要求,以及支持海关规制的大范围被许可的搜查等,相关标准则显得相对宽松一些。涉及这些主题的较大比例的基本法律事实上都是源自税务行政,与形成文件相关的法律尤其如此。

自从在2003年创设国土安全部,海关检查和执法成为其两个组成部门的职责,如美国移民和海关执法局[86]和美国海关和边境保护局。[87] 两个组织

---

[84] http://www.treasury.gov/about/organizational-structure/bureaus/Pages/default.aspx。该网站链接了下文所提到的所有管理局,以及财政部内设的其他部门。

[85] 参见页边码第72页。

[86] http://www.ice.gov。

[87] http://www.cbp.gov。

都强调安全的问题,例如,边境巡逻是它们最为重要的任务。它们负责控制进入美国的船运和评估相关关税。在内部处理(包括从海关和边境保护局获得关税认定函件)之后,关税争议可在国际贸易法院通过审判来解决。

六、公共服务

美国行政部门的大部分努力花费在支持教育、住房和公路建设等公共服务的计划管理之中。教育部、[88]住房和城市发展部[89]和交通部[90]每年根据计划的目标监督数十亿美元的分配,其要么授权批准州计划,要么采取个人担保贷款的形式。为了寻求治愈癌症的方法和能源技术的发展,以及主动国防战略的发展,与联邦政府签订合同的研究为公立和私立大学以及工商业界的重要部门提供了主要支持。在州和地方层面,各种机构提供的服务必须运作起来,表明在计划和运作上可能存在大量的争议。

基于假设的住房发展暗示可能在一定范围内产生问题。(所给定的例证是那些能够带来平等和富裕的公立学校或者其他服务)如果项目受到联邦的财政支持,那么首要的事情就是满足这些支持的附带条件,例如,为残疾人、(基于计划)老年人或者其他目的提供足够的供应。有关这些问题的争议可以通过行政手段予以内部解决,而这些行政手段被描述为"非正式裁决"由法院来审查。在联邦条件的保护目的下,这些组织中的某一成员将因失败而受到个人的影响,而失败能够获得司法审查,并在司法判决中被认定不符合这些条件。[91](依此观点,如果被错误保留或者过度支持的项目极不确定,则该州会提供补救。)此外,如果项目具有重大的环境隐患,联邦行政机关会被要求在批准该项目之前发起"环境影响评估",首先为公众评议撰

---

[88] http://www.ed.gov/.
[89] http://www.hud.gov/.
[90] http://www.dot.gov.
[91] 例见 Citizens to Preserve Overton Park, Inc. v. Volpe, 401 U. S. 402(1971)。受个人影响的要求是起诉资格所必需的要件,参见页边码第 429 页。

写草拟文本,然后提交最终文本。㉜ 濒危物种的存在将会带来重大的障碍。㉝ 这些规定为广泛的公众参与创造了实质性的机会,例如,那些关心对附近湿地的野生动物产生影响的人。一旦根据项目条件通过行政程序作出许可,其会受制于后续的联邦监督和可能的行政执行。如果违反某些条件(例如,非歧视性雇佣),则会危及特定的项目和所有类似的联邦资助。㉞

　　那些构建和承担项目的人将可能面临在此问题上州和地方法的限制,而所要求的公共程序会更为正式或者不那么正式。一旦项目运作,其他的问题会接踵而来,例如,准入资格、租赁条件(尤其是要支付租金)以及对那些违反资格或者租赁的租户予以纪律约束。在美国,公共住房的通常情况是有资格的申请者比公共住房数量要多得多,申请(一般就像福利)由行政程序来加以处理,失望的合格申请者是否有权要求再次加入挑选合格者的过程是一个有趣的难题。㉟ 租

　　㉜　换言之,法院将经常询问《国家环境政策法》(42 U. S. C. §4334)所要求的环境分析是否完成,而不是这一分析的结果是否形成特定的决策。Strycker's Bay Neighborhood Council v. Karlen,444 U. S. 223(1980)。然而,有时环境分析会揭示某些引发其他联邦法律介入其中的事项。例如,根据联邦濒危物种法,所提议的地点是保护物种的栖息地,则这些法律将对项目运作是否符合法定条件加以控制。参见 Robertson v. Methow Valley Citizens Council,490 U. S. 332(1989)。

　　㉝　National Assn of Home Builders v. Defenders of Wildlife,127 S. Ct. 2518(2007);Tennessee Valley Authority v. Hill,437 U. S. 153(1978). T. Campbell,B. Raffle,A. Cavender & N. Carlin,"Protecting the Lesser Prairie Chicken Under the Endangered Species Act:A Problem and an Opportunity for the Oil and Gas Industry",45 *Tex. Envtl. L. J.* 31(2015).

　　㉞　作为联邦项目的执行手段,受到危及的联邦资助的损失被证明在教育项目上颇具争议,尤其是可以获得限制开支的私人执行。认定这种威胁的力量是促使最高法院限制对其予以救济的明显因素。例见 Armstrong v. Exceptional Child Center,Inc. ,575 U. S. __ (2015);Gonzaga University v. Doe,536 U. S. 273(2002);Alexander v. Sandoval,532 U-S. 275(2001);NAACP v. Smith,525 U. S. 459(1999);Grove City College v. Bell,465 U. S. 558(1984). See also S. Bagenstos,"Spending Clause Litigation in the Roberts Court",58 *Duke L. J.* 345(2008);N. Huberfeld,"Bizarre Love Triangle:The Spending Clause,Section 1983,and Medicaid Entitlements",42 *U. C. Davis L. Rev.* 413(2008);L. Baker,"Conditional Federal Spending and States Rights",574 *Annals* 104(2001);A. Rosenthal,"Conditional Federal Spending and Constitution",39 *Stan. L. Rev.* 1103(1987);R. Katzmann,*Institutional Disability:The Saga of Transportation Policy for the Disabled* (Brookings Institute 1986)。

　　㉟　由于对稀缺资源的申请者不能容易地被描述为对此具有"资格",传统的正当程序分析(参见页边码第83页)似乎不会将其视为具有宪法上的程序主张。最高法院对此并未作出判决,但是,巡回法院达成共识,它们认为对于大量确切要求资格标准的项目,至少在宪法上不具有程序的"正当"。当持续获得某一既定资格被终止时,相比必需而言,其紧迫性要低一些。Kapps v. Wing,404 F. 3d 105(2d Cir. 2005);C. Farina,"Conceiving Due Process",3 *Yale J. L. & Feminism* 189(1991)。

赁的条件包括出租、租户在没有罚没的情况下将房屋再出租给别人获得收益的最大化、行为规则等,其是规则制定而非裁决的产物,仅仅受制于形成租赁条件的法定限制。⑯ 然而,资格条件也关乎授予人的持续利益,联邦批准或者担保贷款的条款会要求被授予人,对提出更换所支持的行政机关说明理由。租户致力于参与这些程序,并促使其变得正式,否则可能会通过协商或者非正式裁决来加以解决,但是,一般被证明是徒劳无用的,尽管在支持他们的利益上存在激烈的争论。⑰ 最终,租户被认为处于"正当程序"资格范围之内,由此能够要求在驱赶或者惩戒上采用相对正式的裁决程序,这些程序可能发生在行政性的"住房法院"或者市政司法系统中。

七、监护机构

监护机构由国家进行管理,特定的监狱、精神病医院、精神弱智者的住宿学校被视为行政机关,其作出的决定对于正当程序条款所保护的"自由"有着特定的效果。(私人管理的"监狱",不常用于相对较轻的犯罪,以及私立精神病医院,在此不予考虑。⑱)在联邦层面,大的监狱系统由司法部的监狱管理局来进行管理。⑲ 但是,总的来说监护机构属于各州,受州法辖制。

---

⑯ 参见页边码第 261 页。

⑰ 普遍存在的问题是有司法管辖权去审查何谓类似决定租金的管理行为,是否法院或者行政机关有最终责任去实现租户的权利。当护理之家的住户抗议该机构本身缺乏资格证书时(意味着住户将不得不搬离),最高法院予以支持,认定在作出最终判决之前护理之家被给予程序上的保护。在联邦法院启动正当程序的诉求上,大量的病人对此没有个人利益。O'Bannon v. Town Court Nursing Center, 447 U. S. 773(1980)。"Din 没有权利与她的配偶生活在一起,也没有权利生活在这个国家,两者相互牵连。对于政府行为有一个简单的区分,即直接影响某一市民的法定权利或者对其自由施加直接的限制。该行为直接针对第三方,对市民仅仅产生间接或者附带的影响。" Kerry v. Din, 135 S. Ct. 2128, 2138(2015)。

⑱ 可能的资源包括: G. Metzger, *Private Delegations, Due Process, and the Duty to Supervise*, 以及 S. Dolovich, *How Privatization Thinks: The Case of Prisons*, both in *Government By Contract: Outsourcing and American Democracy* (J. Freeman & M. Minow, eds., 2009); W. Brooks, "The Privatization of the Civil Commitment Process and the State Action Doctrine: Have the Mentally Ill Been Systematically Stripped of Their Fourteenth Amendment Rights?", 40 *Duq. L. Rev.* 1(2001)。

⑲ http://www.bop.gov/.

作为公共机构,联邦或者州的监护机构展现了所有行政法的常规面向,例如,形成政策、签订合同、公务员从事管理等。但是,在其与个人之间的照顾关系上,引发了最为尖锐的问题。实际上,将个人托付给监护机构是如此的重要,以至于其掌控在法院的手中。其中,普遍存在的是犯罪确定,以及因精神病或者弱智产生的非自愿托付,在此情况下一般与医疗稽查员联系在一起。[100] 没有人会怀疑在这一阶段必须予以最大的关切。[101] 然而,在托付过程中产生的问题和许多衍生的问题,都是基于行政法的视角来加以处理的。

因此,将因犯转移到另一监所时,监狱长应当遵循何种程序,其产生行政法上的问题,而非刑法问题。[102] 在对因犯施加的纪律惩戒之前,要求适用何种形式的听证,这是根据行政程序规范,而非刑事程序规范来予以确定的问题。给予纪律惩戒的听证产生于监狱系统,并非诉至法院。[103] 当公务员玩忽职守,有时残暴对待他人(在此案中为因犯)时,州监狱长和狱警成为诉讼案件的常客,他们被指控其行为违反了《联邦民权法》第 1983 条,并应给予损害赔偿。这些诉讼曾获得成功,达到令人惊奇的程度。[104] 尽管仍然存在法律上的障碍,但其数量庞大。[105] 在监禁的后期,服刑人员有机会获得提

---

[100] S. Brakel, The Mentally Disabled and the Law (Am. Bar. Found., 3ct cd. 1985), and "Searching for the Therapy in Therapeutic Jurisprudence", 33 *New Eng. J. on Crim. & Civ. Confinement* 455(2007).

[101] 在精神弱智的情况下,托付一般是应家庭的请求,通常是在其儿童阶段就被托付。依赖于家庭的裁量,更多的非正式程序出现在这些案件中,但即使如此,一般看来仍然需要对医学判断予以明确的司法监管。Parhajn v. J. R., 442 U. S. 584(1979)。随后,最高法院认为相比精神病来说,对于精神弱智的托付,其程序要求要少一些。Heller v. Doe by Doe, 509 U. S. 312(1993)。

[102] Meachum v. Fano, 427 U. S. 215(1976)。

[103] Walpole v. Hill, 472 U. S. 445(1985)。

[104] 参见 H. Monaghan, "State Law Wrongs, State Law Remedies, and the Fourteenth Amendment", 86 *Colum. L. Rev.* 979(1986)。

[105] 参见页边码第 525 页。美国法院行政办公室的近期报告(http://www.uscourts.gov/statistics/table/c-2a/judicial-business/2014/09/30)显示 2014 财年因犯在美国地区法院提起了超过 32000 件民事诉讼,占整个民事待决案件的约 11%,引发了涉及民权法律或者监狱条件的问题。尽管如此,但是,1996 年的监狱诉讼改革法(42 U. S. C. 1997e)作出了回应,"不仅使得因犯的民权案件难以提起,而且使其难以胜诉。"M. Schlanger, "Trends in Prisoner Litigation, as the PLRA Enters Adulthood", 5 UC *Irvine L. Rev.* 153(2015)。针对残暴的监狱条件的诉讼获得了一些胜诉。Brown v. Plata, 131 S. Cl. 1910(2011); Parsons v. Ryan, 754 F. 3d 657(9th Cir. 2014)。

前的缓刑释放,其建立在内部的有关"品行端正"行政判断上,更为重要的是行政性的法官席——假释委员会作出的判断,该委员会的愿景是行为守法者重返社区。这些组织在多大程度上受制于常规限制,严重依赖于其作出的判断和非正式获得的信息,由此造成了重大的争议。[106]

相应的问题产生于精神病护理和精神弱智复健的背景之中。在1970年代,在可接受的护理和计划上要求执行相关规范的诉讼在美国法学上平常无奇,这些诉讼要求公共部门必须履行所宣称的职责,其易于用行政法的术语来加以概括。在许多这样的案件中,计划的公共管理受到了质疑,其缺陷被揭露,而实际上导致法官予以听审,并将计划置于司法的代管(judicial receivership)之下。[107] 对法官能力和合法性的怀疑让州行政机构负担重重,亦促使随后最高法院作出判决,即不支持如此胆大的疏忽。[108] 然而,事实上州监护机构对被监护对象的自由和福祉有着重大影响,在此背景下其承诺给予持续可靠的行政救济。

在涉及服刑人员自由和财产利益的案件中,联邦法院从保障正当程序的条款执行上作出了惊人的退却,对此同样的质疑显得言之凿凿。在1995年,某州对被指控行为不当的重罪囚犯施加长达30天的单独禁闭。在这起引人注目的案件中,最高法院对州的决定作出判决,即该州最终承认对这种惩戒无法提供合理理由(在囚犯服从这种惩戒后)。[109] 其中,五名大法官(人

---

[106] 参见 Swarthout v. Cooke, 562 U. S. 216(2011); Superintendent, Mass. Corr. Institution, Walpole v. Hill, 472 U. S. 445(1985); Newman v. Beard, 617 F. 3d 775(3d Cir. 2010); Miller v. Oregon Bd. of Parole and Post-Prison Supervision, 642 F. 3d 711(9th Cir. 2011)。

[107] D. & S. Rothman, *The Willowbrook Wars* (Harper & Row 1984); "Special Project: The Remedial Process in Institutional Reform Litigation", 78 *Colum. L. Rev.* 788(1978); A Chayes, "The Role of the Judge in Public Law Litigation", 89 *Harv. L. Rev.* 1281(1976)。

[108] 例如,Pennhurst State School & Hospital v. Halderman, 465 U. S. 89(1984). See R. Sandler and D. Schoenbrod, *Democracy by Decree: What Happens When Courts Run Government* (Yale 2003); Ridgway, "Equitable Power in the Time of Budget Austerity: The Problem of Judicial Remedies for Unconstitutional Delays in Claims Processing by Federal Agencies", 64 *Admin. L. Rev.* 57 (2012); C. Sabel & W. Simon, "Destabilization Rights: How Public Law Litigation Succeeds", 117 *Harv. L. Rev.* 1015(2004)。

[109] Sandin v. Conner, 515 U. S. 472(1995)。

数最低的多数意见)表达了两个方面的担忧。首先,从州法的明确规定中推断出"自由"利益的实务操作具有这样的效果,即给予监狱以行政激励去授权员工做出无标准的裁量,而非将监狱管理法制化。⑩ 其次,这种实务操作"导致联邦法院卷入监狱的日常管理,并常常浪费司法资源而对当事人的利益补偿显得微不足道"。多数意见认为在监狱的环境中,"自由"仅仅受到这样情况的影响,即"在普通的监狱生活中,出现非典型的、重大的艰难情况"。30 天单独禁闭的惩罚对于服刑超过 30 年的囚犯来说,"显得过于短暂和不大重要,以至于不足以启动程序性正当程序的保护,只要监狱行政人员对此(无论是否有理由)具有裁量权"。持不同意见的大法官拒绝新的测试,并毫无困难地认定其符合正当程序保护的要求。该判决引发了重大,但仍未解决的争议,即是否我们见证了在正当程序司法上的总体紧缩,或者只不过是最高法院担心介入州监狱行政问题的一种表象。⑪ 迄今为止,这一判决仅仅在其他监狱行政案件中被予以关注。

八、移民和驱逐出境

《外国人法》规范踏入美国国土的外国人行为的合法性,其中,"自由"的议题也是居于中心地位的,并以此对抗各州运用不寻常的强制力。尽管各州有效地拒绝了国家计划的非正式推行,对此其在一定程度上承担了成本,⑫而无法采取行动防止非法移民的越境,⑬但移民问题完全具有联邦的属性。尽管某些与合法进入美国境内有关的行政处理发生在国务院,但是,

---

⑩ 参见实证主义陷阱的讨论,页边码第 84 页。

⑪ Compare R. Pierce, Jr., "The Due Process Counter-Revolution of the 1990s?", 96 *Colum. L. Rev.* 1973(1996); and C. Farina, "On Misusing 'Revolution' and 'Reform': Procedural Due Process and the New Welfare Act", 50 *Admin. L. Rev.* 591(1998).

⑫ Arpaio v. Obama, 797 R3d 11(D. C. Cir. 2015); Texas v. United States, 787 F. 3d 733 (5th Cir. 2015)。最高法院在本书即将再版时正在审理 Texas v. United States 案,但是,只有八位大法官在场,至少有可能会有四名分别投票支持维持和撤销,这种情况似乎以前从未发生过。对此,判决将会"由平等划分的法院来作出"。在类似这样的案件中,下级法院的判决被维持,但不具有先例效果。

⑬ Arizona v. U. S., 132 S. Ct. 2492(2012).

自从 2003 年外国人法的行政管理大体归属于国土安全部的三个部门，即美国公民和移民局（CIS），⑭以及处理海关事务的移民和海关执法局（ICE）和海关和边境保护局（CBP）。⑮ 非美国居民入境或者工作身份的合法性问题在此无法得以解决，其需要由司法部的移民审查行政办公室（EOIR）来完成。⑯ 其中，移民申诉委员会（BIA）直接审查某些国土安全部地区主管作出的决定；尤为主要的是，对移民审查行政办公室的移民法官（非行政法法官）所作出的决定，该委员会通过听证来进行审查。对于雇主被指控未遵守移民法的限制，移民审查行政办公室的行政法法官（非移民法官）举行听证予以审查。如果当事人不服，这些裁决和移民申诉委员会的决定则会受制于司法审查。

　　移民法是一个高度发展和复杂的专业，在此予以概述有点不合时宜。⑰被评论的内容几乎囊括了整个法律的创制：法院"一直将驱逐或者拒绝接纳外国人的权力看作基本的主权，其被政府中的政治部门所运用，大多免于司法的控制"。⑱ 同时，"由于国会对外国人的规制予以充分授权……某些有效适用于外国人的议会规则如果适用于本国居民则变得不被接受"。⑲ 那些在美国的外国人如果完全不合法（与此相区别，那些合法性处于灰色地带的人如果违反准入的条件，仍然会受到驱逐出境），则几乎无法寻求行政机关或者法院的救济。在受到"9·11"恐怖袭击之前，非法入境的外国人有某些资源通过人身保护令来挑战驱逐出境的决定。但是，2005 年《真实身份法》的通过终结了法定的人身保护，⑳并"授权国土安全部不经合法性审查

---

　　⑭　http://www.uscis.gov/.
　　⑮　参见页边码第 233 页。
　　⑯　http://www.justice.gov/eoir.
　　⑰　Consider K. Johnson et al., *Understanding Immigration Law*, (LexisNexis, 2009); A. Cox & E. Posner, "The Second Order Structure of Immigration Law", 59 *Stan. L. Rev.* 809 (2007); A. Cox & C. Rodriguez, "The President and Immigration Law", 119 *Yale L. J.* 458 (2009).
　　⑱　Fiallo v. Bell, 430 U.S. 787, 792 (1977).
　　⑲　Hotel & Restaurant Employees Union v. Attorney General, 804 F. 2d 1256, 1259 (D. C. Cir. 1986), quoting Mathews v. Diaz, 426 U. S. 67 (1976).
　　⑳　Pub. L. No. 109-13, 119 Stat. 231.

驱逐更多的移民"。[121]

九、国家安全

在"9·11"恐怖分子袭击世贸大厦和五角大楼以及涉及国家安全的商业后,经过政府的大规模改组国土安全部在 2003 年成立。行政法的关注点在多个方面触及国家安全的问题,例如,涉及国家安全机构对潜在恐怖分子予以秘密监视的"搜查和扣押";[122]有关安全敏感信息的适当分类问题,这些信息与《信息自由法》的首次豁免相关,[123]在处理许可申请中涉及对外关系的保密信息,[124]确保政府雇员的可靠性("安全许可")或者依赖于通过合同完成涉及保密信息的工作。在此,信息的敏感性涉及拒绝与潜在的不被信任的局外人(outsider)分享信息,由此对其"生命、自由或者财产"产生负面影响。当安全许可被收回和登记乘客被发现上了国土安全部交通安全管理局(TSA)的"禁飞名单"(no-fly list)时,这样的问题在移民背景下与特定的强制随之而生。

这些问题最初催生于冷战早期,当时匿名告密者造成同情共产主义的怀疑,而导致可能终止安全许可的听证。从事听证的人员拥有相关信息,而"被指控者"则没有;正如以前所提及,[125]重要的是美国人对公平程序的敏感性造成了这样的程序是否被允许的强烈怀疑;一般而言,事实上在听证中被指控者能够获知怀疑其许可的信息要点,而非信息来源,将有机会出示自己的证人和证词以作出回应。在当前反恐的时期,程序上实务和裁定对于有不正当社交关系的疑犯来说显得不那么有利了。面对披露安全敏感信息会

---

[121] 参见 B. Hines, "An Overview of U. S. Immigration Law and Policy Since 9/11", 12 *Tex. Hisp. J. L. & Pol'y* 9(2006); INS v. St. Cyr, U. S. 121 S. Ct. 2271(2001); G. Neuman, "The Habeas Corpus Suspension Clause After Boumediene v. Bush", 110 *Colum. L. Rev.* 537(2010), "Federal Courts Issues in Immigration Law", 78 *Texas L. Rev.* 1661(2000) and Habeas Corpus, "Executive Detention, and the Removal of Aliens", 98 *Colum. L. Rev.* 961(1998); S. Legomsky, "Deportation and the War on Independence", 91 *Cornell L. Rev.* 369(2006).

[122] *Legal Issues in the Struggle Against Terror* (J. N. Moore & R. Turner eds., 2010).

[123] 5 U. S. C. 552(b)(1).

[124] "In re Matter of Edlow International Co", 3 *N. R. C.* 563(1976).

[125] 参见页边码第 78 页。

让敌方警示其资源的担心,即使法院支持处理有关正当程序的诉求,这些人被剥夺财产,或者被扣留和受到身体上的攻击性对待,或者发现自己被禁飞,但不愿意要求政府向受影响的个人披露更多的保密信息,并在不公开其性质的情况下审查所有其他"被摄像"的人。[126]

"禁飞名单"程序因其迟钝而引人注目。某人在登机口被拒而相信其在名单上,可以通过网站向国土安全部提交信息,以说服可能存在错误。然而,这些程序不能直接告知其是否在名单上,或者提供任何相关信息以及得知任何名字的信息特征,或者允许其任何的人际接触或者听证,无论是否非正式。这些提交的投诉由交通安全管理局和其他闭门的安全机构来处理。最后,投诉人将会收到一份函件,不会认定其是否在名单上,而公式化地陈述"在审查任何适当的记录后……确定记录更正被许可,并修改这些记录……这一确定构成最终的行政决定,并为美国上诉法院所审查"。所确定的内容及其基础不予公开,行政记录将被提交法院进行司法审查,并盖上"单方面"和"录像"的印章。到目前为止,诉讼的结果仍在地区法院,这些程序有所改善,即政府提供非保密的对个人符合可适用标准予以说理的摘要,尽可能不危及国家安全和执法信息。[127]

  [126] Ralls Corporation v. Committee on Foreign Investment in the United States,758 F. 3d 296 (D. C. Cir. 2014);El Masri v. United States,479 F. 3d 296(4th Cir. 2007);Latif v. Holder,28 K Supp. 3d 1134(D. Or. 2014),Mohamed v. Holder,995 F. Supp. 2d 520(E. l). Va. 2014);see Kahn,*Mrs. Shipley's Ghost*:*The Right to Travel and Terrorist Watch Lists*(2013).

  [127] 另见 P. Strauss,*When the Curtain Must be Drawn*:*American Experience with Proceedings Involving Information That*,*for Reasons of National Security*,*Cannot Be Disclosed*(2015),页边码第 94 页注释 248。在 Latif v. Holder,28 F. Supp. 3d 1134(D. Or. 2014)案中,法院指示政府适用新的程序,即通知原告处于禁飞名单的情况和允许其提供证据予以反驳。在 2015 年 1 月为止,政府向每一个原告发出函件,并更新其身份状况,从名单去除了 13 名原告中的 7 名,对剩下的原告告知了某些续留名单的理由。在 Latif v. Lynch,No. 3:10-cv-00750-BR,2016 U. S. Dist. LEXIS 40177(D. Or. Mar. 28,2016)案中,法院认为这些程序"原则上"符合正当程序和《联邦行政程序法》的要求,但其结论是"基于记录不能确定被告是否向原告提供了通知,从而足以让原告作出有意义的反应。特别是,记录没有包括如下信息:对原告提出程序性正当程序诉求予以判定的信息;包括主要的辩解或者指责的信息在内,被告没有向原告予以披露或者对不予信息说明理由的信息;被告认为平息措施须符合这种非披露要求的信息;以及是否聘请律师的原告有适当的安全许可去审查被隐瞒的信息。"这些问题仍处于诉讼之中。

十、国际商业

现代社会的全球化和总体国际经济的发展对美国政府提出了重要的挑战,在此分为两个方面:国际贸易的规制和特定规制标准的融合(便利化接受在美国境内由外国人制造的商品和美国在海外生产的商品)。

国际贸易(International trade):海关及其相关的职能,[128]以及国际贸易的规制完全属于联邦责任,其大部分工作由商务部国际贸易管理局来承担。[129] 出口某些敏感技术的许可证一般通过"准司法"的申请程序获得,而其所作出的决定往往涉及国家保密的信息。[130] 反倾销和补贴法的执行倾向于保护美国工业免于海外的差别对待,其部分由独立的美国国际贸易委员会进行更为正式的处理。[131] 作为美国联邦巡回上诉法院的组成部分,国际贸易法院属于审判层级的专业法院,[132]其负责审理上述事务,并对根据联邦法律(如对进口交易予以规范的海关法)提起的诉讼有管辖权。另一方面,对于美国贸易政策的发展,其职责主要归于美国贸易代表办公室,亦为总统行政办公室的一部分。[133] 该办公室由美国贸易代表领导,这些代表是有着大使头衔的内阁级别的官员,其从事双边和多边贸易的协商,与涉及第三方利益的总统贸易政策官员进行沟通,通过与机构间贸易政策干事、贸易政策审查组织和相关美国驻外大使进行协商,来协调美国

---

[128] http://www.cbp.gov/。进口货物分类的海关管理行为引发了最高法院在行政机关规章的法律约束力上作出了三项判决。United States v. Haggar Apparel Corp., 526 U. S. 380(1999), and the deference owing to informally-reached administrative interpretations, United States v. Mead Corp., 533 U. S. 218(2001); U. S. v. Eurodif S. A., 555 U. S. 305(2009)。参见页边码第497页。

[129] http://www.trade.gov/.

[130] 参见U. Va. Center for Law and National Security, *Technology Control*, *Competition*, *and National Security: Conflict and Consensus* (1987); Practicing Law Institute, *Coping with U. S. Export Controls* (1986). Cf. In the Matter of Edlow International Co., 3 N. R. C. 563(1976),所产生的案件涉及美国核规制委员会负责对核动力技术产品的出口规制。

[131] http://www.usitc.gov/.

[132] http://www.cit.uscourts.gov/.

[133] https://ustr.gov/.

的贸易政策。[134]

在整个 20 世纪中,大量的国际协议和其他法律文件被精心打造出来,其所阐明的目标是建立统一的核心规则来指导全球的商业交易。[135] 而其最为成功之处在于通过跨界交易商业术语和实务的标准化,推动国际贸易的可预期性和稳定性。然而,反对者反驳称这些协调性的协议要求长时间的谈判,无法弥补国际商业快速改变的状况,并鼓励无效率的寻租投资策略。[136] 这样的结果是产生一定水平的抵制。

因此,美国国会在历史上被证明对这些批评更为开放,同时,很少批准任何违反国内法的国际协议或者条约。例如,在 1958 年美国国会的领导基于联合国代表的建议,没有批准有关承认与执行外国仲裁裁决的公约("纽约公约"),[137] 否则他们就会成为国际商业规制的忠实拥护者。美国代表团担心要求法院承认和执行国际仲裁裁决的纽约公约,将会取代州法,或者作

---

[134] 在各种各样的印刷品资源中可以找到有关这些规制机构的相关信息。参见 R. Ahearn, *Trade Primer: Qs and As on Trade Concepts, Performance, and Policy* (Congressional Research Service 2011); B. Bittker and B. Denning, *Bittker on the Regulation of Interstate and Foreign Commerce* (Aspen Law & Business 1999); I. Unah, *The Courts of International Trade: Judicial Specialization, Expertise, and Bureaucratic Policy-making* (University of Michigan 1998); W. Lash, *U.S. International Trade Regulation: a Primer* (A. E. I. Press 1998); P. Reed, *The Role of Federal Courts in U.S. Customs and International Trade Law* (Oceania Publications 1997)。

[135] 有关装船清单的国际协议(在美国制定为《货物海运法》)这样的文件近来成为备受关注的最高法院判决的主题,而判决为美国处理国际贸易的融合效果提供了深刻的见解。《货物海运法》对全球货物海运建立了一套统一的国际规范,其中包括"包装限制"的条款,即如果以美国的合法货币每一个包装超过 500 美元,承运人或者船只在任何情形下都无需对货运相关的损失或者损害承担责任。在 Norfolk Southern Railway Co. v. Kirby,543 U. S. 14(2004)案中,最高法院的判决受到质疑,其涉及在美国出现火车出轨,而澳大利亚船运业主就设备损害起诉美国铁路的所有者。在船运之前,船运业主和铁路对最初的装船清单上的责任条款达成一致,该条款复制了《货物海运法》中违约包装的限制规定。然而,在火车出轨后作为原告的船运业主诉称,对于船运的非海事部分该规定应当被废止和被地方侵权与合同法所替代。最高法院对此不予支持,其认为合同是海运合同,尽管火车出轨具有内陆性质,但争议在本质上不是地方性的。由此,奥康纳(O'Connor)大法官认为自从"在案件中适用州法会削弱整个海事法的统一性……",联邦法律适当地控制了合同解释。同时,挫败了《货物海运法》的目标——"在海运合同中进行有效率的缔约"。同上,第 28—29 页。

[136] P. Stephan, "The Futility of Unification and Harmonization in International Commercial Law", 39 *Va. J. Int'l L.* 743(1999).

[137] C. Drahozal, "New York Convention and the American Federal System, The Symposium", 2012 *J. Disp. Resol.* 101(2012).

为选择,该协定没有给予美国有意义的益处。[138] 直到美国国内法在二十年后作出实质性的改变,美国法院自证愿意执行外国仲裁裁决,最终美国批准了该公约。[139] 最近以来,国会通过 1994 年《乌拉圭回合协议法》(URAA)对世贸组织乌拉圭回合协议予以执行凸显了"保护美国规制自治的强烈意愿"。[140]《乌拉圭回合协议法》表面上批准了乌拉圭回合确定的广泛规定,但是,只有在与美国现行法保持一致的情况下才会如此(相当不诚实)。[141]

与此类似,美国在 1988 年批准了《国际货物销售合同公约》(CISG),但美国变成七个国家中的第二个国家拒绝接受第一条有关间接适用的规定,而实质上限制了该协定的范围。[142] 为了"促成消除国际贸易中的法律障碍和促进国际贸易的发展",《国际货物销售合同公约》意图建立一套统一的合同规范。[143] 然而,美国对《国际货物销售合同公约》管辖权的限制降低了该公约的价值,其授予缔约方实质性的余地,使他们通过各种法律机制的选择来规避公约的规定。[144]

同时,最高法院缓慢地引导美国对外政策趋向对融合采取"去中心"的路径。[145] 在若干场合中,最高法院承认缔约方有权选择哪一国家的法律将规范

---

[138] "Official Report of the United States Delegation to the United Nations Conference on international Commercial Arbitration(Aug. 15,1958)",reprinted in 19 *Am. Rev Int'l Arb.* 91,95(2008).

[139] G. Aksen,"American Arbitration Accession Arrives in the Age of Aquarius:United States Implements United Nations Convention on the Recognition and Enforcement of Foreign Arbitral Awards",3 *Sw. U.L. Rev.* 1(1971).

[140] R. Stewart,"The Global Regulatory Challenge to US Administrative Law",37 *N.Y.U. J. Int'l L. & Pol.* 695(2005).

[141] 19 U.S.C. §3535(2000).

[142] http://wvvw.uncitral.org/uncitral/en/uncitral_texts/sale_goods/1980CISG_status.html.

[143] Convention on Contracts for the International Sale of Goods,pmbl.,Apr. 10,3 980,U.N. Doc. A/Conf/97/18,reprinted in 52 Fed. Reg 6264(1987). 完整文本见网址:http://www.undtral.org/。

[144] 例见 BP Oil Intern.,Ltd. v. Empresa Estatal Petroleos de Ecuador,332 F.3d 333(5th Cir. 2003);Asante Techs.,Inc. v. PMC-Sierra,Inc.,164 F. Supp. 2d 1142(N.D. Cal. 2001);St. Paul Guardian Ins. Co. v. Neuromed Medical Systems &. Support,GmbH,No. 00 CIV. 9344(SHS),2002 WL 465312,(S.D.N.Y. Mar. 26,2002).

[145] E. Posner,"Arbitration and the Harmonization of International Commercial Law:A Defense of Mitsubishi",39 *Va. J. Int'l L.* 647(1999).

其私人关系。[146] 因此,缔约方能够预期何种规则和规章将被适用于他们之间的未来争议,并相应地规划了他们的行为。他们实现了全球融合协议可预期性和稳定性的目标,但是,只是通过双边协议而非立法命令来预测私人的选择。

融合(Harmonization):单个的联邦规制者负责为美国市场上的商品设定健康、安全和环境的标准(例如,食品和药品管理局、联邦航空管理局和联邦通信委员会),通常会面临是否将其标准与国际规制架构融为一体的问题。这一运动的部分原因是世贸组织争端解决机构(DSB)施加的外部压力所致,该机构迫使美国规制者适用国际制裁标准,或者在替代的选择中为任何偏离提供肯定性的辩护。[147] 融合的推动也源自其他国际组织的工作,例如,联合国粮食与农业组织(FAO)的食品法典委员会(codex alimentarius)在食品安全上的工作。[148] 美国国内的规制者也自由地参加了负责发展若干最有影响的国际规制架构的会议和公约,并经常在没有任何外部激励的情况下适用由此产生的法律标准。[149]

在此,大部分的推动力来自商务部管理的《国家技术转让和促进法》,其强烈鼓励行政机关适用非政府组织(例如,美国国家标准协会,[150]或者以前的美国机械工程师协会(ASME),现在的国际机械工程师协会[151])发展的标准,以替代它们自己的规章。[152] 在国际经济中,许多这样的标准通过机械工

---

[146] 例见 Bremen v. Zapata Off-Shore Co., 407 U. S. 1(1972);Mitsubishi Motors v. Soler Chrysler-Plymouth, 473 U. S. 614(1985); Carnival Cruise Lines, Inc. v. Shute, 499 U. S. 595(1991); Vimar Seguos y Reaseguros, S. A. v. M/V Sky Reefer, 515 U. S. 528(1995)。

[147] Stewart,前注[140]的第 712 页。

[148] http://www.codexalimentarius.org/.

[149] Stewart,前注[140]的第 704 页。

[150] http://www.ansi.org/.

[151] https://www.asme.org/.

[152] Office of Mgmt. & Budget, Exec. Office of the President, OMB Circular No. A-119, Federal Participation in the Development and Use of Voluntary Consensus Standards and in Conformity Assessment Activities, 63 Fed. Reg. 8546, 8554 (Feb. 19, 1998), available at http://standards. gov/all9. cfm. See also National Technology Transfer and Advancement Act, Pub. L. No. 104-113, § 4(d)(4),110 Stat. 783(1996); NIST, Regulatory SIBR(P-SIBR) Statistics, Standards Incorporated by Reference(SIBR) Database, http://standards.gov/sibr/query/index.cfm? fuse-action = rsibr. total_regulatory_sibr(last visited Aug. 26,2015)(《联邦规章法典》CFR 包含了 14086 种标准,它们通过参引整合进入法律规定,包括"自愿合意标准、政府独有标准、私人工业标准和国际标准等")。

程师协会或者国际标准组织(类似美国国家标准学会的伞状组织在国际舞台上)发展而来。[153] 作为参与单一市场的条件,商品必须符合 ISO 的认证标准。对此,欧盟的一贯坚持为美国规制者作出同样要求提供了相当大的动力。[154]

正如在规则制定章节所讨论的那样,行政机关适用各种标准作为规制的基础,并从其通常的规则制定程序中作出改变。它们并不提议各种标准的文本(这些文本篇幅很长、具体详尽,大多由创制它们的非政府组织享有版权),但是,通过名称对其予以简单地认证。尽管比较典型的做法是通过要求意见一致的程序来产生各种标准,但公众并非可以参与其中。由此,公共的规则制定过程在性质上变得相当骨感(skeletal),完全不同于那些参与行政机关对规制要求的提议和考量的程序。[155] 当这些标准作为法定要求予以适用时,它们一般不像规章那样予以公布,而是感兴趣的人按照既定的条件向相关非政府组织购得。[156] 由此可见,融合以相当规模的灰色法律(obscure law)(如果不是完全秘密的话)为代价被购买,而这些灰色法律被大多数美国法律人士视为对合法性原则的冒犯。[157] 适用这些标准的增长也成为了批评的主题,批评者担心全球化的压力在最小公分母上使得标准"向低水平下降",与相对宽松的国际审查程序(相比美国通告评议程序,其很少有公开的公众审查和参与)相结合,将会导致美国对环境、健康、安全和消费者的保护趋于弱化。[158]

---

[153] http://www.iso.org/iso/home.html.

[154] T. Buthe & W. Mattli, *The New Global Rulers: The Privatization of Regulation in the World Economy*, 148-158(2011).

[155] E. Bremen, "Incorporation by Reference in an Open-Government Age", 36 *Harv. J.L. & Pub. Pol'y* 131(2013).

[156] P. Strauss, "Private Standards Organizations and Public Law", 22 *Wm. & Mary Bill Rts. J.* 497(2013).

[157] N. Mendelson, "Private Control over Access to the Law: The Perplexing Federal Regulatory Use of Private Standards", 112 *Mich. L. Rev.* 737(2014).

[158] L. Wallach, "Accountable Governance in the Era of Globalization: The WTO, NAFTA, and International Harmonization of Standards", 50 *U. Kan. L. Rev.* 823(2002).

另一方面,某些评论者主张通过高度稳健和责任导向,美国规则制定的行政程序实际上产生了更强的标准,以此对外国规制程序的某些方面予以整合。例如,瑞夫·布尔(Reeve Bull)作为美国行政会议的法律顾问,其辩称尽管公众参与的通告评议程序有着广泛的包容性,但其对所有利益相关者来说并不具有代表性。在规制过程中,它们启动太迟而不能向利益攸关方提供实质性的机会,以有效塑造政策。同时,这些程序无法适当应对利益相关者的预期。[159] 他设想了一个政府间规制管理的协作模式,其中国内行政机关可以缓慢和有组织地对国家规制标准进行改革,直到整合于最为合适的、融合的国际系统。[160]

他认为通过近期不断涌现的贸易协议,最为著名的是仍然未获得批准的《跨大西洋贸易和投资伙伴协定》(TTIP),可以在短期内实现这样的愿景。他相信这些协议"提供了前所未有的机遇……以超越狭隘的、仅仅关注国内的精神状态(在以前的规制环境下颇为流行),并为国际规制合作创造一个健康、持久的框架"。[161]

十一、公共土地和其他国家商品

大量美国早期的行政管理关注于公共物品、土地以及程度上略次的邮政。[162] 在人口稀少的土地上建立一个不断扩张的国家,[163] 美国政府将其不动

---

[159] Reeve T. Bull, "Public Participation and the Transatlantic Trade and Investment Partnership", 83 *Geo. Wash. L. Rev.* 1262.

[160] 然而,布尔承认美国系统中内在的某些问题不可能在其协作模式中得以解决。例如,欧盟模式"寻求小集团参与者的投入"(最为有名的是欧盟公司及其联合体),亦遭受重要的代表性问题的困扰。随着非政府组织规章通过参引被整合,欧盟的可选择规制架构有效地将某些利益相关者锁定在行政程序之外,尤其是那些非欧盟的生产者,国内的关注点在于使他们与跨国竞争者比较处于不利地位。这些商业和组织所分享的国际空间有可能让他们更清醒地认识到,所作出的规制决定结果能够影响他们的产出。另见 Buthe and Mattli,同上注的第 148—151 页。

[161] Bull, 前注[159]的第 1292 页。

[162] J. Mashaw, *Creating the Administrative Constitution: The Lost One Hundred Years of American Administrative Law*(2012).

[163] 当然,这些土地上居住着各个部落的美国土著,他们仍然或多或少地被看作游牧的入侵者,而被指定的"居留地"所限制(或者替代),在西方意义上,他们不是所有者。然而,这些土地从土著或者其他国家(法国、西班牙、墨西哥、英国和俄罗斯)归属到美国手中,立刻变成联合政府所公有。即使如今,几乎 30%的国家土地为联邦所有,令人沮丧的是这些土地资源事实上都在西部各州。印第安人居留地持有另外的 2.3%,阿拉斯加原住民公司持有该州土地的八分之一。

产视为推动发展的被开发资源。在各种各样的计划推动下,退伍军人、开荒者、采矿者以及横穿土地的铁路被给予所有者的资格。相当规模的行政机构随之产生,它们从事调查和保存记录,处理各种依法提出的权利主张。自20世纪以来,这些计划大多处于休眠状态,[164]其他部门已经替换了它们,[165]尤其是内政部和农业部在其指示中耗费了巨大的精力。[166] 早期的管理者包括国家公园管理局(对国家公园、山脉和提供服务的个人予以规制)、美国森林管理局(对国家森林及其使用者——宿营者、度假地所有者、矿工、家畜放牧和伐木工进行规制)、[167]土地管理局(对森林管理局管辖剩下的公共土地进行规制,特别是有关家畜放牧和煤和石油等矿藏租赁的计划管理)、复垦局(开发西部的水资源和对灌溉地区进行管理)。这些计划的准入经常是通过拍卖,或者甚至是抽彩来进行控制,由此在这一阶段的争议大多关注资格问题。许可给予国家森林中煤矿的租赁权,或者国家公园中的特许权通常是附条件的,这些条件的监管要求行政行为对相关情况易于预期。军事基地、行政大楼和其他由政府主动使用的财产,被相关行政单位负责管理,其包括对行政机关办公室进行管理的美国总务管理局。总的来说,规范私人土地的州法亦可适用于在里面的政府土地。

某些行政计划存在一个有趣而与众不同的特征,即在地方层级运用私立的顾问委员会,去协助政策的形成和适用。例如,与伐木和其他公地上的活动相关,在美国干旱的西部放牧权如何分配是对地方经济具有深远影响的事务。内政部下辖的行政单位——土地管理局负责数百平方英里的联邦

---

[164] 根据1874年的《一般采矿法》,仍然存在这种可能性,即创业者如果证明发现"有价值的矿物"并开展某些开发工作,可以在大多数公共土地上"定位"一项采矿的权利主张,并以20世纪初的价格从政府手中强制购买大片土地。

[165] 内政部下辖的局,包括国家公园管理局、土地管理局和复垦局,网址:http://www.doi.gov/pmb/osdbu/burcaus.cfm。农业部下辖美国森林管理局,网址:http://www.fs.fed.us/。

[166] 自从总统委员会在1960年代后期发布重要的研究报告,情况并没有发生太大的改变,在基本红字类别中仍有三分之一的国家土地。参见 R. Keiter, *Keeping Faith with Nature: Ecosystems, Democracy, and Americas Public Lands* (2008)。

[167] 一份陈旧而有价值的有关森林管理局责任和管理的描述,见 H. Kaufman, *The Forest Ranger* (Resources for the Future 1960)。

土地,其中散布着私人占有的财产,为数不多的联邦官员对其运作进行监管。通过农场工人、牧羊人、伐木工和其他土地利用者的地方顾问委员会的补选,以协助土地使用的年度供应,该局没有在执行上耗费力气,并实现了对政策的基本遵守。[168] 随着保护自然环境和环境利益相关团体对这些商业活动施加压力,要求其符合"适当的价值",并对其予以限制,类似放牧权的问题变得越来越具有争议性。[169]

在位于"较低的 48 个州"中几乎 2.5% 的土地保持在印第安人居留地,在这片土地上联邦、州和部落法依靠某些权衡(当事人是否是居留地部落的成员)被予以混合适用。总的来说,美国土著人事务通过内政部下的印第安人事务局来进行管理。[170]

公有地、水和空气的规制在政府的三个层级都很重要。除了诸如污染(被视为健康和安全的范畴)的事务之外,[171]任何影响航运水道的建筑必须在环保署的参与下得到陆军工程兵团的许可,这些航运水道属于联邦领域,其概念的宽泛解释引发了相当多的诉讼。[172] 该工程兵团还负责维持防洪资源,而水资源的利用受到濒危物种管理(联邦的规制)或者有优先权的请求者(州的规制)的限制。州际流域的管理由州际协议创设的行政机关来承担,例如,特拉华河流域委员会,[173]其职责包括监管水质保护、供水分配、规制审查(许可)、水保护地倡议、流域计划、旱情管理、减少洪水损失以及一河跨四州的流域再造。当不良物质被引入大气时,则所有这些事务也成为单

---

[168] L. Laitala, *BLM Advisory Boards Past, Present, and Future* (BLM 1975); and see D. Donahue, "Western Grazing: The Capture of Grass, Ground, and Government", 35 *Envtl. L.* 721 (2005).

[169] 参见 B. Huber, "The Durability of Private Claims to Public Property", 102 *Geo. L. J.* 991 (2014) and C. Rose, "Claiming While Complaining on the Federal Public Lands: A Problem for Public Property or A Special Case?", 104 *Geo. L. J. Online* 95 (2015). 土地管理局因放牧人未支付基本放牧费而驱赶其放牧的牛羊,由此产生争议,并导致戏剧性的抗议。该文对此予以评论。

[170] http://www.bia.gov.

[171] 参见页边码第 220 页。

[172] 例如,Rapanos v. United States, 547 U. S. 715 (2006); Solid Waste Agency of Northern Cook Cty. v. Army Corps of Engineers("SWANCC"), 531 U. S. 159 (2001)。

[173] http://www.state.nj.us/drbc/about/.

个州和地方政府的关注所在。

十二、政府缔约

在处理商业关系上,政府亦以所有权人的身份采取行动,尤其是(但不是独有的)通过总务管理局为整个政府办事,[⑭]以及通过国防部购买武器装备。然而,这些关系增加了政府的公共行政问题。产生这些问题的一个途径是在政府之外通过合同授予寻求发展各种公共政策。[⑮] 在缺乏直接的法定授权的情况下,总统常用行政令来这样做,而这种实务操作产生了合法性的难题。[⑯] 有关投标人的资格和中标的适当性的问题,以及在合同管理期间产生的争议,通常对国家利益而言相当紧迫,必须予以解决。偶尔有排除在未来进行投标这样的惩罚,这对订约人的不当行为来说是适当的。当政府寻求购买的不是商品而是服务,类似的情况亦有发生。例如,为国家健康协会对恶性疾病进行研究。选择过程取决于投标或者竞争性申报,其通过有组织的筛选程序来完成,就像学术发表所运用的筛选程序。"政府合同"是一个既非行政法,又非合同法的专业,其将每一个的某些特征予以结合。以下将予以简要阐述。[⑰]

十三、各州的雇佣

由于公务员对公共职位不拥有"权利",有人会期望法院认定他"只是"与政府产生雇佣关系,必须接受其任期,如同被私人雇佣要接受任期那样。但是,这种辩解被断然拒绝,就像以前所讨论的美国人理解"正当法律程序"

[⑭] http://www.gsa.gov/Portal/main.jsp? tab=home.

[⑮] 引人注目的例子是以非歧视雇佣(首先基于种族,然后基于性别)为条件的合同,其中每一个在法定条款的发展中由总统行政命令来予以实现。其他政府缔约政策支持工业雇佣残疾人或者为种族占少数的成员所有。通过法律,政府订约人必须在其领域中支付行政上确定的"现行工资"(prevailing wage)。

[⑯] 参见页边码第149页。Chrysler Corp. v. Brown,441 U.S. 281(1979);Chamber of Commerce v. Reich,74 F. 3d 1322,rehearing and rehearing en banc denied,83 F. 3d 439,442(D. C. Cir. 1996)。

[⑰] 参见页边码第531页。

的演变。各州不必提供终身职位的公共服务,但是,当它们这样做时,其对任期和条件的规制必须符合宪法的标准,这些标准似乎要求更为正式,并基于记录的裁决过程。以上对公共服务机制予以简要讨论。

十四、州立公司

相比许多人最初相信的,州立公司在美国显得更为普遍。在教育、邮政服务、交通运输和公用事业的供给上,公共实体一般提供私人公司同等供应的服务。等而次之,州立公司还提供某些与州需求有关的工业生产力。例如,南达科他的水泥和纽约州的矿泉水。然而,这些公司的行为通常不受行政法的特别关注。公司的公共特征引入正当程序条款适用于某些行为,例如,市政公交线路的司机属于公务员。在州立大学的终身教授在被纪律处分之前其享有宪法上"正当程序"的应得权益,而在私立大学的终身教授则不能享有。除此之外,这些公司在管理体制上运作和那些私人公司没有太大的差异。例如,市政和私人的电力公司、公共和私人的交通运输公司的费率都受制于严格的控制,与其他类似公司一起遵循类似的辩解和公众参与的程序。在外部目标上,这些公司易于被认为与州相区别。经过多年,在"所有权人的"和"政府的"行为之间的区分(并不可靠),反映出法院不愿意承认公共公司具有任何特别的社会主义特征。

主要的联邦所有的公司是美国邮政局、全国铁路客运公司(AMTRAK)和两个重要的地区电力供给者,如田纳西州流域管理局和波尼维尔电力管理局。这也包括国家银行系统的顶层架构,其自1911年以来(在国家历史中以前的若干时期)一直是私人公司和公共机构的混合物。这些公司构造的结构要素各有不同,近期有关全国铁路客运公司的诉讼产生了某些怀疑,

---

⑩ 参见页边码第84页。

⑯ 这是传统的职位;对于因政治原因从非政治的服务上被解职,最高法院的案例提供宪法保护。这在某种程度上被认为要求州认定公共服务的地位。

⑰ 参见页边码第181页。

⑱ Reeves, Inc. v. Stake, 447 U.S. 429 U.S. 429(1980); New York v. United States, 326 U.S. 572(1946)。

即是否国会在这一点上的所有选择与宪法上任命条款相一致。[182] 即使将其视为混合的实体,而非完全是政府的组织,适用于政府行为的某些限制(宪法第一修正案和信息自由法)也会施加到它们身上。然而,基于多种目的,它们被视为独立于政府的法律实体,可以起诉或者被诉,并不受制于《联邦行政程序法》的程序要求。

十五、其他事务

以上任何这样的讨论都是局部性的,甚至在此不完备的风险中以无关紧要的细节充斥其中。行政法律师将有限的工具带给各个领域中难以控制的公共行动者及其行为,但是,对于审查曾经说过的内容,似乎比较适合提及的是偶尔出现的各种行政行为,如价格控制等紧急经济措施。在某种意义上,这给行政法律师提出了最大的挑战。这些措施一般由某一时期的国家危机所引发,在经济范围内主要与最广泛的立法指示相结合,并在紧急情况下被行政机构所管理。由于没有历史经验或者实务运作,为了平缓地实施如此大的计划,所遵循的程序需要高度的非正式。公众对这种管理体制的接受无疑与紧急事件相联系,广泛分享的需求使得能够更加容忍长时间的运作,而这在通常情况下是不被接受的。但是,对一致性和控制的其他促成因素也应当予以注意。

物价控制首先成功地出现在二战时期,随后其在短期内又被唤起。在1942年的《紧急价格控制法》中,在固定价格规章的发布上给予管理者高度概括的指示,即在战时经济中"其判断是公平和合理的",并实现价格控制立法所设定的目标。在1970年的《经济稳定法》中,"管理者认为将价格、租金和工资稳定在不低于1970年5月25日的水平是合适的……作出这样的调整以防止不公平的现象,由此发布命令和规章。"在这些指示之外,每一种情形下的管理者不仅构建有关物价的规则,即根据市场在既定日期上的客观

---

[182] 参见 Department of Transportation v. Association of American Railroads 案的讨论,页边码第 188 页。

情况来予以设定;而且还建立行政机制,即首先确保非正式的建议,其次是这些规则可能存在的豁免,最后是依法处理明显违法的行为。这些机制为行政机关带来了巨量的业务:截止 1946 年 3 月 31 日,二战物价管理办公室的第十七季报告收录了 1340955 份房东要求上调租金的申请;仅在这一季度中行政机关发起了 130000 项减租行动;在 1970 年代为期 90 天的物价冻结产生了 6000 份豁免申请、50000 个对违法的投诉以及 750000 项建议。[183] 这些管理体制实际上具有规律性和对私人需求予以系统开放的特征,其结果是不必面对法律的创制,并以此取信于法院,使其予以维持。[184] 非正式建议和调整的易得性似乎解决了大多数的争议,例如,在 1970 年的物价和工资冻结中,仅仅有 214 个案件是比较严重的,以至于要求对可行的司法执行予以最高水平的关注;事实上只提起了 8 件诉讼。因此,这些体制表明了在行政管理中非正式建议和争议解决的力量,司法救济或者司法执行的可得性并不暗示其会被经常启动。[185]

---

[183] R. Kagan, *Regulatory Justice: Implementing a Wage-Price Freeze* (Russell Sage 1978),其对 1970 年代的事件作出了珍贵的长篇研究,特别是揭示了主要的管理体制中非正式程序的处理。

[184] 参见 Yakus v. United States, 321 U.S. 414 (1944); Bowles v. Willingham, 321 U.S. 503 (1944); Lichter v. United States, 334 U.S. 742 (1948); Amalgamated Meatcutters & Butcher Workmen v. Connally, 337 F. Supp. 737 (D.D.C. 1971);以及 K.C. Davis, 1 *Administrative Law Treatise* 207-208 (2d ed. 1978) 中的观察。

[185] 尽管不是无可避免,创设这样的系统经常引发"上诉法院的紧急状况",即所组成的法官根据临时安排来自下级法院,但其对管理体制产生的司法程序享有国家管辖权,其结果进一步鼓励了行政管理的全国统一和促进了争议的解决。

第五章　行政行为的程序形式

　　如上所述，最初通过具体的法律、规章和相关惯例创设程序形式，依此产生广泛多样的规制行为。在这种活动中，无数的变异使得理论概括变得困难。[1] 但是，对行政程序的概括从有关正当程序的宪法规定和多方面的行政程序法律中获得了动力。更为重要的是，其源自法律体系的内在要求。经概括的分析框架能够适用于数以千计的各种政府行为，如果其不存在，想必法官和律师有责任创造出来，以确保控制的可能性和避免不可持续的特别化处理。本章从其起源开始，简要描述这种基本框架。读者必须知道框架的分析要素是那些适用于特定情形而强求一致的抽象之物，但是，事实上分析框架在任何情况下都依赖于这种背景和行为者所涉及的具体情境。只对联邦系统予以事无巨细的分析，而在州行政法上对分析框架的两个主要来源予以简要介绍，以表明类似概念如何适用于这种程序之中。除此之外，与政府缔约或者授予有关的程序以及由混合组织实施的程序不在考察的范围之内。

　　欧洲的读者，尤其是来自大陆法系的，将会很容易地察觉到在他们熟悉的背景下的某些差异。美国缺乏单独的行政审判（administrative judiciary），除了看起来属于政治产物的有限例外，[2] 在联邦系统中举行听证会的行政机关裁决者是作出裁决的特定行政机关的雇员，他们在保护其任期和严格限制与其他同事的关系的条件下提供服务，其决定通常受到行政机关本身

---

[1] 通过对既存的联邦行政程序予以详尽的实证研究，这一点得到了细致的说明，并为1940年代《联邦行政程序法》的起草作出了准备。Attorney General's Committee on Administrative Procedure, Final Report: Administrative Procedure in Government Agencies, Sen. Doc. 186, 76th Cong., 3d Sess. (1940) and Sen. Doc. 8, 77th Cong. 1st Sess. (1941)，这些研究是对美国行政程序进行实证研究的最佳范例，其在哥伦比亚大学沃尔特·盖尔霍恩（Walter Gellhorn）的指导下产生，而这些学者在随后数十年成为美国行政法界的核心人物。

[2] 参见页边码第186页。

的审查,即政治领导层的审查,随后受到通才型法院(generalist court)的审查。在某些州,听证由行政听证官的中心组织来完成,但存在行政机关进行审查的可能性,并最终受到通才型法院的审查。在几乎所有正式听证的背景下,都会产生对抗性的模式;官方调查由行政人员完成,并在担负决策责任的裁决者之前参与政府的案件。③ 私人一方当事人和任何介入者开展自己的工作,每一个参与者能够质疑(交叉询问)反方的证据。听证官的唯一责任类似于美国法官,他们负责主持、执行与听证有关的程序性规则,以及作出决定。④

规章在其他地方通常被称为次级立法,其发展为美国行政程序法提供了重要的舞台。美国人一般认为制定规章的程序有点独特,其表现在对公众意见和参与保持开放,坚持独立的解释,以及随后司法审查的强度。⑤ 有人会认为这些特征至少部分上是,美国总统系统中执行和立法部门之间存在明显缝隙的产物。在国会系统中,首要和次级立法最终处在立法和执行行为不予区分的政府控制之下。在这种意义上,美国缺乏一个"政府"。美国立法机关常常制定法律授权行政部门颁布规章,事实上将以其自身为代价增加了行政部门的权力。只有总统同意或者立法机关能够在其两院实现

---

③ 主要的联邦例外情况涉及社会保障局福利资格争议的听证,事实上支配着《联邦行政程序法》正式的听证过程。这些裁决的数量有点超过了联邦司法的裁判数量。在此,没有行政人员的出席。行政法法官展示政府材料和证据,质询私人一方当事人,并在其他方面更接近于纠问式的程序。其作出的决定受到行政机关内独立于行政人员的申诉委员会的审查,以及通才型法院的司法审查。马修(Jerry Mashaw)教授是研究这些程序的学术领袖,参见页边码第230页注释㊵。对于近期的评估,有关美国行政会议的研究,参见 H. Krent and S. Morris, Achieving Greater Consistency in Social Security Disability Adjudication: An Empirical Study and Suggested Reforms,网址:https://www.acus.gov/sitcs/default/files/documents/Achieving_Greater_Consistency_Final_Report_4-3-2013_clcan.pdf。

④ 迈克尔·阿西穆(Michael Asimow)是美国研究行政裁决的学术领袖,其经常以比较的视角来进行写作,参见 Michael Asimow, "Five Models of Administrative Adjudication", 63 Am. J. Comp. L. 3(2015) and Michael Asimow, "Inquisitorial Adjudication and Mass Justice in American Administrative Law", in The Nature of Inquisitorial Processes in Administrative Regimes: Global Perspectives, L. Jacobs & S. Baglay eds. (2013)。

⑤ 参见 P. Strauss, "Rulemaking in the Ages of Globalization and Information: What America Can Learn from Europe, and Vice Versa", 12 Colum. J. Eur. L. 645(2006)。

绝对多数的控制,反对已通过的新法律才能取得成功。美国规则制定的特征表现为一种对这些现实情况的调和(accommodation)。

第一节 建构联邦行政程序的来源

一、宪法

联邦宪法体系表明在程序权利主张的分析框架中,存在三种基本的程序类型。规则制定、调查/执行和裁判大体上对应在分权分析中政府的三种典型"权力"——立法、行政和司法。有关这些类型化的行政程序的讨论经常涉及"准立法"、"准司法"和"准行政"(较少)行为。大法官罗伯特·杰克逊(Robert Jackson)曾经在担任检察总长时监管起草联邦行政程序法的委员会工作。其后来作为大法官发表评论:让"准"变得合适,仅仅这种退却就暗示着承认所有既定分类被打破,"准"平稳地掩盖了我们的困惑,就像用床单盖上凌乱不堪的床。[6] 这让人想起,宪法授予国会立法权、总统行政权和最高法院司法权,而实际上对联邦政府及其与这三个"国家首脑"之间的关系上保持缄默,同时,国会经常正式规定行政机关可以行使所有三项"准"权力。[7]

如上所见,在某些情形下以宪法为基础的程序形式限制了用于调查和裁决的程序。由此,第四修正案对"不合理"搜查和扣押的禁止、[8]政府获得搜查证的基本要求,以及第五修正案对免于自证其罪的保护,[9]它们在有关调查的合作上对政府的行为进行了塑造和限制。当政府想要立刻剥夺特定的"人"(拟制或者真实的)基于个人状况的生命、自由或者财产,或者作

---

[6] FTC v. Ruberoid Co.,343 U.S. 470,487(1952)(反对意见)。
[7] 参见页边码第 32 页。
[8] 参见页边码第 66 页。
[9] 参见页边码第 71 页。

为结果对其过去的行为提出权利主张时,第五修正案的正当程序条款对裁决性听证的某些要件作出了规定(尽管这种听证的要件依情况会发生变化)。⑩

对于立法活动而言,相关情况有所不同。最高法院承认宪法对规制施加了实质性的限制,例如,其不能干涉自由表达的宪法权利。同时,到目前为止基本上拒绝认定,宪法要求行政机关在创制法定授权的、具备完全强制力和法律效果的规章("规制制定")上遵循任何特定的程序。在一个世纪之前,最高法院作出裁定,当政府制定将来适用于普通大众的行为规则,而非决定某一既存规则适用于特定的情形时,"在一个复杂社会中对公民权利予以保护的唯一方式是通过规则制定者直接或者间接的政治权力来实现"。⑪在现代规则制定不断扩展之前,这种表述长期存在。在规则制定的扩展程序上法律界定倾向于对此予以强调,而替代的选择是当层级较低的联邦法院试图如此做的时候,宪法上的临时之作带来了类似于司法而非立法的裁决模式。⑫或许作为一种反应,最高法院一直坚持在裁决和规则制定之间严格的宪法区分,并强力阻止在规则制定程序上的司法创新。⑬

这种区分源自两个最高法院的判决,在此予以简要讨论。首先,在伦敦纳诉丹佛市案中,⑭涉及对铺设丹佛城市道路所产生财产收益的特别评估或者征税。公共部门作出一系列的决定,包括铺设道路、决定总成本、决定给予获益的土地所有者多大比例(如果不是全部)的补偿、最后确定从每一

---

⑩ 参见页边码第74页。

⑪ Bi-Metallic Investment Co. v. Colorado, 239 U. S. 441, 445(1915).

⑫ 参见相关讨论,页边码第323页。

⑬ Vermont Yankee Nuclear Power Corp. v. NRDC, 435 US 519(1978); Perez v. American Mortgage Bankers, 135 S. Ct. 1199(2015),宪法规定了国会的立法程序,这些基本标准对所有规范的产生极其适用十分重要。在其没有法律规定的情况下,联邦行政程序法上通告评议的规则制定程序被认为是宪法的要求,这一点得到了充分的讨论。参见 H. Linde,"Due Process of Lawmaking", 55 Neb. L. Rev. 197(1976). S. Rose-Ackerman, S. Egidy and J. Fowkes, Due Process of Lawmaking: The United States, South Africa, Germany, and the European Union (Cambridge 2015),其从比较的视角予以评论。

⑭ Londoner v. Denve, 210 U. S. 373(1908).

个受影响的财产上征收的总额。其中,经选举产生的市议会最终对此承担责任,其决定是否铺路;接着,一个委员会决定总成本和提出有关道路两边每一项财产的分配方案;在根据提议采取行动之前,土地所有者有机会向市议会提交书面反对意见。最高法院认为当它们意图决定土地所有者最终的纳税义务时,这些程序在宪法上显得有些不足。"在征税变得确定无疑之前,纳税人在程序的某些阶段中必须有机会获得听证。同时,这种听证在本质上要求,具有申请听证资格的纳税人有权通过辩解(无论长短)和证明(无论正式和非正式)来支持其主张。"提交书面反对意见的机会并非完全足够,其仍要求某些口头表达的要件。

其次,在双金属投资公司诉科罗拉多州公平交易委员会案中,[15]涉及在丹佛以每年不动产税为基础所有财产估价的总体变化。一个州行政机构(负责确保所有估价在州内基本相当)为了与其他州现行的估价水平保持同等,决定将所有丹佛财产的估价增加40%。甚至假定对此决定没有机会提交书面反对意见,然而,在此没有考虑任何人个人情况的场合。法院认为"当行为规则适用于较多人(more than a few)时,让每个人都对其适用直接发表意见是不切实际的……如果政府继续执行的话,对个人的辩解必须予以某种限制。"[16]此案与伦敦纳案截然不同,伦敦纳案争论的焦点在于听证是否为宪法所要求在每一个案件中根据个人情况做出决定。

双金属投资公司案提及"较多人"表明决策性问题涉及受影响的人数,但是,这是一种误导。如果有10000个不同的地块需要估价,而特定的土地所有者希望在每一个案件中根据个人情况来挑战这些估价,伦敦纳案的结果应该是同样的。如果这些估价变化对小村庄的房屋业主产生影响,而非大城市的房屋业主,双金属投资公司案的结果也不应随着总体估价的变化而有所不同。将某一规范适用于特定情形(如果生命、自由或者财产受到负面影响,则要求予以听证)和规范产生本身是不同的。然而,在伦敦纳案中

---

[15] Bi-Metallic Investment Co. v. Colorado, 239 U. S. 441(1915).

[16] 同上,第445页。

会有很多裁决,每一个裁决根据特定地块的特征而转换成某些测量,而在双金属投资公司案中,重新估价是更为普遍的结果。对于规范产生,而非规范适用的过程,最高法院引用仍有影响力的文字来加以评论,"在一个复杂社会中,对公民权利予以保护的唯一方式是通过规则制定者直接或者间接的权力来实现"。[17] 也许规则制定的法定程序的存在忽略了对这种区分的重新审视。[18]

宪法表明了程序类型的三重划分,包含了适用于其中两种的程序性具体说明,对此值得注意的是,这些具体说明一般不适用于相关领域。例如,不管是否获得搜查证,必须允许某些检查;不考虑先前对传票的司法执行,必须提供某些信息。与此类似,由于没有通过"生命、自由或者财产"的剥夺威胁到任何人,许多"裁决"不受正当程序条款的约束。尽管建立核电站的许可申请者面临资格的"裁决",而对许可申请的否决不属于宪法上的剥夺。[19] 一旦授予许可后,而要撤回许可,则构成一种剥夺。许可持有者有权利要求"正当程序",其结果可能不会帮助要求关停设施的邻人。核电站的持续运作会给邻人造成危险或者不便,而其并没有受到官方行为剥夺的威胁,由此程序性的权利主张对于邻人来说也很重要。对于申请者或者邻人而言,有关听证的任何程序问题在本质上是严格法定的。如上所见,对于规则制定,宪法根本没有加以规定。很显然,在基本的分析框架上,必须回顾宪法的文本。

二、行政程序法

对于联邦政府来说,《联邦行政程序法》(APA)提供了大部分的程序架构。这部法律在1946年未被反对而制定出来,随后近十年有关重要主题的

---

[17] 同上。
[18] 参见注释[13]。
[19] 美国上诉巡回法院(不是最高法院)认为在申请者符合明确的既定条件,行政机关有权批准申请的情况下,如果这样的申请不是真实的,申请的否决属于要求"正当程序"的情形。参见页边码第86页。

研究和辩论各行其道,这说明在对其予以适当地概括存在巨大的困难。[20] 由于该法被制定成为一般适用的法律,因而"随后的法律不能将其取代或者修改,除非到了必须如此做的程度。"[21] 在《联邦行政程序法》颁布后,其在检察总长办公室出版的手册的帮助下经常被加以解释,以此对政府部门就新增程序性义务进行教育,这反映出该法形成共识的起源。[22] 像这样的材料(产生于该法制定通过之后,由利益攸关方完成)通常被怀疑的眼光所看待。然而,这可以理解为检察总长办公室作为起草法律的重要参与者,有可能在某一法律赢得一致同意的立法支持中扮演"诚实的中间人"。尽管如此,但确切地来说,《联邦行政程序法》被视为长期不断和艰难对抗的争论的产物,

---

[20] 《联邦行政程序法》主要被编入美国法典(联邦法律被汇编成一个单一的法典,有 50 编加附录,然而,美国法典不是欧洲意义上的法典)(§§ 551-559 and 701-706 of Title 5)。在 1940 至 1941 年期间对该法的起源予以详尽研究,其涵盖四十个不同联邦行政机关的实际功能,对其予以简要和非正式的报告,参见 K. Davis and W. Gellhorn, "Present at the Creation: Regulatory Reform Before 1946", 38 *Admin. L. Rev.* 507(1986)。其中,盖尔霍恩(Gellhorn)详细叙述了委员会某个成员因没有找到可用的概括总结而感到沮丧,并寻求平息这种沮丧,其建议或许应当要求公开的听证。但是,很快就发现对于银行业的规制而言,公开的听证对受监管的银行是最糟糕的事情;如果一家银行还没有破产,一旦被宣布举行听证,很快银行就破产了。后来的作者发现在联邦行政程序法的起源上存在新政政治的论战,保守派在相关诉讼中获胜,而自由派在规则制定方面有所斩获。M. Shapiro, "APA:Past, Present and Future", 72 *Va. L. Rev.* 447, in The Administrative Procedure Act, A Fortieth Anniversary Symposium, 72 *Va. L. Rev.* 215(1986)。在 1996 年纪念联邦行政程序法十五周年的简要评论中,史蒂文·科若雷(Steven Croley)描述了与该法同时代的变化,并在近期被议会领导层所推荐。他认为在热情支持联邦行政程序法传统和改革措施中没有紧张关系和矛盾存在,甚至他发现被提议的修正案成为"将联邦行政程序法作为规制宪法的辩护"。S. Croley, "The Administrative Procedure Act and Regulatory Reform: A Reconciliation", 10 *Admin. L. J. Am. U.* 35,36(1996)。十年之后,在联邦行政程序法十六周年纪念上,前商业和行政法众议院小组委员会邀请了数个学者和评论者,参加听证会以证实联邦行政程序法的未来。为了说服支持美国行政会议的再授权和持续发展,每一位亲历者确认了他们所相信的在未来该法管理中会面临的最主要的问题(例如,包括非法定和非正式规则制定技术的增长、在行政过程中信息技术的角色、协作式规章和公私合作关系的增加,以及总体上行政国的扩张)。参见下文页边码第 401 至 403 页。通过他们的视角,美国行政会议的研究代表了一种无法估价的资源投资,即对一系列行政机关所产生的最紧迫问题予以谨慎研究。The 60th Anniversary of the Administrative Procedure Act: Where Do We Go from Here? Hearing Before the Subcomm. on Commercial and Admin. Law of the H. Comm, on the Judiciary, 109th Cong. (2006).

[21] APA Section 12,5 U.S.C. § 559.

[22] The Attorney Generals Manual on the Administrative Procedure Act(1947).

其形成了一个反对社会和政治力量趋于停滞的范式。㉓ 这种论点也影响了对该法的解释。㉔

该法适用于一系列宽泛界定的"行政行为",其展现于内部行政程序、结构性安排和司法审查之中。本章讨论有关内部程序和结构性安排的规定(5 U.S.C. §§551-559),而类似于《信息自由法》的《开放政府法》(5 U.S.C. §552)㉕和司法审查的规定(5 U.S.C. §§701-706)㉖的详细讨论留给后面章节。如前所述,对该法的分析遵循程序功能的三重划分,《联邦行政程序法》似乎基本上注重其中两个程序功能——裁决和规则制定。该法的定义规定(5 U.S.C. §551)将"行政行为"的产物归纳为"规则"或者"命令"。规则被定义为行政机关的声明,即"对执行、解释、规定法律或者政策,或者描述行政机关结构性或程序性安排,特别包括费率制定,设定其普遍或者特定的适用性和未来效果"。㉗ 作为"裁决"的最终产物,一项"命令"被定义为行政机关"对规则制定之外的事务的最终处置",特别是包括许可。

未能将调查确定为单独的程序类型,其原因之一是该法的核心关注在于正式程序,这种程序产生对受规制个人或者组织有负面影响的"最终处置"。对初步阶段的具体规定看起来引发了有关次要问题(对大众商业产生实质性迟滞的风险)的提前争论。在一项调查的过程中,所得出的结论不会被视为这种意义上的"最终处置"。《联邦行政程序法》没有规定带有调查特

㉓ Wong Yang Sung v. McGrath, 339 U.S. 33, 440(1950), approvingly repeated in Vermont Yankee Nuclear Power Corp. v. NRDC, 435 U.S. 519(1978). On the nature of those compromises, see M. Shapiro, "APA: Past, Present, Future", 72 Va. L. Rev. 447(1986); R. Rabin, "Federal Regulation in Historical Perspective", 38 Stan. L. Rev. 1189(1986).

㉔ Wong Yang Sung, 注释㉓。

㉕ 参见页边码第384页。

㉖ 以下第七章和第八章。

㉗ 从以上所述(注释14)宪法区分的角度来看,有关"特定适用性和未来效果"声明的引文会带来麻烦。在实践中,"规则"以这种方式被描述,例如,一项费率规划,其通过相关程序被确切地阐述,而这些程序将正式手续与附属许可的内容相匹配。比较注释105和191。基于此,该定义的粗劣广受批评,却较少带来实务后果。

征的内部程序,这样的限制性规定相应地出现在"附属事项"的标题之下。当然,是否启动或者终结一项调查的决定本身是最终的处置,而有些人原本希望会发生代表其利益的执行行为,从他们的视角来看,有关调查的决定存在消极影响。但是,令人怀疑的是起草者会从他们的角度考虑相关事项,同时,将会看到这样的决定充其量仅受制于相当有限的司法审查。[28] 作为正式的事项,这样的决定被视为具有最终性,而不在《联邦行政程序法》有关"裁决"的定义之内;在此意义上,这种定义有点误入歧途地涵盖了具有执行和准司法特征的决定。

与裁决、规则制定和司法审查不同,《联邦行政程序法》包含两种事项。当该法首次通过时,其第三节现为《美国法典》第五编第552节,对行政机关信息的公布和可得性作出了限制性的规定;其第11节现分散在《美国法典》第五编若干部分,[29]规范听证官的挑选和任期(后被称为行政法官ALJs),而他们主持基于记录的程序。第552节已经做出了巨大的扩展,其包含《信息自由法》,比该法的其他部分更为经常地被修订,也比所有其他节的内容要多一些。信息获取的问题亦更为紧密地与数字时代的到来联系在一起,而在1946年未曾预料到这种情况。《信息自由法》[30]和数字时代问题[31]在工作中被分别予以处理。第11节规定为行政法官应对备受关注的政治干预提供了结构性的保护,[32]并在后续章节有进一步的讨论。[33]

尽管国会偶尔考虑对《联邦行政程序法》的基本条款进行"改革",但不同于《信息自由法》,其自1946年以来就几乎没有发生过变化。这不是说相

---

[28] 参见页边码第291和424页。
[29] 例如,5 U.S.C. §§1305,3105,3344,5372,7521。《美国法典》第五编被命名为政府组织和雇员的法典,然而,其与法典的其他编整合在一起。在美国实务中,某一规定出现的法典编组没有特定的意义,而法典编组主要发挥其组织功能。
[30] 参见页边码第384页。
[31] 参见页边码第393和400页。
[32] 参见页边码第185页。
[33] 参见页边码第467页。

对中立的群体——学术界、㉞美国律师协会,㉟或者在反规制议程的服务过程中没有人寻求作出改变。㊱ 除了《信息自由法》和有关行政法官的改变之外,对该法主要的修订实际上影响到有关禁止"单方面接触"㊲的第 557 节,以及降低司法审查门槛(以前被称为主权豁免㊳和审判地点㊴)的第 702 和 703 节。一般而言,这并没有被认为是《联邦行政程序法》一部分或者影响到基本的行政程序,但是,植根于其结构之中的是《隐私权法》(5 U. S. C. §552a)、《阳光下的政府法》(5 U. S. C. §552b),以下将会予以讨论。㊵ 国会也通过法律(首次是临时的,后来为永久性的)为规则制定——《协商式规则制定法》㊶和裁决㊷提供更具意见一致特征的增补程序。以下予以简要讨论。

三、其他法律

除了《联邦行政程序法》之外,许多法律为行政程序及其控制的某一方

㉞ 例如,P. Strauss, "Changing Times: The APA at Fifty", 63 *U. Chi. L. Rev.* 1389(1996); S. Croley, "The Administrative Procedure Act and Regulatory Reform: A Reconciliation", 10 *Admin L. Rev.* 35(1996); Hearing, "The 60th Anniversary of the Administrative Procedure Act: Where Do We Go from Here?" 见网址: http://commdocs. house. gov/committees/judiciary/hju28907. 000/hju28907_0f. htm。

㉟ ABA Commission on Law and the Economy, Federal Regulation: Roads to Reform(1979); Regulatory Reform Act: Hearing on S. 1080 Before the Subcomm. On Regulatory Reform of the S. Comm, on the Judiciary, 97th Cong. 441 ff. and 578 ff. (1981) (testimony of Richard D. Smith, presenting ABA recommendations resulting from the work of its Coordinating Group on Regulatory Reform). On the Administrative Law and Regulatory Practice Section of the ABA,参见页边码第 403 页。

㊱ 例如,H. R. 185, "Regulatory Accountability Act of 2015"; HR 427, Regulations from the Executive in Need of Scrutiny(REINS) Act of 2015. Cf. E. Kesler, Modernization? The Regulatory Accountability Act of 2015 Adds 74 New Steps to the Rule-Making Process,见网址: http://www. progressivereform. org/CPRBlog. cfm? idBlog-=CFEFB5B4-9B4475BE-CF2636189D408F57。

㊲ 参见页边码第 281—283 页。

㊳ 参见页边码第 518 页。

㊴ 参见页边码第 413 页。

㊵ 分别参见页边码第 396 页和 394 页。

㊶ 5 U. S. C. §561 ff.,参见页边码第 345 页。

㊷ 5 U. S. C. §571 ff.,参见页边码第 296 页。

面提供了基本架构。《司法法典》(Judiciary Code 28 U. S. C.)和根据法典所适用程序的司法规则包含了许多规范行政机关和法院之间关系的规定,其中包括传票的执行程序、有关司法审查的管辖权和审判地点的规定、对所有联邦行政机关的起诉责任的安排、缺乏明确授权司法部及其行政人员自行代表的规定。[43] 1980 年颁布的《文书工作削减法》(Paperwork Reduction Act)创设了一项公开程序,包括独立规制委员会和"执行"部门在内,所有行政机关都必须寻求所要求报告的前置许可(prior approval),即白宫管理与预算办公室(OMB)下的信息与规制事务办公室(OIRA)所要求作出的报告(信息要求超过十人完成)。[44]《联邦咨询委员会法》(Federal Advisory Committee Act)也创设了一个白宫职责,[45] 其限制行政机关为协商和政策发展运用公私合作的委员会,并要求这种委员会公开其工作。《电子政府法》(E-Government Act)[46] 和《电子信息自由法》(E-FOIA)[47] 等法律表明应对数字时代的政府程序所作的内在转化。

也许最为重要的有关规则制定"其他法律"合集与前述的总统倡议一

---

[43] 参见页边码第 198 页。比较典型的是,独立的规制委员会被授权在层级较低的法院提起诉讼,但是即使如此,副检察长在最高法院控制其代表性。

[44] 参见页边码第 364 页,有关管理与预算办公室见第 153 页。

[45] 参见页边码第 399 页。

[46] 2002 年的《电子政府法》(Pub. L. No. 107-347, 116 Stat. 2899)(在 2012 年汇编于《美国法典》第 44 编的各节之中),该法要求联邦行政机关采取措施使其活动信息可从网上获得,电子政府办公室和首席信息官委员会对其予以监督。44 U. S. C. §§3602-3603。它促进了中心网站(regulations. gov)的创建,让公众可以获得行政机关规则制定的材料;行政机关使用者通过联邦待决事务管理系统对待决事务进行管理,这一系统在整个政府可以更为广泛地被利用。参见注释 63 和页边码第 311 页。政府问责办公室对该法的执行发布了两项较为积极正面的报告。Gov't Accountability Off. , GAO-12-782, Agencies Have Implemented Most Provisions, but Key Areas of Attention Remain(2012), http://www. gao. gov/assets/650/648180. pdf; Gov't Accountability Off. , GAO-05-12, Federal Agencies Have Made Progress Implementing the E-Government Act of 2002 (2004), http://www. gao. gov/assets/250/244965. pdf。

[47] 1996 年的《电子信息自由法》修正案(Public Law No. 104-231, 110 Stat. 3048)要求行政机关在其网站上公布广泛的多种多样的文件,包括命令、指引、手册和向依《信息自由法》请求者公布的记录。参见 http://www. justice. gov/oip/foia-guide-2004-edition-foia-reading-rooms。这些"电子阅览室"为公众提供获取大范围行政机关记录的入口,而无须依据《信息自由法》重复提出申请。

起,⁴⁸在重要主题上相比《联邦行政程序法》给予现代的规则制定更大的程序复杂性。⁴⁹ 例如,《国家环境政策法》(National Environmental Policy Act)首次对预期会影响环境的重要政府决定,在规则制定的初始阶段施加普遍适用的分析要求。⁵⁰ 如今,《弹性规制法》(Regulatory Flexibility Act)对于影响小企业的规则制定也作出了同样的要求(该法也实施每半年的规制议程)。⁵¹《无资助委任改革法》(Unfunded Mandates Reform Act)对于以特别的重要方式影响州、地方、印第安人部落或者私人企业的事务,作出了类似的分析要求;⁵²《国会审查法》(Congressional Review Act)要求所有的规则须向国会提交,而国会可能作出简易否决。⁵³ 其他类似的提议,例如,将总统对经济影响分析的要求变成法定形式,它们被予以考虑但仍未被制定通过。到目前为止,没有迹象显示有新的立法致力于简化或者合理化这些措施,这表明立法者更多的是从一种策略而非理论视角来理解它们。换言之,它们可能被视为减缓倡议发展(例如,工作场所安全方面)的有用工具,私人部门会认为这些倡议费用昂贵,但难以公开反对其长处。⁵⁴

最后,涉及单个行政机关的法律经常包含超越《联邦行政程序法》的程序性规范。也许基于类似原因,在规则制定的背景下也有特定的要求。尤其是在健康和安全规制上,也包括其他领域,这种活动变得越来越重要,对此国会一再作出程序规定(通常是在略微正式的指示中),以与那些被简短

---

⁴⁸ 参见页边码第 144 页。

⁴⁹ 参见 C. Copeland, Regulatory Analysis Requirements: A Review and Recommendations for Reform(2012), available at https://www.acus.gov/sites/default/files/documents/COR-Copeland-Report-CIRCULATED.pdf; M. Seidenfeld, "Rulemaking Table", 27 *Fla. St. L. Rev.* 533(2000); P. Strauss, "From Expertise to Politics: The Transformation of American Rulemaking", 31 *Wake Forest L. Rev.* 745(1996); Jessica Mantel, "Procedural Safeguards for Agency Guidance: A Source of Legitimacy for the Administrative State", 61 *Admin. L. Rev.* 343(2009); Lisa Schultz Bressman, "Procedures as Politics in Administrative Law", 107 *Colum. L. Rev.* 1749(2007).

⁵⁰ 参见页边码第 141—142 页。

⁵¹ 参见页边码第 340 页。

⁵² 参见页边码第 342 页。

⁵³ 参见页边码第 52 页。

⁵⁴ 参见页边码第 36 页。

表述的规定相区别。[55] 在某种程度上，这些规定代表了一种实现实体目标的间接手段。例如，人们普遍相信在 1975 年国会对联邦贸易委员会的规则制定附加了严格的程序要求，这反映了国会对该委员会作为规制者的冒进持有厌恶的态度。同样，某些人认为国会在创设职业安全和健康管理局中规定了有点正式的规则制定程序，这是对工业界无法公开反对规制体制的一种调和。这些特别的规定也表现出程序上的判断，而这种判断广泛被认为对普遍适用来说是重要而易受影响的。1977 年的《清洁空气法》修正案第 307(d) 节为环保署执行该法设置了规则制定程序，这或许是最为重要的例证。该修正案规定了规则制定程序中官方记录的构成，自此因其适合于大多数这样的程序而被广泛接受。[56]

四、总统的政治控制

通常不会认为政治监督会产生或者甚至塑造行政机关的公开程序。但是，有关上述规则制定的总统倡议（要求参与在年度规制计划和影响评估）[57]为许多以上提及的法律所要构建的规则制定提案，提供了前期公众通告的程序架构。事实上，大多数被这些法律所要求的分析和通告是在倡议框架中得以完成的。在与白宫协商之后，规制计划确认了每一个行政机关计划采取的重大规制行动，并作为两年一次的规制议程的一部分予以公布。在此，规制计划提供了早期的通告，以及经确认与规则制定的行政机关的联系。当行政机关的定位不大可能被行政机关内部（作为整体的政府）的讨论所固化时，规制计划经常为通告前期的参与扩大了时长。规制影响分析产生附带和早期的文件，并可能被公众所评议。总体

---

[55] 约翰·丁格尔（John Dingell）是国会历史（1955—2014）上服务年限最长的议员，由于他积极运用国会的监督，一直为行政人员所畏惧，让人记忆犹新的是他曾向一位同事提议："我将让你写实体部分，……你让我来写程序部分，那么我将每次都搞你一下。"

[56] 在 1982 年，美国参议院一致通过一项法案，该法案使得这样的规定普遍适用于所有行政机关的规则制定（S. 1080），参见注释 36。但是，由于与此事无关的政治原因，该法案在众议院没有被提交投票。在随后的改革提案中类似措施的存在是无可争议的，在将来任何提案中亦是如此。

[57] 参见页边码第 144 页。

而言,内部的行政架构不得不予以重塑以顺应这些要求,其结果导致行政机关内部更为紧密地协调,并在政策计划功能上显得更为突出。信息与规制事务办公室(OIRA)对行政机关信息要求的法定控制亦提升了政治控制和公众参与的机会,[58]其网站提供受到审查的提案的通告,并允许作出对白宫产生影响的评议。

与这些程序相联系的结构性变化、数字时代和在控制政府政策制定上白宫意愿的强化,这些都表明了进一步的影响。克林顿总统第 12866 号行政令[59]要求每一个行政机关首脑向其直接报告"对规制政策官员的委任","该行政令涉及规制过程的每一个阶段,从而推动有效、革新和负担最少的规制予以发展",并强化行政令的原则。各行政机关的规制政策官员(RPO)作为联络点服务于信息与规制事务办公室(负有责任的白宫行政机关),其协调对信息与规制事务办公室要求的理解和服从,并定期与其他机关一起加入"规制工作组"去集中讨论改善程序的缺陷和手段。但是,规制政策官员身为行政机关的官员,其直接效忠于其机关首长。事实上,作为程序协调者,其有助于缓和行政机关与信息与规制事务办公室之间的关系。在布什政府(第二任期)的后期,国会参众两院处于民主党的控制之下,布什总统修订了行政令使得规制政策官员转换为总统任命,而不再向其机关首长报告(即使行政机关首长在有理由的情况下能够不理会对规制政策官员的否决),[60]以此对行政机关的规则制定予以实质控制。在布什总统失去对国会的控制时,总统加紧对规则制定的控制明显变得困难。尽管奥巴马总

---

[58] 参见页边码第 364 页。

[59] E. O. 12,866 在上文页边码第 144 页有所介绍。

[60] Exec. Order No. 13422,72 Fed. Reg. 2763(2007),有几个评论者认为通过要求规制政策官员为总统任命,13422 号行政令表现出对行政规则制定程序予以行政控制的实质性扩张。在本质上,该行政令让白宫成为每一个行政机关的"守门人"(gate-keeper),从而监控新的规则制定和确保总统的优先事项得以完成。例见,Michael Hissam,"The Impact of Executive Order 13,422 on Presidential Oversight of Agency Administration",76 Geo. Wash. L. Rev. 1292,1298(2009);Chris Copeland,Cong. Research Serv. ,Changes to the OMB Regulatory Review Process by Executive Order 13422(2007)。

统上任后不久废除了这些修改,随后由美国行政会议承担的一项研究,[61]没有给有关总统未放松控制的质疑留有余地,并揭示实行政治上的控制不是基于特定提案行为的是非曲直,而是服务于总统再次当选的抱负。

数字时代孵化出新的形成中心的行政架构,例如,首席信息官(Chief Information Officer)在每一个行政机关与个人保持联系,首席技术官(Chief Technology Officer)与此类似。[62] 同时,以云技术为基础的数据存储(联邦数据管理系统 FDMS)极大地提升了规则制定材料的可视性,其对象不仅针对普通大众,[63]还包括(到较大的程度)负责规则制定的行政机关之外的官员。[64] 在某种程度上,规则制定行为形成在规则制定通告发布之前(《联邦行政程序法》首次适用于规则制定的时间点),而增加了政治控制的可能性。在提议被公布之后,《联邦行政程序法》设置了对行政机关的评议,而如今信息与规制事务办公室在提议出现之前就被游说,其会议记录表明了这种情况经常发生。[65] 对于重要的规则制定,行政机关在通告前期花费了两倍多的时间,而一旦提议通告发布于联邦公报,则完成了规则的引入。[66]

---

[61] C. Copeland, Length of Rule Reviews by the Office of Information and Regulatory Affairs (2013),见网址:https://www. acus. gov/sites/default/files/documents/Revised%20OIRA%20Report%20Re-posted%202-21-14. pdf.有关美国行政会议(ACUS),参见第402页。

[62] 2002年的《电子政府法》(Pub. L. No. 107-347,1X6 Stat. 2899)规定了由首席信息官组成的跨机构委员会,来设定政府的信息技术政策,这在以前由行政令来加以确定。奥巴马总统创设了首席技术官的职位,其作为国内政策委员会的成员和总统助理负责推进革新。参见 John F. Sargent, Jr. ,Cong. Research Serv. , R40150, A Federal Chief Technology Officer in the Obama Administration:Options and Issues for Consideration(2010),https://www. fas. org/sgp/crs/misc/R40150. pdf。

[63] 通过政府规制网站(Regulations. gov,在页边码第311页有所讨论),公众获得信息入口,使其能够在任何待定规则制定的程序中提交电子评议,并在任何电脑上获得整个公开制定规则的待决记事表。

[64] 公开的待决记事表并不包含《信息自由法》豁免的材料,例如,政府机关内部和之间"决策前"的沟通;政府云(government cloud)在白宫被予以平等看待,并对负有责任的行政机关理解"信息即权力"提供了暗示。

[65] S. Haeder and S. Yackee,"Influence and the Administrative Process:Lobbying the U. S. Presidents Office of Management and Budget",109 Am. Pol. Sci. Rev. 527(2015).

[66] 环保署前任法律顾问写道,在规则制定数字化之前的年代,管理者真心希望在通告前期从利益相关者那里获得信息(行政令极力鼓励)。如同日本人对歌舞伎厅的喜爱,通告评议的规则制定对于公众参与是一个高度程式化的程序,其以正式的方式展示了某些事(发生在现实生活中的其他领域)的本质。E. D. Elliott,"Reinventing Rulemaking",41 Duke L. J. 1490,1492(1992).

五、法院

司法判决也是构造行政程序的重要来源。法院至少在三种方式上有着高度影响:首先,通过对相关宪法要求作出解释,尤其是"正当程序";[67]其次,通过对法定的程序要求作出解释,例如,《联邦行政程序法》;第三,通过实施司法审查功能的态度形成的氛围。由此,在1970年早期,最高法院对《联邦行政程序法》有关起诉资格规定的解释扩大了对行政行为予以司法审查的范围。行政人员通过解释给这些规定带来以前未预料到的意义,预期其将会受到可能的审查(因此会认真对待)。此外,通过扩展参与及其价值的观点展示,这些解释鼓励行政人员认可行政程序中参与者,否则他们会被排除在外。[68] 以下章节将反映在许多程序背景下类似的发展,例如,司法审查的规则和标准的制定。从这个角度来看,很明显作为美国法普遍具有的特征,普通法上程序和期望对行政法的内容产生极大的影响。但确实很冒险的是,仅仅查阅宪法、法律和规章的官方版本,并以此作为规范行政程序的相关来源。[69]

另一方面,程序要求按照普通法模式径行发展,而没有受到法定或者宪法文本的约束,这充满了危险。如上所述,[70]甚至在法院最为熟悉的裁决背景下,行政裁决中"正当程序"质询及其极端变化(从许可的撤回到公立学校的暂停)的特征,让典型的司法程序受到质疑。在规则制定中,以司法程序规范为基础会对其转化到裁决形式产生威胁。提供必需品的行政机关考虑到案件情况,有预期地作出程序性选择;而法院一直随后而为,则不可避免地受到在特定(也许不具有代表性)争议中这些选择成败的影响。[71] 行政机

---

[67] 参见页边码第57页。

[68] 参见页边码第289页(干预)和429页(起诉资格)。

[69] P. Strauss,"Statutes That Are Not Static—The Case of the APA",14 *J. Contemp. Leg. Issues* 767(2005).

[70] 例如,页边码第90页。

[71] 在正当程序语境中(也许是不可避免的)回顾这一问题的讨论,以及最高法院致力于发现减少这种影响的评估方法。页边码第88页。

关预见其选择产生这样的评估结果,将必定会作出防卫反应而选择更为正式的程序,这些程序无意于运用否决手段阻碍可欲目标的实现。一般而言,对像行政机关这样的非司法组织所作出的程序性选择,作为事实搜证者的法院评估其适当与否并不具有良好的条件。而且,正式审判的司法程序是法院所知的最佳程序,以及最有可能被用作比较和评估的规范基础,但却不大适合许多行政上的情形。尤其是,法院不擅长理解和感知基于有效行政程序的机构决策的优点。

最后,类似于《联邦行政程序法》中有关程序的法律规定,是对"反对社会和政治力量停滞"的公式化表达,亦是法院应当遵从的立法判断。最高法院在规则制定[72]和非正式裁决[73]上一再坚持的结果是欠缺对正当程序条款的理由说明,而对行政程序作出司法阐述不能独立于法律。正如在以下章节中所详见的,这种限制并非无足轻重,其与法定文本相联系,远不是通过司法程序来防止程序性要求的累积,而这些解释和适用程序要求的司法程序不会产生将规则制定转换为裁决的威胁。

六、行政机关

对于《联邦行政程序法》和相关法律的框架下所运用的程序,每一个行政机关自身都享有实质性自由去塑造它。具体的规定常常出现在《联邦规章法典》行政机关卷的早期章节。[74] 联邦行政机关所采用的官方年度规章汇编,系按照《美国法典》的规格组合而成,该汇编有数次篇幅较大。任何与特定行政机关或者程序有关联的律师,将会对程序性规章和内部解释予以认真对待。

---

[72] Vermont Yankee Nuclear Power Corp. v. Natural Resources Defense Council, Inc., 435 U. S. 519(1978),页边码第 327 页有所讨论,Perez v. American Mortgage Bankers,135 S. Ct. 1199 (2015)。

[73] Pension Benefit Guaranty Corp. v. LTV Corp., 496 U. S. 633(1990)。

[74] 《联邦规章法典》在线检索的免费入口,见网址:http://www.ecfr.gov/,以及法律信息学会的网址:http://law.cornell.edu。《美国法典》也可在用户界面被检索,见网址:http://uscode.house.gov/。

第二节 行政裁决

如下所见,大量被描述为裁决的联邦行为发生没有被概括界定的程序之中,但这些程序为行政机关所特有,其启动明显依据《联邦行政程序法》中有关裁决的规定。

275 正如较早被注意到的,《联邦行政程序法》对"裁决"作出了极为宽泛的界定,即"无论肯定的、否定的、指令的或者公布的形式,对除了规则制定之外包括许可在内的行政事务形成任何最终处置的行政程序"。[75] 由此,交通部对田纳西州修建 1200 万美元的道路作出的决定,核规制委员会对违法运行核电站的电力公用企业作出 200 万美元的罚款决定,联邦通信委员会对申请参与业余无线广播的约瑟夫·格林(Joseph Green)发放许可,农业部检稽查员将火车车厢中的小麦在类型和质量等级上确定为二级杜伦小麦,这些都构成"裁决"。但是,不仅仅在经济的重要性上,而且在作出程序性说明的道德主张上,所存在的程序类型极为不同。

一、正式的行政裁决

《联邦行政程序法》(5 U.S.C. §554)首先界定了裁决程序,其一般归于正式的、基于记录的行政裁决,还有其他两种有关正式听证的具体程序(5 U.S.C. §§556-557),这些正式听证的程序仅适用于法律规定行政机关必须经听证,并根据记录作出决定的裁决。同时,对六种基本上没有争议的例外情况作出了规定。[76] 如果听证不属于"法律规定行政机关必须经

---

[75] 5 U.S.C. §551(6),(7)。
[76] 但是,例外情况涉及司法审判所要求的或者行政机关对法院实施的事项、一般公共服务事项、有关军事或者外交事务的工作者代表资格的事项,以及"在检查、测试或者选举基础上作出决定的相关程序"。由此,农产品的定级或者检查、飞行员的职业资格无须遵循《联邦行政程序法》的程序,即使在履行这些职能的过程中需要一定的正式手续。参见页边码第 361 页。

听证,并根据记录作出决定"的情况,则无须适用《联邦行政程序法》对裁决作出的程序性规定。因此,"法定要求"形成了一种重要的质询,如果法院认同《联邦行政程序法》所要求程序的价值,或者如果法院倾向于接受行政机关有关自设法定要求的观点,则其有可能在某种程度上受到法院的影响。在一个早期的判决中,这些价值导致最高法院认定,《联邦行政程序法》适用于宪法要求的基于记录的程序,换言之,即基于正当程序考量的程序。[77]但是,这一认定很快被国会否决了,[78]在随后正当程序分析的兴盛时期,其似乎与此并不相关。[79]当公共利益干预者反对对极富争议的核电站发放许可时,一旦联邦上诉法院认为给予听证的问题,在确保实质性程序细节上具有重要性,就会判定法律仅仅提及的"听证"系要求根据第544节"基于记录"的听证。[80]但是,最高法院强调行政机关有权在法律表述所允许的幅度内合理地确定法律的特定含义,[81]随后相同的法院接受了行政机关的结论,即从其自设法律中程序性规定的细节推断出无须适用第544节的听证程序。[82]

这看起来是一个陌生的结果,特别是因为第二个案件中许可申请者诉称需要《联邦行政程序法》的程序保护,相比第一个案件中社区的反对者(似乎是偶发性地提出其权利主张,并基于其他内在的理由成为可用的手段,去阻止他们所发对的发展)而言,其在程序规定上的个人权利主张显得更能获得支持。在第一个案件中,违背《联邦行政程序法》听证要求的诉称与事实上的许可证申请有关,环保署的管理者在接到投诉后与专家组成员(否则不会卷入其中)进行协商;同时,反对者在诉称中报告了有关软壳蛤受到热量冲击的效果,即反对者声称他们没有机会表达的问题。法院似乎并不了解,

---

[77] Wong Yang Sung v. McGrath,339 U. S. 33(1950)(有关雇佣行政法官的规定)。
[78] 参见 Marcello v. Bonds,349 U. S. 302(1955)。
[79] 作为一种历史解释,其质疑国会长期关注基于记录听证的法律规定所确定的大规模的程序,并企图为所有的程序(后来被法院认定为根据正当程序条款要求"基于记录"的程序)予以统一。
[80] Seacoast Anti-Pollution League v. Costle,572 F. 2d 872(1st Cir. 1978),与有关正式规则制定的不同情况予以比较,页边码第306页。
[81] 参见有关 Chevron,U. S. A. Inc. v. NRDC,467 U. S. 837(1984)案的讨论,页边码第493页。
[82] Dominion Energy Brayton Point LLC v. Johnson,443 F. 3rd 12(1st Cir. 2006)。

250　美国的行政司法

277　《联邦行政程序法》在最初听证的事项上允许行政机关的管理者与其职员进行协商,并包含作出决定行政机关所要求的特定程序,从而使得行政机关有机会表明行政人员已注意到的事实,而这样的请求并没有被提出。[83] 也许有人会将这些不足之处归咎于政府律师,而非法院,这表明法院不可能同情行政机关制度上的决策过程(由于它们自身缺乏制度上的决策过程)。[84] 知道这些困难的法院通过以下方式来适应,即相比《联邦行政程序法》规定本身所表明的内容,法院在明显与《联邦行政程序法》相冲突的案件中,赋予行政机关特别的法定程序更多的权重;[85]在这些特别的法定程序所允许的定义范围内,法院承认行政机关作出选择的可能性。

第 554 节及其两个相关规定比较精妙地界定了基于记录的听证程序。然而,在这组案件中,法院规定了程序上的多样性,以反映基于记录听证中的不同情况。例如,基于要求由专业人士来评估的技术标准,许可的申请者时常会获得成功或者面临失败。在这一案件中,申请者有可能没有正当程序上的"权利"去获得像这样的程序,[86]但是,其申请呈现出想要听证的邻人的广泛利益问题。该法允许对初次许可申请者予以特别的对待,即更容易被运用的书面程序而非口头程序,以及让许可审批的行政人员承担更大的责任。另一方面,在适用处罚时,所作出的判断要少一些技术性而多一些道德追问,并在任何情况下,通过威胁性的处罚以及享有与行政机关形成持续良好关系的"资格",私人一方提出的程序权利主张得以强化。在此,各种变化情形反映了更为严格的程序要求,这些程序性变化不是产生于《联邦行政程序法》中的一种模式——"正式裁决"模式,而或许是该法中的三种模式。

---

　　[83]　行政机关对相关事项发布官方通告并非基于记录,5 U.S.C. 556(e)规定"一方……有权及时提出请求,获得发表反对意见的机会"。
　　[84]　参见页边码第 373 页。
　　[85]　5 U.S.C. 559 保留了"法律施加或者法律承认的额外要求",授予行政机关在执行《联邦行政程序法》中程序性规则制定的权力,同时,规定随后的法律应当被发现对这些额外要求予以"取代或者修改",仅需达到"该法能够明确作出规定的程度"。
　　[86]　如上注释⑲所述,正当程序条款的适用条件并未确定,但是,对于许可申请依靠诸如"公共利益"等软因素,则该申请似乎没有希望。

（一）基于记录的裁决模式

《联邦行政程序法》第 554 节、第 556 节和第 557 节对此核心模式作出了规定。该程序要求予以听证，尽管程序简化，但与美国司法审判中正式的对抗性程序极为类似。[87] 值得注意的是，普遍存在的主要偏差在于《联邦行政程序法》本身没有对以下事项作出独立的规定，包括听证前的实务操作，而将其留作每一个行政机关的事务；改良的占优证据规则以及由行政法官来主持审理而没有陪审团。各方当事人在听证、举行听证的权力主体以及将要解决的问题上，会获得完备的通知。参与者包括行政机关、直接受影响的其他组织和个人，以及其他像干预者这样的受影响的个人；干预可能会被准许，确实法官基于广泛公众代表的利益可以要求干预获得准许，[88]"只要有关公共事务的合规行为被许可"，[89]相比其处于司法程序之中干预会更为自由一些。各方当事人有权聘请律师出席和参与听证的所有阶段，包括听证之前和听证期间。他们掌控证据的出示，"在被要求完全和真实地披露事实的情况下有权进行交叉询问"。行政机关可以接受作为证据的任何事项，[90]只是"不相关、不重要的或者不适当的复述"被排除在外。除了法律规定的其他事项以外，在每一个案件中证明负担置于寻求既定结果的当事人身上。[91] 当条件

---

[87] 对有关福利利益问题作出决定所运用的程序中，存在一个引人注目的例外情形。相关讨论见页边码第 229 页。当所获得的听证由行政法官来完成，其主导质询和处理数据，这些为政府所了解，并决定了听证的结果。同时，在政府一方没有单独的律师或者代表出席听证。这些听证大多数由联邦政府的行政法官完成，他们在人数上超过 1500 名，其年度的案件处理数量相当大，超过了联邦司法的案件处理数量。参见页边码第 185 页。

[88] 有关参与的问题的讨论，见页边码第 289 页。

[89] 5 U.S.C. §555(b)。

[90] 换言之，适用于美国法院的正式证据规则，并不对行政程序加以规范。尤其是，将间接的或者"传闻"证据排除在司法审判之外的证据规则不适用于行政程序。这一规则被认为是对外行组成的陪审团（lay juries）的保护，使其避免对某人道听途说的内容给予多大的信任作出决定，其倾向于要求证人对基本情况直接作出证词。行政机关的听证不会运用作为外行的事实发现者，而待解决争议的性质通常对目击证人的证词带来次要的影响。事实上，即使在司法适用中，传闻规则也存在许多例外情况。

[91] See Director, Office of Workers' Compensation Programs v. Greenwich Collieries, 512 U.S. 267(1994). 该案因处理所涉及的法定问题而引人注目。See P. Strauss, "On Resegregating the Worlds of Statute and the Common Law", 1994 *Sup. Ct. Rev.* 427.

允许的时候,必须提供机会促使争议得到解决。

事实上,当听证举行时,其基于记录的特征以各种各样的方式来予以保护:

(1) 听证必须由行政机关自身(即行政机关首长)、多成员行政机关中一个或者多个成员或者在通常案件中的行政法官来完成。[32] 和法官一样,听证主持人的参与会受到案件中存在个人偏私或者其他不合格的挑战。[33]

(2) 与在法院一样,与听证主持人的交流必须记录在案,负责调查或者检控的行政人员除了作为代表公众的证人或者顾问之外,不得参与听证程序。这一方面将会在后续章节予以进一步讨论。

(3) 听证主持人必须起草相关程序的官方报告,无论是实际发生的初步决定,还是对行政机关应当如何做出决定的正式建议。

(4) 作出决定所基于的记录和将要发生的审查,受到程序中的证词、展示以及任何归档的文件的限制。如果行政机关对没有出现在记录中的事实发出"官方通知",例如,行政机关相信其基于专业技能"知道"的事实,则任何一方当事人有权"及时提出请求,以获得展示不同事实认定的机会"。[34]

---

[32] 有关行政法官特别地位的讨论,见页边码第 184 页。

[33] 那些向某个行政机关申请,而对处理不满的申请者提起共同诉讼(http://www.socialsecurity.gov/padrosettlement/Padro-Settlement-508.pdf),或许以此使得社会保障局(SSA)对投诉者给予了扩大的程序机会,去证明行政法官存在偏见。https://federalregister.gOv/a/2013-01833。当申请者主张存在偏见获得支持时,即行政法官被认为与对类似案件进行听证的同事之间存在不恰当的联系,则有关公共服务的保护措施的运作将会从根本上解除社会保障局的有效救济。

[34] 5 U.S.C. § 556(e).美国法院偶尔会给予参与者强烈的保护,以排除行政机关所主张的未经证实的专家知识。Seacoast Anti-Pollution League v. Costle,572 F. 2d 872(1st Cir. 1978), cert.denied 439 U. S. 824(1978);Wirtz v. Baldor Electric Co.,337 F. 2d 518(D. C. Cir. 1963)。然而,一般而言,受制于官方通知规则的"实质性"(material)事实只是那些与争议程序有关的特定事实,而非更具普通特征的事实,例如,立法机关期望发现的事实。在联邦法院,相应的证据规则是《联邦证据规则》第 201 项规则,其只规范"裁决"事实的司法通知,并对直接的争议当事人产生法律效力。对于诸如法官希望了解去解决政策争议的"立法性"事实,例如,隔离教育是否对黑人儿童产生不利影响,第 201 项规则允许法官查阅其所认为中肯的、独立于当事人的任何资料。对此值得注意的是,"裁决性"和"立法性"事实的区分对行政机关考虑的普遍或者"科学"事实的认定特别没有帮助。在核电站所使用的钢材上,长达十年的密集辐射如何影响钢材的张力,对于这样的问题我们如何予以定性?在此,无论陪审团的考量还是立法者的投票,这些方式的优点都无助于提出有用的参考观点,可以期待的是行政机关去完善争议问题的科学评价或者其自身累积的经验。

当听证不是由行政机关首长来完成(几乎很少如此)时,听证主持人将提交初步的决定,或者偶尔向作出最初决定的行政机关提交作出决定的建议。无论是哪一种情况发生,当事人都有权呈交其所提议的认定和结论,决定或者建议的制作者必须根据这些提议作出书面认定,"在所有记录呈现出事实、法律或者裁量的实质性争议点上,说明其认定和结论以及理由或者原理"。[55] 这些说明又变成了听证程序记录的一部分,对于随后的司法审查具有一定的重要性。[56] 除非是行政机关或者其委托机关来进行审查,初步的决定将变成行政机关自身的决定。

尽管行政机关在结构上存在大量的变种,但在行政机关内部很容易获得审查。在大多数传统的规制机关中,投诉由行政机关首长来予以听证,或者对于某些多成员的委员会,由委员组成的小于整个组织的小组来进行听证。然而,在较大的行政机关或者内阁部门,常常规定由专门的受理申诉的组织来实现某些或者所有的审查职能,例如,农业部司法官员、社会保障局的申诉委员会、核规制委员会的原子安全和许可申诉委员会。尽管在实务运作中这些审判席的成员独立于政治的指示(基于记录的规定本身事实上要求),但《联邦行政程序法》并不确保他们具有行政法官的受保护法律地位。[57] 当有这样一个组织提供听证时,行政机关首长反过来可以保留其审查的权力,但是,其通常如此行事只针对重要案件中的裁量事项,这类似于最高法院的令状职能。[58]

当行政机关启动对初步决定的内部审查时,各方当事人有权对行政法官作出的初步决定(或者负责中层审查的法官席作出的决定)提交任何例外情况的书面摘要。然后,行政机关"拥有作出初步决定时的所有权力",即它可以对案件作出决定,就像它已经对证人进行了听证,而不是像审查的法官

---

[55] 5 U.S.C. §557(c)(A).
[56] 参见页边码第467页。
[57] Kalaris v. Donovan, 697 F. 2d 376(D.C. Cir. 1983), cert. den. 462 U.S. 1119(1983).
[58] 有关这一职能的讨论,见页边码第159页。

席一样行事。⑲ 行政法官作出的决定,即使在类似证人可信度的问题上处理精巧,也只是被认为以行政机关采取行动为基础的记录的构成要素,而与判断案件结果的可接受性无关。然而,如同其行政法官一样,行政机关必须全面解释其认定和对当事人所展现立场作出的回应,在实务中这限制了重塑行政法官决定的自由。

　　这些被简要重述的特征至少在两个方面遇到了重大的难题,这些难题超越了行政机关和法院之间存在的现实差异:行政机关是担负特定政治任务,并拥有完成任务的各种手段的组织机构;而法院是在政治之外的通才型机构,其按照单一的形式采取行动。这些问题被相关讨论所阐明,即在裁决中有关功能区分存在混淆和难以执行的规定,以及有关事实认定要求的实际困难。

　　首次通过的《联邦行政程序法》禁止听证主持人和"个人或者一方当事人之间在争议的事实上"进行记录之外的沟通,这成为554(d)节的准则。在1976年的修正案中,《美国法典》第5编第557(d)节也规定行政机关决策者与"行政机关之外"个人,禁止进行记录之外的"涉及程序的是非曲直"的交流,使得事情变得复杂化。在措辞上,"涉及程序的是非曲直"比"争议的事实"要更为宽泛一些,两者的不同恰好与法院和行政机关之间的组织差异相吻合。行政机关不像法院,其从事规则制定和其他形式的政策制定以及裁决活动;有关既定政策问题的许多事务可能在任何时候都处于待决状态。行政机关的行政法官能够被这些重叠的职能所隔离防护,而一般来说也是如此,而行政机关的领导层则不能幸免。适当的机构职能要求行政机关首长能够与其下属一起处理重要的政策事务,在此背景下,这些职能得以实现。核规制委员会的委员与工程师会谈及,检测和控制蒸汽发电机管线泄露的一般问题和他们向公众说明的风险水平,这是因为规制委员会处理许多裁决案件时出现了像这样的泄露问题,如果这些委员感觉压抑的话,我们就会觉得作为行政机关,规制委员会的有效性受到了严重的损害。基于此,第557(d)

---

⑲ 然后,在行政决定的司法审查中,法院有义务像行政决定直接依据事实作出的那样予以对待,而不是处理负责审查的法庭的行为。这偶尔对案件结果具有重要性。有关对行政机关事实性决定进行司法审查的讨论,见页边码第462页。

节的限制性规定(对与"行政机关之外"个人的交流施加宽泛的"涉及是非曲直的"准则)能够得到普遍的理解。幕僚决策者的交流仅仅被限制在有关"争议的事实"上,但是,对局外人却有着更为严格的限制,即使总统亦是如此。[100]

然而,这种简明的区分在特定的背景下会被打破。一方面,由行政法官而非承担政治责任的行政机关首长主持程序,这一区分则无用武之地。行政法官并不制定规则或者监督政策的执行。大多数美国律师会强烈谴责行政法官和行政人员之间在政策或者解释的问题上存在任何私下的磋商,而这些问题"涉及程序的是非曲直"而不是涉及"争议的事实"。笔者还未曾知晓有任何这样的实务操作,即行政人员企图直接在内部协商存在事实基础和政策基础的区分上钻空子,而进行暗地的交流。[101] 这种区分承认行政机关有必要防止在其正在推行的政策目标上产生二次争议,并对无辜的内部交流给予一定的幅度空间,这些内部交流涉及将要发生的结果,其似乎对基于记录的由一两个交谈者负责的行政事务产生影响。

另一方面,即使对于局外人来说,有必要对"涉及程序的是非曲直"作出有点严格的理解。如果规则制定或者某些涉及适当的非正式公众反应的政策执行问题,在基于记录的程序中同时被悬置,这种情况时有发生,那么代表公众的成员,甚至在程序中的利益攸关方,应当能够参与最初事务(不必"基于记录")的讨论,而不用担心随后会受到禁止交流的惩戒。[102] 在此,为了利益进行人为操控的行为风险可能有点大,但是,仅仅因为某一交流"涉及"基于记录的程序的"是非曲直",而没有某些迹象表明其有特定指向或者有意施加影响,似乎难以将其认定为违反了第557(d)节的规定。了解到这

---

[100] 回顾波特兰奥杜邦案,页边码第130页。
[101] 一件被报道的案件披露行政机关在基于记录的程序中处理待决的重要事务,而一名行政机关中委员会委员和两名幕僚成员就相关法律问题进行偶发的交流,其中一名幕僚成员代表行政机关的职员——检控方,另一个代表负责为行政机关撰写最终意见的部门。对这种明显属于偶发而非勉为其难的交流,法院作出愤慨的反应,这反映了主流的职业意见。Professional Air Traffic Controllers Org. v. FLRA, 685 F2d 547(D. C. Cir. 1982)。
[102] 这些惩戒是严苛的,由此 5 U. S. C. §557(d)允许行政机关对如下情形进行惩戒,即一方当事人"故意"实施违法行为或者造成违法情形,而对其作出不利的决定,如果行政机关的考虑"与公正利益相一致",并有充足的理由认定其构成违法。

些可能存在的问题,行政机关的最佳反应其实很简单,即在基于记录的程序中公开可能令所有参与者不愉快的交流,并给予他们作出反应的机会。

《联邦行政程序法》在事实认定上的要求也需要根据行政机关和法院之间的差异来进行理解。当然,即使涉及司法职能,事实认定的要求仍存在某些公式化的瑕疵。无论当事人在诉讼程序中提出的论点是否琐碎,法院没有义务对每一个论点都认真作出回应。甚至在上诉案件中,联邦法院在没有公开意见的情况下处理了大量的业务;在某些类型的案件中,所作出的司法说理充其量算得上马马虎虎。但是,行政机关的背景在角色和职责上呈现出附加和重要的问题。当承担政治责任的行政人员作出决定时,行政机关的其他人员则负责防范这些决定被诉诸法院。在审查行政行为的过程中,法院自身必须谨记其并不承担适于行政机关的政策责任。因此,通过固化行政行为的基础,行政机关的事实认定限制了行政机关律师(或者其他人)在司法审查中支持行政决定的论证。律师和审查法院唯一能够使用的是行政机关对其决定公开指定的理由,而不是想象的其他理由。[103] 这带来了某些保证,即那些表面上对决定负责的行政机关实际上就会对此负责。[104]

---

[103] 对此论点,Securities and Exchange Commn v. Chenery,318 U. S. 80(1943)案是典型的引证,与 JC. Stack,The Constitutional Foundations of Chenery,116 Yale L. J. 962(2007)案中的"授权"问题存在绝妙的关联。

[104] 这一观点被保护地表述出来,因为意见本身是行政人员的产物,他们表面上对此负责,而繁忙的行政机关首长却没有时间去加以考虑。有人叙述了这样一个极端的例子,见 M. Derthick and P. Quirk,"Why the Regulators Chose to Deregulate",as in R. Noll, ed., *Regulatory Policy and the Social Sciences* 215(University of California 1986)。对民用航空委员会(CAB)的不满导致其被解散,有关不满的部分解释是:在1969年后期,对于在若干竞争者中挑选航线的接受者,民用航空委员会指派律师来撰写委员会的决定,除了获选航空公司的名称以外,其没有给出任何指示。该委员会依靠律师谋划作出决定的说理。律师这样做之后,委员会只字未改。在民用航空委员会中,许多人都知道或者感觉到这些律师活生生的证明:委员会对航线所宣称的理由不是真实的理由,而是人为设计的诡计,即对委员会以其他理由私自给予的奖励,附加法律说理的假象。在其他理由上,不存在任何腐败的事情。粗略来看,委员会采取平常的方式行事,以确保每一家航空公司能够得到新航线的合理分享权,而不会遭受财务上的风险。"不是每一家航空公司都会希望破灭,……一些聪明人会发现实务操作变得更加有趣,就像纵横填字谜一样,猜测的过程比填字谜本身更有趣。"不用相信其他独立规制机构会以同样的方式来运作,但是,对现实中他们所声明的说理的怀疑引发了大量对政治控制的司法担忧。行政机关提出的说理和实际上的理由之间可能存在差异,对此予以司法质询的问题参见页边码第394页注释[79]以及页边码第508页。

同时，司法裁定通过将注意力集中于行政机关的理由说明和责任，而非结果，由此保护行政机关免于司法上的再次问责。法院不能以自认为适当的政策来替代行政机关的政策，但是，必须接受行政机关的解释，而不会将其认定为不足以达到合法要求，或者认定存在对行政机关所选择的结果产生轻微影响的瑕疵，而要求行政机关发回重新予以考虑。

（二）许可申请

在美国法院，典型的民事诉讼具有如下特征：

（1）民事诉讼具有对抗性。对立的双方展示论点和证据，而中立的法院根据事实和法律来处理案件。程序的启动在于确保对立的各方得到一个可欲的结果。法律问题常常反映出行为道德性的争论。

（2）民事诉讼涉及私人之间的争议。尽管会出现公共利益的问题，但这些问题一般对于直接的争议而言充其量居于次要地位，争议的解决留给当事人作出主动选择。就算具有当事人资格，广大民众也很少对此感兴趣。

（3）就争议事实而言，民事诉讼首要关注的是各方当事人之间过去发生的事实，其与当事人最为接近，而与一般大众很少有关联。

美国司法审判的程序规范反映了这些典型特征。在司法诉讼实例中可以轻松找到某种偏离这些典型特征的方式，但很难想象会存在系统性的偏离。

行政机关的裁决形式之一通常要求基于记录作出决定，其适用过程（对许可尤为重要）系统性地偏离了所有上述三个特征。例如，负责许可的行政人员不会反对其收到的许可申请，也很少以涉及道德问题为由这样做。对许可申请作出的决定包含较多的公共政策内容，其不仅反映行政机关作出决定的制度安排，而且包括以公众为基础的听证参与中的利益期待。最后，最为重要的争议事实通常涉及某些带有技术复杂性的基本问题，而非过去的、涉及具体当事人的事实。例如，在核电站的降温设施附近对于软壳蛤类的幼虫有着什么样的"热量冲击"效果？[105] 这些偏离被认为是许可、金钱或

---

[105] 参见页边码第 276 页 Seacoast Anti-Pollution League v. Costle 案的讨论。

者福利申请(正式规则制定的参与者)所涉第 554、556 和 557 节规定的"例外":⑯(1)行政机关会要求他们提交书面材料,并在此基础上进行处理,除非能够特别说明拒绝进行口头的准司法的听证会导致偏见;⑰(2)职能分离的限制较弱,允许行政法官或者行政机关成员在记录之外更为自由地与行政人员进行协商;⑱(3)意见或者决定建议的撰写交由负责的行政人员完成,而不是主持会议的行政法官。⑲

286　　在此,所提供的相对自由很容易得到理解。许可具有高度技术性的特征,需要给予专家成员全程参与的额外费用,而行政机关很少有足够的资源雇佣完全一样的职员(即使能力相当)履行日常职责,以及其他向决策者提供咨询的人员。同时,这些活动中的专家参与通常缺乏道德承诺和表明立场的特性,而这却是普通诉讼,尤其是检察起诉以及行政法上的类似制度的特质。实际上,从许可申请和行政人员的角度来看,如果进入听证阶段,其看起来是一种形式措施。大部分工作在申请者和熟知法定标准的行政人员之间的协商中完成,而这种协商在正式的程序中却显得很笨拙。因此,许可申请者在程序结果上有着最大的实际利益,而在正式程序中却得到了相对较低的利益。

　　当许可被行政机关之外的其他人所反对,情况则有所不同。这些人和行政机关之间缺乏持续或者实在的关系,对行政机关公共职责的履行并不信任。反对者担心行政人员偏袒申请者而触及其利益。对于他们而言,最为重要的是正式程序、公开的强制性要求以及准司法程序的客观性。只要这些反对者出现,排除正式程序的法律可能性就会变得很小。然而,公众关注的介入并没有赋予程序更多的准司法特征。美国法哲学家富勒(Lon Fuller)曾经对诉至法院被其称为"两极(bi-polar)的"争议,与那些更适于政治解决被其称为"多中心的"争议作出比较,这种比较基于相对私人的事务,

---

⑯　正式规则制定参见页边码第 306 页。
⑰　5 U.S.C. §556(d).
⑱　5 U.S.C. §554(d)(A).
⑲　5 U.S.C. §557(b)(I).

并主要关注于前者。⑩ 在核电站的建设许可程序中,广泛公众利益的参与反映了问题的多中心化,而不是适合于特定争议解决的"审判"形式。在此,程序没有反映出类似审判的特征,而更多的是发出"声音"的手段。尽管如此,对于口头程序和职能分离的重要性,律师、法院甚至行政机关都有较强的态度,以致《联邦行政程序法》对许可的特别规定实际上受到质疑。⑪

(三)许可处罚

基于记录的听证,《联邦行政程序法》上第三种裁决模式适用于已获许可的撤回、暂停、废止或者无效等程序。这些程序一般被认为具有"两极的",而不是"多中心的"特征。它们形成了惩罚性的制度安排,许可证持有者被处罚和行政人员被检控的风险都特别高。法律规定了"有关事实或者行为的特别书面通知程序,以确保行政行为的合法性",除非有意而为或者被要求予以政府保护,否则被许可人必须被给予"证明或者实现其符合所有法定要求的机会"。⑫ 相对实体而言,在程序上的变化要少一些,并通过保护被许可人的许可年限,免于行政人员的恣意干预,以此强调许可的经济重要性。当行政程序中的裁决看起来不具有对抗性时,那些正式的要求通常不会成为诉讼的主题。但是,与提供初步许可的非正式程序相比,其仍然具有公示性和指导性。

二、非正式行政裁决

也许在《联邦行政程序法》的裁决规定中,最引人注目的是对大量的行政裁决基本上没有作出程序规定,即那些法律上不要求基于记录进行听证的程序。这些非正式裁决构成了政府行为的绝大部分,并符合"裁决"的法律定义。就《联邦行政程序法》而言,由于第554、556和557节不能适用,只

---

⑩ See L. Fuller,"The Forms and Limits of Adjudication",92 *Harv. L. Rev.* 353,394-405 (1978).

⑪ See American Telephone and Telegraph Co.,60 F.C.C. 1(1976);Seacoast Anti-Pollution League v. Costle,572 F. 2d 872(1st Cir. 1978).

⑫ 5 U.S.C. §558(c).

有第555(e)节与此相关联。该节规定对任何书面申请、请愿或者其他请求的否决,都必须予以即时的通知,而该否决通知"经行政处理后作出,并附带否决理由的简要陈述"。如果非正式裁决的结果构成最终的行政行为,则可以适用《联邦行政程序法》有关司法审查的规定,这些将在第七章和第八章中予以讨论。

在《联邦行政程序法》中,一般性法定程序的缺位给宪法中正当程序条款,[113]或者某些要求特定程序的特别法留下了介入的可能性。正当程序扩张的结果之一是在许多非正式裁决背景下,提出实质性程序规范的主张。在最高法院对戈德伯格诉凯利案作出判决后不久,[114]冯克(Paul Verkuil)教授于1976年发表了非正式裁决的研究成果,其涉及42个不同联邦计划中所作出的最终决定。[115]这些计划中有很多(但非全部)剥夺了个人的"资格",由此需要适用联邦正当程序条款。弗兰德利大法官认为公平的听证具有十个程序性要素,[116]以此视角来看,这些计划表现出不同寻常的多样性。只有两个计划(都是在福利领域的给付计划)具备了所有十个要素,另外有两个计划则不具有上述要素。在十个要素中,只有通知、理由陈述和公正裁决者三个因素大体上被所有计划所具备。42个计划中的27个具有4个或者更少的要素,[117]而仅有9个计划具有8个要素。

像《联邦行政程序法》对非正式裁决未作出程序规定一样,这种多样性反映了对程序予以概括所面临的困难,尤其是所留下的决策领域极为重要,并被要求高度程式化的构造。即使在常见的裁判背景下,最高法院亦极力强调法院不得将自己有关适当程序的观点强加于人,只有在正当程序条款

---

[113] 参见页边码第74页。
[114] 参见页边码第80页。
[115] "A Study of Informal Adjudication Procedures", 43 *U. Chi. L. Rev.* 739(1976). 该研究包括17个给付计划(例如,食物券)、12个许可计划(例如,药品审批)、5个检查计划(例如,肉类等级)、6个规划计划(例如,都市发展)和2个被归为"其他"的计划。
[116] 参见页边码第91页。
[117] 第四个最为常见的要素几乎被一半左右的计划所认可,即给予口头表达论点的机会。

或者特别法中发现程序要求。[118]《联邦行政程序法》将"裁决"界定为囊括全部的分类,即覆盖所有不属于"规则制定"的最终性行政行为。不过,其强调起草者在设计和表述程序条款上所面临的无数困难,而在1946年对程序细节未作出实质性规定。

1981年起草的《州行政程序示范法》(Model State Administrative Procedure Act)寻求进一步对四种裁决程序予以界定,[119]即"正式程序""会议程序""紧急程序"和"简易程序",而将非正式和正式程序包含其中。然而,该法所定义的"命令"作为裁决的最终产物,并不是像《联邦行政程序法》那样涵盖所有的分类,其将行为限定于以"特别适用"对特定人的法律利益作出决定。由此,其并不涉及这类决定,如运输部长基于财政支持所必须满足的联邦标准,作出决定给予田纳西州1200万美元用于新的公路建设;劳动部长在其成员认为工会存在违法的情况下,作出不对工会采取执法行为的决定。在《联邦行政程序法》下,这些毫无疑问都属于非正式裁决。相比而言,近期起草的《州行政程序示范法》(2010年)设置了"门槛条款"以决定请求者是否有资格获得裁决,同时,规定基于记录的审判型行政程序适用于被界定为"对抗性案件"的所有争议。这种对抗性案件的分类包括所有州或者联邦法定的听证,以及宪法规定的听证,唯有紧急听证除外。[120]

三、受保护公众的参与要求

除了持续致力于丰富正当程序条款的内容以外,[121]也许最令人感兴趣的美国法发展是行政机关的裁决涉及公众或者团体的成员在理应制定规章的情况下作为代表的参与。代表法律执行的私人活动存在两种方式:其一,授权公民个人通过法院请求针对商业规制规定的直接私人执行,这些规定

---

[118] 参见页边码第274页。
[119] 参见页边码第368页。
[120] J. Gedid, "Administrative Procedure for the Twenty-First Century: An Introduction to the 2010 Model State Administrative Procedure Act", 44 *St. Marys L. J.* 241, 269(2012).
[121] 参见页边码第74页前后。

由行政机关来推行(但并未完成),而公民个人诉称其违法。在早期,像这样的授权由美国反垄断法律规定,使得个人可以就其受到的损害寻求司法救济,类似的授权亦为某些民权法律所规定。这很容易被视为法律创设了对私人过错予以侵权救济的新形式。[122] 在环境保护领域,某些法律授予同样的法律机制以维护基本的公众权利,这些法律为原告提供了激励,例如,律师费用和其他费用的赔偿等。[123] 在各种各样的背景下,法律规定了代位政府的告发人诉讼(qui tam)的程序,即当告知行政机关存在违法行为,而行政机关未采取行动时,公民可以起诉其规制违法,以获得法律救济。单独存在对个人的损害亦是如此,同时,可以获得一定比例的损害赔偿或者罚金。[124]

其二,通过公众或者团体的成员间接地参与法律的执行,要么是起诉行政机关,促使其实施所预期的行政行为,要么作为行政程序的当事人参与其中。发起或者参与行政程序的授权必须以明确法律表述规定其法源。例如,法律授权制定经济费率的规章,通常会授权竞争者启动程序以获得某一费率,而其竞争者指控或者提议其公布的费率违法;[125]《原子能法》授予核电

---

[122] 这些行为的事由为法律所授予。在有限的背景下,尽管最高法院有时认可推断私人权利的适当性,尤其是在某些民权法和规制证券和商品市场交易行为的法律上,法律并没有直接要求进行规制,而行政行为存在规制性违法,但是,如今的最高法院基本上不鼓励这样的司法实践。这一发展在页边码第 200 至 202 页有所讨论。针对政府自身或者公务员的侵权救济产生单独的问题,在第九章予以讨论。

[123] 参见 Agency of Natural Resources v. US ex rel Stevens, 529 US 765(2000); Friends of the Earth v. Laidlaw, 528 U. S. 167(2000);这些案件要求起诉"资格",参见页边码第 429 页,但是,这大多属于国会有权创设的事务。Steel Co. v. Citizens for a Better Environment, 523 U. S. 83 (1998),比较 Lujan v. Defenders of Wildlife, 504 U. S. 555(1992)。这一主题的深入研究,包括对希望提起此类诉讼的个人予以实务指导,参见 J. Miller, *Environmental Law Institute*; *Private Enforcement of Federal Pollution Control Laws*(Wiley 1987);最新的指导,参见 E. Lloyd, Citizen Suits and Defenses Against Them, ST038 ALI-ABA 627(2012)。

[124] 参见页边码第 199 页。J. Blanch, *Citizen Suits and Qui Tam Actions*; *Private Enforcement of Public Policy*(National Legal Center for the Public Interest 1996); D. Engstrom, "Harnessing the Private Attorney General; Evidence from Qui Tam Litigation", 112 *Colum. L. Rev.* 1244(2012); A. G. Harmon, "Interested, but not Injured; The Compromised Status of Qui Tam Plaintiffs under the Amended False Claims Act and the Return of the Citizen Suit", 43 *Pub. Cont. L. J.* 423(2014)。

[125] Sec L. Noah, "Sham Petitioning as a Threat to the Integrity of the Regulatory Process", 74 *N. C. L. Rev.* 1(1995)。

站许可所在地区的居民具有当事人地位。然而,更为有趣的问题是法律看起来让行政机关受制于程序制度或者行为,但是,行政机关以外的人却寻求予以掌控。

(一) 要求启动裁决程序的私人行为

有两个案件说明了促使行政机关适用当初未予启动的裁决程序的问题。首先,某工会委员没有通过受联邦监管的选举,而其相信负责监管选举的劳工部对此置之不理。[126] 当该委员向劳动部长申诉时,该部长进行了调查,并在未说明理由的情况下作出其不能继任的指示。为了保护这类选举的获胜者不会受到轻率或者骚扰的行为影响,法律明确规定部长的执法权具有排他性。但是,该工会委员说服法院要求部长重新考虑其决定,并对不能继任说明理由。最高法院承认维持像这样的案件存在风险,即法院干涉行政机关依据公众优先权而非私人的优先权,对其有限的资源进行配置的能力。然而,其指出所争议的法律非常明确地规定了部长在作出委员继任与否的决定时具体的考量因素,并"基于工会选举的完整性,将工会委员的个人利益与公众利益一起予以深切关注"。说明理由不仅满足这种关切的要求,而且使得法院认为其可确保相关因素在部长作出判断时被予以考虑。

第二个案件赫克勒诉查尼案,[127] 产生于不寻常的事实背景:被判处以致命药品注射执行死刑的囚犯,向联邦食品和药品管理局投诉执行行为违法使用了未获得许可的药品,联邦食品和药品管理局拒绝对此说明理由。所有九名大法官一致认为行政机关的决定不应受到干扰,但是,只有一位大法官认为决定是适当和合理的。其他大法官则认为,决定性的考量在于"某一行政机关作出不予检控或者执行的决定……基本上属于一项行政机关拥有绝对裁量权的决定"。[128] 工会选举案件以其说理著称,即法律表明了限制行政机关执法权的立法目的,而由于受到不可审查的有力认定的影响,目前的

---

[126] Dunlop v. Bachowski, 421 U.S. 560(1975).
[127] Heckler v. Chaney, 470 U.S. 821(1985).
[128] 由此,这强化了有关裁量(大写)的意见,页边码第129页有所讨论。

案件已经不存在这样的说理。⑫ 只有一位大法官另辟蹊径,拒绝多数意见中的认定,即作出不采取行动的行政决定(与检控决定相区别)是不可审查的。⑬ 这位大法官认为这一结论"与下级法院判例法中对各种行政机关拒绝采取行动的决定予以审查的惯常做法不一致……行政机关不予作为的问题是一个现代行政国家中存在的紧迫问题之一,其被赋予大量的权力,无论成败得失,行政机关的不作为像行政机关的作为行为一样对公民产生支配作用"。⑬

由于行政程序法的规定使得行政机关的不作为和"行政行为"一样具有可审查性,以及更多上诉的事实常常鼓励法院认定特别法的语言表述或者历史超越了任何"不作为具有不可审查性"的基本假定,⑬ 则无须期待以后的判决始终会受此假定的控制,相反其变得相对较少。⑬ 这一判决反映了一种处于变化的模式,即在将诉讼作为影响公共利益问题的手段之外,还有某些其他的指向。⑬ 四十年后,第一个案件比第二个案件更受关注,一位首屈一指的学者曾写道:"法官开始假定对行政计划所确保的共同社会利益予

---

⑫ 参见页边码第424页的讨论。

⑬ 欧洲的读者可能会惊奇地发现,美国(刑事)检察官对特定案件中是否执行刑法拥有根本不受审查的裁量权,其前提在于美国人进行分析论证时不受审查的裁量。

⑬ 马歇尔(Thurgood Marshall)大法官表述了这种观点,其引证了24个从1970年到1983年的下级法院案件,以支持所提出的论点,并极其倚重对此问题作出备受好评的学术分析:R. Stewart and C. Sunstein,"Public Programs and Private Rights",95 Harv. L. Rev. 1195(1982)。作为多数意见的作者,伦奎斯特大法官成为对工会选举案的唯一一持异议者。作为司法部办公室的总统律师,前助理检察总长法律顾问通常不会始终支持执法部门的诉求。

⑬ 在马歇尔大法官所引证的例子中,对住房和城市发展部提起诉讼,要求其从联邦资助的住房中去除含铅的涂料(对幼儿有毒);对环保署提起诉讼,要求其对产生负面生态影响的DDT杀虫剂采取行动;对健康、教育和福利部提起诉讼,要求其执行民权法律中的某些规定。

⑬ 例见,N. Y. Employees' Retirement System v. SEC,45 F. 3d 7(2d Cir. 1995);参见 A. Bhagwat,"Three-Branch Monte",72 Notre Dame L. Rev. 157(1996)。

⑬ 与页边码第429页有关起诉资格的讨论予以比较。然而,值得注意的是,寻求司法审查的权利——诉权存在不同的问题,由此并不遵循这样的观点,即某人有权参与行政程序,则其能够对所作决定寻求司法审查。仍有价值的讨论见 D. Shapiro,"Some Thoughts on Intervention Before Courts,Agencies,and Arbitrators",81 Harv. L. Rev. 721(1968)。

以最终的保护。"⑬对行为过程中作出正确判断的怀疑引发了后续的案件撤销。

(二) 在行政程序中强制性的私人介入

事实上,在行政机关启动某一程序时存在一个有点不同的问题,即是否以及在多大程度上被要求将某一当事人列为程序的参与者,而该当事人声称在结果上存在利益影响,却无明确的法定介入权利。《联邦行政程序法》本身鼓励行政机关承认"利害关系人"(interested persons)的存在,"只要其被公共事务的有序管理所允许"。这一定式表明行政机关将是问题的首要决策者。在此,问题是能否强制要求行政机关接受这样的参与。在正当程序法律变革兴起的同一时期,法院经常推翻行政机关作出限制参与的决定,其目的在于促使行政程序有着更为广泛的利益代表。以上所引证的受到学术关注的案件包含了带有这一特征的一系列案件。此外,这一发展的顶峰似乎已经过去。

一个颇具影响的早期判决产生于这样的行政程序,即联邦通信委员会对某一南部广播电台进行更换许可证时,而该电台被指控没有服务于所在区域内的非裔美国听众。联邦通信委员会允许一个教会团体代表这些听众提交意见,但不承认其为一方当事人。因此,该团体无权进行举证和询问证人,以及对行政程序予以掌控。委员会的担忧是在其所负责保护的问题上,给予外部的团体更多的程序控制会危及"公共事务的有序管理"。对此,上诉法院切入了自身对公共利益要求的理解,认为委员会应当赋予听众团体正式的当事人资格:

> 委员会在许可更新程序中承担私人检察总长(private attorneys general)的角色,无需听众代表的帮助和参与,而总是能够有效代表听众的利益。这是假设性理论中的一种,只要这些假设是合理和充分的, 294

---

⑬ R. Stewart, "The Reformation of American Administrative Law", 88 *Marv. L. Rev.* 1669,1756(1975).

我们就会一起去运用它们。很明显，如今这不再是一个有效的假设，其在实际经验的现实面前已经站不住脚了，我们和委员会都不能继续依靠这种假设性理论。[136]

引人注目的是，作为这一观点的作者，伯格（Warren E. Burger）法官并不激进，而基于审慎和保守的声望，他不久后成为了美国最高法院的首席大法官。

正如一位学者所概述的那样，在行政程序中公众参与的扩大将是一种确保改善行政决定的有效和可行的方式，这一信念的基础在于上述判决和类似的其他判决，[137]巨量的"公益"诉讼以及基本上持支持态度的文献著述。

> 扩大参与的支持者相信通过确保对所有受影响者的利益予以充分考量，正式程序的扩展会产生更好服务社会的结果。这样的参与……其本身就具有价值，因为它给予公民参与政府过程的感觉，增加对行政决定公平性的信任……法官最初促成行政法上利益代表的转型是对其他政府部门所忽视的强劲需求的回应。[138]

在最近几年，随着美国总统宣称对规制行为施加更强的政治控制，国家政治对规章体系变得更为怀疑，美国的法官通过政治的透镜对有关行政裁决的价值（特别是对此予以监督的司法角色）表现出信心不足。早在1984年，在最高法院获得一致同意的观点（包括伯格首席大法官）看起来摆脱了对参与诉求予以抑制的思路。在讨论农业部制定牛奶市场规章的消费者参与时，最高法院指出所争议的法律明确规定了在规章的"复杂方案"中牛奶

---

[136] Office of Communication of the United Church of Christ v. FCC, 359 F. 2d 994 (D. C. Cir. 1966).

[137] 例如, National Welfare Rights Organization v. Finch, 429 F. 2d 725 (D. C. Cir. 1970)。

[138] R. Stewart, "The Reformation of American Administrative Law", 88 *Marv. L. Rev.* 1669, 1760-62 (1975).

管理者和生产者的参与,而未提及消费者。"这一规定的遗漏在于有充分理由相信国会意图阻止规制过程中的消费者参与。"[139]消费者团体并没有寻求行政程序的参与,[140]以此提交简要的意见,然而,其表明的态度与所知道的早期案件大有不同。在后续大量的裁判中,最高法院相比其他法院更为明确地提及国会和总统的政治责任。[141]

公益参与的理念从美国词典中将不会消失,部分原因在于有这么多的法律明确规定准予参与,而如今法院似乎不大可能成为激进的支持者(aggressive promoter)。例如,在1999年华盛顿特区巡回法院的判决中,法院持有上述联邦通信委员会案的观点,这有助于开启此门。[142] 正如已提到的那样,相关法律要求核规制委员会在行政程序中将"任何利益受到程序影响的人"列为当事人一方。委员会以往在处理许可申请时,如有竞争者反对,则其拒绝竞争者的介入。对此,委员会的解释是法律提及的"利益"意味着直接的影响,例如,申请建造设施的许可,其邻居受此影响;同时,竞争者面临商业上的经济竞争,而"利益"并不包括可能带来的竞争性不利条件。在有关行政程序的法律中,"利益"通常采取宽泛的,而非技术性的定义。例如,《联邦行政程序法》规定行政机关在规则制定中给予"利害关系人"进行评论的机会,这可以理解为任何想进行评论的人都必须先获得这种机会。在核设施的许可中,由于公众对风险的敏感,其实务运作表现出听证权利的明显扩张。尽管如此,法院仍然维持委员会较为狭窄的解释,主要理由在于行政机关的解释权。[143] 然而,如果注意到阻止竞争者介入的行为,[144]进而质疑联邦通信委员会案以及其他案件的持续有效性,则会偏离以前的解释路

---

[139] Block v. Community Nutrition Institute,467 U. S. 340,346-47(1984).
[140] 该案涉及的唯一问题是获得对结果予以审查的起诉资格,参见页边码第429页。
[141] 例如,Clapper v. Amnesty Intern. USA,133 U. S. 1138(2013);Chevron,U. S. A. ,Inc. v. Natural Resources Defense Council,Inc. 467 U. S. 837(1984)页边码第379页引证;Lujan v. Defenders of Wildlife,504 U. S. 555(1992)。
[142] Envirocare of Utah v. NRC,194 F. 3d 72(D. C. Cir. 1999).
[143] 参见 Chevron,U. S. A. ,Inc. v. NRDC 案的讨论,页边码第493页。
[144] 参见 L. Noah,"Sham Petitioning as a Threat to the Integrity of the Regulatory Process",74 N. *Car. L. Rev.* 1(1995)。

径。也许此案的事实强化了委员会的行为,给人留下的印象是:伯格法官在联邦通信委员会案的判决或者其他后续案件相信参与实践的安全性,而此案的法院愿意给予行政机关相当大的权力以控制行政程序中的介入。⑭

同时,在行政机关层面的参与权利并不保证在参与受阻的情况下能够获得司法审查。确保司法审查转向了"起诉资格"的设定,即要求说明在程序中未提供参与以及程序本身的瑕疵所带来的具体损害,这一有点深奥难懂的主题将在以下第七章予以讨论。⑮ 如同环境保护组(Envirocare)案的判决所指出,尽管两种论点是相似的,但被予以区分。例如,所有"利害关系人"在行政机关制定规则时享有申诉的法定权利;行政机关有法定义务对申诉进行处理,而具有"起诉资格"的人提出要求,对申诉的否决则会受到司法审查。然而,仅仅填写了申诉状,并不必然具有起诉资格。⑯

四、替代性纠纷解决

在1990年,国会制定了有关替代性纠纷解决和规制协商方面的法律,最初规定截至1995年期满失效。但是,随后的发展将其转化为永久性的法律制度。有关协商性规则制定的法律规定在行政程序的讨论中变得尤为突出,以下有关规则制定章节将会有所讨论。⑰《联邦行政程序法》(5 U.S.C. §571)通过一般的术语,对替代性纠纷解决程序进行界定,其包括仲裁、和解、便利化处理、调解、协商以及类似的方式。根据纠纷解决中特定当事人之间予以保密的宽泛规定,⑱这些方式在服从参与者意愿的中立方协助下得以运行。⑲ 这一规定的主要功能在于构建一个基于当事人同意的框架。

---

⑭ 在这一方面,将 Hydro Investors, Inc. v. F.H.R.C., 351 F.3d 1192(D.C. Cir. 2003)与 Preservation of Los Olivos v. U.S. Dept. of Interior, 635 F. Supp. 2d 1076, 1094-95(C.D. Cal. 2008)进行比较。

⑮ 参见页边码第429页。

⑯ Gettman v. Drug Enforcement Admin., 290 F.3d 430, 433-34(D.C. Cir. 2002)。

⑰ 参见页边码第345页。

⑱ 5 U.S.C. §573.

⑲ 5 U.S.C. §574.

行政机关被授权在当事人同意的情况下适用此程序,除非存在外部考虑因素,如需要设定或者维持基本政策,或者行政程序对于非当事人一方具有重要性,才会使参与者之间达成的合意及其私人解决变得不适当。[151] 老布什、克林顿以及小布什总统都曾发布行政令鼓励替代性纠纷解决机制的运用。[152]

也许作为一个不可回避的结果,替代性纠纷解决并不要求运用于涉及重大政策或者总体利益的事务上,法律评论文献和案件亦很少展示这一机制在行政背景下的运用。[153] 克林顿总统在1998年设立了机构间的替代性纠纷解决工作组,其目标在于提升和便利化联邦层面的替代性纠纷解决。在其近期的报告中(2007年提交),详细说明了商业部、教育部、卫生和公众服务部、国土安全部以及其他部门之间,在执行、规制和纠纷解决的背景下进行替代性纠纷解决的实务运作。[154] 在2012年美国行政会议主持的研讨会上,霍迪尔(Eric Holder)检察总长通过主旨发言,阐述了司法部对这一机制的运用,即以此协调"有关宪法权利、部落边界争议、虚假诉求、清洁水以及公平住房法等方面"的纠纷。[155] 在民事纠纷中,运用替代性纠纷解决所达成的协议看起来是没有运用此机制的两倍,平均每个案件大约节省一万美元的诉讼费用。[156]

---

[151] 5 U.S.C. §572;比较 O. Fiss,"Against Settlement",93 *Yale L. J.* 1073(1984)。

[152] E.O. 12,778(1991);E.O. 12,988(1996);E.O. 13,217(2001).

[153] 最新的学生调研涉及法律上的发展。参见"The Paths of Civil Litigation: VI. ADR, the Judiciary and Justice: Coming to Terms with the Alternatives",113 *Harv. L. Rev.* 1851(2000);R. O'Leary & S. Raines,"Lessons Learned from Two Decades of Alternative Dispute Resolution Programs and Processes at the U. S. Environmental Protection Agency",61 *Pub. Admin. Rev.* 282(2003)。

[154] 参见 http://www.adr.gov/pdf/iadrsc_press_report_final.pdf。

[155] 霍迪尔检察总长在研讨会上发文,Federal Alternative Dispute Resolution Programs: Successes and Challenges 2(Mar. 19,2012)(网址 https://www.acus.gov/sites/default/files/documents/Eric%20H.%20Holder%20Welcoming%20Address.pdf)。

[156] L. Bingham,T. Nabatchi,J. Senger,& M. Jackman,"Dispute Resolution and the Vanishing Trial: Comparing Federal Government Litigation and ADR Outcomes",24 *Ohio St. J. on Disp. Resol.* 225(2009)。

298　　众所周知,替代性纠纷解决广泛运用于合同纠纷,[157]而其潜力仍然没有完全发挥出来。"行政机关默许了替代性纠纷解决在雇佣纠纷中的运用,对其在政府采购与合同纠纷中的运用予以折中处理,并避免其在民事执行纠纷中的运用。"[158]缺乏持续的授权以支持替代性纠纷解决计划(由此导致预算限制)、计划设计和反馈机制的贫乏,以及说明计划效果的调查和数据的不足,这些都被认为是其作用的因素。[159]

联邦政府缺乏一个总监察长(general ombudsman),[160]但是,自 2009 年国会设立了政府信息服务办公室,[161]其行为就像是非官方的"联邦政府信息服务办监察专员",或者在依据《联邦信息自由法》提出申请的人和他们寻求文件的行政机关之间活动。在国家档案和记录管理局内,政府信息服务办的混合任务包括"通过调解服务认定和解决申请者和行政机关之间有关《联邦信息自由法》的个别争议、审查行政机关《联邦信息自由法》政策和程序,从而确保符合《联邦信息自由法》的要求、向国会和总统提出改善有关《联邦信息自由法》行政管理的建议"。政府信息服务办的资源被极大地限制在与《联邦信息自由法》有关的政府活动之中,但是,其在许多联邦机构中仍然能够成功调解潜在的《联邦信息自由法》争议,包括所有 15 个内阁层次的部门。在 2014 年,一份行政会议建议和基础报告对替代性纠纷解决的运用作出了具体和有效的阐述。[162]

---

[157]　参见 http://www.nmb.gov; http://www.gsbca.gsa.gov/ADRules.htm; and http://www.dod.mil/dodgc/do-ha/adr/。

[158]　T. Nabatchi, "The Institutionalization of Alternative Dispute Resolution in the Federal Government", 67 *Pub. Admin. Rev.* 646(2007).

[159]　C. Carlson & H. Anderson, "Dispute Resolution in the Public Sector: What Makes Programs Survive, Thrive, or Die?", 20 No. 3 *Disp. Resol. Mag.* 11(2014).

[160]　参见页边码第 401 页。

[161]　https://ogis.archives.gov/.

[162]　Admin. Conference of the U.S., Recommendation 2014-1: Resolving FOIA Disputes Through Targeted ADR Strategies(2014). 相关建议和支持报告见网址:https://www.acus.gov/re-search-projects/reducing-foia-litigation-through-targeted-adr-strategies。

第三节 规则制定

行政规则制定就像行政裁决一样,在所有成熟的法律系统中普遍存在。具有代表性的议会或者国会系由许多成员组成的被选举组织,其作为通才能够清楚表述所制定法律中的基本政策和原则,但是,这一过程显得相对笨拙,它们的资源和集体智慧不能预见广泛的社会生活所要求的具体规定。[163] 无论是被称为"第二立法"、"次级立法",或者是"规章",这些具体规定都不是由立法机关作出,而是各部委或者特定公共组织(行政机关和委员会)根据组建和授权的法律框架予以制定。直到最近,至少仍有某些系统中的运作过程不像那些带有立法特征的程序,[164] 其缺乏对公共产出的明确要求。规章仅仅出现在部委或者行政机关,而行政法学者一直对其形成的过程不大感兴趣。自从《联邦行政程序法》的通过,特别是尼克松第一届政府(1969—1973年)制定了一系列有关健康、安全和环境的法律,联邦的规则制定在美国成为了司法和学术关注的重要主题。

美国的规则制定或许是一个不寻常的公众参与程序,其包含了较为广泛的可能性,其所涉领域从公用事业的费率设定、管控私人行为的具有约束力的规范创制,直到软法(对政策或者指导方针作出不具有约束力的声明,以促成理解和服从的效果)的发布。《联邦行政程序法》对"规则"的界定包

---

[163] 参见 C. Sunstein, "The Most Knowledgeable Branch", 165 U. Penn. L. Rev. (forthcoming 2016)。

[164] S. Rose-Ackerman, S. Egidy and J. Fowkes, *Due Process of Lawmaking: The United States, South Africa, Germany, and the European Union* (Cambridge 2015),该书对这两种背景以及在立法程序的执行上不同的司法路径进行了有趣的比较。作者在《里斯本条约》(Lisbon Treaty)之前对欧盟的立法和规制制定进行了详细研究,值得注意的是欧盟的立法程序和美国的规则制定程序极为类似,而制定执行措施(事实上属于规则制定)的程序规避了直接的公众参与。参见 P. Strauss, T. Smith Jr. and L. Bergkamp, "Rulemaking", in G. Bermann et al., *Administrative Law of the European Union* (ABA Sect. Ad. L. & Reg. Prac. 2008). P. Craig, "Comitology, Rulemaking and the Lisbon Settlement: Tensions and Strains", Chap 9 in C. and D. Ritleng(eds), *The European Commission, The New System for Delegation of Powers* (Oxford University Press, 2015)。

括这些活动所产生的文本。在规制制定程序(5 U.S.C. §§552-553)中的明文规定被一位美国学者领袖评价为"现代政府最伟大的创造之一",[⑮]其通过提供三种规制制定程序的不同模式,反映出这种多样性,即正式听证程序、通告和评议程序以及公布程序。除非涉及军事或者外交事务,或者与政府专有职能有关的事务,[⑯]这些模式中的一种或者另一种都会适用于所有对私人利益产生不利影响的规制制定。

一、《联邦行政程序法》模式

(一) 通告和评议的规则制定

在规则制定的情况下,一般会从其核心模式展开,即通告和评议(或者通常被称为"非正式")的规则制定。这是一个美国人谈及规制制定时通常所指的程序,其由《联邦行政程序法》(5 U.S.C. §553)所规定。对于强意义的规则制定来说,即该规则一旦生效会具有法律上的效力,通告和评议属于最低的法定程序要求。这样的规则经常被描述为"实质性的"或者"立法性的"规则,其作出的规定会发布于联邦规章法典上。在以下章节所提及的"规章"就是指的这种规则,即如果生效对法律系统中所有的参与者都有法律效力,包括法院、行政机关和私人参与者。如同一项法律,规章的条款只有通过程序创制才会发生改变。[⑰]最高法院以不断增加

[⑮] K.C. Davis,见页边码第520页注释⑳。

[⑯] 有关"公共财产、贷款、补助、福利或者合同"的规则为《联邦行政程序法》[5 U.S.C. §553(a)(2)]所规定,当其所涉事务对政府以外的个人存在影响时,将之作为专有职能排除在规则制定程序之外受到了强烈的批评。尽管有正式的法定例外,但大多数(如果不是全部的话)行政机关都通过规章对这些批评予以回应,而在这些案件中《联邦行政程序法》的规则制定程序并没有得到遵循。只要存在这些规章,它们就会得到司法执行。换言之,如果行政机关制定了像这样的规章,其涉及公共财产、贷款、补助、福利或者合同,而未遵循《联邦行政程序法》规定的程序,则审查法院会不顾《联邦行政程序法》的排除规定,根据该规章的授权否定其法律效果。E.g.,Sugar Cane Growers Cooperative v. Veneman,289 F.3d 89(2002)。

[⑰] 规章条款一般不会发生改变,但在国会授权的情况下,法院允许行政机关改变对法定条款的解释。Leegin Creative Leather Prods.,Inc. v. PSKS,Inc.,551 U.S. 877(2007),对于行政机关在规章条款没有改变的情况下所作出的解释,他们不得不确定对此予以基本接受的日期。这种司法实务近来受到了强烈的质疑,相关讨论见页边码第500页。

的强度作出指示,[168]国会必须明确授予行政机关制定规章的法定权力,然而,这种授权本身却表现为概括性的条款。[169]

在《联邦行政程序法》的各种程序中,自最初制定后的各种变化对通告和评议的规则制定程序产生了极为可观的影响。从《信息自由法》的通过、[170]偏离原旨的司法解释,到要求对议程作出预告的总统和立法倡议,以及各种各样的效果分析,这些最初较为简单的程序变得相当复杂。这无疑也导致了规避模式的出现。[171]但是,基于在当代规则制定实务中的连续性和实质性变化,明智之举是先从最初的法定程序要求开始(至少是简要地)阐述。

第553节规定的通告和评议的规则制定程序,起始于在联邦公报(联邦政府日常官方公报)上发布有关规则制定提议的通告,[172]指明"所提议规则的条款或者内容,或者对所涉及的主题和问题作出说明"。[173](当然,这一发布很可能发生在行政机关内部提议进展的最后阶段。[174]根据上述变化,在联邦规章的每半年统一议程中对所要开展的活动发布简要的通告,而在整个政府中,该统一议程始于为期相对较长的行政机关与受影响公众之间的非正式协商。[175])公布日期基本上为 30 到 60 天,在此期间内感兴趣的人可以向所负责的行政机关提交书面评议——"数据、观点或者论点",供其参

---

[168] Chrysler Corp. v. Brown,441 U. S. 281(1979);Perez v. Mortgage Bankers Assn,135 U. S. 1199(2015)。

[169] National Petroleum Refiners Assn. v. Federal Trade Comm. ,482 F. 2d 672(D. C. Cir. 1973),cert,denied 415 U. S. 951(1974)。

[170] 参见页边码第 384 页。

[171] 有关这些变化的扩展讨论,参见 P. Strauss,"Statutes that Are Not Static:The Case of the APA",14 *J. Contemp. Leg. Issues* 767(2005),P. Strauss,"From Expertise to Politics:The Transformation of American Rulemaking",31 *Wake Forest L. Rev.* 745(1996);P. Strauss,"Changing Times:The APA" at 50,63 *U. Chi. L. Rev.* 1389(1996)。

[172] 通过日益增加的有用链接,很容易检索到电子版的联邦公报,网址:https://www.federal-register. gov/。

[173] 5 U. S. C. §553(b)对此予以强调。值得注意的是这一规定并不要求行政机关披露所提议规则的文本,或者行政机关所拥有的支持该提议的数据。

[174] 参见页边码第 272 页。

[175] 同上,以及页边码第 310 页。

考。如果选择口头听证(基本上具有立法性而非司法性特征)、给予回应评议的机会或者第二轮的通告,行政机关会给公众参与提供更为精心准备的机会。总体而言,很少有法律对此作出要求,而这些规章有可能对竞争性私人利益有着极大的重要性和强烈影响。在收到评议和举行听证之后,行政机关的责任在于"对既存的相关情况予以考虑后",公布"对提议规章的基础和目的所作出的简明扼要的说明"。[16] 第553节规定如果缺乏特定的正当理由,一项规章将不会在30天内生效。行政机关如果想要撤回或者修改已经存在的规章,必须适用同样的程序。

总的来说,第553节规定的程序具有非正式的显著特征。如前所述,除了法定授权和诸如提出评议的截止日期等程序细节以外,对什么必须包含在通告内容之中的界定是极为宽泛的:"所提议规则的条款或者内容,或者对所涉及的主题和问题作出说明"。[17] 通告本身直到规则发展的后期才会出现。如果公众参与被限制在某一轮评议,所有参与者可以在有效日期内提交评议,则必要的评议者只能提出自己的观点,而不能回应或者质疑其他程序参与者的数据、观点或者论点。规则制定缺乏正式裁决所具有的特征,即被界定的记录、初步决定和决策者与行政人员之间的分权。最后,行政机关对最终结论的解释义务比作出裁决的要求更为宽松。仅仅要求对基础和目的作出"简明扼要的"声明。大多数说英语的人都会明白,在初步实务中这种声明是摘要性的。[18]

甚至程序是如此的简要,以至于会省略行政机关对"正当事由"的认定和解释,而相信程序"不能实行、不是必需的,或者与公共利益相抵触"。[19] 在实务中,"正当事由"通常基于即时行为的必要性,在这种情况下行政机关一般会提供制定后的评议期,以促成迅速进行修订。

---

[16] 5 U.S.C. §553(c).
[17] 5 U.S.C. §553(b).
[18] 参见页边码第313页。
[19] 5 U.S.C. §553(b)(B). 参见页边码第344页。

（二）软法

当行政机关或者其部门之一制订"解释性规则、政策的总体声明,或者有关行政机关组织、程序或者实务上的规则"时,[180]除非要求行政机关执行法律,[181]否则不必遵循第 553 节规定的通告和评议程序。这些规则和类似的文件,如员工手册,可以被视为行政机关对其权限范围内事务的职责或者程序作出声明,但是,与规章不同其不具有法律上的效力。自从 1966 年对《信息自由法》作出修订,《联邦行政程序法》第 552(a)(2)节规定,只要得到适当的公布,"对公众成员产生影响的一项最终命令、意见、政策声明、解释、员工手册或者指示,行政机关可依此作为惯例予以适用或者引证,来对抗非行政机关的一方当事人"。[182] 由此,指引的效力可以类推于司法先例的效力。在区分等级的情况下,下级行政机关工作人员会期望将行政机关的指引作为对法律的执行。但是,如果所发布的指导文件是非正式作出的,行政机关本身会对此作出改变。[183] 对行政机关和审查行政行为的法院来说,任何法律责任都源自相关的法律和规章。像审查法院这样的上一级组织,如果熟知相关情况的话,就会对行政机关的指引予以适当的对待,即唯独指引在对所涉及的法律问题作出结论上有资格成为具有说服力的考量权重。[184] 基于此视角,行政机关制定指引文件对行政机关本身的职责有着较大的影

---

[180] 5 U.S.C. §553(b)(A).

[181] 食品和药品管理局通过规章(21 CFR 10.115)制定指引的实践,被广泛认为是一种模式,其与最初理解的第 553 节规定的程序极为类似。

[182] 第 552(a)(1)节包含了一个类似的准则,所涉事务包括在联邦公报上发布的"行政机关形成和通过的基本政策声明或者可适用的解释"。公布的要求附加了给予指引文件执行力的条件,这促使笔者将其概括为"公布规则",作为新词其并不具有扩张性。在规则制定的系谱中,其具有适当的位置,参见 P. Strauss, "The Rulemaking Continuum", 41 Duke L. J. 1463(1992)以及 P. Strauss, "Publication Rules in the Rulemaking Spectrum: Assuring Proper Respect for an Essential Element", 53 Admin. L. Rev. 803(2001)。

[183] United States v. Mead Corp., 533 U.S. 218(2001),相关讨论见页边码第 497 页。

[184] 同上;Pacific Gas & Electric Co. v. Federal Power Comm., 506 F. 2d 33(D. C. Cir. 1974);Skidmore v. Swift & Co., 323 U.S. 134(1944),相关讨论见页边码第 488 页。当指引的目的在于解释行政机关的规章,而不是宣布一项政策或者解释法律时,有关指引的效力就存在某些混淆,这一问题在页边码第 501 页有所讨论。

响，而行政机关将面临的解释负担会使其改变自己的观点；[185]但是，对于行政机关以外的世界来说，指引文件的有效性并不能使其成为确定法律责任的独立法源。

解释性规则和其他类似规定基本上与规章存在相同的联系，如同规章与法律的关系。它们得到适当地运用，由大量的文本和规制活动构成，并在体量上远远超过了立法性规则。解释性规制所针对的事务涉及技术性细节，对此并不能指望一定会获得行政机关领导层的关注。例如，国内税务局有关税法含义的观点，核规制委员会告知申请者规制标准，即他们在核电站许可过程中如何满足委员会成员的要求——有关许可的技术规格，内政部有关实现各种规制责任所遵循程序的员工手册等。正如这些文件所展现的特征，它们通常是负责具体事务的办公室，而非行政机关政治领导层的产物，而领导层只是适当地授权通过规章。随着因特网的出现，指引文件变得很容易获取；1996年通过的《信息自由法》修正案，[186]即《电子信息自由法》要求每一个行政机关建立和维护一个电子阅览室。实体阅览室根据第552节所要求实现检索的编录和可获得性，而这些网站比实体阅览室更容易进入和获取信息。由此，以往在行政机关文件的收集上不公开和要求专门收集，现在可以广泛获取这些文件，并且获取的是易于检索的格式。[187]

尽管缺乏规章的法律效力，这些意见在实务运作上仍有较大的权重。它们塑造那些不会诉至法院的行为，同时，以专业和负责行政机关的身份带

---

[185] 例如，法院会不自觉地将指引文件看作对政府具有约束力。参见 Anastasoff v. United States, 235 F. 3d 1054(8th Cir. 2000)。在税法问题上，两个巡回法院的裁定存在冲突，政府发布了"一份基于决策采取行动的文件"，在纳税人支持的结果上宣布其默许。这一指引文件导致第八巡回法院的全体审判席腾出时间来审议其中一个审判席赞同政府支持的结果(223 F. 3d 898)，这一结果唯一值得辩护的地方在于如何理解政府通过发布文件在某些方面存在的界限。

[186] 参见页边码第392页。

[187] 例如，国家公路交通和安全管理局的指引文件，或者其法律顾问对规章作出解释的意见，网址: http://isearch.nhtsa.gov/。参见页边码第393页。

来的说服力对正式承担决策责任的决策者（例如法院）产生影响。[⑱] 行政机关发布这些解释和意见对其外部行为予以准确形塑，以减少需要规制执行的程度。基于此，协商性程序备受推崇，而通常得到遵循，有时亦构成法律上的要求。随着通告和评议规则制定变得越来越复杂，行政机关将发布指引文件作为一种替代的质疑之声也越来越多。对此，上诉法院认为这种情况的频繁发生要求行政机关适用第553节规定的程序。这一问题以下有所讨论。[⑲] 但是，对于适当的指引来说，《联邦行政程序法》的要求是行政机关必须公布其职责，其目的在于《联邦行政程序法》允许行政机关在其程序中依据指引文件，以对抗私人一方的利益诉求，而在司法审查中行政机关则有资格获得法院一定程度上的司法尊重。同时，如果行政机关希望其职责具有影响力，亦会采取此步骤以确保在事务处理中的可视性。

除了公布解释和政策，每一个行政机关必须认可"利害关系人有权对规则的发布、修订或者撤销提出申诉"，[⑳] 包括在这种情况下的解释性规则以及类似规则。

（三）正式的规则制定

单行的法律偶有规定，"在有机会获得行政机关的听证之后，根据记录制定规则"。[㉑] 在此情况下，评议阶段和"对非正式规则制定的基础和目的……作出简明扼要的声明"被类似于初步许可的听证程序所替代。[㉒] 通过对证据展示和争论中的"当事人"参与作出相对详尽的规定，[㉓] 基于记录

[⑱] 参见 United States v. Mead Corp.，533 U.S. 218(2001)，相关讨论见页边码第497页。在准备修订本书此版本时，法院根据行政机关的指引解释其规章的影响程度产生了相当大的冲突，相关事务的讨论见页边码第501页。然而，最高法院在承认这些问题时，其强调法院对创制指引文件的程序要求应当避免超越法律或者规章中的程序规定。Perez v. American Mortgage Bankers, 135 S. Ct. 1199(2015)。参见页边码第355页。

[⑲] 参见页边码第352页。

[⑳] 5 U.S.C. §553(e).

[㉑] 5 U.S.C. §553(c).

[㉒] 参见页边码第284—286页。

[㉓] 规则制定（形成基本规范的程序）和"各方当事人"的理念不容易得到调和。总的来说，希望参与规则制定的任何人都应当被允许参与其中。然而，至少在某些正式的规则制定中，例如，对公用事业设定费率，其规定了特定实体的参与，亦允许所有人的参与。

的限制性规定则具有可适用性。行政机关必须对其作出的结论予以完全和负责任的解释。但是,在初步许可的过程中,行政机关决策结构中的口头程序和职能区分的惯例都不会像基于记录作出裁决那样得到严格的遵守。[134] 如同初步许可这种裁决形式,正式的规则制定通常被认为具有一个混合的特征,即从某一视角来看具有高度的个人主义(由此存在较强的程序和参与的诉求),而彼此之间又存在多中心和非对抗的特征。这两种程序系统基本上是同一的。

到目前为止,为公用事业组织或者一般承运人设定许可费率的程序,是正式的规则制定中最为常见的情形。由于公用事业组织或者承运人可能面临其投资的合理回报被否决的情况,正式听证的诉求则具有宪法上的维度。[135] 然而,考虑到经常存在的各种难题以及大量当事人希望参与,正式的规则制定程序往往变得烦琐和难以进行。[136] 因此,法院勉强地作出裁定,即法律要求规则必须正式地制定,同时,如果法律条款中并没有出现"基于记录"的字眼,则该法基本上不要求基于记录的规则制定。[137]

国会偶尔要求某一程序包含口头程序,而其受到行政机关较强的控制。这种"混合的规则制定"一般适用于极为重大或者具有政治敏感性的规则制定,如环保署和职业安全和健康管理局的规则制定。法律执行常常与正式的规则制定有着类似的效果,其过程亦变得相当的复杂和缓慢。在法律缺位的情况下,华盛顿特区巡回法院事实上要求核规制委员会适用混合的规

---

[134] 由此,当版权版税法庭(Copyright Royalty Tribunal)根据 Intercollegiate Broad. Sys. v. Copyright Royalty Bd.,684 F. 3d 1332(2012)案的判决(参见页边码第 140 页注释 139)进行重组时,新的审判席在对各方当事人进行听审后,基于原先行政程序中汇编而成的记录进行有效的司法审查,并认定在口头程序的必要性上没有展示具有说服力的理由。Sys. v. Copyright Royalty Bd. & Librarian of Cong.,796 F. 3d 111(D. C. Cir. 2015)。

[135] ICC v. Louisville & Nashville R. Co.,227 U. S. 88(1913)。

[136] R. Hamilton,"Procedures for the Adoption of Rules of General Applicability: The Need for Procedural Innovation in Administrative Rulemaking",60 *Calif. L. Rev.* 1276(1972),也许正因如此,近来共和党要求改变行政程序的提议反映了在正式的规则制定中经调整的利益诉求。

[137] United States v. Florida East Coast Railway Co.,410 U. S. 224(1973)。

则制定，而最高法院对此提出了尖锐的批评。[198] 值得注意的是，也许是回应国会议员丁格尔(John Dingell)所提出的著名评议，[199]政治家和工业游说者在根据优缺点反对健康和安全规章上显得犹豫不决，这表明正式的规则制定更为普遍地要求行政机关制定的是极具社会重要性的规则。

二、规则制定的变形

考虑到在现代规制活动中规则制定极为重要，以及在作出重大决定上政府存在大量的内部(甚至可以说是政治的)行为，这些往往有违行政程序法的空白条款(spare provisions)。在 1960 年后期和 1970 年早期，有关环境、健康和安全方面的规章急剧扩张，由此规则制定在美国成为创制行政法的突出模式。在许多职权范围之外的风险中，行政机关应当控制哪些风险，以及如何作出选择？在多大程度上和基于何种规制意义上来控制风险？敏感问题基于何种假设，在计算未来成本效益的现值上何为假定的折扣率，或者何种价值应当被配置到人类生活或者荒地保护之中？在众多的规则制定中，有三种突出情形产生上述问题，对此需要考虑：(1)对于苯材料(作为石 308
油化学制品之一，其涉及工人和大众的健康)的处置受制于特定的预防措施(同时，这些预防措施如何统一适用于各种工业领域)，职业安全和健康管理局是否和如何做出决定；(2)燃煤发电站必须防止可能有害环境的煤烟、热量或者化学物质的排放，对此如何加以控制；(3)鱼肉加工者必须采用何种技术，以避免熏制鱼肉中产生肉毒杆菌的威胁。这些行政决定中的每一个都会产生高度复杂的问题，其涉及风险、物理科学、技术、人身健康、经济学和政治意愿。这些问题由负责或者有机会参与其中的人加以解决，同时，解决方案将会影响到社区的广泛利益。特定的规章要求在控制重要工业过程的效果上予以复杂的干预，其成本和效益估计达到数千万美元。

规则制定只是技术性的实践，其受到最好的保护，留给专家来处理而避

---

[198] 参见页边码第 327 页。

[199] 注释(55)。

免政治的影响,对此无论是质疑还是赞同,类似这样的问题都属于最好由政治来解决的事务。为了确保程序上的优势,经利益攸关者的努力,确定可行的折中理由变得复杂化。这些问题的重要性给程序带来了巨大的压力,尤其是程序在启动时,公众参与层面的问题并不被重视,而在政策发展的后期表现出来;同时,相比公众参与程序的要求,利益攸关者必将承担更早和更具影响的角色。从整个社区的利害关系来看,很容易理解对一致性和可视性要求的坚持,特别是规则制定被诉至法院后,必会受到回溯性的司法审查。各级法院并没有否定霍姆斯大法官在规则制定和裁决之间作出的区分,[200]而是越来越认识到其在双金属投资公司案中对规则制定和立法行为所作分析的缺陷,同时,与法律的有效性相比,这促使对规章的有效性予以更为严格的司法监督。

霍姆斯大法官在双金属投资公司案中的表述让人记忆犹新,即公民在立法上的程序主张纯属政治性的要求,"在这个复杂的社会中,保护其权利的唯一方式是让他们拥有直接或者间接的权力以超越规则的制定者。"[201]这一立场最初产生了对规则制定合法性进行合宪性司法审查的模式,而在1930年代的实质性正当程序危机之后,法院极其不愿意就事实上的正当性对规制性法律予以审查。[202]起诉者(在法院重新作出记录的基础上)会被要求说明行政机关的判断在最被接受的意义上是任意和专断的,同时,所通过的规则没有事实基础。[203]在此,法官推定规则的有效性如同推定法律的有效性。

但是,行政机关不是选举产生的组织。连接联邦行政机关和选民之间的纽带受制于美国总统的周期性选举(这种联系有时看来很脆弱,甚至连"疏远"关系都谈不上),以及在立法修订和对行政权进行监督上的内在可能性。在此,行政机关进行规则制定的结果却能够"影响个人的人身或者财

---

[200] 参见页边码第262页。
[201] 参见页边码第17页。
[202] 参见页边码第59页。
[203] Pacific States Box & Basket Co. v. White, 296 U.S. 176(1935).

产,有时达到了破坏的程度,"在像这样的情况下,其合理性何在呢?[204] 对于规章进行实施前的审查,最高法院在 1969 年承认其适当性,随后司法态度开始发生改变,即那些严重受到新规章规定影响的人不必等到规章执行后才可起诉其合法性。[205] 在十四年后的判决注释中,提及对这种变化的承认,而一致同意的意见备受关注,因为其确认了对规则制定的"严格审查"(hard look review):"国会所起草法律的合宪性和行政机关履行法定义务的正规性(regularity),对于两者的推定我们并不认为是等量齐观的。"[206]

反复遭遇这些困难呈现出规则制定过程的内在图景,并受到各种说理的挑战。对此,存在的趋势是在任何一个年份中,有较大影响的规则制定才会引起这种情况的出现,而发生这种情况的规则制定相对较少(或许数十个)。其次,对于这些影响较大的规章(和在某种程度上更为简单的规则制定),由于适用法律和行政令上一大堆的各种分析要求,以及到目前为止缺乏任何予以合理化的努力,则情况变得更加复杂化。第三,在那些最为突出的规则制定影响较大的行政机关中,有若干行政机关(尤其是环保署和职业安全与健康管理局)根据特定的程序法采取行动。最后,大多数的发展都可以从行政机关对司法审查要求的预期中找到渊源,而现在对这一主题进行讨论有点过早。可能有用的做法是以通告和评议的规则制定为中心进行简短的概述,然后以较少的篇幅说明概述中各种因素是如何发展的。

《联邦行政程序法》的规则制定起始于在联邦公报上发布提议,而现在的规则制定实际上起始于如上所述的规制计划,[207]该计划受到信息与规制事务办公室(白宫)的监管,随后公布在每半年的联邦规章统一议程中。在提议规则制定的公告之前,规制计划和鼓励拓展公共服务范围的白宫指示

---

[204] Bi-Metallic Investment Co. 案,注释[15]。
[205] Abbott Laboratories v. Gardner,387 U. S. 136(1967),此案的讨论见页边码第 416 页。
[206] Motor Vehicle Mfrs Assn v. State Farm Mutual Automobile Ins. Co.,463 U. S. 29,43 n. 9(1983)。
[207] 参见页边码第 207 页。

（以及存在自身利益的行政机关的推动）为公众参与创造了机会。实际上，某些行政机关甚至鼓励为公众参与创造了一个更早介入的环节——行政机关评估各种风险以确保规章的合理化，并为可能采取的行动从中选择最好的特定目标。尽管有关风险评估的公众参与程序仍然没有出现，但是，某些行政机关对此不遗余力，例如，环保署耗费相当大的精力进行风险评估；[208]又如，职业安全和健康管理局在这项工作中创设单独的专业制度予以配套。[209]所公布的统一议程信息不仅为那些想要参与的公众成员简要描述将要启动的项目，而且支持个人与行政机关保持联系。这要求提供一个唯一的规章识别号，将规则制定中所有的网上记录关联在一起，[210]从而促使电子检索的便利化。（在本书的写作过程中，遗憾的是行政机关有关规章识别号规定没有得到执行，[211]而在电子文件归档的年代这是能够实现的，即通过简单的权宜之计要求将规章识别号作为某一领域的要素，对任何相关的材料进行归档。）除了少数独立的委员会以外，所有的规则制定记录在网站（Regulations.gov）上都能够获得电子版，在该网站上几乎可以获取所有的规则制定文件，同时，对待决的规则制定作出的评议亦为电子归档。政府规章网站很容易进行检索调查，一旦所提议的规则制定存在利益影响，就会允

---

[208] 参见http://www.epa.gov/ncea。

[209] 全国职业安全和健康学会是疾病控制中心的组成部分，而该中心是卫生和公众服务部中非政治性的内设机构，参见http://www.cdc.gov/niosh，全国职业安全和健康协会对工作场所中最应注重的风险负责向职业安全和健康管理局（劳工部的一部分）提供建议。参见页边码第226页。

[210] 第12866号行政令§4(b)规定："统一议程：每一个行政机关应当根据发展或者审查准备一份所有规章的议程，有时可以采取信息与规制事务办公室所规定的方式。每一个规制行动的陈述至少应当包括一个规章识别号……"

[211] C. Farina, When Government Regulators Don't Care about Data-based Analysis of Their Own Processes, a presentation to the festschrift honoring Jerry Mashaw, Yak Law School, Oct. 2, 2015. 该报告指出，经大规模的项目调研发现40%的联邦公报文件没有规章识别号，并从联邦总务管理局下设的发布统一议程和规制计划的规制信息服务中心那里引用了一段陈述："在联邦公报上使用规章识别号来检索规则制定文件是有用的，但是，这将是一个不完美的过程。许多行政机关没有在联邦公报上将文件附上规章识别号，有时在文件上打印了错误的识别号，由此，你可能获得某些想要的检索结果，却存在大量的潜在错误。"参见网址：http://blog.legalsolutions.thomsonreuters.com/legal-research/anatomy-of-a-rin/。

许个人登录,当新的情况归档在相关利益记事表上时能够获得通知。[212] 在具体提议的发展过程中,行政机关可能适用《协商式规则制定法》(以下有所讨论),[213]或者只是简单地依规行事。在公布提议之前,行政机关根据所涉法律(如《国家环境政策法》[214]或者《弹性规制法》[215])或者总统行政令起草必要的效果分析。[216] 在这一过程中,行政机关将会在政府内部进行协商,汇集大量的数据信息,制作特定提议的文本和有关(临时的)构想的详细说明。对于重要的规则制定,第 553 节规定的通告必须包括文本、解释和支持数据,或者能够获知所有情况以减少内部协商。[217] 所有这些都可以从政府规章网站(Regulations. gov)或者行政机关的网站上找到。

很明显,像这样的提议在这种充满挑战的发展过程中反映出意见的折中处理,而在通告发布之前引入公众参与是有利的。一旦对所提议的规则制定发布通告,给予评议的机会一如往常,但是,其目标会变得更为明确和广泛。具体的技术性对比数据得以普遍提供,同时,有关规则制定的媒体活动亦具有广泛的信息源,其提供的信息带有准国民投票的特征。在近期联邦通信委员会的一项规则制定中,有 390 万份评议被提交,事实上所有这些评议都是以电子明信片的方式来表达特定的政治观点。[218] 通过在政府规章网或者行政机关的网站上提交的电子评议,很容易获得公众的意见,这使得规则制定对规则制定行政机关(亦为政府)之外的意见保持开放性,而提请公众填写意见反馈或者评议在某种程度上得到强化。如果行政机关被要求

312

---

[212] 规制议程上列示仍然不具有这一特征,但是,运用特定行政机关发布的关联信息可以获得同样的通知。

[213] 参见页边码第 345 页。

[214] 参见页边码第 141—142 页。

[215] 参见页边码第 340 页。

[216] 参见页边码第 144 页。

[217] 根据《信息自由法》的规定,"决策前"的备忘录免于披露,相关讨论见页边码第 384 页。尽管行政要求对重要的规则进行成本效益分析,这看起来是承诺披露相关的信息,而这种承诺的兑现大多被两党总统行政所破坏,第 141 页。N. Mendelson,"Disclosing 'Political' Oversight of Agency Decisionmaking",108 *Mich. L. Rev.* 1127(2010).

[218] 参见 https://www.fcc.gov/blog/fcc-releases-open-internet-reply-comments-public。

作出最终效果分析，则这一过程在政府内部持续进行，利益受影响的私人一方亦期望和试图影响这些讨论。由于非正式的规则制定并不"基于记录"，则不会适用正式的单方面接触规则，而局外人可以寻求与行政机关保持持续的联系。

如果行政机关在考虑所收到的评议之后，决定遵循的程序不是最初提议所预告的那样（这不是最初提议的"合理结果"），则其有义务发布新的规则制定通告，并重复其通告和评议的过程。如果行政机关继续推进其提议或者只是作出可预见的改变，可能面临司法上"严格审查"的预判会使其对实施的行为作出全面的解释，以表明在问题的解决上将评议慎重地置于讨论之中。如今对于重要的规章，其基础和目的的说明在联邦公报上达到了数十乃至上百页。

显而易见，在美国行政法过去数十年的显著发展中这是一种形式发生变化的程序。这种转变产生于对第 553 节规定未作修订的情况下，该节仍然规定通告仅仅包括"所提议规则的条款或者内容，或者对所涉及的主题和问题作出说明"，[19] 以及"有关基础和目的的简要说明"。正如我们将会看到，尽管在最高法院后续的判决中，其坚称不会临时处理《联邦行政程序法》的条款——反对的社会和政治力量所依靠的准则，但几乎可以确定的是，这种形式发生变化的程序依然会存在。[20]

1969 年食品和药品管理局的规则旨在保护公众免于不当熏制的鱼肉所产生的肉毒杆菌中毒，而这种风险在程序形式发生变化之前广泛存在，其中能够发现这种程序变形以及对引起尖锐反应的行政机关的程序选择进行事后的司法重估，随后 1977 年第二巡回法院作出认定规制不足的判决亦有

---

[19] 5 U.S.C. §553(b). 值得注意的是，这一条款并不要求披露所提议规则的文本，或者行政机关相信能够支持其提议的数据。

[20] 引证 Wong Yang Sung v. McGrath, 339 U.S. 33, 40(1950)案的 Vermont Yankee Nuclear Power Corp. v. National Resources Defense Council, Inc. 435 U.S. 519, 523(1978)案，以及 Perez v. American Mortgage Bankers, 135 S. Ct. 1199(2015)案，分别在页边码第 327 页和页边码第 355 页有所讨论。

所体现。㉑ 正如法律条款所表明和当下实务所支持的那样，食品和药品管理局有关提议规则制定的通告和对基础和目的作出的最终说明都是简明扼要的，其在具体细节上通报了受提议影响的利害关系人和行政机关作出的宽泛说理，但是，每一项提议在联邦公报上仅仅占用一页。食品和药品管理局并不披露对科学数据的评议。对于法院来说，在评议过程中不披露相关数据是一个致命的错误。华盛顿特区巡回法院在1973年的判决确立了这一要素的基石，㉒ 其理由说明如下：

> 尽管我们认识到行政机关会凭借其专业知识……我们不相信当相关调查材料很容易获得的时候……有任何理由去隐瞒利害关系人所依赖的科学数据。如果不能像利害关系人通告相关材料，这实际上阻碍了相关评议的准备，而行政机关无法继续考量所有的"相关因素"……一个人不能在没有机会阅读科学文件的情况下，被要求对其作出评议。㉓

同时，华盛顿特区巡回法院的另一个判决为"严格审查"提供了根据，在此基础上，最高法院认为食品和药品管理局对提议的基础和目的作出的说明，无法论证"什么样的重要政策问题通过非正式程序得到了公开讨论，以及为何行政机关对此作出这样的反应"。㉔

在1969年，当规则公布时，并没有证实上述任何一项主张。到了70年代中期，随着规则制定的暴增，两者才落到实处。尽管以前从未对司法审查主题进行扩展性考查，以下章节仍试图对其发展作出解释。㉕ 在此，分析重心放在行政机关的层面。

㉑ United States v. Nova Scotia Food Products Corp., 568 F. 2d 240, 251(2d Cir. 1977).
㉒ Portland Cement Assn v. Ruckleshaus, 486 F. 2d 375, 393(D. C. Cir. 1973).
㉓ Nova Scotia, 见注释㉑。
㉔ Automotive Parts & Accessories Ass'n v. Boyd, 407 F. 2d 330, 338(D. C. Cir. 1968), 简要讨论见页边码第320页。
㉕ 有关这一方面，参见第八章，特别是第八章"四""（二）"部分。

（一）规则制定的行政架构、记录和决定

这些变化的重要要素显现于司法过程之中，各级法院致力于理解何谓规则制定的"记录"，以此通过审查来评价规则的合法性。如果法院不能简单地假定行政机关了解支持其结论的某些事实，法院会认定行政机关知道什么事实呢？法院应当如何理解任何争议的解决方案呢？规则制定的特点在于对争议事项的考量和决定予以组织化的程序安排。大量的行政机构配备不同的专业人士对引起其注意的各方面问题进行界定和梳理，以此提出解决方案。基于广泛的资源和经验，他们拥有各方面的知识，这并不要求（或许是不能）其每时每刻对专业知识上产生的问题进行重述。这一过程中的各种问题需要在复杂的政治性制度框架中进行协商处理。在对作出决定的"记录"进行界定的过程中，如果他们不否认可能产生的情形，那么这些组织化的程序就会变得复杂。

像这样的组织化程序在适当作出决定的预设上与行政裁决极为不同。在行政裁决中，可以设想整个问题在某一时期置于分散的个人（或者少数几个人）面前进行价值判断，而与信息收集相关的职能相对来说是消极的。裁决者考虑能够识别的事项、争点和数据，与此相联系的是其或多或少会正式地获得特定的数据集，并以此作出个人的决定。裁决者通过司法告知能够了解到各方当事人没有提交的某些情况，[25]此时尽管困难重重，但这种行政实务会受到限制。从整体上来说，每一个人都知道（无须依靠法官）何谓作出决定并为其提供辩护的基础。加之，裁决者居于中立的地位，其不会在其他人没有出席的情况下与任何竞争者进行沟通，或者参与杂乱无章的政治辩论。

当面对重要问题的决策时，规则制定决策程序的特点在其组织化，相比法院而言其更像大多数组织的决策过程。换言之，决定的作出并不集中于特定的像法官一样的个人或若干人，而是依靠行政机关普通的实务人员来完成。根据既存问题在特定方面上所涉及的利益或者专业知识，在行政机

---

[25] 参见注释[24]。

关内部予以职责划分,并可能受到特设工作组的监管。通过无数行政人员的办公桌,每时每刻都有零散的决定被作出。随着它们逐渐累积,唯有争议性的事务上行于行政机关的等级科层。解决方案的特定方面完全处于特定雇员——"专业人士"的知识范围内,而产生解决方案的数据并不与解决方案一起展现于最后的阶段。与此类似,行政人员在特定争议上承担一般的职责(而对整个规则制定不承担责任),通过他们之间的非正式沟通争议得以消除或者改变。一旦存在这样的沟通,争议的迹象或者解决问题的基础就会消失。解决方案变成行政机关"知情"的一部分,即使争议上升到行政机关的领导层,他们会向行政人员提议新的调查或者另外的方法以解决问题,而非自行决定。这种方式通常有效可行。

整个规则制定的过程缺乏职能分立,而职能分立为行政裁决的典型特征,不同于行政机关工作的其他方面。这些涉及规章的工作属于行政机关事务的其他方面。他们被鼓励运用其所了解的各种情况,与相关人员进行沟通,而不必向其他"当事人"告知这些沟通或者允许他们以任何方式参与沟通。[227]

如果我们设想收集的信息向利益受影响的公众予以公布,供其作出反应和质疑,并在既定的时间点上置于决策者面前,成为其作出决定的基础,在这一背景下所说的"记录"至少具有较高的人为特点。在此,并没有单一的决策者,他们中的大多数没有集合起来,无疑不会出现在法定负责规则制定的单个或者合议(collegial)组织之中。另一方面,在规则制定中各种文件作为评议被提交到行政机关,而《联邦行政程序法》要求他们参与评议。行政机关及其行政人员在程序的某一方面作出决定,对此主要的研究在受委托的情况下开展,或者其他的大数据存乎其中。随着决策的推进,行政机关内部会作出备忘录,以表明实现的解决方案、存在的争议,以及在健康的政

---

[227] 对典型的规则制定过程予以完整和有用的描述,可管窥于重要行政机关的内部,参见 W. Pedersen,"Formal Records and Informal Rulemaking",85 Yale L. J. 38(1975)。环保署的规则制定程序被法律所改变,这部分得益于帕德森(Pedersen)的分析结果,如今行政机关仍然继续根据法定程序制定规则,而此法定程序曾为环保署的管理所拟定。

府机构里对这些争议的竞争性立场。在行政机关内部或者与外部人(outsiders)、私人利益者或政府官员举行会议,以此表达观点和提供数据,有时被予以记录。所有这些如果公开,即被描述为一项"记录",至少在某种意义上作为数据集,其运用于行政机关作出规则制定的决定,以检验决定的合理性和合法性。

(二)"立法性"判断的不确定和一般事实的争议

在经济规制的背景下,在规范性规则制定上的基本主张一般会涉及对社会条件的判断,这通常与立法所面临的情况相同,即这种或者那种行为是否被允许的规范性问题,而基本上不会表现为有关物理世界可确定的事实主张。[28] 在1960年代晚期和1970年代早期,随着健康、安全和环境规制的出现,并成为规则制定的主要背景,这种情况发生了改变。在每天持续暴露在3毫雷姆辐射条件下,对人身健康会产生何种影响难以通过实验得知。但是,这是一个看起来应有正确和确切答案的问题,事实上就像琼斯先生在驱车通过十字路口时,我们决定交通灯显示红色或者绿色一样。相比红绿灯规定的问题,这是一个对整个社会更为重要的问题。如果在有关事务上存在不确定性、异议或者专业判断,则此问题似乎与了解这些情况有联系,如同此刻我们应当知道对红绿灯规定的不同解释。对上述问题打算通过政治判断或者投票来决定,将极为令人反感。

同时,这不是同一类事实问题。对于红绿灯问题,证人能够仔细质疑其进行评论的机会、真实性、意图等,而在听取证人证言后由中立的非专业人士作出判断,这是一种被大家接受的形式。对于科学事实的问题,中立的非专业人士不是好的决策者,至少获取"证据"的口头程序是低效率的。科学界根据透明的规范适用质询和评论的程序;对存在的不确定性达成一致意见以及明确表述所适用的模式或者假定,有助于将已知与设想区分开来。两者都是事实认定的程序,与声称政治意愿的方式不同。当然,在细节上它

---

[28] 当经济的规则制定涉及到特定的数据,尤其是费率设定,则管理法律要求正式的规则制定。参见页边码第306页。

们是截然不同的事实认定程序。处于变化之中的规则制定极大地缓和了这一问题。

(三)开放政府的立法效果

直到1960年代中期,规则制定的参与者缺少程序性手段,去强制实现规则制定程序中认定科学事实的透明度。在规则制定的基础和目的的说明上,行政机关以外的人在根本上受制于行政机关选择什么内容作为决策的事实基础。内部文件乃至事实研究都不是公开的文件,法院也不要求行政机关予以披露。在传统的规则制定审查中,法院认为与法律相比,不值得对规则的事实基础予以更多实质性的质询,而对行政机关提出很少的要求。在规则制定中,行政机关必须对收到的评议进行归档,但是,总的来说行政机关可以自行说明所了解的情况,以支持其结论。在此,不会存在对实际决策过程的质询。

《信息自由法》在1967年首次通过,并在1974年得到极大的强化,[29]其将行政机关进行规则制定的内部文件以及某些决策文件引入公众的视野。该法在其颁布时并非有意加强记录,[30]也没有表述规则制定事实的新特点,但是,其戏剧性地改变了规则制定。该法允许任何参与者请求获得"行政机关认为与规则制定有关的所有文件……",相当明确的是这种请求必须得到尊重。在合格的专业实务中,对像这样的请求进行快速归档成为一项强制性的要求。但并非所有文件的所有部分都必须披露,尤其是行政人员向其负责人提交的决策前政策建议,通常会作为机密不予公开。[31]甚至对于这类文件,只要是建议都不会公开。事实性主张——数据和技术分析不属于机密,行政机关有义务根据《信息自由法》将文件的保密材料进行编辑,而将剩余部分交给申请者。由此,行政机关被强制要求披露其行为的事实基础。

---

[29] 5 U.S.C. §552,相关讨论见页边码第384页。

[30] 该法规定"任何人"可以获得政府记录,法院从一开始就反对起诉者将信息公开请求与行政行为的司法审查联系在一起。National Labor Relations Board v. Sears, Roebuck & Co., 421 U.S. 132(1975)。

[31] 参见该法第五项免除公开的规定,相关讨论见页边码第333页和388页。

在通常情况下，它们能够充分提供备忘录中的建议部分，而不是自找编辑文件的麻烦。基于请求的预期，行政机关开始对那些在后续阶段必须予以披露的数据予以系统化，使之在规则制定一开始就可以获得。

《阳光下的政府法》在 1976 年制订通过，[22]使得《信息自由法》有关公开规则制定的模糊规定变得明确。根据这项法律，多成员的委员会举行会议被要求提前通知，并公开进行。[23] 该法限制例外情况的意图相当明显，其不允许行政机关封闭规则制定讨论的任何一部分。不像《信息自由法》，阳光法案规定在政策制定上对于任何决策前与行政人员的协商都无须保密，而在基于记录的程序中，唯有涉及作出决策的讨论受到保护不予公开。诚然，阳光法案的机制不适用于像环保署或者职业安全和健康管理局这样的行政机关，其领导职责系于单独的个人，而只有多成员的委员会受此影响。这可以被视为一种技术性的判断，即对缺乏合议要素的等级制决策程序难以构建"阳光"机制；或者被看作是一种结果，即总统有较大权力保护隶属于政府部门的行政机关，而与独立的行政机关相区别。作为对规则制定的注释，其主旨是明确的。

众所周知，有关"开放政府"最具戏剧性的影响源自政府规章（regulations.gov）网站的发展，其为 2002 年《电子政府法》（E-government Act）所规定，[24]其使得对评议（对规章的评议和对他人意见作出的评议）的电子归档事实上不费吹灰之力，而行政机关的研究和提议亦可通过互联网获取。[25]通过预先获取政府数据和其他人提交的评议，为切实参与程序提供了极大的便利，而从行政机关来看，对规则制定的基础和目的作出充分和详尽的说明，亦增加了难度，因为反对者现在可以预先获得所有的评议，而不仅仅是他自己的评议。作出评议无须成本（如果一个人有一台电脑，不需要购买纸张、信封或者邮票）以及各种身份认证的便利，使得被归档的评议如潮水般

---

[22] 5 U.S.C. §552b，相关讨论见页边码第 394 页。

[23] 会议公开举行，但没有公众参与。像《信息自由法》一样，阳光法案的重心在于公开，而不是额外的外部控制或者决策程序。

[24] 参见注释㊻。

[25] 参见页边码第 311 页。

涌来，㉖并为这一过程营造了准国民投票的氛围，而这种氛围在理论上是不恰当的。也许最为重要的是，这种发展方式重新平衡了白宫和行政机关之间的关系。如下所述，㉗如果"信息就是权力"，那么从整个政府服务器上可以获得所有的相关数据（以及更多数据）将使得行政机关丧失在纸质年代所享有的权力。

（四）"书面听证"（paper hearing）

对这些变化作出反应的司法解释摆脱了将行政机关的规则制定与法律予以简单类比。在《联邦行政程序法》通告和评议的规则制定程序中，有三个相关因素如下：何者构成"通告"、何为给予评议的有效机会，何为充分的"对基础和目的的说明"，但无论如何这些都会"简明"和"扼要"地表现出来。无可置疑，1946年该法的条款中包含了这些内容，其在立法表述上是极为宽松的。然而，在当时并没有预见从环境、健康和安全立法中引发规则制定的广泛运用以及产生巨大的影响。当这些发展出现时，这些法律措辞明显成为了压力点。

在这些法律规定中，有关调查结果的要求最先对新情况作出反应。根据《国家交通和摩托车安全法》，首次通过规则对机动车安全进行规制，而这些规则给机动车工业附加了相当大的成本，并极大地促进了对美国机动车市场的重塑。华盛顿特区巡回法院对此予以警示：

> 反对对"简明"和"扼要"的法律术语进行过度的解读。这些形容词必须适应司法详审的现实……我们不希望行政机关讨论向法院提交的每一项事实或者意见……但是，我们希望行政机关的说明能够让我们看到经非正式程序进行公开讨论的重要问题，以及行政机关对此作出反应的原因。㉘

㉖ 参见注释㉑。
㉗ 参见页边码第335页的注释㉙。
㉘ Automotive Parts & Accessories v. Boyd, 407 F. 2d 330, 338 (D. C. Cir. 1968)。在二十年后，这种对行政行为的司法态度的影响仍然受到尖锐的批评，参见 J. Mashaw and D. Harfst, *The Struggle for Auto Safety* (Harvard University Press 1990); J. Mashaw and D. Harfst, "Regulation and Legal Culture: The Case of Motor Vehicle Safety", 4 *Yale J. Reg.* 257(1987)。

何为非正式程序中的"记录"？法官有权查看和理解在行政机关层面所发生的一切，在此观点的基础上的司法态度，自1971年最高法院判决对非正式行政行为中的记录问题给予特别关注后得到了进一步的强化。在公民保护奥弗顿公园公司诉沃尔普案中，[239]对联邦交通部的决定提起诉讼，该决定为一部分高速公路提供联邦资金，而必定会影响到一个重要的城市公园，尽管近期的联邦立法倾向于保护公园土地不被这样使用。按照《联邦行政程序法》的规定，交通部的决定被归为非正式的裁决，而非规则制定。尽管如此，其仍具有规则制定的组织特征。通过协调性的非正式行政程序，在给予公众大量的评议机会，而没有类似于审判的程序之后，交通部作出决定。交通部在准许项目继续进行的时候，没有发表意见解释其判断。反对该项目的公民团体成功地将不利判断诉至美国最高法院予以进一步的审查，此后交通部才试图对其进行解释。

最高法院强力支持对交通部的判断进行审查，而该判断阐述了其适当的要点，这在后续章节有所讨论。[240]直到目前的讨论，存在两种特定时期的评论。首先，"限缩性"（narrow）司法审查（避免司法对行政机关的判断予以替代）是一种"全面的""刨根问底的"和"仔细的"审查方式，其审查交通部依靠材料作出决定所阐明的基础。其次，与此相关，最高法院指出这种审查产生于"记录"的基础之上，而记录由行政机关在决策过程中汇编而成。最高法院要求进行"全面的""刨根问底的"和"仔细的"审查只是为了强化其司法态度，这一司法态度已经出现在类似于华盛顿特区巡回法院审查机动车安全规则的案件之中。"规则制定基础和目的的说明能够让我们看到，经非正式程序进行公开讨论的重要政策问题，以及行政机关对此作出反应的原因"，如果这属于司法职责，这种说明显得多么的重要啊！

---

[239] Citizens to Preserve Overton Park, Inc. v. Volpe, 401 U. S. 402(1971)。该案的相关讨论见 P. Strauss, "Revisiting Overton Park: Political and Judicial Controls Over Administrative Actions Affecting the Community", 39 *U. C. L. A. L. Rev.* 1251(1992) and P. Strauss, "Citizens to Preserve Overton Park v. Volpe—of Politics and Law, Young Lawyers and the Highway Goliath", in *Administrative Law Stories*(Strauss ed., 2006)。

[240] 参见页边码第462页和503页。

在这一案件中,根据决策过程的结构性现实,即组织程序更像非正式的规则制定,最高法院确切地引用其中的行政"记录"是令人惊讶的。直到《信息自由法》强令行政机关保留记录,它们在不断累加的决定通过各种层级的行政审核后,并没有惯例对作出决定的所有基础材料予以标识。换言之,不存在任何单独的被归档的"记录"。[24] 对于为政府进行案件摘要的部分律师来说,尤其是年轻律师习惯于诉讼的司法模式,这种引用多半会引起误解。但是,适用此模式的律师和法官很容易地接受了所作的引用。

科学事实的适应问题:一旦开始知道某一行政机关对什么样的材料进行考量(除了一直作为公众参与记录的外部评议以外),希望能够对材料作出反应(面对、质疑和反驳)的中立本性很快就会形成。随着涉及健康、安全或者环境问题的重要规则不断增加,这种推动力变得尤为强烈,而对于像这样普遍的事实问题,例如,吸入各种特定物质的浓缩颗粒对人体健康的影响,这些规则往往基于备受争议的结论。

环保署在1973年设定标准以控制混凝土灰尘,而在规则制定的程序中表现出问题的本质。[24] 在规则被制定后而受司法审查之前,环保署(被上诉法院在另一案件中的判决所推动[25])在受审查的记录中植入新的信息——有关其作出决定所运用的一套方法。针对行政机关增加数据的信息,在规则制定中的一个参与者说服法院将规则退回行政机关,以允许其对行政机关的方法论作出新的评议。当行政机关似乎忽视这些评议,法院不仅坚持要求它们对评议作出回应,而且通过表明披露行政机关原始数据的义务,对"通告"和"评议"的法律规定有效赋予了新的内容:"数据不充分或

---

[24] 由于这些重要的高速公路项目在诉讼期间被暂停,最高法院按照极其缩减的日程表对案件进行辩论和诉讼摘要,这种日程表通常保留给最为重要的国家事务。通过反复引用"政府记录"匆忙而确切地促成了政府摘要,好像早就存在一整套被确定的文件。最高法院为了后续的程序将案件发回重审,很明显不存在这样的信息收集。在各行政机关中,共同负责决策的人事部门对材料进行厘清整理会耗费数周的诉讼时效。

[24] Portland Cement Assn v. Ruckleshaus, 486 F. 2d 375 (D. C. Cir. 1973), cert. den. 417 U. S. 921 (1974).

[25] Kennccott Copper Corp. v. EPA, 462 F. 2d 846 (D. C. Cir. 1972).

者数据……仅为行政机关所知晓,在此基础上发布规则不符合规则制定程序的目的"。如上所述,[24]另一个上诉法院在四年后对食品和药品管理局有关熏制鱼肉规则进行审查,其表达了同样的观点。因此,"通告"得以扩展,超出了第 553 节规定的相当有限的信息,其包括行政机关知道的与提议规则有关的任何数据。与此类似,除了有机会提交新数据、论点或者意见以外,"评议"使得对数据进行质疑的机会成为必需要件。有关规则制定基础和目的的说明必须是全面的,足以表明行政机关在某些细节上的说理,包括其对重要评议作出的回应。

(五) 司法审判模式的呼吁

323

仅就上述要点而言,这些发展与第 553 节规定的联系不够紧密,与程序密切相关的是科学家常常参与争议事项的公开讨论和解决。将此概括为一种"书面听证",这种对规则制定的理解得到了广泛的认同。[25] 一个善于思考的行政官员在行政机关内部,为规则制定程序的整合从各种要求中找到"基调",并给"那些注重记录完备和说理充分的决策者设立了一个标杆,以促使其他人依此行事"。[26] 确保充分和透明在时间和努力上会带来必要的成本,[27]重要的问题使得这样的开支变得合理。同时,很多人承认相关事务因建模、科学判断和推测等问题变得复杂化,[28]事实认定问题要求充分和透

---

[24] 参见页边码第 313 页。

[25] R. Stewart,"The Development of Administrative and Quasi-Constitutional Law in Judicial Review of Environmental Decisionmaking: Lessons from the Clean Air Act",62 *Iowa L. Rev.* 713(1977).

[26] W. Pedersen,"Formal Records and Informal Rulemaking",85 *Yale L. J.* 38,60(1975).

[27] 参见 J. Mashaw and D. Harfst,注释[23];D. Costle, "Brave New Chemical: The Future Regulatory History of Phlogiston",33 *Admin. L. Rev.* 195(1981)。最近对规则制定的"僵化"予以解释,参见页边码第 343 页注释[32]。与其他方面相比,这些成本促使当下的规则制定变得冗长,而对此似乎很少有人予以批评。

[28] 建模涉及运用计算机模型或者其他分析工具去预测复杂互动的结果,例如,对提议的规整进行经济效果分析,其高度依赖模型的假设和输入数据的准确性。科学判断问题产生于程序结果的评估,而这种结果不能通过直接检测得到,例如,在核电站经过四十年的运行后,暴露于高度辐射的钢材会产生的影响。推测涉及将某一领域的数据移植到另一个领域,例如,科学家对老鼠施加相对较高的化学剂量,以此实验结果去估计人类在低剂量情况下的致癌风险。一项备受好评的判决对这些问题作出说明,见 Sierra Club v. Costle,657 F.2d 298(D. C. Cir. 1981)案,在这一方面的讨论参见页边码第 513 页。

明的公众参与程序。

然而,或许不可避免的是,相比科学争议解决模式(或者对此进行立法质询)而言,法官和律师更熟悉对抗性的司法审判模式,他们以律师而非科学家或者政治家的语言来看待问题的讨论和解决。两个基本上属于同一时期的案件,使得司法模式在拓展法定要求上的影响变得戏剧化,即法定要求得以拓展,亦对其施加了限制。首先,预示组织决定程序带有对规则制定记录本质的误解;其次,预示通告和评议程序增加适用口头审判程序的司法要求。

"单方面接触":在家庭票房公司诉美国联邦通讯委员会案中,[29]涉及联邦通信委员会的规则,即有线电视天线系统与常规电视广播之间的竞争需要何种规制计划来进行管理。这一规则具有更为传统的特点,在事实认定上不存在特别的困难,但对许多参与的团体来说,该规则具有实质性的经济意义。许多参与者不仅提交评议,而且非正式地接触联邦通信委员会的委员和工作人员以表达其意见。法院的质询形成"一份长达60页的文件,该文件披露单方面沟通虽然不够严密,但广泛存在,而事实上涉及规制制定的每一个当事人"。

这是错误的行为吗?当法院感到震惊时,没有哪个参与者看起来将之视为罪过,乃至以成功引入了国会的压力而自豪。正如我们曾经看到的那样,[30]"单方面沟通"的限制是基于记录的程序的特征之一,尤其是裁决程序。所有相关法律规定都作出了这样的指示。另一方面,非正式规则制定则鼓励接触和互动,其并没有行政机关作出决定的分权结构,亦没有义务在参与者之间进行相互披露。

然而,在家庭票房公司案中,法院在规则制定"记录"的开示和"书面听证"的发展上作出了另外的指示:

---

[29] Home Box Office, Inc. v. FCC, 567 F. 2d 9, cert. den. 434 U. S. 829(1977).

[30] 参见页边码第282页。

在此,即使存在这样的可能性都是不能容忍的,即向公众和法院公开一项行政记录,其他的则留给委员会和"知情人"。毫无疑问,决定将规则的发布作为行政进程中的"最终"事项,是假设在某一法案上的判断是理由充分的,并进一步对有关作出判断……的各种材料进行仔细考虑。据此,"全面的行政记录在行政官员作出决定时置于其面前"㉛……法院的职责在于检测委员会的行为是否存在恣意或者与被授予的职权不一致……在实务上,奥弗顿公园案的授权意味着公众参与记录必须反映出向行政机关提交了什么样的投诉,由此相关支持或者反驳这些投诉的信息将通过参与行政程序的个人引起审查法院的注意。如果与行政机关的沟通被保密,以及行政机关自身不披露存在的信息,那么很明显对这种行为方式构成阻碍。㉜

以此脉络,这种观点可以继续延伸,"书面听证"要求披露行政机关档案中的材料,对提升"当事人之间的对抗性讨论"亦具重要意义。从法院的角度来看,评议机会明显变成一种促使争论、数据或者意见受到关注的机会,亦是挑战和检测其他材料的机会。㉝

值得注意的特征在于这些意见的修辞多大程度上借助于法官的本能,由此趋向将规则制定转变为一种裁决。意见的这一方面很快就受到了最高法院的质疑,并基本上被后续的法院所否定,㉞它们倾向于以案件涉及相当

㉛ 引自 Citizens to Preserve Overton Park, Inc. v. Volpe,注释㉙。
㉜ 567 F. 2d at54.
㉝ 法院的反应可以被理解为一种周期性的反应,即怀疑行政机关所宣称认定的实际情况。然而,作为《联邦行政程序法》(5 U. S. C. §553)的法定解释,法院的立场很明显存在困难。行政机关被要求为评议提供唯一一次机会。如果大多数或者所有评议在最后期限被归档,任何一个评议人提交的评议不可能包括其他人同时作出的回应。在此,法院无疑会记起司法归档的考究仪式。诚然,(不像司法程序)对规则制定进行归档的最后期限不属于司法管辖。在任何时候,无论行政机关是否支持归档评议,其可以自由地考虑这些评议;如今在政府规章网站上存在电子记事表,作出回应变得更加便利。对评议指定时限,其所确保的是这些评议会及时地受到关注,而后来的评议则不必如此对待。
㉞ 例如,Action for Children's Television v. FCC, 564 F. 2d 458(D. C. Cir. 1977)。

大的财务风险来解释家庭票房公司案。㊾ 法院回避有关"对抗性评议"的规定以及任何对参与者进行记录的要求,其承认规则制定的公众参与记录不必穷尽行政机关所知道或者听取的情况,也不必为每一个参与者对每一事项作出回应提供机会。但是,"书面听证"的理念继续要求公众参与记录应当包含行政机关在规则制定中收到的所有文件。在此,仍然维系着一个总体的期望,即有关待定规则制定的重要口头交流,尤其是他们带来的任何数据,都将被记录下来;同时,在规则制定记录中保存一份摘要。这种期望以政治规范而非司法规范为基础,并经美国行政会议的建议来实现。㊿ 根据《清洁空气法》制定特定的规则,其程序条款采用了这种体制,评议者希望它成为未来对整个联邦程序进行改革的模式。㊱

　　口头程序为法定要求吗? 哥伦比亚特区巡回上诉法院的法官组成的审判席宣布其在家庭票房公司案上的判决,与此几乎同时,在一个涉及规则制定中科学事实的案件中,另一法院作出了极具争议的判决,其认为类似审判的对抗性程序能够确保作出适当的决定。规则制定的结果依赖于对核废料处理及其影响的复杂认定。事实上,行政机关在规则制定中适用口头程序,披露相关数据,并允许参与者在一定程度上发挥超越第553节程序规定的影响。㊲ 然而,法院相信行政机关所选择的程序"对问题的公开讨论是不充分的",而其重要性则要求予以彻底的讨论。在法院两派之间存在持续的争论,司法意见支持了其中一派。一派意见认为法官有义务进行最大程度的自我培训,从司法的视角对行政机关的结果予以有效的审查。另一派为司法意见,其认为法官在高技术事务上无法有效地进行自我培训。由此,这些

㊾ 这种解读受到挑战,基本问题被彻底研究,见 H. Gellhorn and G. Robinson, "Rulemaking 'Due Process': An Inconclusive Dialogue", 48 U. Chi. L. Rev. 201(1981)。

㊿ 建议77-3发布在1 CFR 305.77-3,其依靠"开放政府的广泛要求"以及在建议创设规则制定文档上进行司法审查的必要性,这些文档包括所有沟通的书面文本和"重要口头交流"的记录。然而,如果它拒绝认可"给予利害关系人作出回应的机会,就与规则制定的理念不相符,同时,既不可行,也不可取"。有关行政会议,参见页边码第402页。

㊱ 参见页边码第269页。

㊲ 当案件被上诉法院裁判,诉讼摘要到最高法院时,读者有权知道起草者是核规制委员会的总法律顾问,由此他的案件观点在某种程度上不可避免带有律师的视角。

法官得出结论,可取的司法角色在于要求行政机关在专家和负责行政机关的层面上,适用允许全面讨论、质疑和解释的各种程序。[259] 在这种"混合"的模式下,规则制定中重要的事实问题为具有一般特征的事实,如既定水平的辐射对人体健康的影响,这些问题将要求适用类似审判的口头程序来作出决定。科学专家的口头审查和展现与支持者进行争论的专家观点,将使得作出的决定更加有根据。他们主张真想更有可能产生于对抗性的观点和坚定支持者对专家证词提出的异议,而不是仅仅通过文件解决争议的程序。国会通过立法为少数特定法律和行政机关设置了混合程序,尽管存在有关时间成本和施加努力的质疑,[260] 上诉法院似乎做好准备提出更为宽泛的要求。

在佛蒙特州扬基核电公司诉自然资源保护协会案中,[261] 最高法院发表了措辞尖锐的一致意见,否认了这种发展,似乎阻止上诉法院所要求的任何程序超越第553节的规定。《联邦行政程序法》的规定理由充分,其解决了"长期存在的激烈争议,并制定准则反对对社会和政治力量的阻止"。[262] 在规则制定的规定上,该法"确定了最大程度的程序要求,而国会希望法院将这些程序要求施加到行政机关的规则制定程序中去。行政机关在其运用裁量权时能够自由地授予额外的程序权利,但是,如果行政机关选择授予,则审查法院一般不能自由地强制行政机关如此行事"。[263] 最高法院的说理在于,允许下级法院根据事实决定何为"适宜"的程序,将使得各法院以后见之

---

[259] 参见 Ethyl Corp. v. EPA,541 F. 2d 1(D. C. Cir.)cert. den. 426 U. S. 941(1976)。

[260] 波耶(Barry Boyer)教授为美国行政会议完成了最为缜密的研究,他研究联邦贸易委员会有关混合规则制定程序的经验,该程序为1974年一项法律要求其制定某一类型的规则时所适用,其结论是这些程序几乎没有增加结果的准确性、公平性或者可接收性,反而带来大量的额外成本和拖延。参见 Boyer, Report on the Trade Regulation Rulemaking Procedures of the Federal Trade Commission,1979 ACUS Ann. Rep. 41;1980 ACUS Ann. Rep. 33;近期的研究见 S. Shapiro, "Dying at Work: Political Discourse and Occupational Safety Health",49 Wake Forest L. Rev. 831 (2014)。

[261] Vermont Yankee Nuclear Power Corp. v. Natural Resources Defense Council Inc. 435 U. S. 519(1978)。

[262] 同上,页边码第523页。

[263] 同上,页边码第524页。

明来评估结果,这一事后视角将会否认行政机关当时作出的程序选择。可以预见的结果会导致行政机关选择过于正式的程序,并将其作为唯一安全的方法以避免程序基础的反转。最高法院强调争论要求更为详尽的程序,系基于对规则制定记录的错误认识:"非正式规则制定不必仅以行政机关举行听证的副本为基础……因此,规则制定中'记录'的充分性与程序机制的类型并不直接相关,而是转向行政机关是否遵循《联邦行政程序法》或者其他相关法律的法定授权"。㉔

学者们从一开始就质疑佛蒙特州扬基案所表述的广泛影响。㉕ 最高法院在佛蒙特州扬基案上的意见相对明确,其禁止下级法院对有关规则制定的口头程序作出要求。相对而言,家庭票房公司案中有关"对抗性评议"的想法被拒绝接受。但是,何谓"书面听证"的构成要素,上诉法院不断发展和附加对"通告"、"评议"和"基础和目的的说明"的扩大性解释,而《联邦行政程序法》的规定本身是宽泛的。事实上,自从1946年《联邦行政程序法》颁布以来,规则制定的限度和内容发生了巨大的变化,像《信息自由法》这样的法律反映了在"反对阻止社会和政治力量"程序背景下的新思想。正如所见,㉖最高法院在奥弗顿公园案中对记录的临时假设成为"书面听证"思想发展的核心要素,这种假设使得《联邦行政程序法》的起草者倍感惊讶。在佛蒙特州扬基案上,最高法院的意见强调非正式规则制定和基于记录进行裁决的记录有着本质上的不同,同时没有放弃奥弗顿公园案的审查要点,在后续的案件中最高法院对此重新予以肯定,以此明确确定了"书面听证"的方式。㉗ 随着环境的变化允许对法律术语作出新的解释,实现了传统的司

㉔ 同上,页边码第547页。

㉕ R. Stewart,"Vermont Yankee and the Evolution of Administrative Procedure",91 *Harv. L. Rev.* 1805(1978);C. Byse,"Vermont Yankee and the Evolution of Administrative Procedure:A Somewhat Different View",91 *Harv. L. Rev.* 1823(1978); A. Scalia, "Vermont Yankee: The APA, the D. C. Circuit, and the Supreme Court",1978 *The Sup. Ct. Rev.* 345.

㉖ 参见页边码第321页。

㉗ Motor Vehicle Manufacturers Assn. v. State Farm Mutual Ins. Co.,463 U. S. 29(1983),相关讨论见页边码第504—506页。

法功能。自从 1946 年后,规则制定的本质以及相关司法审查发生了变化,像《信息自由法》这样的新法颁布,即使不是对《联邦行政程序法》的直接修订,其亦显著地改变了法律的背景。在此,有诸多重要的理由表明无须将《联邦行政程序法》作为静态的法律来对待。[268]

虽然如此,最高法院一直声称 1946 年的理解必须得到控制,[269]上诉法院有必要指出书面听证的要素与法律规定保持一致所存在的困难。[270] 最高法院最近的表态在以下有关规则制定的指南中有所讨论,[271]其不仅重新主张了佛蒙特州扬基案的观点,即明确拒绝上诉法院对《联邦行政程序法》术语的修饰渲染,而且确定了难以与"对基础和目的作出简明扼要的说明"相联系的"严格审查"的观点。[272] 在近期的案件中,下级法院像佛蒙特州扬基案一样明确偏离了《联邦行政程序法》的基本结构,预示将明确被认可的程序形式转化为不同的模式。书面听证的要素并不具有这样的特征,却一直被整合在规则制定的框架之中,甚至国会都没有表示担忧的抱怨,当然,立法提案倾向于对此更进一步。由此,如果这些情况不会持续下去,倒是令人惊讶的。

(六) 不断增加的政治监督的影响

最近数十年的发展确定了规则制定的组织特征,[273]在重要方面与司法立场——将规则制定看作政治和专家的事务保持一致,其更加注重对规则制定的政治控制,也许相对而言,在公布第 553 节提议规则制定通告之前这

---

[268] P. Strauss,"Statutes that Are Not Static:The Case of the APA",14 *J. Contemp. Leg. Issues* 767(2005).

[269] Dickinson v. Zurko,527 U. S. 150(1999);Director,Office of Workers'Compensation Programs v. Greenwich Collieries,512 U. S. 267(1994). See P. Strauss,"On Resegregating the Worlds of Statute and the Common Law",1994 *Sup. Ct. Rev.* 427.

[270] American Radio Relay League,Inc. v. F. C. C.,524 F. 3d 227,245(D. C. Cir. 2008)(Kavanaugh,J.,concurring).

[271] 参见页边码第 355 页.

[272] Perez v. American Mortgage Bankers,135 S. Ct. 1199(2015).

[273] 例如,United Steelworkers of America,AFL-CIO-CLC v. Marshall,647 F. 2d 1189(D. C. Cir.),cert. den. 453 U. S. 913(1981),见第 209 页注释⑫,其中三名家庭票房公司案的法官有两名参与其中。

种情况更为普遍。

塞拉俱乐部诉科斯特尔案：这种转变以 1981 年的塞拉俱乐部诉科斯特尔案为标志。[224] 该案涉及环保署通过规章为煤炭发电站排放硫化物设定标准。这些标准带来尖锐的政治和技术问题。[225] 设定标准不是简单地将每个发电站必须达到的排放水平予以固定，其本身是一项复杂的事务。硫化物排放可以通过若干方式来加以控制：使用低硫煤炭、煤炭的预先处理（洗煤）、运用通过燃烧煤炭"提取"煤气的两种可行技术中的一种，或者这些措施的组合运用。这些技术在效果和成本上各有不同，其成本取决于他们是否将之整合到新电站的设计中去，或者对旧电站进行翻新改造。燃煤发电站遍布全美，而空气质量和煤炭质量依美国的地理情况具有高度的多样性，技术运用的重要性亦有所不同。在此，除了健康的要求以外，保持大峡谷附近沙漠空气的清洁具有特别的重要性。一旦硫化物以及其他混合物在空气中传播，并随着风向漂移，最后形成酸雨慢慢从大气层降落。任何一座电站只是增加了自身的影响，而处于下风带的个人和组织就像处于河流的下游，必须面对累积的结果。这种结果存在潜在的破坏性，但对此很难确定相应的责任。低硫煤炭在国家的某些地方存在，而非随处可见。在资源贫乏的地区，消减高硫煤炭的市场将导致工作岗位的流失。煤炭气化需要昂贵的设备，如果不是普遍要求如此，亦会减少高硫煤炭的市场。洗煤和燃烧低硫煤炭能够像清洗和气化高硫煤炭一样产生相当的排放量，而在美国西部山区和大峡谷附近可以看到气化低硫煤炭能够产生更清洁的空气，这些地区的空气能见度具有较高的旅游休闲价值。

很明显，伴随许多根本上属于政治交易的可能情形，这些问题表现出"多中心"的特点。[226] 由于环保主义者追求纯净的空气，东部地区的煤炭利

---

[224] Sierra Club v. Costle, 657 F. 2d 298 (D. C. Cir. 1981)，相关讨论见页边码第 513 页。

[225] 有关规则制定的故事得到很好的阐述，其强调引入政治过程所产生的扭曲（正如作者认为的那样），见 B. Ackerman and W. Hassler, *Clean Coal / Dirty Air* (Yale, 1981)，同一作者所作出的较短说明，见"Beyond the New Deal: Coal and the Clean Air Act", 89 *Yale L. J.* 1466 (1980)。

[226] 参见页边码第 286 页注释[110]的文本。

益涉及高硫煤炭的储藏,其他地区储藏的是低硫煤炭,而总统则关心强加高成本和未经证实的技术所产生的整体经济影响,因而相关风险居高不下。《清洁空气法》使得环保署有义务保存规则制定的档案,包括所有其想要依靠的信息或者数据;同时,对一系列会议的记录进行摘要,包括规则发布之前总统及其工作人员所举行的若干会议。某些会议召集了煤炭工业的官员和某个东部高硫煤炭州的资深参议员,并与总统在许多问题上保持合作。与总统及其工作人员的会见不在记事表上进行记录。被采纳的规则在条文表述上倾向于支持东部地区的利益。这里存在不适当的政治干预吗?

不像在家庭票房公司案中的上诉法院,尽管《清洁空气法》有特别规定,塞拉俱乐部诉科斯特尔案的审判席寻求尊重规则制定程序的非司法特征。对于待决的规则制定,非正式口头程序将不会被禁止,或者成为正式记录要求的主题。正如瓦尔德(Wald)法官所注解的那样:

> 基本政策制定的合法性由非选举产生的管理者来实现,其大多依赖于这些官员对公众需要和想法的公开、可接近以及顺应……我们法官与这些压力相隔离……但是,我们必须克制轻视所有面对面的游说努力,不顾它们出现的场合,而仅仅因为我们认为其不适于司法的背景。[277]

332 法院强调总统行使执行权的宪法职责和行政机关不能依赖任何未纳入记事表的事实情况,并认为对总统参加某一会议的情况不作记录也没有出现困难和障碍。

> 毕竟,任何规则……必须在规则制定记录中有必要的事实支持,管理者不能将规则建立在……未作记录的任何"信息或者数据"(无论其来源)的基础之上。当然,总是可能存在的情况是,未经披露的总统推

---

[277] Sierra Club v. Costle, 657 F. 2d at 400-01.

动为事实上基于记录的结果指引方向,但是,这不同于在缺乏总统参与的情况下获得的结果。在像这样的案件中,政治过程确实以法院无法进行监督的方式来影响结果。然而,我们不会相信国会想要法院将非正式规则制定转化为纯粹由技术专家参与的程序,而不受政治考量或者总统权力的影响。[278]

以此类似,法院没有受到国会压力的困扰,在此国会压力来自与东部参议员召开的会议,而参议员对其引入不相干的考量没有作出说明。[279]"国会议员将他们的评议集中于所提议规则的内容上……行政机关被期望去平衡源自所有其他方面的国会压力"。

经济和其他效果分析:在最近几年,最高法院作出明确回应,其承认在规则制定中政治监督的适当角色。[280]这促进了行政令的发展,而这些行政令要求经济效果分析和制订规制计划的年度参与。[281] 这两方面的活动都发生在规则制定的预告期间。有关协商的问题表现在事实方面较少,而在其他方面较多,包括缺乏透明度,[282]以及总统施加影响和颇受质疑的替代(通过政治判断去解决复杂科学问题)之间的微妙界限。[283] 在这些程序中由行政机关准备的,或者由其他行政机关(包括预算管理办公室)提交的事实分析,看来是"书面听证"所产生记录的必要组成部分。在他们所关注的事实范围

---

[278] 同上,页边码第 408—409 页。

[279] 在一个较早的案件中,像这样的说明被成功展示,D. C. Federation of Civil Associations v. Volpe,459 F. 2d 1231(D. C. Cir. 1971),cert. den. 405 U. S. 1030(1972)。在此,某一国会议员要求交通部推进对某座大桥建设的授权(在案件中该决定被起诉),并威胁为另一个不相关部门的计划提供资金,在国会拨款过程中,直到他这样做之前构成一种质物(hostage)。

[280] Chevron,U. S. A. ,Inc. v. Natural Resources Defense Council,Inc. ,467 U. S. 837(1984),参见页边码第 379 页。

[281] 参见页边码第 143 页。

[282] 例如,N. Mendelson,"Disclosing'Political'Oversight of Agency Decisionmaking",108 *Mich. L. Rev.* 1127(2010),参见注释[280]。

[283] 例如,T. McGarity and W. Wagner,*Bending Science*(2008);L. Heinzerling,"The FDAs Plan B Fiasco:Lessons for Administrative Law",102 *Georgetown L. J.* 927(2014)。

内，像这样的分析根据《信息自由法》一般不享有免于披露的特权。[284] 但是，《信息自由法》豁免范围扩及决策前有关政策选择的讨论，这些政策选择涉及政治监督有可能最活跃，而公众质疑有可能最易产生的事务。

有关透明度的行政实务在每一任总统那里都有所不同，在这些年来，随着白宫办公室的参与越来越频繁，相关事务似乎变得越来越不公开了。

（1）在塞拉俱乐部案中，卡特（Jimmy Carter）政府所在的白宫对被审查的规则负责，而法院明确强调其承担的任务。根据律师的建议，白宫同意避免像政治"盟友"一样实施本质上促进私人事务的行为。法院暗示任何像这样的参与都会产生更多的难题。

（2）当里根政府通过第12291号行政令扩大总统监督的范围时，其明确承认总统的角色是顾问性的，作出决定的责任属于行政机关，并要求行政机关"将预算管理办公室负责人的意见和其在规则制定档案中作出的回应予以整合"，以此确保透明度。[285] 有学者对其运作进行了深入的研究，考虑到行政机关在人员规模和专业上具有巨大优势，这一协商过程仅就"边角余料"（at the margin）进行折中处理。[286]

（3）在布什第一任政府中，白宫不愿公开进行干预（和通常考虑公司利益的质疑），这产生了与民主党控制的参议院之间扩大化的政治斗争，例如，由于缺乏在透明度问题上的承诺，参议院拒绝认可布什总统选择其办公室负责行政令的管理。[287] 同时，由于办事拖延以及将规则制定授权予以转移和政治化，总统的干预亦受到批评。[288] 克林顿总统通过第12866号行政令的发布，对这一程序进行大幅的修订，至今仍保留总统参与的架构。这一行

---

[284] 参见页边码第318页。正如瓦尔德法官在塞拉俱乐部案中所阐述的观点，即政治和科学的判断通常在涉及复杂技术性问题的规制制定中扮演重要的角色，其增强了有关透明度方面的公共利益以及依据这些法定应当被适当考虑的因素进行解释的重要性。

[285] E. O. 12291 Sec. 3(f)(2).

[286] J I. Bruff, "Presidential Management of Agency Rulemaking", 57 Geo. Wash. L. Rev. 533 (1989).

[287] 参见页边码第152页。

[288] R. Pildes and C. Sunstein, "Reinventing the Regulatory State", 62 U. Chi. L. Rev. 1 (1995).

政令在透明度和时效上作出了广泛的承诺,但是,克林顿总统在公告中似乎更多地对规则制定决策提出了实质性要求。[289] 同时,在其离开办公室不久以后,前白宫要员(后来成为哈佛大学法学院院长,现为最高法院大法官)披露了总统经常对特定的规则制定提出要求,并未对行政命令的立场进行辩护。[290]

(4) 布什第二任政府和奥巴马政府基本上忽略了对透明度的承诺,[291]并行使了行政命令的特权。[292] 对于他们及其继任者来说,将所有相关文件予以数字化的信息时代通过让这些事务容易看到,有点中和了行政机关"在人员规模和专业上的巨大优势"。[293] 如果"信息是权力",那么行政机关就失去了其在纸质年代所享有的权力。

正如最近瓦格纳(Wendy Wagner)教授所指出:尽管确保行政机关专业知识的合法性至关重要,不断增多的证据表明白宫会经常(秘密地)建议对行政机关作出分析的技术细节进行调整。由白宫对行政机关的规则进行技术细节方面的干预,这种实务运作往往不受限制和不作记录,这导致在发

---

[289] P. Strauss,"Presidential Rulemaking",72 *Chicago-Kent Law Rev* 965(1997).

[290] Elena Kagan,"Presidential Administration",114 *Harv. L. Rev.* 2245(2001).

[291] 参见注释[282]和[283]。在 2013 年科普兰向美国行政会议提交了一份报告(C. Copeland, Length of Rule Reviews by the Office of Information and Regulatory Affairs),网址见 https://www.acus.gov/sites/default/files/documents/Copeland%20Report%20CIRCULATED%20to%20Committees%20on%2010-21-13.pdf,其披露为了与 2010 年总统选举运动保持一致,信息与规制事务办公室进行规则清理时存在大量的拖延。其中一项拖延尤为显著,交通部连续数天宣布一项要求在机动车里安装后置摄像头的规则将在后续若干天予以公布。Nicholas Bunkley,"U.S. Rule Set for Cameras at Cars' Rear",The NY Times February 28,2012 p. A-1。该规则被推迟直到 12 月份(在选举之后),Nicolas Bunkley,"U.S. Delays Rule on Rearview Car Cameras",The New York Times February 29,2012,p. B-9。令人吃惊的是,当前任信息与规制事务办公室负责人以这一规则作为示例来说明,更多的知识和客观事实被期望运用于来自行政部门而非国会的复杂议题。C. Sunstein,"The Most Knowledgeable Branch,forthcoming",*U. Pa. L. Rev*,草案见网址 http://papers.ssrn.com/sol3/pa-persxfm? abstract_id=2630726。他讨论这些问题,就好像事实上每件事都发生在 2013 至 2014 年,并在交通部内部发生。引人注目的更早的事件以及信息与规制事务办公室承担角色的可能性没有被提及。

[292] P. Strauss,"The President and the Constitution",65 *Case Western Res. L. Rev.* 1151(2015).

[293] H. Bruff,注释[286]。

展道路上出现了组织层面的岔路口。如果行政机关错综复杂的科学政策分析被行政首脑秘密更改,如何看待行政机关的专业知识呢?如果在最后一刻由政治人员未经解释或者审查就作出改变,专家科学咨询委员会又承担什么样的角色呢?行政决定的所有特征,包括以科学分析为基础,将在暗室政治考量中角逐,或者当迫使行政机关认真考虑其规则中较大的政策意义——包括总统偏好时,我们必须找到一个新的组织均衡以确保行政专家的位置。㉘

值得注意的是,凭借所有这些,国会大体上对总统参与和监督的想法给予了强烈的支持。

在惠特曼诉美国卡本运输协会案中,㉙最高法院的判决源自对另一个有关空气质量控制的环保署规则所提起的诉讼,其对宽泛政治指示予以限制的重要性,在以前有关委托的讨论过程中被提及。在那个案件中,基于维持法律的合宪性,最高法院似乎将一个问题赋予了某种重要性,即环保署是否应当严格根据有关必要保护水平的科学判断来得出结论,这里所说的"必要是指必要性不是更高或者更低,而以足够的安全边际保护公众健康",或者是否允许环保署根据环保对国家经济产生的成本进行折中处理。上诉法院以前一直考虑这一问题,而最高法院坚决表示像这样的成本不是应当考虑的适当因素(虽然如此,其承认在"必要"和"充足"的认定上存在某种不准确)。由此可见,相比在许多因素中进行政治性权衡而言,管理者受制于有关公共健康保护的技术性考量,使其作出的判断更少具有立法性(或者至少是"政治性")。这些因素较少受到"专家判断"的影响,并将管理者的职责扩大到更为广泛的主题上,而这种扩展可以说对分权构成更大的威胁。㉚根据行为须有正当性的要求将职责限定于特定的关注点上,接受这样的委任

㉘ W. Wagner, "A Place for Agency Expertise: Reconciling Agency Expertise with Presidential Power", 115 Colum. L. Rev. 1001, 1004(2015).

㉙ Whitman v. American Trucking Assn, 531 U. S. 457(2001).

㉚ 参见 T. Rakoff, "The Shape of Law in the American Administrative State", 11 Tel Aviv U. Studies in Law 9(1992).

比负责范围广泛的委任要更加容易,而在解决大范围的关切事项上,司法审查难以判定其有效性。

同样,在马萨诸塞州诉环境保护局案中,[297]最高法院在2007年的判决对环保署授权考虑温室气体问题予以讨论,其涉及对规则制定请求予以拒绝[298]和"起诉资格"[299]的审查问题,对环保署没有准许马萨诸塞州规则制定的请求,这一判决拒绝将此作为支持理由,同时,考虑到环保署的解释包含了影响外交关系和其他总统政策的问题。

从《国家环境政策法》开始,[300]行政机关在重要的规则制定上至少对超出其现有职责范围的问题进行报告和分析,迄今为止这一惯例在有关影响评估的总统行政令中已经根深蒂固了,并有许多法律以此为基础。这些制度框架(包括第12866号行政令要求在每个行政机关作出特定的行政安排[301])会产生合宪性或者合法性的问题,在这些案件中却找不到问题的意见。不足为奇,考虑到总统监督政府的宪法职责,在文献中很少有人质疑或者批评总统要求行政机关进行评估的权力,[302]尽管有些人相信所要求的各种评估不尽合理,[303]其他人则质疑其合法性[304]和有

---

[297] *Massachusetts v. EPA*,549 US 497(2007)。

[298] 参见页边码第425—426页的文本。

[299] 参见页边码第436页。

[300] 参见页边码第141页。Calvert Cliffs' Coordinating Comm. v. USAEC,449 F. 2d 1109(D. C. Cir. 1971);S. Taylor,*Making Bureaucracies Think*:*The Environmental Impact Statement Strategy of Administrative Reform*(Stanford University 1984)。《国家环境政策法》并没有改变行政机关的委办指令(Mandate),但是,要求其在外部监督之下,在作出委办指令之前开展指定的调查(在该案中,有关环境影响),其理论在于调查本身使得行政机关对委办工作更加了解实情。参见Robertson v. Methow Valley Citizens' Council,490 U. S. 332(1989)。

[301] 参见页边码第144页。

[302] 参见E. Kagan,"Presidential Administration",114 *Harv. L. Rev.* 2246(2001);P. Shane,"Political Accountability in a System of Checks and Balances:The Case of Presidential Review of Rulemaking",48 *Ark. L. Rev.* 161(1995);S. Croley,"White House Review of Agency Rulemaking:An Empirical Investigation",70 *U. Chi. L. Rev.* 821(2003)。

[303] S. Shapiro & R. Wright,"The Future of the Administrative Presidency:Turning Administrative Law Inside-Out",65 *U. Miami L. Rev.* 577(2011)。

[304] L. Bressman,"Beyond Accountability:Arbitrariness and Legitimacy in the Administrative State",78 *N.Y.U. L. Rev.* 461(2003)。

效性[335]。只要负责的管理者根据法律授权的条款清楚表述其作出的判断，其行为依法进行，则瓦尔德大法官在上述塞拉俱乐部案中所总结的情况就会维持不变。[336]尽管第12866号行政令承诺保持透明度，信息与规制办公室对此予以忽视，其重点在于个别行政机关如何和在多大程度上使其干预变得可行。在该办公室的实务中，其在网站上发布滚动清单，公开了待决事项和某些举行会议或者作出评论的指示，但是，具体细节语焉不详。[337]

规则制定的审查：像法律一样，一项规则会保持有效性直到其被废止或者修订，同时，许多规则被"束之高阁"(remain on the books)而错过了关切的时机。过时规则的比例很难判断，但是，通过"以参考进行整合"的过程将工业标准转化为法定义务，[338]而随后不会变化，这种比例表明了过时规则的规模。美国国家标准协会的程序，要求获得批准的工业标准至少每五年修

---

[335] 在世纪之初，R. Hahn et al., "Empirical Analysis: Assessing Regulatory Impact Analyses: The Failure of Agencies to Comply with Executive Order", 12,866, 23 Harv. J. L. & Pub. Pol'y 859(2000)一文通过混合的报告尽可能地阐述了第12866号行政令(及其后继者)的成功之处，即促使行政机关完成具有专业品质的经济效果分析，或者使规章产生的预计经济效益超过预计成本。最近，共和党和民主党的信息与规制事务办公室负责人纷纷转向备受尊敬的学术生涯，他们对行政程序的成功更趋乐观。J. Graham, "Saving Lives Through Administrative Law and Economics", 395 U. Pa. L. Rev. 395(2008)(first Bush OIRA Administrator, 2001-2006); C. Sunstein, Valuing life: Humanizing the regulatory state U. Chicago Press(2014)(first Obama OIRA Administrator, 2009-2012). But see R. Revesz and M. Livermore, Retaking Rationality: How Cost-Benefit Analysis Can Better Protect the Environment and Our Health (Oxford U. Press 2008); C. Schroeder and S. Shapiro, "Beyond Cost-Benefit Analysis: A Pragmatic Reorientation", 32 Harv. Env. L. Rev. 433(2008).

[336] 参见页边码第230页。有观点强烈认为这一立场被误导，见L. Heinzerling，注释283。"In A Place for Agency Expertise: Reconciling Agency Expertise with Presidential Power", 115 Colum. L. Rev. 1001(2015)，在该文中瓦格纳教授认为，与信息与规制事务办公室的沟通(和限制进行宽泛考量的训导)应当要求公开透明，而瓦尔德大法官认为不必如此。

[337] 参见网址：http://www.reginfo.gov/public/do/eoPackageMain，这个网页表面上也允许个人查看该办公室对各行政机关发出的正式函件，包括促进规则制定、规则退回或者审查提议行为等内容。该办公室进行审查带来的变化十分常见，S. Haeder and S. Yackee, "Influence and the Administrative Process: Lobbying the U. S. President's Office of Management and Budget", 109 Am. Pol. Sci. Rev 527(2015). 截至2015年10月8日，最近记录在此标题下的函件是2011年9月2日对环保署的回函，另一个则是2010年3月19日对交通部的审查函件。参见N. Mendelson, "Disclosing 'Political' Oversight of Agency Decisionmaking", 108 Mich. L. Rev. 1127(2010).

[338] 参见页边码第347页。

订一次。[309] 从 1995 年开始或者更早，大约一万份规则的三分之二整合了工业标准。[310] 在美国国家标准协会的支持下，这些标准得以修订，但是，相应的规则（以及正式的法定义务）却没有改变。考虑到对私人组织排除整合参考的授权，"最近采取的"既定标准形式以及通过更新参考进行标准整合的规则修订，要求行政机关进行通告和评议的规则制定，这是减少行政机关资源的昂贵承诺，看起来行政机关对此不会充分利用。[311]

总统的行政令和备忘录越来越肯定地号召行政机关制订计划对既存规章进行周期性审查。[312] 在布什第二任政府期间，信息与规制事务办公室负责人邀请工业界提出变得过时、僵化和烦琐的规章，以备其审查。[313] 奥巴马政府指示形成对常规的审查计划，其中有一些因节省了巨大开支而受到称赞，[314] 其他的被认为从紧迫的规制任务中转移重要和有限的资源。[315] 近期美

---

[309] ANSI Essential Requirements: Due Process Requirements for American National Standards, ANSI §4.7.1(最近更新于 2015 年 1 月)，网址：http://www.ansi.org/essentialrequirements。

[310] 参见 P. Strauss, "Private Standards Organizations and Public Law", 22 *Wm. & Mary Bill Rts. J.* 497, 533(2013)。

[311] 例如，29 U.S.C. §1910.110 规定，对液化天然气的储藏和处理……，(b)(3)对储罐的建设和初检要求：i)根据本节中(d)(e)(g)(h)段所使用的储罐，除了本节(e)(3)(iii)和(g)(2)(i)段的规定以外，应当按照防火压力容器建造规则第八节第一项，以及美国机械工程协会锅炉和压力容器法典(1968 年版，通过参考进行整合规定在§1910.6.)的规定，进行设计、建设和测试。美国机械工程协会对这一标准的最近两次修订分别在 2010 年和 2013 年通过，其反映了三年为周期的修订，但是，法律仍然要求遵守 1968 年的标准，这使得职业安全和健康管理局未经通告和评议的规则制定不得改变此项义务。不管他们多么促进改善安全性，不符合新近的标准与没有给予雇主激励去安装更安全的设备是不相关的。美国机械工程协会的标准整合通过发布指引文件来完成，最新版本的标准被整合成为指引，以认定行为充分满足详细规定 Section 1910.110 的要求。

[312] 在奥巴马政府有三个行政令：E.O. 13,563, 76 Fed. Reg. 3821(Jan. 21,2011); E.O. 13,579, 76 Fed. Reg. 41,587(July 14,2011); and E.O. 13,610, 77 Fed. Reg. 28,469(May 14,2012)。

[313] 综观整个布什时代，信息与规制事务办公室进行公开恳求和随后的改革，见 J. D. Graham, Statement Before the Subcommittee on Energy Policy, Natural Resources and Regulatory Affairs, House Committee on Government Reform(Apr. 20,2004)，网址：http://georgewbush-whitehouse.archives.gov/omb/legislative/testimony/graham/042004_graham.pdf。

[314] Compare C. Sunstein, *Simpler: The Future of Government* 180-184(2013) and C. Coglianese, "Moving Forward with Regulatory Lookback", 30 *Yale J. on Reg.* 57A, 60A(2013)。

[315] M. Livermore & J. Schwarz, Unbalanced Retrospective Regulatory Review, Penn Program on Regulation RegBlog, July 12, 2012, http://www.regblog.org/2012/07/12-livermore-schwartz-review.html。

国行政会议的建议及其支持报告,[316]在某些细节上探讨了这一问题的维度。

弹性规制和无资助委任等：尽管要求进行成本效益分析的行政令没有转化为法定义务，但是，支持规则制定的中心化协调在许多法律中有所反映。[317]这些不仅拾起"效果分析"的主题，而且反映了不断增长的实务要求（在各种行政令中也很显著），即规则制定者对特定社区的需要或者政治议题予以特别的考量。由此，《弹性规制法》在1980年被首次通过，[318]而在1996年得到极大的强化，其要求行政机关对受到重要规章影响的小企业可能存在的特别需要给予特别的关注，考虑对其加以保护的替代性方式，尤其是使其免于剧烈的经济冲击。不像行政令，行政机关符合这一要求在特定方面受制于司法审查。法院的审查对象是行政机关是否进行正确的调查，行政机关在规则制定的"记录"中所产生的信息以及所有其他信息，以及无论授权命令如何规定，行政机关的结论是否"合理"。[319]随着《国家环境政策法》的颁布，该法没有改变行政机关的基本职责，而是在行政机关决定如何履行职责时扩大其所拥有的信息，同时，新政策关注点的重要性在某种程度上"没有得以体现"(in the air)。

通过第13272号行政令，《弹性规制法》得到进一步的执行，[320]此行政令

---

[316] Recommendation 2014-5, Retrospective Review of Agency Rules and J. Aldy, Learning from Experience: An Assessment of Retrospective Reviews of Agency Rules & the Evidence for Improving the Design & Implementation of Regulatory Policy, both available at https://www.acus.gov/recommendation/retrospective-review-agency-rules.

[317] 参见 J. S. Lubbers, *A Guide to Federal Agency Rulemaking* (5th ed. 2012); V. Chu & D. Shedd, Presidential Review of Independent Regulatory Commission Rulemaking: Legal Issues, Congressional Research Service Report for Congress(2012)。

[318] 5 U. S. C. §601,参见 Associated Fisheries of Maine, Inc. v. Daley, 127 F. 3d 104(1st Cir. 1997)。

[319] 同前，尽管在1996年到2012年间行政机关超过92%的规则免于规制弹性的分析，几乎占到重要规则的三分之二，司法审查对此很少涉及，也很少证明其有效性。"在1996年扩大司法审查的法案修订后到2012年底，行政机关在72件涉及规制弹性分析的被诉案件中，只有11件是败诉的(15%)"，其中只有6个案件，规章以无效被撤销。"结果是在许多重要问题上，这些判例法是宽泛、未完善和模棱两可的"，C. Raso,"Agency Avoidance of Rulemaking Procedures",67 *Admin. L. Rev.* 65,69,98-100(2015)。

[320] 67 Fed. Reg. 53461(August 8,2002).

发布于 2002 年,其要求所有联邦行政机关"创设行政程序和政策以促进与该法相一致",并正式通知小企业管理局的首席法律顾问,"任何规则草案对一定数量的小企业有着重要的经济影响",即可进行辩护。小企业管理局随后为公布所提交的意见设立了电邮地址系统,并按期公布在规制预警在线数据库中。[321] 并且,根据第 13272 号行政令的进一步要求,小企业管理局的法制办为联邦行政机关提供培训材料,促使它们持续遵守该法。

《弹性规制法》首次进行法律规定,要求行政机关在每半年的联邦规章统一议程中,公布有望形成规则制定提议的早期通知。对行政机关规则制定的最早阶段予以关注,即行政机关如何根据规制中的优先考虑事项作出决定,这被总统的行政令所强化,第 12866 号行政令要求行政机关在规则制定计划上与信息与规制事务办公室进行协商,第 13579 号行政令进一步予以执行,[322] 并处于持续进行的关注风险问题的"规制改革"之中。[323] 行政机关为其行为设定优先考虑事项显然存在总统指引的背景,该指引有着强大的政治力量,内生于总统对行政部门进行监督的职责。对于这些优先事项的判断,所进行的司法审查极为有限。[324]

如果不考虑特定行政机关会选择抨击特定的规制目标,可以设想对整个私营部门产生影响的规制活动呈现出一体化的图景。这些规制影响由私营部门买单而不直接反映在政府开支上,这一事实促进了要求对"重要"规则进行经济效果分析的发展,也推动进一步了解政府规章对私营部门的综合成本。与此相应,有些人将此与直接政府开支的年度拨款预算相类比,主张限制有关综合"开支"的要求。有意义的年度"规制预算"可以被设想,而实现起来却困难重重,其预估极其多样化,带有政治性、自我利益和自相矛

---

[321] 参见网址:https://www.sba.gov/category/advocacy-navigation-structure/legislative-actions/regulatory-alerts。

[322] 参见页边码第 144 页。

[323] 参见页边码第 310 页。

[324] 参见页边码第 512 页。Massachusetts v. EPA,549 U. S. 497(2000)案,在此方面的讨论见页边码第 426 页,这是一个突出的反例,即由于规则制定的理由基础在行政机关法定职责之外,总统反对规则制定去证实消极的因素。

盾的特点。但是,这些努力推进了对总统年度规制议程的立法步骤。1993年的《政府绩效法》(Government Performance and Results Act)要求每一个行政机关定期制订展望至少未来五年的战略计划。[25] 作为年度拨款程序的一部分,国会能够评估政府的绩效。在此背景下,该法设定了履职措施的参数,并在尽可能的程度上使其趋于客观、量化和可测量。由于该法在其他事务上的初步执行没有为政府、各行政机关或者公众"提供有意义的信息",其受到了严厉的批评。[26] 作为回应,国会在2015年通过了现代化法案。尽管其结果并不明显,但学术界对此表示谨慎的乐观。[27]

在1995年,《无资助委任改革法》(Unfunded Mandates Reform Act)增加了地方和部落政府对小企业的规定,尤其是小企业有权对涉及其资源和关注点的重要规章施加影响。[28] 该法的规定表面上是针对国会和行政机关,而对后者更具法律效力。[29] 它们要求行政机关分析重要规则对私营部门、各州、地方和部落政府的经济影响。行政机关必须特别考虑和寻求减少任何"不相称的预算效果"。在此,行政机关要么选择"最低成本的、最具成本效益的,或者最少负担的方法去实现其符合法律规定"的规制目标,要么解释其不这样做的原因。这种规则委以私人职责和不受政府补贴的支持,其容易被界定为"无资助委任",即使在此背景下并不知道受资助的委办指令。特别协商条款是该法实现效果考量机制的核心,但

---

[25] Pub. L. 103-62, 107 Stat. 285(1993);参见 W. Funk, Governmental Management, a report as part of the ABA's Administrative Law and Regulatory Practice Section APA Project, Ch. I,见注释13;相关报告见网址:http://www.abanet.org/adminlaw/apa/govmanage0401.doc.

[26] J. Zients, Statement Before the Budget Committee of the United States Senate, (Oct. 29, 2009),见网址:https://www.whitehouse.gov/sites/default/files/omb/assets/testimony/Zients_102909.pdf.

[27] D. Moynihan & A. Kroll,"Performance Management Routines that Work? An Early Assessment of the GPRA Modernization Act", *Public Administration Review*(2015).

[28] 2 U.S.C. §1501 以及以下规定等。

[29] 针对国会的立法实践,这些规定完全是规劝性的。在管理与预算办公室的监管和作出报告的要求下,行政机关采取行动。例如,OMB, Fourth Annual Report to Congress, Agency Compliance with Title II of the Unfunded Mandates Reform Act of 1995(1999)。只有行政机关完全忽视所要求的分析,行政机关才会受制于司法执行。任何被准备的分析只是规则制定记录的构成要素。

是，它们特别针对的是各州、地方和部落政府。[30] 近期的调查报告显示99%行政机关规则忽略了分析的要求，其中只有四个案件起诉行政机关所支持的不作为。[31]

在这种情况下，还可以看到更多的行政令要求分析复杂的事项，对特定事项予以特别的效果上的考量，包括家庭生活、财产权、民事司法改革和能源效率等。所有这些对于分析而言都是敏感的主题，但总的来说，它们有助于理解为什么评论者经常提及"规则制定的僵化"[32]和报告行政机关极力回避这种要求。[33] 在世纪之初，作为政府律师监督规则制定的清单，为美国律师协会行政法和规制实践分会所准备的一览表，在规则发展的25个不同领域探究了20个被解释的不同法律和行政令。[34] 大量的程序入口包括所有被要求效果分析的环节，都发生在第553节规定的规则制定通告之前，其比后续的程序要耗费更多的时间，(由于既定的通告)邀请有利害关系的公众进行实质性参与，但不会作为规则制定的评议予以接受和记录。由此，可以理解一位法学教授对此作出的评论，他在布什第一任政府中兼任环保署的法律顾问："通告和评议的规则制定对于公众参与，就像日本歌姬舞剧场对

---

[30] 对《无资助委任改革法》的历史进行深入考察，包括对未来改革的主流批评和可能性，参见 R. Dilger & R. Beth, Unfunded Mandates Reform Act: History, Impact, and Issues, Congressional Research Service Report(2015)。一项可能的修正案在2015年2月4日由众议院通过，在国会研究处的报告中有长篇讨论，将会"扩大《无资助委任改革法》的适用范围，包括直接和间接的成本"，同时，"为联邦行政机关在评估规章对州、地方政府和私营部门的影响时，确定所要遵循的原则"。在本书写作期间，H.R. 50组合法案在参议院(S. 189)已经被通过。

[31] C. Raso，上文注释[19]，67 Admin. L. Rev. at 69(2015).

[32] T. McGarity, "The Courts and the Ossification of Rulemaking: A Response to Professor Seidenfeld", 75 Tex. L. Rev. 525(1997); M. Seidenfeld, "Demystifying Deossification", 75 Tex. L. Rev. 483(1997); R. Pierce, Jr., "Seven Ways to Deossify Agency Rulemaking", 47 Admin. L. Rev. 59(1995); P. Verkuil, "Rulemaking Ossification—A Modest Proposal", 47 Admin. L. Rev. 453(1995). 在僵化问题上富有见地的争论，比较 J. Webb & S. Yackee, "Testing the Ossification Thesis: An Empirical Examination of Federal Regulatory Volume and Speed, 1950-1990", 80 Geo. Wash. L. Rev. 1414(2012)和 R. Pierce, "Rulemaking Ossification is Real: A Response to Testing the Ossification Thesis", 80 Geo. Wash. L. Rev. 1493(2012).

[33] C. Raso, 注释[19].

[34] M. Seidenfeld, "Rulemaking Table", 27 Fla. St. L. Rev. 533(2000).

于人们的热爱。在这个高度程式化的过程中,正式地展示某些事情的本质,而它们在现实生活中却发生其他场合。"㉟

三、非传统的规则制定㊱

相比那些制定行政程序法的人所能设想的,规则制定变成了更为复杂和笨重的程序。这一预期结果会促使实现行政机关目标的其他方式的发展,这些方式较少地对行政机关的资源提出要求,并能更快地予以实现。如果规则制定处于"重要"的水平之下,或许可以避免信息与规制事务办公室的审查。㊲一份2012年的研究表明,行政机关依据《联邦行政程序法》"正当事由"的豁免规定,在超过三分之一的规则制定中放弃了传统的通告和评议程序,这些规则制定包括重要的规则和次要的规则。㊳最近的调查结果与此类似,并说明了与被诉风险之间的一般关系。㊴为了避免通告和评议程序的笨重,"直接最终"规则和"中间最终"规则的运用并不是新的现象,㊵而这样做的预期在于给予规则发布后提出评议的机会,并对此予以重新考虑。但是,即使对于重要的规则,只有大约一半的时段会出现这样的做法。㊶确信无疑的是,行政机关不断增加软法指引的运用,以替代规则制定。一项研究表明食品和药品管理局在非正式规则的发布上数量骤减,而

㉟ E. D. Elliott,"Reinventing Rulemaking",41 *Duke L. J.* 1480,1492(1993).

㊱ A. Gluck,A. O'Connell and R. Po,"Unorthodox Lawmaking,Unorthodox Rulemaking",115 *Colum. L. Rev.* 1789(2015).

㊲ J. Nou,"Agency Self-Insulation Under Presidential Review",126 *Harv. L. Rev.* 1755(2013);N. Mendelson and J. Weiner,"Responding to Agency Avoidance of OIRA",37 *Harv. J. Law & Pub. Pol.* 447(2013).

㊳ U. S. Government Accountability Office,Federal Rulemaking:Agencies Could Take Additional Steps to Respond to Public Comments 8(GAO-13-21,2012),该报告指出在2003年至2010年间,大约35%的重要规则和44%的其他规则以此方式被发布。

㊴ C. Raso,"Agency Avoidance of Rulemaking Procedures",67 *Admin. L. Rev.* 65(2015).法院在受到质疑时表达了对"正当事由"判断的怀疑态度。Sorenson Communications Lt v. FCC,755 F. 3d 702(D. C. Cir. 2014).

㊵ R. Levin,"Direct Final rulemaking",64 *Geo. Wash. L. Rev.* 1(1995);M. Asimow,"Interim-Final Rules:Making Haste Slowly",51 *Admin. L. Rev.* 703(1999).

㊶ GAO报告,注释㊳,第13页。

同一时期指引文件的运用却有增无减。[342] 当指引文件被起诉时，上述情况为特区巡回法院抵制这些文件奠定了基础。[343]

四、协商式规则制定

在法律和行政令的推动下，[344]行政机关在某些个案中没有从内部推进规则制定的提议，而是通过外部协商的程序来完成，即所谓"协商式规则制定"。这是一个产生规则制定提议的过程，而不是最终的规则，由此在公众参与的规则制定程序中提前将法律规定引入进一步细化的阶段，而这在以前大多留给行政机关来倡议。所有利益受规则影响的代表，须被行政机关所接受，他们通过协商式规则制定的讨论，如果成功地达成一致意见的提议，则通告和评议期不会产生重大的反对意见，提议的通过相对来说不会被诉至法院。

《协商式规则制定法》的立法设计比较简单。只要行政机关相信必需的规章对有限数量的利害关系人存在重大影响，代表这些利害关系人的委员会能够通过诚信的协商及时就提议达成一致意见，则可以（但不能强制）根据此目标设立一个委员会。行政机关通常会任命一个中立的召集人，协助认定受影响的利害关系人以及合适的代表。行政机关必须发布通告，全面阐述计划好的任务，包括委员会成员。此通告允许其他人对未认定或者未充分代表的利益，提交提议新参与者的评议。包括行政机关的代表在内，委员会成员一般少于25人。行政机关提名一个"协调人"（通常是召集人）去主持会议和协助协商，如果委员会不接受行政机关的提名，他们可以通过一致表决自行挑选。为了实现委员会成员之间的平衡，委员会会议的公告和委员会行为的记录都受到《联邦咨询委员会法》(Federal Advisory Committee Act)的调整。[345] 委员会负责向行政机关报告任何达成一致意见的提议，

346

---

[342] T. Rakoff, "The Choice Between Formal and Informal Modes of Administrative Regulation", 52 *Admin. L. Rev.* 159(2000).
[343] 参见页边码第 352 页。
[344] 5 U.S.C. §561 ff.
[345] 参见页边码第 399 页。

然而,作为规则制定的通告予以发布。在没有达成一致意见时,委员会则报告任何促成合议的情况,或者其他被适当考虑的情况。由此可见,在这一过程的参与者将不会提起诉讼,而是支持所推荐的规则能够最终成为提案,但这样做不是法定的要求。在法律条款上,法律完全保留了对规则(但不是协商过程)进行司法审查的权利,而"相比一项其由他规则制定程序产生的规则来说,法院的司法审查不会给予更多的遵从"。[46]

协商式规则制定偶尔被运用,在实务中并非占主导地位,这取决于若干因素:行政机关促使协商制定规则的倡议、所涉事项产生一致意见的易发性(susceptibility),以及确保有限数量和诚信参与的利害关系人达成合议。[47]对于协商式规则制定,贬抑之外亦有褒赞,有些人认为与传统的规则制定相比,其在减少成本、时间要求和冲突上取得了一定的成功;[48]其他人则断言其在成功推行的地方事实上都产生了实质性的收益。[49] 这一过程打破了行政组织架构中的等级安排,而行政长官(他们不参与协商过程)却能挫败任何可能达成的一致意见。或许最为有力的批评在于协调过程对所有参与者能够产生可接受的结果,但与法律不相一致。例如,当环保署任命一个委员会制定柴火炉的标准时,其成功完成了达成一致意见的提案,并最终作为规章予以通过,其内容包含了许多保护消费者的措施和责任的安排。尽管作为政治事务,这些结果被所有利害关系人所接受,但有批评意见认为环保署在司法审查中,不能以其法定授权的合法执行来对这些结果进行辩护。[50]

---

[46] 5 U.S.C. §570.

[47] J. Lubbers,"Achieving Policymaking Consensus: The(Unfortunate)Waning of Negotiated Rulemaking",49 *S. Tex. L. Rev.* 987,996(2008),其指出在1991年至1999年间成立的63个委员会,只有22个委员会在随后的8年里对法定的委办作出主导性的反应。

[48] L. Bingham, "Collaborative Governance: Emerging Practices and the Incomplete Legal Framework for Public and Stakeholder Voice",2009 *J. Disp. Resol* 269,315-17(2009);C. Coglianese,"Assessing Consensus: The Promise and Performance of Negotiated Rulemaking",46 *Duke L. J.* 1255(1997).

[49] P. Harter,"Collaboration: The Future of Governance",2009 *J. Disp. Resol* 411(2009).

[50] W. Funk,"When Smoke Gets in Your Eyes: Regulatory Negotiation and the Public Interest—EPA's Woodstove Standards",18 *Envtl. L.* 55(1987).

也许不足为奇,协商过程会有折中处理,而如果严格审查的话,它们往往没有被授权。这种符合政治意愿的结果却难以与法治理念保持一致。

五、规则制定有效委任给其他组织?

最近,一项立法技术的运用受到关注,其有效地将规则制定移交给私人组织手中,并创设了具有法律约束力的义务,这些具体义务并非来自公法法源。[㊿] 像国家消防协会、美国机械工程师协会、美国石油协会以及美国植物产品协会,这些私人协会都可以制订工业标准,在美国国家标准学会或者国际标准化组织的支持下,其成员通常遵循一个达成一致意见的程序。然后,《联邦行政程序法》允许通过参考整合的程序将这些标准转化为法定义务。[㊾]《联邦行政程序法》通常要求具有约束力的行政规章全文发布在联邦公报上,但是,这些规章经联邦公报办公室主管的同意,只需公布被整合标准的认定信息,而不是标准的实际文本。在表面上,主管同意取决于其认定有关标准的文本对于受影响的公众是"合理可用的",但是,"合理可用的"在法律或者涉及主管职权的规章中都没有加以界定。在实务中,这些文本在华盛顿有两份打印复件以备详查,一份在国家档案馆,另一份在行政机关的图书馆。由此,与法定义务必须公开的一般认识相违背,这些管理规章接受通过参考予以整合的材料,[㊽] 亦即对法定义务的具体阐述;它们成为创制者的私有财产,只有根据创制者设定的价格和条款,才能公之于众。由于通告和评议的规则制定被用来对公司施加影响,将规则制定托付私人组织并非正式的委任授权,亦无法在宪法上质疑其理由。尽管如此,这一过程事实上

㊿ 有关这一实务的论辩,见 E. Bremer,"Incorporation by Reference in an Open-Government Age",36 *Harv. J. L. & Pub. Pol.* 131(2013);P. Strauss,"Private Standards Organizations and Public Law",22 *Wm. & Mary Bill of Rights Journal* 497(2013)以及 N. Mendelson,"Private Control Over Access to Public Law:The Puzzling Federal Regulatory Use of Private Standards",112 *Mich. L. Rev* 737(2014). 另见 D. Mishra,"An Executive-Power Non-Delegation Doctrine for the Private Administration of Federal Law",68 *Vand. L. Rev.* 1509(2015).

㊾ 5 U.S.C. 552(a)(1).

㊽ 1 C.F.R. Part 51.

创设了一种秘密，或者至少是由私人组织产生的半秘密法律。

将标准优先适用于行政机关创设的规章之中为法律所鼓励，亦有表现得好的方面。例如，通过《国家技术转让和促进法》（National Technology Transfer and Advancement Act）促使了国际商业的便利化，该法受商务部的管理，其执行受到管理与预算办公室的监督。[59] 将标准用于补充或者解释法定义务在国际上比较普遍，但是，在其他法律体系中标准基本上被看作"软法"，其通过与单行规定的规章相一致，成为建议性而非排他性的手段。《国家技术转让和促进法》以及管理与预算办公室的执行通知看来考虑将标准作为指引来加以使用，而作为指引，则其半秘密就少了很多麻烦。但是，规章的联邦公报办公室允许仅在将其作为法定义务的情况下通过参考整合标准；当行政机关在提议时或者在规章中鼓励披露标准的内容时，并没有对此作出规定。标准在私人控制的过程中产生，并由私人控制予以记录。由于《国家技术转让和促进法》以及管理与预算办公室鼓励感兴趣的行政人员参与到这些程序中来，行政机关会知道有关标准的记录，而公众参与的通告和评议程序发生在参考整合之后，则不可能知道这些情况。事实上，在标准组织成员内部已经有了通告和评议。其结果是，标准提供法律效力，其中许多标准被废弃，数量几乎达到一万件。

六、迫使行政机关进行规则制定

迫使启动或者完成规则制定：如果当事人不能在程序上迫使行政机关超越与法律相关的要求，[60] 他们能够迫使规则制定的启动吗？或者与启动程序的决定类比，[61] 作出规则制定的决定是否完成（或者至少推定）处于行政机关的裁量范围内？《联邦行政程序法》第553（e）节规定每个行政机关

---

[59] Public Law 104-113，110 Stat. 775，15 USC 3701 note。这一法律、管理与预算办公室最近的修订（Circular A-119）以及大量有关标准运用的信息，见网址：http://www.nist.gov/standards-gov/，即商务部国家标准和技术学会的网站，该学会负责管理《国家技术转让和促进法》。

[60] 参见页边码第327页。

[61] 参见页边码第291页。

认可利害关系人"有权请求规则的发布、修订或者废止",第 555(e)节规定对请求作出"即时通知"的行为以及"对否决请求的理由作出简短说明"。在这些少量的义务要求中,"简短"看来比"简明扼要"的要求要少一些,也不受制于上述精细化发展的压力,同时,法院为相当宽泛的司法审查奠定了基础,并仍然在起作用。例如,如果行政机关在拒绝发布规则的过程中披露了对法律授权的误解,这可以成为撤销的基础,以此基于正确的理解重新考虑此事。[57] 有人会说法院会在作出规则制定判断的裁量中找到中间理由以及(不可审查的)"大写"的裁量。这些裁量一般涉及检控选择和其他优先权设定的判断。

当法律对规则制定作出规定或者进一步在指定期间内设定最后期限时,会出现有点不同的问题。国会通常强加像这样的义务要求,但很少提供资源或者考虑遵守义务的必需时间。[58] 正如我们所看到的那样,现代的规则制定经常涉及使其受到极大迟缓的因素,包括高度的复杂性和时机问题、对行政机关资源构成重大限制的预算约束、主要由行政令规定的分析要求以及在任何事务上都受到白宫的监督。此外,由于规则制定变得突出,总统常常来自其他的政党而非获得国会两院支持的政党,在这种情况下,从国会的角度来看,这些指示是实现"忠实执法职责"要求的手段。[59] 最后,由于国会控制拨款,并牵涉到预算削减,外部观察者会指责政客试图阳奉阴违,即公开要求履行职责和更为隐秘地拒绝提供资源。他们希望通过着重强调处理某一问题来获得听众的信任,同时,满足另一部分人而毋庸担心过早实施相反的行动。

---

[57] Massachusetts v. EPA,549 U.S. 497(2007),相关讨论见页边码第 425—426 页。

[58] 例如,《多德-弗兰克法案》(Dodd-Frank Act)包含了超过 300 授权的规则制定规定,其中 80%集中在四个行政机关,即证券交易委员会、美国商品期货委员会、美国联邦储备委员会和消费者金融保护局。参见 C. Copeland,Rulemaking Requirements and Authorities in the Dodd-Frank Wall Street Reform and Consumer Protection Act,Congressional Research Service(2010)。证券交易委员会发布了一个网页,用于跟踪记录其在《多德-弗兰克法案》授权规则制定上取得的成绩,网址:http://www.sec.gov/spotlight/dodd-frank.shtml。同时,在本书写作时,86 个像这样的规定中有 61 个被制定了最终规则。

[59] U.S. Const. Art II Sec. 3.

当行政机关没有采取行动或者满足法定的最后期限时，其违反了法定义务，这比法院是否对这种违法予以有效的救济要更为明显。如果行政机关不能合法地拒绝通过一项规则，不难发现法院将要求继续完成这项规则。没有那个行政首长有权通过拒绝执行来表示反对，从而让计划"悬置"。㊾由此，行政首长而非法院必须做出必要的判断，以确保不会得到救济。像这样无法获得救济的情况很明显，有观点将其描述为"长达14年的斗争，为了数百万美国农业工作者能够获得饮用水和卫生间，将此作为被法律遗忘的可耻疏忽，迫使劳工部……发布农地卫生（field sanitation）标准"。㊿ 相比可能受制于规章的重要经济利益和拥有"特别利益"的政治杠杆，那些想要制定规章的代表如同农业工作者，其导致贫困的利益较为分散，他们更为可能引发这些抗争行为。

当行政机关错过了为规则公布设定"推动行为"的最后期限时，就会产生形成有效救济的问题。如果国会提供一些行政机关不及时行动的责任规则，这种规则会有特定的效果。但是，国会很少愿意（或者能够）采用这样的失败再来的解决方案。国会或者法院能够要求，甚至行政机关会同意，某一规则按照确定的日期进行公布，然而，当期限已过，法院自己不能接受这一规则。唯一能够再次要求的是为这种行为设定新的规划。尤其在环境法背景下，时常会有要求执行最后期限的诉讼。在这些争议后续阶段的意见澄清了一点，即行政机关会直接关注这些问题，但不总是会有令人满意（或者及时）的结果。法院认为不能接受导致迟延的辩解，如国会没有给予适当必要的资助，或者问题的解决存在确实的困难。法院也不能变成这些复杂计

㊾ 由此，在 Allison v. Block, 723 F. 2d 631 (8th Cir. 1983)案中，在联邦贷款上违约（存在丧失其农场的风险）的农民说服法院阻止抵押品赎回权的丧失，直到农业部基于裁量性救济制度执行法律的规定。行政部门拒绝执行一项法律，会让最高法院最保守的大法官将此作为司法干预的适当时机。Motor Vehicle Manufacturers Assn. v. State Farm Mutual Ins. Co., 463 U.S. 29(J983) (separate opinion); Heckler v. Chaney, 470 U. S. 821(1985)。

㊿ Farmworker Justice Fund, Inc. v. Brock, 811 F. 2d 613, 614, vacated as moot, 817 F. 2d 890(D. C. Cir. 1987); See D. Vladeck, "Unreasonable Delay, Unreasonable Intervention, The Battle lo Force Regulation of Ethylene Oxide," in *Administrative Law Stories* (P. Strauss ed. 2006).

划的管理者,最终它们必须依靠行政首长遵守法律。新的最后期限经过反复讨价还价,行政机关似乎真的付出努力而未完成,而法院则会依法厘清按照某一日期采取行动的要求。㉜

法院能够保护行政机关避免产生迟延指示的外部困扰,例如,第12866号行政令规定,㉝当与法定最后期限相冲突,则白宫的审查程序会被推迟。"管理与预算办公室根据行政令对规章进行审查,其无权推迟附有最后期限的规则制定……该办公室可以审查规章直到其审查将导致最后期限被错过为止"。㉞ 但是,管理与预算办公室也能够在没有司法干预的情况下,实现超过法定最后期限的迟延。㉟ 在这些案件中,没有发现对应负责任的行政官员个人给予惩罚,如罚款或者藐视法庭。最终,行政机关自身必须产生作为的政治意愿,并能够确定依据程序而为的适当结果。

迫使适用通告和评议程序:当行政机关发布指引文件时,会出现不同的问题,㊱即事实上要求通告和评议的规则制定,而行政机关规避了第553节所规定的程序义务。在此,被规制者有可能寻求法律救济。他们确实感受到行政机关极力规避程序义务,而如上所述,这些程序变得相当劳民伤财。㊲ 较为偶然的是,被规制的利害关系人可能会寻求增加时间,以免受行政机关倡议带来的负担,或者更大程度地控制结果,迫使行政机关适用耗时相对较长的、公众参与的正式程序。多年来,行政机关运用指引文件规避(相对)通告和评议规则制定的正式程序,上诉法院(尤其是特区巡回上诉法院)受此担心的影响,一直作出裁定只要存在指引文件的运用,就要求适

㉜ S. Shapiro, R. Glicksman, "Congress, The Supreme Court, and the Quiet Revolution in Administrative Law", 1988 *Duke L. J.* 819(1988),该文探究了与这些法律和国会偶尔立法"失败"相关的困难,详细说明行政机关不在安排的时间内采取行动,制定补充法律的规章。

㉝ 参见页边码第144页。

㉞ Environmental Defense Fund v. Thomas, 627 F. Supp. 566(D. D. C. 1986)。

㉟ 参见页边码第334页注释㉙。

㊱ 参见页边码第303页。

㊲ C. Sissoko, "Is Financial Regulation Structurally Biased to Favor Deregulation?", 86 *S. Cal. L. Rev.* 365(2013); T. Rakoff, "The Choice Between Formal and Informal Modes of Administrative Regulation", 52 *Admin. L. Rev.* 159(2000)。

用通告和评议程序。在本书的写作过程中，产生了一项重要的争议，即总统的倡议重新指示移民执法，将给予某些移民临时居民身份（伴随后续的法律执行和社保资格）的方式作为优先考虑，这些移民是美国居民和合法永久居民的父母，其缺少某些正式文件，但明显遵守法律。这种做法的推行面临国会一直不能对这些问题进行立法，到目前为止得克萨斯州以列入发放驾照费用为由成功地将其诉至法院，并诉称国土安全部唯有运用通告和评议的规则制定才能实现其目标。[68]

有法律命令之效力的行为？有种看法是引发这些反应的原因之一，即行政机关的指引没有正式的法律效力，而具有规范行为的实际效果，对此法院认为唯有通过"硬法"——规章的运用才能实现。职业安全和健康管理局通过采取合作行为给予高工业危害的公司，避免严格执行其规章的机会，并宣称其执行的优先考虑会指向那些不争取合作机会的公司。对于这种情况，特区巡回法院认定一项有效的命令必须通过运用通告和评议程序来达成。[69]数月以后，特区巡回法院指出：

> 这种现象……很常见。国会通过一项用语宽泛的法律，行政机关遵循的规章中包含了宽泛的语言文字、无限制的措辞、模棱两可的标准等……在规章对被规制对象作出何种命令上，当行政机关提供越来越多的细节时，在某一规章中的寥寥数语便可衍生出数百页的文本。没有通告和评议、没有公众参与、没有在联邦公报或者联邦规章法典上予以公布，法律被制定出来。随着互联网的出现，行政机关不必进行上述官方的发布以确保广泛传播，其只需通过在网站上宣布新的指引、备忘录或者政策声明，就能够通知那些受影响的人。如果发生下列情形，则

---

[68] Texas v. United States, 809 F. 3d 134, 2015 U. S. App. LEXIS 19725 (2015)，最高法院签发了调卷令，在本书的写作过程中，该案仍然没有进行辩论或者作出裁决。随着斯卡利亚大法官的过世，大法官人数减少到8人，该案有可能被人数平均划分的最高法院所维持，而不会在此问题上创设新的授权。

[69] Chamber of Commerce of the United States v. Department of Labor, 174 F. 3d 206 (D. C. Cir. 1999)，参见页边码第224页注释[57]。

行政机关的文件实际上具有"约束力":行政机关所采取的行为就像机关总部发布的文件正在对某一领域进行规控;行政机关将文件作为立法性规则予以同等对待;行政机关的执行行为基于文件阐述的政策或者解释;行政机关使得私人当事人或者国家认可的有权机关相信,除非与文件规定相一致,否则其将会宣布许可无效。[370]

行政机关向其工作人员指示有关执行的优先考虑事项,[371]或者对符合规制要求的可行方法提出建议,[372]都与这种限制相冲突。后者的效果与现行惯例处于相当大的紧张关系之中,即规制的要求具体化为执行标准——要达成目标就必须符合检测标准,而不对采取行为的特定方法作出指示。[373]

依笔者所见,这在其他地方广泛存在,[374]而在这些案件中的法官却没有理解,他们偶尔看到的诉讼展现了一幅行政机关日常现实生活的扭曲图画,在这样的日常活动中,指引文件对于行政机关行为的可预测性和正规化,构成服务于重要公共(也包括行政机关的)利益的一项要素。上述引用的段落相当于四种不同的论点。行政机关能够合理期望"机关总部(可以视为由其行政人员)发布的文件对某一领域予以规控",这也许是发布指引文件的最

---

[370] Appalachian Power Co. v. EPA, 208 F. 3d 1015, 1020-21(D. C. Cir. 2000)(emphasis added).

[371] 食品和药品管理局通过了一项政策,对玉米低于发酵所产生致癌性副产品的既定标准,不作为受污染玉米处理。对此,受影响的消费者组织能够克服法院一般不愿介入有关检控政策的政府判断,而赢得法院的维持裁决,即没有经过非正式的规则制定不能通过像这样的政策。CNI v. Young, 818 F. 2d 943(D. C. Cir. 1987); R. Thomas, "Prosecutorial Discretion and Agency Self-Regulation, CNI v. Young and the Aflatoxin Dance", 44 *Admin. L. Rev.* 131(1992). 比较赫克勒诉查尼案,页边码第291页。其表达了更为传统的立场——执行的优先考虑事项很少受到司法审查。

[372] General Elec. Co. v. EPA, 290 F. 3d 377(D. C. Cir. 2002).

[373] 以笔者的经验来看,行政机关的法律顾问高度依赖技术性细节,美国核规制委员会有权对所要达成的目标予以具体化,但是,缺乏专业知识去指示这样做的方法。大量随后对行政人员的指引(软法)对实现规制目标的方法予以细化,这很充分但不必要,其属于超出规章幅度的一种命令。参见页边码第8页。

[374] P. Strauss, "Publication Rules in the Rulemaking Spectrum: Assuring Proper Respect for an Essential Element", 53 *Admin. L. Rev.* 803(2001); P. Strauss, "The Rulemaking Continuum", 41 *Duke L. J.* 1463(1992).

重要的原因。㉟ 与此类似,行政机关会期望如果其行政人员的"执行行为基于文件阐述的政策或者解释",公众将会得到最佳服务。同时,如果"行政机关使得私人当事人或者国家认可的有权机关相信,除非与文件规定相一致,否则其将会宣布许可无效",其提出的建议将会是可靠的。如果这样对待指引文件,不会得出"将文件作为立法性规则予以同等对待"的结论。这一结论要求行政机关采取进一步行动将规则作为一项规章对待,就像其本身具有与法律一样的效力和效果。当等级化的内部行政人员期望遵循一项指示时,赋予指引文件以先例效力,为《联邦行政程序法》所明确认可,并有所不同。㊱ 对于企图控制行政人员行为和值得公众信赖的建议,要求适用相对正式的通告和评议规则制定程序会产生抵制的诱因,即要么不提出这样的建议,要么对提出的任何建议附加明确的通知——建议不构成对行政人员的约束,亦不为公众所采信。如今,像这样的通知随处可见。为什么所期望的结果超出了笔者以往的理解?

　　不断变化的行政机关规章的解释。引发特区巡回法院对指引的运用作出负面反应的第二个原因是,指引文件的运用改变了行政机关规章的解释,而这些规章被其他文件所确定。如下所述,㊲行政机关有权对其所涉法律,在条款限定的空间内给予各种各样的解释,但是,立法者(国会)将会认识到所使用的文字表述比它有效授予行政机关权力来说不够精确,同时,这也为其进一步作出精确立法提供了激励。随着时间的推移,行政机关对其规章作出各种解释,而不会以其规章过于宽泛的规定向其他人转移行政权力。正如一名法官形象指出的,行政机关能够根据情况的要求随时将"混成一团的发布"塑造成明确的政策。㊳ 特区巡回法院对这种担忧的反应,限制了运

㉟　The Supreme Court recognized this beneficial effect in United States v. Mead Corp., 533 v. s. 218(2001),具体讨论参见页边码第497页。

㊱　5 U. S. C. 552(a)(2),这种论点是Perez v. Mortgage Bankers案判决的基础,在下一页有所讨论。

㊲　参见页边码第493页。

㊳　Paralyzed Veterans of Am. v. D. C. Arena L. P.,117 F. 3d 579,585(D. C. Cir. 1997).

用指引解释规章的要求,即"咬苹果一口"。^⑲而对规章予以重新解释,要求通告和评议的规则制定。

这一进路的要素符合最高法院所强化的否决意见,如前所述,^⑳即着重重申法院不会要求行政机关适用超出《联邦行政程序法》规定的程序。^㉑对于劳动法中因加班工作获得额外补偿的资格,劳工部通过规章具体界定那些属于和不属于劳动法保护的雇员特征。这改变了已发布的指引,该指引文件将这一规制适用于某些涉及抵押交易的雇员工作,其作为"软法"没有独立的法律效果,但是,被强烈预期会对加班补偿资格的争议解决产生影响。特区巡回法院认为最近的这个指引成为咬苹果的第二口,由此要求适用通告和评议的规则制定。值得注意的是,《联邦行政程序法》明确规定指引文件不适用这一程序,最高法院断然否决了特区巡回法院的分析进路。

通过法院审查依据指引文件作出的行政行为,在指引文件的立场上赋予权重的问题依然存在,相关讨论延后到第八章。^㉒在此,几位最高法院的大法官热切地表达了这一判决的问题所在,包括在此案中他们的意见。

第四节 在规则制定和裁决之间的选择

作为案件裁判的副产品,法院存在"造法"的情况,而立法机关通过制定法律的方式来完成法律创制。如前所述,行政机关运用类似的程序模式创设有约束力的行为规范。行政机关通常有权运用两种技术中的一种,这一事实使得某些人将其描述为在每一实例中,当考虑通过新的规范时都存在如何进行处理的选择——通过裁决或者规则制定。作为一种现实情况,可以人为设想行政官员在行为之前会有意识地对程序模式进行选择。在大多

---

⑲ Alaska Prof'l Hunters Assn, Inc. v. FAA, 177 F. 3d 1030(D. C. Cir. 1999).
⑳ 参见页边码第 329 页。
㉑ Perez v. American Mortgage Bankers, 135 S. Ct. 1199(2015).
㉒ 参见页边码第 501 页。

未经协商的行政过程中,新的规范经常无意识地产生于突发事件和结构性的激励。㊳ 尽管如此,"选择"的界定为思考两种创制规范模式的差异提供了分析框架,偶尔也为坚称必须适用其中一种或者另一种模式奠定论证基础。

从整体来看,对于创设有约束力的新的行为规范,规则制定为优先模式。㊴ 这一程序使得更为广泛的利益团体参与其中,即使少一些正式手续,但较为适合考虑和决定某些可能产生于政策制定背景下的事实和其他问题。在行政机关内部,规则制定的决策架构相比高度正式的裁决决策架构,其工作人员的专业知识和领导的政治责任得到更为完全地运用。它也允许白宫参与到程序中来(如前所讨论的那样,㊵虽然总统参与有适当的限度,但仍然有争议)。作为规则制定的产物,制定法的直接阐述伴随着解释性的阐述。它们相比依靠特定裁决事实和被行政机关裁决意见所掩盖的讨论,有可能在标准法律材料的文本和存放上更容易被获取。在图书馆可以广泛利用已决案件的打印副本,行政机关的裁决意见被打印出版,但是,并不能被广泛获取,就算在商业法律调查数据库上可以获取,也不能像法律信息学会(Legal Information Institute)数据库那样可以免费获取。最后,规则制定的运作带有前瞻性,在行为规范被宣布之前,公开通告公众参与的可能条件和机会。㊶ 相比之下,通常在裁决过程中产生的行为规范,将会适用于行

㊳ 参见 P. Strauss,"Rules, Adjudications, and Other Sources of Law in an Executive Department: Reflections on the Interior Department's Administration of the Mining Law",74 *Colum. L. Rev.* 1231(1974)。

㊴ 这一问题的经典分析,见 D. Shapiro,"The Choice of Rulemaking and Adjudication in the Development of Administrative Policy",78 *Harv. L. Rev.* 921(1965)。近来,有人在此问题的思考上作出惊人的贡献,见 K. Stack,"The Constitutional Foundations of Chenery",116 *Yale L. J.* 952,958-959(2007),要求"行政机关对其行为作出理由说明",将充分和明确的阐述与法定义务联系在一起,相关重要案件在以下章节有关宪法的不授权原则(non-delegation doctrine)予以讨论。

㊵ 例如,页边码第 149 页。

㊶ 何为"前瞻性"的正确含义有时成为重要辩论的主题。参见 Bowen v. Georgetown University Hospital,488 U. S. 204(1988),Regions Hospital v. Shalala,522 U. S. 448(1998),and Eastern Enterprises v. Apfel,524 U. S. 498(1998); A. Woolhandler,"Public Rights, Private Rights, and Statutory Retroactivity",94 *Geo. L. J.* 1015(2006); W. Luneberg,"Retroactivity and Administrative Rulemaking",1991 *Duke L. J.* 106,109-110。

政机关首次在程序中宣布的当事人。当事人和其他人对行为规范的内容都不感兴趣,但在此程序中被该规范宣布之前会知道其可能产生。在有关这一问题的基础性判决中,最高法院作出评论:"由于行政机关不像法院,其有能力通过行使规则制定权制定带有前瞻性的新法,因而没有太多的理由依靠特别的裁决阐述新的标准。"[387]

美国证券交易委员会诉切纳瑞案可谓言之凿凿,其成为难以认定通过司法意见创制"法律"的典型例子。最高法院进一步论及"通过一般规则或者个人的程序选择,对此,诉讼首先面对的是行政机关了解各方情况作出的裁量"。[388] 在此案中,行政机关坚持运用裁决而非规则制定来详细说明新的政策。切纳瑞和公司的其他高层申请准予公司重组。证券交易委员会予以批准,其决定首先基于自身的理解,其次为既存的司法裁判。由于证券交易委员会对司法案件的错误理解,[389]最高法院狭义地(narrowly)否决了这种意见,并发回案件要求根据对这些案件的正确理解进行重新考量。首次申请之后过了数年,证券交易委员会基于自己的政策判断得出了同样的结果。

这种"第二次选择"的理由说明属于新的政策,切纳瑞诉称这种政策被不公平地适用于他身上,而对于未来的申请必须通过规则加以阐述。最高法院拒绝了切纳瑞的论点。由于在某些案件中"产生行政机关不能合理预判的问题,而这些问题在缺乏一般规则的情况下必须得到解决",行政机关不得不被允许通过裁量以裁决的方式解决问题。在其他案件中,问题涉及的新情况、具体特点或者多变性使得规则制定显得不合适。将新规则回溯性适用于切纳瑞可能存在不公平,对此"必须予以平衡,以避免产生与法律

---

[387] Securities & Exchange Commission v. Chenery Corp. (II),332 U. S. 194,202(1947)。
[388] 同上,页边码第 203 页。
[389] Securities & Exchange Commission v. Chenery Corp(I),318 U. S. 80(1943),切纳瑞案的首次判决是经常被引用的资源,其论点为只有根据其所宣称的理由,才能对行政机关作出的判断进行司法审查。这一论点亦根植于切纳瑞案的第二次判决。参见 Stack,注释 384。当上级法院审查下级法院的司法判决时,其运用一系列说理去支持这种判决,而下级法院却没有运用这样的说理。与这种司法权相比,最高法院不能考虑行政机关自己没有说明的任何理由,即使这些理由本应(但是没有)被采纳。如果允许法院这样做,法院会很容易将自己的政策判断(或者行政机关律师的判断)替代行政机关领导层作出的判断。

规定或者法律上公平原则相反的损害结果"。㉚

由此,这成为了一般规则,即行政机关在政策规划上决定采取裁决或者规则制定的形式,其拥有广泛和基本上不受监督的裁量权。㉛ 对通过裁决最新发布的标准,其回溯性适用有时基于"不公平"的理由被否决。㉜ 通常产生这种情况的原因在于,依据其他生效的政策,针对诚信而为的过去行为,给个人施加某些新的责任。㉝

在规则制定中被要求的其他情形,比较不容易被概括。㉞ 规则制定和判例法之间的一般差别在于,后者对非案件的当事人不具有正式的约束力。对于要求重新考虑先前的决定或者认为不适用于他们的情况,任何一方当事人不会总是能够自由地进行辩解(尽管像这样的争论可能是没有效果的)。同时,一项法律允许行政机关将源自裁决的政策作为规则来对待,并以这种方式不进行公开的重新审查,这将会支持运用规则制定产生新原则的要求。㉟ 其他案件似乎表明要求规则制定对政府资助计划中行政裁量权的行使进行规范化,否则,行政机关可能以不受审查和专断独行的方式行使这种裁量权。㊱

时起时伏的意见产生了冲突问题,即应当适用规则制定的情形却要求裁

㉚ 任何认为对切纳瑞不公平的看法会被最高法院首次否决的狭义性所调和。该判决以4比3的投票作出,其中两位大法官未参加。在这种情况下,可以说既存的司法标准一开始就给予了切纳瑞及其律师公平的警示,即他所提出的重组的适当性受到质疑。

㉛ 对于最高法院的着重阐述,见 National Labor Relations Board v. Bell Aerospace Co., 416 U. S. 267(1974)。

㉜ 例如,Epilepsy Found, of Northeast Ohio v. NLRB, 268 F. 3d 1095(D. C. Cir. 2001)。

㉝ 同上,国家劳工关系委员会经常成为这种争议的对象,不仅因为其政策随着总统行政的变化而经常发生变动,而且因为在职权范围内很少适用规则制定程序去制定政策。见 Allentown Mack Sales & Service, Inc. v. NLRB, 522 U. S. 359(1998)。

㉞ Verizon Telephone Co. v. FCC, 269 F. 3d 1098(D. C. Cir. 2001),该案试图展开一项调查。

㉟ Ford Motor Co. v. FTC, 673 F. 2d 1008, (9th Cir. 1981), cert. den. 459 U. S. 999(1982)。

㊱ 以 Morton v. Ruiz, 415 U. S. 199(1974)案为例,评论者存在理解上的实质性困难。在其他的一系列案件中,要求农业部对取消农场抵押赎回权的裁量性救济执行立法计划,其中艾利森诉布洛克案,摘录于注释360。那个案件将如何执行法律的选择留给农业部进行裁量处理,即传统的立场;而其他巡回法院的后续判决则要求规则制定必须基于国会所认为的"对农民给予延期救济的紧迫需要",以及"稍后开始(个案上的)决策性指引"。Curry v. Block, 738 F. 2d 1556, 1563(8th Cir. 1984)。或许法院也担心在个案上作出决定,负责的行政长官不必认定确保延期的情况,即农业部会藉此维持其现有政策,而拒绝执行国会创设的计划。

决的适用。行政机关所通过的规则具有取消抵押赎回权的效果,否则,就会变成实际问题,为法律或者正当程序所要求的裁决听证所决定,此时经常会产生这样的争议。例如,根据国家残疾人保险法律,在针对个人的听证中存在一个问题,即申请者有能力完成的工作是否应当在国家经济中存在。(根据不属于失业保险法的法律规定,这一问题严格来说是申请者维持就业的客观可能性问题,其与以下因素无关,包括工作是否靠近就业者住所、是否有岗位空缺,或者如果提出申请,是否会得到雇佣等。)对每一个案件中个人寻求获得或者维持职业利益的情形,通过研究职业的专家予以准确把握,这一问题在某些时候得到了解决。卫生和公众服务部后来通过了一项规则,创设了年龄、文化程度、损害程度和以前工作经历等表格化的因素,并具体规定在不同因素的组合下如何解决雇佣问题。专家不再需要进行检测。根据表格的要求,一个没有技能、受过有限的教育以及年纪较大的人,其受到的损害致使其只能从事轻体力工作,则会被认定为残疾,但是,表格允许只要是文盲或者不能用英语交流,那么稍微年轻的人在同样的身体状况下亦可作为残疾对待。行政机关对通过规则所认定的事实予以替代,最高法院认为对其进行司法审查不存在困难。受到质疑的事实与国家经济中工作的可得性有关,而与特定的申请者无关。只有在审判之前针对特定的当事人作出事实决定,"裁决的"而非"立法性的"规则制定将被用于取消抵押赎回权。[397] 诚然,为了固定有关事实的论点,对所有将来的事务产生作用,必须适用规则制定而非裁决。[398]

第五节　调　查

《联邦行政程序法》很少关注于行政机关的调查程序。组织这些活动的内部指示或者手册受制于该法有关公开的要求,除非披露被合理地认为构

---

[397]　Heckler v. Campbell, 461 U. S. 458(1983).
[398]　San Luis Obispo Mothers for Peace v. NRC, 449 F. 3d 1016(9th Cir. 2006).

成法律规避的风险。[399] 从事这些活动的行政人员在基于记录的裁决中,被作出决定的程序所隔离。该法本身没有授权任何进行调查的行为,包括检查、所要求的报告或者传唤,但是,其规定像这样的行为或者命令"未经法律授权不得发布、作出或者执行"。[400] 同时,在特定案件中的传唤被简要规定用于司法执行。总的来说,所传递的信息是有限而重要的,即调查程序既不是暗含的,也不是自身具有普遍强制力的。这些程序必须得到法律的特别授权(《联邦行政程序法》不是像这样的法律),其执行也取决于法律规定相应的司法救济。

调查程序可以分为三种不同的类型,其中每一种在上述章节都有所涉及:人身检查、被要求提交表格或者报告、传唤或者强制程序。它们给公民带来最普通的与政府打交道的经验,并雇佣了大量的政府规制人员。然而,从整体来看,它们属于非正式和简易程序,对此一般少有争论。

一、检查

在三种类型中,也许最具可见性的是检查,作为一种技术,其要么具有调查的性质,要么其本身具有作出决定的性质。决定授予机动车许可证、农业产品的分类,或者对某一区域进行检疫隔离,都直接以检查人员的观察为基础,而无须听证的介入。《联邦行政程序法》第554(a)(3)节将其排除在裁决程序以外,而作为"只靠检查、检测或者挑选作出决定的程序"。令人惊讶的是,与决定息息相关的问题很少被关注。在裁决听证中,可以看到这一问题有所反映,即检查人员是否使用了适当的技术。[401] 因检查导致剥夺(deprivation),

---

[399] 5 U.S.C. §552(b)(7)(E), as amended by the Anti-Drug Abuse Act of 1986, P.L. 99-570.

[400] 5 U.S.C. §555(c)。

[401] 参见 People v. Porpora, 91 Cal. App. 3d Supp. 13(Cal. App. Dep't Super. Ct. 1979),检查人员根据对被告的商业捕鱼进行取样抽检,认定被告捕获的受保护鱼类(太平洋鲭鱼)超过了加州法律许可的比例。被告诉称"没有保护鱼类……否认作为被告的捕鱼者获取证据,使其破坏了取样抽检技术及其结果的可靠性",被法院简要驳回。比较 Board of Curators of the University of Missouri v. Horowitz, 435 U.S. 78(1978)案和 Regents of University of Michigan v. Ewing, 474 U.S. 214(1985)案,因审判式听证使得州立大学的学生缺课,而驳回有关正当程序的诉求。

例如，检查人员没收废品，可能产生正当程序的权利主张，尽管这种权利在随后的听证中会得到充分的保护。[402]

另一方面，用于调查的检查引发了相当数量的宪法诉讼，在本书的开篇有所讨论。[403] 其结果是，针对那些受制于检查法律的人设定正式的规格，并迫使检查人员确保任何检查会获得司法先例的认可；不难理解，由于商业业主长期与规制者保持联系，他们很少这样做。[404] 在某些人看来，伴随着某些检查，对抗性和显然具有敌意的态度反映了美国和其他国家获得行政正义的典型差异。[405] 职业安全和健康管理局在过去的运作被视为对抗性的"模式"，而法院坚称采取这种模式只能适用通告和评议的规则制定程序，由此使得该局寻找替代性模式的努力受到挫败。[406]

职业安全和健康管理局的任务也被最近的预算削减所阻碍。在过去数十年里，职业安全和健康管理局的联邦资金经通胀调整后，尽管有一些向上的波动，但总体上趋于下滑。例如，在2013年和2014财年其负责监管的工人数量激增，而其预算却显著低于2004财年。最让人感到担心的是，职业安全和健康管理局的主要资金流失来自联邦协助执法组，其在整个资金中遭受23%的下滑。这些压力迫使该管理局大为减少健康和安全执法检查的人员，其中2011年的人数少于1981年的。[407] 一份分析报告显示："在2010财年，职业安全和健康管理局……只能检查四万国民的超过八百万的工作场所。"[408]

---

[402] 参见页边码第77页，注释[19]。

[403] 参见页边码第66页。

[404] 在"受到严格监管的公司"中，如煤矿或者核电站，其从业人员经同意在进入场地前接受检查，这一论点有着不同的适用性。尽管最初的判决表明了相当大的适用范围，但在最近，最高法院的解释对其适用予以严格限制。参见页边码第68页的相关讨论。另一种例外情形，对于某些读者来说不那么令人惊讶，但或许是较为重要的时刻，即有关边境上的海关检查要求。

[405] 参见注释[411]。

[406] 参见页边码第353页，注释[369]。

[407] 这些统计由有效管理中心汇编而成，见网址：http://www.foreffectivegov.org/public-protections-budget-dashboard-fyl6。

[408] T. McGarity, R. Steinzor, S. Shapiro and M. Shudtz, Workers at Risk: Regulatory Dysfunction at OSHA, 见网址：http://www.progressivereform.org/articles/osha_1003.pdf。

与此类似，国内税务局的检查职能也被最近的预算限制所缩减，从2010年到2015年财政资金减少了20.5亿美元，这迫使该局裁减审计和执法人员达20%。这些削减的可恶之处在于，根据财政部依现行法律的统计，在国内税务局的执法上每增加一美元会产生六美元的额外税收。[409] 海关与边境保护局（Customs and Border Protection）的非干扰检查系统计划遭受了同样的困难。非干扰检查使用一批X光系统来检查汽车、卡车和其他运输工具，以防止大规模杀伤武器、走私和非法偷渡。然而，大多数非干扰检查设备到2020年将达到其使用年限，美国审计总署（GAO）估计强化执法的计划到2018年将只能收到少于一半的资金。[410]

检查具有双重特征，其要么被认定为与规制措施不相符，要么成为确保与之相符的手段。[411] 在这种背景下，大多取决于检查人员工作上的态度。宪法的发展与在证据收集过程中犯罪嫌疑人的权利联系在一起。由此，它们倾向于强化（如果他们不产生）一种立场，将检查的目标看作是对违法的认定和加以惩戒，而不是鼓励守法或者促进法律的积极目标。[412]

二、法定表格和报告

如果检查不是公民与规章打交道最普通的情形，那么填写所要求的表

---

[409] C. Marr, J. Friedman, and B. Debot, IRS Funding Cuts Continue to Compromise Taxpayer Service and Weaken Enforcement, Center on Budget and Policy Priorities (Sept. 30, 2015) available at http://www.cbpp.org/research/federal-tax/irs-funding-cuts-continue-to-compromise-taxpayer-service-and-weaken-enforcement.

[410] http://www.gao.gov/assets/670/669791.pdf.

[411] 职业安全和健康管理局的网站为 http://OSHA.gov，所反映的情况会停留一段时间，并值得研究。与此相反的评论见 E. Bardach and R. Kagan, *Going by the Book: The Problem of Regulatory Unreasonableness* (1982) 以及 S. Kelman, *Regulating America, Regulating Sweden: A Comparative Study of Occupational Safety and Health Policy* (1981)。

[412] Wyman v. James, 400 U.S. 309 (1971)，该案是最高法院承认这一问题的少数案件之一。福利社工每季度到那些靠福利救济的儿童家庭进行检查。这是为了调查福利欺诈吗？而那些人要求搜查证的保护，或者协助促成福利计划的儿童利益。毫无疑问，其中有一些是这样的。在此案中，最高法院强调协助的方面，而拒绝认定所要求的搜查证。有关适当的批评，见 R. Burt, "Forcing Protection on Children and Their Parents: The Impact of Wyman v. James", 69 *Mich. L. Rev.* 1259 (1971)，Vernonia School District 47J v. Acton, 515 U.S. 646 (1995)。

格和报告肯定就是。这些材料要求各层级的个人或者公司来完成,它们和海关申报单一样简单,或者和联邦贸易委员会要求公司集团提交年度经济报告一样复杂。[413] 在这些要求上最低的宪法限制,已经作出概述。[414] 值得强调的是,除非法院被说服作出报告的要求只是以获取填写者犯罪证据为目标,[415]否则不会承认有关填写报告的特权。一般而言,这些要求的大部分与纳税申报表一样充分受到保护。与之相应,未填写报告本身构成罚款或者其他处罚的基础。在行政背景下,这与传唤有着重要的区分,传唤旨在迫使指定的人作出经认证的文件(或者信息)。司法执行一般要求在对违法者加以惩罚之前发出传票,这在以下章节有所讨论。

在联邦层面,对行政机关报告要求的主要控制为 1980 年颁布和 1995 年修订的《文书工作削减法》(Paperwork Reduction Act)。[416] 该法引人注目之处在于明确认可了对独立规制委员会的总统控制。行政机关寻求采用新的报告要求,以适用于超过十人的情况,其必须得到管理与预算办公室中信息与规制事务办公室的批准。[417] 该法授权信息与规制事务办公室与其他行政机关进行协调,或者查明提议"对于行政机关职责的正确履行来说的必要性,包括信息是否实际效用"。批准过程就像非正式的规则制定,并允许公众参与(尽管法律规定其不受随后的司法审查)。如同根据第 12866 号行政令审查的规则清单,一份网上的花名册记录了待决的事务,[418]但所提供的信息充其量是对信息的概要。即使独立规制委员会必须参与其中,然而,通过公开解释多数投票,它可以不理会管理与预算办公室对其提议行为的否决。管理与预算办公室的批准通过印有编号的报告文件来完成,如果没有得到

---

  [413] 参见 FTC Line of Business Report Litigation,595 F. 2d 685(D. C. Cir.),cert. den. 439 U. S. 958(1978)。

  [414] 参见页边码第 70 页。

  [415] Marchetti v. United States,390 U. S. 39(1968)。

  [416] 44 U. S. C. §§3501-3520。对该法通过的历史背景进行广泛评论,见 J. Tozzi,"OIRA's Formative Years:The Historical Record of Centralized Regulatory Review Preceding OIRA's Founding",63 Admin. L. Rev. 37(2011)。

  [417] 参见页边码第 153 页。

  [418] http://www.reginfo.gov/public/do/PRAmain.

批文,则会产生戏剧性的后果。⑲

　　作为奥巴马政府"开放政府指令"的一部分,⑳新技术的运用对该法提出了某些解释性的挑战。尤其是,政府打算让行政部门通过自发收集网上的公众反馈而"更具参与性",㉑该法却被视为对这种意愿可能存在的行政障碍。像这样的情况要求须有管理与预算办公室的控制编号吗?信息与规制事务办公室负责人发布备忘录限缩了《文书工作削减法》要求处理的"信息"范围,其主要目的在于通过在线社交媒体网络来排除"公众评议的一般请求"。㉒

　　作为规制工具,运用信息披露受到极大地鼓励,㉓要求提交电子版报告的可能性为规制者打开了新的视野。环保署制定相对较少的规则,对空气、水和土地中有害物质的排放施加特定的限制,但是,要求工业界以电子版报告所有650种经认定可能有毒的排放,以此构建公众可进入的数据库,㉔该数据库可以按照地理方位查询特定地区的排放情况。没有任何限制性的规则或者进一步的官方影响,这种可得性的结果导致所有有害物质的排放急剧下降。㉕职业安全和健康管理局启动了一项规则制定,试图改变记录工

---

　　⑲　Saco River Cellular v. FCC,133 F. 3d 25(D. C. Cir. 1998)。

　　⑳　Transparency and Open Government,74 Fed. Reg. 4685(Jan. 21,2009)。

　　㉑　P. McDermott,Building Open Government,Government Information Quarterly(2010)。

　　㉒　Information Collection under the Paperwork Reduction Act,Office of Management and Budget(Apr. 7,2010),网址:https://www. whitehouse. gov/sites/default/files/omb/assets/inforeg/PRAPrimer_04072010. pdf;Social Media,Web-Based Interactive Technologies,and the Paperwork Reduction Act,Office of Management and Budget(Apr. 7,2010),网址:https://www. whitehouse. gov/sites/default/files/omb/assets/inforeg/SocialMe-diaGuidance_04072010. pdf;S. Shapiro,The Paperwork Reduction Act:Benefits,Costs and Directions for Reform,Government Information Quarterly(2013),为修订进行了类似的辩解,即允许行政管理和预算局以及单个行政机关"投入更多的时间去收集存在方法上的问题和重大政策效果的新信息"。

　　㉓　OIRA Administrator,Disclosure and Simplification as Regulatory Tools(June 18,2010),见网址:http://www. whitehouse. gov/sites/default/files/omb/assets/inforeg/disclosureprinciples. pdf;C. Sunstein,"Empirically Informed Regulation",78 U. Chi. L. Rev. 1329(2011)。

　　㉔　http://www2. cpa. gov/toxics-release-inventory-tri-program。

　　㉕　B. Karkkainen,"Information as Environmental Regulation:TRI and Performance Benchmarking,Precursor to a New Paradigm?",89 Geo. L. J. 257(2001)。

作场所发生损害的文件处理,将必须存放在检查点(如以下章节所述,这很少发生)变为提交电子版报告以支持类似数据库的义务(同样会产生对危险工作场所加以改善的地方压力)。和以前一样,[426]美国商会(US Chamber of Commerce)对此强烈反对。这种新的规制工具所产生的力量广为人知,由此促进了 2001 年《数据质量法》(Data Quality Act)的颁布,该法作为工业界支持的措施,在大规模拨款法案中只是几乎不被关注的数行文字。[427]

三、强制程序

传唤或者强制程序是一种为了产生特定的文件或者信息对特定个人作出的指令。它产生于既定的行政裁决过程中,在此背景下,其与民事诉讼中证据开示的要求极为相似。它也可在调查过程中被作出,以支持行政机关未进入听证阶段的调查。后者在法律上更为有趣地运用了传唤(以及可能更为常见)。法院似乎越来越认可像这样的情况,即在裁决中发出传票,主持听证的行政法官据此予以必要的控制。相对而言,他们倾向于允许行政机关对被传唤的违法者给予同类的处罚,这种情况就像美国地区法院在民事审判中对违法者提出证据开示的要求。[428]

相比之下,在调查阶段进行传唤,就会缺乏中立的行政人员。要求通过调查产生文件或者信息,使得行政机关处于检控的一面。在此,传唤不被认

---

[426] 参见页边码第 353 页,注释[369]。

[427] Section 515 of the Treasury and General Government Appropriations Act for Fiscal Year 2001 RL. 106-554;H. R. 5658)。信息与规制事务办公室负责其执行。OIRA Watch, http://www.thecre.com/oira/,这一网站由负责公开该法情况的游说人员来维护,比信息与规制事务办公室的网站提供更多有关执行的信息,在后者的网站上,提及该法的备忘录在布什第二任政府的后期似乎就停止了。相关评论,见 W. Wagner, "Administrative Law, Filter Failure, and Information Capture", 59 Duke L. J. 1321(2010)。

[428] 换言之,对此不予回应会被当作拒绝对相关证人进行交叉询问的一种承认或者基础等。比较 NLRB v. International Medication Systems, Ltd., 640 F. 2d 1110(9th Cir. 1981),cert. den. 455 U. S. 1017(1982)案和 Atlantic Richfield Co. v. U. S. Department of Energy, 769 F. 2d 771(D. C. Cir. 1984)案,前一案件在要求司法执行上表述了更为传统的观点,其认为行政机关自己不能施加更大的处罚,如同法院有权对藐视法庭者予以拘留。

为是自行执行。除非其受到符合信息要求的激励,⑫行政机关将依法寻求司法执行,以迫使被传唤者服从法律。⑬

司法调查本身不可能要求苛刻。总的来说,行政机关会被要求只需说明传唤可能产生与其职责相关的信息,而不是必将如此。行政机关在通过传唤获得信息上,无须说明任何"可能存在的理由"。⑬ 相关问题包括发出传票是否为了实现被授权的目标,⑫所获得的证据与调查的法定主题是否相关,传唤是否使得要求变得不合理的模糊不清或者难以负担,⑬是否以正确的形式发出传票,以及是否存在对特权没有给予回复的情况,如个人不得自证其罪的特权等。⑭ 在地区法院,通过简易程序来解决这些问题,这些案件给人的印象是执行通常不会被否决。

尽管如此,这种程序会带来实质性的迟延和机会,以削弱行政机关继续推进的决心,而这无疑对传唤的反对者是有利的。行政机关被要求向法院申请执行,获得批准以及运用司法部的资源,三者总是缺一不可。一旦获得地区法院执行传票的命令,可以向上诉法院提起上诉,并通过调卷令直至最

---

⑫ 例如,证照申请者或者任何寻求行政许可的其他人基于确保行政机关对申请作出反应的需要,实际上被迫接受有关信息的要求。

⑬ 在此,有一些不直接相关的迹象,即在刑事调查中运用民事传唤来处理较难作出刑事传唤的情况。R. Berkower, "Sliding Down a Slippery Slope? The Future Use of Administrative Subpoenas in Criminal Investigations", 73 *Fordham L. Rev.* 2251(2005); E. Murphy, "The Politics of Privacy in the Criminal Justice System: Information Disclosure, The Fourth Amendment, and Statutory Law Enforcement Exemptions", 111 *Mich. L. Rev.* 485(2013). 数据服务提供商几乎没有动机去拒绝作出记录的要求,包括电话号码、网络使用以及其他情况,而看起来这要求予以国家安全方面的考量。参见 C. Scribner, "Subpoena to Google Inc. in ACLU v. Gonzales: 'Big Brother' is Watching your Internet Searches Through Government Subpoenas", 75 *U. Cin. L. Rev.* 1273(2007); O, Kerr, "Updating the Foreign Intelligence Surveillance Act", 75 *U. Chi. L. Rev.* 225(2008).

⑬ Oklahoma Press Publishing Co. v. Walling, 327 U. S. 186(1946).

⑫ 基于显而易见的理由,法院拒绝对行政机关发出合法传票的"真实"动机进行调查。在美国法上,对"缺乏诚信"的可能性进行调查一般会受到限制。参见页边码第 508 页。

⑬ 相比完全否决传唤的执行,对模糊不清或者难以负担的传唤予以矫正,更为可能变成某种增加传唤的确定性或者调和负担的制度安排。例如,从信息持有人来看,对有关材料的检查给予救济是一种要求其将信息送交行政机关的替代方式。传唤的主题涉及第三方,而其不受制于行政机关提出信息要求的规章,或许很有可能出现模糊不清或者难以负担的情况。

⑭ 参见页边码第 72 页。

高法院。(在民事审判的过程中,发出传票不像这样,因为裁定经过仔细考虑,而带有非终局的性质。但是,行政机关要求传唤执行的诉求启动了一个不相关联的司法程序,由此出现即时上诉。)当执行的命令变成终局性时,只是完成了第一阶段。任何有关服从法律的问题都要求第二次司法程序,包括以没有产生所要求的材料为由认定被告藐视法庭的程序。这一简要而未穷尽的描述表明,寻求阻止调查的人可以借助于耗时较长的程序,并获益于有关命令正确性的不同观点。

第六节 州行政法

在美国联邦主义体制下,[435]每个州都有自己的行政程序,对此予以概括将是冒险的。[436] 然而,比较合适的是对三份《州行政程序示范法》草案进行简要评论,这些草案由统一州法全国委员会(National Conference of Commissioners on Uniform State Laws)所公布。[437] 到 2015 年为止,1961 年的草案已被 28 个州通过,后续 1981 年的草案已被 10 个州和哥伦比亚特区通过。[438] 最近 2010 年的草案[439]在宾夕法尼亚州获得提议。[440]

---

[435] 参见页边码第 19 页。

[436] 可以通过法律信息学会网站(http://www.law.cornell.edu)自由获取各州的行政程序法。M. Asimow,"Symposium: Speed Bumps on the Road to Administrative Law Reform in California and Pennsylvania",8 *Widener J. Pub. L.* 229(1999),该文对加州的改革作出了有说服力(和有点令人沮丧的)说明,在州层级的问题上,可谓独具风格。

[437] 全国委员会是州政府支持的组织,其主要研究统一州法的立法主题,并建议起草实现这一目标的法案。这不属于联邦层面的活动,美国国会亦不介入。草案是否通过取决于各州的立法机关,在通过草案的过程中,任何一州都可以对草案进行较大的修订。某些草案,如统一商业法典,获得了一致通过,或者说几乎如此;而其他草案则只得到了两三个州的支持。

[438] 网址:http://www.uniformlaws.org/shared/docs/state%20administrative%20procedure/msapa81.pdf。

[439] 网址:http://www.uniformlaws.org/shared/docs/state%20administrative%20procedure/msapa_final_10.pdf。

[440] 网址:http://www.uniformlaws.org/Act.aspx?title=State%20Administrative%20procedure%20Act%20Revised%20Model。

1961 年的草案很简要,包括十六节。考虑到州政府较小的规模以及行为更为非正式,州行政程序法明确以《联邦行政程序法》为典范,主要表现在非正式的规则制定和"争议性案件",这些基于记录的程序包括费率设定、许可发放和其他要求作出决定前举行听证的裁决程序。当行政机关自己不举行听证时,该草案并不要求有等同于联邦行政法官的听证主持官员(尽管在实务中许多州有像这样的官员)。在其他方面,草案要求在行政机关内部予以明确的职能区分,而这是联邦体制中普通裁决的典型特征。

相比之下,1981 年的草案是充实完备的法典,其由 5 章和 94 节组成。该草案为共同努力的结果,使得行政程序法具有广泛的适用性,并反映了整个美国行政程序法的现代思想。第三章"规则制定"和第四章"裁决程序"详细规定了各种程序,其旨在确保较大的公众参与和更为实质性的政治和司法控制。由此,有关规则制定的条款规定了公共记事表,以作出初期的通告,并具体界定了必要内容,规则制定的通告必须包括提议的文本。同时,通过其他方式鼓励公开透明和广泛的公众参与,使得规则制定明确受到政治和司法审查。对于裁决,该草案最引人注目的革新在于作出了《联邦行政程序法》所没有的规定,即非正式裁决程序的诸多模式,使得某些形式的听证规定变成规则,甚至包括非正式的行政裁决。同时,要求行政机关证明偏离规范的正当性。

三十年后,数字时代已经来临,2010 年的草案"被提交给各州去通过,这些州已有 1961 年法案,但想要用更为现代的最新行政程序法来替代此法案"。[44] 相比首次草案更为流畅和较为抽象的进路,新草案整合了现代的最新资料,以便使用电子和基于网络的技术,并鼓励州政府适用现代化的程序对行政机关的文件进行编录、公告和分配,从而提高效率和公众的可接近性。[45] 其他值得注意的变化包括:

(1) 通过"门户条款"(gateway provision)恢复了 1961 年草案中外部听

---

[44] Prefatory Note, Uniform Law Commissioners' Revised Model State Administrative Procedure Act(2010),注释[43]。

[45] §§ 201-202.

证权利的进路,该条款复原了在 1961 年草案中用过的"争议性案件"和"基于证据的听证"的定义。[443] 2010 年版进一步规定了基于记录的审判式行政程序必须适用于所有被归类为"争议性案件"的纠纷。[444]

(2) 在争议性案件之外,没有规定公众参与的裁决程序。[445] 1981 年草案通过授予公众一方有权请求听证,极大地扩展了非正式听证的适用性。新草案限制公众参与是对 1981 年草案的重大改变,同时,其进一步规定了在某些情况下的简易裁决程序。[446]

(3) 确定裁决命令的第三种分类:建议性命令(recommended orders)。[447] 对于在案件中作出的命令,主管官员没有被行政机关委以最终决定权。建议性命令必须在成为最终命令之前由行政首长进行审查。[448] 这些命令和初步命令也有所不同,初步命令由具有最终决定权的受托人作出。对建议性命令的审查处于行政机关的裁量范围。[449]

(4) 在听证被单行法律所规定的情况下,限制在规则制定程序中适用听证。[450] 相比之下,1981 年示范法规定无论利害关系人何时提出请求,均可举行听证。现在的规则制定程序明确包括参考电子通告、记事表和记录。[451]

(5) 当公众健康、安全、福利或者行政计划的联邦资金损失存在"迫在眉睫的危险"时,授予行政机关裁量权,以发布应急规则。[452]

---

[443] 同上。
[444] §102(7);§401;§403。争议性案件是有权要求举行听证的实例,这种听证权为联邦或州宪法,或者联邦或州法律所规定。§102(7)。
[445] 参见§401,cmt。2010 年示范法没有规定"基于证据的听证"特定术语,而是鼓励行政机关考虑这一要求的"背景",并提及像"上诉"、"程序"或者"听证"等能够引发听证要求的术语。
[446] 参见 M. Asimow,"Contested Issues in Contested Cases: Adjudication Under the 2010 Model State Administrative Procedure Act",20 *Widener L. J.* 707(2011),该文对裁决模式的变化作出了综述。
[447] §413(b)。
[448] §413。
[449] §414。
[450] §306(c)。
[451] §302。
[452] §309。

(6)当预期规则"不具争议性"时,扩展行政机关的裁量权,用于直接的最终规则制定。[453]

(7)给予行政机关选择权,去召集一个由利益受影响的公众成员组成的委员会,以期对规则达成一致意见。[454]

(8)改变要求规制分析的基础:1981年示范法规定如果三百人以上或者某些民选官员提出请求,则须作出规制分析,2010年示范法借鉴联邦实践,尝试对规则的预期经济效果进行规制分析。[455]

(9)通过要求法官适用无害过错标准和限制法院审查在实施行政行为时由行政机关汇编的记录,减少法官"事后评价"行政决定的可能性。[456]

(10)将指引文件、其他解释性规则和政策声明排除在传统通告和评议程序之外。[457]

(11)规定对行政机关的规则制定进行立法性审查,给予立法机关对行政机关规则的投票权。[458] 1981年草案给予各州选择权,由州长或者立法机关进行规制审查,并明显偏好于州长进行立法性审查。

---

[453] §310.

[454] §303(b)-(d)。这一条款源自联邦《协商式规则制定法》,参见§303,cmt。

[455] §305。2010年草案没有提出美元的金额门槛,但仅仅指示各州"以美元合计来进行设定,以便他们作出适当的评估,或者通过其他方法认真准备规制分析,由此行政机关准备规制分析的数量与其获得的资源成比例"。§305 cmt.

[456] §§507-508.

[457] §311.

[458] §§701-703。示范法为立法机关否决行政行为规定了两种程序,而立法机关的否决取决于宪法是否被解释为对立法投票的禁止,这被最高法院在INS v. Chadha案中认定为无效。参见页边码第52页,注释111。加州长期依靠州行政法办公室去审查本州行政机关的规则制定,见网址:http://www.oal.ca.gov/; M. Cohen,"Regulatory Reform, Assessing the California Plan",1983 *Duke. L. J.* 231。

第六章　对行政行为予以司法审查之外的法律控制

上述章节表明司法审查仅仅是对行政行为予以最正式的控制。司法审查通常发生在事实之后，在任何情况下限于评估特定行为的合法性，而非适当性、指示或者政策成效的分配。由此，当重要行政官员处理行政机关事务时，司法审查往往不考虑他们的主观意识。[1] 以日常工作为基础，这些行政官员极有可能知道来自工作关系网络的投入和本章材料所表明的控制，而该网络的诸多要素并不陌生。

第一节　行政行为的内部结构

行政机关是复杂的组织，其依据单个行政首长（其自身可能依内阁部门部长的职权行事）或者多成员委员会的职权展开运作，并通过各种办公室或者部门来履行其各种职能。这在有关行政人员的讨论中清晰可见，如规制政策官员监督第 12866 号行政令的执行、行政法官和可能存在的中间审查组织对裁决案件作出决定、行政工作办公室作出指引，以及行政机关检查人员对指引规定进行监管等。行政法的基本前提是存在"一种内部法，其由对下属作出指示的高层官员来支配，并借此要求下属对其行为作出说明。在

---

[1] 有个例子记载在我同事写的一本书中。William Cary, *Politics and the Regulatory Agencies*(McGraw-Hill 1967)。该书作者科瑞教授在一流法学院讲授公司法，为著名的公司法学者和业界翘楚，科瑞教授在肯尼迪政府（1961—1963 年）担任证券交易委员会的主席，根据其经验撰写了这本备受好评的书。对于其担任主席期间证券交易委员会的规制努力，整个讨论都没有提及司法审查。有一位新晋的行政法教师曾问过他这个问题，他的回答是这一主题在其日常工作中并不重要。（作为另一政府机关——核规制委员会的法律顾问，本人随后的经历亦证实了这种观察。）这一章中所表明的关系，在科瑞教授的书中以及本人作为政府法律顾问的经历中展露无遗。

塑造下级官员的行为上，这些内部形式的行政问责最为有力"。② 某些组织上的细节在所有行政机关中相对具有共性，即行政机关范围内存在的行政管理办公室，如法律顾问、政策分析或者统计等，它们与特别分配计划职责的司局部门有所不同，如农业部的动植物卫生检疫局（Animal and Plant Health Inspection Service）。其他组织上的细节来源于行政机关的法律或者通过行政管理作出的内部安排。也许由于每一个行政机关的情况的独特性，有关行政管理内部法的文献相当少，③近来的法评文章表明，行政机关内部和相互之间的竞争衍生出与分权相联系的制约职能。④

行政机关的首长或者委员属于政治任命，必须由总统提名并经参议院批准，而重要的下属则经法定授权由总统自己或者行政机关负责人指定，他们经常随着行政管理发生人事变化，或者处于相对较短的任期。白宫办公室的扩张、在行政机关中某些政治工作的扩展以及在公务高层设置资深行政人员，⑤这些都增加了行政运作的政治色彩，⑥在一定程度上会让那些习惯于在其他方面政治影响较少的人感到惊奇。尽管如此，大量从事行政事务的人员仍然是公务员，他们基本上保有固定的职位，并受到公务员法的高

---

② J. Mashaw, *Creating the Administrative Constitution*: *The Lost One Hundred Years of American Administrative Law* 7(Yale 2012).

③ H. Kaufman, *The Forest Ranger*: *A Study in Administrative Behavior*(1960)以及 *The Administrative Behavior of Federal Bureau Chiefs*(1981) and J. Mashaw, *Bureaucratic Justice*: *Managing Social Security Disability Claims*(1983)都是备受好评的研究。作者本人的"On Capturing the Possible Significance of Institutional Design and Ethos", 61 *Administrative L. Rev.* 259 (Special Ed., 2009)和"Rules, Adjudications, and Other Sources of Law in an Executive Department: Reflections on the Interior Departments Administration of the Mining Law", 74 *Colum. L. Rev.* 1231(1974)也是有趣的。

④ J. Nou, "Intra-Agency Coordination", 129 *Harv. L. Rev.* 421(2015); J Michaels, "An Enduring, Evolving Separation of Powers", 115 *Colum. L. Rev.* 515(2015). 有关行政机关内设部门的其他研究，参见 Neal Kumar Katyal, "Internal Separation of Powers: Checking Today's Most Dangerous Branch from Within", 115 *Yale L. J.* 2314(2006); Elizabeth Magill & Adrian Vermeule, "Allocating Power Within Agencies", 120 *Yale L. J.* 1032(2011); Gillian Metzger, "The Interdependent Relationship Between Internal and External Separation of Powers", 59 *Emory L. J.* 423(2010).

⑤ 参见页边码第183页。

⑥ D. Barron, "From Takeover to Merger: Reforming Administrative Law in an Age of Agency Politicization", 76 *Geo. Wash. L. Rev.* 1095(2008).

度保护。

　　行政首长或者委员控制或者影响着他们所在组织的工作,这些工作通过各种各样的方式来完成。有两份文件必须提交给白宫办公室进行审查,即预算请求和规制计划,这为他们协商工作计划以及与行政人员一起设定优先事项提供了直接的机会。某些诸如通过最终规则的行为,需要得到他们的正式批准。他们亦享有重组政府架构的重要职权。由其审计长或者委派到行政机关的政府问责办公室人员提交报告、要求出席国会听证、给予建议的总统请求,乃至参与公开演讲的机会,这些由其他组织和人员所做的事情为他们进行对话创造了机会,由此产生行政人员有义务遵守的指示。

　　当然,从整体来看,行政机关的工作开展是组织性的,其无须行政领导进行直接的个人干预。如前所述,⑦对于基于记录的裁决,作出决定的组织特征被行政管理办公室和裁决者之间的交流限制所调和。行政机关各部门负责人及其律师将向行政法官说明情况,而这些行政法官通常会作出初步决定。如果行政首长介入其中,其意见通常由律师来写,这些律师同样受到保护免于和承办人员有所接触。⑧ 即使如此,行政首长可以与其行政人员协商执行问题,而不会影响到其随后对相同事务作出决定的能力。⑨ 众所周知,规制政策官员负责监督第 12866 号行政令的执行,其随后拒绝接受布什总统将其转化为白宫的直属机构。⑩ 规制制定一般会牵涉到大范围的行政机关办公室之间的协调,其中每一个都承担协商和批准的职责,包括所有相关的行政机关司局部门、法律顾问办公室、政策分析办公室以及行政机关秘书处(负责确定正确格式)等,它们通过备忘录或者口头表述促进规则制定的发展。这些不是规则制定记录的构成要素,但是,它们不证自明地塑造了规则以及在草案和最终文本中的支持文件。基于此,这些往往很激烈的

---

　　⑦　参见页边码第 281 页。
　　⑧　存在例外情况的案件涉及费率设定和初步许可。Morgan v. United States, 304 U. S. 1(1938)案成为后来《联邦行政程序法》将这些案件作为例外情况的基础,但是,这种例外也受到公开质疑。参见 Am. Tel. & Tel. Co. ,60 F. C. C. 1(1976)。
　　⑨　FTC v. Cement Institute,333 U. S. 683(1948);Withrow v. Larkin,421 U. S. 35(1975)。
　　⑩　参见页边码第 271 页。

内部争论反映在如今广泛存在的基础和目的声明之中,并作为重要规章的序言,以此对随后界定规章含义的观点产生影响。[11]

在这个复杂的组织中,许多职责的履行没有行政机关领导层的直接参与,其依赖于下属的忠实行为。作为行政机关的软法,指引文件产生于相关内设部门,而不必经过行政首长的正式批准,尽管与行政首长进行协商对于行政人员来说是有用的。计划的推行、发布规章的许可或者豁免、作出解释等,所有这些都无须行政机关领导层的直接过问或者参与(direct knowledge or engagement)。领导层会发现只有当有关他们的报刊文章出现,或者有人向他们投诉时,有问题的实务操作才会表现出来。从这个角度来看,外部联系是了解行政人员所作所为的基本方法。[12]

辅助机构的职责在于提升与政治无关的政策建议、有效性、效率和诚信,同时也塑造了行政机关的内部行为。对于涉及高技术的信息处理,国会有时委派特定的咨询组织,或者比较常见的是启用受管理与预算办公室监督的咨询委员会。在这些机构中,也许最引人注目的是全国职业安全和健康学会,[13]作为全国健康学会之一,其从属于卫生和公众服务部的疾病控制和预防中心。该学会负责研究与工作有关的伤害和疾病,并向劳工部的职业安全和健康管理局提出预防建议。值得注意的是,职业安全和健康管理局自其成立以来,一直是被政治化的行政机关,并处于带有高度政治倾向的劳工部之中,而该学会分为两个层级,根植于相对非政治的部门。核规制委员会的反应堆安保咨询委员会和环保署的清洁空气科学咨询委员会也是典型的例子,它们是由"特别政府雇员"组成的常设组织,这些雇员在大学的环境下从事全职工作,负责对技术性和科学方面的问题提供专业化的专家建议。根据《联邦咨询委员会法》,为了实现类似的目标,还可以成立临时的咨

---

[11] K. Stack,"Interpreting Regulations",111 *Mich. L. Rev.* 355(2012);J. Nou,"Regulatory Textualism",65 *Duke Law Journal* 101(2015).

[12] E. Gellhorn and G. Robinson,"Rulemaking 'Due Process':An Inconclusive Dialogue",48 *U. Chi. L. Rev.* 201(1981).

[13] www.cdc.gov/niosh.

询委员会,在本章有后续讨论。⑭ 对此,法院是否充分信任这些组织安排或者接受它们的成果受到公开的质疑。⑮

强有力的外部政府机构对行政机关的职责履行予以持续的监督,并不时向国会或者总统提交报告,这些报告通常会先向行政首长展示,以便其作出反应和反馈,由此在这些报告被提交前后,推动由行政机关领导层控制的内部行为。在这些外部组织中,首先是政府问责办公室,⑯该办公室为国会的下属机构,其办公机构遍布全国,并有超过3000名雇员。政府问责办公室的领导层是专业性的,而非政治性。⑰ 该办公室时常监督行政机关的工作情况,并对进行调查或者提交报告等特定国会要求作出回应。这种介入以不会引起司法审查的方式,给行政机关领导层带来直接的工作要求,这基本上被行政法学术文献所忽视。其次,管理与预算办公室("专业化"的白宫政府机构)内设"管理"办公室(与政府问责办公室一样)负责政府组织的效能管理。此外如前所述,⑱其预算官员接受行政机关的请求,并予以整合或者平衡,形成总统每年提交给国会和信息与规制事务办公室的国家预算,而信息与规制事务办公室作为对规则制定和信息要求予以控制的组织,在第五章的材料中反复出现。最后,在行政机关中一般都内设监察总长(Inspector General),作为独立的官员,其在行政机关内有办公场所,受托管理所有行政机关事务,而作出的调查报告会引发公众的不安以及来自白宫或

---

⑭ 参见页边码第399页。

⑮ P. Strauss,"On Capturing the Possible Significance of Institutional Design and Ethos",61 Administrative L. Rev. 259(Special Ed.,2009),在这一方面,全国职业安全和健康学会的例子特别具有启发性,它一再强力建议职业安全和健康管理局,对于广泛使用于工业界的苯——挥发性石油化合物,有设定工作环境大气标准的特别需要。最高法院的判决推翻了作为结果的规则,看起来该判决的前提是相信职业安全和健康管理局缺乏设定规则制定优先事项的规范化措施。Industrial Union Dept.,AFL-CIO v. Amer. Petroleum Inst.,448 U.S. 607(1980)。

⑯ www.gao.gov,相关讨论见页边码第122页。

⑰ 该办公室负责人有长达14年的任期,由总统与国会领导层进行协商进行更换任命,基本上不受免职的威胁,并对职位固定的工作人员负责。这种组织安排明确得到了Bowsher v. Synar,478 U.S. 714(1986)案的肯认。国会图书馆也以类似的方式予以组建,其国会研究服务中心对实质性利益问题提交报告。参见页边码第121页。

⑱ 参见页边码第153页。

者国会的政治反应。⑲ 在这一方面，也许作为一种他们取得成功的标志，《纽约时报》最近报道了白宫系统性地收回对他们的业务支持。⑳

第二节　政治介入或者监督

在规章事务上，总统和国会的关系在第三章有所讨论，在此不再重复。㉑ 读者在阅读这些章节后会有一种印象，即国会的监督和拨款活动以及总统的协调和咨询活动(尤其是通过分析报告的方式)给每个行政机关都施加了实质性的，有时是竞争性的影响。对行政机关的架构和时间分配进行审视，会加深这种印象。大多数行政机关都有涉及国会关系和(在独立规制委员会之外)管理与预算办公室的主要办公室。与白宫进行沟通、国会调查以及向国会听证会作证，所有这些都会消耗行政机关的大量资源，尤其是高层的资源。行政首长可能要花费数小时准备(和亲自参加)国会监督听证会或者白宫简报。相比之下，对于其律师在应诉过程中所提交和讨论的简报，其审查的时间却很少。

美国法院似乎越来越了解和认同这些影响，当卡特、里根、克林顿、布什和奥巴马总统就任时，在规制上的政治观点发生急剧变化，并伴随着两党的交替执政，藉此这些影响落到实处。由此，以下表明了最高法院两个最具影

---

⑲　例如，2015 年交通部监察总长的报告，Inadequate Data And Analysis Undermine NHTSA's Efforts To Identify And Investigate Vehicle Safety Concerns，对无法认定通用和丰田汽车公司的严重缺陷提出警示，见网址：https://www.oig.dot.gov/sites/default/files/NHTSA%20Safety-Related%20Vehiclc%20Defects%20-%20Final%20Report%5E6-18-15.pdf。参见 Danielle Ivory,"Federal Auditor Finds Broad Failures at N. H. T. S. A.",*The New York Times*, June 20, 2015, p. B1。

⑳　E. Lichtblau, "Inquiries Stall as U. S. Limits Access to Data," *The New York Times*, Nov. 28, 2015, p. A1。作为研究这一系统的纽约大学教授，莱特(Paul Light)指出："这是迄今为止对监察观念的最富侵略性的攻击，……监察是一种彻底反腐除垢的观念，你可以让他们彻底失败，拔掉他们的尖牙利齿。"

㉑　除此之外，相关材料见第五章第一节"四"和第三节"三""(六)"部分。

响的现代行政法观点中的一个:

> 在这一领域,法官不是专家,也不是任何政府中政治部门的一部分。在某些案件中,最高法院必须调和竞争性的政治利益,但是,不是基于法官的个人政策偏好。相比之下,行政机关被国会委以政策制定的职责,在委托的权限中适当地采纳在职行政人员有关明智政策的意见去充实其作出的判断。行政机关不对人民直接负责,而总统则相反,联邦政府的政治部门完全适合作出像这样的政策选择。……当对行政机关的决定提起诉讼,将诉讼的核心定位于政策本身是否明智,而非是否在国会留下的裁量间隙中作出合理的选择,则必定会败诉。在这样的案件中,没有选民支持的联邦法官有责任尊重由那些人作出的合法的政策选择。[22]

这一观点近来受到了有力的批评,其变得越来越明显不再"适当地采纳在职行政人员有关明智政策的意见去充实其作出的判断"。行政机关开始接受总统职权在于委任管理,而不只是监督他们作出的决定,由此允许从行政管理的角度进行事实认定,以控制最终的结果。[23]

---

[22] Chevron, U.S.A., Inc. v. Natural Resources Defense Council, Inc., 467 U.S. 837, 865-66 (1984). 这种涉及政策和法律连接点的案件吸引了法院的特别关注。根据 2015 年 11 月 2 日在 Lexis 数据库上的检索,法院引用雪佛龙案达 15289 次,该案的相关讨论见第 493 页;引用 Lujan v. Defenders of Wildlife, 504 U.S. 505(1992)案达 15412 次,该案的相关讨论见页边码第 432 页。卢汉案也关注于避免这样的可能性,即法院事实上变成"对执法行为的明智和合理的日常监督者"。与这两个案件最接近的对应案件为 Universal Camera Corp. v. NLRB(1951)案,被引用达 7727 次,该案的相关讨论见页边码第 466—467 页;以及 Citizens to Preserve Overton Park v. Volpe(1971)案,被引用达 5830 次,该案的相关讨论见页边码第 462 页。

[23] T. Merrill, "Presidential Administration and the Traditions of Administrative Law", 115 *Colum. L. Rev.* 1953(2015); K. Stack, "An Administrative Jurisprudence: The Rule of Law in the Administrative State", 115 *Colum. L. Rev.* 1985(2015); W. Wagner, "A Place for Agency Expertise: Reconciling Agency Expertise with Presidential Power", 115 *Colum. L. Rev.* 2019(2015); L. Heinzerling, "The FDA's Plan B Fiasco: Lessons for Administrative Law", 102 *Georgetown L. J.* 927(2014). 参见页边码第 333 页,注释[28];页边码第 335 页,注释[294]。

此外,这种在事实作用上的现实主义以及丧失重要性的政治监督,阻碍了法院作出不赞成的反应,而在某些背景下,这种情况很明确已发生。如前所述,有两种背景可能引发像这样的反应,值得讨论:监督看起来违反了基于记录的程序限制,和引入作出决定的因素被国会认为不具有相关性。[24]

一、在基于记录的程序中

上述章节的内容让读者感受到在两种程序之间存在着程序、决策结构和预期客观性的明显差异,这两种程序是(特别是正式的裁决)被要求根据记录作出决定的程序以及无需根据记录作出决定的程序。在基于记录的正式裁决中施加隐秘的政治影响,将会违反禁止单方面接触的明确法律规定,[25]如果被发现,就会被着重予以撤销。正如我们所看到,一个高级别的审判席负责评估《濒危物种法》可能存在的豁免,对此建议总统向其施加压力引发了强有力的撤案调查。[26] 即使在非正式的裁决中,法院认定国务院向某一行政机关来自法国和德国政府的代表进行了令人反感的私下信息传递,由此影响到程序的结果,而违背了"暗含在正当程序中的公平原则"。[27]在基于记录的程序中,甚至公开施加政治影响都有可能被发现存在这种矛盾。毕竟,法官本身不能当面询问国会委员或者白宫职员,使其以自己的观

---

[24] 由此,Massachusetts v. EPA,549 U.S. 497(2007)案,相关讨论见页边码第436页。该案与获得司法审查的问题相联系,将总统对规则制定的反对认定为不被赞成的因素,因为作出决定的理由在行政机关法定职责之外。与此类似,最高法院在2011年Whitman v. American Trucking Ass'n,531 U.S. 457(2001)案中,驳回了有关不当授权的诉求,并强调这一结论的重要性,即法律排除将经济成本作为规则制定的相关因素。对于信息与规制事务办公室对重要规制提案的审查,在第五章有所讨论,行政令谨慎地将其措辞限定于"法律允许的程度",但是,这种正式的承认在建议和指示上似乎越来越不可能得到遵循。

[25] 参见页边码第281页。

[26] Portland Audubon Soc. v. Endangered Species Committee,相关讨论见页边码第130—131页。克林顿总统的就任结束了这一冲突,他撤回了促使作出决定的豁免请求。

[27] United States Lines, Inc. v. Federal Maritime Commission, 584 F.2d 519,539(D.C.Cir. 1978)。法院的说理基础在于Home Box Office v. FCC案备受批评的判决,见页边码第324页。这一程序涉及裁决的事实、面临风险的个人利益以及对记录予以明确界定的想法,使得该案产生持续的影响。比较Sierra Club v. Costle案的讨论,页边码第330页。

点对所采用的政策作出回应。㉘ 当联邦贸易委员会主席向参议院监督委员会证实了该委员会有关法律条款的解释时,产生了一个颇具影响的案件,而该案阐明了这一论点。在基于记录的裁决过程中,该委员会通过书面意见发布了其解释。然而,由于该委员会将案件发回重审,交给处理其他事务的行政法官中的一个,在进行听证时该委员会仍有管辖权。参议院委员会主席以其所在机构的立场,向联邦贸易委员会主席一再提出尖锐的批评,并反复提及这个仍然待决的案件。五年以后,行政法官完成了退回重审的听证,将案件提交委员会进行进一步审查。而到那时候,许多曾亲自出席听证的联邦贸易委员会官员已经成为参议院委员会的委员。(作证的该委员会主席在审查之前向总统私下提交了一封辞职信,因而不再参加审查。)上诉法院认为只有证实了这种情况,才能使得这些官员丧失作为委员参与进一步程序的资格。"让行政机关负责人接受审查,以查明其对待决案件如何和为什么作出决定,并批评其作出的错误决定……这显示出公平的存在,亦即美国司法正义的要素"。㉙

这一结果如何与这样的认识协调一致,即法官"没有所支持的选民",而有选民支持的政治部门会施加适当的影响,让与政策事务有关的立法为行政机关的决定留有余地。除了与待决的裁决相联系,很难对参议院委员会感兴趣于联邦贸易委员会如何解释法律提出异议。如果行政机关能够选择通过规则制定或者裁决来制定政策,㉚即使行政决定的内容为一般政策,而有别于特定案件的具体结果,这种以裁决形式制定政策的选择会使其不受到政治的监督吗?不像法官,行政机关负责人经常现身于国会,如果相关事务涉诉而处于待决之中,而其负责的行政官员没有受到质疑,实际上这种出现在国会的机会极为有限。在这一方面的情况类似于《联邦行政程序法》第554节和第557节规定之间所存在的区分,这些有关单方面交流的规定让

㉘ 在 Professional Air Traffic Controllers Org. v. Federal Labor Relations Authority, 685 F. 2d 547(D. C. Cir. 1982)案中,这些差别被予以清晰地说明,其涵盖了一系列引发争议的不适当接触。

㉙ Pillsbury Co. v. FTC, 354 F. 2d 952(5th Cir. 1966).

㉚ 参见页边码第 356 页。

行政人员和委员们自由地讨论政策问题,但不是在裁决案件中待决的事实问题。㉛ 对这一两难困境作出的反应同样被行政机关和委员会所接受,即自由地参与政策讨论,而不进行任何与特定程序有关的交流,在此程序中可能产生被讨论的政策问题。行政机关的法律顾问和委员会成员甚至会一起工作,以确保政策讨论的有序进行。当努力使得特定的裁决结果基于个人的理由时,会牵涉到公平性问题,而"在国会试图影响法律的规制性解释上,不存在违宪"。㉜

二、不相关的因素

导致法官不赞成政治介入的第二个原因是他们将不相关的因素引入决定之中,而这些因素不能成为作出结论的合法构成要素的一部分。由此,当确信某一国会议员通过其对拨款过程的政治控制来迫使交通部长批准被诉的公路项目(国会议员威胁停止资助其他与此无关的工作,直到该项目被批准)时,法院撤销了许可,而坚持要求交通部长在没有这种不适当的因素下,重新对审批事项予以考量。㉝ 当然,在提请司法审查之前必须认定这样的政治控制确已发生,而不适当的因素在决定中有一定的作用。当这种不适当没有明显迹象时,㉞美国法院不愿对作出决定的过程进行事后调查,由此使得上述结果不大可能发生。一份报纸报道了这样的例子,有一位重要的参议员向其选民就有关规则制定的重要性作出简报,在此期间他发表了具有"强烈暗示"的评论,即他不会支持行政机关其他重要的措施,除非规则制定的结果包含了对其选民利益的某种承认(而后来确实如此)。对于有关"强烈暗示"的单一陈述,法院没有将其认定为"不相关压力的实质性证据,

---

㉛ 参见页边码第 282 页。

㉜ 参见 U. S. ex rel. Parco v. Morris, 426 F. Supp. 976, 982(E. D. Pa. 1977)。

㉝ D. C. Federation of Civic Associations v. Volpe, 459 F. 2d 1231(D. C. Cir. 1971), cert. den. 405 U. S. 1030(1972)。

㉞ 参见注释㉙和页边码第 508 页。

而该重要证据足以确保进一步调查国会违法干预的可能性"。㉟ 在启动调查的案件中,政府会通知法院有关联邦调查局的刑事调查,而调查对象为对不当干预,㊱ 或者被媒体报道和法律顾问个人宣誓(以专业的行政管理经验进行交流)所支持的陈词。㊲

第三节 "开放政府"

来自政府开放或者透明的公众控制和保密性的要求之间存在着不可调和的紧张关系,而这能够形成折中处理的坦诚和意愿。一方面,伟大的布兰代斯(Louis Brandeis)大法官以其司法意见而让人记忆犹新:"公开被称赞为社会和工业弊病的补救办法,阳光是最好的防腐剂,而灯光则是最有效的警察。"㊳另一方面,对于保存基于公众视角的商议,美国宪法的起草者们想得更长远,他们在封闭的房间里开会,并作出决定:"在议院所说的不得被刊印或者以其他方式出版,交流的意见不得离开议院。"㊴杜鲁门总统后来在其回忆录中评论道:"总统的职责履行离不开顾问或其建议,无论书面的或者口头的。但是,一旦总统被要求说明其接受了何种建议、谁对他说了什么,或者他作出何种记录,所收到的建议将变得毫无价值。"㊵随着数字时代的来临,公众接触政府事务和公众参与其中的可能性被放大了。如前所述,一些规章的发展依赖于运用可获得的政府信息,扩大公民对影响其利益的政府规章和政策的了解,以及通过电子记事表的规则制定、广泛适用《信息

㉟ Sierra Club v. Costle, 657 F. 2d. 298, 410(D.C. Cir. 1981)同前,在此方面的讨论见页边码第 330 页。

㊱ PATCO, 注释㉘。

㊲ Portland Audubon, 第 130—131 页。

㊳ Louis D. Brandeis, *Other People's Money and How the Bankers Use It* 92(1914).

㊴ Ron Chernow, *Alexander Hamilton* 228(2004).

㊵ Harry S. Truman, *Memoirs:Years of Trial and Hope* 454(1956).

自由法》和《阳光下的政府法》所产生的影响。[41] 以下对后面两部法律进行概述，并简要讨论具有类似立法动因的其他法律，如《隐私权法》和《联邦咨询委员会法》等。与上述章节一样，在此只讨论联邦法律。但是，读者应当知道有关开放政府的法律在州法中亦有体现，甚至在州层面会发现更有强制力的立法。

一、《信息自由法》

作为《联邦行政程序法》第552节的修正案，《信息自由法》[Freedom of Information Act, 5 U.S.C. 552(a)]在1967年首次通过，以前主要关注于有关行政架构、程序和政策的材料公开。[42]《信息自由法》在1974年得到极大的强化，随后数年经常被修订，在1996年扩展到电子形式的数据，在2007年创设了独立的联邦监察制度和其他程序变化，[43]在2009年的修订强烈表明对其豁免予以狭义解释的重要性。[44] 法律规定在根据所公布的程序规则"合理提出"请求的情况下，每个联邦行政机关应当使得"任何人都可以迅速获得"其作出的任何记录，而仅仅受制于有限的法定豁免。行政机关可以对提供的服务收取一定的费用，但是，这些费用仅限于检索、复印和审查的直接成本，即使申请的记录是基于商业用途。如果记录由新闻媒体、教育或者非商业科学组织所申请，其收费标准不超过复印成本；"如果信息披露

---

[41] 参见第五章第三节"二""(三)"。

[42] 随着数字时代，公布得以扩展。参见页边码第393页。

[43] The Openness Promotes Effectiveness in our National Government Act of 2007, 121 Stat. 2524, 由政府信息服务办公室作出，网址: www.ogis.archives.gov, 其协调了《信息自由法》请求者与联邦行政机关之间的争议，并更为全面地对行政机关有关《信息自由法》的管理进行监督。它也创设了在简单、复杂和强烈需要上的请求区分(有权加快处理和提起诉讼)。在本书中，它是一个较小的行政机关，其与《信息自由法》请求相关的案件数量极少。美国行政会议在提交的建议中阐述了它的功能。Recommendation 2014-1——Resolving FOIA Disputes Through Targeted ADR Strategies, 以及支持报告见网址: https://www.acus.gov/research-projects/reducing-foia-litigation-through-targeted-adr-strategies。

[44] The OPEN FOIA Act of 2009, 123 Stat. 2142, 2184, 修订了《信息自由法》的第三种豁免，因为在案件中另一项法律通过提高适格的标准，而创设了《信息自由法》的豁免。

第六章　对行政行为予以司法审查之外的法律控制　　353

是基于公共利益",则被鼓励予以费用减免。㊻ 提供记录的义务为以下规定所支持,包括对行政机关作出反应和审查予以了严格的时间限制,㊼对拒绝申请的决定予以司法审查作出不寻常的严格规定,㊽以及评估起诉政府的成本,包括律师费和当记录被违法不予公开时可能给予的民事处罚。㊾

该法适用于"任何人",包括本国公民和外国人,并对信息需要被披露的期望无须说明理由。在此,一个人填写申请的理由与一个人依法而为的权利无关。他们会受到被准予申请而收取费用的影响,但是,提交申请的目的"与信息是否必须被披露无关"。㊿ 例如,在《信息自由法》的实践中,有一种实用方法可以找到与待决诉讼有关的行政机关记录,作为诉讼当事人的需要与提出《信息自由法》上的请求无关,而这种请求的悬而未决也不需要被认作推迟诉讼的理由。

这种公开的要求非常具有包容性。○51 暂且不说豁免,每个被行政机关

㊻　5 U. S. C. 552(a)(4)(A). The Anti-Drug Abuse Act of 1986,PL 99-570,这些规定在很多小的方面对《信息自由法》作出了修订,改变了该法的收费结构,并在商业和其他申请者之间予以区分,甚至对前者要求较高的收费都没有接近政府执行《信息自由法》[5 U. S. C. §552(a)(4)(A)]的实际成本。在 2015 年 10 月 25 日登录网站(FOIA.gov)进行检索,其显示农业部 2010—2014 年的总行政成本处在 800 万和 1500 万美元之间,所收取的费用在 4.5 万到 9.2 万美元之间,没有超过总成本的 1%。商务部相应的数字是总行政成本处在 180 万和 1000 万美元之间,所收取的费用在 4.2 万到 9 万美元之间,没有超过总成本的 5%,其中有一年比其他年份都要低。食品和药品管理局的数字是总行政成本处在 1900 万和 3500 万美元之间,所收取的费用在 29 万到 57.7 万美元之间,没有超过总成本的 2%。在此背景下,商业性申请有可能占所有收到申请的相当小的一部分。

㊼　行政机关在既定的二十个工作日内(依据规定的理由可以延长二十日一次)对申请作出初步反应,如果要求行政机关进行复核,在二十个工作日内对初步驳回申请的材料进行审查。5 U. S. C. §552(a)(6)。即使对"简单"的申请,这些被法律规定和法院认可的时间要求很少被满足,见注释 43。参见 Open America v. Watergate Special Prosecution Force,547 F. 2d 605(D. C. Cir. 1976),通过网站(FOIA.gov)显示出实际的处理时间和积压未处理的申请。

㊽　法院"重新"(de novo)进行司法审查,没有任何必要去考虑行政机关在决定中适用的专业知识,法官自己审查不予公开的文件内容,决定它们是否符合《信息自由法》的披露要求。行政机关被要求遵循加快处理的时间表,以回应寻求复核的投诉,法官被鼓励(尽管不再被要求)根据其日程表确定事务的优先次序。5 U. S. C. §552(a)(4)(B),(C)。

㊾　5 U. S. C. §552(a)(4)(E),(F)。

㊿　Bibles v. Oregon Natural Desert Assn,519 U. S. 335(1997)。

○51　司法部与该法的精神保持一致,维护了含有信息自由指引的网页(http://justice.gov/oip/doj-guide-freedom-information-act-0)和信息丰富的网站(FOIA.gov),在所提供的政府资源中有点独一无二。对于理解该法和目前的行政管理,这些都是特别有用的资源。

持有的记录无论其来源,㉛都受到该法的约束,国会以强调这种包容性的方式一再对该法进行修订。正如我们看到的那样,该法改变了规则制定的过程。《信息自由法》的立法目的在于促进记者、学者和政治人员对政府的认识,其不可能变成昂贵的措施。这种预期是虚假的,每个政府部门或者行政机关必须提交《信息自由法》所规定的报告,以此数据建立的网站(FOIA.gov)包含报告形成的检索应用,从而获得相关事务的真相。仅就卫生和公众服务部来说,其表明在2014财年有相当于284名全职雇员处理有关《信息自由法》的申请,总行政成本为4900万美元。那些获取信息带来的《信息自由法》上的福利具有经济价值而非政治价值,以至于开发其潜在价值的作坊式工业迅速扩张,并为公司及其所代表的利益所驱动。对于许多行政机关(例如,食品和药品管理局)来说,具有潜在经济价值的信息请求在《信息自由法》的适用中占据主导地位。当时为法学教授,后来成为大法官的斯卡利亚曾把这种结果描述为:"不计成本的泰姬陵,而非讲求成本效益分析的西斯廷教堂"。㉜

法律没有界定一项"行政机关的记录"的构成要素,随后的诉讼给这一术语带来的宽泛的解释。其中,有四种因素得以确认:相关资料是否产生于行政机关、资料是否出现在行政机关的档案之中、行政机关是否实际控制这些资料,以及行政机关基于其自身的目的使用这些资料。㉝ 无论它们是否产生于行政机关或者为了行政机关使用而特别创制,在档案中的资料一般被视为"行政机关的记录"。只要资料不为行政机关所占有,或者被归为特

㉛ "行政机关"不包括总统、国会、法院和仅提供直接咨询的组织,但在其他方面其范围触及"联邦政府的每一个有权机关",它们履行政府职能,并控制着影响公众利益的信息,包括国有公司,如国家邮政局(Postal Service)或者全国铁路客运公司(Amtrak)。5 U.S.C. §§55J(I),552(f).

㉜ A. Scalia,"The Freedom of Information Act Has No Clothes",*Regulation Magazine*,March/April 1982.

㉝ Kissinger v. Reporters Committee for Freedom of the Press,445 U.S. 136(1980);see also Forsham v. Harris,445 U.S. 169(1980),这些案件分别否认了"记录"的构成,对于国务院对电话交流的手写笔记,一直作为不与部门成员分享的私人文件对待;对于根据政府合同由私人调查者累积的原始数据,认为并没有为政府所占有(尽管根据合同政府能够要求获得这些数据)。

定官员个人所有,而非与组织相关联,它们有可能不被看作"记录"。[54]

该法第552(b)节规定了九种情形,豁免披露"行政机关记录"的义务,由此构成完全或者部分拒绝《信息自由法》请求的排他性基础。其中,五种豁免基本上被规定为不同形式的政府特权,其余豁免旨在保护个人或者公司免于信息披露所带来的伤害,包括披露有关他们的信息,或者向其他人(如竞争对手)提供他们视为秘密的信息。五种有关政府特权的豁免情形包括(大致按照保密强度递减的次序):(1)对国防或者外交事由进行适当分类的秘密信息;(2)法律特别授予特权的资料;(3)披露会对公私利益构成威胁的执法信息;(4)政府在政策选择上进行决策前的内部讨论;(5)"仅仅与行政机关内部人事规则及其执行有关的"资料。其余四种豁免情形包括:(1)"贸易秘密和从个人那里获得的、享有特权或者保密的商业或者金融信息";(2)诸如人事或者医疗档案的个人档案,"其披露会对个人隐私构成明显的、无正当理由的侵犯";(3)产生于对特定金融组织进行规制或者监督的信息,如银行;(4)有关油井的地理和地球物理的数据。后两种规定更为特殊,其涉及特别的利益。

总统向公众承诺予以《信息自由法》所要求的公开,其执行是多变的,共和党政府比民主党政府似乎更有可能对争议案件提起诉讼。然而,评论者声称一直存在拒绝信息公开申请的倾向,尤其是带有政治敏感性的事项,例如,奥巴马作出指示要求对任何触及其利益的信息披露予以清除。[55] 在公开透明和对坦诚建议予以保密之间确实存在紧张关系,越来越多的党派意见倾向于封闭政策讨论层级的资料,认为这些资料受《信息自由法》第五项豁免的保护,像这样的看法也许不足为奇。总的来说,在信息自由法

---

[54] 由此,在 Bureau of National Affairs v. United States Department of Justice,742 F. 2d 1484(D. C. Cir. 1984)案中,记者寻求反垄断部门负责人的任命记录,无疑是在寻找不当接触的证据。由其秘书作出的日程表,并通知所在部门的其他负责人,这些构成"记录"。而有关任命的日常安排为秘书基于私人方便予以保存,不与其他人分享,则不构成"记录",即使秘书偶尔让其同事看到这些私人记事。

[55] House of Representatives Committee on Oversight and Government Reform,FOIA is Broken:A Report 3(Jan. 2016).

的官方网站(FOIA.gov)上,其公开的数据显示绝大部分的信息公开请求最终被全面准许,有关《信息自由法》司法诉讼的层级很低,可能与其容量有关。高比例的准许也许反映了行政机关意识到司法审查之严格,或者是《信息自由法》严格规定的结果。毫无疑问,许多没有获得准许的申请者接受了结果。

有个案件说明在诉讼过程中法院审查豁免的严格,在该案中,所申请的文件用地图标明在海军军火库中军需品的位置。㊱ 该文件没有被分类,而政府拒绝公开,作为"仅仅与行政机关内部人事规则及其执行有关的"资料予以豁免。最高法院以一票不同意作出判决,以"人事的"形容词来修饰"规则"和"执行"。由此,豁免规定仅仅保护人事关系方面的官方文件,而不是这种文件。值得注意的是,尽管多数意见在法律术语上表达了更为适合的解释方式,但不要解读为英语用法上的问题。大法官的不同意见亦有某些正当理由,其认为可以解释为"仅仅与行政机关内部的……执行",而多数意见的解读与三十年来下级法院的理解背道而驰。

行政机关认定某一豁免适用于"行政机关的记录"不会终止一项调查。《信息自由法》还规定"任何记录的合理分离的部分在删除被豁免的部分后,应当提供给申请者"。对于某些豁免来说,这不是一种重要的限制条件,法官不打算逐项对敏感的国家安全文件进行重新分类,而倾向于接受调查档案的片段即使表面上无害,也会传递可能造成损害的信息。然而,对于强制力减弱的其他特权来说,这有着重要的影响。正如之前讨论的规则制定,政府可以拒绝公开政策的决策前讨论材料,但通常必须披露这些讨论所基于的事实材料。㊲ 如果在个人档案公开之前能够从中删除所有的身份特征,

---

㊱ Milner v. Department of the Navy, 562 U.S. 562(2011).

㊲ 参见 NLRB v. Sears, Roebuck & Co., 421 U.S. 132(1975),政府不是必定而是偶尔能够说服法院,披露行政机关的事实认定,即行政人员对事实进行的分类和描述,其本身会公开"决策前的过程",由此应予豁免。例如,在 Mapother v. U.S. Dept of Justice, 3 F.3d 1533(D.C. Cir. 1993)案中,法院允许行政机关不公开事实材料和报告中的决策前建议,这些建议有助于检察总长决定是否考虑前任联合国秘书长瓦尔德海姆(Kurt Waldheim)的战时活动,而不准许其进入美国境内。

则其不再对侵犯隐私构成威胁。㊽ 这些问题涉及豁免的适用,而事实却让对此作出的决断处于尴尬的境地,即申请者的律师不能获知被行政机关保留的信息,因为展示这些信息会让案件变得无实际意义(moot)。对此,催生了精细的实务操作,其依靠政府官员的宣誓,并辅之以法院偶尔对拍摄处理后的文件进行检查。政府对不公开文件承担予以支持的责任,这一认识促使政府尽可能提前进行宣誓作证。㊾

毫无疑问,商业公司和外国政府对这些与其利益直接相关的豁免处理尤为敏感。例如,他们提供有关核电站事故的资料,不易被分类为国家安全数据、"行政机关内部和相互之间的备忘录或者信函",㊿或者"贸易秘密和从个人那里获得的、享有特权或者保密的商业或者金融信息"。一个国家的国内政策通常不会使得这样的信息公之于众,至少不会马上公开,而令人惊奇的是它们会出现在美国新闻界,由此使得国家和随后与之分享重要信息的规制机关感到沮丧。外国公司不可能分享敏感的商业数据,他们担心会落到其竞争者手中。

所幸的是"贸易秘密"的豁免范围事实上比想象的要更小一些。公司将

㊽ Department of the Air Force v. Rose,425 U.S. 352(1976);Arieff v. U.S. Department of the Navy,712 F. 2d 1462(D.C. Cir. 1983),法院要求运用单方面宣誓去决定令人尴尬的信息是否能够从"被简化处理"的处方药品清单中推断出来,这些药品由海军制药办公室提供给国会议员、最高法院法官以及其他人。

㊾ Vaughn v. Rosen,484 U.S. 820(D.C. Cir. 1973),cert. den. 415 U.S. 977(1974),该案是这一程序被广泛遵循的来源,并在 Arthur Andersen & Co. v. Internal Revenue Service,679 F. 2d 254(D.C. Cir. 1982)案中被予以详细说明。

㊿ Department of Interior v. Klamath Water Users Protective Ass'n,532 U.S. 1(2001),该案所涉及的文件由印第安人部落提交给内政部,而内政部有义务在信托的范围内采取行动维护其利益。然而,部落提交的文件没有被描述为行政机关内部或者相互之间的行为,由此最高法院一致认为它们不属于《信息自由法》的第五种豁免情形。尽管最高法院对没有上诉的特别主张予以认定,即部落事实上为稀缺供水的竞争者寻求在程序上的有利条件,但是,其强调《信息自由法》的豁免"应予狭义地解释"。有人可能会提出疑问,在行政机关的记录中是否任何非行政机关的文件(如咨询报告或者由州有权机关产生而联邦政府共同承担某些责任的文件)都属于豁免的情形。作为20世纪最伟大的上诉法官之一,第二巡回法院的弗兰德利(Henry Friendly)法官早些时候在 Lead Industries Assn,Inc. v. OSHA,610 F. 2d 70(2d Cir. 1979)案中作出认定,向行政机关提交报告的顾问作为政府雇员,明确预示了行政机关的决定,该报告属于《信息自由法》第五种有关决策前文件的豁免情形。该案及其豁免适用似乎有可能产生持久的影响。

其提供的数据视为敏感的或者保密的信息是不够的,例如,非营利组织提交的调查计划是保密的信息,但不是商业或者金融信息。[61] "贸易秘密"可以被限定于有关生产过程的信息。[62] 为了维持行政机关对信息的豁免,法院必须确认受质疑的信息属于商业或者金融方面的信息,通常不被公众所用;同时,"信息披露将会损害受秘密保护的私人或者政府的合法利益"。[63]

信息提供者相信信息处在豁免的范围内,而行政机关作出信息公开的决定,这至少可以概括为两种方式。行政机关作出不适用豁免的错误判断,或者行政机关认为其能够通过适用豁免不公开信息,但是相信就裁量而言,其更趋向于公开信息。(例如,核规制委员会根据其管辖权在核电站发生重大事故后可能作出这样的判断。)重要的是一开始就要认识到根据《信息自由法》的规定,上述判断都不存在问题。因为该法只为申请者创设了权利,如果行政机关错误地或者通过裁量行为作出信息披露的选择,《信息自由法》本身却没有规定对信息的提供者给予救济。[64]

然而,信息提供者并非完全没有救济。其他法律设定对信息予以保密的义务,而行政机关作出错误的判断会违反法定义务,或者设定义务的规定会阻碍行政机关提出信息公开裁量权的主张。对于那些受制于规章提供必要信息的人,作为鼓励他们更加自愿提供信息的方法,行政机关通过规章规定,任何人申请提供者主张保密的信息,信息提供者将被通知,并给予斟酌

---

[61] Washington Research Project, Inc. v. Department of Health, Education and Welfare, 504 F. 2d 238(D. C. Cir. 1974),cert. den. 421 U. S. 963(1975).

[62] Public Citizen Health Research Group v. FDA,704 F. 2d 1280(D. C. Cir. 1983).

[63] National Parks and Conservation Assn. v. Morton,498 F. 2d 765,770(D. C. Cir. 1974),这种测试被联邦法院广泛接受。随后在特区巡回法院的诉讼重新将其认定为法定由政府提供的信息,但是,其宣称对信息的新测试,仅仅要求信息被自愿提供。对于这样的信息,法院通过第四种豁免情形予以充分保护,这表明信息被提供者"习惯上"认为和确认为保密信息。Critical Mass Energy Project v. Nuclear Regulatory Comm'n,975 F. 2d 871(D. C. Cir. 1992)(en banc)。该案宣称的修正是对这样的担忧作出的反应,即提供的信息太容易被竞争者获取,结果阻碍了信息提供者与政府的合作,而此修正意见并没有被其他巡回法院广泛采用。有人会说 Critical Mass Energy Project 是反对核电站的非政府组织,不是竞争者。在此,该修正意见的吸引力会被怀疑所破坏,即剥夺公众的有用信息的目的在于促使重要的政策争论有意见沟通,而不是保护竞争性的有利条件。

[64] 在此事项上的引领性判决是 Chrysler Corp. v. Brown,441 U. S. 281(1979)案的判决。

第六章　对行政行为予以司法审查之外的法律控制　　359

考量信息公开的参与机会。总统的行政令为行政部门作出了披露之前予以通知的规定,但是,并不要求在信息公开之前举行任何类型的听证。⑥ 法院适用普通的《联邦行政程序法》审查标准来"撤销信息公开的行为",⑥ 如果成功的话,将会产生阻止信息公开的命令。《信息自由法》本身没有对重新审查(de novo review)作出大量的规定,通过司法审查撤销信息公开的行为展示了有用的可能性,即信息提供者可以控制行政机关的行为而无须立法行为。

　　从实务上来看,公开所提供的信息表现出混合的不利效果。行政机关每年向国会提交的《信息自由法》报告证实了公司及其代理人向规制行政机关提交了巨量的《信息自由法》申请,以寻求他们想要的信息。可以设想如果无利可图,这种行为将不会持续。学术研究还揭示了根据《信息自由法》从政府获取财产性信息几乎没有漏洞。⑥ 被诉案件基本上由公共利益团体或者新闻媒体提起,⑥ 而不是竞争者刺探信息,其中公益团体致力于确保数据以规章要求为基础。⑥

二、《电子信息自由法》

　　信息时代的来临预示着政府将持续进行自我披露。在这本书中,尤其是第三章的脚注以及第五章有关规则制定发展的讨论,所作出的努力使得某

---

　　⑥　E. O. 12,600,52 Fed. Reg. 23,781(June 25,1987),reprinted in 5 U.S.C. §552 note.
　　⑥　参见 Chrysler 案,注释⑥。有关普通的《联邦行政程序法》的审查标准,参见第八章。National Organization for Women, Washington D. C. Chapter v. Social Security Administration,736 F. 2d 727(D. C. Cir. 1984),该案阐述了支持和反对通过重新审查来撤销信息公开行为的论点,而反对的论点更为主流。
　　⑥　参见美国行政会议上的分析报告,R. Stevenson,"Protecting Business Secrets Under the Freedom of Information Act: Managing Exemption"4,34 Admin. L. Rev. 207(1982)。
　　⑥　Fox News Network, LLC v. Department of the Treasury,739 F. Supp. 2d 515(2010),该案产生于 2008 年的金融危机,其长篇和详细的意见很好地展示了《信息自由法》诉讼的工作和困难。
　　⑥　由此,Chrysler Corp.,注释⑥。该案致力于确保有关雇佣实务数据在反歧视诉讼中的潜在运用。当竞争者使用同样的数据去改善其有色人种或者女性雇员的记录,则不存在曾经发生的情况。由于《信息自由法》的申请成本远低于提起诉讼的产出,则没有理由认为外在的诉讼模式是反映申请者动机的重要指标。

些正在发生的变化变得更为显著,行政机关和其他网页给予的引证资料证明其有助于探究这种迅猛的发展。[70] 1996 年《电子信息自由法》修正案将《信息自由法》的范围扩展到通过电子形式保存的记录,[71]并规定"如果记录易于被复制",则申请者可以获得电子版的文件。文件便于以电子形式进行组织和检索,这表明《信息自由法》的效用得以极大地提升。

也许《电子信息自由法》最为重要的要素是规定各行政机关必须创设和维护电子阅览室。这些事实上的图书馆包含了各种各样与《信息自由法》有关的信息——通常被检索的数据、实现《信息自由法》要求的指引、电子版的容量以及行政机关每年提交《信息自由法》报告的副本。本书特别关注的重点在于期望行政机关的电子阅览室包含有关软法的副本,如过去难以获取的指引、员工手册和解释性资料等。[72] 如今,这些电子阅览室经互联网与每一台电脑相连接,并通过复杂的搜索引擎几乎同时可以查找其内容。举例来说,国家公路交通安全管理局法律顾问对其规章作出的解释,这些解释以前只能在法律顾问办公室的档案(索引不完善)中才能找到,而现在通过网页链接上不断更新的通知可以即时和广泛地获取。[73] 尽管很容易体会到这种增进透明度的有利条件,但是,相关评论却表明其贯彻执行仍有缺陷。[74]

在 2002 年《电子政府法》创建的官方基础设施的支持下,[75]行政机关的网页被予以动态维护,并提供新闻、社会媒体连接以及行政机关内外的网站

---

[70] 参见页边码第 400 页和第 12—13 页。

[71] P. L. 104-231,110 Stat. 3049;see "Symposium:Recent Developments:Electronic Freedom of Information Act",50 *Admin. L. Rev.* 339(1998)。

[72] 参见 http://www.nhtsa.gov/About+NHTSA/NHTSA+Electronic+Reading+Room+(ERR)。

[73] http://isearch.nhtsa.gov/。

[74] M. Herz,"Law Lags Behind:FOIA and Affirmative Disclosure of Information",7 *Cardozo Pub. L. Pol'y & Ethics J.* 577(2009);S. Oltmann,H. Rosenbaum,& N. Hara,Digital Access to Government Information:To What Extent are Agencies in Compliance with EFOIA?,Proceedings of the American Society for Information Science and Technology,Vol. 43,No. 1(2006)。

[75] 参见页边码第 268 页,注释㊻。

链接,联合网站如 Regulations. gov、Open. gov 和 Data. gov,藉此可以进一步进行调查。在行政机关内部,信息检索的效能得以改善,并极大地减少了文件存储和管理的成本,也解决了以前存在的问题,即将特定文件制成复印件需要更多的人力资源,或许所在地点对于其他人也不够便利。

三、《阳光下的政府法》

《信息自由法》取得了有目共睹的成功,使得政府过程更为可接近,随后国会在 1976 年制定了《阳光下的政府法》。[76] 在提升行政程序中公众参与的社会运动中,[77] 该法的通过处在运动的巅峰时期,也回应了这样的看法,即受规制工业团体能够经常获悉行政机关的商议,而公众基本上无法分享这些信息。[78] 总的来说,该法将各州普遍采用的制度适用于所有多成员的联邦行政机关——独立规制委员会。据此,委员会"会议"必须公开举行,并提前在联邦公报上发布通知,最终受制于司法监督,以及提供副本的要求,这些副本允许事后披露,以证明行政机关的判断存在错误或者说明不予公开的理由。[79]

对会议公开的要求规定了十种豁免的情形,大致与《信息自由法》的豁免相对应。其中一种值得注意的豁免是没有规定结束决策前对有关基本政

---

[76] 5 U. S. C. 552b,有关对该法的早期评论及其历史,见 R. Berg & S. Klitzman, An Interpretive Guide to the Government in the Sunshine Act(G. P. O 1978)。美国行政会议最近发布了工作建议(recommendation 2014-2),网址:https://www.acus.gov/research-projects/government-sunshine-act。

[77] 参见第五章第二节"三""(二)"。

[78] Home Box Office, Inc. v. FCC 案的判决,页边码第 324 页,该案在《阳光下的政府法》生效后一年作出判决,在此司法意见中所描述的许多私人会议与该法的形成一并进行。

[79] 该法还允许国会议员在监督过程中查阅副本,并用于所作出的选择。参见 San Luis Obispo Mothers for Peace v. NRC, 751 F. 2d 1287(D. C. Cir. 1984), vacated in part 760 F. 2d 1320 (1985), affirmed 789 F. 2d 26(en banc 1986)。在核规制委员会核电站的审批上,这种技术激发了合作上(最终并不成功)努力,以探究其说理,从而展示针对所采取的行动何谓"真正"(被诉称不当的)的理由。也许是知道如果其商议被复录会有可怕的后果,最高法院的多数意见拒绝将副本本身作为足以认定"不实"的证据,而这对法院探究行政机关的说理和审查其商议过程是必要的。参见页边码第 508 页。

策问题的讨论,这些政策问题与规则制定程序密切相关。甚至有关行政机关预算提案的会议都受制于公开的要求,尽管像这样的计划进行公众讨论会产生可预期的影响,包括行政人员的坦诚以及行政机关随后与管理与预算办公室、国会委员进行协商的有效性。[80]

对"会议"的界定更有可能构成一项决定的基础,而该法并未作出规定。上诉法院倾向于赋予其宽泛的含义,扩及所有"实现行政目的的会议",而最高法院则适用狭义地解释。[81] 一位联邦通信委员会的委员赴欧洲与欧洲和加拿大的同行分享有关扩大海外通信服务的想法。服务于美国市场的公司想要迫使这些会议公开举行。这些会议很容易被归于有关行政事务的商议性和例行公事的会议。它们还不能导致行政机关实施《联邦行政程序法》意义上"行政行为"。最高法院认为它们最多属于预备行为,不在通知和公开的要求之内。这种意见敲响了警钟,即如果该法适用于预备性的讨论或者"国会认为对有关行政事务的有效行为确有必要的非正式交流",则其"会损害正常的行政运作,而无法实现重大的公众利益"。从立法史上来解读,这一说理可以说不大严谨,类似于《信息自由法》的情况,其立法史强调通过信息公开产生的预期利益以及控制行政机关拒绝公开的需要。然而,在该法的实际效果上,司法意见跟随学术研究的进展。在1980年代早期,美国行政会议首次开展了实证调查,[82]其发现:

> 有理由相信作出决定的行为模式发生了转变……从合议的过程变为分开的、个性化的过程,其成员彼此之间相互隔离。原因之一是会议作为决策工具的重要性有所降低……减少合议的另一个原因是……在早期阶段对敏感事项的推测性研究难以公开举行……

---

[80] Common Cause v. Nuclear Regulatory Commission,674 F. 2d 921(D. C. Cir. 1982).

[81] FCC v. ITT World Communications,466 U. S. 463(1984),reversing 699 F. 2d 1219(D. C. Cir. 1983).

[82] D. Welborn,W. Lyon & L. Thomas,Implementation and Effects of the Federal Government in the Sunshine Act(1984).

在 2005 年,联邦通信委员会未能成功(到目前为止)请求国会减少这样的规定,即"对委员之间的实质性思想交流构成障碍,妨碍从每个人的观点、数据或者评论中获益的能力,并阻止在复杂问题上最大化达成一致意见的努力"。[83] 最近,一份行政会议研究表明,[84]像联邦通信委员会所报告的实务情况一样,行政机关基本上"依靠书面交流、行政人员或者面对面的会议……,而没有促进坦率和公开的讨论"。通过在传阅的备忘录上做标记,而非口头来完成投票。然而,这些被报告的效果并没有激起立法上的变化。

四、《隐私法》

1974 年通过的联邦《隐私法》[85]旨在满足不断增长的要求,即包含个人信息的政府档案的准确性和可得性。该法主要(而非专门)是对计算机数据库的出现作出的反应,人们担心政府能够广泛地放大私人状况的细节和侵入程度。个人而非公司受到该法的保护。[86] 对于个人而言,尤其是关心其人事档案内容的联邦雇员,该法提供了实质性的重要控制。

总的来说,该法反映了"公平信息处理"的五项原则,负责卫生、教育和福利各部门的咨询委员会在自动化个人数据系统上发布了一份有影响力的报告,对此作出认定:[87]

(1) 必须公开所存在的个人数据记录系统;

(2) 必须为个人提供一种途径,去发现记录中有什么与其有关的信息

---

[83] Letter of Feb. 2,2005,available at https://apps.fcc.gov/edocs_public/attachmatch/DOC-256655A1.pdf(visited October 28,2015).

[84] R. Bull,Government in the Sunshine in the 21st Century(March 2014),available at https://www.acus.gov/sites/default/files/documents/Government%20in%20the%20Sunshine%20Act%20Draft%20Report%20REVISED%205-7-14.pdf. 该研究仅限于行政机关层面,由此相关建议(Recommendation 2014-2)没有提交给国会以寻求立法上的改变。网址:https://www.acus.gov/research-projects/government-sunshine-act。

[85] 5 U.S.C. §552a。

[86] 在 2011 年,罗伯特首席大法官在最高法院的一致意见中,否认公司具有《信息自由法》第七项豁免所保护的"个人隐私"利益。由此可见,通过这项法律的规定,"AT&T 公司将不会被认为是个人性的"。FCC v. AT&T;562 U.S. 397,410。

[87] Records,Computers,and the Rights of Citizens 41(1973).

以及这些信息如何被使用；

（3）必须为个人提供一种途径，去防止以某种目的获得的与其有关的信息，未经其同意而基于其他目的被使用或者获取；

（4）必须为个人提供一种途径，去更正或者修改与其有关的带有可辨识(identifiable)信息的记录；

（5）对于可辨识的个人数据，任何组织的创设、维护、使用或者传播都必须确保数据使用的可靠性，并采取合理的预防措施，以防止数据的滥用。

正如这些原则所表明的那样，该法更加关注于信息使用的正规化，而不是限制其使用。⑱ 由此，行政机关被鼓励从调查的主题中或者通过其认知获取信息。它们必须作出实际的或者正式的通知，并对查询何种信息、授权以及未予回应的后果进行理由说明。只有"相关"信息才能被查询和保存在政府档案中。除了《信息自由法》第一项、第五项和第七项豁免（这些规定与限制获取材料和进行调查有关）以外，个人有权与其有关的获取可辨识的记录。根据程序安排，个人可以寻求其认为不准确的更正信息。为了应对计算机时代的私人需要以及明确承认政府部门获取信息的合法需要，该法对信息的获取和使用的限制依赖于相关的个人信息。"法律规定旨在提升信息质量，这一公允的解读表明绝非必然会有高标准的信息质量……与《信息自由法》相比较，《隐私法》支持的信息获取权利没有被设计为公众自由地获取全面的政府档案，而只是必要的附件，其更为广泛的目标在于通过获得利害关系人的观点来确保信息的质量，而这些人有能力促使行政记录的准确性"。⑲

---

⑱ 比较《数据质量法》，其与规制组织提供的信息有关，页边码第 366 页，注释㊷。

⑲ Smicrtka v. United Stales Dept. of Treasury, 447 F. Supp. 221, 225-227 (D. D. C. 1978), remanded for consideration of possible mootness, 604 F. 2d 698 (D. D. Cir. 1979). See also, A. Alder & M. Halperin, *Litigation Under the Federal FOIA and Privacy Act* (9th ed. Center for National Security Studies 1984); *Report of the Privacy Protection Study Commission*, *Personal Privacy in an Information Society* (1977); "Project, Government Information and the Rights of Citizens", 73 *Mich. L. Rev.* 1323 (1975); J. Hanus and H. Rdyea, "A Policy Assessment of the Privacy Act of 1974", 25 *Amer. U. L. Rev.* 555 (1976).

行政机关一旦获取了信息,"大数据"时代的计算机化使其变得便利,但是,《隐私法》会阻碍行政机关之间的数据共享,即该法基本上禁止某一行政机关在未经有关被记录人书面同意的情况下,向另一个行政机关披露该记录。该法以限制性术语规定了一种例外情形,其允许某一行政机关负责人基于执行目的向另一行政机关请求获取记录。[90] 当联邦航空管理局通过将某一飞行员的记录与其在社会保障局成功获得伤残保险的记录进行比对时,发现该飞行员存在刑事犯罪行为,即对其不符合资格的疾病信息予以故意的隐瞒(withholding),这种情况违反了《隐私法》,而如果该飞行员能够证明确实存在"实际损害",就应当给予补偿。[91]

在美国公共政策中,私人的担心无疑是重要的,关注电子交流和医疗记录隐私权的倡议即为明证,但是,《隐私法》对个人救济予以严格规定,与《信息自由法》相比,其并不经常成为诉讼的主题。[92] 在最高法院,与《信息自由法》第六项(个人隐私)豁免之间的相互关系产生了一种有趣的现象。[93] 联邦工会想获得联邦雇员的家庭地址,以寻求他们加入工会。根据劳动法的一般原则,私人雇主将不得不提供这些地址,因为在潜在的工会成员家中与其进行沟通,比在工作场所会少一些对雇主强制的戒心。但是,《隐私法》规定只有行政机关根据《信息自由法》依申请公开,这些地址才能被披露。如

---

[90] 5 U.S.C. 552a(b)规定,"任何行政机关都不得以任何方式向任何个人或者其他机关披露其档案系统中的任何材料,除非有相关档案被记录人的书面请求或者事先的书面同意,但下列情形除外:……(7)档案材料提供给其他行政机关或者任何具有管辖权的政府机构,其受制于合众国对民事或者刑事执法活动的控制或在其控制范围内,同时,执法活动经法律授权,而且行政机关或者有权机关的负责人向保存记录的行政机关提交书面申请,并详细说明想要获取记录的特定部分以及所要求记录的执法活动"。

[91] 在 FAA v. Cooper,132 S. Ct. 1441(2012)案中,最高法院较为保守的大法官通过微弱多数意见指出,要求对主权豁免的免责进行狭义解释的原则,排除对精神痛苦、情感伤害以及主观上的损害等给予补偿。(该飞行员没有向联邦航空管理局披露 HIV 检测阳性,后起诉该局违反《隐私权法》未经其同意从其他机关获取其医疗记录,最高法院认为根据《隐私权法》的目的,精神或者情感损害不属于实际损害,而未支持其诉求。——译者注)

[92] 除了 FAA v. Cooper 案以外,近来最高法院的相关案件包括 Doe v. Chao,124 U.S. 1204(2004)and NASA v. Nelson,131 U.S. 746(2011)。

[93] Department of Defense v. Federal Labor Relations Authority,510 U.S. 487(1994)。

上所见,特定申请者对信息的需要即使被法定政策所强化,依据《信息自由法》也不应予以考虑,而《隐私法》亦阻止像这样的披露。㊾

五、《联邦咨询委员会法》

正如我们所看到的那样,㊿在1960和1970年代后期的普遍感受是,行政机关在传统程序下的运作被其试图控制的特定利益所捕获,在规制过程中的每一个程序步骤都必须确保更大的可视性和更广泛的公众参与。作为《阳光下的政府法》的先导,1972年的《联邦咨询委员会法》(Federal Advisory Committee Act)是早期对这一问题作出的立法回应之一。㊱ 该法主要对行政机关使用"咨询委员会"进行规范。咨询委员会是由行政机关组织专家或者共同体成员成立的委员会,其对政策问题提供建议或者作为征询意见的委员会提供服务。他们可能由地方市民组成,就有关该地区联邦土地的重要用途向土地管理局官员提出建议,㊲也可能邀请全国知名科学家组成,就核反应堆规制中的技术问题向核规制委员会提出建议,或者是邀请商业人士或其他人组成,就政策发展向商务部提出建议。这些委员会不具有代议性(represent),这平衡了相关共同体的具有代议性的部分(cross-sections),而代议性部分往往被特定利益用作一种私下游说的工具,以实现规制性的解决方案,而该解决方案应该是经过公开程序考虑各方利益关切的产物。该法施加的矫正措施包括平衡的成员身份、事先通知的公开会议,以及符合该法规定的集中批准和定期审查等规定。

㊾ 最近,最高法院对另一项隐私保护法,即1994年《驾驶者隐私保护法》(18 U.S.C. §§2721-2725)进行解释,其对豁免情形作出狭义解释,认为虽然政府在"大数据"的累积和使用上日益增长,但最高法院持续关注在计算机时代像这样予以保护的需要。Maracich v. Spears,133 S. Ct. 2191(2013)。

㊿ 例如,页边码第294页。

㊱ P. L. 92-463,5 U.S.C. App. I.

㊲ 参见页边码第251页。

像其他法律一样,该法在理论上很简单,而在实务上确实很复杂。[98] 非政府组织发现其可以作为一种杠杆,用来披露向总统提交的有关司法任命[99]和重大计划[100]的政治建议。如果外部人员能够藉此阻碍总统向私人或者组织寻求建议,这些运用就产生了在分权之下该法具有合法性的担忧。[101]这些案件所提及的先例注解反映出避免这些问题的司法智慧。[102]

六、数字时代的潜在影响

从目前的形式及其可能性来看,电子政务非只言片语所能表述,但有一些看法可以分享。在数字"云"中实现数据存储,使得数据分享变得可能,在互联网上可以使用复杂的检索工具,这些发展所产生的影响才刚刚开始。行政机关通过社交媒体与外部相连,就像电子图书馆的内容一样,极大地扩展了公众对法律和政策的认知。联邦数据管理局(Federal Data Management Service)在公用方面允许对规则制定文件(例如,评议)提供特别的接口,一旦文件被归档,就可以全部看到,这种广泛参与可谓前所未有。在政府内部,联邦数据管理局的举措引人注目,其将数据接口扩及更大的政府文件库。由此产生的影响是提高了外部控制的可能性,而这种可能性在纸质时代事实上被行政机关的信息垄断所消解。在某种程度上,"信息就是权力",而在白宫的支持下权力平衡发生了改变。通过网站(Data.gov)分享政府数据促进了私人应用的发展,例如,披露了海平面上升后果的特定细节,[103]大城市能够很快知道需要修补的洼地,分享对餐馆进行检查的结

---

[98] Administrative Conference Recommendation 2011-7 and its accompanying report,网址:https://www.acus.gov/research-projects/federal-advisory-committee-act;该建议报告提供了一个现代的视角。更为早期的上佳分析,见 S. Croley and W. Funk,"The Federal Advisory Committee Act and Good Government",14 *Yale J. Reg.* 452(1997)和美国律师协会的报告,页边码第 14 页,注释[13]。

[99] Public Citizen v. Department of Justice,491 U.S. 440(1989)。

[100] Association of American Physicians and Surgeons v. Clinton,997 F. 2d 898(D. C. Cir. 1993)。

[101] Public Citizen v. Department of Justice,491 U.S. 440(1989)。

[102] 参见 J. Bybee,"Advising the President:Separation of Powers and the Federal Advisory Committee Act",104 *Yale L. J.* 51(1994)。

[103] 例如,网站:sealevel.climatecentral.org。

果等。

在白宫科学与技术政策办公室，一位负责奥巴马总统"开放政府倡议"的女士在其最近出版的书里指出，[104]在纸质年代作为典范的法律，如《行政程序法》的规则制定规定、《文书工作削减法》[105]以及《联邦咨询委员会法》，它们对进一步创造性地使用互联网构成实质性的障碍，而借助于互联网可以识别有必要技能和资格的公民，进而将他们的自愿努力整合到政府或者社会的需要之中。受到关注的延伸部分会带来各种对公共生活作出的贡献，包括开放资源的软件、维基百科、其他汇集自愿力量的专业产品等。在政府内部，行政机关能够集中有关公务员专业知识的信息，这些专业知识独立于他们的工作头衔或者层级岗位，由此可以披露更深层次的解决问题的行动资源。在政府外部，潜在的有用专业知识的识别、运用它们的意愿，以及运用于行动中的有效技术，这些因素使得协商或者行动得以整合，而以广泛邀请参与的方式是无法完成的。在此，《文书工作削减法》和《联邦咨询委员会法》阻碍了发展的道路。

第四节　监察专员和监察机关

监察专员（ombudsmen）在议会系统中对行政行为构成行之有效的非司法控制方式。在像大学这样的特定官僚系统以及被美国行政法学界支持的长期研究中，[106]这并不鲜见，但在联邦层面，相关组织缓慢地获得重要的地位。

政府信息服务办公室在政府信息公开事务上承担着监察职能，这是一种

---

[104]　B. Noveck, *Smarter Citizens*, *Smarter State*（Harvard 2015），相关网站为：smarterstate.org。
[105]　页边码第 364 页。
[106]　W. Gellhorn, *When Americans Complain*（Harvard 1966）; *Ombudsmen and Others: Citizens' Protectors in Nine Countries*（Harvard 1966），盖尔霍恩教授在 1975 年基于这些研究获得亨德森奖（Henderson prize），哈佛大学法学院每十年在行政法领域为最杰出的学者颁发此奖。

第六章 对行政行为予以司法审查之外的法律控制   369

突出的例外情况。[107] 也许对于国会议员而言,[108]处理好选民与官僚机构之间的问题至关重要,他们不愿意放弃这种职能,由此压制了监察的广泛运用。某些州以及州和地方行政机关雇佣行政人员委以此任,尽管其实际职能大有不同。

联邦行政机关经常与各种组织性的监察机关(watchdog agencies)打交道,这些监察机关服务于总统、国会或者行政机关的政治首脑,其职能与监察专员有点不同,监察专员主要对服务于个人利益的公民质询作出反应。如上所述,[109]管理与预算办公室和审计总署分别与总统和国会相联系,是两个确有监察职能的机构。在1978年,通过立法在每个行政部门产生了独立的总监察长,作为看门人承担反对浪费和滥用的职责。[110] 另有立法将其职责放在防止向行政人员实施报复上,包括联邦雇员或者那些执行规制任务,将不当行为或者丑恶行径予以公开的行政人员。[111]

在州和地方层面,审计职责一般由分别选举产生的审计官员来承担,其具体负责确保政府财政的效能和诚实。至少在某一州,中枢行政机关(central agency)负责监督所有行政机关的规则制定,以确保其应有的正当性和清晰的表述。[112]

从1968年到1995年,[113]继而从2010年到目前,美国行政会议经常提交建议和报告,其作为负责联邦行政程序的持续分析和发展的组织,服务于一种不同的监督职能。该组织由少数常职的政府雇员来领导,其负责人由总统任命,十二名理事会成员从公私部门中指派产生,行政会议的工作主要通过来自行政机关和全世界学术与私人实践的审议性集会来完成,其基于学者和(偶尔情况下的)个别律师的实证研究定期对行政程序的完善进行辩论   403

---

[107] 参见注释㊸。
[108] 参见页边码第43页和第119—120页。
[109] 页边码第377页。
[110] RL. 95-452,5 U. S. C. App。参见注释⑲和⑳,所报道的故事显示对其运用毁誉参半。
[111] Civil Service Reform Act of 1978,P. L. 95-454 §3.
[112] 参见页边码第372页,注释㊽。
[113] 在1995年,国会对美国行政会议的工作可能比欧洲读者所想象的还要不够重视,其拒绝进一步资助行政机关;而成功促其复兴的推动者主要包括两个最高法院的大法官,布雷耶和斯卡利亚,他们经常对行政法问题诉至最高法院持反对的意见。

和采纳建议。这些建议通常在行政层面会产生重大的变化,在混合的规则制定和总统对行政机关政策制定进行监督的事项上,[114]使得重要的专业意见在相对非政治的背景下得以整合。美国行政会议也收集统计数据,偶尔发布资料读本,以及对执行某些行政法方面的法律进行协商。在其成立五十周年纪念之际,一本法律评论的专题论文集对其职责履行提供了广泛的评估。[115]

私人组织(尤其是全美律师自愿组成的律师协会)[116]和行政法和规制实践分会(由行政法领域公私成员组成的协会)也承担像这样的任务。在此,政府限制律师的参与构成了主要的障碍。[117] 如前所述,[118]美国律师协会对行政程序进行全面的审核,一般为有关行政管理的立法和内部调整提出建议,并每季度出版《行政法律评论》(*Administrative Law Review*),使其成为对行政法实务问题进行持续分析的有用资源。

第五节 非正式政策监督:一般和行业出版物

在许多华盛顿的行政机关中,行政官员搜集在全国新闻出版物中有关行政机关及其职责的报道,并予以复制供行政机关领导层传阅。在此方式下,一个人会更多地了解失败之处,而不是所取得的成功,了解负面的公众态度,除非(或者即使)予以解决,否则导致立法监督听证会的丑闻,或者要求解决的困难的规制问题。全国新闻出版物一般并不持续报道行政事务,当一篇主文刊载于编辑版面时,行政法专家所喜爱的主题对于公众来说,

---

[114] 参见页边码第327页,注释⑯;第271页,注释㉛。

[115] 83 Geo. Wash. L. Rev. 1133 et seq. (2015),各位作者的作品、行政会议和政治影响,见第1668页,这些反映出对总统的行政管理提出建议普遍存在的难题。

[116] 美国律师协会的特别委员会——法律和经济委员会承担一项分析任务,即 Federal Regulation: Roads to Reform (1979),该报告发布后数年对塑造去规制化措施有着特别的影响。

[117] 对从任何公私资源中获得费用补偿作出了极为限制性的规定。

[118] 参见页边码第14页,注释⑱。

"往往是枯燥的",并"无法激起公众的热情"。⑲ 相比做好例行工作,紧急事件和丑闻更能吸引公众的注意力。但是,对行政机关的议程进行新闻报道或者电视访谈,其影响常常不容小觑。⑳

只要规制性重大利益成为必要,专业出版物就会出现,并在特定行政机关的运作和趋势上向感兴趣的私人共同体提供详细信息,而其年度成本往往很高。㉑ 在行政机关内部,这些出版物也会被认真阅读;在行政机关负责人采取行动之前,这些报告人有时候会认识到较低行政层级的发展或者问题,而这些是领导层将不得不面对的情况。领导层也借助于这些出版物向被规制的工业界提供未来政策动向的信息,藉此引导它们的发展方向,或者将反对或者相反意见公之于众。

对于类似的目标而言,行政机关的负责人发现花费时间培育与被规制共同体的关系很有价值,如出席会议和午餐会演讲等。以最低的行政成本,于眉目之间展现想要的行为。然而,如果行政机关被规制对象所"捕获",而其行为反而变成心照不宣的暗示(wink),㉒尤其是规制者开始监管时与被规制对象进行联系,并以此作为其未来职业发展的资源,那么这种亲密无间就会产生腐败的效果。这一问题被美国文献描述为"旋转门"问题,考虑到对规制机关的政治领导而非行政领导,则问题变得难以解决。㉓ 尽管如此,

---

⑲ "Recipe for Confusion?"*The Washington Post*,June 23,2001,p. A24.
⑳ 以作者的个人经验,某一工程师辞职被电视报道的后果引起了核规制委员会大半个月的注意,该工程师相信其安全判断被忽视,后任职于反对建造核电站的著名团体。当然,其辞职是合法的;确保国会听证的准备工作引起了某些自我审查,从规制角度来看,这有益无害。然而,这对行政机关的优先次序形成控制,其要求行政人员放下其他工作,对分析报告进行重新评估,而最终,并没有多大的变化。参见 R. Stewart,"The Discontents of Legalism:Interest Group Relations in Administrative Regulation",1985 *Wise. L. Rev.* 655(1985)。
㉑ 由此,广播杂志的服务群体感兴趣于联邦通信委员会的工作,核物理周刊服务于那些需要跟踪核规制委员会动向的人。
㉒ 参见页边码第 294 页。
㉓ 最近有关行政机关捕获和旋转门的分析,见 R. Barkow,"Insulating Agencies:Avoiding Capture Through Institutional Design",89 *Tex. L. Rev.* 15(2010)。更早对这些问题进行阐述的是由美国律师协会行政法和规制实践分会所作的研究,C. Farina,"Keeping Faith:Government Ethics and Government Ethics Regulation",45 *Admin. L. Rev.* 287(1993);而一般性讨论,见 P. Strauss,"Disqualification of Decisional Officials in Rulemaking",80 *Colum. L. Rev.* 990(1980)。

在规制者和被规制者所关心的事情上，非正式的认识来源对公司运作来说是必不可少的。如果他们之间的关系不完全是敌对的，这是好的方面，因为国会没有选择也不会选择像这样的关系。[124] 有些人将常规的相互交流看作行政机关"捕获"问题的根本所在，而这些相互交流也是一种润滑剂，其通过对预期的认可来减少规制过程的摩擦。

第六节 "公共利益"模式和参与者

对以上所提及的情况施加非司法的控制或者影响，其最后的来源是对行政行为公益模式的出现承担主要责任的团体，以及当规章被宣称将被制定时代表那些利益受影响的人的协会。这里所说的"公众"通常不会个别地出现在行政程序中，这不只是因为在某种意义上行政机关直接代表他们的利益，行政机关也会考虑一下受规制者的实际利益。未出席的公众反映了相关事项在经济上的事实，即有效规章中的任何个人利益都是微小和高度混合的。一般而言，除非通过政府本身，个人既不容易被组织起来，也不愿意为代议支付费用。然而，20世纪中期的民权和公民自由运动大获成功，其通过诉讼实现了社会转变，并促进了特定团体的形成，这些团体服务于其他目标，即要么是一般大众，[125]要么是一些特定项目或者争议。[126] 对于上述有影响的环境案件，以前所作判决的注脚引起了这些组织的注意，并作为榜样在其他领域成倍增长。[127]

这些团体是自愿性协会，由会员捐款来支持，偶有富人或者私人基金会

---

[124] 参见 L. Jaffe, "The Illusion of the Ideal Administration", 86 *Harv. L. Rev.* 1183(1973)。

[125] 例如，塞拉俱乐部(Sierra Club)、自然资源保护理事会、环境保护基金等组织在本书的案例中屡见不鲜。（public interest 一般翻译为公共利益，但在本书中其文义更接近于公众利益，即由个体组成的公众利益，而非抽象的公共利益。——译者注）

[126] 保护奥弗顿公园市民组织和圣路易斯和平母亲组织，它们一旦出现在案例表中，就会与重要诉讼相联系。

[127] 例如，联合基督教通讯办公室、全国福利权利组织和全国受辐射幸存者协会。

第六章　对行政行为予以司法审查之外的法律控制　　373

希望促成其活动而进行捐赠。[128] 在某种程度上,它们受到支持也有倾向于减少其成本的因素在内。因为它们从所代表的群体中获得非货币的回报,其成员愿意以远低于同工同酬水平的工资从事团体中的工作。[129] 在美国,有关诉讼费用的规则一般对它们有所保护,即使它们败诉,除了它们自身承担的成本以外,免于承担任何其他的重大费用。偶有法律规定,为其应当承担的成本(包括律师费)提供公共补助。[130]

作为行政程序的参与者,这些团体的出现事实或者潜在地改变了这些程序的特点。就像前首席大法官伯格在上述文章中所作出的评论,[131]情况并非仅限于此,即行政机关自身不能获得完全的代表性,而这些团体提供意见的表达。有时,许多人借助于评价科学、经济或者法律辩论的重要资源,成为了相关事项的专家,而这些事项在此之前由行政机关来作出决定。如果这些团体是认真和专业的,其负责人会被相关行政官员所熟悉,并受到尊重。同时,当需要适应各种各样的利益时,协商和调解等非正式行政程序会变得更加复杂。在准备听证或者解释规则制定结果上,行政人员必须在两个方面予以兼顾,即考虑所承担任务的刚柔并济(laxness as well as strictness),以及行动失败和过于扩张。

这些团体的参与并不必然有益于最大程度上的公共利益。在 1960 年代后期,它们开始通过诉讼的方式开展活动,并在随后数十年里得以急剧增长。这些团体通常与诉讼结果没有经济上的利害关系(同时,在任何情况下都难以指示其成员注重适当的妥协),对于细微之处,经济行为者容易作出妥协,而这些团体则准备坚持到底,并抵制更有可能导致妥协而非绝对胜利

---

[128] 例如,福特基金会在 1970 年代早期的资助是许多"公共利益"诉讼组织成立的主要动力,尤其是在健康、安全和环境领域。

[129] 一般来说,新任律师在曼哈顿的律师事务所的起薪为每年 16 万美元左右,附加年度绩效分红,而在自然资源保护理事会,即使是要求有重要执业经验的资深律师,其收入却远少于这个水平。

[130] 然而,最高法院基本上对这些法律持敌对态度,参见 West Virginia University Hospitals v. Casey,499 U. S. 83(1991)。

[131] 参见页边码第 294 页。

的政治议程。⑬ 此外,在特定程序的结果中,所有可想象的公共利益将会被及时代表,这是无法确定的。对秀丽风景或者渔业保护感兴趣的人可能会反对新的电力设施,而那些受益于电价折扣或者确保供应的人则相反。⑬ 在公共利益获得代表的观念上,这些认识以及类似的看法促使法院有所退却。但是,至关重要的是撤回会变成一种放弃。在规制的过程中,实际了解情况的参与者有较高的动因和能力,对行政机关和任何程序的其他参与者施加较大的成本,而无论诉讼是否继续发生,代表公共利益的起诉者有着重要的影响力。

---

⑬ 在与奥弗顿公园案(页边码第 462 页)相关的专题上,笔者进行了深入的研究,P. Strauss, "Citizens to Preserve Overton Park v. Volpe—of Politics and Law, Young Lawyers and the Highway Goliath" in *Administrative Law Stories*(Strauss ed., 2006); and P. Strauss, "Revisiting Overton Park: Political and Judicial Controls Over Administrative Actions Affecting the Community", 39 U. C. L. A. L. Rev. 1251(1992)。

⑬ Scenic Hudson Preservation Conference v. FPC, 354 F. 2d 608(2d Cir. 1965), cert. denied 384 U. S. 941(1966)。

第七章 获得司法审查

　　本书在另一方面对美国的司法系统进行了概述。① 这种阐述表明,美国(有较少的例外情况)和英国一样,没有专门的法院特别侧重于对行政行为的司法审查。正如我们所看到的那样,对行政裁决的初步审查无疑发生在行政机关层面,而事实上对重大规则制定的初步审查发生在总统办公室,即根据12866号行政令履行职责的信息与规制事务办公室。② 然而,对影响个人利益的最终的联邦行政行为,其审查通常由联邦法院来进行审查,这些法院具有一般的管辖权,并通过司法程序寻求执行某一行政机关的行为、推翻其法律效力、对其提出要求或者予以阻止。在通才型法院进行审查的制度选择中,可以看到美国分权理论的迹象,③其强调政府三大部门之间相互制衡的重要性,所避免的不是部门之间的竞争,而是任何一个部门可能出现的大权独揽。作为专业法院,美国联邦巡回上诉法院负责处理有关税收、知识产权、对外贸易以及对政府的非私法诉求等问题,④即便如此在司法系统内其仍然处于美国最高法院的审查权之下。按照美国人的思维方式,由行政系统内的行政法院最终审查行政行为,会让行政机关投入大多的权力去避免受到审查。

　　尽管如此,在前面的章节中,读者仍然会清楚地看到在制衡的适当程度上存在尖锐的矛盾。对于那些直接受制于政府规章的人来说,如果有的话,也很少成为一个问题。但是,当民众认为政府不能充分地对其他人采取行动,或者组织公共资源去保护他们的合法利益时,这对于那些代表民众的人意味着什么呢?代表民众的律师有可能会变成"公共利益"诉讼律师,由此其承担进行规范的责任(如环境保护)超越了经济上的利益关系。像这样负

---

① 参见页边码第155页。
② 参见页边码第144页和270页。
③ 参见页边码第28页。
④ 参见页边码第160—170页。

有使命(issue-committed)的诉讼律师很难接受那些注重适当妥协的协会成员的教诲,可能会在小的方面坚持到底,而经济行为者会倾向于作出妥协。在既定的程序结果上,并非所有相关的公共利益都必然会获得及时的代表,对秀丽风景或者渔业保护感兴趣的人可能会反对新的电力设施,而那些受益于电价折扣或者确保供应的人则相反。那些对总统行政权最为兴趣的人会进一步指出,允许这些代表通过法院驱使政府做得比原本所做的还要多,这违反了宪法的规定,即总统的职责仅限于"负责法律被忠实地执行"。⑤对此,其他人则会作出回应,涉及各方利益的立法会认可这样的情况,即确保公民的饮用水安全等同于较早被承认(older pedigree)的法律权利,而对法治的保障则要求能够促使行政机关依法行政。"在这一点上的不对称确实将司法对规制的反感转化到行政法主张"。⑥

本章将对获得司法审查的某些机制和可能性进行探讨。如同以前的那些章节,在此仅对联邦法律予以直接讨论,而在州层面的司法审查基本上按照类似的原则进行,尽管在某些州传统普通法的令状起到了更为重要的作用,而在其他州,一些在联邦法律上的初步问题(如起诉资格)都没有得到很好的解决。随后,本章会探讨一旦获得司法审查后有关审查范围的问题。最后所要讨论的问题与行政行为的间接审查有关,这些问题产生于向政府或其官员提出经济赔偿请求,以此对被诉违法行为造成的损害给予救济。

第一节　司法审查的管辖基础

一、行政行为的法定和非法定审查

联邦法院的上诉管辖权完全由法律作出规定。以此来看,这一章节的

---

⑤ 参见 T. Grove,"Standing as an Article II Nondelegation Doctrine",11 *U. Pa. J. Const. L.* 781(2009)。

⑥ C. Sunstein,"What's Standing after Lujan? Of Citizen Suits,'Injuries',and Article III",91 *Mich. L. Rev.* 163,165(1992)。

标题有点自相矛盾。以"法定"和"非法定"审查来表述,是为了区分两种管辖权,即法律以限制性的目的对特定行政行为明确规定的管辖权,以及由法律一般授予的宽泛的管辖权。"法定审查"的产生在于法律指派某一特定的法院或者各级法院对特定行政机关的具体决定行使审查权,而当事人寻求司法救济时,其起诉符合法律赋予法院管辖权的一般要求,则会出现"非法定审查"。

在这种意义上,人们一开始会竭尽全力,通过寻找创设"法定审查"的法律来确保对行政行为的审查。《联邦行政程序法》本身没有授予任何法院进行司法审查的管辖权,但是,如果存在对"法定审查"的具体规定,则其成为诉讼程序的首选。[7] 像这样的法律将也会对法院的审判地点、时限以及审查形式作出规定。最为常见的是,"法定审查"条款对最高层级行政机关以记录为基础作出决定后,就其程序后果作出规定。一般而言,基于记录的裁决和规则制定均有此特点。尽管不总是如此,有关这些程序的初步管辖权通常归于上诉法院。[8] 当行政机关在行政程序中的理由说明有大量的记录和充分的解释时,让一审法院进行事实认定很不明智,而允许多级的司法审查也颇为浪费。[9] 法律规定直接由上诉法院进行审查,似是而非地暗示了其作为特别法院以此为目的而存在。如果不是这样的话,寻求救济的当事人会选择行政机关行为地的巡回法院(一般为哥伦比亚特区法院),居住地的法院,或者受被诉行为影响所在地的法院。通过法律指示与诉讼当事人的选择相结合,美国哥伦比亚巡回区上诉法院审理了三分之一的所有直接上诉的案件。

依据一般法律对联邦法院管辖权的界定,非法定审查必会启动于美国的地区法院。这些法律本身没有对审查最终行政行为规定一般意义的管辖

---

[7] 5 U.S.C. §703.

[8] 参见第三章第一节"二""(二)"。

[9] Ⅲ R. Pierce, Jr., Administrative Law Treatise §18.2(5th ed. 2010)。较早对联邦法律进行梳理,并致力于理论上的解释,见 H. Friendly, *Federal Jurisdiction: A General View*(Columbia University 1973)and D. Currie & F. Goodman,"Judicial Review of Federal Administrative Action: The Quest for the Optimum Forum",75 *Colum. L. Rev.* 1(1975)。

权,而《联邦行政程序法》极力认同非法定审查管辖权的存在。该法规定在法定审查条款"缺乏或者不足"的情况下,司法审查的程序形式属于"法院在其管辖权能内实施法定行为的适当形式,包括宣告性裁判、禁止性令状、强制令或者人身保护令等"。[10] 所有"法律规定具有可诉性的行政行为,以及在某一法院得不到适当救济的最终行政行为都受制于司法审查"。[11] 哪些人有权要求司法审查涉及以下更多的细节,[12]但是,在此可以说《联邦行政程序法》的审查条款在根本上涵盖了所有可能受到规制行为特别影响的起诉者。除了最后章节所要讨论的要求在金钱上给予损害赔偿的案件以外,法律规定合众国与行政机关及其任何负责的(有法定资格)官员一起,无条件地被指定为被告。[13] 同时,行政机关或者政府基于执法亦可提起民事或者刑事诉讼,要求对被告进行司法审查,除非在某种程度上法律提供了较早阶段的审查,并排除这种基于执法的考量。[14]

事实上,美国地区法院很容易获得管辖权,根据普遍被援引的司法法典的一般规定,地区法院对所有涉及"联邦问题"而没有其他救济途径的纠纷享有管辖权,换言之,它们对所有这样的争议享有管辖权,即必定会要求解决一个或者多个联邦法律问题。[15] 认为行政行为依据《联邦行政程序法》具有可诉性是违法的,这一诉求必然会产生这样的问题,由此管辖权的确定变得不大重要了。[16] 一般而言,在任何地区法院提起诉讼,法院必须在行政机

---

[10] 5U.S.C. §703.

[11] 5 U.S.C. §704.

[12] 参见页边码第429页。

[13] 5 U.S.C. §702;参见 Bowen v. Massachusetts, 487 U.S. 879(1988)。参见页边码第519—520页。

[14] 5 U.S.C. §703. 这些限制在执行阶段进行审查的规定,其效果一般只是限缩了随后被考虑的问题。由此,环保署的规则是否得到规则制定材料的充分支持,或者遵循适当的程序通过规则,这些问题只有在规则通过后60天内,对被归档的规则提起诉讼才会发生。但是,规则的合宪性或者其适用于特定被告的适当性不属于必须在此期间起诉的问题,将被用于对执行行为的辩护之中。参见有关救济穷尽的讨论,页边码第444页。

[15] 28U.S.C. §1331.

[16] 其他的一般法律,其所及范围受到较多的限制,很难和这些规定一起被轻易援用,包括U.S.C. §1331,28 U.S.C. §1337(商业规制)和28 U.S.C. §1339(邮政事务)。

关所在地、被诉规制事件的发生地或者原告所在地有审判地点(venue)，而与纠纷的数量无关。唯一存在的障碍是法院有可能认为被诉事项不适合通过司法途径来解决，这种情况在实务中很少发生，但对美国的律师、学者和学生来说，仍然是令人费解的话题。同时，这些问题在一定范围内被接受。[17]

《联邦行政程序法》本身创设了这种诉讼理由，并排除有关主权豁免的政府诉求，由于偶尔仍会碰到这种情况，因而需要对进行司法审查找到可接受的诉讼理由，以用于裁判的说理分析。这种"法律权利"分析将行政机关或其官员的被诉行为与个人行为进行类推解释。在对个人声誉构成诽谤，或者对个人财产构成非法侵入的情况下，如果对个人能够提起普通法诉讼，那么负责官员就能够作为个人被起诉，并对其行为的合法性或者享有特权进行辩护。[18] 除了因政府官员的违法行为而要求金钱上给予损害赔偿的案件以外，[19] 如今很少有作出这种分析的需要。《联邦行政程序法》足以为必要的诉讼理由提供制度框架。

许多法律对特别救济作出规定，如对联邦政府提起诉讼，要求在金钱上给予救济，[20] 或者对州或者地方官员侵犯民权的行为提起诉讼，[21] 以这些规定为基础也可以主张管辖权。一个常常被利用的救济方式是，"无论是否能够进一步获得救济"，除了有关联邦税收的事项以外，地区法院可以在其管辖权内对任何"存在实际争议"的案件，[22] 宣告任何利害关系人的权利和其他法律关系。[23]

---

[17] 页边码第 419 页。
[18] 这一理论的典型解释，见 Associated Industries of New York State v. Ickes, 134 F. 2d 694 (2d Cir. 1943)。
[19] 参见第九章第二节"二"。
[20] 参见第九章第二节"一"。
[21] 参见第九章第二节"二"。
[22] 参见页边码第 427 页。
[23] 《宣告式裁判法》(Declaratory Judgment Act, 28 U. S. C. §§2201-02)。尽管该法本身没有授予管辖权，但其提供了诉讼理由，这种诉讼理由容易与其他管辖权条款相结合，如 28 U. S. C. §1331。同时，该法亦为"联邦问题"管辖权的法源。

对行政法律师来说,另一个法律规定偶尔也起到重要的作用,其赋予地区法院对联邦官员发出书面训令(writ of mandamus)的权力。作为从英国普通法发展过来的令状,[24]书面训令要求个人对指定对象履行某些亏欠原告而没有履行的义务。这一法律授予地区法院发出命令的绝对管辖权,即指示"行政官员或者雇员,或者任何一个行政机关履行亏欠原告的义务"。事实上,这是《联邦行政程序法》规定的救济方式之一,由此有人可能想知道为什么诉讼当事人对这种特别规定的适用感到烦恼。在较早时期,这种救济方式显得极为重要,因为根据《司法法典》,只有争议标的至少为10000美元,才会具有"联邦问题"的管辖权。对于依据《联邦行政程序法》的司法审查以及有关适当当事人、时限和审查范围等审查标准,如果没有必要与此相联系,则余下部分的(有争议的)重要性就会体现出来。根据涉及"联邦问题"的法律提出诉讼理由,一般要求适用《联邦行政程序法》的审查条款进行认定,而根据有关书面训令的法律提出诉讼理由,仅仅是为了发出令状。

这种差异能够为原告带来临时的有利条件吗?如果不能理解《联邦行政程序法》规定的审查范围(后续章节有所讨论,在本章有进一步的材料),就很难回答这个问题。对于是否存在实质性有利条件的争论,有两种需要考虑的情形:首先,几乎想不到什么理由,法院会根据上述两种法律进行操作,因为这两种法律会使得司法意见趋于分化。这既不是国会想要的结果,也得不到公共政策有利条件的支持。由此,法院应该倾向于(看起来基本上也是如此)将两种管辖权进行融合,使其变得不那么泾渭分明。其次,在历

---

[24] 28 U.S.C. §1361。其他普通法令状,如调卷令、禁止令、责问令和人身保护令等,在美国行政法实务中很少被使用。人身保护令要求对政府拘留的合法性进行司法调查,"除了叛乱或者侵犯公共安全的情况以外",早期宪法(几乎没有对个人自由作出规定)保护其免于立法上的悬置(U.S. Const. Art. I, §9-3)。令状被广泛用于挑战移民和归化局为了驱逐出境而予以拘留的行为,国会致力于限制这种带有争议性的做法。见 G. Neuman, Habeas Corpus, "Executive Detention, and the Removal of Aliens", 98 Colum. L. Rev. 961(1998); INS v. St. Cyr, 533 U.S. 289 (2001)。有关普通法审查,见 J. Duffy, "Administrative Common Law in Judicial Review", 77 Texas L. Rev. 113(1998)。

史上书面训令救济并不用于审查行政裁量权的行使,"裁量权"的存在会被用来挫败这样的论点,即存在能够通过司法予以执行的"义务"。㉕ 当法院不再将在法律限制内行使的裁量权与不适于司法审查的(大写的)裁量权相混合时,这种司法倾向变得不那么重要了。㉖ 对于法律限制的裁量权,很容易接受这样的观点,即行使裁量权对适当的因素予以考虑,构成了一种义务,所有这些可以被视为亏欠原告的义务,并能够被他们执行。㉗ "裁量权"可能存在若干涵义仍然构成潜在的障碍,而法院却缺乏排除这些障碍的动因,因为现在根据"联邦问题"管辖权都能够获得《联邦行政程序法》上的司法审查。如果书面训令仍然能够被证明有用,这可能是启动司法审查的必要条件有所不同的缘故,例如,《联邦行政程序法》规定存在"最终行政行为"是获得司法审查的条件。㉘ 由于所要求的条件不同,在不能依据《联邦行政程序法》获得司法审查的情况下,㉙仍可得到书面训令的救济。

以上讨论推定,某人对行政行为不服向法院寻求救济后就会获得司法审查。在通常情况下,受规制的个人在不服政府的执法行为而进行辩解时,亦可获得对行政行为的司法审查。(然而,一个人之前没有穷尽行政救济,㉚或者法律规定了某些其他排除司法审查的制度安排,则司法审查会被阻止。)行政行为一般并不会得到自行执行。但是,等待政府予以执行意味着法院的选择。上述讨论亦推定法定"行政机关"的行为会受到司法审查。如果有人希望审查非行政机关(如总统)的行为,非法定审查成为

㉕ 这种观点源自 Marbury v. Madison 案,参见页边码第 128 页,以及 H. Monaghan,"Marbury and the Administrative State",83 *Colum. L. Rev.* 1(1983)。

㉖ 参见页边码第 129 页。

㉗ 参见 Work v. Rives,267 U.S. 175(1925)。

㉘ 5 U.S.C.§704,参见页边码第 440 页。

㉙ 在 Ellis v. Blum,643 F.2d 68(2d Cir. 1981)案中,法院将司法审查的法定排除与医疗保险立法排除依据《联邦行政程序法》获得司法审查相联系,并为书面训令救济的可能性留有余地。参见 C. Byse & J. Fiocca,"Section 1361 of the Mandamus and Venue Act of 1962 and 'Nonstatutory' Judicial Review of Federal Administrative Action",81 *Harv. L. Rev.* 308(1967)。

㉚ 参见页边码第 444 页。

唯一的可能。㉛

二、可诉性的推定

总的来说，美国法律推定任何在行政部门内最终作出的行政行为都会受到司法审查。㉜ 对此，《联邦行政程序法》从两个方面加以规定：首先，规定"除了法律规定提供了事先的、适当的和专门的机会进行司法审查以外，行政行为在司法执行的民事或者刑事诉讼中，应当受到司法审查"。㉝ 其次，规定"在法院无法获得其他适当救济的最终行政行为，应当受到司法审查"。㉞ 但是，直到1967年最高法院的案件审理中，才出现强有力的不同意见明确支持这种推定。随后的判决确定了不适用该原则的行政领域，最终行使行政裁量权不予执行被推定不具有可诉性。㉟

在1967年阿尔伯特实验室诉加德纳案中，㊱一项食品和药品管理局的规章规定，处方药制造商在药品标签上必须包含指示性信息，以帮助消费者找到同等的（和更便宜的）由其他制造商研制的同类药品。政府坚称制造商只有在规章被违反以及等待执行程序的情况下，才能获得司法审查。如果制造商只是遵从命令而改变其标签，而非面对执行程序所带来的严厉惩罚和成本，则仍然没有到达这一阶段。鼓励政府厉行节约和对（基本上有效的）行政行为的自愿服从，在此政府的立场变得引人注目。允许对规则进行直接审查，无论审查过程有多长，都会产生推迟其贯彻执行的风险，并极大地降低了没有获得司法审查的成本。与此相反，在规章被执行后，制造商只

㉛ K. Stack, The Reviewability of the Presidents Statutory Powers, Vanderbilt University Law School Public Law and Legal Theory, Working Paper No. 09-14(2009); V. Jackson, "Suing the Federal Government: Sovereignty, Immunity, and Judicial Independence", 35 *Geo. Wash. Int'l L. Rev.* 521(2003); J. Siegel, "Suing the President: Nonstatutory Review Revisited", 97 *Colum. L. Rev.* 1612(1997).

㉜ 有关最终性的讨论，见页边码第440页。

㉝ 5U.S.C. §703.

㉞ 5U.S.C. §704.

㉟ Heckler v. Chaney案，相关讨论见页边码第291页。

㊱ Abbott Laboratories v. Gardner, 387 U.S. 136(1967).

需支付（甚至有可能获益）净得，即诉讼成本减去规章被推迟产生的收益。由此，允许对规则进行直接审查会被策略性地用于延缓规则的有效性，而这些寻求司法审查的人私下可能会承认其合法性。

然而，美国法理学完全不考虑对行政行为的审查，一直认可"宣告式裁判"诉讼，㊲即利益受到迫在眉睫的实质性威胁时，允许这些当事人请求对其法律权利作出宣判。某一被诉违宪的法律直接威胁到当前的行为活动，这一辩解充分证实了适于司法审查的"案件或者争议"的存在，㊳由此法院将会考虑宣判造成威胁的行为无效，从而带来有效的救济。与违宪的法律同等，未授权的规章会造成这样的威胁。同时，根据《联邦行政程序法》的规定，一旦规章获得通过，其明确构成最终的"行政行为"。㊴ 以宣告式裁判来类比，并以推定最终行为具有可诉性为坚实基础，最高法院勉强过半的多数意见否认了政府的论点。㊵ "对《联邦行政程序法》中宽泛的审查规定，必须给予适当的解释，……只有通过明确和有说服力的证据来说明存在相反的立法意图，法院才能对获得司法审查予以限制"。㊶

这一引证表明，在阿尔伯特实验室案中政府提出的论点部分依赖于这样的主张，即食品和药品管理局发布规则所依据的特定法律，预设了司法审查不会发生在规则执行之前。㊷ 这一论点诉诸《联邦行政程序法》有关司法审查规定中的门槛条款，即司法审查的规定不适用于下列达到某种程度（to the extent）的情形：(a)法律排除司法审查的行为；(b)行政机关依法行使裁量权的行为。㊸

这一条款规定了可诉性推定的主要例外情形，后续章节将依次展开讨

㊲ 参见页边码第 23 页。
㊳ 参见页边码第 427 页。
㊴ "行政行为"包括行政机关所制定的规则的全部或者一部分，5 U.S.C. §551(13)。
㊵ 哈伦大法官撰写了五位大法官支持的多数意见，福塔斯大法官提出反对意见，首席大法官、克拉克大法官和布伦南大法官没有参与其中。
㊶ Abbott Laboratories v. Gardner, 387 U.S. at 140-41.
㊷ 其他主要的论点认为要求司法审查的争议尚未"成熟"，见页边码第 446 页。
㊸ 5 U.S.C. §701(a).

论。在此，需要注意该条款的两个特征。首先，它使得随后的一切都具有资格，并得以改变。只有当例外情形不被适用，这些规定才允许进行司法审查（本章以及后续章节的重点）。其次，在只有部分排除司法审查的情况下，也可以予以适用。"达到某种程序"意味着存在这样的可能性，即法律排除司法审查的某些方面而非所有方面，或者作用于行政机关裁量决定的某些方面而非所有方面。

一些学者认为阿尔伯特实验室案对规则制定的僵化起到了重要的促进作用。[44] 如果认为受规制者所寻求的仅仅是司法审查，那么（正如反对意见所指出）通过人为假设的法律适用，将会为他们提供延迟和歪曲规则意义的机会，甚至认为宣告式裁判的类推适用于具有普遍效力亦会产生这样的结果。尤其是偶然会造成迟延的可能性，被最高法院随后作出的一项判决所恶化，其阻止行政机关为了保持规则适用的最初时限而修正错误。[45] 然而，正如皮尔斯（Richard Pierce）教授所作出的中肯评述，[46]执行前的司法审查能够产生有益的效果，即引导规则制定者考虑做得太多或者太少所带来的诉讼风险。那些受影响的人（例如，消费者）认为规章没有给予足够的保障，就会寻求司法审查；相反，则过犹不及。由于执行后的司法审查与尚未发生的执行无关，失望的消费者将没有机会寻求司法审查。皮尔斯教授认为，通过消除执行前的审查来斟酌获得司法审查的可能性，使得行政机关从两方面的兼顾中解脱出来，而这样做会产生无法承受的代价。[47]

对于某些欧洲读者来说，允许对尚未执行而处于抽象状态的规章进行司法审查，看起来很不寻常。美国最高法院的观点深受适用"宣告式裁判"

---

[44] 参见 T. McGarrity,"Some Thoughts on 'Deossifying' the Rulemaking Process",41 *Duke L-J*. 1385(1992);J. Mashaw and D. Harfst, *The Struggle for Auto Safety* 245(Harvard University 1990);以及页边码第 343 页。

[45] 参见页边码第 452 页。

[46] R. Pierce,Jr.,"Seven Ways to Deossify Agency Rulemaking",47 *Admin. L. Rev.* 59(1995).

[47] 参见 N. Mcndelson, "Regulatory Beneficiaries and Informal Agency Policymaking", 92 *Cornell L. Rev.* 408(2007).

法令的影响，其认为对受规制者而言，延迟审查会带来过高的成本；而在易于获得文件记录的情况下，司法审查对将来可能在诉讼中出现的有效性问题即时作出认定，这一结果会带来较大的好处。⑱ 最高法院不会考虑规章受益人故意以未予充分保护为由的司法审查请求，但其重要性为美国的法律原则所强调，该原则倾向于将司法审查限定于相关规定被适用时该适用的合法性和正确性，即使不执行规章的决定对当事人产生直接和负面影响，一般也不会予以审查。

三、法定排除司法审查

（一）明示的排除

很少有法律在字面上规定某些或者所有行政决定不受司法审查，或者以这样或那样的方式对司法审查予以严格限制。阐明可诉性推定的力量的方式之一是，对法院难以承认其以前的所作所为进行评论。例如，法院判定"最终的"或者"最终和结论性的"行政行为不得排除在司法审查之外，但是，限制司法审查的范围。⑲ 在这些案件中，法院一般很少关注行政行为是否有充足的事实基础，而是考虑法定授权和必要程序的问题。

法院甚至会明确表述抵制某一法令的意见。直到1988年，有关退伍军人的福利诉求均由退伍军人管理机关作出决定，同时，在"法律或者事实问题"上依法所作的决定是最终和结论性的。相关法律规定"美国法院……没有权力或者管辖权审查任何像这样的决定"。但是，最高法院认为，国会创设的分类或者为保障福利所选择的程序是否符合宪法标准，不是"根据"这

---

⑱ 有关这种观点的论证，见 United States v. Nova Scotia Food Products Corp., 568 F. 2d 240, 251(2d Cir. 1977)，简要讨论见页边码第313页。某一规章在1969年通过，直到1975年才开始执行，而受执法影响的公司成功地在有效性上对规章的价值作出评估。在干预期间，规则制定的文件记录变得晦涩难懂，影响规则制定行为的原则也发生了重大改变。直接予以司法审查看起来会产生不同的结果。

⑲ 这些案件常常而非必然会涉及对个人产生重大影响的问题（如驱逐出境或者军人身份），见 Hamdan v. Rumsfeld, 548 U. S. 557(2006)(在关塔那摩被监禁); INS v. St. Cyr, 533 U. S. 289 (2001)(检察总长免除驱逐出境的裁量权)。

样的法律所产生的问题,因此,这些问题都应当予以司法审查。㊿

把这种抵制简单地描述为司法帝国主义将是一种错误。美国的分权理论事实上并不承认国会有权否决法院的宪法地位和功能。㊼ 对某些形式的立法和行政行为予以控制看来是法院职责的必要组成部分。对此,《宪法》第三条规定美国上诉法院的管辖权涉及"依据宪法、美国法律和条约所产生的……案件(以及其他事项)",其受制于"像这样的例外情形,以及符合应由国会制定的规章"。这一表述看起来是让国会进行全面控制。但是,在宪法意义上何谓"例外情形"是司法和国会进行解释的问题,该术语可以被预设为权力的余下部分,即允许司法机关承担作为三个政府部门之一的功能。

由此会发现,混杂的判例法太过复杂以至于无法在此展开探讨。㊶ 在某些情形下,它无条件地接受有关排除司法审查的国会判断,㊷而在其他方面,则坚持只有法官才能认定某些类型的事实或者进行某些类型的诉讼。㊸ 就我们的目的而言,也许最高法院并没有深入阐述最为重要的论点,出现在判决中的这一论点来自利文撒尔(Leventhal)法官的意见,即国会对司法审查作出规定等同于(quid pro quo)规劝法院对授予政府其他方面的裁量权予以容忍,否则法院将会发现与持续确保政府依法而为相冲突的情况。㊹

㊿ Johnson v. Robison,415 U. S. 361(1974)(分类);Walters v. National Association of Radiation Survivors,473 U. S. 305(1985)(程序);Traynor v. Turnage,485 U. S. 535(1988)(与其他法律相关)。在1988年,国会通过特别规定受到限制的审查制度来排除这类特定的案件(事实上遵循了最高法院的狭义解释)。在类似效果上,参见前面引证的两个案件,对于请求予以宪法所保障的人身保护令,这两个案件都对排除审查的规定予以宽泛的解读。

㊼ 参见页边码第28页。

㊶ P. Strauss, et al. *Gellhorn and Byse's Administrative Law*:*Cases and Comments* 1338 (11th Ed. 2012),"有关排除司法审查合宪性的注释",对文献评论中的争议性观点进行了探讨。

㊷ Marbury v. Madison,5 U. S. (1 Cranch)137(1803);Ex Parte McCardle,7 Wall 506(U. S. S. Ct. 1869)。

㊸ 参见页边码第460页。

㊹ 参见页边码第50页。Yakus v. United States,321 U. S. 414(1944),该案是一个早期的例子,其维持了二战时期的价格控制立法,而否决了有关委任授权的争论。对价格命令进行司法审查的时机和方式予以特别的限制是立法规划的一部分,最高法院对此予以维持。然而,这些限制等于承认了司法审查的可能性。最高法院的基本结论是,只要最高法院允许下级法院进行查明,换言之,即审查行政机关是否"在其职权范围内与立法意图保持一致",则委任授权会持续存在。这一论点强调了第二章所讨论的立法机关对行政机关的"委任授权",包括制定通过像法律一样的规章,以及对裁决作出本应由法院来完成的决定。

特别是在规则制定权上,该论点并不认为这本身是一种"立法权",⑯而是认为总统或者行政机关只能依据法定授权予以执行,并且规则制定权也不是行政机关本来就拥有的权力。⑰ 国会委任给总统(或者更为宽泛意义上的政府)某些形式的权力,而缺少某些对其合法性进行有效司法审查的可能性,这会被看作是一种不信任。⑱ 当法院对此倾向于采取非对抗性的态度时,而引起的担忧却促使法院去考虑排除司法审查的问题,甚至(法院首次在退伍军人行政案件中)作出了有关"严重的宪法问题"的评论。⑲ 当法律规定关注于对司法审查的塑造而不是完全予以排除时,例如,将相关事项委托给指派的法院,或者要求对规则制定问题进行司法审查必须在规则制定之后,并且不会因司法审查而停止执法行为,这些只会产生不那么严重的问题。由此,一个上诉法院能够避免法律所造成的难题,即使涉及全国医保的法律似乎否认其对宪法诉求的司法管辖权,而其认为同样的问题能够通过金钱上的损害赔偿诉讼向专业化的联邦索赔法院提出。⑳ "被给予的救济只是与原告请求获得公正和宣告式的救济不同而已,同时,国会有权对合众国及其官员提起的诉讼给予救济"。与此类似,最高法院维持了《清洁空气法》规定的合法性,该法规定环保署设定的"排放标准"只能由特区巡回法院进行审查,并只能对该标准发布之日起 30 日内提起的诉讼进行审查,但其首次指出了在执行阶段有关标准的正确适用问题适合进行司法审查。对

---

⑯ Whitman v. American Trucking Ass'ns,531 U. S. 457(2001).

⑰ 参见 H. Monaghan,"The Protective Power of the Presidency",93 *Colum. L. Rev.* 1(1993).

⑱ 在美国的案件中,有关委任立法权的问题一直被法院作为司法审查问题来予以处理。当法院(无论多么宽泛地)声称其对被诉政府行为的合法性进行评估时,则不会产生委任的问题。事实上,司法审查成为一种认可委任授权合法性的方式。参见页边码第 50 页。对立法机关直接否决的事务进行司法审查,这样的案件没有发生过。相关争论都放在法律表述的模糊性上,而非法院不能进行司法审查的法定排除上。在此,没有理由认为其结果将会有所不同。政府职能只有在依法被履行的情况下才是有效的,而如果法院不可避免地丧失确保政府依法行政的机会,则法院只能认定其无效。

⑲ 例如,Bowen v. Michigan Academy of Family Physicians,476 U. S. 667(1986).

⑳ American Ass'n of Councils of Medical Staffs of Private Hospitals,Inc. v. Califano,575 F. 2d 1367(5th Cir. 1978),cert. den. 439 U. S. 1114(1979).索赔法院是专门听审对合众国提出金钱索赔(主要涉及契约行为)的法院,其受制于联邦巡回上诉法院的司法审查。

此,有一位大法官不同意中止诉讼的诉求,其质疑以这种方式限制争论的公平性,而"遍布全国的小承包商"应当获得公平的对待,同时,他认为人们不可能很快得知规则的通过,并足以在指定的时间内寻求司法审查。[61]

即使在这种情况下,可诉性推定的力量被这样的事实所呈现,即在最高法院只有五位大法官赞同将医保法解释为对起诉规章的司法审查应当延迟到实施阶段(例如,在阿尔伯特实验室案中的裁定与此相反)。当行政机关被允许执行(也许是解释或者修订)其规章,而没有被不同的法院过早地进行干预时,由此增加的权益为最高法院的多数意见所接受,而持不同意见的大法官则担心"被延迟的司法审查……可能意味着根本没有司法审查",并强调可诉性推定的力量。[62]

(二)暗示的排除

在阿尔伯特实验室案中,[63]一个被拒绝的论点是法律明确规定在执行阶段的司法审查暗示着国会希望排除在规则制定阶段的司法审查。当可诉性推定基本上得到强调的时候,像这样有关暗示排除的论点通常不会获得支持。一般来说,只有存在特别情况,这些论点才会得到支持。例如,在某一案件中,一项"复杂"的法律特别授权奶制品的生产者和管理者,可以对设立牛奶销售制度的命令寻求司法审查,但是,他们只有在穷尽了行政程序的处理之后才能如此。牛奶消费者无权启动这些程序,借此寻求司法救济。

---

[61] Adamo Wrecking Co. v. United States,434 U. S. 275(1978)。在特区巡回法院的选择上,国会无疑是选择了专业的、或许是合适的法院。对于在华盛顿特区设立中心的贸易协会或者其他组织的起诉者,国会也选择特区巡回法院作为这些组织容易进行诉讼的法院。参见 R. Revesz,"Congressional Influence on Judicial Behavior? An Empirical Examination of Challenges to Agency Action in the D. C. Circuit",76 *N. Y. U. L. Rev.* 1100(2001);R. Pierce,"The Special Contributions of the D. C. Circuit to Administrative Law",90 *Geo. L. J.* 779(2001)。在特区巡回法院受理环保署规则制定的案件,与在遍布全国的地区法院受理规则执行的案件之间存在着显著的差异,参见 R. S. Melnick,*Regulation and the Courts:The Case of the Clean Air Act*(Brookings Institute 1983)。

[62] Shalala v. Illinois Council on Long Term Care,Inc. ,529 U. S. 1,47(2000),相关讨论见 J. Lubbers,Ed. ,*Developments in Administrative Law and Regulatory Practice 1999-2000* 105(ABA 2001)。

[63] 参见页边码第 416 页。

尽管我们通常期望消费者应当被承认具有"起诉资格",[54]对影响牛奶价格或者品质的行政行为提起诉讼,但是,最高法院指出不能进行诉讼。法院的说理在于如果起诉者以消费者的身份能够获得直接的司法审查,那么国会对行政程序的细致规定很容易被缠绕其中。[55] 在另外一个更早的案件中,对于特定劳工问题的处理,国会选择非正式和未结构化的调解技术而非诉讼技术,最高法院由此推定不适合进行司法审查。[56]

上述牛奶销售案件恰好在两年以后作出判决,最高法院的阐述展示了一种基本观点,即有效地重申了"国会希望对行政行为予以司法审查的强推定(strong presumption)"。[57] 就过去所作出的阐述而言,这无可置疑。正如一位最伟大的行政法学者所评论的那样:

> 对于力求合法或者合法有效的行政权力体系而言,司法审查的可得性是一种心理学意义上而非逻辑意义上的必要条件。在我们的社会中,存在一种深切的、被传统教化(tradition-taught)的信赖——将法院作为最终的监护人以及由宪法和立法机关确保对行政权力给予限制。[58]

四、法律委以行政机关裁量权的事项

根据《联邦行政程序法》进行司法审查的第二个重要例外情形,涉及这

---

[54] 参见页边码第429页。

[55] Block v. Community Nutrition Institute, 467 U.S. 340(1984), 最高法院根据"排除"而非"起诉资格"来说明理由, 这似乎只是最高法院出现的界定错误。然而, 在随后的判决中, 最高法院仍然坚称适用排除规定是适当的, 并支持而非否定在"起诉资格"存在争议的背景下的可诉性。Clark v. Securities Industry Association, 479 U.S. 388(1987)。无论如何, 最高法院所选择的说理过程表现出一种意愿, 即对于像立法规划一样复杂的事项, 可诉性推定应当有所超越, 不能仅仅以这些事项的涵义为基础。

[56] Switchmen's Union v. National Mediation Board, 320 U.S. 297(1943); 比较 Leedom v. Kyne, 358 U.S. 184(1958)案。

[57] Bowen v. Michigan Academy of Family Physicians, 476 U.S. 667(1986).

[58] L. Jaffe, *Judicial Control of Administrative Action* 320-321(Little Brown 1965).

样的案件,即法院确信被诉的行政决定系"法律委以行政机关裁量权"。这可以被看作以另一种方式排除司法审查,而惯常作法表明了对质询的不同关注点,即强调行政机关的职能特征和司法审查的影响,而非司法职责。在此,宪法上的限制变得突出。根据政府的规划,一般对政府行为维持共享的控制,对"法律委以行政机关裁量权"的事项作出推定,并不意味着这种委以裁量权本身是合法的,换言之即合宪的。与此相应,法院在有关执行行为的案件中最有可能对这种委以裁量权予以认定,而司法审查看起来至少促进了政府的合法性和稳定性,这些行政决定涉及国防和外交关系政策、[69]政府资源的分配,[70]或者检控力量的配置等问题。在这类案件中,赫克勒诉查尼案是最突出的例子,在前面章节已有详细阐述。[71] 最高法院将不属于检控或者执行的行政决定界定为"一般委以行政机关完全的裁量权",并命名为可辩驳的不可诉性推定。

值得注意的是,这种言之凿凿(strong statement)如何变得恰到好处。[72] 在最高法院"适用法律"的术语中,通过展示易于管理的审查标准对推定施加极大的影响。一般适用推定的情形不会涉及政府对某一公民错误地行使强制权力而提起的诉讼。这种起诉针对的是政府以其拒绝作为没有给予公众足够的保护。[73] 在赫克勒诉查尼案中,最高法院在注脚中保留了这样的可能性,即如果问题不是行政机关附加决定如何扩展其资源,而是明显错误地相信其依法定职权或者政策拒绝执行受到质疑的法律,则可以获得司法

---

[69] 例如,Webster v. Doe,486 U. S. 592(1988)。
[70] 例如,Lincoln v. Vigil,508 U. S. 182(1993)。
[71] 参见页边码第291页。
[72] 随后的司法和学术反馈通常也不热烈,参见 R. Levin,"Understanding Unreviewability in Administrative Law",74 *Minn. L. Rev.* 689(1990);L. Bressman,"Judicial Review of Agency Inaction:An Arbitrariness Approach",79 *N. Y. U. L. Rev.* 1657(2004);M. Cuellar,"Auditing Executive Discretion",82 *Notre Dame L. Rev.* 227(2006)。
[73] 由此,在上诉法院的诉讼中,有位外国人起诉移民归化局拒绝重新处理其不利的决定,而拒绝会导致其被驱逐出境,相关争论也没有取得进展。法院能够确定标准,借此审查裁量权的运用。Socop-Gonzales v. INS,208 F. 3d 838(9th Cir. 2000),adhered to en banc,272 F. 3d 1176(2001)。

审查,这种可能性在该案的个别意见中得到强调,并在较低层级的法院被确定下来。[74] 无论有多么困难,两种动机事实上是可区分的,行政机关通过发布命令对国会分配的有限资源进行有效配置,并日常工作上的判断,与此相比其依法予以拒绝会产生不同的问题。在此,在本节开头引用的《联邦行政程序法》有关"达到某种程度"的规定,则被赋予了特定的涵义。其暗示了这样的结果,即行政行为的某些方面被认定为"法律委以行政机关裁量权",而在其他方面仍处于《联邦行政程序法》规定的司法审查范围之内。

最近一个案例产生于环保署拒绝启动有关温室气体的规则制定,其宣称缺乏法定授权,即使其有授权也会选择不启动规则制定,因为这不符合总统在外交政策上的考虑。[75] 最高法院以五比四的投票作出裁决,两方意见的基础都存在错误:行政机关依法拥有权力,总统的关切不是其决定不进行规则制定的有效基础,而这些也不是行政机关在行政管理中需要考虑的因素。值得注意的是,如同持不同意见的大法官所力争的那样,即使《联邦行政程序法》设定了行政机关对其拒绝的基础予以简要解释的义务,而是否进行规则制定的决定本质上是设定优先事项的决定。最高法院对这些决定所进行的司法审查通常是点到为止(do so with a light touch),而非"严格审查"。[76] 在该案中,对环保署说理予以探讨的多数意见非常接近。

即使有人认定被诉事项的某些方面涉及行政机关的裁量权,也不是说所有的司法审查达到了予以排除的程度。在此,我们回到裁量和大写的裁量之间的差别上。[77]《联邦行政程序法》有两项规定提及裁量权的可诉性,即上述例外情形以及授权审查"裁量权滥用"的特别规定。[78] 如果"法律委

---

[74] 参见 Adams v. Richardson, 480 F. 2d 1159(D. C. Cir. 1973)(en banc)。
[75] Massachusetts v. EPA, 549 U. S. 497(2007),该案在起诉资格上有进一步的讨论,见页边码第 436 页。
[76] American Horse Protection Assn v. Lyng, 812 F. 2d 1(D. C. Cir. 1987),这个案件经常被提及。
[77] 参见页边码第 77 页。
[78] 5 U.S.C.§706(2)(A),根据此规定的审查范围,在第八章有所讨论。

以行政机关裁量权"的事项达到了排除审查的程度,那么法律授权司法审查对"裁量权滥用"予以纠正意味着什么呢?这种语言上的谜题基本上被支持司法审查的法院所解决。"法律委以行政机关裁量权"被视为对司法审查予以"狭义"上的排除,其仅仅适用于存在(大写)裁量的情况,即法院认定存在"无法可依"的情形,或者基于其他重要的理由没有必要进行司法审查。出现这种结果的原因在于前面已经提到的准宪法限制。宣称存在"无法可依"的情形会产生基础性授权合法与否的严重问题,政府律师不可能和法院一样就此展开争论,并作出裁定。⁷⁹ 因此,在某种意义上,大量的事项可以被界定为"法律委以行政机关裁量权",但其受制于对裁量权滥用极为严格的司法审查。

第二节 司法审查的初步问题

后续章节的主要事项关注于司法审查的初步问题,即拒绝推迟司法审查或者严格限制所提供的司法审查。在美国法理学上,这些问题晦涩难懂,且较为复杂。尽管它们作为知识上的谜题出现,并消耗了研习法律的学生和学者们过量的时间,但它们将在此予以简要讨论。他们提出的问题能够被清晰地阐述,同时,最为重要的是,在大量的案件上找到答案是不成问题的;律师寻求获得额外的司法审查,或者法官争论在司法和行政之间对行政行为保持适当的平衡,此时只有在边角地带才会出现困难。

总而言之,这些问题产生于有关法院承担适当职责的司法关注。在一个明确区分立法、行政和司法机关的系统中,何谓"司法"行为的特征呢?《宪法》第三条规定通过反复界定涉及"案件"或者"争议"的司法职能,给这

---

⁷⁹ 参见页边码第49—50页相关案件的讨论,South Dakota v. U. S. Department of the Interior,69 F. 3d 878(8th Cir. 1995),vacated 519 U. S. 919(1996),and P. Strauss,"Legislative Theory and the Rule of Law:Some Comments on Rubin",89 *Colum. L. Rev.* 427(1989)。

种质询提供了某些制度架构。㉚ 由法院进行司法审查涉及许多相互关联的因素：

（1）必须存在真正的而不是人为的争议，其产生于所遭受的事实损害，或者对原告或者利益代表者的不同的个人利益构成明显的威胁；

（2）争议必须发生在不同当事人之间，其中每一方当事人对诉讼结果具有明确的利害关系(stake)；

（3）法院必须有能力解决争议，并对诉称的损害提供有效的救济；

（4）诉讼结果必须不会受到非司法机关的干涉。

对于这些条件，其原理在于它们是在普通法体系中作出明智司法判断的构成要件：通过司法解决问题的知识是确定的，具有真实利害关系的相互对抗的当事人，在诉讼利益的驱动下，他们尽可能向法院提供最完整的证据和论点。真实争议的存在，而不是希望产生学说，是司法审查的合法基础。总的来说，如果不是每个案件都要符合这些条件的话，这些条件倾向于确保存在真实的争议和解决的需要。㉛

在这些宪法问题之外，法院产生了一系列补充性的"谨慎"想法，借此对司法审查予以否认或限制，或者推迟不合时宜的司法审查。这就像一片水域中特别浑浊的地方。即使对法院进行司法审查不存在宪法障碍，谨慎标

㉚ 在美国文献中，"案件"或者"争议"问题基本上出现在宪法而非行政法的背景之中，甚至更多处理的是联邦法院的管辖权。有用的讨论材料包括 A. Bickel, *The Least Dangerous Branch* (1962); L. Tribe, *American Constitutional Law* (3rd ed. Foundation Press 1999); R. Fallon, D. Meltzer, J. Manning & D. Shapiro, *Hart & Wechsler's The Federal Courts and the Federal System* (7th ed. Foundation Press 2015); M. Redish & A. Kastanek, "Settlement Class Actions, the Case-or-Controversy Requirement, and the Nature of the Adjudicatory Process", 73 *U. Chi. L. Rev.* 545 (2006)。

㉛ 到目前为止，相对而言几乎没有人讨论最高法院在公开的司法过程中予以裁量性审查的效果，参见 T. Grove, "The Exceptions Clause as a Structural Safeguard", 113 *Colum. L. Rev.* 929 (2013); A. Tyler, "Setting the Supreme Court's Agenda: Is There a Place for Certification?", 78 *Geo. Wash. L. Rev.* 1310(2010); E. Hartnett, "Questioning Certiorari: Some Reflections Seventy-five Years after the Judges' Bill", 100 *Colum. L. Rev.* 1643(2000); P. Strauss, "One Hundred Fifty Cases Per Year: Some Implications of the Supreme Court's Limited Resources for Judicial Review of Agency Action", 87 *Colum. L. Rev.* 1093(1987)。

准的运用仍然允许法院拒绝行使或者限制其法定审查的管辖权。例如,某一法院会认为尽管目前似乎可以正式获得司法审查,但其应当予以推迟,因为通过附加的行政程序,事实的进一步发展会让事情变得"成熟",其有助于司法上的考量,也不会给当事人带来较大的成本。

对这些谨慎标准的遵守是多变的,偶尔会产生这样的怀疑,即它们只是基于政治理由被操控用来获得或者避免司法审查。部分地由于这种原因,以谨慎标准来避免司法审查并不经常发生在行政事务上,其合法性受到一些非议。[82] 在阅读以下章节时,应当记住宪法对司法审查的限制与这些谨慎的考虑之间所存在的差异。

一、起诉资格[83]

在行政法上,起诉资格所要解决的基本问题是:什么人有资格寻求对行政行为进行司法审查?[84] 对于这一问题,存在详尽、复杂和相当冲突的法律架构,看起来确定了三个基于宪法的因素:寻求起诉行政行为的人必须事实上遭受一种"损害";损害必须源自被诉行政行为(或由其造成);司法判决必须能够补救所受到的损害。这三项"谨慎"要求也在持续变化中得以认定和

---

[82] 例如,J. Duffy,"Administrative Common Law in Judicial Review",77 *Texas L. Rev.* 113 (1998)。

[83] 这一部分有关起诉资格的分析源自,C. Farina in connection with the ABA Section of Administrative Law and Regulatory Practice APA Project,第6页,注释7。这一分析如今仍然是适当的。网址:http://www.abanet.org/adminlaw/apa/Standing0401.doc。其他有用的分析,见 L. Bressraan,"Procedures as Politics in Administrative Law",107 *Colum. L. Rev.* 1749(2007);C. Sunstein,"What's Standing after *Lujan*? Of Citizen Suits,'Injuries',and Article III",91 *Mich. L. Rev.* 163(1992);W. Fletcher,"The Structure of Standing",98 *Yale L. J.* 221(1988);G. Nichol, Jr.,"Rethinking Standing",72 *Calif. L. Rev.* 68(1984);A. Scalia,"The Doctrine of Standing as an Essential Element of the Separation of Powers",17 *Suffolk U. L. Rev.* 881(1983)。

[84] 经常产生有关原告的问题,但是,有利于限制被告对受威胁的执法或者类似行为作出辩解。在行政机关层面的参与以及确保司法审查的起诉资格不是同一的,参见 Envirocare of Utah v. NRC,194 F.3d 72(D. C. Cir. 1999)。在行政裁决中被认可作为一方当事人的诉讼当事人,起诉行政机关作出的决定存在某些违法并希望予以纠正,其通常被认定符合所有的要求,但是,在规则制定中作出评议,而结果令评议者失望,评议事实本身是否构成起诉规则的充足基础仍然不大清楚。

适用：当事人必须维护自身的利益，而非与此不相关其他人的法律权利；被起诉的问题在某种意义上必须特定于提出问题的人，而不是在政治过程中所表达的民众普遍存在的不满；原告援引联邦法律以支持其诉讼，作为值得争论的立法目的之一，联邦法律必须被视为当事人寻求救济的受到损害的利益予以保护或者规制。⑧ 除了第一个谨慎要求，以下章节讨论有关"第三人权利"(ius tertii)的问题。⑧

尽管国会可以不理会最高法院的谨慎选择，有关起诉资格的宪法限制却不能被立法所改变。国会能够影响对事实损害的确定，例如，将审美意义上的损害列为行政决定的相关标准。由此，当事人遭受源自行政行为的审美损害，并通过改正能够获得补救，则其拥有起诉该行为的资格。但是，国会不能消除事实损害的要求，并授权"任何人"去起诉行政行为，而无论行政行为是否实际造成了像这样的损害（尽管其有可能造成其他的损害）。⑧

初步而论，对于那些反对规章对其行为进行规制的人来说，起诉资格不是问题。如果有人曾经这么说也很少见，即他们受影响的利益被"所有或者大部分民众在实体平等的措施中分享"；⑧ 对他们的利益如何造成损害，或者是否能够通过司法审查获得有效救济，都不存疑义；受规制的工业界和进

---

⑧ Lexmark Int'l, Inc. v. Static Control Components, Inc., 572 U. S. __ (2014), 134 S. Ct. 1377, 简要讨论见页边码第434页，最高法院似乎拒绝接受有关起诉资格的最后一个谨慎因素。

⑧ 这一主题的绝佳分析，见 R. Fallon, As-Applied and Facial Challenges and Third-Party Standing, 113 Harv. L. Rev. 1321(2000)。ius tertii 亦为 jus tertii，参见〔美〕伊曼纽尔：《拉丁法律词典》，魏玉娃译，商务印书馆2012年版，第124页。——译者注

⑧ Lujan v. Defenders of Wildlife, 504 U. S. 555(1992)，相关讨论见页边码第432页。虽然如此，英美法理学一直支持事实上的"告发人"(qui tam)诉讼，而国会能够通过向成功执法的公民提供赏金来创设起诉资格。参见页边码第290页和 Friends of the Earth, Inc. v. Laidlaw Environmental Services(TOC), Inc., 528 U. S. 167(2000)。由此存在的宪法问题是，国会这样做是否有必要干预《宪法》第二条规定的对执行部门负责人的任命以及总统"负责法律得到忠实执行"的特有职权。这一问题出现在 Vermont Agency of Natural Resources v. U. S. ex rel. Stevens, 529 U. S. 765(2000)案中，参见 D. Mishra, "An Executive Power Non-Delegation Doctrine for the Private Administration of Federal Law", 68 *Vand. L. Rev.* 1509(2015); H. Elliott, "Congress's Inability to Solve Standing Problems", 91 *B. U. L. Rev.* 159(2011)。

⑧ Warth v. Seldin, 422 U. S. 490, 499(1975)。

行规制的立法目的之间的关联从来不可能存在困难。对起诉资格的推动和拉动对持续存在的异议产生了影响，即在立法要求行政机关予以保护的利益上，规制的受益人认为行政决定没有给予足够的关注，其在何种程度上被允许诉至法院，并对行政决定进行司法审查。从这一视角来看，可以说"起诉资格"问题影响着司法审查上的均衡。正如法里纳（Cynthia Farina）教授在最近的学术交流中指出：

> 所有限制获得司法审查的努力给行政机关带来了不对称的压力，因为它们不成比例地将受益人有意或者偶尔提起的诉讼排除在外。司法审查就像单向棘齿一样运行，总是向去规制的方向推进……在政府的适当角色上，起诉资格学说处在两种不可调和的政治哲学论战之中，除了将其理解为一系列的战斗，别无他途。如果我们（更多地支持保守的哲学）不能通过非委任学说来限制规制计划，则我们至少能够确保司法审查总是起到防范规制权力的作用。[89]

那些支持受益人提起诉讼的人将会强调如果行政机关知道其决定会被一方当事人起诉，则行政机关会在考虑规制问题上创设一种平衡。[90] 一位著名的分析者曾经担忧，行政机关和受规制者之间的日常接触具有机关枪一样的效果，如果所有的行政机关必须面对这种情况，则其很容易腐蚀规制的有效性。[91] 另一方面，对受益人诉讼的怀疑论者会担心在法院造成政治化的结果，并相信传统上受政府非法限制自由的法律利益会得到普通法的保护，而受规制的利益对司法资源有着更为合法的诉求。他们辩称，法院必须得到保护，免于通过国会共同选择进入政治领域。在多年以前，法里纳教

---

[89] 其向笔者发过电子邮件（2016年11月17日）。

[90] 参见孙斯坦教授的论文，注释[83]。

[91] Staff of Subcomm. on Administrative Practice and Procedure to the Senate Comm. on the Judiciary, 86th Cong., Report on Regulatory Agencies to the President-Elect 71(1960)(written by James M. Landis).

授对这一问题作出论述：

> 规制性立法一般通过政治过程对广泛存在的损害提供补救。诚然，对政府通过积极平权立法(affirmative regulation)进行干预的典型正当理由是所获得的福利属于公共物品。现代的规制计划被普遍构造为对行政机关和私人实体施加实体和程序上的责任，而其目的在于创造广泛分享的福利以及根据更大范围受益人的请求对责任予以司法执行。因此，对违法行为寻求司法救济的原告经常出现在法院，其受到的损害被所有或者大部分公民在实体平等的措施中被分担，而国会有意选择行政和司法程序的组合来给予救济。㉜

1992年最高法院在卢汉诉野生动物捍卫者案中作出的判决，㉝或许变成了行政法上最常被引用的判决。㉞与此相比，目前存在的紧张关系更为明显。在该案中，法律的执行被起诉，而法律要求行政机关之间根据《濒危物种法》对濒危物种的保护进行磋商。承担这一责任的行政负责人制定了一项规章，将这种要求排除在联邦政府的涉外（例如，援助外国的决定）行为之外。野生动物保护组织和其他环保组织作为记名成员的代表对这一决定提起诉讼；根据既定的程序，㉟这些组织对物种保护的承诺不能构成符合条件的"事实损害"。代表这些成员的起诉宣称在受威胁的物种上存在利益，并希望到外国旅行至它们的栖息地时能够看到这些物种，但是，没有具体计划这样做。对这种意图予以简单宣称是不充分的。"利用或者保护动物物种的愿望，甚至基于纯粹的审美目的"将成为确定起诉资格的适当利益，而起诉资格所要求的（例如购买的票据）实际损害(concrete injury)在他们的起诉中却看不到。最高法院也提到了归因性和可救济性的问题，在本章节的

㉜ 注释㉝引用的作品。
㉝ Lujan v. Defenders of Wildlife, 504 U.S. 555(1992).
㉞ 参见页边码第379页，注释㉒。
㉟ Sierra Club v. Morton, 405 U.S. 727(1972).

结论部分有简要讨论;如果聚焦于有关拯救国外物种而未予磋商的影响,这些问题被凸显出来。

更为重要的是支持起诉资格的第二个论点,即依据《联邦行政程序法》的规定,允许"任何人"对违反磋商程序规定的行为寻求一项禁令。如果原告因程序错误而受到实际损害的论点是成立的,其他宪法上的要求(归因性和可救济性)则不存在任何障碍,同时,由程序错误造成的损害很容易被补救。但是,最高法院拒绝接受国会有权以程序中和由程序产生的程序损害来确定实际损害,这样做就联系到宪法上有关"事实损害"的要求,即以前被认为(只是)在满足广泛诉求上谨慎的排斥态度。对于"让行政机关遵守法定程序的抽象、自我限制和非手段性的权利"的规定,最高法院将其描述为"对《宪法》第三条规定的案件或者争议未加阐明……而基本上可以对政府提起诉讼"。同时,其结论是在宪法上国会不能允许提起这样的诉讼。这样做"将使得法院能够……对另一个同等部门的政府行为享有职权,而实际上变成了对行政行为的正确和合理进行持续监督的组织"。对此,最高法院认为这应当属于政治上的职能。

卢汉案触及的范围不够清晰。该案的特定事实涉及真实的遥远的损害和后果:美国政府在没有进行充分磋商的情况下计划修复埃及的阿斯旺大坝,可能会导致尼罗河鳄鱼的灭绝。同时,由美国政府援助国外的决定被质疑影响到其他的外国物种也会产生同样的问题。原告要求执行的磋商程序是他们无权参与的程序,甚至不能作为观察员,而行政机关没有义务向公众提供任何将要进行磋商的文件。由此,有人会说如果这属于程序上的错误,这种程序错误本身没有损害原告切实的个人利益,可以被看作是对接受规则制定的请求或者根据某人提交有说服力的评议而采取行动的一种拒绝。而在案件事实上,该案被认为是相当超脱的(outlier)。

一方面,在卢汉案中最高法院指出利用或者看到动物物种是一种审美上的利益,如果实际被损害可以获得起诉资格,其重新肯定了最高法院愿意接受国会以宪法上"事实损害"为要件来认定此利益,只要原告个人受到了确实的损害,这也在后续判决中有所反映。⑯ 最高法院的这种立场脱离了1960年代和1970年代的发展,在这一时期,也许鼓励行政程序中更为广泛的参与并没有明显表现在法院认定起诉资格的意愿上,即确保联邦行政行为受到司法审查需要符合的起诉条件。自从1970年代,法院对《联邦行政程序法》的一般条款进行解释,⑰并确定如果行政行为的结果阻止了个人的实际利益,例如,观赏濒危物种的审美利益,而这处于行政行为想要保护的"可论证的利益之内",那么像这样的个人就受到了"事实损害"。⑱

三十多年来,这种"可论证的利益之内"的表述(相当于被界定为"利益的范围")一直被最高法院当作在起诉资格的事实损害要求上谨慎附加的条件。而在2014年,最高法院以一致意见将其与法定问题联系起来,即国会是否授权个人在原告的情形之下(诉称因虚假广告在声誉或者销售上的商业利益受到损害)提起诉讼。⑲ 这不是最高法院首次为了支持原告的起诉资格而在说理上达成一致意见,即"运用法定解释的传统方法去判定法律规定的诉因是否涵盖了特定的原告诉求",⑳然后将授权起诉的法律解释为"任何诉称受到侵害的个人"需要与法律规定的损害存在直接的关系,而不

---

⑯ 例如,Friends of the Earth v. Laidlaw,528 U. S. 167(2000)。在这一方面,只要原告自己确实证明她是这样做的,有多少其他人享有同样的审美效果(如呼吸空气或者在水中游泳)无关紧要。(在Friends of the Earth v. Laidlaw案中,最高法院认为作为原告的"地球之友"环保组织具有诉讼主体资格,因为污染使得河流附近的居民无法进行休闲活动,对此,原告并不需要证明对居民产生实际损害,只需证明被告的行为对原告"审美上的"权利造成损害即可。)——译者注

⑰ "根据相关法律的规定,一个人因行政行为遭受法律上的过错(legal wrong),或者受到行政行为的负面影响或侵害,其有权获得司法审查。"5 U. S. C. §702。"法律上的过错"表明了一种传统的进路,即原告必须能够证明行政行为对个人构成了一种侵权,"负面影响或侵害"被理解为只是对事实损害作出要求,这关系到所争议法律想要解决什么样的问题。

⑱ Association of Data Processing Service Organizations v. Camp,397 U. S 150(1970);Barlow v. Collins,397 U. S. 159(1970)。

⑲ Lexmark Int'l,Inc. v. Static Control Components,Inc. ,572 U. S. __(2014),134 S. Ct. 1377。"原告的诉求是否处于'利益范围内'是一个需要运用法定解释的传统方法来解决的问题,即法律规定的诉因(cause of action)是否涵盖了特定的原告诉求"。在肯尼迪(Anthony Kennedy)大法官有关这些问题的意见中,国会选择的问题变得尤为重要。毫无疑问,这种得到一致赞同的构想表明了最高法院致力于远离"起诉资格"的泥沼。

⑳ 同上。

只是由被诉行为造成了事实损害。⑩ 很难将这种解释法律的人为进路与谨慎标准的适用区分开来,但是,最高法院取得一致意见是引人注目的。该司法意见看来并入了肯尼迪大法官的观点,而他一直属于中间派,对起诉资格问题的投票摇摆不定。⑩ 在一起最高法院的待决案件中,将要作出的判词似乎仍然为这一进路提供了另一种机会,对授权起诉的法定表述予以最宽泛(也许是最自然的)的解释将为法院打开更宽阔的大门,而原告在起诉中更为狭义的解释却占据上风。⑩

另一方面,在卢汉案中最高法院认为国会不能以程序中和由程序产生的程序损害来确定起诉资格,这种令人困扰的意见看来产生了相当大的解释限缩。到目前为止,这一意见似乎与许多非争议性的国会判断不一致,例如,在《信息自由法》中创设在准入、通告、参与或者信息上的个人权利,即使它们被广泛分享。归根结底,《信息自由法》申请者具有唯一不同的特征,即他们实际上寻找的是无法通过其他途径获取的在政府文件中的信息,而法律并不关心他们的身份和需求。任何人都能够提出请求,而政府不能要求其证明申请的正当性。这看起来使得申请者所受到的损害是完全程序性的。

也许有人会说,尽管在某种意义上申请人是一个志愿者,而一旦其自愿参与,由政府拒绝其申请造成的损害就是个人性的。在此意义下,不属于卢汉案中法律规定的"任何公民"。在美国联邦选举委员会诉埃金斯案中,个人要求获得竞选捐款的信息,并声称国会要求这些信息向公众公开,在被拒绝后,他们发现其具有执行公开规定的起诉资格。"当原告不能获得依法必须公开披露的信息时,其受到了'事实损害'"。⑩ 两位曾在卢汉案中投票予以支持的大法官撰写了一份单独的意见,对法律的宽泛规定以及支持国会

---

⑩ Thompson v. North Am. Stainless, 562 U. S. 170(2011).
⑩ 参见注释⑩和注释⑩的文本。
⑩ Spokeo, Inc. v. Robins, No. 13-1339, argued Nov. 2, 2015.
⑩ 524 U. S. 11, 21(1998)(Kennedy, J. concurring); see also Public Citizen v. Department of Justice, 491 U. S. 440(1989).

界定事实损害的能力表达了不安和担忧，同时，他们加入到埃金斯案的多数意见之中。埃金斯案的结果是依据《信息自由法》《阳光下的政府法》《联邦咨询委员会法》以及类似法律，国会授予原告获得司法审查的权利得以合理化。

由此，这些对于在规则制定中的评议者（试图影响规则的内容不规制其行为），或者规则制定的请愿者（提出请愿后被拒绝）意味着什么呢？[105]《联邦行政程序法》看来使他们有权获得某种程序上的保护，该法规定因程序错误行政行为应当受到司法审查，并在发生地得以撤销。这些人自愿提交评议或者请愿，以此区别于作为整体的美国民众；同时，在有效司法救济上不存在损害、因果关系或者可能性的问题。《联邦行政程序法》有关司法审查的规定是否在获得救济的权利上体现了同样的国会判断，而对明显类似于《信息自由法》上的行为仅仅关注于程序上的补救呢？相比与规则制定存在必然联系的请愿者或者评议者来说，《信息自由法》上的原告与其申请的信息没有太多的特别关系。在两个案件中，国会明确要求法院纠正程序上的错误。但是，在马萨诸塞州诉环境保护署案中，[106]最高法院所有九位大法官都询问马萨诸塞州是否因环保署拒绝其请求在全球变暖问题上进行规则制定而受到实际损害，微弱的多数意见认为上升的海平面足以对公共沙滩和海岸造成损害。在格特曼诉药物执法管理员案中，[107]特区巡回法院明确地将《联邦行政程序法》上任何"利害关系人"请求规则制定的法定权利与宪法上的规定予以区分，宪法规定为了确保获得司法审查，当事人必须说明被诉

---

[105] 当首次作为请愿者和评议者时，作者面临了这些问题，他成功地向联邦公报办公室提出请求，即要求其参与将会彻底完善"参考整合"实践的规则制定，第347页。然后，当所提议的规则随后发生改变时，其在规则制定中作出了评议。他没有声称受到了任何法律义务强加的直接侵害，只是主张了他的（所有人的）自由获知法律的权利。在后来对某些更改作出公布时，联邦公报办公室没有接受他的要求，即对于被整合的规则所施加的法律义务，其实际文本应当在联邦公报上予以公布。他没有对该规则寻求司法审查。

[106] Massachusetts v. EPA, 549 U. S. 547(2007).

[107] Gettman v. Drug Enforcement Administration, 290 F. 3d 430, 433-34(D. C. Cir. 2002).

行政行为产生了实际的"事实损害"。[108]

在另外两个案件中,较为保守的最高法院大法官认为这些问题更适于通过政治途径来解决,而最终判决认可了问题的可诉性,进一步表明了对保守意见的明显抵制。在卢汉诉国家野生动物联合会案[109]和萨默斯诉地球岛研究所案中,[110]其当事人都诉称在土地使用上受到影响而具有起诉资格,并要求对有关公共土地管理的规划性决定进行司法审查。但是,在卢汉案中,作出的决定仍然适用于公共土地的特定地带,原告不得不等待时机,直到有人使用这一地带时受到了实际损害。在萨默斯案中,原告系超过 70 万的户外爱好者组成的成员,他们最初通过对某一成员的利益代表来解决这一问题,即该成员经常在国家森林的特定区域徒步旅行,而根据总体计划受火灾损毁的地块被允许出售,这些区域被提议进行灾后出售。当这种诉求被确定后,像这样的销售仍会继续,而原告所在组织的成员会继续在国家森林里徒步旅行,由此产生的安全隐患不足以说服九位大法官中的五位。"被告确认没有适用其他已废止的规章,而对这些成员的利益构成直接和实际的损害"。作为五位大法官之一,肯尼迪大法官曾在卢汉诉野生动物捍卫者案中发表协同意见,[111]其认为在萨默斯案中,"对于以前尚不存在的案件或者争议产生了实际损害,这一案件将会对国会是否提供救济给予不同的考量"。

从"事实损害"转向"可溯源性(因果关系)"和"可救济性"的宪法要件上,有人会发现对"公共利益代表"持续存在的怀疑态度。作为起诉资格学说中的宪法要件,这超越了国会直接进行界定的权力。在卢汉案的司法意见中,更多强调的是政府资助与损害结果之间因果关系上的不确定性,例如,阿斯旺大坝项目和鳄鱼的拯救。与此类似,在行政机关进行磋商与对鳄

---

[108] 在 U. S. v. Johnson, 632 F. 3d 912(5th Cir. 2011)案中,法院认为程序上错误是无害的,因为对此提起诉讼的当事人"没有在评议期间作出评议,或者在公布后的评议期间选择参与其中"。对于这一问题的学术评论,见 R. Pierce, Jr., "Making Sense of Procedural Injury", 62 Admin. L. Rev. 1(2010)。

[109] Lujan v. National Wildlife Federation, 497 U. S. 871(1990)。

[110] Summers v. Earth Island Institute, 555 U. S. 488(2009)。

[111] 参见注释[102]和[114]的文本。

鱼予以成功保护的结果之间也会产生因果关系上的不确定性。在两起涉及国内税务局（税收管理者）所作规定的案件中，原告诉称其与国内税法不一致，并寻求依据《联邦行政程序法》对其予以司法审查，最高法院较早地对因果关系和可救济性作出裁定。在其中一个案件中，代表穷人的组织试图挑战某一税收规定的合法性，该规定涉及医院保存免税身份的必要条件。[112] 他们诉称作为慈善可以接受到必要的医疗照顾，而该规定结果导致其丧失这种医疗照顾。在另一案件中，在公立学校就读的黑人儿童的父母对税收规定提起诉讼，其诉称该规定给予存在种族歧视的私立学校税收优惠，以此支持种族隔离，而使得他们的小孩不大可能接受到完备的教育。[113] 即使像这样简要的陈述，也会使人清楚地认识到在司法救济的因果关系和有效性上，原告的诉求是推测性的。原告所起诉的是令人反感的其他人的行为，而这些人据称非法获得了税务上的优待。也许并不出人意料的是，最高法院拒绝允许局外人侵扰涉及其他人的税收问题（即使是值得同情的）。在两个案件中，其说理都强调缺乏明确的因果关系，或者即使给予了司法救济，也无法确定能否补救所受到的损害。然而，在两份司法意见中强有力的反对意见折射出最高法院在早些年对起诉资格的认定不会面临太大的困难。

在卢汉案中，最高法院对因果关系和可救济性的担忧只是引起了多数意见的关注，其中一份协同意见指出这些问题实际上容易受到国会的影响：

> 当政府计划和政策变得越来越复杂和广泛时，我们必须对清晰表述新的诉讼权利保持谨小慎微，这些权利在普通法传统中并没有明确的类似物，……对于以前没有出现过的案件或者纠纷，国会有权对所产生的损害和因果关系予以界定和阐述。我并不认为最高法院的司法意见表明了一种相反的观点。然而，在行使这项权力的过程中，国会至少要对它试图澄清的损害进行认定，并将损害和那些有权起诉的个人联

---

[112] Simon v. Eastern Kentucky Welfare Rights Organization, 426 U.S. 26(1976).
[113] Allen v. Wright, 468 U.S. 737(1984).

系在一起。⑭

这段表述拒绝在受规制者和规制受益者之间进行任何宪法上的必要区分,以此作为具有起诉资格的当事人一方来确保对规制决定的司法审查。这看起来是在支持以像《信息自由法》这样的法律为依据的起诉资格,但是,有人会好奇为什么没有平等地支持那些规则制定的参与者或者请愿者的起诉资格。正如法里纳教授所指出,"对规制救济……的私人行为有可能产生影响的立法判断",⑮能够确定因果关系和可救济性,与此相同,何种利益值得法律保护的立法判断也能够确定何谓"事实损害"。

综上所述,需要重申的重点是起诉资格问题涉及单个原告寻求司法审查的条件,而不是行政决定的可审查性。⑯ 例如,以上简要讨论的有关税收事务的决定,只要达到了影响纳税人自身利益的程度,则完全可以纳入司法审查。如果根据可能获得司法审查的诉讼当事人所及领域(universe)来看待受制于司法审查的事项,就会清楚地认识到扩展的起诉资格和公众参与运动之间的关系。类似于对执行前的规则进行司法审查的可能性,⑰扩展的起诉资格扩大了潜在诉讼当事人的范围,并要求行政机关预判到必须从更多的视角而非仅限于受规制方的视角来对决定的合法性进行辩护。

二、时机和地点的特别规则

只有"最终的"行政行为才具有可审查性的要求、在司法审查之前穷尽行政救济的要求,以及行政行为变得"成熟"才可进行司法审查的要求,所有这些都涉及司法审查的时机而非事实,并共同关注于行政机关和法院之间的适当配置。尤其是,这些要求旨在避免因提前的或者重复的司法诉讼对

---

⑭ 504 U. S. 555,580(1992)(肯尼迪大法官在判决中发表某种程度上的协同意见),这种想法在随后的多数意见中得到响应,Friends of the Earth v. Laidlaw Environmental Services,Inc. ,528 U. S. 167,185(2000)。

⑮ 参见注释㉙。

⑯ 参见 Community Nutrition Inst. v. Block 案的讨论,注释 64 的文本。

⑰ 参见页边码第 417 页。

行政过程进行破坏性的、潜在人为操控的阻断。然而,在某些案件中或者某些问题上,司法审查的迟延会带来显著的不公平,以此来看每一项要求的执行都是复杂的。(在极为罕见的情况下,不得不参与行政程序构成了程序中和由程序本身所产生的损害,而当事人有权受到保护免于这种损害。除此之外,必须向行政机关支付参与的成本不属于这里所说的不公平。)这一认识导致相关学说仅仅要求推迟在某些问题上的司法审查。换言之,即使法院声明完全的司法审查必须等待最终的行政决定、行政程序的穷尽或者行政行为的进一步成熟,法院通常对已经准备妥当的诉讼程序也要作出有限而有益的判断。

一般而言,"最终性"是从行政行为的视角来看待时机问题,"救济穷尽"的重点在于当事人寻求司法审查的行为,而"成熟性"聚焦于司法考量。这些学说在边界上是模糊的,彼此相互混合,并融入了已经讨论的排除审查和起诉资格问题。在美国哥伦比亚巡回上诉法院的一项判决中,这种情况得到了相当戏剧性地说明。[118] 审判席的三位法官一致认为进行司法审查为时过早。其中一位法官认为行政决定不是最终的,另一位法官认为行政救济没有穷尽,而第三位法官则认为被诉事务仍不成熟。两位法官以前曾经是法学院的教授,几乎可以说他们之间的意见不合是人为造成的,其目的在于为法学院教学提供有用的素材。

(一) 最终性

"最终性"的基本思想极为简单,在三个所讨论的时机学说中,《联邦行政程序法》对其予以明确规定,[119]即除了"法定"审查以外,[120]只有"最终的行政行为"才能进行司法审查。很容易理解这一规则的基础,在民事审判中的当事人必须等待行政程序的结论而不是以发生潜在的错误而提起一连串的上诉。许多被诉称的错误可能在最终的结果中被消除了,或者被行政法官的裁决所纠正。偶尔提起重复的上诉具有相当大的破坏性,这种弊端

---

[118] Ticor Title Ins. Co. v. FTC, 814 F. 2d 731 (D. C. Cir. 1987).
[119] 5 U.S.C. §704.
[120] 参见页边码第411页。

（evil）本身是可以避免的。

在民事司法诉讼中，美国的诉讼法还对有限范围的中间上诉作出了规定。尽管不是完整的诉讼，这种上诉可以在最终处置某一当事人利益的司法裁决之外进行。中间上诉如果很重要而必须进行司法审查，并且独立于主诉讼程序而无需等待，也可以与通过司法裁判解决问题的主诉讼程序并行展开。[121] 同时，所涉及的问题具有明显的重要性和争议性，程序错误的成本看起来大于通过上诉来裁定错误是否事实存在所造成的破坏性，经审判法院同意可以获得司法审查。[122] 致力于在行政程序中获得类似的审查偶尔会取得成功，尽管法律对这种类似情况没有规定适用于民事审判的中间审查。[123] 然而，认可像这样的诉求会带来迟延和破坏，法院对此仍然保持戒心（defensively aware），由此获得成功的机会极为渺茫。[124]

《联邦行政程序法》第704节对最终性作出了界定：

> 除法律另有明确规定外，其他最终的行政行为都具有基于本节目的的最终性，无论宣告式裁判的申请或者任何形式的复审申请是否被提起或者被决定；无论向上级机关的申诉是否被提起或者被决定，除非行政机关另有规则作出规定在申诉时该行为不得即时生效。[125]

由于行政法官的决定"在没有进一步程序的情况下，成为行政机关的决

---

[121] Cohen v. Beneficial Loan Corp. ,337 U. S. 541(1949).

[122] 28 U.S.C. § 1292(b).

[123] Gulf Oil Corp. v. United States Department of Energy,663 R2d 296(D. C. Cir. 1981).

[124] Pepsico,Inc. v. Federal Trade Commission,472 F. 2d 179(2d Cir. 1972),cert,denied 414 U. S. 876(1973)，这是一个例外的案件，法院在附带意见中指出，行政机关的错误过于明显和重大，以致被诉的行政程序"必会被证明为无效"，则法院愿意承认中间上诉。其他法院在讨论百事可乐公司拒绝提供所要求的配方时，也面临了同样的问题，而最高法院却认为在此纠纷中没有足够的理由对这一问题进行司法审查。Coca-Cola Co. v. Federal Trade Commission,475 F. 2d 299(5th Cir.)，cert,denied 414 U. S. 877(1973);Seven-Up Co. v. Federal Trade Commission,478 F. 2d 755(8th Cir.)，cert,denied 414 U. S. 1013(1973)。

[125] 5 U. S. C. § 704.

定,除非在规则规定的时间内向行政机关提出申诉或者基于行政机关的动议进行审查",《联邦行政程序法》第557节,像这样的决定就属于在这种意义上的最终行政行为。在达比诉西斯内罗斯案中,[126]最高法院对第704节的规定进行解释,其认为诉讼当事人对行政机关最初作出的决定不服,可以寻求直接的司法审查,而无须穷尽在行政机关内可得到的审查,[127]除非行政机关的规则规定当事人可以寻求行政机关的审查,同时亦规定在审查处于待决时该行为不发生效力。这一要旨(proposition)为最高法院的一致意见,其被视为对法律文本的明确解释。然而,这让各级法院和诉讼当事人感到吃惊,他们习惯于过去既成的判决要旨,即在行政机关内没有穷尽救济之前不得进行司法审查,并以此作为节约司法资源和确保重要问题为行政机关所关注的明智之举。达比案意味着这些《联邦行政程序法》所规定的决定,在没有法律或者规则明确规定的情况下,可以在法院直接进行司法审查。从诉讼策略上来看,存在一个不同的问题,即是否当事人通常会认为,在司法审查之前寻求行政机关的审查将不会得到较好地对待。

当不止一个行政机关处理某一事务时,也会产生最终性的问题。在这样的一系列决定中,前面作出的缺乏直接效果的决定,即使对整个政府的决策过程而言不具有最终性,对特定的行政机关来说却是最终性的。[128]

在行政背景下,最为重要的问题是哪一种已完成的"行政行为"被认为具有充分的形式要件,以构成特指的"最终的行政行为"。在以前讨论的阿尔伯特实验室案中,[129]最高法院很容易裁定食品和药品管理局的规制属于"最终的行政行为"。作为行政机关的"软法",这些不大正式的解释性规则缺乏法律或者规章的约束力,但对行为和司法结果有着重大影响,法院如何对待这些规则呢?[130] 行政机关作出正式决定提出投诉以启动行政程序,而

---

[126] Darby v. Cisneros,509 U.S. 137(1993).
[127] 参见页边码第444页。
[128] Dalton v. Specter,511 U.S. 462(1994);Ecology Center,Inc. v. U.S. Forest Service,192 F.3d 922(9th Cir. 1999).
[129] 参见页边码第416页。
[130] 参见页边码第203页。

该程序仍会照常进行,法院如何对待这一正式决定呢?或者行政机关没有及时采取行动对请愿或者法定指令作出回应?

在1971年,特区巡回法院令人信服地解决了有关解释的问题。[131]劳工部薪资与工时司的行政人员每年针对联邦公平劳工标准的适用发出75万封建议函。其中,有一万封被指定由该处负责人签发,这些建议函来自外部表现受到欢迎的实务操作。尽管这较少的部分(有着较为仔细的考虑)更有可能被行政机关所遵循以及为法院所遵从,但所有75万封函件都可以被视为行政行为。让所有这些都能够受到司法审查简直就是在阻止行政机关发出这些函件,法院仅仅认定较少的部分为"最终的行政行为",而受制于司法审查。法院作出这一结论,从而严格维持行政机关对这种结果的控制:不是由负责人签署的意见,或者由其明确标示为暂定或者予以重新考虑的意见都不认为是"最终的"意见。即使当时无因可循,法院也会得出这种结论。事实上,行政机关负责人毫无保留地签发意见附带增加了意见的权重和正式性,而最终性和随后的可审查性是其需要付出的代价。根据笔者的判断,上诉法院遇到了意图明确并有可能对私人行为产生重大影响的软法问题,而法院不太适当地将其认定为具有程序瑕疵,换言之,即要求适用通告和评议的规则制定,而不是"最终的"、由此受到司法审查的软法。推测来看,最高法院最近在佩雷斯诉抵押银行家协会案的判决中对这些判决进行了折中处理。[132]

提出投诉(complaint)以启动行政程序(administrative proceedings)的决定是一个正式的行政行为,并对所涉事项产生严重的后果。被投诉的当事人必须承担相当大的辩护费用,并面对受指控后名誉上的非直接成本。一旦听证取得了支持或者反对被投诉人的调查结果,任何提出投诉是否正当的问题看起来就会烟消云散。但是,允许审查提出投诉是否具有正当理由,使得被投诉人有机会迫使听证予以推迟。法院找到了解决这一难题的

---

[131] National Automatic Laundry and Cleaning Council v. Shultz, 443 F. 2d 689(1971);另见 United States v. Mead Corp. 案的讨论,页边码第497页。

[132] 参见页边码第355页。

方法,并认为争讼的费用和困扰是在政府管理下社会生活负担的一部分。除非当事人有明确和独立的权利而无须面对行政机关的要求,这种投诉除了强加这些成本之外不产生直接的影响,则其不属于"最终的行政行为"。[133] 有人会将此理解为一种总体上的判断,即在行政机关和被投诉者之间达成诉求上的相对平衡。总而言之,可以说被投诉者更有可能滥用权利,即在此阶段中要求审查像这样的问题。当被投诉一方提供行政决策中有关腐败的具体证据予以指控时,可以预见会给这种判断带来巨大的压力。[134]

行政机关"不履行职责"(failure to act)被明确界定为"行政行为",[135]但是,在判断这种不履行职责是否具有"最终性"上产生了重大的问题。《联邦行政程序法》的其他条款规定,法院可以"对非法维持或者不合理推迟的行政行为进行介入",[136]这至少确立了争论的框架。在早期的公众参与运动中,这一表述为那些所谓"设定议程"的诉讼提供了主要的动力。一个可能代表公众利益的人向行政机关提出请求,而该行政机关承担采取必要行动的职责,然后不久,其提起诉讼迫使行政机关依其要求履行职责。[137] 当法律设定采取行动的职责时,这一机制保持可行;由于缺乏采取行动的特别法定

---

[133] Federal Trade Commission v. Standard Oil Company of California, 449 U.S. 232(1980)。最近,特区巡回法院判定消费者产品安全委员会对某一制造商启动调查,而后发函要求其服从"自愿"改正行为的计划,不属于"最终的行政行为"。Reliable Automatic Sprinkler Co., Inc. v. Consumer Product Safety Com'n, 324 F.3d 726(2003)。

[134] Gulf Oil Corp. v. United States Department of Energy, 663 F.2d 296(D.C. Cir. 1981)。administrative proceedings 译为行政程序,理由在于:(1)此处的行政程序不同于一般的行政程序,而是准司法性的行政程序,大多由行政法官对个人或者行政机关提出的投诉(complaint)进行审查;(2)有的译著翻译为复审或者复议等,有所欠妥。例如,此处行政机关提出投诉时,并不存在对个人权利义务产生实际影响的行为,不同于我国的行政复议,只不过在程序的准司法性上有点类似而已。——译者注

[135] 5 U.S.C.§551(13)。failure to act 译为"不履行职责",理由在于:(1)早期的译著翻译为"不行为",与我国行政法上的概念没有衔接。如〔美〕欧内斯特·盖尔霍恩、罗纳德·M.利文:《行政法和行政程序概要》,黄列译,中国社会科学出版社1996年版;(2)"不作为"一般仅限于程序意义上的不为,而"不履行职责"涵盖的范围更大一些,亦与我国行政诉讼实务比较接近。——译者注

[136] 5 U.S.C. §706(1)。

[137] Environmental Defense Fund v. Hardin, 428 F.2d 1093, 1097(D.C. Cir. 1970); Environmental Defense Fund v. Ruckelshaus, 439 F.2d 584(D.C. Cir. 1971)。

要求,一般性推定的效用被极大地消减,⑬这些推定包括有关执行事务的行政决定不具有可审查性,⑬以及对拒绝参与规则制定的请求给予相当有限的司法审查。⑭

(二) 救济穷尽

在最为普遍的情形中,穷尽行政救济的要求被视为有关最终性原则的重申:这一事项仍然不能进行司法审查,其原因在于尚有行政程序可以解决此问题或者为作出判断进一步对事实进行调查。正如达比诉西斯内罗斯案所解释,⑭救济穷尽原则是一种成熟的司法学说,任何像这样的阐述都受制于《联邦行政程序法》有关最终性的规定。这种问题一般会并行发生,原告在此寻求的不是对行政行为的审查,而是对行政机关进一步启动诉讼程序进行救济,他们认为这样只会导致法律上的无效,并使其承受有权获得保护而无需承担的成本。

在典型的案件中,伯利恒造船公司提起诉讼要求禁止国家劳工关系委员会的听证,其诉称这超出了该委员会的管辖权。⑭最高法院承认委员会的管辖权是一个适当的问题,并认为其必须首先由委员会作出决定,而自己拒绝考虑这一问题。然而,值得注意的是,最高法院对许多初步的法律问题进行考虑和作出判决:《劳工关系法》(Labor Relations Act)表面上是否合宪,并授权设定了伯利恒所称的那种程序;要求伯利恒服从于委员会的程序表面上是否充分,并借此获得公平的结果;在委员会作出决定后,司法审查是否被充分提供。如果对这些初步问题的判决有利于原告,则其将会获得在起诉中所要求的救济。换言之,对于要求服从于这种行政计划的合法性,伯利恒获得了相当全面的司法审查。所诉事项既不是行政机关的决定,也不是进一步展开可能有用的事实调查,而是伯利恒不得不卷入行政程序所

---

⑬ 参见页边码第426页。
⑬ 参见页边码第291页和第425页。
⑭ 参见页边码第351页。
⑭ 参见页边码第441页,注释⑫。
⑫ Myers v. Bethlehem Shipbuilding Corp., 303 U.S. 41(1938).

带来的高昂成本，也可以说是其有权获得保护而无需负担的成本。尽管不总是被提到，但可以获得对行政行为的一部分进行前期审查是救济穷尽案件的普遍特征。[113]

在少数情况下，救济穷尽的要求暗含了给予惩戒的意味，而不只是对司法和行政予以要求的原则。对于没有通过适当行政机关进行公开讨论的事项，某一法律事实上排除了司法审查，这种情况就会发生。在两起抵制征兵的刑事检控案件中，政府声称被告没有完全运用行政救济来处理这些事务，则不能以具有免于兵役的法定权利作为辩护的主张。在其中一个案件中，最高法院认为唯一需要作出决定的问题涉及法律的解释，而在任何情况下其应由法院而非行政机关来作出判定；同时，被告应当接受要求其穷尽行政救济的"严重"后果。[114] 在另外一个案件中，判决"取决于对行政组织专业知识的运用"，而没有穷尽救济的被告无权以此进行辩护。[115]

在较为传统的行政背景下，当一方当事人寻求对规则制定进行司法审查时，而问题在评议或者行政机关的其他处置中没有得到公开讨论乃至足够的强调，则会产生"救济穷尽问题"。[116] 在 2000 年最高法院意见明显分歧的判决中，[117]多数意见拒绝了救济穷尽的要求，其说理看来求诸行政程序的特别之处。该案涉及社会安全的残疾人保险，而原告常常在未聘请律师的情况下自行其是。通过投票控制结果的大法官认为"在大多数案件中，未向行政机关提出的问题不会在联邦法院首先进行争辩"，以此表明行政机关能

---

[113] Touche Ross & Co. v. Securities and Exchange Commission, 609 F. 2d 570 (2d Cir. 1979); Leedom v. Kyne, 358 U. S. 184(1958); Allen v. Grand Central Aircraft Co., 347 U. S. 535 (1954). 根据宪法对行政机关的管辖权提出挑战并不总是能够占据救济穷尽争论的上风，如注释 118 中的 Ticor 案。这种诉求是边缘性的，可能无实际意义或者被行政程序所阐明，如果被要求服从于行政程序本身不构成宪法上的明显损害，则救济穷尽势在必行。另一方面，当最高法院发现行政救济不足以确保原告获得金钱上的救济要求时，其免除了救济穷尽的要求，甚至在这种情况（监狱惩戒）下亦是如此，即最高法院被认为如果司法审查无法避免的话，其有意偏向于推迟司法的介入。

[114] McKart v. United States, 395 U. S. 185(1969).

[115] McGee v. United States, 402 U. S. 479(1971).

[116] 参见 National Ass'n of Mfrs. v. Department of the Interior, 134 F. 3d 1095(D. C. Cir. 1998)。

[117] Sims v. Apfel, 530 U. S. 103(2000).

够通过适用适当的程序规则来控制这种结果（正如它们在达比诉西斯内罗斯案中对结果的控制）。[18]

（三）成熟性

对行政行为予以部分审查的想法在成熟性问题上显得尤为突出。当要求对诉诸司法（或许也属于行政职能）的纠纷进一步予以行政处理所带来的好处，看起来大于了强令当事人延期诉讼的影响时，其理应推迟对最终的行政行为进行（某些方面的）司法审查。在已经讨论的阿尔伯特实验室案中，[19]对此作出权威性阐述。最高法院援引可审查性推定，并认定食品和药品管理局的立法性规则构成"最终的行政行为"，然后其阐述了政府的论点，即司法审查的时机不成熟。政府辩称由于这种行为的特定事实说明何谓对未加适用的规定提出抽象的挑战，在该规则被执行之前进行司法审查将是"不成熟的"。最高法院予以赞同，其认为成熟性学说的"基本原理在于法院通过避免不成熟的裁决来防止自身卷入对政策的抽象分歧，同时，也保护行政机关免于司法介入，直到行政决定正式形成，其效果为诉讼当事人以具体的形式所感知"。这一原理表明了两部分的质询：问题是否"适于"司法审查，以及何谓"当事人予以考虑所存在的阻难"。

在此之前，最高法院通过两个方面的质询进行司法审查。如果审查被否决，当事人有可能被迫予以实际考虑，承担较大的代价服从规则，而不是面对不服从所带来的严重后果。同时，最高法院能够将既存的法律问题归结为单纯的法律解释，其裁决无需进一步的事实认定。在此，后者为决定性的要点，并回应了反对意见中所表述的担忧，这一有力的反对意见由一位相当有经验的大法官所写，其曾在阿尔伯特实验室案中担任委托方的私人律师，这使其担心当事人的行为和动机。在反对意见中，其认为如果公司能够抽象地起诉规则，他们将会想象出光怪陆离的事实和解释，以此歪曲实际适用规则的司法意义。

---

[18] 参见页边码第 441 页。
[19] 参见页边码第 417 页。

后一要点是理解在成熟性考虑上进行局部审查的核心。多数意见对反对论点的回应实际上是，限制在执行前阶段对表面上依据规则会作出何种决定进行司法审查。事实的有效性问题在于是否任何情形下的事实对于被有效适用的规则都是可以想象的。这一问题是成熟的，而问题的特别适用却不尽然。法院作出的回应倾向于避免视角被扭曲的问题，（正如反对意见所指出）并有点降低寻求司法审查的成本。现在，寻求司法审查的当事人所面对的仅仅是起诉的成本，而不是成功执行该规则所产生的实质性成本，同时，起诉成本还有可能被暂时不服从规则的收益所抵消。多数意见认为，一个国家的制度选择支持对争论进行宣告式裁判，则这种效果无可非议。

在后续的案件中，最高法院认定在缺乏特定事实的情况下，针对不同的规则所提起的诉讼，其不能适当地进行评价；在这种案件中被要求等待审查的实际影响也很小。同时，还认为司法审查是不成熟的，并要求提交执行程序进行处理。[150] 在此，最高法院力图确保推迟司法审查是一项公平的要求。在其他成熟性的案件中，尽管语气和说理存在混淆之处，但通常可以依循这些思路来加以理解。

最近的发展显得有点口是心非。一方面，当最高法院明显缺乏对公共利益进行介入的热情时，其将成熟性作为一个要件予以考量。如果在卢汉诉野生动物捍卫者案中，[151]希望观赏尼罗河鳄鱼和要求行政机关进行磋商的当事人没有获得起诉资格，其他人会发现由于最终的适用依赖于发生在特定地点的事件，反对行政机关依据国家土地的一般计划进行土地管理则尚不成熟。不难理解，即使资金充裕的公益介入者也不可能逐个地块地对土地管理决定提出挑战。"这种要求下逐案进行审查的进路往往使得作为被告的组织遭受挫败……但是，这是司法运作的传统的、保持常态的模式……直到将此明确托付给我们之前，应由其他政府部门采取更为

---

[150] Toilet Goods Association v. Gardner, 387 U.S. 158(1967).
[151] 参见页边码第432页。

彻底的行动。"[132]正如在达比案中那样,可以从其他方面看到最高法院一再反对司法创制的学说与《联邦行政程序法》相冲突。[133]根据《联邦行政程序法》,问题不在于"成熟性",而是替代性救济的充足性,而至少有两个上诉法院采取了这一进路。[134]在苏珊·B.安东尼列表案中,[135]将选举运动中的某些虚假陈述作为犯罪处置的法律,可能会阻碍将来对争议性问题的表述,而关注于此的辩护组织"很容易满足"原告的诉求,对此最高法院通过一致意见裁定以阿尔伯特实验室案的审查标准对司法审查的适当性和原告面临的困难进行检测,同时,也对"审慎的成熟性学说的持续有效性"提出了一些质疑。最高法院认为,联邦法院在其管辖权范围内事实上具有审理案件的"不容松懈"的义务。

像这些"成熟性"的审慎学说一直被法院作为一种手段,来避免审查不成熟的决定和具有政治风险的决定。[136]在此意义上,任何对这些学说的放弃将会弱化法院避免审查某些案件的能力,使其卷入抽象的、潜藏风险的裁判之中。

(四)优先管辖权

诉至法院的争议或者问题被认为属于某些行政机关的管辖范围,这在民事诉讼中偶有发生,在行政审查中亦非典型。例如,最高法院被要求评估铁路费率的合理性,[137]或者从铁路税费结构所规定的两种费率中决定适于

---

[132] Lujan v. National Wildlife Federation, 497 U. S. 871, 894(1990),该案也触及最终性和起诉资格的主题。另见 Reno v. Catholic Social Services, Inc., 509 U. S. 43(1993);Ohio Forestry Ass'n, Inc. v. Sierra Club, 523 U. S. 726(1998)。这些案件有助于认识到规制受益者比受规制者在确保审查上面临更多的障碍,即在卢汉诉野生动物捍卫者案中,被最高法院所接受的特别结果,这也受到了强烈的批评,见 C. Sunstein, "Standing and the Privatization of Public Law", 88 Colum. L. Rev. 1432(1988)。正如在卢汉诉国家野生动物联合会案中那样,一旦在执行管理计划上采取了特定的行为,对该行为提起诉讼能够影响到该计划。Wilderness Society v. Thomas, 188 F. 3d 1130(9th Cir. 1999)。

[133] 参见页边码第441页,注释[126]。

[134] Abbs v. Sullivan, 963 F. 2d 918(7th Cir. 1992);Air Brake Systems, Inc. v. Mineta, 357 F. 3d 632(6th Cir. 2004)。

[135] Susan B. Anthony List v. Driehaus, 134 S. Ct. 2334(2014)。

[136] A. Bickel, *The Least Dangerous Branch* (1962)。

[137] Texas & Pacific R. Co. v. Abilene Cotton Oil Co., 204 U. S. 426(1907)。

特定货物的一种,[158]而这些问题有时处在原州际贸易委员会的职责范围内。如果这些问题通常在管辖权意义上委派给行政机关来处理,则情况类似于联邦法院需要对涉及州法的复杂问题进行审理,而这些有可能在担负首要责任的州司法系统中得到更好的理解。在这两种情况中,美国法理学体现了司法创制的参引学说,即要求当事人从其他系统中寻找答案,无论是替代联邦诉讼,还是作为一种进一步加以考虑的条件。[159]

"优先管辖权"的学说在如今逐渐衰微的经济规制中得到了最为广泛的适用,其在行政背景下体现了适当的司法方针。[160]法院不理会这些诉讼是因为其更适合由专业的行政机关来处理吗?当特定的问题更适合由行政机关作出决定时,推迟审查的判决是在求助于行政机关吗?或者只是在自行其是?这些问题被认为是整合联邦法律上复杂的管辖权配置(和防止当事人造成混乱)的手段,而问题的解决不存在定式。援引这一学说被认为存在三个因素:存在专业化行政机关的专家知识、在全国范围内统一解决这些问题的需要以及司法审判对行政机关履行职责产生负面影响的预期。[161]

三、先予救济

在行政行为悬而未决或者等待审查的过程中,一方当事人寻求维持其身份状况或者获得其他辅助性的司法协助,此时在司法介入的时机上会产生一种不同的问题。两个特区巡回法院的判决对此作出了合理的解释。第一个判决涉及时间点的问题,其被广泛认为具有权威性:在待决的司法审查过程中,对于维持或者否决行政命令(例如,对启动核电站授予即时有效的

---

[158] United States v. Western Pacific Railroad Co.,352 U. S. 59(1956).

[159] 参见 Marquez v. Screen Actors Guild,523 U. S. 33(1998); American Automobile Mfrs. Assn v. Mass. Dept. Environmental Protection,163 F. 3d 74(1st Cir. 1998),further proceedings in 208 F. 3d 1(2000).

[160] 在联邦和州的关系上,类似于弃权学说。参见 S. Shapiro,"Abstention and Primary Jurisdiction: Two Chips Off the Same Block? — A Comparative Analysis",60 *Cornell L. Rev.* 75(1974).

[161] (有关这些问题)经典的学术讨论,见 L. Jaffe,*Judicial Control of Administrative Action*,Chapter 4(Little Brown 1965).自从该书的出版后,优先管辖权学说相对而言似乎没有什么发展,相比平时而言其在这一主题上得到了及时的反映。

许可)的持续有效确立了进行判定的四种因素,包括在优劣性上具有相当的理由、如果不准予持续有效会造成无法挽回的损害、维持持续有效是否对其他人造成重大损害、公众利益的考量何在。[162]

第二个判决关注于提供这样救济的法院。在许多授权司法进行暂时救济(interim relief)的法律(包括《联邦行政程序法》)中,全令状法案(All Writs Act)最为突出。[163] 这一法案授权"联邦法院在各自管辖权的辅助下发布必要或者适当的所有令状"。特区巡回法院认为,这一规定的重要性在于在法律规定司法审查的情况下,唯有被授予排他性司法管辖权的法院才能通过提供先予救济来"促进"这种管辖权;据此,任何其他法院没有进行介入的管辖权。[164]

第三节 可获得的司法救济

除了对书面训令进行简要讨论以外,[165]我们到目前为止基本上假定司法审查系依据《联邦行政程序法》展开。该法提供了一个统一的、充足完备的结构,以此审查"最终的行政行为"以及在临时情况下对有效的最终司法救济维系必要的条件。[166] 与《联邦行政程序法》的司法审查相联系,法院可以给予除金钱救济之外的任何救济,包括执行命令、宣告式裁判、指示行政机关及其行政人员采取行动或者限制其行动的强制性命令或者最为常见的救济——对行政行为作出判决,予以全部或者部分维持或者撤销。如果行政行为被认定为合法,行政行为申请执行命令一般会得到尊重。但在这些案件中,偶尔有法律授予法院裁量权去决定给予或者保留像这样的救济,则

---

[162] Virginia Petroleum Jobbers Ass'n v. FPC, 259 F. 2d 921(D. C. Cir. 1958).
[163] 28 U. S. C. § 1651.
[164] Telecommunications Research and Action Center v. FCC, 750 F. 2d 70(D. C. Cir. 1984).
[165] 参见页边码第414页。
[166] 《联邦行政程序法》(5 U. S. C. § 705)的规定类似于全令状法案,注释[163]。

法院通过裁量权的公平运用,即使在行政行为合法的情况下,亦可拒绝迫使当事人服从行政机关的决定。[167] 根据行政行为被认定具有法律瑕疵的程度,法院将采取两种路线展开审查。如果瑕疵无法补救,法院仅仅认定其违法,并予以撤销;如果行政机关的重新考虑能够产生有效的结果,法院将案件发回行政机关进行重新或者补充处理。在这一方面,相关情况类似于在私人之间的诉讼中对下级法院的判决进行上诉审查。由行政机关提交支持其行为的"记录"仅仅发回行政机关给予进一步的关注,如同上诉法院将案件发回给下级法院。

在此,美国哥伦比亚特区巡回上诉法院对于规则制定的司法审查发展出带有争议性的实务操作。该法院这样做对重要的策略性有利条件作出了回应,即最高法院的判决看来为个人创设了对规则制定进行司法审查的条件。卫生和公众服务部制定了一项规章,对医疗保险的行政赔偿进行管理。在该规章通过时,其有望予以执行。然而,经司法审查被诉的规章因存在易于补正的程序错误而被撤销。在随后对程序错误的补正中,行政机关维持了相同的援引日期,可以说这既不令人惊奇,也不适于此规章。从这一补正行为的日期来看,这一规章被予以溯及性的适用。对此最高法院认为,不能在缺乏明确法律授权(即使存在授权,也极为少见)的情况下这样做。[168] 对一项规章进行司法审查时,无论行政机关花费多长时间补正错误,可以自由地赋予规章以法律效力,由此产生的效果甚至从一开始就很容易被修正,而不大可能强令在结果上作出改变。在阿尔伯特实验室案中,这种效果会对困难作出极度的放大,实质上激发了强烈的反对意见。[169] 作为回应,特区巡回法院拓展了实务操作,即在规则制定错误并非构成无效的情况下,不撤销该规章而是予以发回,由此该规章可以继续规制在一定期间内所发生的事

---

⑯ 参见 Weinberger v. Romero-Barcelo,456 U. S. 305(1982);Z. Plater,"Statutory Violations and Equitable Discretion",70 *Calif. L. Rev.* 524(1982)。

⑱ Bowen v. Georgetown University Hospital,488 U. S. 204(1988)。

⑲ 参见页边码第 447 页。

件,而该期间为进一步的诉讼和多轮审查而设定。⑩ 法院考虑到"遭受艰难的平衡"(在成熟性的分析上)以及被要求予以纠正的错误的本质和严重程度。因此,法院认为不足以提供有效的司法审查,这样的解释很容易指向这种救济,而没有予以通告的无效并不能为这种救济提供说理。多数意见试图根据这样的结论来解释其"不予撤销而予发回"的救济程序,即对于行政机关的决定有可能得到更为全面的解释,法院并不认为构成"专断和反复无常"(arbitrary and capricious),而反对意见强有力地辩称《联邦行政程序法》要求法院"对行政机关的行为、认定和结论存在错误的,确认其违法并予以撤销",而"不予撤销而予发回"的救济程序与此不一致。⑰ 最高法院仍然没有触及这一问题,而其他巡回法院采取了这样的实务操作。⑫

由于《联邦行政程序法》的框架是国会对司法审查作出的选择,如果不受该法约束的诉因被援用,对这些问题的回应预计会更为保守。在这些案件中,因为没有向法院提交的记录,可以获得的救济相应就受到限制,即可以获得强制性的或者宣告式的命令,但一般不会被发回。

与此类似,当行政机关寻求执行一项命令或者规则时,司法审查的问题随之产生。在此,受制于排除审查的可能性,对于在行政阶段没有提出的问题,⑬《联邦行政程序法》明确附加了审查条款。在此背景下可以获得的救济包括发回以及对政府而言诉讼(或者执行)的减少。最后,不能根据《联邦行政程序法》提起涉及金钱损害的诉讼。这些诉讼将在本书的最后一章进行讨论。

---

⑩ 参见 Checkosky v. SEC,23 F. 3d 452(D. C. Cir. 1994)。P. Wald,"Regulation at Risk: Are Courts Part of the Solution or Most of the Problem?",67 S. Cal. L. Rev. 621(1994)。

⑰ 5 U. S. C. 706(2)。

⑫ 这种救济在 Bowen 案(注释168)之前就得到了较好的运用,W. Oil & Gas Ass'n v. United States Envtl. Prot. Agency,633 F. 2d 803(9th Cir. 1980)。不久以后被特区巡回法院所重述,ICORE v. FCC,985 F. 2d 1075,1081-82(D. C. Cir. 1993)。对不予撤销而予发回的中肯讨论,见R. Levin,"'Vacation'at Sea:Judicial Remedies and Equitable Discretion in Administrative Law",53 Duke L. J. 291(2003)。

⑬ 参见页边码第446页,注释⑭。

第八章 司法审查的范围

第一节 概述

"对于力求合法或者合法有效的行政权力体系而言，司法审查的可得性是一种心理学意义上而非逻辑意义上的必要条件。"① 数十年后，反观该作者的复杂研究，其仍然是美国行政法上对行政行为的司法控制作出的最佳概述。② 前面章节已经展示了这种司法审查的广泛可得。以寥寥数语来说明这种司法审查是如何进行的并非简单的事情。问题的本质在于哪一进路使得法院对行政行为予以合法和合理地控制，而不替代行政行为的职责？但是，为了实现这一目标，并适应于各种行政任务所产生的情境，形成值得信任的成文准则（verbal formulae）的困难不容低估。其他学者指出："司法审查的规则像无籽的葡萄一样没有核心的内容。"③ 在行政法领域中，一位重要的专论作者似乎对此作出了阐述，其表现方式"适度简要，比在司法意见中一再重复的复杂精炼的表达要更为可靠"：

> 法院通常在其特别的权限范围内对各种法律问题作出自己的判

---

① L. Jaffe, *Judicial Control of Administrative Action* 320(Little Brown 1965).

② 同上，在美国所讲授的行政法中，行政行为的司法控制长期以来事实上是特有的中心。美国律师协会行政法和规制实践分会对相当复杂的技术法作出了当代的重述。参见 K. Watts, M. Herz and R. Murphy, *A Guide to Judicial and Political Review of Federal Agencies* (2d Ed. 2015)，电子版见网址：http://shop.americanbar.org/eBus/Store/ProductDetails.aspx? productId =205109467. 正如其标题所表明的那样，职业和学术利益的范围得以拓宽。例如，K. Watts, "Proposing a Place for Politics in Arbitrary and Capricious Review", 119 *Yale L. J.* 2(2009).

③ H. Gellhorn and G. Robinson, "Perspectives in Administrative Law", 75 *Colum. L. Rev.* 771, 780-781(1975).

断,但是,在其他问题上,它们对作出合理性判断予以自我限制。它们不澄清合理性的意义,但在每一个案件中保持完全的裁量权,从而在任何一个方向进行拓展。④

这一准则表明,这属于法院的介入,其本质上不是情势所迫,与任何一套既定和客观的原则也不一致。

这位作者的观点更为实用主义,也许不那么决绝,其展现了司法实务中的某些规律,在了解法律和以往司法意见的基础上,反映了司法角色和功能的主流观点,并在一定程度上为最高法院所执行。⑤ 从历史上来看,司法审查的发展被看作一种进步,从对有限范围的案件和问题予以充分的司法介入,到范围广泛而介入有限,行政机关与法院之间的制度安排获得了更为清晰的界定。⑥ 最初,只有当寻求司法审查的个人能够证明某些政府机构的行为存在相当明显的违法,法院才会进行干预。这些违法行为使得行政人员被当作私人来对待,给予诉讼当事人标准的司法救济之一——禁令,或者对侵权的损害赔偿。这些司法救济仍然可资利用,而如今司法审查的主要模式设定了行为的官方特征,并提出了一系列更多不同的问题。这些问题假定行政机关与法院之间存在着一种关系(或者职权分配),其中每一个都承担独一无二的、受到保护的角色。对这种关系的条件予以精准界定被证明有点难以实现。联邦法院对其相对于立法和行政部门的角色所作出的清晰表述受到动态变化的制约,有位学者将此归结为法院认识到其行为对其他部门行为产生影响的后果。⑦ 尽管如此,这有助于将基本框架视为一种"配置",其假定对行政机关授权的合法性以及进行监管的司法角色,而非

---

④ K. C. Davis,5 *Administrative Law Treatise* 332(2d ed. K. C. Davis Pub. Co. 1984).

⑤ 参见 *Administrative Law*:*Cases and Comments*,第七章,第 926 页。

⑥ 对整个 19 世纪晚期的历史进行深入分析,见 J. Mashaw,*Creating the Administrative Constitution*:*The Lost One Hundred Years of American Administrative Law*(Yale 2012);从《联邦行政程序法》颁布之日起的时期,见 T. Merrill,"Article III,Agency Adjudication,and the Origins of the Appellate Review Model of Administrative Law",111 *Colum. L. Rev.* 939(2011)。

⑦ A. Vermeule,"The Cycles of Statutory Interpretation",68 *U. Chi. L. Rev.* 149(2001).

责任的划分。[8]

每当审查范围处于争议的时候，第一步要说的是诉讼当事人诉称行政机关犯了什么错误，接下来是对行政机关与法院之间的职权分配进行质询。就相关法律而言，基于职能委派给行政机关的权力在何种程度上会受到司法审查？许多问题取决于何种职能会受到司法审查：行政机关进行裁决或者规则制定，或者在任何案件中，其基于正式记录与否？如果职能属于规则制定，行政机关是否依据明确的授权，或者依据一般授权"制定规则以实现本法的目的"？行政机关是否作出事实认定？作出预测？行使裁量权？将法律适用于具体情形？解释法律在某些方面不受特定情形的影响？如果为了履行像这样的职能对其程序作出决定，行政机关是否考虑这些事项的法定要求，或者是否遵循非法定要求的程序？

对于解释行政"裁量"的发展，[9]以及随之而来训令救济的扩展，[10]在本书中的简要讨论构成了司法审查历史发展的明证。相比联邦法院首次遇到裁量问题，如今通过司法命令指示行政人员履行其职责（书面训令以及当下的同等做法）更为可行。这实质上是因为我们现在相信法官能够履行司法审查的职能，即制约但不替代其他部门的权力，如果法院命令行政机关行使裁量权，或者根据某些特定的限制行使裁量权，其不会指示行政机关作出特定的决定。当然，法官有时会失手。他们偶尔会发出命令，而实际上替代了行政机关的权力。然而，这反映了人为的缺失，即这些认识基本上使得权力制约得以确保，而不能对无意义的准则进行怀疑和自发的处理。

一、宪法问题

起初会再次遇到美国宪法是否以及在何种程度上必定要求司法的可得性问题，即在宪法上必须提供司法介入的最低要求，以及如果这样的话，如

---

[8] P. Strauss,"Overseers or the Deciders —The Courts in Administrative Law",75 *U. Chi. L. Rev.* 815(2008).

[9] 参见页边码第 129 页。

[10] 参见页边码第 415 页。

何予以界定？这一问题至少表现在三个方面：首先，正式的分权考虑是否要求对某些事务作出司法决定，这是因为该事务具有"司法"的内在特征，其必须委派给司法机关进行处理。其次，问题变得更为广泛，即是否立法必须将司法审查作为必要条件，以确保对行政机关进行授权的法律的有效性。第三，对于剥夺个人"生命、自由或者财产"的行政决定，某些形式的司法审查是否是正当法律程序的构成要件。[11]

第一个问题[12]和第二个问题[13]在以上章节成为了某些讨论的主题，而最高法院倾向于避免对这些问题作出直接的回应。在实体方面，这种回避反映出宪法明确规定国会塑造最高法院受诉管辖权会产生潜在的困窘。在这些问题上缺乏明确的学说也反映出问题的少有发生。司法审查的强推定以及国会致力于行政行为受到司法审查，使得法院的回避变得容易。

在第三个问题上，目前的情况是根据正当程序条款获得司法审查的权利受到了更为严格的限制，而其暗含于"正当程序"因素的列示[14]或者戈德伯格诉凯利案的说理之中。[15]对认定和基于记录的程序给予参引，以及戈德伯格案的附带意见，都表明在诉讼过程中对正当程序加以考量必定会受制于司法审查的某些特性，乃至由此产生的所有规范问题，包括适用问题以及所涉法律表面上产生的问题。然而，最高法院刻意避免对戈德伯格案的期待（expectation）予以承认系基于某个理由，而不知不觉与另一个理由相冲突。在第一个案件中，[16]潜在的问题涉及强制仲裁程序的审查，这类程序在性质上有些特别，而最高法院的表述是诉讼当事人没有提出正当程序的问题。对此，最高法院认为司法审查的规定解决了其他被关注的问题，这些

---

[11] 对有关这一问题的大量文献进行确认和评估，参见 R. Fallon, J. Manning, D. Meitner & D. Shapiro, *Hart & Wechsler's The Federal Court and the Federal System* 275-323 (6th Ed. 2009).

[12] 参见页边码第 156 页。

[13] 参见页边码第 421 页。

[14] 参见页边码第 91 页。

[15] 参见页边码第 80 页。

[16] Thomas v. Union Carbide Agricultural Products Co., 473 U.S. 568(1985).

业已产生的问题受到极大的限制,在本质上与其优劣无关。

第二个案件涉及对退伍军人持续获得法定福利作出决定的程序,最高法院认为有权适用正当程序条款。⑰ 正如我们所看到的那样,⑱对有关退伍军人福利作出行政决定进行司法审查为法律所禁止(该法规定了特别的制度)。最高法院不得不作出裁决的问题是,对行政程序予以塑造的法律的某一方面是否符合宪法上正当程序的要求,由此其能够通过适用这一原理来回避法律的禁止性规定。然而,就当下的目的而言,值得注意的要点是这种特定说理的运用意味着承认,对这种行政决定的是非曲直无法得到司法审查。尽管最高法院没有直接面对这一要点,但可以想象这样的判决,即作为整体的法定规划包括配备人员的行政组织,并可能基本上接受退伍军人的诉求,这符合公平的要求。由此看来,正当程序条款并非总是能够阻止国会设定适用该条款的行政程序,但是,类似这样的行政决定被排除在司法审查之外。规划合宪性的表面审查被坚持下来,⑲而适用问题的审查却没有。

一个更为狭窄的问题关联到宪法对有关拘留的司法角色的特别关注。人身保护令(例如,通过司法挑战对个人进行拘留的内在基础)"不能被暂停,除非出现叛乱的情况或者要求对公共安全进行介入"。⑳ 在有关拘留诉讼的考量上,最高法院不断努力以此保留某些形式的缺口。㉑ 最高法院特别指出,"只要在行政程序中作出的决定对后续的刑事制裁起到了关键的作用,就必须对行政程序进行某种意义上的司法审查"。㉒

---

⑰ Walters v. National Association of Radiation Survivors,473 U. S. 305(1985),相关讨论见页边码第 90—91 页。

⑱ 参见页边码第 418 页。

⑲ 这一步避免了"实证主义的陷阱",简要讨论见页边码第 84 页;就解释而言,这也使得最高法院避免了对法律完全禁止司法审查的要件予以认定。在 Webster v. Doe,486 U. S. 592(1988)案中,对于法律授予中情局裁量权而自行决定雇员的解雇,最高法院承认其合宪性,但是,拒绝对排除司法审查的法律,在解雇问题上以宪法保护个人权利为由加以解释。

⑳ Art. I,Sec. 9,Para 2.

㉑ Boumediene v. Bush,553 U. S. 723(2008).

㉒ United States v. Mendoza-Lopez,481 U. S. 828(1987). See also Zadvydas v. Davis,533 U. S. 678(2001).

最后，法院通过简要的论述偶有坚称，在宪法上某些事实必须由法院来加以认定，甚至由最高法院来完成。在涉及言论自由问题的诉讼中，最高法院认为"对于某些法律领域中特定的主要事实问题，从对未来案件和行为所产生的影响来看存在太大的风险，其应由法院来作出最终的认定"。[23] 很明显，最高法院没有指向相关情况中具体的、历史的和基本的事实。"主要的事实问题"易受影响，而法院和行政机关不能最终解决，这关系到在现有法律制度下对基本事实给予适当的界定。尽管任务通常是对事实作出裁决，但有时被认为具有重要意义，需要上诉法院对事实重新进行认定，而不仅仅是进行审查。

在20世纪前期，最高法院作出了一系列不可思议的判决，其类似的表述涉及行政听证中具有争议性的宪法问题：设定费率是否具有没收的性质，[24] 在驱逐出境程序中的个人是否属于公民，[25] 或者在工人的损害赔偿上是否根据"航行的水域"来确定管辖。[26] 最近的发展变得明确，需要法院重新进行评估的只是事实的特征描述（characterization），而不是未经分析的事实认定（fact-finding）。[27] 在通常的行政背景下，这种想法被认为是停滞不前。[28] 尽管如此，最高法院近来更多地引用了以上言论自由案件的表述，这意味着在个人权利的问题上其仍然保留重要的影响力。

二、《联邦行政程序法》的架构

《联邦行政程序法》第706节为联邦层面上行政程序的司法审查设定了

---

[23] Bose Corp. v. Consumers Union of U. S., Inc., 466 U. S. 485,501(1984)，在各种刑事程序问题上（例如，是否被强迫作出供认），类似的说理看来构成了最高法院司法实务的基础。

[24] Ohio Valley Water Company v. Ben Avon Borough,253 U. S. 287(1920).

[25] Ng Fung Ho v. White,259 U. S. 276(1922).

[26] Crowell v. Benson,285 U. S. 22(1932),相关讨论见第二章。

[27] St. Joseph Stock Yards Co. v. United States,298 U. S. 38(1936),相关讨论见注释⑥中 T. Merrill 的论文。

[28] 参见 Administrative Law: Cases and Comments,1342—1347,有关问题的研讨见 H. Monaghan,"Constitutional Fact Review",85 Colum. L. Rev. 229(1985)。

基本框架。全部引用如下：

第706节 司法审查的范围

在对当事人诉求作出判决的必要范围内，审查法院应当裁决所有相关的法律问题，对宪法和法律规定进行解释，并对行政行为中术语的意义或适用作出决定。审查法院应当：

(1) 强迫执行非法拒绝的或不合理迟延的行政行为；

(2) 有下列情形之一并经核实的，应当对行政机关的行为、裁定和结论，确认其违法并予以撤销：

(A) 专断、反复无常、裁量滥用或者其他违法行为；

(B) 违反宪法上的权利、权力、特权或者豁免；

(C) 超越法定的管辖权限、授权、限制性规定或者没有法定权利；

(D) 没有遵守法定程序；

(E) 在适用本编第556节和557节规定的案件，或者其他由法律规定根据行政听证记录进行审查的案件中，没有实质性证据予以支持；

(F) 在受制于法院进行重新审理的事实范围内，没有事实的根据。

在作出上述裁判时，法院应当全部的记录，或者由一方当事人引述的部分记录，并对规则中引起偏见的错误予以充分的考虑。

如果对第706(2)节的分段予以特别关注，会发现该规定涵盖了三种不同领域的问题。分段(E)(F)和(A)的一部分表明了对行政机关作出事实认定进行司法审查的三种不同标准。分段(B)(C)(D)以及第706节的起始句规定了对行政机关的法律适用进行司法审查。分段(A)也规定了对行政机关作出决定进行司法审查，尤其是行政机关行使法律授予的裁量权对事实的特定情形予以认定。在以下章节中，依次对这些事项进行讨论。第706(1)节所涉及的问题，即对"非法拒绝的或不合理迟延"的行政行为进行裁决，并有效强迫行政机关予以执行，将随后予以简要讨论。

第二节 事实问题

对行政机关作出的事实认定进行司法审查,有必要对两种情况予以初步区分,即在无须援引任何法律规定的情况下作出具体的、历史的或者科学的事实认定,以及在几乎必定受到法律影响的情况下对历史或者科学事实的意义进行特征描述或者作出结论。"琼斯夫人在冰雪覆盖的道路上以每小时 45 英里的速度开车"和"在 1000 只白鼠中,每两个月摄入百万分之一的双乙酰多巴胺会增加患胃癌几率 20%"属于第一类认定;"琼斯夫人在此情形下属于疏忽驾驶"和"在民众消费的食品中含有百万分之一的双乙酰多巴胺构成致癌的重大风险"属于第二类认定。

如果法官(和其他人)将第一类认定作为"事实问题",并始终将第二类认定视为判断的运用,则司法审查会变得更为容易。但是,早期的司法实务倾向于将事实与判断予以合并。如果可以的话,与"基本的"和"最终的"事实进行对比,认可这种区分,并阐明两种司法审查的标准:审查事实问题和审查法律问题。对此,仍然存在某种倾向,将两种认定归结为对"事实"特性的描述,这在美国法上有点让人感到困惑。然而,在公民保护奥弗顿公园公司诉沃尔普公司案中,㉙最高法院对行政机关作出判断或者裁量进行司法审查的标准予以解释,以此明确区分对事实问题作出结论进行司法审查的标准。由此这一意见稳固地确立了"对判断和裁量运用的审查",并成为在纯事实和法律之间进行质询的第三区段。

诚然,奥弗顿公园案看来被最高法院作为一种机会,藉此对司法审查作出广泛的阐述,而这大大超出了案件的需要。作为这一阐述的一部分,最高法院注意到第 706(2) 节的分段(E)(F)和(A)对事实问题的审查确立了三种不同的法定标准:实质性证据审查、重新审查(de novo review)或者被法

㉙ 参见页边码第 320—322 页,该案在页边码第 503 页也有讨论。

院复审，根据所拥有的信息对行政行为是否构成"专断"和"反复无常"进行审查。

由于不存在任何的准则，阐明不同的审查标准无疑会变得复杂。以这样的主题为出发点有助于读者的解读，即在认定事实或者对事实认定进行审查的过程中，不能极力寻求事实的绝对确定性；证人的描述会有所不同、记忆会有缺失，甚至在科学事项上很多也取决于推论。与此相应，法官谈到了认定事实或者对事实认定进行审查所要求的可信程度。对于事实的确定性，可以将认定为真实的事实描述为100%可信，将认定为不真实的事实描述为0%可信；至少在概念上存在大范围的中间状态。那些对事实认定负主要责任的人希望在情况说明上至少保持50%的可信度。在刑事案件中，美国法院适用的准则是犯罪的认定必须"超越合理的怀疑"，以此要求在事实认定上至少保持85%的可信度。在民事案件中，唯一有必要的认定是通过"优势"证据来证明事实，即在均势之上附加最低的增量，或者50+%的可信度。有时会适用中间状态的准则，其要求"明确和确信的证据"，或许为67%的可信度？

在对事实认定进行审查的成文准则上，其基本的出发点在于审查者的职能一般被认为必须接受某种可能性，即最初的事实认定者在认定或者界定事实上存在错误。由此，如果最初的认定只需要达到50%的可信度水平，[30] 审查者除了自己进行事实认定以外，必须接受事实认定者的结论，即使其认为事实认定者认定事实的可信度略微低于50%。在对事实进行司法审查上，审查者认为可信度低于50%多少才构成错误，系成文准则的作用所在。可以说从事实并非像它们所认定的那样（事实认定的可信度为0），到对它们进行均衡处理，这些准则涵盖了审查法院认定的0到50%的

---

[30] 参见 Director, Office of Workers' Compensation Programs v. Greenwich Collieries, 512 U. S. 267(1994)，最高法院适用《联邦行政程序法》对"举证责任"的定义，驳回了劳工部长期以来在某些福利法律上处理均衡情况（劳工部称之为"真实怀疑"）的实务操作，以促进法律上的福利激励来支持申请者。由此，根据《联邦行政程序法》的规定，任何事项的支持者必须证明支持其诉求的事实更为可信(50+%)，借此成功说服审判席。

可信度范围。当然,这些数字暗示了绝对准确是无法实现的,但其有助于读者认识和理解通过事实作出判断的范围。

实际上,重新审查根本不是审查,其要求法院基于在法院所产生的记录(尽管融合了行政机关的记录),对争议事项作出独立的决断。如果在行政事项上要求事实认定的可信度水平是50+%,这些可信度水平也必须通过重新审查来实现;法院以其判断替代最初作出的事实认定。最高法院在奥弗顿公园案中指出,只有在极为有限的情形下法律才会让重新审查变得可行。㉛ 最为常见的是,其运用于涉及《信息自由法》的行为,而政府对主张豁免的申请承担证明责任。在此,重新审查并不确保进一步的审查。

一、实质性证据

根据第706(2)(E)节的规定,在基于记录的行政程序中作出的事实认定,其审查标准是"实质性证据"检测。基于记录的行政程序与司法审判程序最为类似,由此从一开始就可将其视为审查审判结果的司法实务。在此,美国法上的准则取决于事实是否为审判法官所认定,或者由六人到十二人组成的陪审团在法院的监管下通过庭审进行事实认定。㉜ 为了支持或者反对个人诉求,在单项裁定中由陪审团作出的事实认定通常表述为经济赔偿的美元数值。从历史上来看,陪审团的裁定被视为有关事实的结论,而如今作为深谙其道的"陪审员",主审法官或者随后上诉的审判席只有在审判记录表明其缺乏合理的事实基础时,才会推翻陪审团作出的裁定。在没有陪审团的情况下,事实问题的审查变得更为紧张激烈。审判法院基于程序义

㉛ 最高法院很罕见地对"宪法的"或者"管辖权的"事实作出认定,也被视为一种部分进行重新审查的形式。见页边码第460页。

㉜ 陪审团的利用是美国宪法所保障的司法实务。在每个刑事审判中,宪法使其变成了一种权利,而这种权利被针对各州的宪法第十四修正案所"调整"(参见页边码第61页),即每个"基于普通法"的联邦民事审判,其争议标的须大于二十美元。刑事审判被理解为结果会导致六个月以上的监禁。法院拒绝任何像这样的建议,即自1791年以来可以根据通货膨胀对二十美元的规定进行调整,它们对符合"基于普通法"要求给予了极为狭窄的解释,也不认为这一方面包含了一项权利或者是针对各州在民事诉讼中获得陪审权利所设定的不同门槛限制。

务必须作出事实认定以支持其裁定,同时,在审查这些裁定的过程中,美国上诉法院认为其存在"明显错误",将会予以撤销。

对陪审团裁定作出规定更多地反映了对陪审团作为代表社会正义的组织的一种历史尊重。审判法院作出的事实认定并没有获得同样的尊重,但是,在这一方面"明显错误"的进路多少起到了维护其司法职能的作用。上诉法院不需要绝对的确定,也无须达到"超越合理怀疑"的确信;事实认定者犯了"明显的错误",被认为以"明确和确信的证据"为参照,也许他们认定事实的可信度低于33%?给予高水平的遵从以及为审判法院的事实认定出现错误留有余地,意味着承认仅仅以完全归档的记录为基础进行事实认定所存在的风险,而进行审查的法院关注于有可能具有普遍意义的问题。严格意义上的事实争议一般只涉及特定的诉讼当事人,而法律问题乃至判断问题能够影响未来的诉讼,并由此成为较大的诉求以引起上诉法院的注意。

根据第706(2)(E)节的规定,如果最低限度更为宽泛的话,"实质性证据"检测构成了一种类似于行政机关进行事实认定的进路。只要法院判定作为整体被审查的记录包含了证据,而这些证据以理性的管理者作出有关事实的结论为基础,则其必须接受这些结论。这样做尊重了国会设定的职责配置,也节省了审查法院的精力,用以处理有可能对未来法律发展更为重要的事项。然而,如何根据适合陪审团或者审判法院进行事实认定的水平来明确表述可信度的水平,会有些麻烦和不够精准。㉝ 由于行政机关拥有特定的职责和法院缺乏的专业知识,可以设想审查法院不会推翻行政机关作出的事实认定,而由审判法官作出同样的事实认定则会被推翻。这说明

㉝ 出于对陪审团功能的尊重,审查法院只有根据记录中的证据,认定理性的陪审员不可能作出这样的决定时,才会推翻陪审团的事实认定。如果审判法官在没有陪审团协助的情况下进行事实认定,上诉法院认为事实认定存在"明显错误"即可推翻之。由此,在审判结果中一定水平的可信度使得陪审团的裁定成立,而让审判法院的事实认定被推翻。最高法院指出,"正如我们曾经所说的那样,相比法院对法院的审查标准,法院对行政机关的审查标准有点不么严格。但是,两者的差别是微妙的,细微之处在于(除了本案)我们没有找到单个实例,使得审查法院承认适用某一标准而不是另一个标准事实上会产生不同的结果"。Dickenson v. Zurko,527 U.S. 150,162-63(1999),该案包含了对这一问题深入而扩展的讨论。

了对明显错误予以容许存在额外的因素,其原因在于审查法院会意识到其无法较为准确地理解被裁决的事项,或者行政机关的事实认定受到法律中政策意涵的适当指示,而该法律允许行政机关不完全保持中立。例如,劳工审裁处(labor tribunal)作出推断,某雇主表面上以工作缺点为由解雇了工会的组织者,其背后隐含了打击劳工的意图,但是,不久之后就产生了雇员的组织责任。劳工组织者肯定无权免于工作纪律的约束,但是,行政审裁处有很多机会去审查雇主行为的事实模式㉞和保护组织工会的法律责任。

审查法院在事实认定上是否与陪审团进行事实认定一样受到限制? 不像陪审团的事实认定,而像法院的事实认定,行政机关在基于记录的程序中被要求依据《联邦行政程序法》作出特定的事实认定。国会在《联邦行政程序法》中为"实质性证据"和根据"全部记录"进行审查提供了参考依据,其(或许错误地)相信法院会不顾很低的可信度水平而接受行政机关的事实认定,并在事实认定基本上不确定的情况下予以推翻(像陪审团进行事实认定一样)。最高法院承认其首次遇到这样的问题,这些限定条件反映了国会的"情势",即指示法院在"实质性证据"案件中增加进行事实审查的强度。㉟由此,与陪审团的审查进行类比看来也不大恰当。

"全部记录"的限定条件有助于理解法院审查行政法官在基于记录的行政裁决中作出的初步意见。当行政机关经行政法官审查后作出决定时,其被认为重新作出了决定。不像对行政机关所作事实判定进行司法审查的法院,行政机关没有义务以监督者的身份来对待行政法官作出的事实判定,其无权干预这些判定,而只有对某种程度上的错误确认进行劝导。㊱ 当然,行政法官是唯一看到真实证人的听证者。此外,其在行政机关中承担有限的责任和免于政治监督,这些为其作出客观判断提供了实质性的保障。㊲ 相

㉞ 隔多长时间以及以何种理由通过这一方式对雇员进行规训? 在解雇和组织活动或者雇主知晓此事之间是否存在明显的巧合?

㉟ Universal Camera Corp. v. National Labor Relations Board, 340 U.S. 474(1951).

㊱ 参见页边码第281页。

㊲ 参见页边码第184页。

比之下，行政人员以政策为导向，许多行政任务使其深陷政治考量和日常运作之中。审查法院通过将行政法官的最初决定视为整个记录的一部分，重新获得行政法官作出的贡献。如果行政机关的行政法官在某些事实方面反对行政机关而作出结论，与以支持其结论的方式所提交的记录一起，该事实认定受到减损，而无论其他支持行政机关作出事实结论的记录。以此方式，基于全部记录的"实质性证据"不大可能支持行政机关作出的结论。

值得注意的是，这种行政法官的职能适用于事实问题，而不适用于根据事实作出结论中的政策判断。行政法官的职责在于听证，其很少有空余时间和动机为实现政策目标而便宜行事。但是，何种判断来自科学或者历史的事实，他们有时将之称为二次推论或者最终事实的问题无可避免地与政策相联系，而这属于行政机关而非行政法官的责任。例如，在涉及不公平劳工实务的程序中，第一种问题是是否相信负责管理的证人或者工会组织的证人作出的证词，而该证词内容是会议中的发言。当有必要将所说的与进行管理的心理状态分开，以此作出推论，或者对传闻证言的效果作出认定时，就会产生第二种问题。国家劳工关系委员会在执行国家劳工政策上的观念及其在劳工管理关系上的经验，塑造了回答这些问题的方式。在此，行政法官的推断在法院对行政机关作出不同判断的审查过程中不应承担重要的角色；法院只需审查行政机关作出这样的判断是否不合理或者理由不充分。所有这些理解持续了半个世纪，直到1988年在艾伦镇马克销售与服务公司诉国家劳工关系委员会案中受到质疑。[38] 最高法院的意见不一似乎来自于司法上的怀疑，即国家劳工关系委员会利用其不担心事实认定受到审查的特殊身份进行人为操控，其目的在于掩盖真正受到质疑的对法律适用作出的判断。[39]（正如下一章节所展示的那样，审查法院负责对法律问题作

---

[38] Allentown Mack Sales and Service, Inc. v. NLRB, 522 U. S. 359(1998).
[39] 最高法院的意见引人注目地援引了这一方面的学术研究成果，"The Costs and Benefits of 'Hiding the Ball': NLRB Policy-making and the Failure of Judicial Review", 75 *B. U. L. Rev.* 387 (1995). 尽管如此，该研究表明这是行政机关可以接受的方式，以此使得"联邦法院……无法染指行政机关的政策制定"。多年以来，在对工会和雇主关系进行规制的政治背景中，司法介入的风险显得特别高。

出独立的判断,即使在进行独立审查的过程中它们找到法定或者其他的理由去支持一定范围的行政判断。)一方面,该意见将"实质性证据"检测重新表述为"对于理性的陪审团来说,是否能够基于记录作出像委员会一样的结论"。这一准则看来忽视了国会通过法律表现出来的情势,以及以往对这种情势的司法确认。另一方面,最高法院继续向前发展,并在特定案件中适用"实质性证据"检测,这表明其在半个世纪前并没有作出这样的努力。[40] 正如反对意见所阐明的那样,最高法院以非常强烈的方式作出裁判,也忽视以前作出的指示,即行政机关对证据如何被理解进行推断特别值得尊重。在本书的写作之际,该意见以某种频率被引用以支持普遍性的主张,但是,案件的这些方面并没有引起注意,由此证明存在一种波动,其受制于"充满怀疑"特定情境。

"实质性证据"检测表明国会希望对行政机关的工作进行比原来期望要更强一些的审查,当国会采用与某些重要的非正式规则制定相联系的准则时,特别是在《职业安全和健康法》背景下,其标志性作用得到强化。在非正式规则制定上适用"实质性证据"检测首先会引发大量的认识上的混乱。对于不要求"基于记录"作出决定的程序,如何通过基于全部记录的实质性证据来进行适当审查呢?国会的言辞选择随着这种检测的初步发展表现出一种氛围,即期望检测得到相对强化,而非准确适用该检测。[41] 这种期望实际上源自以上探讨过的"严格审查"思想的发展。[42] 随着规则制定中何种构成记录,[43] 以及根据"专断和反复无常"的标准对事实认定进行司法审查的构成要件(后续将会讨论)等认识上的发展,问题的重要性有所弱化。尤其是

---

[40] 从司法审查的角度来看,在既定案件中是否存在"实质性证据"是独立于此案的事实问题,对未来在其他案件中的裁判没有什么影响。基于此,最高法院为了保护自身有限的司法资源,在通用相机案中(注释35)指出,在"实质性证据"的案件中对上诉法院的审查职能受制于认定这些法院是否适当地理解自身的职能。最高法院认为"只有在审查标准被错误理解或者适用的少有情况下,才会进行干预"。在艾伦镇马克案中,反对意见指出多数意见找不到适用这一检测的借口,也不会符合该检测的要求。

[41] Industrial Union Department, AFL-CIO v. Hodgson, 499 F. 2d 467(D. C. Cir. 1974).

[42] 参见页边码第512页。

[43] 参见页边码第314—316页。

在规则制定背景下,事实和判断之间的区分变得至关重要。进行规则制定的行政机关所面临的最为重要的问题几乎不可避免地涉及预测或者判断。法院想要确保以公开和深入讨论的方式来完成("严格审查"思想),而其基本上都认为这里不存在一般意义上的事实判断。

二、"专断和反复无常"

当行政机关作出的决定不是"基于记录",以及不会依特别法引发"实质性证据"检测时,法院认为其审查行政机关进行事实认定的标准是第706(2)(A)节规定的"专断和反复无常"标准。非常不正式的行政决定在偶然情况下会受到这种司法审查,国会也没有发出信号以启动这种检测。由此,可以设想相比"实质性证据"检测,根据第706(2)(A)节规定的司法审查在行政机关作出事实认定的准确性上要求的可信度较低。或许继续通过证明标准的比较后,可以说法院对行政机关存在的错误以超越合理怀疑来进行确认(15%的可信度?)。然而,对于这种决定,"法院应当审查全部的记录或者由一方当事人引述的部分记录";这就产生了上述章节以相当篇幅进行讨论的何者构成"全部记录"的问题。[44] 在此,足以说明对于非正式的裁决,要求行政机关在涉及公众事务上作出记录变得不那么重要了。无论行政机关提交什么记录以及行政裁决相当不正式,司法审查将以此为基础展开。[45]

依笔者之见,某些法院显然否认了"实质性证据"和"专断和反复无常"检测所要求的可信度水平存在任何差异的可能性。当时贝卡利亚大法官仍然是巡回法院的法官,在艾伦镇马克案的判决中,[46]其指出:

"专断和反复无常"标准所发挥的作用在于确保事实的支持,由于

---

[44] 同上以及页边码第 320—322 页。
[45] Camp v. Pitts, 411 U.S. 138(1973),页边码第 506 页有所讨论。《信息自由法》和任何公众参与的法律规定都允许在某种程度上对"记录"予以外在的确认。
[46] 参见页边码第 468 页。

仅有非《联邦行政程序法》意义上证据的支持……也可确信事实判断"并非专断",则该标准的要求和实质性证据检测的要求之间不存在实质性的差别。第706(E)条的独特功能在于要求在归档的行政程序的记录中找到实质性证据,并予以排他性地适用,这是第706(A)条所无法实现的。这种要求的重要性不容忽视……在非正式程序中的行政记录也包括关键性的资料,而这些资料在行政程序中既没有向当事人展示,当事人也不知晓。㊼

当然,记录中的内容存在着差异,进一步的论点是"仅有非《联邦行政程序法》意义上证据的支持,可以确信事实判断'并非专断'"过于简化了事情本身。法院忽略了国会使用了不同的术语("实质性证据"和"专断和反复无常"),以及国会的明确指示,即以两者的差异促成在基于记录和某些规则制定案件中予以更高强度的事实审查。不难看出,在行政机关存在错误的完全可信度和不关心行政机关错误的重新审查(因为替之以司法判断)之间能够清楚表述各种可信度水平。贝卡利亚大法官被其同事直接描述为具有简化的强烈直觉,㊽其对这一问题的分析可以看作进行评论的适当例子。不过,必须承认的是在评估司法审查的某一方面时任何审查强度的差异都是微妙的,而所有被容许的审查标准都不会被期望成为特别严格的标准。㊾很明显,在司法实务中"专断和反复无常"并没有成为单个的审查强度标示点。在规则制定、非正式裁决、一般规制以及后果严重的规制上,对于驳回请求的司法审查要求施加不同水平的强度。根据第706(2)(A)条的规定,对事实结论的司法审查不会比法律判断的司法审查更为严格,这种解释成为了主流意见。

㊼ Association of Data Processing Service Organizations, Inc. v. Board of Governors of the Federal Reserve System, 745 F. 2d 677, 683-84(D. C. Cir. 1984).

㊽ United States v. Mead Corp., 533 U. S. 218(2001).

㊾ 参见页边码第33页。

第三节 法律问题

一、美国实务中的法律解释

对外国人来说,有关"法律问题"司法实务的讨论最好从美国人进行法律解释的概要入手。"法律问题"一般包括普通法(或者法官造法)和法律上的问题,在行政背景下法律问题几乎不可避免地涉及法律涵义的问题。最近数年,在联邦上诉法官和学术文献中,[50]有关法律问题的适当进路存在持

---

[50] 这些文献相对庞杂,在 R. Katzmann, *Judging Statutes*(2014)一书的附录对此进行了集中和平衡处理,对法律的司法解释上反映了作者从单一来源中作出的有限选择。罗伯特·卡兹曼是美国第二巡回上诉法院的首席法官,该法院处理由当事人提出的法律问题,相比最高法院其更为普遍,而一般较少涉及政治方面。布雷耶大法官在担任美国第一巡回上诉法院法官时,其所作出的分析很好地说明了立法文本的差异和常用性。参见 S. Breyer, "On the Uses of Legislative History in Interpreting Statutes", 65 *S. Cal. L. Rev.* 845(1992)。其他巡回法院法官作出的杰出贡献包括 R. Posner, "Statutory Interpretation—In the Classroom and In the Courtroom", 50 *U. Chi. L. Rev.* 800(1983); F. Easterbrook, "Statutes' Domains", 50 *U. Chi. L. Rev.* 553(1983); and A. Randolph, "Dictionaries, Plain Meaning, and Context in Statutory Interpretation", 17 *Harv. J. Law & Pub. Pol.* 71(1994)。Katzmann 和 Breyer 法官还有作为国会议员的经验,这有助于理解他们从法律发展的政治史中去寻找立法目的和指示的进路偏好。已故的斯卡利亚大法官在法官群体中属于知识界的意见领袖,其认为应当对法律文本而非历史进行控制,这些论点全部展现在最近的一本书中。参见 A. Scalia and B. Garner, *Reading Law: The Interpretation of Legal Texts* (2012)。Katzmann 的著作在很多方面对此予以反驳,但是,其公平地阐述了正反两个方面的论点。学术界对解释予以广泛的关注,其中有六种意见值得注意。是笔者的同事,也是著名法理学者,最近对解释问题出版了三卷本,通过宪法解释来自日常生活的法律问题,参见 R. Kent Greenawalt, *Statutory and Common Law Interpretation*, Oxford University Press(2013)。特别是以文本主义视角来看待法律,约翰·曼宁教授在其论文中进行了全面的阐述,见 John Manning, "Textualism and the Equity of the Statute", 101 *Colum. L. Rev.* 1(2001),有关目的主义的学术争论,见 William Eskridge, Jr., "The Circumstance of Politics and the Application of Statutes", 100 *Colum. L. Rev.* 558(2000)。对国会起草法律的过程以及(相对缺乏的)司法争论的现实情况作出了引人注目的实证研究,见 A. Gluck and L. Bressman, "Statutory Interpretation from the Inside—An Empirical Study of Congressional Drafting, Delegation, and the Canons: Parts I and II", 65 *Stan. L. Rev.* 901(2013) and 66 *Stan. L. Rev.* 725(2014)。F. Schauer, "Statutory Construction and the Coordinating Function of Plain Meaning", 1990 *Sup. Ct. Rev.* 231(1991),该文指出文本主义进路被理解为实用主义的"协调性次优方案",最高法院认为其对疑难案件的处理有所帮助。最后,笔者的基本观点在以下著述中得到了更为全面的发展,见"Statutes that Are Not Static: The Case of the APA", 14 *J. Contemp. Leg. Issues* 767(2005), "The Courts and the Congress: Should Judges Disdain Political History", 98 *Colum. L. Rev.* 242(1998), and "Resegregating the Worlds of Statute and Common Law", 1994 *Sup. Ct. Rev.* 427(1995)。

续的激烈争论，在此予以暂时和简要的说明。由于行政机关为法律所创设，其行为受到法律的限制，日常运作受到国会的持续监督，它们必须眼观六
473 路，在其所做的每件事上顾及法律的涵义，而无论是否存在被诉的预期。但是，在考虑予以适当处理，以及在司法和行政的法律解释之间进行协调之前，对法院作少量极简篇幅的阐述是有所助益的。

首先，司法和学术争论关注于这样的情形，即法院在通读法律文本后（在整个或者部分法律框架内对其语境予以充分注意），是否对其他资源所揭示的法律目的予以适当的考虑，尤其是立法的政治史。其次，争论还在于是否法律被认为是静态的，其意义总是被假定处在其颁布之时，或者被认为其意义随着时间推移而不断发展。换言之，即是否应从国会进行立法时的视角来解读，或者从受制于该法的现代公民的角度来解读。与第二个争论相联系的问题是涉及法律发展的司法职能，即法院是否被允许以普通法法院运用判例的方式来适用法律，并在此基础上进行案件处理或者提供法律没有直接规定的救济；或者说，法院是否应当将法律仅仅作为针对特定的利益冲突给出的特定的政治解决方案。后一进路的意义在于将法律视为一种“交易”，对利益冲突进行调和作为一种解决方案，只有立法机关才能予以适当的改变，在没有消除这些影响的情况下不得扩大解释法律。尽管有所不足，以下三个段落力求对百年以来的历史作出阐述。(51)

在 20 世纪初，普通法是在美国法律秩序中所采用的主要形式，其特点在于以正式和保守的知识进路，不大容忍偶有与普通法相冲突的法律所作出的改变。与时俱进的学者辩称法院应当更为宽大地对待法律，并优先将其作为普通法说理的基础。(52) 作为主流意识的表达，法律不仅比普通法更具民主意义上的有效性，而且比数百年来前辈所作出的判例集（美国上诉法院法官倾向于从保守的社会群体中选任，而其相对处于职业生涯的后期）更能俘获现代的社会价值。其中意义之一在于确保法官对立法背后政治波动

(51) 参见 A. Vermeule，“The Cycles of Statutory Interpretation”，68 *U. Chi. L. Rev.* 149(2001)。

(52) 例如，R. Pound，“Common Law and Legislation”，21 *Harv. L. Rev.* 383(1908)。

的认知,与此相应能够理解普通法上存在的缺陷,对此法官通过立法的政治史来加以认识。随后多年可以看到,不断增加对这些政治波动的司法关注,以及后续运用国会听证、报告和辩论等立法资料。

直到 1940 年代,实质性正当程序的危机随之到来,[53]联邦法院开始高度关注国会的立法史。它们期望展示对立法判断给予重建的司法尊重,以此为基点在各种过去没有披露的材料中进行相对价值的虚拟演算,从而确认"立法机关"赋予的准确涵义。[54] 作为描述性的论点,在数以百计的政治个体(国会)的工作结果中很难找到单一的、意图明确的涵义。这样做反映了谈及复杂组织的一般知识习惯,似乎它们是个体性的(在谈及行政机关时并不等同)。同时,也反映了对以往较为冲突的司法立场的一种过度反应。随后数十年,美国知识界兴起知识运动,反而趋向对法律"目的"的追寻。"法律过程"学派认为,作为适当的解释进路,法官应当将立法视为一种目的性行为。[55] 从立法的政治史入手将会有助于法官发现基本原则,即"法律没有可识别的目的,这种想法属于法律思想中的异类,也不被认可……法律应当总是被假定为理性人合理地寻求理性目的的结果"。[56] 读者将领会到这

---

[53] 参见页边码第 59 页。

[54] 总而言之,在立法过程中较为正式的文件被赋予最大程度的公开和重要性。在此方面,国会报告受到最高的关注,在经集中讨论后的事项上成为两院投票表决的基础。大多数人将委员会报告列在第二位阶,这些报告对法律起草提供最集中的意见,由两院指派的委员会来撰写,报告文本可以被广泛获取。辩论材料为第三位阶,其体现了问题的严重性(投票),但在任何特定的时期都没有受到太多的关注,同时,辩论的文本还受到演讲者进行大幅剪辑的限制。在这些辩论材料中,由立法机关的负责人(例如,委员会主席)作出的声明会最为受到关注。对于初步的、难以接近的委员会听证,其相关材料受到最少的关注。考虑到在实务可以对每一项资料委以重要性,了解议会民主的读者应该记得在美国背景下立法不是政府(行政的)意愿的直接产物,国会议员不是政府的助手。由此产生的影响之一是在美国实务中部分规程具有高度多样性,参议员或者众议员可以在每一项投票上凭良心自由作出选择。他们往往跟随党派意见进行投票,在最近几年党纪也得以扩张,所提议的法律修正案一般都可以被预期。最为成功的立法起始于行政机关提供的草案,但是,在最终颁布之前,像这样的草案往往被大幅度地修订。

[55] 不难发现,作为法国民法典的起草者,惹尼(Francois Geny)有着类似的观点,其提倡目的论的解释进路,这在欧洲的其他地方也不鲜见。

[56] H. Hart & A. Sacks, *The Legal Process* 1124(W. Eskridge & P. Frickey eds. Foundation Press 1994).

些表述在以前对规范性的推动。它们指示法官,在司法态度上对立法性工作成果予以适当接受。它们对美国历史中曾经为人熟知的任何立法过程都不作描述,这种主张的目的类似于进步主义争论的目的,即鼓励法官将立法上的波动视为有效,并在案件判决中予以建设性的对待,而不鼓励法官将立法机关视为缺乏某一意图或者目的的非理性组织,尽管较为准确的描述是,这个高度政治化的组织由许多在抱负、观点和关注范围上都各有不同的人所组成。

20世纪后期,有关法律解释的五个因素变得明显。首先,保守主义价值回归美国政治以及相应的司法审判之中。其次,在联邦、州和地方政府层面上,各项法律成为了主要的法律形式,这种变化使得联邦法官在大多数情况下都需要作出法律解释,并使得法院的普通法功能发生转型。第三,不像法律过程学派,以及受古典微观经济学影响的法律思潮,许多司法说理倾向于从审视立法机关入手,即它们事实上没有(正如它们从来没有)"以理性人来合理地寻求理性的目的"。从司法角度来看,立法机关以非理性(例如,完全政治性)为基础会作出专断的决定,[57]而事实上它们通常会这样做。第四,立法过程发生变化,使得相关材料不大可能反映立法者自身的观点。国会议员的规模急剧增长,使得国会更像一个行政组织:只有工作人员而非议员参加委员会听证;报告很少汇集立法者的思想,而更多的是行政工作的产物;立法者参与辩论充其量构成一种变数。最后,或许最为重要的是,那些在国会工作的人对法院理解立法机关提供的历史资料所产生的作用保持关注,这些人有时会被发现明显在进行人为操控。[58] 换言之,某个委员会、单个议员甚至工作人员会想尽办法让自己载入立法史册,借此影响随后的司法解读和意见,而这些影响无法或者至少不会通过两院的多数投票以及总统签署来实现。所有这些变化促成对文本以及各种正式的文本解释的回

---

[57] 参见第120页注释[59]中有关"公共选择理论"的简要讨论。将经济模型适用于政治行为看起来与"现实主义"观点不谋而合,尽管这种主张并不打算消除法官愤世嫉俗的看法。

[58] 这一因素被予以特别的彰显,见 A. Vermeule, "The Cycles of Statutory Interpretation", 68 *U. Chi. L. Rev.* 149(2001)。

归。作为最高法院进行法律解释的方式之一,以下为 1994 年《哈佛法律评论》所采用的图示,或许最能说明这种回归词典进行文本解释的趋势。[59]

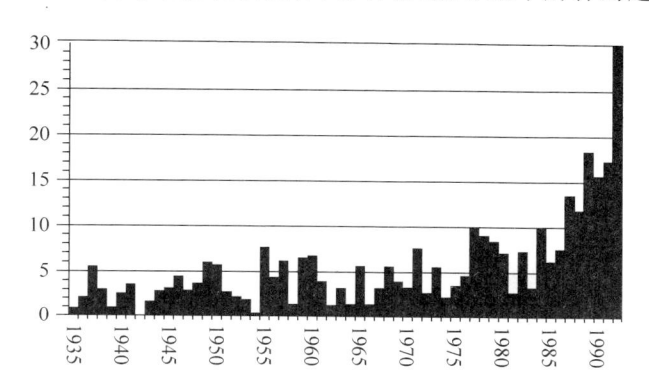

有关使用词典进行文本解释的案件比例(从 1935 年至 1992 年)

通过对上述章节中《联邦行政程序法》的某些解释进行简要阐述,有助于说明不断变化的类型。[60] 在 1951 年的通用相机案中,[61]最高法院首次以"实质性证据"检测对该法作出解释。为了解决其法律涵义的问题,最高法院考虑到该法案提交国会之前以及在国会辩论中的关注点。在随后的二十年间,奥弗顿公园案的判决解释了第 706(2)(A)节规定的"专断和反复无常",[62]其他解释第 702 节规定的案件,[63]对起诉行政行为赋予了相当宽泛的受益人资格,被认作"法律过程"进路的典型代表。这些司法意见无意识地将法律视为一种目的性的文本,而法院将之与时代需要相契合。无论是 1946 年的国会,还是假设读者处在 1946 年,事实上如何理解"专断"或者

---

[59] 参见"Looking It Up: Dictionaries and Statutory Interpretation",107 Harv. L. Rev. 1437,1454(1994)。进入在 21 世纪后,使用词典进行文本解释得到不断强化。

[60] 在这一主题上的拓展讨论,见 P. Strauss,"Changing Times: The A PA at Fifty",63 U. Chi. L. Rev. 1389(1996)。

[61] 参见页边码第 467 页,以及 Wong Yang Sung v. McGrath,339 U. S. 33(1950)。

[62] 参见页边码第 462 和 503 页。后来在脚注中变得声名狼藉,瑟古德·马歇尔(Thurgood Marshall)大法官在司法意见中指出,由于被解释的法律的立法史不够明确,其不得不基于文本进行解释。

[63] 参见页边码第 434 页。

"受害人"等术语并不是重要的问题,而核心问题在于何谓获得司法审查和起诉资格的过去和现在的目的。进入 1990 年代,有关"举证责任"的涵义出现了较多的文本解释,这一术语在 1946 年通过词典和专著被赋予了既定的涵义,并避免提及国会资料、中间的发展以及目的上的现代解读。[64] 司法态度的变化变得更为明显,而对各方当事人所提交的案件摘要进行审阅时,却会发现他们并没有花力气从以往判决所依赖的文本主义中提出主张。[65]

在司法实务中,面对解释国会法律的问题,法院首先会考虑现行的规定,其中包括精巧地援用语境、结构以及所有理解成文规定的有用工具。语言表述和立法预见毕竟是不完美的。在最高法院(各方当事人认为所诉事项很重要,足以通过昂贵的审判和两次上诉来完成),这些缺陷以及其他方面有可能浮出水面成为核心问题。法律表述本身不会终结争论,其可以容许对某一选择作出两种或者更多的解读。实际上,以法律并非直接解决被诉事项为由来说服法官是一个辩护人在任何解释场合中必须首先跨越的门槛。辩论场合关注的是试图越过门槛的辩护人所提交的材料,以及法院如何决定更可取的解读。

总之,以前年代的法官为了实现这些目的,被鼓励提及有关立法史的公用资料。在某种程度上,这样做会觉得问题重重,而立法者期望法官处理法律所反映出来的"瑕疵",这样的实务运作被认为有助于缓和法院和立法机关之间的工作关系。初步研究、委员会报告和辩论,所有这些为理解特定表述所产生的困扰设定了语境,借此法院不大可能作出让立法者或者对法律作出反应的那些人感到吃惊的解释。立法者会巧妙地处理这些资料,以达成没有或者不能通过法律来实现的目标,而法官也在寻找立法机关作出何

---

[64] 参见 Director, Office of Workers' Compensation Programs v. Greenwich Collieries, 512 U. S. 267(1984);Darby v. Cisneros, 509 U. S. 134(1993), 第 411 页有所讨论。当然,这些是一种宽泛的趋势,并不是所有大法官都强烈依附文本主义解释进路,例如,斯卡利亚大法官。在 Dickinson v. Zurko 案(注释 33)中,Breyer 大法官援引了一些立法资料,通过质询当下对《联邦行政程序法》的目的进行解释,同时,也质询在 1946 年如何解释"实质性证据"这一术语。

[65] 参见 Changing Times, 注释 60。P. Strauss, "Resegregating the Worlds of Statute and Common Law", 1994 Sup. Ct. Rev. 427。

种考量的准确指示，即在某些被选定的公式化表述中所体现的“立法意图”，这样人为操控的威胁就会变得严重。作为对这种威胁的回应，在以往法官寻求政治史材料的地方，如今许多法官借助于词典和语法书。

更为准确地来说，现在的法律解释不可避免地起始于文本(实际上也应该如此)，而非未经商议的政治史。在最高法院的大法官中，只有少数还迷信这样的主张，即这些立法资料基本上无法进行适当的商议，特别是多数意见援引的资料同时为不同意见所引注。尽管很少像二三十年前那样将此作为说理的核心，其他的大法官有时仍会提及这样的观点。有人会发现，这些援引时而以这样的措辞开头，如“经我们查证，从有用的立法史来看……”同 479
时，会产生这样感觉，即相比在各种特定的涵义中作出选择，现在更多的是预示一般意义上的法律目的。

最高法院所采取的新的文本主义并不是过于简单化或者未加思考的。在本世纪初，这些大法官运用独具特色的“通义规则”(plain meaning rule)来抵御法律对尊贵的普通法的攻击。由此，可以看到惠特曼诉美国卡车运输协会案(66)处于一种实质性的语境之中，(67)斯卡利亚大法官对涉及文本解读可能存在的涵义予以认真对待，并进一步审视法律的整体语境以及与其他法律的关系。正如在以下部分所看到的那样，(68)他强力支持这样的主张，即在法律规定处于不确定的情况下，行政机关应当进行全面审核，以促成适当的政策。但是，以其观点来看，法院不应在法律存在漏洞时促成政策，而是去发现单独的(和持久的)意义。(69) 对他来说，在理解含义上词典是重要的

---

(66) Whitman v. American Trucking Association，531 U. S. 457(2001).

(67) 参见页边码第335—336页。

(68) 参见United States v. Mead Corp.，533 U. S. 218(2001)案的反对意见，在页边码第499页的另一语境下有所讨论。

(69) 一位同事曾指出，“文本主义倾向于像解谜语一样对法律进行解释，通过对所有蕴含普通意义的公共资源(词典、同一法律的其他规定、其他法律等)作出最有说服力的说明来找到问题的答案。与此相应，这使得法律解释趋向精巧地操作……遵循文本主义的法官对待解释问题如同谜语，其假设存在一个正确的答案……文本主义者使用较少的工具，就像画家用调色板作画一样，其在解决法律解释问题上变得更有想象力”。T. Merrill，“Textualism and the Future of the Chevron Doctrine”，72 *Wash. U. L. Q.* 351，354，372-73(1994)。

当授权学说在司法实务中不起作用时,[72]文本主义进路的论点趋于类似的方向,即强调立法机关作出基本价值判断的责任。由此,在法律授权联邦通信委员会进行规则制定上有关"更改"一词的含义,[73]或者对联邦食品和药品管理局来说"药品或者装置"一词的含义,[74]最高法院对此作出的解释不仅对词典进行了毫无成果的搜寻,而且援用了一种可理解的原则,该原则倾向于让重大决定控制住国会的手中。法院不应当支持这样的解释,即所作解释明显处于立法机关有可能想到的范围之外,即使这些含义是适用规定时可能存在的含义。惠特曼案也限制了行政机关的权力,最高法院对授权环保署的法律进行解释,否认环保署有权在公共安全和经济成本之间进行交易(立法机关经常进行这样的交易),但是,这表明行政机关承担了广泛的、令人不快的政治责任。[75] 类似的一时之作也很明显,当下最高法院的多数意见在法律界定个人损害的基础上,不愿意提出普通法上的诉因来增加新的司法救济。[76] 如今,相比拒称联邦法官应当发挥适当的普通法作用,坚持文本进路的大法官很少保护普通法不受法律变化的影响。[77]

就像在语境中能够被理解的那样,新文本主义或者形式主义通常表明大法官强加而非避免了个人的政策偏好,并形成了与国会相抗争的氛围,而不是与之进行合作。例如,1934年有部法律授权证券交易委员会在证券市场中规制信息披露和商业伦理。证券交易委员会通过规章来执行某些规

---

[70] 例如,在艾伦镇马克案(页边码第468页)中,他援引词典含义,驳回了行政机关对先例的解读。

[71] 他希望通过查阅政治史,看既定问题是否被认定为对应当予以探讨的某一事项保持缄默,而在报告或者假意辩论中,这不大容易被人为操控成为对确认问题进行解释的肯定性表述。

[72] 参见页边码第41页。

[73] MCI Telecommunications Corp. v. American Tel. & Tel. Co., 512 U.S. 218(1994).

[74] FDA v. Brown & Williamson Tobacco Corp., 529 U.S. 120(2000).

[75] 参见页边码第336页。

[76] 参见页边码第199页。

[77] P. Strauss, "Courts or Tribunals? Federal Courts and the Common Law", 53 *Alabama L. Rev.* 891(2002).

范,而法院(当时更为赞同像这样的含义)承认个人因委员会违法而受到损害的,可以提出普通法上的诉因来起诉违法者。该法对协助和教唆违法的人没有作出规定,但是,联邦刑事法律包含了"协助和教唆"的一般条款,基于此,可以推断出起诉协助者和教唆者的根据。证券交易委员会针对协助者和教唆者执行其规范,私人亦可提起诉讼,多年来美国第十一巡回上诉法院支持像这样的实务运作。国会有机会重新审视1934年的法案,而其没有作出回应。[78] 最高法院在早期案件中作出的附带评论,表明其认为问题是开放性的,这是唯一可能指向争议性结果的迹象。(如果最高法院故意发出某种信号,这无疑涉及主张而不是否定法官造法的职责。)由此可以确信地说,"协助和教唆"责任被确立下来。但在某一案件中,即使当事人没有提出这一要点,最高法院的多数意见却认为不能根据该法而强加协助和教唆的责任。[79] 最高法院仅仅考虑了1934年的国会行为,并不相信后续介入的发展,包括维持下级法院司法实务的合法性,并获得一致同意的司法意见。

不相信法官造法的形式主义者特别难以认同像这样的判决,就像他们强烈坚持在法律语境中遵循先例的效力。[80] 不难理解的是,存在抵制惊人变化的推动力,以及在一个由法律主导的时代基于立法机关明确规定的情形而勉强创设新的司法救济,而最高法院有关案件审判的高度选择性却使其判决带有明显的"政策制定"的色彩,尤其是碰到不是由当事人提出的问题或者论点。由此,根据下级法院确立的相对没有争议的发展路线,最高法院的文本主义解释本身是令人惊讶的,而立法机关对此没有显现想要干预的迹象,特别是最高法院一再坚持自己的解读(在某些背景下正是如此),[81]

---

[78] 重要而值得记住的是,考虑到立法与司法的关系,国会对法律争议作出回应,并在有限时间内完成此工作。令人惊讶的司法解释为立法创设了一种以前不存在的需求,并将此工作强加于国会身上。

[79] Central Bank of Denver v. First Interstate Bank of Denver, 511 U. S. 164(1994).

[80] 参见 Neal v. United States, 516 U. S. 284(1996),相关讨论见页边码第202页。

[81] 参见注释83,以及后续第九巡回法院在 Reynolds v. Martin, 985 F. 2d 470, 475 n. 2(9th Cir. 1993)案中的判决,该判决重述了最高法院裁判和国会反应的历史,其中最高法院一再对明显由自己形成的政策立场进行辩护(限制这样的情形,即允许占优势的当事人获得诉讼费用的赔偿),反对将国会法律解释为对这种赔偿的授权,而基本上是下级法院作出像这样的解释。

却不顾在另一方向重复出现的立法指引。

482 法律随着时间的推移不断发展。这些发展(像自从1946年来行政性规则制定及其司法审查所产生的变化)看来基本上被法律体系所接受,并未引起国会作出敌对的反应,形式主义者援引的要点被视为将最高法院转变成国会的有力支持者。(82) 以笔者的大致判断来看,如果最高法院将其处置法律的任务看作执行多数大法官在文本中找到的原始意义,而不管其他主体(包括国会)在中间发现无争议的解读,则法律含义的不确定性就会产生。如果最高法院在行为过程中不愿意对国会形成的政治语境进行自学,那么这种效果将会提高。像这样的拒绝增加了在国会作出政治判断上产生冲突的机会,实际上是拒绝在立法事业上达成合作的关系。有关政治历史的文件具有明显的敏感性(如果法官想要通过这些文件来确定"意图所在"的准确含义,则尤其如此),而怀疑论的进路足以对此予以防范。(83) 那些将自己与法律政治史的认知风险(所作判决让社会各界感到惊讶)隔离开来的法官,有可能很了解这段历史。他们表明了不尊重国会的态度,通过有效要求立法机关预估将来所有可能存在的司法解读,而为贫乏的立法技术提供了诱因,(84)并在司法和立法的关系中引入了无效率和不适当的争论。

最近有学者发表论文支持文本主义,(85)其相当确信地说明文本主义进路和目的论进路都可以概括为"意图怀疑论",即在制定法的规定上,试图找
483 到国会作出的单一的、历史的、准确的解释是愚蠢的使命。他这样做很好地

---

(82) 词典意义和法律意义独立于在法律颁布时被理解的意义,并与最高法院的判断无关,即下级法院对什么作出判决,以及一旦作出这些判决所具有的约束力。

(83) 这是卡兹曼和布雷耶大法官在页边码第472页注释50所引证的作品中的核心争论。参见史蒂文斯大法官在West Virginia University Hospitals,Inc. v. Casey,499 U.S. 83(1991)案中发表的反对意见,A. Aleinikoff and T. Shaw,"The Costs of Incoherence:A Comment on Plain Meaning,*West Virginia Hospitals,Inc. v. Casey*,and Due Process of Statutory Interpretation",45 *Vand. L. Rev.* 687(1992);T. Merrill,注释(69)。

(84) Francis Lieber在19世纪所写的书中指出,英国法官"严格遵守法律及其准确的表达,这再次诱导立法者尽可能地作出明确和细致的规定,由此导致这个世纪的法律出现同义反复和不断的重复……。无论我们的界定多么细致,最终在某些地方我们必须相信普通的意义和诚意"。*Legal and Political Hermeneutics* 31(Charles C. Little and James Brown 1839)。

(85) I. Manning,"Inside Congress's Mind",115 *Colum. L. Rev.* 1911(2015).

抓住了构成目的论基础的规范主张,而只要那些法官去学习他们的"大师"如何实际地运用语言,就会让他们成为立法机关"忠实的仆人"。事实上,分析说理让人想知道"新文本主义"是否能够更好地从忠实服务于法律阅读者的角度,而非立法者的角度来进行辩护。但是,如果将民众而非国会作为忠实服务的对象,这确实是可行的规范选择,由此将会关心现代的读者,而不是法律颁布时的那些人。有关文本意义的判断会从某些迹象中获得指示,即事实上如何在当下对法律语言进行解读(与成熟的现行法典进行整合),类似于法国法官对待民法典的情形。再也不会有像丹佛中央银行案那样的司法意见,[86]在当事人未将之诉至最高法院的问题上,其动摇了每个遇到此问题的下级法律组织所理解的意义,因为最高法院认为1934年立法者能够以某种确定的方式理解所作出的规定。动摇对法律的一般理解需要最令人叹服的原理,而在该案中却没有。

在2015年春作出的两个判决中,或许标志着脱离法律文本最明显意义的意愿有所增加,因为选择这种意义会创设出超常幅度的法律义务,而难以与法律颁布所处的环境相联系,或者势必产生破坏整个法律规划的后果。在耶茨诉合众国案中,[87]一位渔船船长向船外丢弃尺寸较小的鱼,而联邦监督员要求其带回港口,其被指控违法,而该法在21世纪早期发生金融丑闻期间所颁布,将此作为主要犯罪进行惩戒,最高可监禁20年,即在明知的情况下对任何记录、文件或者有形客体进行修改、毁损、消除部分、隐瞒、掩盖、伪造或者作出虚假陈述的任何行为,其意图在于妨碍、阻止或者影响美国行政机关在管辖事项上进行调查或者适当管理。在金诉伯韦尔案中,[88]最高法院面对的是在一项高度复杂的法律中的若干规定,如果赋予直接语义的意义,将会形成法律上的"死亡陷阱",并摧毁法律所具有的明确目的。尽管立法史不能控制上述两个判决,但是,强意义上的法律目的却可以。对不道德公司行为所造成的金融危机,法律创设了主要的重罪以作出回应,而这不

---

[86] 注释㉙。
[87] Yates v. United States, 135 S. Ct. 1074(2015).
[88] King v. Burwell, 135 S. Ct. 3480(2015).

会被用来惩罚船长,即使被扔到船外的鱼确实属于一般语言意义上的"有形客体",这样做的目的在于阻止被行政执法的可能。在长达2700页的《平价医疗法》中的若干规定,[89]不能被解读为创设了这样的情形,即医护交易得到了降低保险费用的《平价医疗法》的周密考虑,而其只有被某州所创设才能得到补贴,(正如该法考虑到将会发生)由联邦政府在各州未采取行动的情况下创设的医护交易除外。案件被逐一作出判决,而区分并不以通常的保守/自由为标准,首席大法官在两个方面都支持了多数意见。从法律的表面和具体情形来看,国会在两个方面上都设定了宏观目标。也许,更为合作的、"忠实仆人"的司法态度会再次出现。

二、在行政机关层面的法律解释

从深入研究行政法的角度来看,行政机关的管理者必须不断地处理法律含义的问题,对他们来说,贬低政治史作为解释法律的适当资源具有重大(和令人遗憾的)影响。[90] 规制计划具有复杂的特征,在法律汇编中《清洁空气法》就占据了数百页。不像法院很少碰到任何特定的计划,承担相关责任的行政机关必须持续和集中地对法律进行解释。因为行政机关经常参与立法创制的过程,并时刻与负责监督和立法的国会委员会保持着长期和紧密的关系,政治史必然会对行政机关日常处理释法问题产生影响。(这些立法资料也常常被行政机关所掌握。)依笔者之见,为了理解诉讼中出现的有限

---

[89] 在此想起页边码第110页对非正统立法的简要讨论。一项法律不能在整体上被解读和理解,而其投票无疑是解读报告和政治资源的产物,由此对文本主义提出挑战是引人注目的。当法律形式是对既有的规定作出了一系列修正案,由此只有通过阅读包含在委员会报告中对所要实现效果的描述,而不是阅读修正案本身,才能予以理解。R. Katzmann, *Judging Statutes* 18-19(2015)。

[90] 对此问题予以更为广泛的讨论,见 P. Strauss, "When The Judge is not the Primary Official With Responsibility to Read: Agency Interpretation and the Problem of Legislative History", 66 *Chi. Kent L. Rev.* 321(1992); J. Mashaw, Norms, "Practices, and the Paradox of Deference: A Preliminary Inquiry Into Agency Statutory Interpretation", 57 *Admin. L. Rev.* 501(2005); and K. Stack, "Purposivism in the Executive Branch: How Agencies Interpret Statutes", 109 *NW. U. L. Rev.* 871(2015). C. Walker, "Inside Agency Statutory Interpretation", 67 *Stan. L. Rev.* 999(2015),该文对确认这些分析的行政实务进行了广泛的实证调查,他发现"整体法律"解释和立法史的运用成为了解释实务的主流,诸如使用词典的文本主义工具则不大常见了。

和偶发的涵义问题,法院使用词典和语言的官方用法以这些因素为基础更为可取;行政机关承担的广泛职责以及与立法推动者和监督者之间的互动为行政机关和法院提供了一套共同的、外部的参考要点,而这有助于控制双方的主观性。对于行政机关而言,承认这些参考要点赋予了含义的合法性,而这些涵义往往需要通过政治协商来确定。对于法院而言,接受行政机关使用这些资料会考虑到行政机关的职责所在。对于整个政府系统而言,这避免了行政过程的监督者之间在适用涵义的适当标准上产生竞争。

不难设想,行政机关的日常工作受制于特定的立法,对有关权益方面的立法作出记录始于早期阶段,相比广泛可得的公共资料(如听证、报告或者辩论的出版物)所及范围更广。[91] 如果行政机关的管理已经存在于起草的初步阶段,则其行政人员深度卷入这一立法过程,并对此产生组织上的记忆。当草案到达国会时,行政机关将会小心维护所有公共文件的存档,这些文件产生于国会以及其他方面,包括对未付印听证材料的抄本或者笔录、在立法事项上所有行政机关作出证词的详细记录等。在某一法案通过之前,其必须提交到国会召开足够数量的会议进行讨论。行政机关对于这些历史以及最终获得成功的政治变化和妥协,无论是明确表述的还是未说出来的,都有着更为详细的了解。

一旦某一法律获得通过,政治史继续产生影响。行政机关将与负责的国会委员会及其成员保持持续的关系。这种关系无论好坏,都有可能因委员会对新法执行作出反应的方式而受到影响。在每一个步骤上,行政机关必须根据法定职权对其所作的选择在政治和司法上进行辩护。在立法史语境下,这产生了对法律含义问题持续的关注,而在政府之外很难

---

[91] 当行政机关是立法提案的发起人时,总统的管理与预算办公室将施加重要的控制,通过审查支持性证词和草案来确保与总统的政策保持一致。当草案源自国会,而某一委员会要求外部的技术协助,则其角色就不大明确了。参见 C. Walker, Federal Agencies it the Legislative Process: Technical Assistance in Statutory Drafting, a report for the Administrative Conference of the United States available at http://acus.gov, along with recommendations based on the report and adopted Dec. 4, 2015。

看到。(92)

很早以前，美国法院承认法官解释法律时应当在考虑因素中纳入行政解释。早在 1827 年，最高法院指出在解释法律的过程中，法官应当对负责行政机关以往作出的一贯解释给予相当权重的考量。(93) 在 1940 年合众国诉美国货运协会案中，(94)最高法院一度认为“在法庭辩论中对法律的含义进行解释属于排他性的司法职能”。(95) 但是，在判决的后续部分，最高法院提及行政机关对案件中的术语争议进行解释，其补充指出：

> [1]在任何案件中，像这样的解释都有资格成为重要的砝码。[2]尤其是解释涉及这种情况应当如此，即“对某项法律在同一时期作出解释，当事人被该法指控承担设定运转装置的责任，以及当它们处在
> 487 未开启和新的状态中使其部分工作平稳有效。”[3]此外，行政机关向国会提出条款制定的建议，这一事实使得行政机关的解释获得更强的说服力。(96)

这一部分表述了给行政机关意见赋予权重的三个长期存在的争论。其中每个争论在法律含义的判断上都将最终责任的裁判假定为法律问题。第四个争论对行政机关解读法律优先于法院，设定了有关直接责任的构成要件，下一节将展开讨论。

---

(92) 对于笔者来说，“授权”学说的真正效果在于日常工作中的实际运用，即数以千计的政府律师努力以此证明行政行为处在法定职权之内。在对某一条约举行听证时，这些工作赋予委员作证的严肃性。

(93) Edward's Lessee v. Darby，25 U.S.(12 Wheat.)206，210(1827)。有关这一主张的普通法说理，见 A. Bamzai，The Origins of judicial Deference to Executive Interpretation，网址 http://papers.ssrn.com/sol3/Papers.cfm?abstract_id=2649445。

(94) United States v. American Trucking Associations，310 U.S. 534(1940)。此案的意见常常被作为运用政治史进行法律解释的范本。

(95) United States v. American Trucking Associations，310 U.S. 543(1940)。此观点依托美国宪法上的基本案件，Marbury v. Madison，5 U.S. 137，177(1803)。

(96) *United States v. American Trucking Associations*，310 U.S. 549(1940)。

［1］在任何案件中，像这样的解释都有资格成为重要的砝码。美国货运协会案的司法意见没有进一步地解释这种评论意味着什么，但是，根据以前的讨论这不难回答。考虑周到的法官认识到他们遇到的法律并不常见，同时，只是看到那些当事人不满意的构成要件，而当事人（其涉及的情况不够典型）将之诉至法院，由此产生歪曲解读法律文本的重大风险。行政机关作出的解释反映出其历史视角和长期依法行政的需要。随着时间的推移，当新情况引起注意的时候，长期负责执行法律方案（特别是复杂的方案）的行政机关通常比法院在维持方案的完整性上处于优势地位。通过两个深层次的组织考量，可以从比较优势上拓展这种观察。首先，尽管联邦行政机关为全国性组织，并我国范围内进行法律适用，当时，最初两个层次的联邦审判仍然受到地理因素的限制，最高法院进行统一执法被严格限定在小范围的待决案件中。[97] 在缅因州、佛罗里达州和加利福尼亚州，法院倾向于相信司法对行政机关在法律含义上作出的判断应当给予尊重，这种趋势有助于提高全国统一行政执法的可能性。[98] 其次，行政机关与立法机关的持续关系意味着国会因满足于行政机关进行持续管理，而（至少部分）导致法律失修。当然，许多其他解释，如不受关注的、争议性的、总统反对作出改变的解释等，这些都是国会行为失当的结果。同时，行政机关的解释过程是自利的，由此产生实质性的风险。

基于此，对行政高层争议性立场的司法关注将会极其多变，事实亦是如此。这种多变性通常为1944年斯基德莫尔诉斯威天特公司案所引证，[99] 该案判决对行政首长的建议函予以适当的考量，该函件涉及私人诉讼中所产生的法律解释问题：

---

[97] 相关讨论见页边码第163页。

[98] 这一争论的进一步讨论，见 P. Strauss, "One Hundred Fifty Cases Per Year: Some Implications of the Supreme Courts Limited Resources for Judicial Review of Agency Action", 87 *Colum. L. Rev.* 1093(1987)。然而，涉及任何联邦立法的问题通常发生在下级法院，这些案件若干年才有一两次可以诉至最高法院。

[99] Skidmore v. Swift & Co., 323 U.S. 134(1944).

> 在没有以其职权来控制法院的情况下,像这样的裁定、解释和意见……构成了指导法院和诉讼当事人的经验和判断。在特定的案件中,作出这样判断的权重取决于进行考虑的彻底性、说理的有效性、前后声明的一致性,以及在缺乏控制力的情况下所有增加说服力的因素。(100)

这一准则在 2001 年最高法院予以重新确认。(101)

[2] 尤其是解释涉及这种情况应当如此,即"对某项法律在同一时期作出解释,当事人被该法指控承担设定运转装置的责任,以及当它们处在未开启和新的状态中使其部分工作平稳有效。"(102)如上所示,行政机关作出相关决定,像涵义的指示器一样对新的职权予以直接执行,其中一个原因是行政
489 人员有可能已经卷入法案起草和听证的过程之中,他们对后续的立法辩论有着浓厚的兴趣。这种对立法过程予以重要和集中的披露使得带有倾向性的解释成为可能。第二个原因来自行政机关与国会的未来关系。即使对于新成立的行政机关来说,其必须仰赖与负责其预算、监督和授权的委员会保持持续的关系,这种预期使得行政机关不可能在执行新职权时将国会的期望予以严格分离;事实上,如果这样做的话,在国会将会产生相当大的争论,并在诉至法院之前一直存在。

[3] 此外,行政机关向国会提出条款制定的建议,这一事实使得行政机关的解释获得更强的说服力。在理解立法目的上,负责执法的行政人员在国会听证会上的证词一般比其他听证证词要更为有用一些。这也许是最容

---

(100) Skidmore v. Swift & Co.,323 U.S. 140(1944)。这一经常被引证的规定本身包含着限制的意味。从一开始,行政人员必须相信法院其立场是对法律规定作出的可行或者合理的解释。由此,同一法律授权行政人员将农产品的"产地"界定为规制豁免的要素。行政人员解读这一规定为,在同一地方完成相同工作,允许对大公司和小公司予以区分。然而,在这种背景下,最高法院认为"地域"应当归为地理或者与工作相关的因素,所以很容易地否定了行政人员的解释。Addison v. Holly Hill Fruit Products,Inc.,322 U.S. 607(1944)。

(101) United States v. Mead Corp.,533 U.S. 218(2001),相关讨论见页边码第 497 页。

(102) Norwegian Nitrogen Prod. Co. v. United States,288 U.S. 294(1933),从内部引证来看,该案判决通常为这一主张所引证。

易理解行政解释应当得到考虑的方式。国会和行政机关在满足行政需求上达成合作，在这种磋商过程中不应假想保密议程的存在。这些行政人员通常就是起草者，由此他们与负责委员会保持持续的关系及其履职结果的重要性，为其解释法律带来了特别的可信度。[103]

值得注意的是，因素[2]和[3]假定政治史与解释法律含义的相关性。一个基本上不认可这种历史相关性的人也会导向对这些因素的否认。就像立法人员和私人游说者操控立法史，而让重要的提案没有到达投票程序一样，可以想象行政人员和负责的委员会有可能在国会不知晓的情况下对某一行动方针达成合意。然而，没有证据表明这种情况实际已经发生。依笔者之见，以发生这种情况的可能性为基础进行说理意味着对国会履行职责的不敬，这种职责的履行极其依赖于（就像所有的组织一样）其职员的忠诚度，并在协调一致的情况下通过其委员会持续发挥作用。对于因职员不和而没有发表适当的意见，国会议员并没有太过关注；如果他们这样做，就会发生像这样的指控和变化。在法院对其说理的某一构成要件表现出不信任的态度之前，他们善于提出困难的问题，即清除愤世嫉俗的做法同样揭示了法院自身存在的诱惑。如果将目光不聚焦于特定的涵义问题，而放在国会和行政机关之间在特定问题上的持续互动上，以及行政机关被假设具有普通的道德动机上，所有三个因素都具有相当大的意义。

最后，看看税务机关的情况会有所帮助，它们的解释事实上常常被法院予以高度的重视。理解这一说理能够帮助分析者将其他行政人员定位于行政和司法职责的连续体上。税务机关和国会之间的关系非常密切，随着问题的显露在税法上不断产生小的变化，同时，这些关系非常详细地说明了委员会对税务行政的监督。国内税务局享有严格管理的职业声誉，除了与国会的监督关系以外，其特别详细地发布所作出的解释，并对其进行激烈的职业讨论。税法是由技术性法律组成的极为复杂的、相互依赖的体系，在这个

---

[103] Securities and Exchange Commission v. Collier, 76 F. 2d 939 (2d Cir. 1935)，该案为这一进路提供了有用的范例。

错综复杂的网络中,仅仅偶尔造访的法官不能自信地予以应对,而没有造成无意识后果或者混乱的风险。此外,与在最高法院之下按照地理分布被组织起来的司法系统相比,承认国内税务局的职权有助于提升税务行政的全国统一性。在税务行政中,尤其需要全国的统一性。作为诉讼的结果,在圣弗朗西斯科和纽约创设不同的纳税义务将会导致极大的不满。由此,法官基本上尊重对税法作出的合理解释。[104] 缺少某些或者所有这些因素,就会产生不同的结果。

三、行政机关或者法院?[105]

就讨论而言,行政机关的解读只是法院在对涵义作出结论时所运用的工具之一。所有前述内容都假设,"在法庭辩论中对法律的含义进行解释属于排他性的司法职能"。[106] 在《联邦行政程序法》第706节的首段规定中,包含着同样的主张:"在对当事人诉求作出判决的必要范围内,审查法院应当裁决所有相关的法律问题,对宪法和法律规定进行解释,并对行政行为中术语的意义或适用作出决定"。

然而,在争议法律的解释上,法院不仅断定某些问题存在不确定性,而且进一步认定法律在某种程度上对行政机关明确或者暗示地赋予了职责。当然,法院以此方式作出的结论亦是其对法律问题作出独立判断的产物。何时被授予职权以及这种职权受制于何种限制,由法院而非行政机关来决定。尽管如此,法院作出像这样的结论并以此涵义采取行动,很明显越过了重要的门槛。对这一要点进行讨论的前提是法院负责裁决争议法律的含义,对未来行政行为提供指导。法院的判决将确定法律的含义,除非后来被另一个法院或者立法机关予以重新审查。在此,法院作出的解释使其不得不承认行政机关发挥的主要作用。根据第四种进路,法院认为国会在某种

---

[104] 参见 Cammarano v. United States,358 U. S. 498(1959)。

[105] 这一部分的许多分析得到进一步的拓展,见 P. Strauss,"'Deference' is too Confusing—Let's Call Them 'Chevron Space' and 'Skidmore Weight'",112 *Colum. L. Rev.* U43(2012)。

[106] United States v. American Trucking Ass'n,第486页。

程度上授权行政机关对准确的法律含义作出决定。对于行政职权的其他运用,在法院认定的授权范围内,司法控制将决定所作的选择是否"合理"。行政机关在另一时期(如有正当理由)可能作出其他"合理"的结论,这些同样有资格被予以维持。对于行政机关(如果不是法院)来说,法律显然是动态的。

这种有点自相矛盾的结果最早在国家劳工关系委员会诉赫斯特出版公司案中得到明确的表述。[107] 这份最高法院在1944年作出的判决涉及国家劳工关系委员会对法律术语"雇员"的解释,该委员会的解释引发了其对报纸出版商与洛杉矶街头卖报者之间的劳工关系进行规制的责任。最高法院维持了委员会的认定,其指出:

> 决定谁为雇员的任务主要委派给行政机关……国会委托其首先作出决定,即证据是否确定了决定性事实。因此,在对委员会最终结论进行审查的过程中,当委员会作出的事实推断被记录所支持时,最高法院的职能不是以自己的事实推断来替代委员会的事实推断……在行政机关必须初步作出决定的诉讼中,问题在于对宽泛的法律术语予以特定的适用,对此审查法院的职能是有限的。[108]

然而,不难看出在作出这一结论之前,最高法院确认了三种认定"雇员"含义的可行方式,并独自从中作出选择。首先,因为谁是"雇员"的问题一般产生于州法,基于此该问题的解决在各州各有不同。其次,由于在各项联邦法律中"雇员"的含义很重要,而每项法律都有不同的立法目的,所以最高法院选择在司法上对该术语赋予全国统一的含义。最后,"雇员"被认为受到《国家劳工关系法》特定政策的影响,而其职责主要落在委员会的身上。最高法院独自和明确地认定最后一种是适当的选择,而在此之前,委员会负责

---

[107] NLRB v. Hearst Publications, Inc., 322 U.S. 111(1944).
[108] NLRB v. Hearst Publications, Inc., 322 U.S. 130(1944).

对该术语进行解释,并在一定范围内被允许存在误差。

在帕卡德汽车有限公司诉全国劳动关系委员会案数年之后,[109]有关事项是否(以及在何种程度上)被授权行政机关明显构成了最初阶段的司法裁判的内容。在此,问题在于在柏卡德工厂的工头,即在某种程度上监督其他工人的负责人是否被认为是"雇员"。最高法院将这个问题描述为"单纯的法律问题"。难道最高法院忘记赫斯特案了吗?没有,这个问题被界定为最高法院是否在此过程中及其本身拥有某些管理上的职责,以排除委员会将工人认定为"雇员"。这个"单纯的法律问题"恰好在于劳工委员会职权范围的分配。在此,问题的假设是国会没有将这个最初的问题托付给劳工委员会。由此可见,最高法院根本上就忽略了委员会的判断,而认定工头不必排除在雇员的类别之外。[110]即使是由委员会在可行的含义中作出选择,换言之即由法院来决定何为可行的含义。

当谈及美国雪佛龙公司诉自然资源保护委员会案的判决时,[111]读者可能怀疑这些被诉事项不那么简单。最高法院在四十年后的此案中归纳出这一分析进路,成为近来在行政法上两个被引用最多的最高法院判决之一,[112]并引发了大量的学术评论。[113]在雪佛龙案中的问题涉及环保署对环境法律的解释,即许可工厂所有者合并装置的效果,而不是在每一个单独的排放源上获得许可。(这样做能够显著增加管理的弹性,由此以较低的成本达到环境保护的目标。)最高法院首先认定法律既没有强迫环保署作出解释,也没

---

[109] Packard Motor Car Co. v. NLRB,330 U. S. 485(1947).

[110] 在美国货运协会案(页边码第486页)中,最高法院考虑三个因素来作出判决,任何增加这些因素的权重会被以下事实所消除,即委员会的意见摇摆不定,问题并不由其作出决定,其行为并不表示该委员会明确理解起草者或者受国会监督的组织的意思。在此方面,引自最高法院斯基德莫尔案判决(页边码第488页)的慎重表述反映出这些问题上的权重。

[111] Chevron,U. S. A.,Inc. v. Natural Resources Defense Council,Inc.,467 U. S. 837(1984).

[112] 另一个案件为Lujan v. Defenders of Wildlife,相关讨论见页边码第432页。

[113] P. Shane and C. Walker,"Foreword:Chevron at 30:Looking Back and Looking Forward",83 *Fordham L. Rev.* 475(2014),发起了这一问题的研讨会,反映出许多当下的思想;T. Merrill and K. Hickman,"Chevrons Domain",89 *Georgetown L. J.* 833(2001),此文为较早的深入分析。P. Strauss,"In Search of Skidmore",83 *Fordham L. Rev.* 789(2014),笔者发起研讨会,该文反映出大部分对雪佛龙案及其后续发展所展开的讨论。

有予以排除。由此得出的结论是国会委派环保署进行规则制定的权力,而留下环保署被诉的可能性,这初步看来阐明了法院接受行政机关在宽泛和类别的术语上作出选择的义务:[114]

当法院审查行政机关对管理所涉法律作出的解释时,其面临两个问题。首先,一直以来的问题是国会是否对争议的准确性问题直接作出回应。如果国会的意图是明确的,则这是事情的根本所在,而法院和行政机关必须促成国会意图的明确表述。然而,如果法院认为国会没有直接对争议问题作出明确规定,法院不能简单地将自己的解释强加到法律之上,即使在缺乏行政解释的情况下有必要如此。更确切地来说,如果法律在特定问题上未加规定或者模棱两可,法院面对的问题为行政机关作出的决定是否基于可接受的法律解释。

判决的结论部分表明了更为微妙的进路:

在这些案件中,行政解释对明显对立的利益表现出合理的调和,并能够得到遵从。规制计划带有技术性和复杂的特点,行政机关以详细和合理的方式予以考虑,而作出的决定涉及对政策冲突的调和。国会意图调和两个方面的利益,但是,在这些案件所表现出的特殊层面上其并没有这样做。也许考虑到行政人员拥有丰富的专业知识,并处在更好的位置负责管理,国会有意要求行政人员在此层面上达到平衡;也许国会没有在此层面上考虑问题;也许国会无法融合问题的每一方面,而各方决定在行政机关设计的规划上碰运气。从司法目的来看,无论发生什么都无关紧要。

……

行政机关通过概念化对法律规定作出解释,对此提出诉讼的核心

---

[114] 467 U.S. at 842-843,865,866.

放在行政政策的睿智,而不是在国会留下的空隙中作出合理的选择,则该诉讼必定败诉。在这样的案件中,非选举产生的联邦法官有责任尊重那些人作出的合法的政策选择。评估政策的睿智和化解在公共利益上对立观点之间的对抗,这些都不是司法的职责。"我们的宪法将这样的职责归为政治部门"。TVA v. Hill,437 U. S. 153,195(1978)

在这种明确表述中存在令人惊讶的要素。一个是其普遍性,赫斯特案是最高法院对某一法律规定的含义和职权的可能性予以自主解释的结果,雪佛龙案适用于立法容许在各种可能性中作出选择时,而最高法院认定这些可能性为授权规定所容许。雪佛龙案阐述了更为普遍的主张,即当行政人员最初被委以重任时,国会期望未被解决的问题将会如何被作出决定。无论这一方面是否准确地被阐述(即就像以前授予法定职权那样准确),最近的学术界普遍认为国会对行政机关授权,并能够在细节上施加影响。[115]由此激励国会尽最大可能对行政机关的职权予以精确界定,而这种激励在这样的背景下被认为是有益的,即法官认为他们在过度"授权"的问题上缺乏可控的标准。[116]同时,当法院担心过度的行政权力有可能会被其他方式所确认时,其仍然可以对行政职权的界限或者范围进行限制性的界定,就像老鼠洞里无大象一样。[117]

依笔者之见,在这一表述中的第二个要素来源于表达存在的缺陷。举例来说,"国会是否对争议的准确性问题直接作出回应"意味着法院只有找到唯一"准确"的法律含义才能够进行解释。尽管偶尔的解释表明了这一惯例,但是,很显然司法责任已经扩及对行政权限的设定,即在执法时采用何种含义,以及何种含义不许被采用。赫斯特案不允许国家劳工关系委员会将明显独立的承包商认定为雇员,或者不将无监督权的时薪制工人认定为雇员。这使得工作者完全处在司法认定的"必须"和"不可"之间的范围内。

---

[115] A. Gluck and L. Bressman,注释[50]。

[116] 参见页边码第46页。

[117] 参见页边码第51页注释109。

正如帕卡德案一样,某些表面上无法适用雪佛龙案进路的情形被理解为最高法院在独立的司法审查过程中能够对首次说理中的问题加以解决。在某一案件中,法院认定法律术语"银行"涵盖了相当大的可能范围而显得不够精确,而立法史将处在争议中特定的类似银行的机构排除在不够精确的范围之外。[118] 在另一案件中,结论是受到争议的规定确实不够精确,而行政人员不能以这种方式(如同其有意如此)来进行解释,即在相同程序中根据同一法律中的不同术语来确定含义。[119] 在最高法院近期适用雪佛龙案的一个判决中,[120] 九名独立的大法官一致认同对行政权限范围的认定属于独立作出判断的司法任务。[121]

在法律规定中第二个受到争议的术语是"可接受的"。对此,司法职能在于决定行政行为是否是"可接受的",即行政行为是否处于国会授权的范围之内。事实上,在雪佛龙案的背景下,"可接受的"一词被用于第一步的分析:"首先……如果法律在特定问题上未加规定或者模棱两可,法院面对的问题为行政机关作出的决定是否基于可接受的法律解释。"

然而,有一些意见看来忽略了将"可接受的"一词与雪佛龙案第一步分析进行关联,似乎审查法院的唯一责任在于认定行政行为的合法权限,而不是评价行政机关如何在权限内遵守规则。这样一来,他们忽略了赫斯特案的第二步分析,以及《联邦行政程序法》第706(2)(A)节规定对行政机关行使裁量权进行合理性审查的要求。

雪佛龙案意见本身并没有表现出这种失误。在其他地方中,这被界定为第二个必要的分析步骤,以判定行政机关是否"在国会留下的空隙中作出合

---

[118] Board of Governors, Federal Reserve System v. Dimension Financial Corp., 474 U. S. 361 (1986).

[119] INS v. Cardoza-Fonseca, 480 U. S. 421(1987).

[120] City of Arlington, Texas v. FCC, 133 S. Ct. 1863(2013)。在惠特曼诉美国卡车运输协会案中(页边码第335—336页有所讨论),最高法院对雪佛龙案步骤进行概括,其分析如下:"我们认为……行政机关的解释超出了何谓模糊不清的限制范围,与我们意见中的明确之处存在冲突"。

[121] 这种一致意见有点被斯卡利亚大法官所掩饰,其作为多数意见的撰写者,一再强调认定行政权限的司法责任,而并未说明如何来实现。参见 P. Strauss, "In Search of *Skidmore*", 83 *Fordham L. Rev.* 789(2014).

理的选择"。尽管在此没有援用《联邦行政程序法》,但其规定的要求不容回避。司法意见的撰写没有想象的那么严谨,亦不能逾越法定的义务。法官对行政行为进行审查体现了裁判者的所有职能,包括行政权限的执行,以及监督行政行为与规则保持一致。对于规则适用作出的各种判断,审理雪佛龙案的最高法院没有说明自己不能或者不应这样做的特别理由;就像赫斯特案一样,最高法院在某些细节上考察处于法定范围内的行政决定是否"合理"。以下部分将会看到,《联邦行政程序法》规定了对判断和裁量运用进行审查的分析,这事实上预见到雪佛龙案的知识架构,依笔者之见其完全得以适用或许更好。⑫

雪佛龙规则的适用受到若干方面的限制。法院自己对问题作出裁决比行政机关的责任要大一些,如果问题涉及法律的合宪性或者法律的适用,这将由法院独自作出裁决。与此类似,如果问题是寻求法律普遍适用的涵义,而不是在特定行政机关负责的范围内的特别涵义,则法官将自行决定,而无需从有机会碰到这些问题的特定行政机关作出的判断中寻求指引。在这种背景下,与雪佛龙案同样重要的斯基德莫尔案没有产生影响。联邦贸易委员会的职责包括在确保竞争的执法过程中举行正式的行政听证会,其必须对《联邦行政程序法》或者《谢尔曼反垄断法》条款的涵义问题作出决定。但是,这些法律并不由联邦贸易委员会单独负责管理。在对这些涵义作出判断上,没有理由让法院更加相信联邦贸易委员会的看法,而另一行政机关或者在司法审判中也很容易产生其他看法。对于由行政机关负责管理的法律,总统对其涵义作出的判断可能会带来一定的权重,但是,除非国会授权总统负责管理,否则不应当适用雪佛龙规则。

在适用雪佛龙的分析上,一个专门负责的行政机关是否必须运用被授予的立法权对法律含义作出决定?⑬ 例如,政府律师对触及更大范围的行

---

⑫ 参见 R. Levin, "The Anatomy of Chevron: Step Two Reconsidered", 72 *Chi-Kent L. Rev.* 1253(1997)。

⑬ "雪佛龙遵从"是经常被运用于案件和评论中的术语。由于"遵从"和"裁量"一样存在不同层面的强度,笔者倾向于以"雪佛龙余地"加以表述,其更强烈地表明了行政机关被授权作出合理的决定,以及考虑"斯基德莫尔权重",参见注释⑩。

政行为的解释——软法,⑭ 及时寻求雪佛龙规则的保护,并在一段时间内取得了成功。雪佛龙案后过了十七年,最高法院在合众国诉米德公司案中从根本上终结了这种可能性。⑮ 在该案中,米德公司希望进口以及在进口关税上受到保护,其寻求适用雪佛龙规则以支持其作出的判断,而海关人员发布了软法指引对关税规划作出解释,并适用于米德公司提交的材料。值得注意的是,海关没有运用公共程序来阐述其意见,并以同样的方式保留了作出改变的自由度,最高法院维持不予适用雪佛龙规则。这样的情况无论在何种程度上被认为具有正当理由,只有斯基德莫尔案的权重是相关的。⑯ 这一意见明确将雪佛龙分析的第二步与《联邦行政程序法》第 706(2) 条相联系,其对法律命令的承认不大引人注目,而从根本上将雪佛龙规则限制于被授予立法权在程序上的正式运用。但是,行政机关事实上还有其他手段去创设"硬法"来限制自己以及公众。在后续的案件中,行政行为的过程一直始终如一,而正式行为被要求与之相分离,则雪佛龙规则会被适用。⑰

对于行政决定或者解释的审查,米德案认可将焦点放在政治责任之上。规章和行政裁决使得行政机关对负有政治责任的领导者予以直接的认可,由此契合了雪佛龙意见中有关政治责任的强化表述。⑱ 指南和其他行政文件并没有这样,它们有可能被描述为"行政行为",但不能说其适用反映了"受选民支持者作出了合法的政策选择"。还不如说,这些是公务的结果,即在此情况下,公务人员没有太多需要与直接的上级进行协商,其作出的决定也很少体现国会或者总统的意志。当雪佛龙规则的保护是重要的,米德案给予行政人员一个重要的理由,去协商行政机关的政治领导,以及想方设法使他们直接卷入其中。如果整个行政机关的等级制不受被诉行为的限制,就难以形成这样的主张,即相比斯基德莫尔案的权重,等级化的上级法院必

---

⑭ 参见页边码第 303 页。
⑮ United States v. Mead Corp.,533 U. S. 218(2001).
⑯ 参见页边码第 488 页。
⑰ Barnhart v. Walton,535 U. S. 212(2002).
⑱ 参见页边码第 494 页。

须给予行政判断更多的信任。

米德案只差一票而没有达成一致意见,但是,斯卡利亚大法官发表了激情洋溢的反对意见,其揭示了行政机关与法院存在差异以及法律涵义等重要问题。当国会没有提供法院能够确切识别的单一答案时,他寻求将雪佛龙规则适用于所有行政机关在一定范围内对法律涵义作出的判断。他认为在法院手中的法律是具有单一涵义的静态工具,一旦被法院所解释,则只有国会行为才能加以改变。这对于斯基德莫尔案所主张的解释也是如此吗?根据雪佛龙规则,留给行政机关的解释空间是涵义不必是静止不变的,在文本允许的范围内,行政机关可以根据各种情况的要求对解释作出改变。在行政机关的手中,法律是弹性的工具,但是,在法院手中,斯卡利亚大法官坚持认为不是如此。一旦法院借助于斯基德莫尔案的权重作出结论,则法律的涵义就被确定下来。

有人会说,即使这是一个必要的推论,也只是最高法院借此作出这样的判断,而这种情况相对较少发生。[12] 但是,更为有趣的问题在于,即使在这样的案件中这是否是一个必要的推论。在此,我们看到了法律和普通法之间的差异,以及想起斯卡利亚大法官不承认普通法在联邦法院的作用。[13] 普通法对特定事实的力量作出回应,在先例留下的余地中得以发展,并为理由充分的改变保持开放。这种弹性和动态能够在法律留下的余地中得到平等的体现,多年来在解释《谢尔曼法》、执行反垄断法以及(正如我们反复所看到的那样)《联邦行政程序法》时,[14] 事实上为最高法院所用。如果"可接受的"(来自他经常援用的雪佛龙案中令人误解的引注[15])反映了对法院明确的不信任,以及尝试相对不受法律限制的行政裁量,则斯卡利亚大法官偏向于法院接受即使极为非正式的行政行为。

---

[12] 参见页边码第 162 页。
[13] 参见页边码第 201 页。
[14] Leegin Creative Leather Prods., Inc. v. PSKS, Inc., 551 U. S. 877(2007).
[15] 最近的 City of Arlington, Texas v. F. C. C. 案,以下有所讨论。

在随后的国家电缆和电信协会诉艾克斯品牌互联网服务公司案中,[133]斯卡利亚大法官也撰写了单独和激烈的反对意见,其进一步强调与行政职权相联系的雪佛龙规则的功能。在此,第九巡回上诉法院在两个私人诉讼当事人之间作出裁决,对涉及联邦通信委员会的问题进行法律解释。随后,联邦通信委员会在正式程序中不得不适用相同的条款,并给出了不同的解释。经审查,第九巡回上诉法院仍然重申了之前作出的判决。最高法院援引雪佛龙案予以撤销。对斯卡利亚大法官来说,允许行政机关"推翻"法院裁判将会有损司法权威。而对于其他八位大法官来说,第九巡回上诉法院的判决对于解决争议确有必要,但是,国会将管理法律的首要责任交由联邦通信委员会,则第九巡回上诉法院的解释必然是暂时性的。最高法院常常必须解决法律适用的问题,而其并不承担首要责任,就像一个美国法院选择适用适合于各方当事人以及争议的法律原则,却需要对英国普通法上的问题作出裁决。这种诉讼行为并没有制定"法律",而只是解决了争议。唯有英国的法院能够最终创设英国普通法原则。在此亦是如此。法律为联邦通信委员会创设了适用雪佛龙规则的余地,由此联邦通信委员会有权不顾第九巡回上诉法院的意见而作出决定。[134]

德克萨斯州阿灵顿市诉美国联邦通讯委员会案也涉及联邦通信委员会的职权,[135]对此,斯卡利亚大法官为最高法院撰写意见。表面上的问题在于雪佛龙规则是否适用于有关权限范围的行政决定。在多数意见的说理之外,首席大法官罗伯特和其他大法官在强有力的反对意见中援引了类似的原则,即"在由司法裁判的争议上,对法律涵义的解释属于排他性的司法职能"。依笔者之见,这种反对意见容易产生错觉。如前所述,[136]所有九名大法官认同对行政职权范围作出决定属于独立的司法任务。斯卡利亚大法官

---

[133] National Cable & Telecommunications Assn. v. Brand X Internet Services, 545 U. S. 967 (2005).

[134] 这种说理的思路见,K. Bamberger, "Provisional Precedent: Protecting Flexibility in Administrative Policymaking", 77 NYU L. Rev. 1272(2002).

[135] City of Arlington, Texas v. FCC, 133 S. Ct. 1863(2013).

[136] 参见页码边第 496 页和注释[122]。

并不热衷于斯基德莫尔案,只是在"法律解释的传统工具"上,掩盖了如何做出决定的问题。⑬

在最近的金诉伯韦尔案中,⑬首席大法官罗伯特的意见看来强调了对行政职权范围作出司法裁定的独有特性。为了避免赋予《平价医疗法》条款直白的涵义,他创造了涵义的不确定性。但是,他在说理中指出,这些不确定性所提出的问题太过重要,即将其归为有可能激活雪佛龙规则的国会对行政职权的创设。对于像这样重要的问题,则要求独立的司法裁判。这是否以及在多大程度上标志着从雪佛龙案予以撤退,将在以后展现出来。

如果行政机关解释的不是法律,而是自己制定的规章,类似雪佛龙的进路则明显存在某些风险。指导性文件证实了大量软法的存在,其在时间、语言表述和前瞻性上的限制使得规章的规定必定无法解决所有的问题。法院比国会可以更为自由地告诉行政机关,其在重要事项上不具有充分的"合法性",这对法院而言确实变得重要,其借助于像这样的认定来确保行政行为的政治责任,而许多解释问题将必然存在。直到现在,法院采用了比雪佛龙规则更强的路线,来界定行政机关的责任以及司法误解的风险,而这种误解要求法院接受任何对规章作出"貌似有理的"解释。⑬ 由此,在适用雪佛龙的第一步中,法院被指示对规章作出宽泛的解读,以决定可能的涵义;在适用雪佛龙的第二步中,对"合理性"的质询完全被忽略。

对规章的涵义上,强烈要求尊重行政机关的意见,这实质上反映了特区巡回上诉法院对指导性文件的消极态度;法院似乎允许行政机关以通告和评议的规则制定来颁布内容空乏的规章("糊状物"),然后通过发布软法和指导性解释文件将行政机关的观点强加于法院之上。⑭ 当国会授权行政机关采取行动时,其从根本上牺牲了重要的立法创制权,由此雪佛龙规则为国

---

⑬ 参见 P. Strauss,"In Search of Skidmore",83 *Fordham L. Rev.* 789(2014)。

⑬ 参见页码边第 484 页。

⑬ Bowles v. Seminole Rock & Sand Co. ,325 U. S. 410(1945);Udall v. Tallman, 380 U. S. 1(1965);Stinson v. United States,508 U. S. 38(1993);Auer v. Robbins,519 U. S. 452,461(1997)。

⑭ Paralyzed Veterans of America v. D. C. Arena L. P. ,117 F. 3d 579,584(D. C. Cir. 1997)。

会创造了相当大的动机去进行具体可行的立法。实证研究表明国会的起草者事实上非常了解这些案件,以及他们创设行政职权的影响。[141] 但是,行政机关不会体验到像这样的作用。在发布一项规则的过程中,他们没有在相关解释上作出牺牲。"奥尔遵从"作为予以尊重的强要求如今已众所周知,其在文献中受到强烈批评,[142] 而逐渐衰退的迹象越来越明显。[143] 也许米德案将会成为解释上的标志性案件,但并非通过对行政机关具有完全约束力的过程来实现的,考虑斯基德莫尔案权重,而不是简单接受行政机关对其规章进行貌似合理的解释是更为适当的进路。最近一篇获奖文章指出,行政机关对规章的基本目的作出声明,其中的解释为法院理解规章提供了适当的基础,并将最终的解释权留给司法机关。[144]

第四节 裁量运用及其审判

毫无疑问,在司法审查中最具挑战性的方面涉及审查行政机关运用判断和裁量时适当的司法职能,法院对此表示担忧在其司法意见中一览无遗。相比行政机关在作出结论的过程中所认定的基本事实,其作出像这样的结论更加与法律体系相关联(以及对整个社会有着更多的影响)。不过,权力配置的考量被特别予以强化,即将判断和裁量特别配置给行政机关,而不直

---

[141] A. Gluck and L. Bressman,注释 50。

[142] 例如,J. Manning,"Constitutional Structure and Judicial Deference to Agency Interpretation of Agency Rules",96 *Colum. L. Rev.* 612(1996)。

[143] 早在 Thomas Jefferson University v. Shalala,512 U. S. 504(1994)案中,四位持反对意见的大法官认为被软法所解释的规章显得"极为含糊不清",并表达了这样的担忧,即通过像这样模糊不清的规章,行政机关将其权力予以最大化,而规避了规则制定的责任。在最近一段时间,从最高法院的判决中可以看到强化的迹象,如 Perez v. Mortgage Bankers 案,相关讨论见页边码第 355 页。最高法院准备在所呈交的案件中重新审查注释 139 中的先例。

[144] K. Stack,"Interpreting Regulations",111 *Mich. L. Rev.* 355(2012);see also J. Nou,"Regulatory Textualism",65 *Duke L. J.* 81(2015). C. Walker,"Inside Agency Statutory Interpretation",67 *Stan. L. Rev.* 999(2015)。该文对这些分析给予了重要的实证支持。

接卷入必须由司法职责来实现法律秩序的基本问题。一方面,司法诉讼必须尊重职责的法定安排。公路是否被批准建设、核反应堆是否被许可或者环保规章是否被通过,这些判断应由行政机关而非法院来完成。由于法官在这些事项上与其所在社群同气连枝,确保对这些安排予以司法尊重不是一项简单的任务。另一方面,行政职责仍然受到程序、实体法、在合理性和公开上作出解释的限制。确保这些限制得以实现属于司法职能。作为本章开头所引证的那样,《联邦行政程序法》第706(2)(A)节对司法职能作出了明确规定。在公民保护奥弗顿公园公司诉沃尔普公司案中,[⑯]最高法院对其涵义及其适用展开了最为详尽的讨论。

一、公民保护奥弗顿公园诉沃尔普案

(一) 审查的要素

奥弗顿公园案涉及的问题是部长是否被适当授权,对田纳西州提供联邦资金以帮助其修建公路。这条公路穿过一个重要的市政公园,其面对最近通过的联邦法律,而立法目的不鼓励像这样使用公园土地。最高法院在司法审查的原则上起始于什么是紧张关系的无意识重建,而紧张关系推动了行政任务的发展:"部长的决定肯定构成一种合规性的推定。在行政机关规则制定的合理性审查上,有一个案件被大多数美国律师用来表述一个极为宽泛的进路,[⑯]最高法院援引此案等同于审查法律的合理性。但是,这种推定不应当成为保护伞,以阻碍对部长行为进行全面彻底的审查。"[⑰]首先,最高法院的判决表明了高度的宽容性,其次,在详细审查上表现出一种紧张关系。后续两段司法意见阐明了一系列的司法任务。

第一段要求法院"判定部长是否在其职权范围内实施行为"。换言之,

---

⑯ Citizens to Preserve Overton Park, Inc. v. Volpe, 401 U.S. 402(1971).这一判决其他方面的讨论,见页边码第320页和第462页。

⑯ Pacific States Box & Basket Co. v. White, 296 U.S. 176(1935),在后来的国营农场(State Farm)案中,最高法院承认这种等式不再是恰当的。

⑰ Citizens to Preserve Overton Park, Inc. v. Volpe, 415 U.S. 402(1971).

这要求审查法院对部长的职权进行界定，并根据事实认定其作出的判断是否合理地处在职权范围内。即使所作的判断是可行的，法院必须认定其在某种程度上是正确得出的结论：部长正确地理解其职权吗？他是否合理地相信允许使用公园土地符合法定的必要条件？由此，相比简单地质询部长作出的决定是否为一种被授权实施的行为，"职权范围"的问题显得更为复杂。在单一意义上，很容易说这种支持州公路建设的决定，涉及在使用公园土地和其他可行路线之间作出判断。但是，法院也必须知晓部长如何理解法律，如果其正确理解法律，是否事实能够"合理地"支持其所作出的结论。

第二段确定了第二种质询，即在另一种意义上探究部长的说理过程：

> 《联邦行政程序法》第706(2)(A)节要求认定实际作出的选择不属于"专断的、反复无常的、裁量滥用或者其他违法的情形"。作出这一认定，法院必须考虑行政决定是否基于相关因素的考量，以及是否存在一个明显错误的判断……尽管对事实的质询是彻底和仔细的，但最终的审查标准却是狭窄的。法院并没有被赋予权力，以其判断来替代行政机关作出的判断。[⑱]

这种质询与上述段落描述的第二个方面之间的差异有可能暂时困扰读者的思路，这种质询的重点较少放在作出判断的客观情况上，而更多地集中于作出判断的实际过程。"相关因素的考量"所引起的注意，不仅包括部长是否提出了所有正确的问题，而且还包括其是否提出任何错误的问题。例如，政治上的"敲诈勒索"是否起了作用？[⑲] 展示于法庭之上的说理过程是否揭露了思想鸿沟或者其他方面的不合理性？事实上，在这两段阐述中存在与雪佛龙案相当类似的分析架构：首先界定由审查法院独立进行的质询；其次，所完成的质询仅仅限于（比较宽泛的）监督的职能。

---

⑱　Citizens to Preserve Overton Park, Inc. v. Volpe, 416 U.S. 402(1971).
⑲　参见页边码第382—383页。

在雪佛龙案不久之前,最高法院作出了汽车制造商协会诉国营农场互动式汽车保险公司案的判决,[59]其中奥弗顿公园案的进路得到了重新肯定。里根总统的交通部部长打算废止一项其前任制定通过的规章,该规章从尼克松政府开始经过长期和烦琐的规则制定程序得以颁布,其要求机动车生产厂家在所有乘用车辆上安装"被动性约束装置",这些装置如气囊和持续性座椅安全带,旨在保护机动车驾驶者和乘客免于交通事故,而无须主动采取任何行为予以处置。但是,遵循规章的要求存在着一种可能性,即使用半永久性的座椅安全带,如果驾驶者让其保持连接,则安全装置自动运行,而如果他们想要的话,也可以手动予以断开。新交通部长试图废止这项规章系基于这样的情况,即绝大多数的生产厂家准备启用这种最新的座椅安全带,而许多驾驶者将会手动操作安全带,而非让其自动运行。她对规章提出质疑,从易于违反的规章要求中所获得的收益是否超过了在所有车辆上安装安全装置的成本。很明显,这位部长经授权作出这种决定,而在理论上很难说基础性事实以一种或者另一种方式要求必须作出这样的决定。

最高法院对部长所依靠的研究是否支持其作出的判断,表示出某些怀疑,而推翻了其决定。更为重要的是,最高法院作出的结论系基于行政决定在说理上存在两个缺失:首先,如果可分离的座椅安全带能够被轻易去掉,该部长没有考虑到更好的替代方案,这些替代方案不要求安装气囊或者其他被动性约束装置。大法官们的一致意见是这种疏忽导致了废止规章的失败。其次,她没有考虑到驾驶者在使用可分离座椅安全带上惰性所产生的影响。换言之,即使这些装置能够被去除安全功能,一旦重新组装,它们仍然能够回位,直到有人再次废除安全功能。五位大法官被说服认为,部长没有考虑到在被动性上的惰性应当予以谴责。最高法院没有否认部长适当地证明废止规章的可能性,而是认定其作出这样的决定理由不够充分,其必须重新予以考量。

---

[59] Motor Vehicle Manufacturers Association of the United States, Inc. v. State Farm Mutual Automobile Insurance Company, 463 U.S. 29(1983).

读者可能会认为(作为受到质疑的并发情形,而不能被证伪)在这些事项的第二层面上最高法院替代了部长作出的判断。但是,要求重新予以考量的判断形式否认了上述看法。一般的经验表明被要求重新作出像这样的评估,会被法院所接受。

最后,部长指出如果较高比例的州在一定期限内以一定的形式通过立法积极要求使用座椅安全带,则她会重新发布废止令。从首次出现后已过二十年,并没有足够的州按照其所说的那样采取行动(尽管一些州以其他方式满足安全带使用要求,它们从其行为中知晓不被"计算"在内),则安装被动性约束装置的要求最终产生法律效力。

(二) 行政记录、事实认定和说明理由的问题

如前所论,[151]奥弗顿公园案表明(和产生了)有关行政记录、行政机关事实认定和说明理由的预期,而这种预期很难通过《联邦行政程序法》或者根据以往的实务证明具有正当性。该案所说的程序似乎要求行政机关作出相对完备的记录,并对事实认定和说明理由给出全面的解释。但是,在其他案件中,最高法院坚持认为审查法院必须接受或多或少由行政机关提供的非正式记录。[152]最高法院还会面临作出决定的组织模式塑造记录定义的困难。[153]正如在特区巡回上诉法院工作的斯卡利亚法官所评论的那样,在非正式程序中的行政记录"包括了那些不对行政程序当事人展示的,以及不被他们所知晓的重要材料"。[154]同样重要的是,行政记录常常和推测和判断交织在一起,而这些推测和判断明显基于一个或者更多行政专家对情况的"感觉",这种感觉在最终决定上无须明确化。

在解释的问题上,表面上的指标变得更为宽泛。奥弗顿公园案指出在案件中受到质疑的《联邦行政程序法》和相关法律都没有要求部长作出的决

---

[151] 参见页边码第 320—321 页。
[152] Camp v. Pitts, 411 U.S. 138(1973); Vermont Yankee Nuclear Power Corp. v. Natural Resources[defense Council, Inc. 435 U.S. 519(1978).
[153] 参见页边码第 314 页和第 326 页。
[154] 参见第 470 页注释⑯后面的章节,与页边码第 324 页简要讨论的家庭票房公司案。

定需要正式的事实认定。[155] 在两年以后的坎普诉皮茨案中，货币审计长拒绝了开设新银行的申请，最高法院在非正式信函中遇到该审计长对此决定作出的一段解释。[156] 最高法院指出：

> 本案不像奥弗顿公园案，在此同时存在对行政决定的解释。该解释比较简要，但是，其确切地表明了作出最终决定的决定性理由，即根据银行业的需要和周围社区已有的银行服务情况，认定设立新银行不符合经济要求。因此，审计长采取行为的有效性来自这种认定的适当性，这些适当性有赖于运用适当的司法审查标准作出裁决。

尽管如此，行政机关预计到可能会受到司法审查，一般会在实务中提供大量的解释。这种实践的结果在规则制定的背景下已有所探讨。[157] 即使存在法律上的说辞，就像《联邦行政程序法》第 553 节对规则制定作出的规定一样，仍然很难在非正式裁决的相同指示中找到一时的趋势。[158] 无论什么正式的理由，必须将司法监督和以司法判断予以替代相区别，这一事实对实务产生了重要的激励。行政首长和法院一样很容易看到，奥弗顿公园案的标准将会让法院恪守自己的职责，但是，只有行政机关提供了作出决定的数据，使得法院能够进行上述分析才会如此。必须对审计长给出的理由进行有限的审查，这不仅导致对行政机关处理的额外数据提出要求，并倾向于防

---

[155] 然而，没有做到这些会产生一种结果，即在实务上强烈鼓励行政人员进行事实认定，后续有简要讨论，见页边码第 508 页。此外，某一法律设定了作出认定的要求，而《联邦行政程序法》规定了规则制定，法院会根据最高法院所界定的审查职能对这种义务的范围作出解释。

[156] Camp v. Pitts, 411 U.S. 138(1973)。相关段落如下：针对每一个申请，我们致力于与所有其他银行业因素相结合，找到必要性和便利性的因素，在该案中，我们在必要性因素上无法得出赞同的结论。行政记录反映出在该市场领域中服务的银行包括：存款保证金为 720 万美元的人民银行、存款保证金为 1280 万美元的赫斯特维尔银行、存款保证金为 540 万美元的第一联邦储蓄和借贷协会、存款保证金为 820 万美元的共同储蓄和借贷协会。存款保证金为 650 万美元的康诺克雇员信用联盟。以上数据为 1968 年 12 月 31 日。

[157] 参见页边码第 319 页。

[158] Independent U.S. Tanker Owners Committee v. Lewis, 690 F.2d 908(D.C. Cir. 1982).

止法院替代行政判断,而且鼓励审计长进行理由说明。对于法院而言,以给出的理由不够充分,将所诉事项发回重审,要求其作出进一步的解释,而由此审查行政机关的说理过程,这不足为奇。[159]

(三)对心理过程的质询

对于行政机关在作出决定时阐述其认定和理由,更多被指出的动机是如果行政机关不这样做,当事人能够对其提起司法诉讼。司法审查一般以行政机关作出的认定和理由为基础。对这一主张予以强调成为避免以下情形的一种手段,即对行政职责范围内的事项以司法判断替代之,行政机关的律师在此之后虚构行政机关自身没有考虑的论据。正如法院不能以其判断来替代行政机关作出的判断一样,它们也必须警惕行政机关的律师不能在审查过程中以其判断或者理由来替代行政机关作出的判断。[160] 近来学术界非常考究地将这种担忧与授权学说联系在一起,由行政机关的政治领导层作出理由说明以及相应的司法审查倾向于对授权担忧作出回应。[161] 如果行政机关在作出决定时没有进行理由说明,它们只能通过重新解释的过程随后进行补充。在奥弗顿公园案中,部长通过提交经宣誓的声明——宣誓书来予以实现。最高法院认为这不大适当,因为这会产生太大的风险,即说理仅仅由律师在事后作出,而没有反映部长采取行动时作出判断的实际基础。最高法院支持对部长的说理展开积极的司法调查的替代方案,这种调查(结果如此)能够将之转化为长时间的、严格的司法审判。

在一般的案件中,行政人员受到保护而免于像这样对其行为的"真实理由"进行审查。从根源上来看,这是最高法院援引奥弗顿公园案所说的"合规性推定"(presumption of regularity)的含义。最高法院在奥弗顿公园案中指出,"在作出决定的同时进行行政认定,必须有足够证据证明存在不诚信或者

---

[159] 这种效果在规则制定的背景下与行政过程的成本有关,行政机关不得不作出详尽的解释,以避免因缺乏理解而被司法驳回,这种经验被认为极大促进了行政处理的僵化。参见页边码第343页。

[160] SEC v. Chenery Corp., 318 U.S. 80(1943),参见页边码第357页。

[161] K. Stack,"The Constitutional Foundations of *Chenery*", *Yale L. J.* 952(2007).

不当行为,才能启动像这样的调查"。[162] 但是,在此没有像这样的正式认定,促成有效司法审查的唯一方式可能是决策者进行自我审查。不难设想的是,公务繁忙的联邦官员将会乐于采取"不必要的"诸如作出认定的正式行为,如果这样做的话,会消除对其实际说理过程进行司法审查的风险。先前进行的讨论已经表明有足够证据证明不诚信或者不当行为是不大容易做到的。[163]

二、一致性

行政机关在说理的过程中特别提及其他情形作为正当理由,这要求行政机关解释其决定的根据是在类似情况下实施的其他行为。在此,需要仔细地进行阐述。对于政府在涉及同一当事人的事项上滥用权力而再次提起诉讼有着一般性的限制,[164]而法院一再重申行政机关可以根据政治或者其他情况的变化随时改变其适用的政策,只要它们没有超越被授予裁量权的范围。然而,在作出像这样的改变时,行政机关必须明确说明这样做的理由。它们必须遵照短时间内保持一致性的要求,即像处理某一事项一样对待所有的类似事项,直到其发现某些理由需要改变其观点。(在此时,新的观点将必须予以统一适用。)"专断的"含义是同时适用两个不一致的规则,在任何特定情形下选择一项规则或者另一项,而没有可接受的理由。据此,产生了一种特别的解释义务:"无论以何种理由偏离以前的规则……其必须明确予以公布,由此审查法院能够理解行政行为的基础,以及根据行政机关的命令来判断其行为的一致性"。[165] 切实证明

---

[162] Citizens to Preserve Overton Park, Inc. v. Volpe, 415 U. S. 420(1971)。在 United States v. Morgan, 313 U. S. 409(1941)案中,声明以一系列决定为基础,这些决定涉及自 1930 年代开始的农业规章。对此作出极好的分析,见 D. Gifford,"The Morgan Cases: A Retrospective View",30 *Admin. L. Rev.* 237(1978)。

[163] 参见页边码第 332 页。

[164] *Administrative Law: Cases and Comments*,第 652 页。

[165] Atchison, Topeka & Santa Fe Ry. Co. v. Wichita Bd. of Trade, 412 U. S. 800, 808 (1973)。在 Bush Quayle' 92 Primary Committee v. Federal Election Commission, 104 F. 3d 448, 455(D. C. Cir. 1997)案中,特区巡回法院将案件发回重审,要求对其与以前行政决定相冲突的决定作出另外的解释:"委员会对看起来相关的惯例予以粗略地处理是不充分的……如果委员会(在法院发回重审后)选择提供更为详尽的解释,我们就能够查明是否存在区分两个案件的某些主要理由,或者是否作出的决定太过主观,而达到了专断和反复无常的程度"。

行政处理存在明显的、未加解释的不一致,这为起诉者提供了促使法院进行司法审查的最有力的基础。

然而,也必须看到法院会对行政机关的能力持实事求是的态度,因为行政机关不得不处理大量的案件而要保持适用上完美的一致性;对此,施加合理的努力以实现这种一致性就足够了。⑯ 与一致性问题相关,但更多地牵涉到较低层面的行政机关与当事人之间的关系,以及行政机关与法院之间的关系,是令人烦恼的禁止反言和非默许的问题。如果一方当事人在与行政机关打交道的过程中,他能够依赖行政机关作出的承诺吗?如果法院(除最高法院以外)认定行政机关的解释违法,行政机关有义务接受这种判断而弱化其偏好的观点吗?对上述两个问题,仅凭直觉会给出肯定的答案,而在大多数情况下,行政机关关心的是受到公众的信赖,受到法院的尊重,对此答案是否定的。对于第一个问题,公平合理的禁止反言一般适用于个人或者公司之间产生信赖的行为,当行政机关提出错误的建议,并缺乏行政机关有义务作出或者基于法定指示作出的高层级保证时,禁止反言就不被接受。行政人员不能因其错误而愚蠢地或者腐败地耗费政府资源。⑰

对于违法的判断问题,行政机关在特定的被诉案件中必须接受法院作出的判断,而在提出相同问题的其他诉讼中,它可以坚持自己的观点,拒绝予以默许。⑱ 允许这种情况的发生是因为联邦法院的巡回架构。行政机关

---

⑯ Davis v. Commissioner,69 T. C. 716(1978);参见 H. Krent,"Reviewing Agency Actions for inconsistency with Prior Rules & Regulations",72 *Chi-Kent L. Rev.* 1187(1987),对于被诉的不一致进行过于能动的司法审查,该文认为其后果是负面的。

⑰ Office of Personnel Management v. Richmond,496 U. S. 414(1990);Federal Crop Ins. Corp. v. Merrill,332 U. S. 380(1947)。当寻求除金钱赔偿之外的救济时,这些争论没有什么分量,对此提出批评和建议,见 J. Schwartz,"The Irresistible Force Meets the Immoveable Object:Estoppel Remedies for an Agency's Violations of Its Own Regulations or Other Misconduct",44 *Admin. L. Rev.* 653(1992)。

⑱ 参见页边码第 232 页。Brand-X 案的判决,简要讨论见页边码第 499—500 页。这一判决体现了类似的主张,上诉法院对处于行政机关 Chevron 余地内的问题作出裁决,而行政机关在诉讼中并非一方当事人。在两种情况下,认可行政机关可以相对自由地作出决定意味着承认行政机关对事项作出最初决定的法定职责,也接受了统一全国法律的可欲性。

负有全国范围的职责,而除了联邦巡回上诉法院有限的管辖权以外,[169]最高法院以下的联邦法院都是按照地理分布进行组织的。尽管行政机关能够预见到一个特定的巡回法院已经对某一问题表述了观点,将会坚持遵循以前表述的观点,但也会知道待决的问题将会或者有可能会在另一个巡回法院受到审查。其他巡回法院有可能不表述任何观点,或者表述一个不同的观点。对于行政机关在授权范围内以全国为基础行使政策制定的裁量权,最高法院知道其对这种行政职责具有有限的管辖权,以及政府诉讼的频率。[170]基于此,最高法院拒绝适用这样的规则,即该规则"实质上通过雪藏首个提出特定法律问题的判决来阻止重要法律问题的发展……剥夺了最高法院带来的益处,而允许若干上诉法院在最高法院发出调卷令之前对困难问题进行探究"。[171]

由此产生意愿上的冲突使得上诉法院的法官感到苦恼。"行政机关明确拒绝遵循某一巡回法院确定的法则,面对行政机关作出的决定,另一个巡回法院的法官无疑有义务接受此法则,他们认为自己只能作出这样的认定,即行政决定是专断和反复无常的,并与法律不一致"。[172] 但是,另一个巡回法院的判决在何谓法律以及谁应对决定负责上可能都出现错误。引用来自第五巡回法院的判决,其重新适用了更早之前涉及联邦劳工关系委员会案件中的解释。在这些案件之前,特区巡回法院在相同问题上采用了相反的观点,在第二个由第四巡回法院审理的案件中,联邦劳工关系委员会采用了特区巡回法院的观点。如今,这种冲突来到了最高法院。最高法院对雪佛龙案以及其中的行政裁量予以阐明,其认为法律没有解决问题(由此,任何巡回法院的判决都有问题),但对行政机关作出合理决定留下了疑问。[173] 尽

---

[169] 参见页边码第 169—170 页。

[170] 在地区法院的民事诉讼中,合众国作为一方当事人占三分之一,在联邦上诉法院的诉讼中也占相同的比例。

[171] United States v. Mendoza, 464 U.S. 154, 160 (1984).

[172] Department of Energy v. Federal Labor Relations Authority, 106 F. 3d 1158, 1166 (4th Cir. 1997) (Ludwig., J., concurring).

[173] 注释168,对比 Brand-X 案判决,相关讨论见页边码第 499—500 页。

管联邦劳工关系委员会拒绝对第四巡回法院声明的法律保持默许是正确的,但是,它没有作出独立的判断,而只是选择遵循特区巡回法院的解释。因此,最高法院认为案件应当发回联邦劳工关系委员会,由其在法律留下的余地内运用合理的判断——对适用的理解来作出决定。[14]

三、严格审查

如前所述,一致性问题不只是行政机关独有的。读者已经看到随着法院面对特定的情况或者表现出政治上的倾向,上述各种调查为法院进行激进的或者宽容的审查留下较大的余地。一些实证研究看来阐明了像这样的影响,[15]并着重强调了以前引用的评论,即受到司法审查的规则和无籽葡萄一样没有实质性内容。[16] 然而,在这些案件中会发现有关一致性问题的分析框架。行政机关的决定涉及优先权设定,或者对个人产生相对较小的影响,或者明显依赖于政治上的判断,所有这些都促成了宽容的审查进路。例如,行政机关请求进行规则制定受到正式的司法审查,但是,法院一直将这种审查界定为要求不高的审查;[17]由此,对于任何发起执法行为的判断和特定的法定理由来说,法院将会不顾赫克勒诉查尼案的要求认定其具有可诉性。[18]

相比之下,设定标准的决定对私人领域带来了重大的影响,其严重依赖于对客观事实或者对特定法律要求作出反应的判断,这就需要更为激进的

---

[14] National Federation of Federal Employees, Local 1309 v. Department of the Interior, 526 U. S. 86(1999).

[15] C. Sunstein and T. Miles, Depoliticizing Administrative Law, 58 *Duke L. J.* 2193(2009); J. Brudney, S. Schiavioni, & D. Merritt, Judicial Hostility Towards Labor Unions: Applying the Social Background Model to a Cellebrated Concern, 60 *Ohio St. L. J.* 1675(1999); R. S. Melnick, *Regulation and the Courts; The Case of the Clean Air Act* (Brookings 1983).

[16] 参见页边码第 455 页注释③。

[17] American Horse Protection Ass'n, Inc. v. Lyng, 812 F. 2 1(D. C. Cir. 1987),该案常常被引用,其在 Massachusetts v. EPA 案中被引用,在这方面的讨论见页边码第 425—426 页,但是,最高法院对否决规则制定的审查比 Lyng 案所预期的更为严格。

[18] 参见页边码第 291 页。

司法立场。⑲ 特别是在这样的背景下，行政机关针对健康、安全和环境问题进行规则制定，对此法院予以司法审查，其激进的审查模式被称之为"严格"审查。从根源上来看，这种想法强调法院应当承担独有的义务，以确保行政机关严格对待被诉的问题。在当下流行的用法和现实情况下，这种想法在像这样的案件中被法院理解为其也应当进行严格的审查。

以前讨论的"书面听证"⑳实质上勾勒了这种想法的发展图景，其在国营农场案以及本节开头所说的气囊或者座椅安全带的案件中被最高法院所运用。㉑ 在塞拉俱乐部诉科斯特尔案中，㉒特区巡回法院对环保署有关煤炭发电的规章进行司法审查，其125页的司法意见说明了其范围以及问题所在。有关程序问题，即在决定程序中总统和有影响力的参议员的参与，这一意见已经予以讨论；对问题进行很好地解决说明其要点在于，法院不愿意调查在貌似得到完好解释的决定中行政机关的实际动机。然而，超过90％的大量意见所关心的问题涉及规则制定的实际结果：行政机关是否正确地理解其职权，行政机关依靠计算机模型是否具有足够的正当性，在规则制定的大量记录中研究和其他事实材料是否支持这种结果，适当的要素（和唯一特有的要素）是否被予以考虑等。随着这种意见的影响变得越来越明显，法院对这些问题进行了谨慎和详尽的审查，但仍然基于局外人的视角：行政机关是理性的吗？对其想法是否予以足够的解释？在存在不确定的情况下（因为它必须根据不完整的数据做出推测），行政机关是否承认这种不确定性，并指出如何以及为何这样来解决？

在执法的过程中，对被记录的思考过程进行激进的监管，这挫败了任何这样的想法，即认为监管只是意图推翻结果的产物。法院认为，"在这一案件中，我们耗费了太多时间而得出简短的结论：规则是合理的"。这一过程

---

⑲ 对此问题作出有益的描述，见 C. Koch, "Judicial Review oi Administrative Discretion", 54 Geo. Wash. L. Rev. 469(1986)。

⑳ 参见页边码第319页。

㉑ 参见页边码第504页。

㉒ Sierra Club v. Costle, 657 F. 2d 298(D. C. Cir. 1981)，相关讨论见页边码第330页。

产生诸多成本,包括时间、努力以及被误解的风险。规则制定起始于1973年;到1979年才生效;直到去1981年司法诉讼还没有完结。这种结果受到了知识和政治上的强烈批评。[13] 法官不是工程师、计算机建模者、经济学家或者统计学家,他们是否能够确保说理过程的知识完备性,而这种说理要求这方面的造诣。至少可以说,越来越多地受到质疑。[14] 这种担忧促使上诉法院要求在行政层面附加特别的程序,而在佛蒙特州扬基案中,[15]最高法院对此明确予以撤销。像这样高度参与其中被认为具有正当理由,部分地体现在可争议的主张中,即对行政决策过程予以严格审查的有利影响。[16] 最高法院还认同学者所阐述的观点,其评论开启了本章节:"在我们的社会中,对法院存在根深蒂固和传统习得的依赖,并作为最终的保障来确保宪法和法律对执法权所设定的限制"。[17]

第五节 "被违法维持或者不合理拖延的行政行为"

不难看出,《联邦行政程序法》第706节的第一要素,第706(1)项规定允许纠正"被违法维持或者不合理拖延的行政行为"。然而,在行政机关被合法授权实施行为的情况下,往往说比做容易。有人会说这类似于书面令状;如果被违法维持或者不合理拖延的行政行为不存在裁量的要件,司法判决能够准确地说明什么是必须要做的。如果行政机关错误地认为其无权采

---

[13] B. Ackerman and W. Hassler, *Clean Coal/Dirty Air* (Yale 1981).
[14] C. Sunstein, "The Most Knowledgable Branch", 164 *U. Penn. L. Rev.* (2016); M. Shapiro, "Administrative Discretion: The Next Stage", 92 *Yale L. J.* 1487, 1507(1983)。"法院不能对这些材料进行严格审查,包括其不能理解的材料,以及在充斥技术语言的领域中与技术人员不是合作者"。比较 Ackerman, *Reconstructing American Law* 67-68(Harvard 1984).
[15] 参见页边码第321页。
[16] 参见"书面听证"的相关讨论,页边码第319页。
[17] L. Jaffe, *Judicial Control of Administrative Action* 321(Little Brown 1965).

取可欲的行动,并在此意义上违法地予以维持,则错误能够被纠正,但是,行政机关必须按照自身的理解决定如何运用其裁量权。对此,法院本身无权采取行动。在马萨诸塞州诉环境保护局案中,[188]最高法院指出环保署错误地认为其不能制定规章,将二氧化碳(全球暖变的主要成因)作为污染物进行规制,但是,只有环保署能够决定发布像这样的规章以及相关条款。随着规则的不断涌现,在文献中不难发现很多对司法意见的解释,即法院要求行政机关进行特定的规则制定,为农业工人提供卫生设施,[189]或者为医院工作者提供保护。[190]国会经常在法律中规定,某些被认定的规则必须在规定期间内通过,但是,这往往不会如此,除非立法对超期的规章作出规定,以免行政机关不能及时完成,唯一的救济方式是确保法院作出指示规则制定的司法命令。由于法院不能自己创设规章,也不能对行政人员施加有效的人身限制,而只有行政机关准备好发布,规章才会产生。尽管这种对规则制定的推动也许是通过某种意义上的尴尬情境或者法律义务来实现,但其会受到监管。[191]

---

[188] Massachusetts v. EPA, 549 U. S. 497(2007).

[189] *Administrative Law—Cases and Comments*,第1—8页。

[190] D. Vladeck,"Unreasonable Delay, Unreasonable Intervention: The Battle to Force Regulation of Ethylene Oxide", in *Administrative Law Stories* 190-226(P. Strauss ed. , New York: Foundation Press 2006).

[191] 参见 S. Shapiro, R. Glicksman, "Congress, The Supreme Court, and the Quiet Revolution in Administrative Law", 1988 *Duke L. J.* 819(1988).

第九章 政府及其机构的责任

本章的主题是政府和政府机构对其违法和违约行为所承担的民事(赔偿)责任。从传统意义上来看,这一主题明显属于美国行政法上附属的组成部分。如果这些内容完全出现在美国法学院的课程之中,它们有可能被当作侵权法(民事违法)、联邦法院或者宪法(民权行为)的专业内容,就像其被认为是"行政法"的一部分一样。以此相应,以下对其作出言简意赅的阐述。

读者从一开始就应当知道这些内容的历史发展有点带有偶然性,同时,还受到联邦主义的影响。① 面对涉及主权的救济主题,不难发现主权问题近在咫尺。最高法院最早的一份判决允许公民在联邦法院根据不同的管辖权对州提起起诉;②快速通过而基本上没有产生争议的结果是将禁止联邦法院接受像这样的诉讼的第十一修正案纳入宪法。尽管修正案的文本只是规定了诉讼的多样性,但是,自此其被视为一个标本,确立了宪法上以主权豁免学说为基础的宏大主题:"各州豁免被诉是主权的基本面向,这种主权在宪法批准之前为各州所享有,并保持至今(要么在字面上,要么以承认加入联邦而与其他州具有同等地位),除非通过公约或者特定的宪法修正案计划来加以改变"。③ 在上述援引的案件中,最高法院的意见不一,其详细审查了历史记录,认为州受到保护免于被诉,甚至某一州的公民因该州违反了确实有效的联邦法律而要求法定的金钱赔偿,也不能在本州法院提起起诉。各州有义务遵守由联邦官员执行的法律,五位大法官的多数意见认为国会不能推翻其免于私人诉讼的主权豁免主张。读者可以将这种现象理解为在保守的思想界中强化联邦主义的证据。该修正案排除了未经同意的由州或

---

① 参见页边码第19页。
② Chisholm v. Georgia,2 Dali. 419(1793).
③ Alden v. Maine,527 U.S. 706,713(1999).

其机构负担的金钱赔偿诉讼,④以及对州持有的争议土地判决归属的诉讼。⑤

除非判决不可避免地对州财政具有执行力,⑥如果提起的诉讼针对的是单个的州官员,甚至该官员以其官方地位行事,仍然可以避免这种责难。像这样的救济一直可资利用。⑦ 民权法在美国内战之后通过,⑧最近对其作出的解释引发了诉讼的急剧增长,这些诉讼以州和市政官员违反联邦宪法或者法律规范为由,要求其给予金钱赔偿。与此相应,这些诉讼的成功产生了认可对联邦官员予以类似救济的压力,而其行为不直接受民权法调整。对于将州官员作为执法对象的联邦法院来说,它们不提供针对联邦官员的救济是明显存在问题的。

第一节　针对主权的救济

从历史上来看,美国法院拒绝接受要求公共资金负担或者迫使公共财产转移的法律诉讼。⑨ 它们所信赖的主权豁免思想也许令人惊讶,其理由在于共和政体产生于反对君主政体的革命。这种主张认为政体不能卷入司法之中,而被迫对其过错造成的民事损害予以回应。这种思想在州和联邦层面获得普遍的接受;快速通过第十一修正案源于联邦法院无法确认这种涉及一州的原则。⑩ 在正式的条文中,州并不是有权在联邦法院获得豁免

---

　　④　Seminole Tribe of Florida v. Florida,517 U.S. 44(1996).
　　⑤　Idaho v. Coeur d'Alene Tribe of Idaho,521 U.S. 261(1997).
　　⑥　同上。
　　⑦　参见 Ex parte Young,209 U.S. 123(1908).
　　⑧　42 U.S.C. §1983,相关讨论见页边码第 525 页。
　　⑨　书面训令的救济被认为是一个例外,参见页边码第 414—415 页。在相当有限的情况下,令状是首先被想到可用的。如果一定数额的赔偿属于政府官员中部长的责任,而其不享有裁量权,则书面训令可以用来迫使其作出赔偿,即使其来源于公共财政。Kendall v. United States,37 U.S.(12 Pet.)524(1838).
　　⑩　参见注释②。

的"主权",而在政治现实中,各州坚称其应当像其在本州法院享有豁免权一样获得同等的豁免。⑪

多年以后,这种主权豁免的思想逐渐消退。针对单个官员超越其法定职权作出的行为可以提起诉讼,就像他们是单个的私人一样,其成功取决于像这样由个人作出的行为是否具有可诉的过错。各州和联邦政府设立特别法院在立法授权的情况下对这样的赔偿救济进行案件审理。单行法律授权对特定行政机关的决定或者更为普遍的法定类型的政府行为进行司法审查。当责任保险比较容易得到时,在各州的法官常常推翻针对侵权行为的主权豁免。保险的存在挫败了保护公共财政的原理。⑫

在联邦层面,这些结果大部分自1976年开始合理化,经《联邦行政程序法》的修订,第702节规定对于任何"在美国法院起诉寻求非金钱损害的救济,并诉称行政机关或者其官员或雇员……以官方身份或者以法律职权为名义予以作为或者不作为",而没有特殊情况,则应放弃主权豁免的辩护。520 由此,在联邦地区法院对合众国提起非金钱赔偿的诉讼,主权豁免本身不再成为辩护的理由。⑬ 金钱赔偿的诉讼受制于其他法律,如《联邦侵权索赔法》(民事过错),⑭以及《塔克法案》(违约和其他非侵权法律过错)。⑮ 在这些诉讼中,获得金钱上的救济仍然取决于法院坚持认为法律明确规定应当

---

⑪ 至少与大范围的事项有关,该学说很难说是非理性的。公共资源是限制的。给予侵权起诉者优先获得公共资源的权利,这种方式不能被政治所调和,其有可能剥夺共和政体中其他成员的权利,他们的需要是平等的,但缺乏传统的法律诉求。National Board of YMCA v. United States, 395 U. S. 85(1970)。此外,法院拒绝对政府财产发出支付令,旨在保护公众以避免因官方对公共资源管理不善而受到影响。

⑫ 参见 W. Prosser and P. Keeton, *Prosser and Keeton on the Law of Torts* 1044-45(West 1984)。

⑬ 最高法院通过将错误扣留补偿金的诉讼描述为恢复原状的诉求,而不是寻求金钱损害赔偿,由此允许向地区法院提起诉讼,这有点像是把水搅浑。Bowen v. Massachusetts,487 U. S. 879 (1988);参见 R. Fallon,"Claims Court at the Crossroads",40 *Cath. U. L. Rev.* 517(1991)。最近的评论指出"由最高法院和联邦巡回法院作出的判决重新肯定在金钱诉求上联邦索赔法院的组织完整性,并在较大程度上固化了管辖权学说"。G. Sisk,"The Jurisdiction of the Court of Federal Claims and Forum Shopping in Money Claims Against the Federal Government",88 *Ind. L. J.* 83, 94(2013)。

⑭ 该法随后将会予以讨论。

⑮ 28U. S. C. §§1346,1491。

480 美国的行政司法

对损害判定金钱赔偿。[16]

在某些案件中,有关金钱救济作出特别规定的功能在于,即不管1976年的立法,对在地区法院非金钱救济的诉讼事实上设定一个隐含的排除规定。[17]如前所述,国会在救济制度的发展上被认为是为了避免不予司法审查所带来的宪法问题。[18] 一个突出的例子是在《塔克法案》中会发现授权对违约提起诉讼隐含着像这样的结果。在这样的诉讼中,可以获得金钱损害赔偿意味着对特定的执行并没有授权予以救济,这种暗示很容易在公共政策条款中得到印证。由此,在地区法院对政府契约责任的特别履行提起诉讼,即使获得的救济"不是针对金钱损害",也不会得到支持,就像诉求没有得到政府同意的那样。[19]

第二节 作为一种司法审查模式的侵权诉讼[20]

一、起诉政府机构

《联邦侵权索赔法》允许公民起诉联邦政府,以弥补因联邦公务员实施

---

[16] FAA v. Cooper,132 S. Ct. 1441(2012),简要讨论见页边码第398页注释[91]。G. Sisk, "Twilight for the Strict Construction of Waivers of Federal Sovereign Immunity",92 *N. C. L. Rev.* 1245,1246(2014),该文基本上认定了这样的迹象,即"在法律适用上探究法定的豁免如何被解释……严密论证的准则逐渐退化"。

[17] 参见页边码第423页。

[18] 参见页边码第420页。

[19] Senate Committee on the Judiciary, Judicial Review of Agency Action, Sen. Rep. No 94-996 on S. 800,94th Cong. ,2d Sess. 11-12(1976);Spectrum Leasing Corp. v. United States,764 F. 2d 891(D. C. Cir. 1985);cf. Idaho v. Coeur d'Alene Tribe of Idaho,521 U. S. 261(1997)。

[20] 对于这些问题,最近的研究提供了一个窗口,包括 H. Hirschkopf,"Early Warnings,Thirteenth Chimes: Dismissed Federal-Tort Suits, Public Accountability, And Congressional Oversight", 2015 *Mich. St. L. Rev.* 183;L. Rosenthal, "A Theory of Governmental Damages Liability: Torts, Constitutional Torts, and Takings",9 *U. Pa. J. Const. L.* 797(2007)and G. Sisk, *Litigation with the Federal Government* (ALI-ABA 4th ed. ,2006)。另见 P. Schuck,*Suing Government* (Yale University 1983)。从比较的视角来看,在欧洲法律体系中这一主题的发展,见 G. Bermann, "La Responsabilité Civile des Fonctionnaires au Niveau Fédéral aux Etats Unis: Vers la Solution dune Crise",1983 *Revue Internationale de Droit Comparé* No. 2,p. 319(1983)。

广泛多样的故意或者过失行为而造成的损害。[21] 对联邦地区法院审理这些案件授予排他性的管辖权,这些规定针对的司法问题是"合众国是否应当像个人一样依法对其作为或者不作为对起诉者承担责任"。[22] 值得注意的是,这一准则与州侵权法(各州不尽相同)上的责任相联系,而不是同一的国家标准。但是,各州规定的差异并不大。这种责任在重要的程序方面也受到限制:索赔要求必须先向负责的行政机关提出,并被其否决后才能提起诉讼;[23] 在对私人提起诉讼,原告可以要求陪审团参与审判,而在此不能获得这样的救济;《联邦侵权索赔法》规定的救济排除了对特定的过分行为根据美国侵权法一般可以获得的不审而判(prejudgment)的利益以及惩罚性损害赔偿。

上述准则适用的范围是令人误解的。最近的研究表明针对个人起诉根据传统侵权法有可能得到支持,这种情形常常被技术性辩护所否定。[24] 对于普通公民有可能受到的个人损害,例如,因粗心大意驾驶政府车辆、违法的交管行为、未予妥善维护的信号灯等造成的机动车事故,这些大多数都可能得到补救,而该法对州侵权法中普遍存在的无过错责任形式却没有作出规定。同时,对某些故意的侵权,如虚假陈述、欺诈、诽谤以及干涉契约权利等,该法也明确排除了政府的责任。想要获得来自政府的补救,受害人必须仰赖于联邦行政人员解决争议的意愿(例如,为了避免不正义公之于众,而使得政府蒙羞或者激起不利的立法行为),[25] 或者国会对其救济颁布一项私

---

[21] Federal Tort Claims Act,60 Stat. 842(1946)。其规定广泛分布于《美国法典》第 28 编,大多数实体规定在 1346(b),2671-2680 这一部分。

[22] 28 U.S.C. §1346(b). 28 U.S.C. §2674,该条规定:"合众国应当作为个人在类似情况下……以同等方式和同等程度……承担责任。"

[23] G. Bermann, "Federal Tort Claims at the Agency Level: The FTCA Administrative Process", 35 *Case W. Res. L. Rev.* 509(1985).

[24] H. Hirschkopf, "Early Warnings,Thirteenth Chimes: Dismissed Federal-Tort Suits, Public Accountability, And Congressional Oversight", 2015 *Mich. St. L. Rev.* 183.

[25] 当然,行政机关必须有权对损害进行赔偿,要么因为《联邦侵权索赔法》的责任规定似是而非,要么因为(正如许多行政机关所作的那样)行政机关有另外的诉求或者福利支付的权力。

法的意愿。事实上,第二种实务操作处于休眠状态。[26]

相比对补救予以拒绝,更为重要的是这种排除性规定,其排除任何"基于……联邦机构或其雇员履行或者不履行裁量职能或者职责,……无论裁量是否构成滥用"的诉讼。[27] 在设计和制造机动车上的过失,私人公司应予赔偿,与此相比,联邦航空部门在对商用飞机予以安全认证(该认证为美国国内外所广泛适用)之前,在监管飞机设计和制造上的政策判断不能因飞机事故而承担责任,而这种责任能够通过更为全面的检讨予以避免。

> 在作出判决的过程中,通过私人侵权诉讼予以司法介入要求法院对行政机关在履行规制职能时作出的政治、社会和经济判断进行"重新评估"……在执行"抽查"计划时……联邦航空局工程师和稽查员必然会承担一定的经计算的风险,但是,在这些规章和操作手册中,碰到这些风险的原因在于政府目标的发展以及所依据的特定授权。[28]

正如这段引文所表明的那样,国会考虑到职能分离以及担心使得政府过于谨小慎微,而勉强授权采取这样的行动;同时,其了解到政府财政资源是有限的,而对某些公民(他们更有可能受到外在的行为,而非起到阻碍作用的不作为的损害)提供金钱损害赔偿将会使得公共开支入不敷出。

因政府许可的疫苗导致小儿麻痹症,[29]以及因银行规制失败产生的金融损失,[30]在这些案件中,最高法院明确阐述了双管齐下的检测,以裁定这种责任排除是否适用。首先,在例外情形的资格条件上,政府行为必须涉及

---

[26] H. Hirschkopf,注释 24,2015 *Mich. St. L. Rev.*,第 243 页。

[27] 28 U.S.C. 2680(a),该法也否认了政府雇员在执行法律或者规章时对其作为或者不作为承担责任,只要其予以适当的注意,而"无论像这样的法律或者规章是否有效"。这一规定禁止使用侵权诉讼作为工具来挑战法律或者规章的合法性,也没有引起什么争议;司法审查的标准技术仍然可被运用。

[28] United States v. S. A. Empresa De Viacao Aerea Rio Grandense(Varig Airlines),et al,467 U.S. 797(1984)。

[29] Berkovitz v. United States,486 U.S. 531(1988)。

[30] United States v. Gaubert,499 U.S. 315(1991)。

"判断或者作出选择的要件"。如果在处理疫苗许可的申请上,例如,政府雇员违反强制程序授权运输特定批次的疫苗,则不属于例外情形。其次,所实施的行为如果没有实际考虑到公共政策,至少必须容易受到政策分析的影响。例如,银行规制者所享有的宽泛的裁量权足以使得他们作出的决定处于例外情形之下,而无须理会他们在实施被诉行为时是否实际考虑了公共政策的问题。在维护特定的导航辅助设备上由于粗心大意而导致海事事故,则政府可以被认定承担责任。[31] 但是,基于向法国供应肥料即时和迫切的需要,在包装和运输肥料上会存在一定的风险,而后爆炸导致成百上千的伤亡,则作出上述判断不应承担责任。[32] 一位巡回法院的法官将之概括为例外情形"吞下、消化和排泄了《联邦侵权索赔法》的责任规定",[33]该法的规定引发了最为激励的批评和改革提议。[34]

这种"裁量职能"的免责部分地被看作为一种"有限救济"的规定,就像上述所提到的暗示,即获得金钱损害救济有时意味着不能获得其他形式的救济。以此来看,责任免除反映了这些事项更适合在普通形式的司法审查下予以考虑,而不是寻求金钱赔偿责任的诉讼。这也部分地表明根据《联邦行政程序法》有关司法审查的一般规定,免责服务于在"侵权诉讼"中保护作出的判断不受司法审查,或者至少难以进行检测。联邦航空委员管理局如何在认证之前对商业飞机进行集中检查所作出的判断,[35]以及这种判断是否应当"基于法律授予行政机关的裁量权"而作出,[36]对此谁起诉资格予以挑战是非常棘手的问题。不难理解,如果起诉资格规则和行政行为确实"基

---

[31] Indian Towing Co. v. United States, 350 U. S. 61(1955).
[32] Dalehite v. United States, 346 U. S. 15(1953).
[33] Rosebush v. United States, 119 F. 3d 438, 444(6th Cir. 1997)(Merritt, J. dissenting).
[34] 例如,Bruno,"Immunity for 'Discretionary' Functions: A Proposal to Amend the Federal Tort Claims Act", 49 *Harv. J. on Legis.* 411(2012);以及 S. Nelson,"The Kings Wrongs and the Federal District Courts: Understanding the Discretionary Function Exception to the Federal Tort Claims Act", 51 *S. Tex. L. Rev.* 259(2009);H. Krent,"Preserving Discretion without Sacrificing Deterrence: Federal Governmental Liability in Tort", 38 *U. C. L. A. L. Rev.* 871(1991).
[35] 参见页边码第 429 页。
[36] 参见页边码第 423 页。

于行政裁量权"的确信是有意义和有效的,则不能允许通过侵权诉讼予以规避。在此得到承认的是,对于某些政府行为而言,许多都是预算考虑的产物,对其控制必须完全留在政治领域,甚至在战时,行政机关作出的判断也会产生某些致损的结果。㊲

二、起诉政府官员

(一) 责任理论

如果对于官方行为所产生的损害,一直不能通过起诉政府来获得救济,对政府所造成的损害有可能起诉特定的政府官员。这种救济有两种可行的法源。首先是一般侵权的普通法。最高法院长期以来通过将政府官员看作只是合法被授权采取行动的个人,对政府本身的"主权豁免"予以补救。在某种程度上,政府官员的行为超越了法定职权,其所应承担的责任就像其作为私法上的个人一样。由此,一个官方肉类稽查员行使这种职权,即时查封和销毁被诉的受污染的冷冻鸡肉,其风险在于随后必须在毁坏财产的侵权诉讼中证明这些鸡肉事实上有害人体。㊳ 为了回应对这种揭露作出决定的抑制,后续的案件一般给予政府官员以特权保护,即至少在其职务范围内授予采取行动的附条件的、有时是绝对的特权。㊴ 自从1988年,最高法院的判决扩展了起诉联邦雇员的潜在救济,由此导致国会作出直接的反应,对联邦雇员在职务范围内的行为追究一般的普通法责任被排除在外;如果可以获得救济,只有根据《侵权赔偿法》的诉讼才能被提起。㊵

第二个法源来自宪法或者法律规定的暗示。自从美国内战,以州法有

㊲ 这种考量赋予了笔者论点以生命力,在 Nat'l Bd. of YMCA v. United States, 395 U. S. 85 (1969)案中,在美国占领的巴拿马运河区域发生暴乱期间,因占领和使用作为防卫的建筑而造成损害,最高法院否认了基督教青年会的赔偿诉求。

㊳ North American Cold Storage Co. v. Chicago, 211 U. S. 306(1908),这种侵权救济的可能性回应了任何未经听证进行查封的异议。

㊴ 例如,Gildea v. Ellershaw, 298 N. E. 2d 847(Mass 1973)。

㊵ Westfall v. Erwin, 484 U. S. 292(1988); Federal Employees Liability Reform & Tort Compensation Act of 1988, 28 U. S. C. § 2679(b)(1).

关剥夺任何"人的……受宪法和法律保障的任何权利、特权或者豁免"规定的名义,[41]州和地方官员对其行为受制于潜在的侵权(以及刑事)责任。像这样的1983节规定被汇编于《美国法典》,在2014财年其表现为在美国地区法院提起的35000件民权诉讼中的一大部分,[42]主要为美国民权运动的副产品。法律救济首先与违反联邦权利法案所保障的公民自由相联系而得到发展,[43]而1983节规定也对法定权利的侵犯给予救济;前瞻性的衡平救济和溯及性的损害赔偿都可以获得。[44] 1983节规定衍生出大量的法律,[45]本书不予展开讨论。在有关1983节规定引发诉讼爆发后十年,最高法院对于联邦官员在凌晨对私人住宅进行暴力的、破坏性的、明显违法的搜查案件默认了一个类似的侵权责任原则。[46] 缺乏任何相反的法律规定,或者缺乏任何"进行协商的特定因素",在此情况下,这种默认是强制性的。转到马伯里诉麦迪逊案,最高法院引述道:"公民自由的本质必定由每个人诉请法律保护的权利所组成,而无论何时其受到损害。"[47]随后的修正案使得联邦雇

---

[41] 42 U.S.C. §1983.

[42] 在该年度截止2014年9月30日,285000件民事诉讼在美国地区法院提起,其中35000件占12%,为民权诉讼。超过一半的诉讼系根据特定的联邦民权法律所提起,尤其是创设与雇佣有关的民权(如非歧视)法律。U. S. District Courts—Civil Cases Filed, by Jurisdiction and Nature of Suit—During the 12-Month Periods Ending September 30, 2013 and 2014 (http://www.uscourts.gov/statistics/table/c-2/judicial-business/2014/09/30)。

[43] 例如,Monroe v. Pape, 365 U. S. 167(1961)(非法搜查和没收);Pembaur v. Cincinnati, 475 U. S. 469(1986)(非法逮捕);Hudson v. Palmer, 468 U. S. 517(1984)(剥夺囚犯的权利)。

[44] 参见 Edelman v. Jordan, 415 U. S. 651(1974);Maine v. Thiboutot, 448 U. S. 1(1980)。因此,诉诸第1983节去控制成审查一些,但并非所有的州行政为,使其符合联邦的标准是可能的。See Wright v. City of Roanoke Redevelopinent and Housing Authority, 479 U. S. 418(1987);Golden State Transit Corp. v. Los Angeles, 493 U. S. 103(1989);H. Monaghan, "Federal Statutory Review Under Section 1983 and the APA", 91 Colum. L. Rev. 233(1991)。

[45] 在有关联邦管辖权的著作中,能够找到指南,如 R. Fallon, J. Manning, D. Meltzer and D. Shapiro, Hart and Wechsler's The Federal Courts and the Federal System (7th ed. Foundation 2015);E. Chemerinsky, Federal Jurisdiction (6th ed. 2012);P. Low & J. Jeffries, Federal Courts and the Law of Federal-State Relations (8th ed. 2014)。

[46] Bivens v. Six Unknown Named Agents of the Federal Bureau of Narcotics, 403 U. S. 388(1971)。

[47] Marbury v. Madison, 1 Cranch 137, 163(1803).

员免于普通法上的侵权责任,而没有扩展到这些以宪法为基础的诉讼,但是,成功地以违宪为由得到救济的诉讼极为罕见。㊽

(二) 责任的辩护

对普通法侵权的司法确认在豁免问题上带来了三个可能的结果:政府官员只有在其行为事实上是合法的情况下才会受到保护而免于民事责任;政府官员合理地相信其合法地行使了被授予的权力时,对其行为其享有"附条件的特权";政府官员对于以组织名义作出的所有行为,其享有绝对的豁免权。在这三个可能结果中进行选择,以及准确界定"附条件特权"取决于在可欲的政策之间易于控制的紧张关系。一方面,公民应当在行政违法上受到保护,特别是政府权力的滥用。另一方面,从事公共事业常常要求公务员采取大胆的行为,这些公务员不应当因涉及个人诉讼的风险和干预而被阻碍和分心于其工作,同时,他们的廉洁性可以通过其他方式得到控制。

如今,基本上承认至少附条件的特权是适当的。这种附条件特权具有客观性(所实施的行为被合理地认为是合法行使职权吗?)和主观性(政府官员相信其行为合法吗?)的要件。在主观性上,向最高法院阐明附条件特权中诚信的要件往往需要通过审判来加以解决。原告很容易诉称其具有恶意,而裁量性行为有可能成为这类诉讼的主题,其本质在于行政判断"不可避免地受到经验、价值和情感的影响"。为了避免由此产生具有破坏性的调查,最高法院重新将"附条件特权"界定为只包含客观要件。除非政府官员履行裁量职能时,其行为侵犯了"理应知道的明确确立的法律或者宪法权

㊽ 注释㊶。根据一项报告显示,"在1971年至1997年间,有大约12000件以违宪侵权为由起诉联邦官员的案件,只有四个案件给予了金钱赔偿"。D. Cole,"Machiavelli's Rules of Civil Procedure", *Legal Times*,Nov. 3,1997 p. 23. Hui v. Castaneda,559 U. S. 799(2010)and Ashcroft v. Iqbal,556 U. S. 662(2009),该案实质上削弱了救济。参见 A. Kent,"Are Damages Different?: Bivens and National Security",87 *S. Cal. L. Rev.* 1123(2014)以及 C. Vazquez & S. Vladeck,"State Law,the Westfall Act,and the Nature of the Bivens Question",161 *U. Pa. L. Rev.* 509(2013)。

利",否则其享有特权。㊾ 有关特权诉求的有效性通常在没有必要进行民事证据开示的情况下被确定,而在结果上避免了大部分的破坏和干扰。

是否不是特别熟悉其职能或者有更为自私的动机,最高法院早期判定法官(并扩及检察官以及其他司法系统的工作者)对民事责任享有绝对的豁免权。㊿ 部分原因在于这种判断的基础是一般可以获得替代性的救济,例如,在要求纠正过错的诉讼中,对其是非曲直进行司法审查。部分原因还在于,法官需要"根据其确信而自由地采取行动,而无须担心其对个人的影响"。㊉

然而,最高法院基本上对非检察官(其行为有可能在审判中受到审查)的执法官员,仅仅授予了附条件的特权。由此,当最高法院根据1983节规定考虑特权问题时,其认定根据这一法律规定,州官员甚至包括州长至多享有附条件的特权。这种特权在"裁量和行政职责范围内"各有不同,但是,在行为的合法性上能够证明其不诚信或者没有合理的理由,则不享有免责的特权。㊌ 与此类似,在1978年农业部部长和其他低级别联邦官员被诉违宪侵权,最高法院认定他们当中的大多数也只能提出附条件特权的主张。"毫无疑问,在联邦官员违反宪法规定时,其应当享有与州官员一样的权利保护"。㊍ 坦率而言,这是一种折中的立场。最高法院希望为诚实的官员提供足够的保护,同时,对无耻之徒的人为操控予以遏制。鉴于在某些地方官方强力抵制民权运动,这种立场的必要性似乎特别引人注目。

㊾ Harlow v. Fitzgerald, 457 U. S. 800(1982); Mitchell v. Forsyth, 472 U. S. 511(1985), 如何才是"明确"确立的事项往往不是一成不变的。参见 Tolan v. Cotton, 134 S. Ct. 1861(2014); Ashcroft v. al-Kidd, 563 U. S. 731(2011); Pearson v. Callahan, 555 U. S. 223(2009); Hope v. Pelzer, 536 U. S. 730(2002)。

㊿ 参见 Gregoire v. Biddle, 177 F. 2d 579(2d Cir. 1949)。检察官的绝对特权从根本上受制于检控行为,而不是他们承担的行政任务。Burns v. Reed, 500 U. S. 478(1991)。

㊉ Bradley v. Fisher, 13 Wall. 335(1871); Stump v. Sparkman, 435 U. S. 349(1978),该案对效力原则作出了令人厌恶的、戏剧性的确认。在该案中,一名法官在没有通知、听证、儿童利益的代表,或者明确法律授权的情况下,基于母亲的请求而决定其女儿不孕,法院认定该法官具有豁免权。可争议的管辖权问题被提出,这种主张是充分的。

㊌ Scheuer v. Rhodes, 416 U. S. 232(1974)。

㊍ Butz v. Economou, 438 U. S. 478(1978)。

(三) 与起诉政府的侵权诉讼相结合

这种讨论在《联邦侵权索赔法》和联邦官员承担个人侵权责任之间保持平行,其足以表明确定性,但不够准确。同时,其仍然没有提及更值得注意的论点,即可以获得起诉政府的救济本身并不必然排除起诉官员个人的诉讼。在一位联邦囚犯的母亲所提起的诉讼中,其诉称其子被故意虐待致死,这一论点被提出。在因遭受"残酷和不寻常的惩罚"而诉称违宪侵权的诉讼中,最高法院特别指出对于联邦执法官员的故意侵权,《联邦侵权索赔法》规定的救济不排除司法默认的救济。其认定该法的立法目的不排除司法救济,并认为违宪侵权救济比《联邦侵权索赔法》规定的救济有着更为重要的有利条件:更多的威慑作用、可以获得惩罚性损害赔偿以及陪审团审判。考虑到侵权责任,最高法院要求适用统一的国家法律而非州法。[54] 总体而言,1988年的法律再次保护联邦雇员对其在执法过程中所实施的行为免于个人的侵权责任,而没有扩及违宪侵权。

三、默示的诉因

某一公民针对另一个公民提起私人侵权诉讼,当侵权诉讼寻求执行行为规则涉及行政执法时,则可能存在法院对与行政行为相关的侵权救济予以默认。这种被默认的私人权利诉讼的适当性在被诉行为规则受到刑法执行时得到明确的认可。由此,因其牲畜被不当制造的饲料所毒害,农场主可以起诉其供应商违反防止这种结果的刑法规定。直到1980年代,联邦法院经常愿意默认类似的救济,而这些救济基于受行政制度所保护的权利或者利益。如果某公民违反了行政规则,其会在另一个公民所提起的诉讼中承担责任,就像他违反了刑法规则一样。然而,自从这一时期,最高法院在缺乏国会所期望的明确指示下基本上拒绝给予像这样的默认救济。如前所述,对最高法院与国会之间关系的认识不断变化,而这种拒绝与此密切相关。

---

[54] Carlson v. Green, 446 U.S. 14(1980).

在前面章节讨论的案件中，最高法院对独立于《联邦侵权索赔法》的侵权诉讼，以"残酷和不寻常的惩罚"为基础认定了宪法上的限制。我们可以从一个与此案截然不同的案件入手展开讨论。在布什诉卢卡斯案中，[55]最高法院认定联邦公务法律所提供的救济确实排除了这样的情形，即联邦雇员因其行政执法受到公众批评而导致降职，其诉称存在违宪侵权。该联邦雇员诉称纪律处分对其造成损害，公务法律对此提供了有限的救济。最高法院假定行政行为侵犯了原告自由言论的权利，而由此构成违宪侵权。在涉及《联邦侵权索赔法》的案件中，没有理由认为国会对是否予以侵权救济作出了任何特别的判断。然而，国会对公务争议的解决提供了一个"详尽的、全面的规划"。即使根据此规划可以获得的救济在很多方面都次于违宪侵权救济，最高法院认定默认一种侵权救济可能会产生太多打破国会促成平衡的风险。

以类似的视角来看，拒绝承认根据 1983 节规定的诉求，这确立了与《联邦水污染控制法》《海洋保护、调查和禁猎法》具体执法规定相竞争的司法救济。同样，当州官员违法对个人利益造成损害时，没有理由认为国会面对是否应当根据 1983 节规定默认予以司法救济的问题。但是，国会对行政规划作出如此详细的规定，法院一时予以额外的司法救济看来有可能对其造成破坏。[56] 在此，可以附带进行进一步的、同样理性的考虑，即通过法院的私人执行（法院并非行业专家，除了最高法院，其受制于特定地区的职权划定）将次于行政机关全国统一采取的专业行为。

这些说理思路假定在认定诉因上的司法职权，以及在特定法律中找到这样做的理由的可能性。国会事实上常常期望或者接受暗示的私人救济，以补充法律提供的救济，例如，对违反证券交易委员会规章提供的私人救

---

[55] Bush v. Lucas, 462 U.S. 367(1983).

[56] Middlesex County Sewerage Authority v. National Sea Clammers Association, 453 U.S. 1 (1981); 另见 C. Sunstein, "Section 1983 and the Private Enforcement of Federal Law", 49 U. Chi. L. Rev. 394(1982).

济。(57) 当立法者期望像这样的默认能够起到警示作用时，许多法律就颁布了。最近，司法意见表达出更为强烈的语气，甚至在宪法上挑战任何像这样的假定。作为正式适用这些法律的要件，一些大法官从看来企图阐明立法旨意转向只有国会才能创设救济的论点，联邦法院这样做有可能超越其职权，而不只是作出可争议的坏的判断。正如斯卡利亚大法官所界定的联邦法院那样，普通法法院——各州的法院可以这样做，而"联邦法院"(federal tribunal)不应如此。(58)

531

第三节 契约责任

本书没有设专章对由特定法组成的公共契约法进行讨论，这些法律受制于法律和规章的具体控制，也受到审计总署和管理与预算办公室的全面监管。(59)（对于所有这些控制，尤其是对国防采购的控制，或许是因为采购成本，美国政府似乎无法避免购买 600 美元的锤子或者马桶盖。）采购以及随后的合同管理基本上由专门的适用联邦法律的联邦决策者来完成。对契约合作者和政府合同条款的选择受到详细规定的法律和规章的控制。在此，基本上要求以若干形式之一进行投标，失标者可以求助于行政乃至司法救济。除了通常的标准形式以外，大量条款常常作为促进积极政策的手段，而要求包含在整个合同之中。例如，保护敏感信息的机密性、反歧视、维持适当薪金或者对残疾人提供工作等。这些政策中的每一个都有各自的行政

---

(57) 参见页边码第 480 页。

(58) 参见对 Alexander v. Sandoval 案的简要讨论，页边码第 201 页。以及 P. Strauss，"Courts or Tribunals? Federal Courts and the Common Law"，53 *Alabama L. Rev.* 891(2002)。

(59) 将此书中简要阐述与这些论著相比较，见 WTO 采购法，可以在以下文章中找到：C. Corr & K. Zissis，"Convergence and Opportunity: The WTO Government Procurement Agreement and U. S. Procurement Reform"，18 *N.Y. L. Sch. J. Int'l & Comp. L.* 303(1999)。一般的来源包括：W. Keyes，*Government Contracts Under the Federal Acquisition Regulation*（3d ed.，West 2010）；J. Cibinic，Jr. & R. Nash，*Administration of Government Contracts*（4th ed.，George Washington University 2006）；E. Massengale，*Fundamentals of Federal Contract Law*（Quorum Books 1991）。

机关,或者在缔约机关内的部门负责合同的执行。这些组织的行为常常给行政法提供大量的素材。[60] 这些争议(包括在合同履行期间提出修改的请求)一般由行政机关负责合同管理的特别官员来作出决定。所作出的决定要么向行政机关内合同申诉委员会提出申诉,要么向坐落在华盛顿特区的索赔法院(以前的美国索赔法院)提起金钱损害赔偿诉讼,该索赔法院被授权只给予金钱赔偿救济。[61] 进一步的上诉向联邦巡回上诉法院提起;[62]也可能通过审计总署进行监管。[63]

政府不是一般的契约主体,公共契约法必须在政府主权的例外情形和政府像受法律约束的私人一样的普遍期望之间作出协调。正如我们所看到的那样,政府国库具有私人或者公司不享有的保护诉求。[64] 明确授权和禁止反言的思想普遍存在于有关契约的私法之中,而在起诉政府的诉讼却问题重重。[65] 联邦政府要求适用自己的法律,而不是使其受制于各种州法的《侵权索赔法》(Tort Claims Act);这不能说联邦政府通过契约屈服于改变这种法律的可能性。尽管如此,联邦政府的主权行为并不总是能够免除其作为合同当事人的责任。在对合同成立不存疑义的案件中,随后的法律或者规章发生改变而破坏合同的某一要件的情况是否构成合同的私人当事人必须承担的,或者有权获得救济的风险,法院对此作出判决可能面临特别大的挑战。[66]

---

[60] 参见 Chrysler Corp. v. Brown,441 U.S. 281(1979)。
[61] 也可在联邦地区法院提起小额赔偿诉讼。
[62] 参见页边码第 69 页。
[63] 参见页边码第 122 页。
[64] 参见页边码第 518 页。
[65] Portmann v. United States,674 F. 2d 1155(7th Cir. 1982);Federal Crop Insurance Corp. v. Merrill,332 U.S. 380(1947),参见页边码第 357 页。联邦征收规章(例如,48 C.F.R. Pts. 1-53)对重要的政府契约进行规制,据此契约一般要求书面形式。参见 A. Mason,"Implied-in-Fact Contracts under the Federal Acquisitions Regulation",41 Wm & Mary L. Rev. 709(2000)。
[66] 参见 Mobil Oil Exploration & Producing Southeast Inc. v. United States,530 U.S. 604(2000);United States v. Winstar Corp.,518 U.S. 839(1996);J. Cibinic,Jr,"Retroactive Legislation and Regulations and Federal Government Contracts",in Symposium,51 Ala. L. Rev. 963(2000);J. Schwartz,"Liability for Sovereign Acts:Congruence and Exceptionalism in Public Contract Law",64 Geo. Wash. L. Rev. 633(1993)。

同时,在某些方面,与政府缔约的公民也会受到在整个私人领域无法获得的法律保护,尤其是他们与政府的关系在本质上足以启动正当程序条款的保护。㊼

㊼ 参见 Gonzales v. Freeman,334 F. 2d 570(D. C. Cir. 1964);Transco Security,Inc. v. Freeman,639 R2d 318(6th Cir.),cert. den. 454 U.S. 820(1981). 然而,最高法院认为,解决合同争议的常规司法程序已经足以提供正当程序保护。Lujan v. G & G Fire Sprinklers,Inc.,532 U. S. 189 (2001).

案例表[*]

Abbott Laboratories v. Gardner,阿尔伯特实验室诉加德纳案　309,416—418,423,442,446—449,452

Abbs v. Sullivan,阿布斯诉萨利文案　448

Action for Children's Television v. FCC,儿童电视诉请协会诉联邦通信委员会案　325

Adamo Wrecking Co. v. United States,阿达莫救援公司诉美国案　422

Adams v. Richardson,亚当斯诉理查森案　425

Adamson v. California,阿达姆松诉加州案　60,61

Addison v. Holly Hill Fruit Products,Inc.,艾迪生诉霍利希尔果品公司案　488

Air Brake Systems,Inc. v. Mineta,气动刹车系统公司诉米内塔案　448

A. L. A. Schechter Poultry Corp. v. United States,谢克特禽业公司诉美国案　46

Alabama Legislative Black Caucus v. Alabama,阿拉巴马非裔立法连线组织诉阿拉巴马州案　101

Alaska Prof'l Hunters Ass'n,Inc. v. FAA,阿拉斯加职业狩猎协会公司诉联邦航空管理局案　355

Alden v. Maine,奥尔登诉缅因州案　194,517

Alexander v. Sandoval,亚历山大诉桑多瓦尔案　202,235,530

Allen v. Grand Central Aircraft Co.,艾伦诉中央航空公司案　445

Allen v. Wright,艾伦诉赖特案　437

Allentown Mack Sales & Service,Inc. v. NLRB,艾伦镇马克销售与服务公司诉国家劳工关系委员会案　359,468—470,479

Allison v. Block,艾利森诉布洛克案　350,359

Amalgamated Meatcutters & Butcher Workmen v. Connally,屠宰工人联合会诉康纳利案　256

American Ass'n of Councils of Medical Staffs of Private Hospitals,Inc. v. Califano,美国私立医院医务人员协会诉卡利法诺案　422

American Automobile Mfrs. Ass'n v. Mass. Dept. Environmental Protection,美国机动车制造商协会诉马萨诸塞州环保部案　449

American Horse Protection Ass'n v. Lyng,美国马匹保护协会诉朗格案　426,512

American Meat Inst. v. U. S. Dept. of Agric.,美国肉类研究所诉美国农业部案　65

---

[*] 页码为原书页码,即本书页边码。

American Radio Relay League,Inc. v. F.C.C.,美国无线电中继联盟诉联邦通信委员会案 329

American Tradition Partnership,Inc. v. Bullock,美国传统伙伴公司诉布洛克案 64

Ameron,Inc. v. United States Army Corps of Engineers,亚美隆公司诉美国陆军工程兵团案 123

Anastasoff v. United States,阿纳斯塔索夫诉美国案 167,304

Appalachian Power Co. v. EPA,阿巴拉契亚山脉电力公司诉环保署案 353

Apodaca v. Oregon,阿波达卡诉俄勒冈州案 62

Arieff v. U.S. Department of the Navy,阿里夫诉美国海军部案 389

Arizona v. Evans,亚利桑那诉埃文斯案 67

Arizona v. United States,亚利桑那诉美国案 19,240

Arizona Free Enterprise Clubs Freedom Club PAC v. Bennett,亚利桑那州自由企业俱乐部成员自由俱乐部 PAC 诉贝内特案 64,116

Arlington Central School Dist. Bd. Of Ed. v. Murphy,阿灵顿中央学区教育委员会诉墨菲案 21,200

Armstrong v. Exceptional Child Center,Inc.,阿姆斯特朗诉特殊儿童中心公司案 235

Arnette v. Kennedy,阿内特诉肯尼迪案 85,181

Arpaio v. Obama,阿尔帕约诉奥巴马案 240

Arthur Andersen & Co. v. Internal Revenue Service,安达信会计师事务所诉美国国内税务局案 389

Asante Techs.,Inc. v. PMC-Sierra,Inc.,阿桑特技术公司诉博安思通信科技有限公司案 246

Ashcroft v. al-Kidd,阿什克罗夫特诉基德案 527

Ashcroft v. Iqbal,阿什克罗夫特诉伊克巴尔案 526

Associated Fisheries of Maine,Inc. v. Daley,缅因州联合渔业公司诉戴利案 340

Associated Industries of New York State v. Ickes,纽约州关联行业诉伊克斯案 413

Association of Administrative Law Judges v. Colvin,行政法法官协会诉科尔文案 185

Association of American Physicians and Surgeons v. Clinton,美国内外科医师协会诉克林顿案 400

Association of Data Processing Service Organizations,Inc. v. Board of Governors of the Federal Reserve System,数据处理服务组织协会诉联邦储备系统理事会 471

Association of Data Processing Service Organizations v. Camp,数据处理服务组织协会诉坎普案 434

Atchison,Topeka & Santa Fe Ry. Co. v. Wichita Bd. of Trade,艾奇逊、托皮卡和圣达菲雷伊公司诉威奇托贸易局案 509

Atlantic Richfield Co. v. U.S. Department of Energy,大西洋里奇菲尔德公司诉美国能源部案 367

Atlas Roofing Co. v. Occupational Safety and Health Review Comm'n,阿特拉斯屋顶公司诉职业安全与健康复审委员会案 158

案例表 495

Auer v. Robbins,奥尔诉罗宾斯案　501
Automotive Parts & Accessories Ass'n v. Boyd,机动车零部件协会诉博伊德案　314,320
Baltimore Dep't Social Services v. Bouknight,巴尔的摩社会服务部诉布奈特案　73
Barlow v. Collins,巴洛诉科林斯案　434
Barnhart v. Walton,巴恩哈特诉沃尔顿案　498
Bates v. State Bar of Arizona,贝茨诉亚利桑那州立律师公会案　216
Bebo v. SEC,贝博诉安全与交换委员会案　54
Beilis v. United States,贝利斯诉美国案　72
Berkovitz v. United States,伯考维茨诉合众国案　523
Bibles v. Oregon Natural Desert Ass'n,拜博诉俄勒冈州自然沙漠协会案　386
Bi-Metallic Investment Co. v. State Bd. of Equalization of Colorado,双金属投资公司诉科罗拉多州公平交易委员会案　75,260—262,308,309
Bivens v. Six Unknown Named Agents of the Federal Bureau of Narcotics,毕文斯诉联邦禁毒局六名身份不明调查人员案　201,526
Block v. Community Nutrition Inst.,布洛克诉社区营养研究所案　200,214,295,423
Board of Curators of the University of Missouri v. Horowitz,密苏里大学馆长委员会诉霍洛维茨案　361
Board of Governors,Federal Reserve System v. Dimension Financial Corp.,联邦储备理事会诉维度金融公司案　495
Board of Regents of State Colleges v. Roth,州立大学董事会诉罗斯案　83
Board of Trustees of the University of Alabama v. Garrett,阿拉巴马大学董事会诉加勒特案　22
Boddie v. Connecticut,博迪诉康涅狄格州案　83
Boerne v. Flores,波尔诉弗洛雷斯案　66
Bolling v. Sharpe,博林诉夏普案　59
Booth v. Churner,布斯诉切勒案　445
Bose Corp. v. Consumers Union of U. S.,Inc.,百色公司诉美国消费者联盟公司案　460
Boumediene v. Bush,布迈丁诉布什案　460
Bowen v. Georgetown University Hospital,鲍文诉乔治敦大学医院案　357,452
Bowen v. Massachusetts,鲍文诉马萨诸塞州案　412,520
Bowen v. Michigan Academy of Family Physicians,鲍文诉密歇根州家庭医生学院案　422,424
Bowles v. Seminole Rock & Sand Co.,鲍尔斯诉塞米诺尔石沙公司案　501
Bowers v. Hardwick,鲍尔斯诉哈德威克案　27
Bowles v. Willingham,鲍尔斯诉威灵汉姆公司案　256
Bowsher v. Synar,鲍舍诉西纳尔案　31,111—123,137,377
Boyd v. United States,博伊德诉合众国案　70

Bradley v. Fisher,布拉德利诉费舍尔案　528
Branti v. Finkel,布兰迪诉芬克尔案　182
Braswell v. United States,布拉斯韦尔诉美国案　58,72
Bremen v. Zapata Off-Shore Co.,不来梅诉萨帕塔离岸公司案　247
Brentwood Acad. v. Tenn. Secondary Sch. Ath. Ass'n,布伦特伍德阿卡德诉田纳西州第二中学体育协会案　74
B. P. Oil Intern.,Ltd. v. Empresa Estatal Petroleos de Ecuador,BP石油跨国公司诉厄瓜多尔石油国营公司案　246
Brock v. Roadway Express Inc.,布罗克诉公路快运公司　92
Brogan v. United States,布罗根诉合众国案　73
Brown v. Board of Education,布朗诉教育局案　26
Brown v. Legal Foundation of Washington,布朗诉华盛顿法律基金会案　97
Brown v. Plata,布朗诉普拉塔案　238
Bruesewitz v. Wyeth,布鲁塞维茨诉惠氏公司案　19
Buckley v. Valeo,巴克利诉瓦莱奥案　31,64,116,135,138
Bush v. Lucas,布什诉卢卡斯案　529
Bush-Quayle '92 Primary Committee v. Federal Election Commission,布什-奎尔92主要委员会诉联邦选举委员会案　509
Bureau of National Affairs v. United States Department of Justice,国家事务局诉美国司法部　387
Burns v. Reed,伯恩斯诉里德案　527
Burton v. Wilmington Parking Auth.,伯顿诉威尔明顿停车管理局案　74
Butz v. Economou,布茨诉伊科诺穆案　528
Burwell v. Hobby Lobby Stores,伯韦尔诉霍比罗比商店案　66
Cafeteria Workers v. McElroy,快餐店雇员诉麦克尔罗伊案　79
Calder v. Bull,卡尔多诉布尔案　26,58
California ex rel Water Resources Board v. FERC,加州水资源委员会诉联邦能源监管委员会案　119
Calvert Cliffs' Coordinating Comm. v. USAEC,336
Camara v. Municipal Court,卡马拉诉市法院案　68
Cammarano v. United States,卡马拉诺诉合众国案　490
Camp v. Pitts,货币监理官坎普诉皮茨案　470,506
Carlson v. Green,卡尔森诉格林案　529
Carnival Cruise Lines,Inc. v. Shute,嘉年华游轮公司诉舒特案　247
Carter v. Carter Coal Co.,卡特诉卡特煤矿公司案　46,136
Central Bank of Denver v. First Interstate Bank of Denver,丹佛中央银行诉丹佛第一州际银行案　481
Chamber of Commerce of the United States v. U.S. Department of Labor,美国商会诉

案例表 497

美国劳工部案 69,224,353
Chamber of Commerce v. Reich,商会诉赖希案 149,253
Chevron U. S. A. Inc. v. Natural Resources Defense Council,Inc.,美国雪佛龙公司诉自然资源保护委员会案 48,51,131,169,223,276,295,332,379,493—505,510,511
Checkosky v. SEC,切科斯基诉美国证券交易委员会案 452
Chisholm v. Georgia,奇泽姆诉佐治亚州案 517
Chrysler Corp. v. Brown,克莱斯勒公司诉布朗案 149,253,300,391,392,531
Citizens to Preserve Overton Park,Inc. v. Volpe,公民保护奥弗顿公园公司诉沃尔普公司案 129,174,194,208,234,320—329,380,407,462—464,477,503—509
Citizens United v. Federal Election Comm'n,联合公民诉联邦选举委员会案 5,64,105,116
City of Arlington,Texas v. FCC,得克萨斯州阿灵顿市诉美国联邦通讯委员会案 215,496,499,500
City of Boerne v. Flores,弗洛雷斯诉波尔市案 66
City of Indianapolis v. Edmond,印第安纳波利斯市诉爱德蒙案 69
City of Los Angeles v. Patel,洛杉矶市诉帕特案 68,70
Clapper v. Amnesty Intern. USA,克拉博诉大赦国际组织案 295
Clark v. Securities Industry Association,克拉克诉证券业协会 423
Cleveland Board of Education v. Loudermill,克里夫兰教育委员会诉劳德密尔案 25,74,85,92,181
Clinton v. City of New York,克林顿诉纽约市案 32,111
Coca-Cola Co. v. Federal Trade Commission,可口可乐公司诉联邦贸易委员会案 441
Cohen v. Beneficial Loan Corp.,科恩诉受益贷款公司案 440
Commodity Futures Trading Commission v. Schor,商品期货交易委员会诉肖尔案 31,56,158
Common Cause v. Nuclear Regulatory Commission,共同目标协会诉核管会案 395
Community Nutrition Institute v. Block,社区营养研究所诉布洛克案 439
Community Nutrition Institute v. Young,社区营养研究所诉杨案 227
Comptroller of the Treasury of Maryland v. Wynne,马里兰州财政部主计长诉怀恩案 201
Consumer Energy Council of America v. FERC,美国消费者能源委员会诉联邦能源监管委员会案 52
Cooley v. Board of Wardens,库利诉鉴于委员会案 201
Cort v. Ash,科特诉埃诗案 200
Critical Mass Energy Project v. Nuclear Regulatory Comm'n,临界物质能源项目诉核监管委员会案 391
Crowell v. Benson,克罗韦尔诉本森案 31,54—57,157,460
Curry v. Block,库里诉布洛克案 359

Dalehite v. United States,戴尔海特诉美国案 523
Dalton v. Spector,道尔顿诉斯佩克特案 111,442
Darby v. Cisneros,达比诉西斯内罗斯案 441—446,448,477
Davis v. Bandemer,戴维斯诉班德默案 101
Davis v. Commissioner,戴维斯诉专员案 510
Department of Interior v. Klamath Water Users Protective Assn,内政部诉克拉马斯水用户保护协会案 390
Department of the Air Force v. Rose,空军部诉罗斯案 389
Department of Defense v. Federal Labor Relations Authority,国防部诉联邦劳工关系局案 399
Department of Energy v. Federal Labor Relations Authority,能源部诉联邦劳工关系局案 511
Department of Transportation v. Assoc. of American Railroads,交通部诉美国铁路公司案 23,40,41,45,47,136,188,255
Dickerson v. United States,迪克森诉美国案 25,72,202
Dickinson v. Zurko,迪克森诉佐尔科案 329,466,477
Director,Office of Workers' Compensation Programs v. Greenwich Collieries,工人赔偿计划办公室主任诉格林威治煤矿案 279,329,463,477
D. C. Federation of Civil Associations v. Volpe,哥伦比亚特区公民协会联合会诉沃尔普案 332,383
District Attorney's Office for the Third Judicial District v. Osborne,第三司法区地区检察署诉奥斯本案 62
Doe v. Chao,多伊诉赵案 398
Doe v. United States,多伊诉美国案 72
D'Oench,Duhme & Co v. FDIC,迪厄姆杜梅公司诉联邦存款保险公司案 202
Dolan v. City of Tigard,杜兰诉泰格德市案 95,96
Dominion Energy Brayton Point LLC v. Johnson,布雷顿顶点能源有限责任公司诉约翰逊案 276
Donovan v. Dewey,多诺万诉杜威案 68
Duke Power Co. v. Carolina Environmental Study Group,杜克电力公司诉卡罗来纳环境研究小组案 60
Duncan v. Louisiana,邓肯诉路易斯安那州案 61
Dunlop v. Bachowski,邓禄普诉巴乔斯基案 217,290
Eastern Enterprises v. Apfel,东方企业诉阿普费尔案 96,357
Ecology Center,Inc. v. U. S. Forest Service,生态中心公司诉美国林业局案 442
Edelman v. Jordan,爱德曼诉约旦案 526
Edward's Lessee v. Darby,爱德华租户诉达比案 486
El Masri v. United States,埃尔马斯里诉美国案 242

案例表 499

Ellis v. Blum,埃利斯诉布鲁姆案 415
Elrod v. Burns,埃尔罗德诉伯恩斯案 182
Employment Division v. Smith,就业司诉史密斯案 65
Envirocare of Utah v. Nuclear Regulatory Commission,犹他州环境保护组织诉核管理委员会案 213,290,429
Environmental Defense Fund v. Hardin,环境保护基金诉哈丁案 444
Environmental Defense Fund v. Ruckelshaus,环境保护基金诉拉克尔肖斯案 444
Environmental Defense Fund v. Thomas,环境保护基金诉托马斯案 146,351
Epilepsy Fndn of Northeast Ohio v. NLRB,俄亥俄州东北癫痫基金会诉国家劳工关系委员会案 359
Ethyl Corp. v. EPA,乙基公司诉环境保护局案 50,327
Erie R. R. Co. v. Tompkins,伊利公司诉汤普金斯案 156
Fahey v. Mallonee,费伊诉麦伦妮案 78
Farmworker Justice Fund, Inc. v. Brock,农场工人司法基金公司诉布鲁克案 350
FAA v. Cooper,美国联邦航空管理局诉库珀案 398,520
FCC v. AT&T,美国联邦通讯委员会诉美国电话电报公司案 73,396
FCC v. ITT World Communications,美国联邦通讯委员会诉ITT世界通信公司案 395
FDA v. Brown & Williamson Tobacco Corp.,美国食品药品监督管理局诉布朗-威廉森烟草公司案 480
FEC v. Akins,美国联邦选举委员会诉埃金斯案 435
FTC v. Cement Institute,美国联邦贸易委员会诉水泥研究所案 376
FTC v. Ruberoid Co.,美国联邦贸易委员会诉鲁贝罗伊德公司案 259
FTC v. Standard Oil Company of California,美国联邦贸易委员会诉加州标准石油公司案 443
Federal Crop Ins. Corp. v. Merrill,联邦作物公司诉美林案 510,532
Ferguson v. Skrupa,弗格森诉斯克鲁帕案 60
Fiallo v. Bell,菲亚洛诉贝尔案 240
Ford Motor Co. v. FTC,福特汽车公司诉美国联邦贸易委员会案 359
Forsham v. Harris,福舍姆诉哈里斯案 387
Fox News Network, LLC v. Department of the Treasury,福克斯新闻网有限公司诉财政部案 392
Franklin v. Massachusetts,富兰克林诉马萨诸塞州案 100
Free Enterprise Fund v. Public Company Accounting Oversight Board,自由企业基金诉公共公司会计监督委员会案 31,36,38,40,54,134,180
Friends of the Earth v. Laidlaw,地球之友诉莱德劳案 290,430,433,438
Freytag v. Commissioner of Internal Revenue,弗赖塔格诉税务局局长案 32,36,37,40,133
Friedman v. Rogers,弗里德曼诉罗杰斯案 189,216

Gardner v. Broderick,加德纳诉布罗德里克案　72
Geier v. Honda Motor Co.,盖尔诉本田汽车公司案　19
General Electric Co. v. EPA,通用电气公司诉环保局案　353
Gettman v. Drug Enforcement Admin.,格特曼诉药物执法管理员案　296,436
Gibson v. Berryhill,吉布森诉贝里希尔案　189,216
Gideon v. Wainwright,基甸诉温赖特案　62,82
Gildea v. Ellershaw,吉尔迪亚诉埃勒肖案　525
Goldberg v. Kelly,戈德伯格诉凯利案　24,25,80—87,89,91,157,158,288,458
Goldberg v. Kollsman Instrument Corp.,戈德伯格诉柯尔斯曼仪器公司案　163
Golden State Transit Corp. v. Los Angeles,金州运输公司诉洛杉矶案　526
Goldfarb v. Virginia State Bar,戈德法布诉弗吉尼亚州律师协会案　216
Gomillon v. Lightfoot,戈梅龙诉莱特富特案　101
Gonzaga University v. Doe,冈萨加大学诉多伊案　235
Gonzales v. Carhart,冈萨雷斯诉卡尔哈特案　27
Gonzales v. Freeman,冈萨雷斯诉弗里曼案　532
Gonzales v. O Centro Espirita Beneficente Uniao do Vegetal,冈萨雷斯诉联合植物保护中心案　66
Gonzalez v. Raich,冈萨雷斯诉赖希案　22
Goss v. Lopez,高斯诉洛佩兹案　25,85,91
Gray Panthers v. Schweiker,灰豹诉施韦克案　90,229
Greene v. McElroy,格林诉麦克罗伊案　79
Gregoire v. Biddle,格雷瓜尔诉比德尔案　527
Grove City College v. Bell,格罗夫城市学院诉贝尔案　235
Gulf Oil Corp. v. United States Department of Energy,海湾石油公司诉美国能源部案　441,443
Hale v. Henkel,黑尔诉汉高案　58,72
Hamdan v. Rumsfeld,哈姆丹诉拉姆斯菲尔德案　419
Hannah v. Larche,汉娜诉拉赫案　79
Harlow v. Fitzgerald,哈洛诉菲茨杰拉德案　527
Hart v. Massanari,哈特诉马萨纳里案　167
Hazardous Waste Treatment Council v. EPA,危险废物处理委员会诉环境保护局案　119
Heckler v. Campbell,赫克勒诉坎贝尔案　92,230,360
Heckler v. Chaney,赫克勒诉查尼案　291,350,353,416,424—426,512
Heller v. Doe by Doe,海勒诉多伊案　237
Horne v. Department of Agriculture,霍恩诉农业部案　97
Home Box Office,Inc. v. FCC,家庭票房公司诉美国联邦通讯委员会案　324—331,381,394

案例表 501

Hope v. Pelzer,希望诉佩尔泽案 527
Hotel & Restaurant Employees Union v. Attorney General,酒店和餐厅员工联盟诉司法部长案 241
Hudson v. Palmer,哈德森诉帕尔默案 525
Hui v. Castaneda,辉诉卡斯塔涅达案 526
Humphreys Executor v. United States,汉弗莱执行官诉美国案 31,39,138,179
Hunt v. Cromartie,亨特诉克罗马蒂案 101
Hurtado v. California,乌尔塔多诉加利福尼亚州案 61
Hydro Investors, Inc. v. F. E. R. C.,水利投资公司诉 F. E. R. C. 案 296
ICORE v. FCC,财务经理诉联邦通信委员会案 452
Idaho v. Coeur d'Alene Tribe of Idaho,爱达荷州诉爱达荷州科德阿伦部落案 518,520
Independent U. S. Tanker Owners Committee v. Lewis,美国独立油轮船主委员会诉刘易斯案 507
Indian Towing Co. v. United States,印度拖车公司诉美国案 523
Industrial Union Department, AFL-CIO v. American Petroleum Institute,工业联盟部,劳工联合会-产业工会联合会诉美国石油协会案 226,377
Industrial Union Department, AFL-CIO v. Hodgson,工业联盟部,劳工联合会-产业工会联合会诉霍奇森案 469
Ingraham v. Wright,英格拉姆诉赖特案 85
INS v. Chadha,美国移民归化局诉崔德案 31,52,110,372
INS v. St. Cyr,美国移民归化局诉圣居尔案 241,414,419
INS v. Cardoza-Fonseca,美国移民归化局诉卡多萨-丰塞卡案 496
ICC v. Louisville & Nashville R. Co.,国际商会诉路易斯维尔和纳什维尔公司案 306
Intercollegiate Broad. Sys. v. Copyright Royalty Bd.,大学委员会诉版税委员会案 123,140,305
Jimenez Fuentes v. Gaztambide,希门尼斯诉加斯坦比德案 182
Johnson v. Louisiana,约翰逊诉路易斯安那州案 62
Johnson v. Robinson,约翰逊诉罗宾逊案 157,158,420
Joint Anti-Fascist Refugee Committee v. McGrath,联合反法西斯难民委员会诉麦格拉思案 80
Kalaris v. Donovan,卡拉里斯诉多诺万案 184,280
Kapps v. Wing,科普斯诉温案 86,235
Kendall v. United States,肯德尔诉美国案 128,519
Kennecott Copper Corp. v. EPA,肯尼科特铜业公司诉环境保护局案 322
Kentucky v. King,肯塔基诉王案 67
Kerry v. Din,凯瑞诉丁案 236
Keystone Bituminous Coal Ass'n v. De Benedictis,基石烟煤协会诉贝内迪斯案 96
King v. Burwell,金诉伯韦尔案 20,51,195,484,500

Kissinger v. Reporters Committee for Freedom of the Press,基辛格诉新闻自由记者委员会案 387
Kyllo v. United States,凯洛诉美国案 69
Lampf,Pleva,Lipkind,Prupis & Petigrow v. Gilbertson,蓝珀诉吉尔伯特森案 202
Latif v. Holder,拉提夫诉霍尔德案 242,243
Latif v. Lynch,拉提夫诉林奇案 243
Lawrence v. Texas,劳伦斯诉得克萨斯州案 27
Lead Industries Ass'n,Inc. v. OSHA,铅工业协会公司诉职业安全与健康标准案 390
Lebron v. Nat'l R. R. Passenger Corp.,勒布朗诉旅客公司案 40,187
Leedom v. Kyne,利多姆诉肯尼案 424,445
Leegin Creative Leather Prods,v. PSKS,Inc.,利津创造皮革诉 PSKS 公司案 201,300,499
Lexmark Int'l,Inc. v. Static Control Components,Inc.,利盟国际公司诉静态控制组件公司案 429,434
Lichter v. United States,利希特尔诉美国案 256
Lingle v. Chevron U. S. A. Inc.,林格尔诉雪佛龙美国公司案 97
Lincoln v. Vigil,林肯诉比希尔案 425
Lochner v. New York,洛克纳诉纽约案 59—61,94,95
Londoner v. Denver,伦敦纳诉丹佛市案 24,75,77,261,262
Loving v. United States,洛文诉合众国案 46
Lucas v. South Carolina Coastal Council,卢卡斯诉南卡罗来纳州沿海议会案 95
Lujan v. Defenders of Wildlife,卢汉诉野生动物捍卫者案 199,290,295,379,430,432—438,437,448,493
Lujan v. G & G Fire Sprinklers,Inc.,卢汉诉 G & G 喷洒灭火器公司案 86,532
Lujan v. National Wildlife Federation,卢汉诉国家野生动物联合会案 448
Lyng v. Payne,林诉佩恩案 86
Maine v. Thiboutot,缅因州诉塞宝特案 526
Mapother v. U. S. Dept. of Justice,马波瑟诉美国司法部 389
Mathews v. Diaz,马修斯诉迪亚兹案 241
Mathews v. Eldridge,马修斯诉埃尔德里奇案 87,89,90,91,92,93
Maracich v. Spears,马拉西奇诉斯皮尔斯案 399
Marbury v. Madison,马伯里诉麦迪逊案 18,30,128,129,138,415,420,486,526
Marcello v. Bonds,马塞洛诉邦兹案 78,184,276
Marchetti v. United States,马尔凯蒂诉美国案 364
Marquez v. Screen Actors Guild,马克斯诉影视演员协会案 449
Mariani v. United States,马里亚尼诉美国案 117
Marshall v. Barlow s Inc.,马歇尔诉巴洛公司案 68
Martin v. OSHRC,马丁诉职业安全与健康复审委员会案 186,187

Massachusetts v. EPA,马萨诸塞州诉环境保护局案　336,341,349,380,426,436,512,515
McCarthy v. Madigan,麦卡锡诉马迪根案　445
McCutcheon v. Federal Election Comm'n,麦卡琴诉联邦选举委员会案　5,64,116
McDonald v. City of Chicago,麦当劳诉芝加哥市案　61
McGee v. United States,麦吉诉美国案　446
MCI Telecommunications Corp. v. American Tel. & Tel. Co.,MCI电信公司诉美国电话电报公司案　480
McKart v. United States,麦克卡特诉美国案　446
Meachum v. Fano,米查姆诉法诺案　237
Metropolitan Washington Airports Authority v. Citizens for the Abatement of Airport Noise,华盛顿大都会机场管理局诉要求减少机场噪音的公民案　32,135
Meyer v. Nebraska,迈耶诉内布拉斯加州案　26,58
Michigan Gambling Opposition v. Kempthorne,密歇根赌博反对派诉肯普索恩案　50
Middlesex County Sewerage Authority v. National Sea Clammers Association,米德尔塞克斯县污水处理局诉国家海洋蛤蜊协会案　530
Miller v. Oregon Bd. of Parole and Post-Prison Supervision,穆勒诉俄勒冈州假释和监狱监督委员会案　238
Milner v. Department of the Navy,米尔纳诉海军部案　388
Miranda v. Arizona,米兰达诉亚利桑那州案　72
Mistretta v. United States,米斯特雷塔诉美国案　47
Mitchell v. Forsyth,米切尔诉福赛思案　527
Mitsubishi Motors v. Soler Chrysler-Plymouth,三菱汽车诉克莱斯勒-普利茅斯案　247
Mobil Oil Exploration & Producing Southeast Inc. v. United States,美孚石油勘探与生产东南公司诉美国案　532
Mohamed v. Holder,穆罕默德诉霍尔德案　242
Monroe v. Pape,门罗诉佩普案　525
Morgan v. United States(MorganⅠ),摩根诉美国案(摩根Ⅰ)　24
Morgan v. United States(MorganⅡ),摩根诉美国案(摩根Ⅱ)　24,375
Morrison v. Olson,莫里森诉奥尔森案　139
Morton v. Ruiz,莫顿诉鲁伊斯案　359
Motor Vehicle Mfrs Ass'n v. State Farm Mutual Automobile Ins. Co.,汽车制造商协会诉国营农场互动式汽车公司案　309,329,350,504
Myers v. Bethlehem Shipbuilding Corp.,迈尔斯诉伯利恒造船公司案　444
Myers v. United States,迈尔斯诉美国案　137,139,179,180
NAACP v. Smith,美国有色人种协进会诉史密斯案　235
NASA v. Nelson,美国有色人种协进会诉纳尔逊案　398
Nash v. Bowen,纳什诉博文案　185

National Association of Home Builders v. Defenders of Wildlife,全国住宅建筑商协会诉野生动物保护者案 234
National Association of Manufacturers v. Department of the Interior,全国制造商协会诉内政部案 446
National Association of Manufacturers v. NLRB,全国制造商协会诉国家劳工关系局案 65
National Automatic Laundry and Cleaning Council v. Shultz,国家自动洗衣和清洁委员会诉舒尔茨案 442
National Cable & Telecommunications Association v. Brand X Internet,Services,国家电缆和电信协会诉 X 品牌互联网服务公司案 499,510,511
National Cable Television Ass'n,Inc. v. FCC,美国国家有线电视公司诉联邦通讯委员会案 50,51,116
National Federation of Independent Business v. Sebelius,全国独立企业联合会诉西贝柳斯案 20,21
National Federation of Federal Employees,Local 1309 v. Department of the Interior,全国联邦雇员联合会,地方 1309 诉内政部案 512
National Labor Relations Board v. Bell Aerospace Co.,国家劳工关系委员会诉贝尔航天公司案 358
National Labor Relations Board v. Hearst Publication,Inc.,国家劳工关系委员会诉赫斯特出版公司案 491—496
National Labor Relations Board v. International Medication Systems,Ltd.,国家劳工关系委员会诉国际药物治疗系统有限公司案 367
National Labor Relations Board v. Sears,Roebuck & Co.,国家劳工关系委员会诉西尔斯·罗伯克公司案 318,389
National Organization for Women,Washington D. C. Chapter v. Social Security Administration,全国妇女组织、华盛顿特区诉社会保障局案 392
National Parks and Conservation Assn. v. Morton,国家公园和保护协会诉莫顿案 391
National Petroleum Refiners Ass'n. v. Federal Trade Comm.,国家石油炼油厂协会诉联邦贸易委员会案 301
National Welfare Rights Organization v. Finch,国家福利权利组织诉芬奇案 194,294
Neal v. United States,尼尔诉美国案 202,481
Nebbia v. New York,内比亚诉纽约案 60
New York v. Burger,纽约诉汉堡案 68
New York v. United States,纽约诉美国案 20,254
New York Employees' Retirement System v. SEC,纽约雇员退休系统诉证券交易委员会案 292
New York Times Co. v. Sullivan,纽约时报诉沙利文案 64
Newman v. Beard,纽曼诉比尔德案 238

案例表 505

Ng Fung Ho v. White,吴凤浩诉怀特案 460
Nollan v. California Coastal Commission,诺兰诉加州沿海委员会案 95,96
Norfolk Southern Railway Co. v. Kirby,诺福克南方铁路公司诉柯比案 245
North American Cold Storage Co. v. Chicago,北美冷藏公司诉芝加哥案 77,78,525
North Carolina Board of Dental Examiners v. Federal Trade Commission,北卡罗来纳州牙科医生委员会诉联邦贸易委员会案 189,216
Northern Pipeline Construction Co. v. Marathon Pipe Line Co.,北方管道建设公司诉马拉松管道公司案 28,31,156,157
Norwegian Nitrogen Prod. Co. v. United States,挪威氮素产品公司诉美国案 488
Notre Dame v. Burwell,巴黎圣母院诉伯韦尔案 66
O'Bannon v. Town Court Nursing Center,奥班农诉镇法院护理中心案 84,236
Obergefell v. Hodges,奥贝埃尔诉霍奇斯案 27
Office of Communication of the United Church of Christ v. FCC,基督联合教会传播办公室诉美国联邦通讯委员会案 294
Office of Personnel Management v. Richmond,人事管理办公室诉里士满案 510
Ohio Bell Telephone Co. v. Public Utilities Commission of Ohio,俄亥俄州贝尔电话公司诉俄亥俄州公用事业委员会案 24
Ohio Forestry Ass'n,Inc. v. Sierra Club,俄亥俄州林业协会诉塞拉俱乐部案 448
Ohio Valley Water Company v. Ben Avon Borough,俄亥俄州河谷水务公司诉本·埃文区案 460
Oklahoma Press Publishing Co. v. Walling,俄克拉荷马州出版社诉沃林案 367
Open America v. Watergate Special Prosecution Force,开放美国诉水门特别检察部队案 385
Pacific Gas & Electric Co. v. Federal Power Comm.,太平洋天然气电气公司诉联邦电力委员会案 304,309
Pacific States Box & Basket Co. v. White,太平洋国家采购公司诉怀特案 503
Packard Motor Car Co. v. NLRB,帕卡德汽车有限公司诉全国劳动关系委员会案 492,495
Palazzolo v. Rhode Island,帕拉佐洛诉罗德岛案 95
Palko v. Connecticut,帕尔科诉康涅狄格州案 60
Panama Refining Co. v. Ryan,巴拿马炼油公司诉瑞安案 46
Paralyzed Veterans of Am. v. D.C. Arena L.P.,瘫痪退伍军人诉华盛顿竞技场案 355,501
Parham v. J.R.,帕勒姆诉J.R.案 237
Parsons v. Ryan,帕森斯诉瑞恩案 238
Paul v. Davis,保罗诉戴维斯案 85
Pearson v. Callahan,皮尔森诉卡拉汉案 527
Pembaur v. Cincinnati,彭巴尔诉辛辛那提案 525

Pennhurst State School & Hospital v. Halderman,宾汉赫斯特州立学校和医院诉霍尔德曼案　238

Penn. Central Transp. Co. v. City of New York,佩恩中央运输公司诉纽约市案　95,96

Pension Benefit Guaranty Corp. v. LTV Corp.,养老金福利担保公司诉LTV公司案　274

People v. Keta,人民诉凯塔案　68

People v. Porpora,人民诉波尔波拉案　361

Pepsico,Inc. v. Federal Trade Commission,百事可乐公司诉联邦贸易委员会案　441

Perez v. Mortgage Bankers Assoc.,佩雷斯诉抵押银行家协会案　23,169,261,274,300,305,313,329,354,355,443,502

Pergram v. Hedrich,皮格勒姆诉海德里希案　201

Perry v. Sindermann,佩里诉辛德尔曼案　83

Phillips v. Commissioner,菲利普斯诉专员案　78

Phillips v. Washington Legal Foundation,菲利普斯诉华盛顿法律基金会案　97

Pierce v. Society of Sisters,皮尔斯诉姐妹会案　26,58

Pillsbury Co. v. FTC,皮尔斯伯里公司诉　382

Pine Grove Poultry Farm,Inc. v. Newton By-Products Mfg. Co.,松林家禽养殖场公司诉牛顿副产品制造公司案　200

Planned Parenthood of Southeastern Pennsylvania v. Casey,宾夕法尼亚州东南部计划生育诉凯西案　26

Plaut v. Spendthrift Farm,普拉特诉奢侈农场案　32

Portland Audubon Society v. The Endangered Species Committee,波特兰奥杜邦协会诉濒危物种委员会案　130,131,141,381,383

Portland Cement Ass'n v. Ruckleshaus,波特兰水泥协会诉拉克尔肖斯案　313,322

Portmann v. United States,波特曼诉美国案　532

Preservation of Los Olivos v. U.S. Dept. of Interior,橄榄油保护组织诉美国内政部案　296

Printz v. United States,普林茨诉美国案　20

Process Gas Consumers Group v. Consumer Energy Council of America,工艺气体消费者集团诉美国消费者能源委员会案　52

Professional Air Traffic Controllers Organization v. Federal Labor Relations Authority,职业空中交通管制员组织诉联邦劳工关系局　141,282,381

Public Citizen v. Department of Justice,公共公民诉司法部案　400,435

Public Citizen Health Research Group v. FDA,公民健康研究小组诉食品药品监督管理局案　390

Ralls Corporation v. Committee on Foreign Investment in the United States,罗尔斯公司诉外国在美投资委员会案　242

案例表 507

Rapanos v. United States,罗帕诺斯诉美国案 252
Reeves,Inc. v. Stake,李维斯公司诉史铁克案 254
Regents of University of Michigan v. Ewing,密歇根大学董事会诉尤因案 361
Regions Hospital v. Shalala,地区医院诉沙拉拉案 357
Reliable Automatic Sprinkler Co.,Inc. v. Consumer Product Safety Com'n,可靠自动喷水灭火器有限公司诉消费品安全公司 443
Reno v. Catholic Social Services,Inc.,里诺诉天主教社会服务公司案 448
Reno v. Condon,里诺诉康登案 20
Reynolds v. Martin,雷诺兹诉马丁案 481
Reynolds v. Sims,雷诺兹诉西姆斯案 100
Richardson v. Perales,理查森诉佩拉莱斯案 92
Riegel v. Medtronic,Inc.,里格尔诉美敦力公司案 19
Riley v. California,莱利诉加利福尼亚州案 67
R.J. Reynolds Tobacco Co. v. FDA,雷诺兹烟草公司诉食品药品监督管理局案 65
Robertson v. Methow Valley Citizens Council,罗伯逊诉梅特豪谷公民委员会案 234,337
Rochin v. California,罗西诉加利福尼亚州案 60
Roe v. Wade,罗伊诉韦德案 26,63
Rosebush v. United States,玫瑰丛诉美国案 523
Saco River Cellular v. FCC,索科河蜂窝电话公司诉美国联邦通讯委员会案 365
San Luis Obispo Mothers for Peace v. NRC,圣路易斯奥比斯波和平之母诉原子能委员会案 360,394
Sandin v. Conner,桑丁诉康纳案 86,239
Santosky v. Kramer,桑托斯基诉克莱默案 92
Scenic Hudson Preservation Conference v. FPC,哈得逊河自然风景保护联盟诉联邦电力委员会案 407
Scheuer v. Rhodes,朔伊尔诉罗兹案 528
Schlemmer v. Buffalo,Rochester & Pittsburgh R. Co.,希勒姆尔诉布法罗、罗切斯特及匹兹堡公司案 200
Seacoast Anti-Pollution League v. Costle,海岸反污染联盟诉科斯特尔案 276,279,285,286
SEC v. Chenery,美国证券交易委员会诉钱纳里案 283,357,358,508
SEC v. Collier,美国证券交易委员会诉煤船案 489
See v. City of Seattle,西伊诉西雅图案 68,70
Seminole Tribe of Florida v. Florida,佛罗里达州塞米诺尔部落诉佛罗里达州案 518
Seven-Up Co. v. Federal Trade Commission,七喜公司诉联邦贸易委员会案 441
Shalala v. Illinois Council on Long Term Care,Inc.,沙拉拉诉伊利诺伊州长期护理委员会 423

Shaw v. Hunt,肖诉亨特案　101
Shaw v. Reno,肖诉里诺案　101
Sierra Club v. Costle,塞拉俱乐部诉科斯特尔案　119,129,132,141,176,323,330—333,337,381,383,432,513
Simon v. Eastern Kentucky Welfare Rights Organization,西蒙诉东肯塔基州福利权利组织　437
Sims v. Apfel,西姆斯诉阿普费尔案　446
Skidmore v. Swift & Co.,斯基德莫尔诉斯威夫特公司案　304,488,493,496—502
Slaughter—House Cases,屠宰场案　83 U.S. 36(1872),58
Smiertka v. United States Dept. of Treasury,史密斯特卡诉美国财政部　398
Socop-Gonzales v. INS,索科普诉美国移民归化局案　425
Solid Waste Agency of Northern Cook Cty. v. Army Corps of Engineers,北库克县固体废物处理局诉陆军工程兵团　252
Sorenson Communications Lt v. FCC,索伦森通信公司诉联邦通讯委员会　344
South Dakota v. U.S. Department of the Interior,南达科他州诉美国内政部　49,426
Southern Pacific Co. v. Jensen,南太平洋公司诉詹森案　163
Spectrum Leasing Corp. v. United States,频谱租赁公司诉美国案　520
Spokeo, Inc. v. Robins,斯波基公司诉诉罗宾斯案　435
St. Joseph Stock Yards Co. v. United States,圣约瑟夫股票有限公司诉美国案　460
St. Paul Guardian Ins. Co. v. Neuromed Medical Systems & Support,GmbH,et. al.,圣保罗护理公司诉神经内科医学支持系统案　247
Steel Co. v. Citizens for a Better Environment,钢铁公司诉为了一个更好的环境的公民组织案　290
Stern v. Marshall,斯特恩诉马歇尔案　31,156
Stinson v. United States,斯廷森诉美国案　501
Strycker's Bay Neighborhood Council v. Karlen,斯特瑞克湾邻里委员会诉卡伦案　234
Stump v. Sparkman,斯顿普诉斯帕克曼案　528
Sugar Cane Growers Cooperative v. Veneman,甘蔗种植者合作社诉维尼曼案　300
Summers v. Earth Island Institute,萨默斯诉地球岛研究所案　436,437
Susan B. Anthony List v. Driehaus,苏珊·B.安东尼列表诉德里豪斯案　448
Swarthout v. Cooke,斯沃斯诉库克案　238
Switchmens Union v. National Mediation Board,思维奇曼联合会诉国家调解委员会案　424
Telecommunications Research and Action Center v. FCC,电信研究和行动中心诉联邦通讯委员会案　450
Tennessee Valley Authority v. Hill,田纳西河谷管理局诉希尔案　234
Terry v. Ohio,特里诉俄亥俄州案　67
Texas v. United States,得州诉美国案　240,352

案例表

Texas & Pacific R. Co. v. Abilene Cotton Oil Co.,德克萨斯州太平洋公司诉阿比林棉油公司案　449

Texas Boll Weevil Eradication Foundation, Inc. v. Lewellen,得克萨斯消灭象甲基金会诉卢埃林案　189

Ticor Title Ins. Co. v. FTC,迪克公司诉联邦贸易委员会案　440

Thomas v. Union Carbide Agricultural Products Co.,托马斯诉联合碳化物农产品公司案　157,158,459

Thomas Jefferson University v. Shalala,托马斯·杰斐逊大学诉莎拉拉案　502

Thompson v. North Am. Stainless,汤普森诉北美不锈钢公司案　434

Toilet Goods Association v. Gardner,厕所用品协会诉加德纳案　447

Tolan v. Cotton,托兰诉科顿案　527

Touche Ross & Co. v. Securities and Exchange Commission,托什·罗斯公司诉证券交易委员会案　445

Transco Security, Inc. v. Freeman,电力安全公司诉弗里曼案　532

Traynor v. Turnage,特雷纳诉特内奇案　420

TVA v. Hill,田纳西河流域管理局诉希尔案　494

Udall v. Tallman,尤德尔诉托尔曼案　501

United States v. American Trucking Associations,合众国诉美国货运协会案　486,487,491,492

United States v. Carolene Products Co.,合众国诉卡罗琳产品公司案　62

United States v. Doe,合众国诉多伊案　70,72

United States v. Eurodif S. A.,合众国诉欧洲电气公司案　244

United States v. Florida East Coast Railway Co.,合众国诉佛罗里达东海岸铁路公司案　307

United States v. Gaubert,合众国诉高贝尔案　523

United States v. Grimaud,合众国诉格里莫案　44

United States v. Haggar Apparel Corp.,合众国诉哈格尔服装公司案　244

United States v. Hubbell,合众国诉哈贝尔案　72,73

United States v. Johnson,合众国诉约翰逊案　436

United States v. Karo,合众国诉卡罗案　67

United States v. Lopez,合众国诉洛佩案　22

United States v. Mead Corp.,合众国诉米德公司案　202,244,303,305,354,471,479,488,497,498,502

United States v. Mendoza-Lopez,合众国诉门多萨-洛佩兹案　460

United States v. Midwest Oil Co.,合众国诉中西部石油公司案　149

United States v. Morgan,合众国诉摩根案　508

United States v. Morrison,合众国诉莫里森案　22

United States v. Morton Salt Co.,合众国诉莫顿盐业公司案　70

United States v. Nova Scotia Food Products Corp.,合众国诉新斯科舍食品公司案 313,419

United States v. Perkins,合众国诉佩尔金斯案 133

United States v. S. A. Empresa De Viacao Aerea Rio Grandense(Varig Airlines),合众国诉巴西航空公司案 523

United States v. Stanley,合众国诉斯坦利案 74

United States v. Western Pacific Railroad Co.,合众国诉西太平洋铁路公司案 449

United States v. Winstar Corp.,合众国诉温斯塔尔公司案 532

United States v. Wright,合众国诉赖特案 67

United States ex rel. Parco v. Morris,合众国诉莫里斯案 382

United States Lines, Inc. v. Federal Maritime Commission,美国线路公司诉联邦海事委员会案 381

United States Steelworkers of America v. Marshall,美国钢铁工人协会诉马歇尔案 209,330

Universal Camera Corp. v. NLRB,通用相机公司诉全国劳工关系局 380,467

Valentine v. Christensen,瓦伦丁诉克里斯滕森案 64

Van Harken v. City of Chicago,范哈肯诉芝加哥市案 89

Vaughn v. Rosen,沃恩诉罗森案 389

Verizon Telephone Co. v. FCC,威瑞森电话公司诉联邦通讯委员会案 359

Vermont Agency of Natural Resources v. United States ex rel. Stevens,佛蒙特州自然资源机构诉美国案例史蒂文斯案 199,290,327,430

Vermont Yankee Nuclear Power Corp. v. NRDC,佛蒙特州扬基核电公司诉自然资源保护协会案 261,264,274,313,327—329,506

Vernonia School District 47J v. Acton,维诺尼亚学区诉阿克顿案 363

Vimar Seguosy Reaseguros, S. A. v. M/V Sky Reefer,威马保险公司诉天空冷藏车公司案 247

Virginia Petroleum Jobbers Ass'n v. FPC,弗吉尼亚石油公司诉联邦动力委员会 450

W. Oil & Gas Ass'n v. United States Envt'l. Prot. Agency,油气协会诉合众国环保署案 452

Walpole v. Hill,沃波尔诉希尔案 237,238

Walters v. National Association of Radiation Survivors,沃尔特斯诉全国辐射幸存者协会案 86,90,158,420,459

Warth v. Seldin,沃思诉塞尔丁案 430

Washington Research Project, Inc. v. Department of Health, Education and Welfare,华盛顿研究项目公司诉健康教育福利部案 390

Watkins v. United States,沃特金斯诉美国案 79

Wayman v. Southard,韦曼诉索萨德案 43

Webster v. Doe,韦伯斯特诉多伊案 425,459

Weinberger v. Romero-Barcelo,温伯格诉罗梅罗-巴塞罗案 451
Wellness Int'l Network,Ltd. v. Sharif,健康国际网络有限公司诉谢里夫案 156
West Coast Hotel Co. v. Parrish,西海岸酒店公司诉帕里什案 60
West Virginia University Hospitals,Inc. v. Casey,西弗吉尼亚大学医院诉卡西案 200,406,482
Westfall v. Erwin,西部荒野诉欧文案 525
Wheaton College v. Burwell,惠顿学院诉鲍威尔案 66
Whitman v. American Trucking Ass'n,惠特曼诉美国卡车运输协会案 44,46,47,51,53,335,336,380,421,479,480,496
Wickard v. Filburn,威克德诉菲尔本案 22
Wilderness Society v. Thomas,荒野社会诉托马斯案 448
Williams v. Florida,威廉姆斯诉佛罗里达州案 62
Williams-Yulee v. Flordia Bar,威廉姆斯-尤利诉佛罗里达律师协会案 5
Williamson v. Lee Optical of Oklahoma Inc.,威廉姆森诉俄克拉荷马州李光学公司案 94
Windsor v. United States,温莎诉美国 27
Wirtz v. Baldor Electric Co.,沃茨诉巴尔多电气公司案 279
Wisconsin v. Constantineau,威斯康星诉君士坦丁案 85
Withrow v. Larkin,威思罗诉拉金案 34,41,189,376
Wong Yang Sung v. McGrath,黄阳松诉麦格拉思案 78,264,274,313,477
Work v. Rives,沃克诉里夫案 415
Wright v. City of Roanoke Redevelopment and Housing Authority,赖特诉罗阿诺克市再融资和房屋管理局案 526
Wyeth v. Levine,惠氏诉莱文案 19
Wyman v. Janies,怀曼诉贾妮斯案 68,363
Yakus v. United States,亚克斯诉合众国案 256,421
Yates v. United States,耶茨诉合众国案 483
YMCA v. United States,基督教青年会诉合众国案 519,524
Youngstown Sheet and Tube Co. v. Sawyer,扬斯敦板材和管材公司诉索耶案 46,149
Zadvydas v. Davis,扎普迪亚斯诉戴维斯案 460
Zurcher v. The Stanford Daily,泽克诉斯坦福日报案 71

法律法规一览表

美国宪法和修正案

美国宪法	原书页码*	美国宪法修正案	原书页码
第1条	28,246	第一修正案	4,57,63-65,83,105,116,181,187,255
第1条§8	21,41	第二修正案	61
第1条§8,cl.18	33,125	第四修正案	57,66-70,74,208,260
第1条§9	41	第五修正案	24,57,59,70-74,94,260
第1条§9-2	460	第六修正案	62,93
第1条§9-3	414	第九修正案	26,57,63
第1条§9,cl.7	112	第十一修正案	517,519
第2条	28,36,37,55,123,125,199,430	第十三修正案	17
第2条§2,cl.1	40	第十四修正案	17,24,27,57-61,66,74,83,465
第2条§2,cl.2	36-40,54	第十九修正案	17,101
第3条	28,34,38,45,55,155-159,165,170,369,420,427,433	第二十二修正案	17
第4条	28,369	第二十五修正案	123,124

美国法典

美国法典	原书页码
第2编　国会 431 et seq.	116
1501 et seq.	20,142,342
1601 et seq.	118

* 即本书页边码。

续表

美国法典	原书页码
第5编　政府组织和雇员 《行政程序法》551	
551-559	263,264
551(1)	203,386
551(6)	275
551(7)	275
551(11)(C)	204
551(13)	203,204,417,444
552	265,266,318,392,384
552-553	299
552(a)	384
552(a)(1)	303,347
552(a)(2)	303,354
552(f)	386
552(b)(1)	241
553	300-305,311,312,322,327,330,344,352,507
553(a)(2)	300
553(b)	301,302,313
553(b)(A)	303
553(b)(B)	303
553(c)	302,306
553(e)	305,349
554	276,277,287
554(a)(3)	361
554(d)	275,281
554(d)(A)	285
554(d)(C)	186
555(b)	278
555(c)	361
555(e)	287,349
556-557	275
556	287
556(d)	281,285
556(e)	277,279
557	267,287,441

续表

美国法典	原书页码
557(b)(1)	186,285
557(c)(A)	280
557(d)	281-283
558(c)	287
559	264,277
701-706	265
701(a)	418
701(a)(2)	130
702	412,434,477,519
703	411,412,416
704	412,415,416,440,441
705	451
706	461,462,490,514
706(a)(2)	130
706(1)	444,462,514
706(2)	452,462,463,498
706(2)(A)	426,470,471,477,496,502,504
706(2)(E)	464,465
《信息自由法》	
552(a)(4)(A)	385
552(a)(4)(B)	386
552(a)(4)(C)	300
552(a)(4)(E)	386
552(a)(4)(F)	386
552(b)	387
552(b)(1)	302,306
552(b)(7)(E)	360
《隐私权法》	
552a	267,384,396-399
552a(b)	398
《阳光下的政府法》	
552b	171,267,318,319,384,394,399,435
《协商式规则制定》	
561	267,311,345,346
570	346

续表

美国法典	原书页码
《替代性纠纷解决》	
571	267,296-298
572	297
573	297
574	297
《弹性规制法》	
601	340
601-612	142
801(b)	52
802(g)	52
1305	266
3105	266
3344	266
5372	266
7521	266
App.	402
App. I.	399
第12编　银行及其业务	
3405	71
第18编　刑法和刑事诉讼法	
2386	118
2709	71
2721-2725	399
3511	71
App. 3	93
第19编　关税法	
3535	246
第21编　食品和药品	
348(c)(3)(A)	225
第28编　司法机关和司法程序	
1292(b)	440
1331	413,414
1337	413
1346	520
1346(b)	521

续表

美国法典	原书页码
1361	414
1 Section	Page
491	520
1651	450
2201	414
2674	521
2679(b)(1)	525
2680(a)	552
第29编 劳动法	
655(b)(5)	225
1910.110	339
第31编 货币与金融	
1400	113
第42编 公共健康和福利	
902	177
1983	83,518,525
1997e	238
1997e(a)	445
2000bb et seq.	66
4331-4335	141
4334	234
第44编 公共印刷和文件	
3501-3520	364
3507(c)	142
3602-3603	268
第47编 通信法	
332(c)(7)(B)(ii)	215

行政令和联邦公报

行政令	原著页码	行政令	原著页码
12291	144,333	13132	20
12498	183	13217	297
12600	392	13272	341
12778	297	13422	271

续表

行政令	原著页码	行政令	原著页码
12866	142,144-154,270,310,334,337,341,351,365,374,376,409	13563	339
12875	20	13579	147,339,341
12988	297	13610	339
联邦公报	原著页码	联邦公报	原著页码
50,p.1036	183	72,p.2763	271
52,p.6264	246	74,p.4685	365
52,p.23781	392	76,p.3821	339
58,p.51735	144	76,p.41587	147,339
63,p.8546、8554	248	77,p.28469	339
67,p.53461	341	78,p.39870	66

规章

规章	原著页码
1,p.305.77-3	326
21,p.10.115	303

州法　修订的州行政程序示范法

州行政程序示范法	原著页码
1-102(3)	203
1-102(4)(C)	204
1-102(4)	203
1-102(7)	370

文本和期刊引用表

Aberbach,J.
　　Keeping a Watchful Eye:The Politics of Congressional Oversight(Brookings 1990),43
Ackerman,B.
　　Reconstructing American Law 67-68(Harvard 1984),514
　　Beyond Carolene Products,98 Harv. L. Rev. 713(1985),63
　　The Decline and Fall of the American Republic(Belknap Press 2010),15
　　We The People(Harvard 1991,1998,2014),23
Ackerman,B. and Hassler,W.
　　Beyond the New Deal:Coal and the Clean Air Act,89 Yale L. J. 1466(1980),329
　　Clean Coal/Dirty Air(Yale 1981),15,176,329,514
Aksen,G.
　　American Arbitration Accession Arrives in the Age of Aquarius:United States Implements United Nations Convention on the Recognition and Enforcement of Foreign Arbitral Awards,3 Sw. U. L. Rev. 1(1971),246
Albert,R.
　　Presidential Values in Parliamentary Democracies,8 Int'l. J. Const. L. 207(2010),5
Alder,A. ,and Halperin,M.
　　Litigation Under the Federal FOIA and Privacy Act(9th ed. Center for National Security Studies 1984),398
Aleinikoff,A. ,and Shaw,T.
　　The Costs of Incoherence:A Comment on Plain Meaning,West Virginia Hospitals, Inc. v. Casey,and Due Process of Statutory Interpretation,45 Vand. L,Rev. 687 (1992),482
Asimow,M.
　　Contested Issues in Contested Cases:Adjudication Under the 2010 Model State Administrative Procedure Act,20 Widener L. J. 707(2011),370
　　Five Models of Administrative Adjudication,63 Am. J. Comp. L. 3(2015) ,258
　　Inquisitorial Adjudication and Mass Justice in American Administrative Law,in The Nature of Inquisitorial Processes in Administrative Regimes:Global Perspectives,L. Jacobs & S. Baglay eds. (2013),258

Interim-Final Rules:Making Haste Slowly,51 Admin. L. Rev. 703(1999),345

Symposium:Speed Bumps on the Road to Administrative Law Reform in California and Pennsylvania,8 Widener J. Pub. L. 229(1999),368

Asimow,M. ,and Levin,R.

State and Federal Administrative Law(4th ed. ,West Academic 2014),11

Bagenstos,S.

The Anti-Leveraging Principle and the Spending Clause After NFIB,101 Geo. L. J. 861(2013),21

Spending Clause Litigation in the Roberts Court,58 Duke L. J. 345(2008) ,235

Baker,L.

Conditional Federal Spending and States Rights,574 Annals 104(2001),235

Baker,T. ,and McFarland,D.

The Need for a New National Court,100 Harv. L. Rev. 1400,1405-06(1987) ,160

Batkin,J.

The Last Days of Disco:Why the American Political System is Dysfunctional,94 B. U. L. Rev. 1159(2014),6

Bamberger,K.

Provisional Precedent:Protecting Flexibility in Administrative Policymaking,77 NYU L. Rev. 1272(2002),500

Bamzai,A.

The Origins of Judicial Deference to Executive Interpretation(2015),486

Bardach,E. ,and Kagan,R. A.

Going by The Book:The Problemof Regulatory Unreasonableness(Temple University Press,1982),69,197,363

Barkow,R.

Insulating Agencies:Avoiding Capture Through Institutional Design,89 Tex. L. Rev. 15(2010),115,179,404

Barron,D.

From Takeover to Merger,Reforming Administrative Law in an Era of Agency Politicization,76 Geo. Wash. L. Rev. 1095(2008),134,175,183,184,375

Bar-Siman-Tov,I.

The Puzzling Resistance to Judicial Review of the Legislative Process,91 B. U. L. Rev. 1915,1928(2011),109

Becker,J. ,and Gellman,B.

Leaving No Tracks,The Washington Post(June 27,2007),153

Berkower,R.

Sliding Down a Slippery Slope? The Future Use of Administrative Subpoenas in Criminal Investigations,73 Fordham L. Rev. 2251(2005),367

Berman, G.

Federal Tort Claims at the Agency Level: The FTCA Administrative Process, 35 Case W. Res. L. Rev. 509(1985), 521

La Responsabilité Civile des Functionnaires au Niveau Fédéral aux fitats-Unis: Vers la Solution d'une Crise, 1983 Revue Internationale de Droit Compare No. 2, p. 319 (1983), 521

Berman, L.

The Office of Management and Budget and the Presidency, 1921-1979(Princeton University 1979), 155

Bickel, A.

The Least Dangerous Branch: The Supreme Court at the Bar of Politics(Bobbs-Merrill 1962), 19, 427, 449

Bignami, F.

From Expert Administration to Accountability: A New Paradigm for Comparative Administrative Law, 59 Am. J. Comp. L. 859(2011), 5

Bingham, L.

Collaborative Governance: Emerging Practices and the Incomplete Legal Framework for Public and Stakeholder Voice, 2009 J. Disp. Resol. 269, 315-17(2009), 346

Bingham, L. , Nabatchi, T. , Senger, J. , and Jackman, M.

Dispute Resolution and the Vanishing Trial: Comparing Federal Government Litigation and ADR Outcomes, 24 Ohio St. J. on Disp. Resol. 225(2009), 297

Bhagwat, A.

Three-Branch Monte, 72 Notre Dame L. Rev. 157(1996), 292

Black, C. L. Jr.

A New Birth of Freedom: Human Rights Named and Unnamed(1999), 26, 58

The People and the Court(1960), 23 The Working Balance of the American Political Departments, 1 Hast. Con. L. Q. 13(1974), 126

Blackman, J.

The Constitutionality of DAPA Part II: Faithfully Executing the Law, 20 Tex. Rev. of L. & Pol. 199(2015), 132

Blanch, J.

Citizen Suits and Qui Tam Actions: Private Enforcement of Public Policy(National Legal Center for the Public Interest 1996), 290

Blasi, V.

The Checking Value in First Amendment Theory, 1977 Am. B. F. Res. J. 521, 64

Brakel, S.

The Mentally Disabled and the Law(Am. Bar. Found. , 3d ed. 1985), 237

Searching for the Therapy in Therapeutic Jurisprudence, 33 New Eng. J. on Crim. &

Civ. Confinement 455(2007),237

Brandeis,L. D.

Other People's Money and How the Bankers Use It 92(1914),383

Breger,M.

Regulatory Flexibility and the Administrative State 32 Tulsa L. J. 325(1996),142

Bremer,E.

Incorporation by Reference in an Open-Government Age,36 Harv. J. L. & Pub. Poly 131(2013),248,347

Brennan,W. J.

Reason,Passion and "The Progress of the Law" 10 Cardozo L. Rev. 3(1988) ,89

Bressman,L.

Beyond Accountability:Arbitrariness and Legitimacy in the Administrative State,78 N. Y. U. L. Rev. 461(2003),337

Judicial Review of Agency Inaction:An Arbitrariness Approach,79 N. Y. U. L. Rev. 1657(2004),425

Procedures as Politics in Administrative Law,107 Colum. L. Rev. 1749(2007), 268,429

Bressman,L. ,Rubin,E. ,and Stack,K.

The Regulatory State 779(2010),126

Bressman,L. ,and Vandenbergh,M.

Inside the Administrative State:A Critical Look at the Practice of Presidential Control,105 Mich. L. Rev. 47(2006),127,151

Brest,P.

The Misconceived Quest for the Original Understanding, 60 B. U. L. Rev. 204 (1980),26,58

Breyer,S.

Breaking the Vicious Circle:Toward Effective Risk Regulation(Harvard 1993) ,224

The Court and the World:American Law and the New Global Realities(2015) ,164

Making Our Democracy Work:A Judge's View(2011),164

On the Uses of Legislative History in Interpreting Statutes,65 S. Cal. L. Rev. 845 (1992),472,482

Regulation and its Reform(Harvard University Press 1982),15,210

Briffault,R.

Corporations,Corruption,and Complexity:Campaign Finance After Citizens United,20 Cornell J. L. & Pub. Pol'y 643(2011),116

The Anxiety of Influence:The Evolving Regulation of Lobbying,13 Election L. J. 160,181(2014),117

Super PACs,96 Minn. L. Rev. 1644(2012),117

Brooks,W.
The Privatization of the Civil Commitment Process and the State Action Doctrine: Have the Mentally Ill Been Systematically Stripped of Their Fourteenth Amendment Rights?,40 Duq. L. Rev. 1(2001),236

Brown,R.
Separated Powers and Ordered Liberty,139 U. Pa. L. Rev. 1513(1991),19,30

Brownell,R. II
A Constitutional Chameleon: The Vice President s Place Within the American System of Separation of Powers Part i: Text, Structure, Views of the Framers and the Courts,Kan. J. L. & Pub. Pol'y,Fall 2014,124

Brudney,J. ,Schiavioni,S. ,and Merritt,D.
Judicial Hostility Towards Labor Unions: Applying the Social Background Model to a Cellebrated Concern,60 Ohio St. L. J. 1675(1999) ,512

Bruff,H.
Balance of Forces: Separation of Powers Law in the Administrative State(2006) ,29
Presidential Power and Administrative Rulemaking,88 Yale L. J. 451(1979) ,140
Presidential Management of Agency Rulemaking,57 Geo. Wash. L. Rev. 533(1989), 144,147,334,335
Specialized Courts in Administrative Law,43 Admin. L. Rev. 329,352-53(1991),158
Untrodden Ground: How Presidents Interpret the Constitution 327(2015),126

Bruff,H. ,and Shane,P.
Separation of Powers Law: Cases and Materials (3d ed. Carolina Academic Press 2011),29

Bruno,J.
Immunity for "Discretionary" Functions: A Proposal to Amend the Federal Tort Claims Act,49 Harv. J. on Legis. 411(2012),523
The Weakness of the Case for Cameras in the United States Supreme Court, 48 Creighton L. Rev. 167,206(2015),108

Buchanan,J. and Tullock,G.
The Calculus of Consent(1962),105

Bull,R.
Public Participation and the Transatlantic Trade and Investment Partner ship,83 Geo. Wash. L. Rev. 1262,249,250

Bulman-Pozen,J.
Executive Federalism Comes to America,102 Va. L. Rev. (2016),21
Federalism as a Safeguard of the Separation of Powers, 112 Colum. L. Rev. 459 (2012),19-21
From Sovereignty and Process to Administration and Politics: The Afterlife of Ameri-

can Federalism,123 Yale L. J. 1920(2014),21

Partisan Federalism,127 Harv. L. Rev. 1077(2014),21

Burke,J.

The Institutional Presidency(1992),151

Burt,R.

Forcing Protection on Children and Their Parents: The Impact of Wyman v. James,69 Mich. L. Rev. 1259(1971),363

Blithe,T. ,and Mattli,W.

The New Global Rulers: The Privatization of Regulation in the World Economy,148-158(2011),248,249

Butler,D. ,Karpowitz,C. ,and Pope,J.

A Field Experiment on Legislators' Home Styles: Service versus Policy,74 J. of Pol. , Vol. 74,No. 2(April 2012),43

Buzhee,W. and Schapiro,R.

Legislative Record Review,54 Stan. L. Rev. 87(2001),22

Bybee,J.

Advising the President: Separation of Powers and the Federal Advisory Committee Act,104 Yale L. J. 51(1994),400

Byse,C.

Vermont Yankee and the Evolution of Administrative Procedure: A Some what Different View,91 Harv. L. Rev. 1823(1978),328

Byse,C. ,and Fiocca,J.

Section 1361 of the Mandamus and Venue Act of 1962 and"Nonstatutory"Judicial Review of Federal Administrative Action,81 Harv. L. Rev. 308(1967),415

Calabresi,G.

A Common Law for the Age of Statutes(1982),200

Calabresi,S. ,Prakash,S.

The President's Power to Execute the Laws,104 Yale L. J. 541(1994),128

Calabresi,and Yoo,C.

The Unitary Executive: Presidential Power from Washington to Bush(2006),29,33,124,127

Caminker,E.

State Sovereignty and Subordinacy: May Congress Commandeer State Officers to Implement Federal Laws?,95 Colum. L. Rev. 1001(1995),20

Campbeil,T. ,Raffle,B. ,and Cavender,A. ,and Carlin,N.

Protecting the Lesser Prairie Chicken Under the Endangered Species Act: A Problem and an Opportunity for the Oil and Gas Industry,45 Tex. Envtl L. J. 31(2015),235

Carlson, C. , and Anderson, H.
 Dispute Resolution in the Public Sector: What Makes Programs Survive, Thrive, or Die?, 20 No. 3 Disp. Resol. Mag. 11(2014), 298
Cary, W. L.
 Politics and the Regulatory Agencies(1967), 141, 373
Chayes, A.
 The Role of the Judge in Public Law Litigation, 89 Harv. L. Rev. 1281(1976), 238
Chemerinsky, E.
 Constitutional law: Principles and Policies(4th ed. , Aspen 2011), 28
 Federal Jurisdiction(6th ed. 2012), 526
Chernow, R.
 Alexander Hamilton(Penguin 2004), 384
Choper, J.
 Federalism and Judicial Review: An Update' 21 Hastings Const. L. Q. 577(1994), 22
Chu, V. , and Shedd, D.
 Presidential Review of Independent Regulatory Commission Rulemaking: Legal Issues, Congressional Research Service Report for Congress(2012), 340
Cibinic, J. Jr.
 Retroactive Legislation and Regulations and Federal Government Contracts, in Symposium, 51 Ala. L. Rev. 963(2000), 532
Cibinic, J. Jr. , and Nash, R.
 Administration of Government Contracts (4th ed. , George Washington University 2006), 531
Coffee, J.
 Systemic Risk After Dodd-Frank: Contingent Capital and the Need for Regulatory Strategies Beyond Oversight, 111 Colum. L. Rev. 795(2011), 219
Coglianese, C.
 Assessing Consensus: The Promise and Performance of Negotiated Rulemaking, 46 Duke L. J. 1255(1997), 346
 Moving Forward with Regulatory Lookback, 30 Yale J. on Reg. 57A, 60A(2013), 339
 Presidential Control of Administrative Agencies: A Debate over Law or Politics?, 12 U. Pa. J. Const. L. 637, 638-41(2010), 151
Coglianese, C. , and Marchant G.
 Shifting Sands: The Limits of Science in Setting Risk Standards, 152 U. Pa. L. Rev. 1255(2004), 225
Cohen, M.
 Regulatory Reform, Assessing the California Plan, Duke. L. J. 231(1983), 372

Colby, T. , and Smith, P.

The Return of Lochner, 100 Cornell L. Rev. 527(2015), 63

Cole, D.

"Machiavelli's Rules of Civil Procedure," Legal Times, (Nov. 3, 1997), 526

Conti-Brown, P.

The Institutions of Federal Reserve Independence, 32 Yale J. Reg. (2015), 136, 190

Copeland, C.

Changes to the OMB Regulatory Review Process by Executive Order 13422 (2007), 271

Cost-Benefit and Other Analysis Requirements in the Rulemaking Process(2011), 122

Length of Rule Reviews by the Office of Information and Regulatory Affairs(2013), 144, 146, 271, 334

Rulemaking Requirements and Authorities in the Dodd-Frank Wall Street Reform and Consumer Protection Act, Congressional Research Service(2010), 349

Corr, C. , and Zissis, K.

Convergence and Opportunity: The WTO Government Procurement Agreement and U. S. Procurement Reform, 18 N. Y. L. Sch. J. Int'l &. ;Comp. L. 303(1999), 531

Corwin, E.

The President: Office and Powers(4th rev. ed. 1957), 127

Costle, D.

Brave New Chemical: The Future Regulatory History of Phlogiston, 33 Admin. L. Rev. 195(1981), 323

Cox, A. , and Posner, E.

The Second Order Structure of Immigration Law, 59 Stan. L. Rev. 809(2007), 240

Cox, A. , and Rodriguez, C.

The President and Immigration Law, 119 Yale L. J. 458(2009), 240

Craig, P.

Comitology, Rulemaking and the Lisbon Settlement: Tensions and Strains, Chap 9 in C. and D. Ritleng(eds), The European Commission, The New System for Delegation of Powers(Oxford University Press, 2015), 299

"Natural Justice: Hearings; Natural Justice: Bias and Independence" in Administrative Law(7th Ed. , Sweet &. Maxwell, 2012), 30

Craig, P. , and Tomkins, A. , eds.

The Executive and Public Law(2006), 5, 10

Crawford, S.

Captive Audience: The Telecom Industry and Monopoly Power in the New Gilded Age (Yale, 2013), 15

Croley,S.

The Administrative Procedure Act and Regulatory Reform: A Reconciliation, 10 Admin. L. J. Am. U. 35,36(1996),264,266

What Agencies Do: The Fourth Branch in Operation(Princeton University Press, 2008),15

White House Review of Agency Rulemaking: An Empirical Investigation,70 U. Chi. L. Rev. 821(2003),337

Croley,S. ,and Funk,W.

The Federal Advisory Committee Act and Good Government,14 Yale J. Reg. 452 (1997),400

Cuéllar,M.

Auditing Executive Discretion,82 Notre Dame L. Rev. 227(2006),425

Currie,D. ,and Goodman,F.

Judicial Review of Federal Administrative Action: The Quest for the Optimum Forum, 75 Colum. L. Rev. 1(1975),411

Cushman,B.

Carolene Products and Constitutional Structure,2012 Sup. Ct. Rev. 321(2012),63

Dam,K.

The American Fiscal Constitution,44 U. Chi. L. Rev. 271(1977),130

Davidson,R. ,Oleszek,W. ,Lee,F. ,and Schickler,E.

Congress and its Members 111-25(14th Ed. Sage,2014),43

Davis,K. C.

Administrative Law Treatise 207-08(2d ed. 1978),256,299,456

Davis,K. j and Gellhorn,W.

Present at the Creation: Regulatory Reform Before 1946,38 Admin. L. Rev. 507 (1986),263

Regulatory Analysis Requirements: A Review and Recommendations for Reform (2012),268

Delahunty,R. ,and Yoo,J.

Dream On: The Obama Administration's Nonenforcement of Immigration Laws, the DREAM Act,and the Take Care Clause,91 Tex. L. Rev. 781(2013),132

Dellinger,W.

The Legitimacy of Constitutional Change: Rethinking the Amendment Process, 97 Harv. L. Rev. 386(1983),18

DeMuth,C.

Memorandum to the Cabinet Council on Economic Affairs,3 Inside the Administration,No. 3,7(Feb. 10,1984),183

DeMuth, C., and Ginsburg, D.

White House Review of Agency Rulemaking, 99 Harv. L. Review 1075(1986), 150

Derthick, M., and Quirk, P.

Why the Regulators Chose to Deregulate, as in R. Noll, ed., Regulatory Policy and the Social Sciences 215(University of California 1986), 284

Dilger, R., and Beth, R.

Unfunded Mandates Reform Act: History, Impact, and Issues, Congressional Research Service Report(2015), 343

Donahue, D.

Western Grazing: The Capture of Grass, Ground, and Government, 35 Envtl. L. 721 (2005), 251

Dowling, S.

The Jurisprudence of United States Constitutional Interpretation: An Annotated Bibliography(2nd ed. Hein 2009), 28

Drahozal, C.

New York Convention and the American Federal System, The Symposium, 2012 J. Disp. Resol. 101(2012), 246

Duffy, J.

Administrative Common Law in Judicial Review, 77 Texas L. Rev. 113 (1998), 414, 428

Easterbrook, F.

Statutes' Domains, 50 U. Chi. L. Rev. 553(1983), 472

Elliott, E. D.

Congress's Inability to Solve Standing Problems, 91 B. U. L. Rev. 159(2011), 430

Reinventing Rulemaking, 41 Duke L. J. 1490, 1492(1992), 272, 344

TQM-ing OMB: Or Why Regulatory Review Under Executive Order 12,291 Works Poorly and What President Clinton Should Do About It, 57 L. & Contemp. Prob. 167(1994), 144

Ely, I.

Democracy and Distrust, A Theory of Judicial Review(Harvard University 1980), 19, 63

Emerson, T.

The System of Freedom of Expression(1970), 63, 64

Eegstrom, D.

Harnessing the Private Attorney General: Evidence from Qui Tam Litigation, 112 Colum. L. Rev. 1244(2012), 290

Ernst, D.

Tocquevilles Nightmare: The Administrative State Emerges in America, 1900-1940 (Oxford University Press, 2014), 15

Eskridge, W. , Jr.
  The Circumstance of Politics and the Application of Statutes, 100 Colum. L. Rev. 558 (2000), 472
Fallon, R.
  As-Applied and Facial Challenges and Third-Party Standing, 113 Harv. L. Rev. 1321 (2000), 429
  Claims Court at the Crossroads, 40 Cath. U. L. Rev. 517(1991), 520
Fallon, R. , Meltzer, D. , Manning, J. , and Shapiro, D.
  Hart & Wechsler's The Federal Courts and the Federal System(7th ed. Foundation Press 2015), 427, 526
Farber, D. , and Frickey, P.
  Law and Public Choice: A Critical Introduction(University of Chicago Press 1991), 15, 43
Farber, D. , and O'Conneil, A.
  The Lost World of Administrative Law, 92 Tex. L. Rev. 1137(2014), 150
Farina, C.
  Conceiving Due Process, 3 Yale J. L. & Feminism 189(1991), 235
  Congressional Polarization: Terminal Constitutional Dysfuncton? 115 Colum. L. Rev. 1689, 1691(2015), 6, 103
  The Consent of the Governed: Against Simple Rules for a Complex World, 72 Chv-Kent L. Rev. 987(1997), 128
  Due Process at Rashomon Gate: The Stories of Mathews v. Eldridge, in P. Strauss, ed., Administrative Law Stories(2006), 74, 93
  False Comfort and Impossible Promises: Uncertainty, Information Overload, and the Unitary Executive, 12 U. Pa. J. Const. L. 357(2010), 127
  Federalism Under Obama, 53 Wm. & Mary L. Rev. 567(2011), 195
  Keeping Faith: Government Ethics and Government Ethics Regulation, 45 Admin. L. Rev. 287(1993), 405
  On Misusing "Revolution and "Reform": Procedural Due Process and the New Welfare Act, 50 Admin. L. Rev. 591(1998), 84, 239
  When Government Regulators Don't Care about Data-based Analysis of Their Own Processes(2015), 311
Farina, C. , and Metzger, G.
  Introduction: The Place of Agencies in Polarized Government, 115 Colum. L. Rev. 1683, 1685(2015), 11
Fisher, L.
  Constitutional Conflicts Between Congress and the President(2014), 122

Fiss, O.
  Against Settlement, 93 Yale L. J. 1073(1984), 297
  Reason in All Its Splendor, 56 Brooklyn L. Rev. 789, 801(1990), 89
Flaherty, M.
  The Most Dangerous Branch, 105 Yale L. J. 1725(1996), 128
Fletcher, W.
  The Structure of Standing, 98 Yale. L. J. 221(1988), 429
Flynn, J.
  The Costs and Benefits of "Hiding the Ball:" NLRB Policy-making and the Failure of Judicial Review, 75 B. U. L. Rev. 387(1995), 468
Frank, M.
  Choosing Safety: A Guide to Using Probabilistic Risk Assessment and Decision Analysis in Complex, High-Consequence Systems(2008), 224
Freeman, J., and Minow, M., eds.
  Government by Contract: Outsourcing and American Democracy(Harvard University Press 2009), 192, 236
Friedman, B.
  The Birth of an Academic Obsession: The History of the Counter-majoritarian Difficulty, Part Five, 112 Yale L. J. 153(2002), 19, 25
Friendly, H.
  Federal Jurisdiction: A General View(Columbia University 1973), 411
  Some Kind of Hearing, 123 U. Pa. L. Rev. 1267, 1279 et seq. (1975), 91
Fuller, L.
  The Forms and Limits of Adjudication, 92 Harv. L. Rev. 353, 394-405(1978), 286
Funk, W.
  When Smoke Gets in Your Eyes: Regulatory Negotiation and the Public Interest—EPAs Woodstove Standards, 18 Envtl. L. 55(1987), 347
Gardbaum, S.
  The Myth and the Reality of American Constitutional Exceptionalism, 107 Mich. L. Rev. 391(2008), 57
Gardner, J. A.
  The Myth of State Autonomy: Federalism, Political Parties, and the National Colonization of State Politics, 29 J. L. & Pol. 1, 2-3(2013), 101
Gedid, J.
  Administrative Procedure for the Twenty-First Century: An Introduction to the 2010 Model State Administrative Procedure Act, 44 St. Mary s L. J. 241, 269(2012), 289
Gellhorn, E., and Robinson, G.
  Perspectives in Administrative Law, 75 Colum. L. Rev. , 771, 780-781(1975), 455

Rulemaking "Due Process": An Inconclusive Dialogue,48 U. Chi. L, Rev. 201 (1981),326,376

Gellhorn,W.

The Abuse of Occupational Licensing,44 U. Chi. L. Rev. 6(1976),216

Ombudsmen and Others:Citizens' Protectors in Nine Countries(Harvard 1966),401

When Americans Complain(Harvard 1966),401

Gilman,F.

The Famous Footnote Four:A History of the Carotene Products Footnote,46 S. Tex. L. Rev. 163(2004),63

Ginsburg,T. ,and Dixon,R.

Comparative Constitutional Law(2013),57

Clifford,D.

The Morgan Cases:A Retrospective View,30 Admin. L. Rev. 237(1978),508

Gluck,A. ,and Bressman,L.

Statutory Interpretation from the Inside—An Empirical Study of Congressional Drafting,Delegation,and the Canons:Parts I and II,65

Stan. L. Rev. 901(2013),472,495

Gluck,A. O'Connell,A. and Po,R.

Unorthodox Lawmaking Unorthodox Rulemaking,115 Colum. L. Rev. 1789(2015), 11,105,110,344

Goldstein,J.

Constitutional Change,Originalism,and the Vice Presidency,16 U. Pa. J. Const. L. 369(2013),124

Gordon,R. ,Susman,T. ,and Luneburg,W. ,eds.

The Lobbying Manual:A Complete Guide to Federal Lobbying Law and Practice(4th ed. 2009),118

Graham,J.

Saving Lives through Administrative Law and Economics,157 U. Pa. L. Rev. 395 (2008),225,337

Statement Before the Subcommittee on Energy Policy,Natural Resources and Regulatory Affairs,House Committee on Government Reform(Apr. 20,2004),339

Graham,J. ,and Wiener,J. ,eds.

Risk versus Risk:Tradeoffs in Protecting Health and the Environment,(Harvard 1995),224

Greenawalt,K.

Statutory and Common Law Interpretation(2013),163,472

Greene,J.

The Anti-Canon 125 Harv. L. Rev. 379(2011),60

Fourteenth Amendment Originalism,71 Md. L. Rev. 978(2012),61

Grossman,S.

Tricameral Legislating: Statutory Interpretation in an Era of Conference Committee Ascendancy,9 N. Y. U. J. Legis. & Pub. Poly 251,262(2006),109

Grove,T.

The Exceptions Clause as a Structural Safeguard,113 Colum. L. Rev. 929(2013),428

Standing as an Article II Nondelegation Doctrine,11 U. Pa. J. Const. L. 781(2009),410

Gunther,G.

Congressional Power to Curtail Federal Court Jurisdiction: An Opinionated Guide to the Ongoing Debate,36 Stan. L. Rev. 895(1984),158

In Search of an Evolving Doctrine on a Changing Court: A Model for a Newer Equal Protection,86 Harv. L. Rev. 1(1972),60

Haeder,S. ,and Yackee,S.

Influence and the Administrative Process: Lobbying the U. S. Presidents Office of Management and Budget,109 Am. Pol. Sci. Rev. 527(2015),272,338

Hahn,R. ,et al.

Empirical Analysis: Assessing Regulatory Impact Analyses: The Failure of Agencies to Comply with Executive Order 12,866,23 Harv. J. L. 8 & Pub. Pol'y 859(2000),147,337

Hahn,R. ,and Dudley,P.

How Well Does the U. S. Government Do Benefit-Cost Analysis?,1 Rev. Envtl Econ. And Pol'y 192,209(2007),147

Hamburger,P.

Is Administrative Law Unlawful? (2014),7,15

Hamilton,R.

Procedures for the Adoption of Rules of General Applicability: The Need for Procedural Innovation in Administrative Rulemaking, 60 Calif. L. Rev. 1276 (1972),306,307

Hanus,J. ,and Relyea,H.

A Policy Assessment of the Privacy Act of 1974,25 Amer. U. L. Rev. 555(1976),398

Harmon,A. G.

Interested,but not Injured: The Compromised Status of Qui Tam Plaintiffs under the Amended False Claims Act and the Return of the Citizen Suit,43 Pub. Cont. L. J. 423(2014),290

Hart,H.

The Power of Congress to Limit the Jurisdiction of Federal Courts: An Exercise in Dialectic,66 Harv. L. Rev. 1362(1953),158

Hart,H. ,and Sacks,A.
The Legal Process 1124(W. Eskridge & P. Frickey eds. Foundation Press 1994),475

Harter,P.
Collaboration:The Future of Governance,2009 J. Disp. Resol. 411(2009),346

Hartnett,E.
Questioning Certiorari:Some Reflections Seventy-Five Years After the Judges' Bill, 100 Colum. L. Rev. 1643(2000),163,428

Hawkley,J.
The Intellectual Origins of(Modern) Substantive Due Process,93 Tex. L. Rev. 275 (2014),63

Heagney,M.
Justice Ruth Bader Ginsburg Offers Critique of Roe v. Wade During Law School Visit,University of Chicago Law School(May 15,2013),27

Hecht,S.
Taking Background Principles Seriously in the Context of Sea-Level Rise,39 Vt. L. Rev. 781,788(2015),95

Heclo,H.
A Government of Strangers:Executive Politics in Washington(Brookings Institute 1977),134,155,183

Heinzerling,L.
A Former Insider s Reflections on the Real Relationship Between the Obama EPA and the Obama White House,31 Pace Env'l L. Rev. 325(2014),148
The FDAs Plan B Fiasco:Lessons for Administrative Law,102 Georgetown L. J. 927 (2014),333,337,380

Herz,M.
Law Lags Behind:FOIA and Affirmative Disclosure of Information,7 Cardozo Pub. L. Poly & Ethics J. 577(2009),393

Hess,J. S. ,and Pfiffner,J.
Organizing the Presidency(2002),127

Hines,B.
An Overview of U. S. Immigration Law and Policy Since 9/11,12 Tex. Hisp. J. L. & Pol y 9(2006),241

Hirschkopf,H.
Early Warnings,Thirteenth Chimes;Dismissed Federal-Tort Suits,Public Accountability,And Congressional Oversight,Mich. St. L. Rev. 183(2015),521,522

Hissam,M.
The Impact of Executive Order 13,422 on Presidential Oversight of Agency Adminis-

tration,76 Geo. Wash. L. Rev. 1292,1298(2009),271

Huber,B.
The Durability of Private Claims to Public Property,102 Geo. L. J. 991(2013),251

Huberfeld,N.
Bizarre Love Triangle: The Spending Clause, Section 1983, and Medicaid Entitlements, 42 U. C. Davis L. Rev. 413(2008),235

Irons,P.
The New Deal Lawyers(1982),14

Issacharoff,S.
Ballot Bedlam,64 Duke L. J. 1363(2015),101

Jackson,V.
Suing the Federal Government: Sovereignty, Immunity, and Judicial Independence,35 Geo. Wash. Int'l L. Rev. 521(2003),416

Jaffe,L.
The Illusion of the Ideal Administration,86 Harv. L. Rev. 1183(1973),115,405
Judicial Control of Administrative Action 320(1965),157,424,450,455,514
Judicial Review of Administrative Action(Little Brown 1965),14

Johnsen,D.
Faithfully Executing the Laws: Internal Legal Constraints on Executive Power, 54 UCLA L. Rev. 1559(2007),198

Johnson,K. ,et al.
Understanding Immigration Law,(LexisNexis,2009),240

Jones,H.
The Rule of Law and the Welfare State,58 Colum. L. Rev. 143(1958),81

Kaden,L.
Politics, Money, and State Sovereignty: The Judicial Role,79 Colum. L. Rev. 847 (1979),102

Kagan,E.
Presidential Administration, 114 Harv. L. Rev. 2246 (2001), 29, 124, 127, 145, 334,337

Kagan,R.
Regulatory Justice: Implementing a Wage-Price Freeze(Russell Sage 1978),256

Kahn,J.
Mrs. Shipley's Ghost: The Right to Travel and Terrorist Watch Lists(2013),242

Kahneman,D.
Thinking, Fast and Slow(2011),225

Kaiser,R.
So Damn Much Money: The Triumph of Lobbying and the Corrosion of American

Government(Knopf 2009),105

Karkkainen,B.

Information as Environmental Regulation:TRI and Performance Bench marking,Precursor to a New Paradigm?,89 Geo. L. J. 257(2001),366

Karmel,R.

Should Securities Industry Self-Regulatory Organizations Be Considered Government Agencies?,14 Stan. J. L. Bus. & Fin. 151(2008),189

Katyal,N.

Internal Separation of Powers:Checking Today's Most Dangerous Branch,115 Yale L. H. 2314(2006),182,374

Katzmann,R.

Judging Statutes(Oxford Univ. Press 2014),108,472,482,484

Institutional Disability:The Saga of Transportation Policy for the Disabled(Brookings Institute 1986),235

Kaufman,H.

The Administrative Behavior of Federal Bureau Chiefs(Brookings 1981),15,134,374

The Forest Ranger(Resources for the Future 1960),175,251,374

Keiter,R.

Keeping Faith with Nature: Ecosystems, Democracy, and Americas Public Lands (2008),250

Kelman,S.

Regulating America,Regulating Sweden:A Comparative Study of Occupational Safety and Health Regulations(MIT Press 1981),69,197,363

Kent,A.

Are Damages Different?: Bivens and National Security, 87 S. Cal. L. Rev. 1123 (2014),526

Kerr,O.

Updating the Foreign Intelligence Surveillance Act, 75 U. Chi. L. Rev. 225 (2008),367

Kessler,D.

A Question of Intent:A Great American Battle with a Deadly Industry(Public Affairs 2001),15,132

Keyes,W.

Government Contracts Under the Federal Acquisition Regulation(3d ed., West 2010), 531

Kitrosser,H.

Reclaiming Accountability:Transparency,Executive Power,and the U. S_Constitution (2015),124

Koch, C.
Administrative Presiding Officials Today, 46 Admin. L. Rev. 271(1994), 185

Krent, H.
Preserving Discretion without Sacrificing Deterrence: Federal Governmental Liability in Tort, 38 U. C. L. A. L. Rev. 871(1991), 524

Reviewing Agency Actions for Inconsistency with Prior Rules & Regulations, 72 Chi-Kent L. Rev. 1187(1987), 510

Krent, H. and Morris, S.
Achieving Greater Consistency in Social Security Disability Adjudication: An Empirical Study and Suggested Reforms(2013), 258

Kuran, T., and Sunstein, C.
Availability Cascades and Risk Regulation, 51 Stan. L. Rev. 683(1999), 225

Laitala, L.
BLM Advisory Boards Past, Present, and Future(BLM 1975), 251

Landis, J.
The Administrative Process(Yale University 1938), 14

The Attorney Generars Manual on the Administrative Procedure Act(1947), 14

Report of the Attorney Generals Committee on Administrative Procedure, S. Doc. 8, 77th Cong., 1st Sess. (1941), 14

Report on Regulatory Agencies to the President-Elect 71(1960), 431

Landau, J.
Due Process and the Non-Citizen: A Revolution Reconsidered, 47 Conn. L. Rev. 879 (2015), 94

Lasser, M.
JudiciaJ. Deliberations(2004), 165

Lawson, G.
The Rise and Rise of the Administrative State, 107 Harv. L. Rev. 1231(1994), 99

Legomsky, S.
Deportation and the War on Independence, 91 Cornell L. Rev. 369(2006), 241

Lessig, L.
Fidelity and Constraint, 65 Fordham L. Rev. 1365(1997), 23

Republic Lost: How Money Corrupts Congress—And a Plan to Stop It (Twelve 2011), 105

Levi, E.
An Introduction to Legal Reasoning(2013), 163

Levin, R.
The Anatomy of Chevron: Step Two Reconsidered, 72 Chi-Kent L. Rev. 1253(1997), 497

Direct Final rulemaking,64 Geo. Wash. L. Rev. 1(1995),345

Understanding Unreviewability in Administrative Law,74 Minn. L. Rev. 689(1990),425

"Vacation" at Sea:Judicial Remedies and Equitable Discretion in Administrative Law, 53 Duke L. J. ,291(2003),452

Lewis,D. ,and Selina,J.

Sourcebook of Federal Executive Agencies(ACUS 2013),33

Lieber,F.

Legal and Political Hermeneutics 31(Charles C. Little and James Brown 1839),482

Liebman,G.

Delegation to Private Parties in American Constitutional Law,50 Ind. L. J. 650 (1975),216

Linde,H.

Due Process of Lawmaking,55 Neb. L. Rev. 197(1976),261

Linzer,P.

The Carolene Products Footnote and The Preferred Position of Individual Rights:Louis Lusky and John Hart Ely vs. Harlan Fiske Stone,12 Const. Comm. 277(1995),63

Livermore,M.

Cost-Benefit Analysis and Agency Independence,81 U. Chi. L. Rev. 609(2014),148

Livermore,M. ,and Schwarz,f.

Unbalanced Retrospective Regulatory Review,Penn Program on Regulation RegBlog, (July 12,2012),339

Lloyd,E.

Citizen Suits atid Defenses Against Them,ST038 ALI-ABA 627(2012),290

Lobel,O.

Interlocking Regulatory and Industrial Relations:The Governance of Workplace Safety,57 Admin. L. Rev. 1071(2005),223

Low,P. ,and Jefferies,J.

Federal Courts and the Law of Federal-State Relations(8th ed. 2014),526

Lowi,T.

The Personal President(1985),127

Lubbers,J. S.

A Guide to Federal Agency Rulemaking(5th ed. 2012),340

Achieving Policymaking Consensus:The(Unfortunate) Waning of Negotiated Rulemaking,49 S. Tex. L. Rev. 987,996(2008),346

Developments in Administrative Law and Regulatory Practice 1999-2000 105(ABA 2001),423

Limeberg,W.

Retroactivity and Administrative Rulemaking,Duke L. J. 106,109-110(1991),357

Macey,I.
  Promoting Public-Regarding Legislation Through Statutory Interpretation:An Interest Group Model,86 Colum. L. Rev. 223,227(1986),105

Magill,E.
  The Real Separation in Separation of Powers Law,86 Va. L. Rev. 1127(2000),29, 40,127

Magill,E.,and Vermeule,A.
  Allocating Power Within Agencies,120 Yale L. J. 1032(2011),374

Mann,T.,and Ornstein,N.
  The Broken Branch:How Congress Is Failing America and How to Get it Back on Track(2008),6,102,113
  It's Even Worse Than It Looks:How the American Constitutional System Collided with the New Politics of Extremism(2013),102,113

Manning,J.
  Constitutional Structure and Judicial Deference to Agency Interpretation of Agency Rules,96 Colum. L. Rev. 612(1996),501
  Inside Congress's Mind,115 Colum. L. Rev. 1911(2015),482
  Textualism and the Equity of the Statute,101 Colum. L. Rev. 1(2001),472

Manning,J.,Meltzer,D.,and Shapiro,D.
  Hart & Wechsler's The Federal Court and the Federal System 275-323(6th Ed. 2009),458

Mantel,J.
  Procedural Safeguards for Agency Guidance:A Source of Legitimacy for the Administrative State,61 Admin. L. Rev. 343(2009),268

Marr,C.,Friedman,J.,and Debot,B.
  IRS Funding Cuts Continue to Compromise Taxpayer Service and Weaken Enforcement,Center on Budget and Policy Priorities(Sept. 30,2015),363

Mashaw,J.
  Creating the Administrative Constitution:The Lost One Hundred Years of American Administrative Law(2012),14,15,39,43,172,173,178,250,374,456
  Bureaucratic Justice:Managing Social Security Disability Claims(Yale University 1983),15,175,230,231,258,374
  Due Process in the Administrative State(Yale University 1985),74,77,230
  Greed,Chaos & Governance:Using Public Choice to Improve Public Law(Yale 1997), 15,43,105
  Norms,Practices,and the Paradox of Deference:A Preliminary Inquiry Into Agency Statutory Interpretation,57 Admin. L. Rev. 501(2005),484
  Prodelegation:Why Administrators Should Make Political Decisions,5 J. L. Econ. &

Org. 81(1985),131
Mashaw,J. ,et al.
Social Security Hearings and Appeals(Lexington 1978),120,230
Mashaw,J. and Harfst,D.
Regulation and Legal Culture:The Case of Motor Vehicle Safety,4 Yale J. Reg. 257 (1987),320,323
The Struggle for Auto Safety(Harvard 1990),15,225,320,323,418
Mashaw,J. ,Merrill,R. ,Shane,P. ,Magill,E. ,Cuellar,M. F. ,and Parrillo,N.
Administrative Law,The American Public Law System:Cases and Materials,(7th ed. West Academic Publishing 2014),14
Mason,A.
Implied-in-Fact Contracts under the Federal Acquisitions Regulation,41 Wm & Mary L. Rev. 709(2000),532
Massengale,L.
Fundamentals of Federal Contract Law(Quorum Books 1991),531
McCraw,T.
Prophets of Regulation(Belknap Press 1984),15 McCutcheon,C. Congress A to Z 542 (2014),42
McDermott,P.
Building Open Government,Government Information Quarterly(2010),365
McGarity,T.
The Courts and the Ossification of Rulemaking:A Response to Professor Seidenfeld, 75 Tex. L. Rev. 525(1997),343
Some Thoughts on "Deossifying"the Rulemaking Process,41 Duke L. J. 1385(1992), 418
McGarity,T. ,Steinzor,R. ,Shapiro,S. ,and Shudtz,M.
Workers at Risk:Regulatory Dysfunction at OSHA,Center for Progressive Reform White Paper #1003(Feb. 2010),223
McGarity,T. ,and Shapiro,S.
Workers at Risk:The Failed Promise of the Occupational Safety and Health Administration(Praeger 1993),223
McGarity,T. ,and Wagner,W.
Bending Science(2008),333
McKenna,J.
The Constitutional Protection of Private Papers:The Role of a Hierarchical Fourth Amendment,53 Ind. L. J. 55(1977),70
Melnick,R. S.
Between the Lines(Brookings 1994),15

Regulation and the Courts: The Case of the Clean Air Act(Brookings Institute 1983),422,512

Mendeloff, J.

The Dilemma of Toxic Substances Regulation: How Overregulation Causes Underregulation at OSHA(MIT Press 1988),223

Mendelson, N.

Disclosing "Political" Oversight of Agency Decision Making,108 Mich. L. Rev. 1127 (2010),144,312,333,338

Private Control over Access to the Law: The Perplexing Federal Regulatory Use of Private Standards,112 Mich. L. Rev. 737(2014),249,347

Regulatory Beneficiaries and Informal Agency Policymaking,92 Cornell L. Rev. 408 (2007),418

Mendelson, N., and Weiner, J.

Responding to Agency Avoidance of OIRA,37 Harv. J. L. & Pub. POry 447(2014), 148,344

Merrill, T.

Article III, Agency Adjudication, and the Origins of the Appellate Review Model of Administrative Law,111 Colum. L. Rev. 939(2011),456,460

High Level, "Tenured" Lawyers,61 Law & Contemp. Prob. 83(1998),182

Preemption and Institutional Choice,102 Nw. U. L. Rev. 727(2008),19

Presidential Administration and the Traditions of Administrative Law,115 Colum. L. Rev. 1953(2015),6,128,380

Textualism and the Future of the Chevron Doctrine,72 Wash. U. L. Q. 351,354, 372-73(1994),479,482

Merrill, T., and Hickman, K.

Chevron s Domain,89 Georgetown L. J. 833(2001),493

Merry, H.

Five Branch Government: The Full Measure of Constitutional Checks and Balances(University of Illinois Press 1980),183

Metzger, G.

Agencies, Polarization and the States,115 Colum. L. Rev. 1739(2015),21

Administrative Law as the New Federalism,57 Duke L. J. 2023(2008),21

Congress, Article IV, and Interstate Relations,120 Harv. L. Rev. 1468(2007),21

The Constitutional Duty to Supervise,124 Yale L. J. 1836(2015),192

Privatization as Delegation,103 Colum. L. Rev. 1367(2003),136

Federalism and Federal Agency Reform,111 Colum. L. Rev. 1(2011),21

The Interdependent Relationship Between Internal and External Separation of Rowers, 59 Emory L. J. 423(2010),374

Michaels, J.
An Enduring, Evolving Separation of Powers, 115 Colum L. Rev. 515(2015), 182, 188, 374

Michelman, F.
Property, Utility, and Fairness: Comments on the Ethical Foundations of "Just Compensation" Law, 80 Harv. L. Rev. 1165(1967), 95

Miller, G.
Independent Agencies, 1986 Sup. Ct. Rev. 41(1987), 140, 146

Mishra, D.
An Executive Power Non-Delegation Doctrine for the Private Administration of Federal Law, **68** Vand. L. Rev. 1509(2015), 192, 199, 347, 430

Moghen, F.
The GAO: The Quest for Accountability in American Government(1979), 123

Monaghan, H.
Constitutional Fact Review, 85 Colum. L. Rev. 229(1985), 461
Federal Statutory Review Under Section 1983 and the APA, 91 Colum. L. Rev. 233 (1991), 526
Marbury v. Madison and the Administrative State, 83 Colum. L. Rev. 1(1983), 34, 415
The Protective Power of the Presidency, 93 Colum. L. Rev. 1(1993), 421
State Law Wrongs, State Law Remedies, and the Fourteenth Amendment, 86 Colum. L. Rev. 979(1986), 237

Moore, f. N., and Turner, R., eds.
Legal Issues in the Struggle Against Terror(2010).

Morrison, A.
OMB Interference with Agency Rulemaking: The Wrong Way to Write a Regulation, 99 Harv. L. Rev. 1059(1986), 150

Morrison, T.
Stare Decisis in the Office of Legal Counsel, 110 Colum. L. Rev. 1448(2010), 198

Mosher, F.
A Tale of Two Agencies: A Comparative Analysis of the General Accounting Office and the Office of Management and Budget(1984), 123, 155

Moss, D.
When All Else Fails: Government as the Ultimate Risk Manager(Harvard 2002), 224

Moynihao, D., and Kroll, A.
Performance Management Routines that Work? An Early Assessment of the GPRA Modernization Act, Public Administration Review(2015), 342

Murphy, E.
The Politics of Privacy in the Criminal Justice System: Information Disclosure, The

Fourth Amendment, and Statutory Law Enforcement Exemptions, 111 Mich. L. Rev. 485(2013),367

Nabatchi,T.

The Institutionalization of Alternative Dispute Resolution in the Federal Government, (S7 Pub. Admin. Rev. 646(2007),298

Nelson,S,

The Kings Wrongs and the Federal District Courts: Understanding the Discretionary Function Exception to the Federal Tort Claims Act, 51 S. Tex. L. Rev. 259 (2009),524

Neuman,G,

The Habeas(Corpus Suspension Clause After Boumediene v. Bush, 110 Colum. L. Rev. 537(2010),241

Habeas Corpus, Executive Detention, and the Removal of Aliens, 98 Colum. L. Rev. 961(1998),241,414

Federal Courts Issues in Immigration Law,78 Texas L. Rev. 1661(2000),241

Nidiol,G. Jr.

Rethinking Standing,72 Calif. L. Rev. 68(1984),429

Noah,L.

Sham Petitioning as a Threat to the Integrity of the Regulatory Process,74 N. C. L. Rev. 1(1995),290,296

Nou,J.

Agency Self-Insulation Under Presidential Review,126 Harv. L. Rev. 1755(2013), 148,344

Intra-Agency Coordination,129 Harv. L. Rev. 421(2015),374

Regulatory Textualism,65 Duke Law Journal 101(2015),376,502

Noveck,B.

Smarter Citizens, Smarter State(Harvard 2015),401 O'Brien,D. Congress Shall Make No Law: The First Amendment, Unprotected Expression, and the Supreme Court (2010),63

O'Connell,A.

Bureaucracy at the Boundary,162 U. Pa. L. Rev. 841(2014),41,188

Shortening Agency and Judicial Vacancies Through Filibuster Reform? An Examination of Confirmation Rates and Delays from 1981 to 2014, 16 Duke L. J. 1645 (2014),102

O'Leary,R. ,and Raines,S.

Lessons Learned from Two Decades of Alternative Dispute Resolution Programs and Processes at the U. S. Environmental Protection Agency,61 Pub. Admin. Rev. 282 (2003),297

Oltmann, S. , Rosenbaum, H. , and Hara, N.
   Digital Access to Government Information: To What Extent are Agencies in Compliance with EFOIA?, Proceedings of the American Society for Information Science and Technology, Vol. 43, No. 1(2006), 393

Packer, Q.
   The Empty Chamber, The New Yorker(Aug. 9, 2010), 108

Paletta, D.
   "Disability-Claim Judge Has Trouble Saying 'No': Near-Perfect Approval Record; Social-Security Program Strained," The Wall Street Journal, May 19, 2011, 185

Patterson, B. H. Jr.
   To Serve the President: Continuity and Innovation in the White House Staff(Washington, D. C. : Brookings, 2008), 127

Pederson, W.
   Formal Records and Informal Rulemaking, 85 Yale L. J. 38, 60(1975), 182, 315, 316, 323

Pierce, R. J. Jr.
   Administrative Law Treatise(5th ed. Aspen Law & Business 2010, with annual supplements), 13, 411
   The Due Process Counter-revolution of the 1990s?, 96 Colum. L. Rev. 1973(1996), 239
   Making Sense of Procedural Injury, 62 Admin. L. Rev. 1(2010), 436
   Rulemaking Ossification is Real: A Response to Testing the Ossification Thesis, 80 Geo. Wash. L. Rev. 1493(2012), 343
   Seven Ways to Deossify Agency Rulemaking, 47 Admin. L. Rev. 59(1995), 343, 418
   The Special Contributions of the D. C. Circuit to Administrative Law, 90 Geo. L. J. 779(2001), 422

Pierce, R. , Shapiro, S. and Verkuil, P.
   Administrative Law and Process(5th ed. Foundation Press 2009), 13, 14, 193

Pildes, R. , and Sunstein, C.
   Reinventing the Regulatory State, 62 U. Chi. L. Rev. 1(1995), 144, 334

Pillard, C.
   The Unfulfilled Promise of the Constitution in Executive Hands, 103 Mich. L. Rev. 676(2005), 198

Posner, R.
   Arbitration and the Harmonization of International Commercial Law: A Defense of Mitsubishi, 39 Va. J. Int'l L. 647(1999), 247
   Not a Suicide Pact: The Constitution in a Time of National Emergency(2006) , 94
   Statutory Interpretation—In the Classroom and In the Courtroom, 50 U. Chi. L.

Rev. 800(1983),472

Post,R.

Citizens Divided:Campaign Finance Reform and the Constitution(2014),64

Compelled Commercial Speech,117 W. Va. L. Rev. 867(2015),65

The Constitutional Status of Commercial Speech,48 U. C. L. A. L. Rev. 1(2000),65

Democracy,Expertise,and Academic Freedom:A First Amendment Jurisprudence for the Modern State(2011),63

Pound,R.

Common Law and Legislation,21 Harv. L. Rev. 383(1908),201,473

Pozen,D.

The Leaky Leviathan:Why the Government Condemns and Condones Unlawful Disclosures of Information,127 Harv. L. Rev. 512(2013),183

Primus,R.

The Limits of Enumeration,124 Yale L. J. 576(2014),22

Prosser,W. ,and Keeton,P.

Prosser and Keeton on the Law of Torts 1044-45(West 1984),519

Purcell,E.

Brandeis and the Progressive Constitution:Erie,the Judicial Power,and the Politics of the Federal Courts in Twentieth-Century America(2000),163,201

Quarles,J.

Cleaning up America An Insider s View of the Environment Protection(Houghton Mifflin 1976),129,176

Quayle,D.

"Standing Firm:Personal Reflections on being Vice President", in T. Walch Ed. ,At the President's Side_The Vice Presidency in the Twentieth Century(1997),150

Rabin,R.

Federal Regulation in Historical Perspective,38 Stan. L. Rev. 1189(1986),14,15,264

Rakoff,T.

The Shape of Law in the American Administrative State,11 Tel Aviv U. Studies in Law 9(1992),34,336

The Choice Between Formal and Informal Modes of Administrative Regulation,52 Admin. L. Rev. 159(2000),345,349

Randolph,A.

Dictionaries,Plain Meaning,and Context in Statutory Interpretation,17 Harv. J. Law & Pub. Pol. 71(1994),472

Raso,C.

Agency Avoidance of Rulemaking Procedures,67 Admin. L. Rev. 65(2015),142, 340,343,344

Redish, M.

The Adversary First Amendment(2013), 63

Redish, M. , and Kastanek, A.

Settlement Class Actions, the Case-or-Controversy Requirement, and the Nature of the Adjudicatory Process, 73 U. Chi. L. Rev. 545(2006), 427

Reenock, C. , and Gerber, B.

Political Insulation, Information Exchange, and Interest Group Access to the Bureaucracy, J. of Pub. Admin. Research 8 & Theory, 18, 3, (July 2008), 43

Reich, C.

The New Property, 73 Yale L. J. 733(1964), 24, 81

Revesz, R.

Congressional Influence on Judicial Behavior? An Empirical Examination of Challenges to Agency Action in the D. C. Circuit, 76 N. Y. U. L. Rev. 1100(2001), 422

Revesz, R. , and Datla, K.

Deconstructing Independent Agencies(And Executive Agencies), 98 Cornell Law Review 769(2013), 29

Revesz, R. , and Livermore, M.

Retaking Rationality: How Cost-Benefit Analysis Can Better Protect the Environment and Our Health(Oxford U. Press 2008), 337

Richards, D.

A Theory of Free Speech, 34 U. C. L. A. L. Rev. 1837(1987), 63

Ridgway, J.

Equitable Power in the Time of Budget Austerity: The Problem of Judicial Remedies for Unconstitutional Delays in Claims Processing by Federal Agencies, 64 Admin. L. Rev. 57(2012), 238

Rose, C.

Claiming While Complaining on the Federal Public Lands: A Problem for Public Property or A Special Case?, 104 Geo. L. J. Online 95(2015), 252

Rose-Ackerman, S.

Policymaking and Public Law in France: Public Participation, Agency Independence, and Impact Assessment, 19 Colum. J. Eur. L. 22(2014), 5

"Policymaking Accountability: Parliamentary versus Presidential Systems" in D. Levi-Faur, ed. , Handbook on the Politics of Regulation(Edward Elgar, 2011), 5

Rose-Ackeonan, S. , Edigy, S. and Fowkes, J.

Due Process of Lawmaking: The United States, South Africa, Germany, and the European Union(Cambridge 2015), 5, 261, 299

Rosenberg, M. , and Tatelman, T.

Congress's Contempt Power: Law, History, Practice and Procedure(2008), 122

Rosenthal, A.

Conditional Federal Spending and the Constitution, 39 Stan. L. Rev. 1103(1987), 195,235

Rosenthal, L.

A Theory of Governmental Damages Liability: Torts, Constitutional Torts, and Takings, 9 U. Pa. J. Const. L. 797(2007), 521

Rothman, D. and S.

The Willowbrook Wars(Harper & Row 1984), 238

Special Project: Hie Remedial Process in Institutional Reform Litigation, 78 Colum. L. Rev. 788(1978), 238

Rubenstein, D.

The Paradox of Administrative Preemption, 38 Harv. J. L. & Pub. Policy 267 (2015), 19, 20

Rubin, E.

Beyond Camelot: Rethinking the Modern State(2005), 14

Law and Legislation in the Administrative State, 89 Colum. L. Rev. 369(1989), 44

Ryan, E.

ADR, the Judiciary and Justice: Coming to Terms with the Alternatives, 113 Harv. L. Rev. 1851(2000), 297

Sabel, C. , and Simon, W.

Destabilization Rights: How Public Law Litigation Succeeds, 117 Harv. L. Rev. 1015 (2004), 238

Sidger, A.

Obama's "Czars" for Domestic Policy and the Law of the White House Staff, 79 Fordham L. Rev. 2577(2011), 151

Sandler, R. , and Schoenbrod, D.

Democracy by Decree: What Happens When Courts Run Government(Yale 2003), 238

Sargent, J. Jr.

A Federal Chief Technology Officer in the Obama Administration: Options and Issues for Consideration(2010), 271

Scalia, A.

A Matter of Interpretation: Federal Courts and the Law 17(Princeton Univ. Press 1986), 108

The Doctrine of Standing as an Essential Element of the Separation of Powers, 17 Suffolk U. L. Rev. 881(1983), 429

The Freedom of Information Act Has No Clothes, Regulation Magazine, (1982), 387

Vermont Yankee: The APA, the D. C. Circuit, and the Supreme Court, The Sup. Ct. Rev. 345(1978), 328

Scalia, A. , and Garner, B.
  Reading Law:The Interpretation of Legal Texts(2012),164,472
Schauer, F.
  Statutory Construction and the Coordinating Function of Plain Meaning,1990 Sup. Ct. Rev. 231(1991),472
Schick, A.
  The Federal Budget:Politics,Policy,Process(1995),121
  The First Five Years of Congressional Budgeting, in R. Penner, The Congressional Budget Process After Five Years 3(1981),121
Schlanger, M.
  Trends in Prisoner Litigation, as the PLRA Enters Adulthood,5 UC Irvine L. Bev. 153(2015),238
Schmidt, P.
  Lawyers and Regulation:The Politics of the Administrative Process(2005),223
Schoenbrod, D.
  Power Without Responsibility(1993),45
  Symposium,The Phoenix Rises Again:The Nondelegation Doctrine from Constitutional and Policy Perspectives,20 Cardozo L. Rev. 731(1999),45
Schroeder, C. , and Shapiro, S.
  Beyond Cost-Benefit Analysis:A Pragmatic Reorientation,32 Harv. Env. L. Rev. 433(2008),337
Schuck, P.
  Lawyers and Policymakers in Government,61 Law & Contemp. Prob. 2(1998),197
  Suing Government(Yale University 1983),521
Schulhofer, S.
  More Essential Than Ever:The Fourth Amendment in the Twenty-First Century 99 (Oxford Univ. Press 2012),69
Schwartz, J.
  The Irresistible Force Meets the Immoveable Object:Estoppel Remedies for an Agency's Violations of Its Own Regulations or Other Misconduct,44 Admin. L. Rev. 653(1992),510
  Liability for Sovereign Acts:Congruence and Exceptionalism in Public Contract Law, 64 Geo. Wash. L. Rev. 633(1993),532
Scribner, C.
  Subpoena to Google Inc. in ACLU v. Gonzales:"Big Brother" is Watching your Internet Searches Through Government Subpoenas,75 U. Cin. L. Rev. 1273(2007),367
Seidenfeld, M.
  Demystifying Deossification,75 Tex. L. Rev. 483(1997),343

Rulemaking Table,27 Fla. St. L. Rev. 533(2000),268,344

Shane,R.

The Bureaucratic Due Process of Watch Lists,75 Geo. Wash. L. Rev 804(2007),94

Independent Policymaking and Presidential Power:A Constitutional Analysis,57 Geo. Wash. L. Rev. 596,603-606(1989),140

Political Accountability in a System of Checks and Balances:The Case of Presidential Review of Rulemaking,48 Ark. L. Rev. 161(1995),144,150,337

Shane,P. ,and Walker,C.

Chevron at 30:Looking Back and Looking Forward,83 Fordham L. Rev. 475(2014),493

Shapiro,D.

The Choice of Rulemaking and Adjudication in the Development of Administrative Policy,78 Harv. L. Rev. 921(1965),356

Some Thoughts on Intervention Before Courts,Agencies,and Arbitrators,81 Harv. L. Rev. 721(1968),292

Shapiro,M.

Administrative Discretion:The Next Stage,92 Yale L. J. 1487,1507(1983),514

APA:Past,Present and Future,72 Va. L. Rev. 447(1986),263,264

Shapiro,S.

Abstention and Primary Jurisdiction:Two Chips Off the Same Block? —A Comparative Analysis,60 Cornell L. Rev. 75(1974),449

Dying at Work:Political Discourse and Occupational Safety Health,49 Wake Forest L. Rev. 831(2014),327

The Paperwork Reduction Act:Benefits,Costs and Directions for Reform,Government Information Quarterly(2013),365

Shapiro,S. ,Geller,K. ,Bishop,T. ,Hartnett,E. ,and Himmelfarb,D.

Supreme Court Practice(10th ed. 2013),159

Shapiro,S. ,et al.

The Enlightenment of Administrative Law:Looking Inside the Agency for Legitimacy,47 Wake Forest L. Rev. 463,501(2012),177

Shapiro,S. ,and Glicksman,R.

Congress,The Supreme Court,and the Quiet Revolution in Administrative Law,1988 Duke L. J. 819(1988),350,351,515

Shapiro,S. ,and Wright,R.

The Future of the Administrative Presidency:Turning Administrative Law Inside-Out,65 U. Miami L. Rev. 577(2011),337

Sharkey,C. M.

Inside Agency Preemption,110 Mich. L. Rev. 521(2012),19

Siegel, J.
　Suing the President: Nonstatutory Review Revisited, 97 Colum. L. Rev. 1612(1997), 416

Sisk, G.
　The Jurisdiction of the Court of Federal Claims and Forum Shopping in Money Claims Against the Federal Government, 88 Ind. L. J. 83, 94(2013), 520
　Litigation with the Federal Government(ALI-ABA 4th ed. , 2006), 521
　Twilight for the Strict Construction of Waivers of Federal Sovereign Immunity, 92 N. C. L. Rev. 1245, 1246(2014), 520

Sissoko, C.
　Is Financial Regulation Structurally Biased to Favor Deregulation?, 86 S. Cal. L. Rev. 365(2013), 352

Skowroneck, S.
　Building a New American State: The Expansion of National Administrative Capacities, 1877-1920(Cambridge University 1982), 14, 15, 182

Slovic, P. , ed.
　The Feeling of Risk: New Perspectives on Risk Perception(2010), 224

Sofaer, A.
　The Change-of-Status Adjudication: A Case Study of the Informal Agency Process. 1 J. Leg. Stud. 349(1972), 120

Stack, K.
　An Administrative Jurisprudence: The Rule of Law in the Administrative State, 115 Colum. L. Rev. 1985(2015), 6, 128, 380
　The Constitutional Foundations of Chenery, 116 Yale L. J. 962(2007), 283, 356, 508
　Interpreting Regulations, 111 Mich. L. Rev. 355(2012), 376, 502
　Lessons from the Turn of the Twentieth Century for First-Year Courses on Legislation and Regulation, Journal of Legal Education, 65 J. Legal Hduc. 28(2015), 14
　Purposivism in the Executive Branch: How Agencies Interpret Statutes, 109 NW. U. L. Rev. 871(2015), 484
　The Reviewability of the Presidents Statutory Powers, Vanderbilt University Law School Public Law and Legal Theory, Working Paper No. 09-14(2008), 416

Stevens, J.
　Six Amendments: How and Why We Should Change the Constitution(Little, Brown & Co. 2014), 116

Stevenson, R.
　Protecting Business Secrets Under the Freedom of Information Act: Managing Exemption 4, 34 Admin. L. Rev. 207(1982), 392

Stewart, R.
　The Discontents of Legalism: Interest Group Relations in Administrative Regulation,

1985 Wise. L. Rev. 655(1985),404

The Global Regulatory Challenge to US Administrative Law,37 N. Y. U. J. Int'l L. & Pol. 695(2005),246,247

The Reformation of American Administrative Law,88 Harv. L. Rev. 1669,1756 (1975),293,294

Vermont Yankee and the Evolution of Administrative Procedure,91 Harv. L. Rev. 1805(1978),328

Stewart,R. ,and Sunstein,C.

Public Programs and Private Rights,95 Harv. L. Rev. 1195(1982),292

Stigler,G.

The Theory of Economic Regulation, The Theory of Economic Regulation, 2 Bell). Econ. & Mgmt. Sci. 3(1971),105

Stone,H. F.

The Common Law in the United States,50 Harv. L. Rev. 4(1936),201

Strauss,P.

The Administrative Conference and the Political Thumb,83 Geo. Wash. L. Rev. 1668 et seq. (2015),403

Courts or Tribunals? Federal Courts and the Common Law,53 Alabama L. Rev. 891 (2002),200,202,480,530

The Courts and the Congress:Should Judges Disdain Political History,98 Colum. L. Rev. 242(1998),472

Citizens to Preserve Overton Park v. Volpe—of Politics and Law,Young Lawyers and the Highway Goliath, in Administrative Law Stories (Strauss ed. , 2006), 208, 320,407

Changing Times:The APA at Fifty 6^3 ,U. Chi. L. Rev. (1389),266,301,477

"Deference" is too Confusing—Let's Call Them "Chevron Space" and "Skid- more Weight" 112 Colum. L. Rev. 1143(2012),490

Disqualification of Decisional Officials in Rulemaking,80 Colum. L. Rev. 990(1980), 405

From Expertise to Politics:The Transformation of American Rulemaking,31 Wake Forest L. Rev. 745(1996),268

Formal and Functional Approaches to Separation of Powers Questions—A Foolish Inconsistency? 72 Cornell L. Rev. 488(1987),40,137

In Search of Skidmore,83 Fordham L. Rev. 789(2014),493,496,500

Legislative Theory and the Rule of Law:Some Comments on Rubin,89 Colum. L. Rev. 427(1989),48,426

On Capturing the Possible Significance of Institutional Design and Ethos 61 Administrative L. Rev. 259(Special Ed. ,2009),226,374,377

On The Difficulties of Generalization—PCAOB in The Footsteps of Myers, Humphrey's Executor,Morrison and Freytag,32 Cardozo L. Rev. 2255(2011),40, 140

On Resegregating the Worlds of Statute and the Common Law,1994 Sup. Ct. Rev. 427,279,329,472,477

One Hundred Fifty Cases Per Year:Some Implications of the Supreme Court's Limited Resources for Judicial Review of Agency Action,87 Colum. L. Rev. 1093(1987), 161,169,232,428,487

Overseer or "The Decider"—The President in Administrative Law,75 Geo. Wash. L. Rev. 695(2007),29,33,124,128

Overseers or the Deciders —The Courts in Administrative Law,75 U. Chi. L. Rev. 815(2008),457

The Perils of Theory,83 Notre Dame L. Rev. 1567(2008),201

The Place of Agencies in Government:Separation of Powers and the Fourth Branch,84 Colum. L. Rev. 573(1984),29,31,33,36,39,128,140

The President and the Constitution,65 Case Western L. Rev. 1151(2015),128,335

Presidential Rulemaking,72 Chi-Kent L. Rev. 965(1997),128,132,334

Private Standards Organizations and Public Law,22 Wm. & Mary Bill Rts. J. 497 (2013),248,338

Publication Rules in the Rulemaking Spectrum:Assuring Proper Respect for an Essential Element,53 Admin. L. Rev. 803(2001),303,354

Revisiting Overton Park:Political and Judicial Controls Over Administrative Actions Affecting the Community,39 U. C. L. A. L. Rev. 1251(1992),208,320,407

Rulemaking in the Ages of Globalization and Information:What America Can Learn from Europe,and Vice Versa,12 Colum. J. Eur. L. 645(2006),259

The Rulemaking Continuum,41 Duke L. J. 1463(1992),303,354

Rules,Adjudications,and Other Sources of Law in an Executive Department:Reflections on the Interior Department's Administration of the Mining Law,74 Colum. L. Rev. 1231(1974),356,374

The Solicitor General and the Interests of the United States,61 Law & Contemp. Prob. 2(1998),197

Statutes That Are Not Static—The Case of the APA,14 J. Contemp. Leg. Issues 767 (2005),273,301,329,472

When The Judge is not the Primary Official With Responsibility to Read:Agency Interpretation and the Problem of Legislative History,66 Chi. Kent L. Rev. 321 (1992),484

When the Curtain Must Be Drawn:American Experience with Proceedings Involving Information That,for Reasons of National Security,Cannot Be Disclosed(2015),94,243

Strauss, P. , and Cohen, D.
 Congressional Review of Agency Regulations, 49 Admin. L. Rev. 95(1997), 52
Strauss, P. , Rakoff, T. , Farina, C. , and Metzger, G.
 Gellhorn & Byse's Administrative Law: Cases and Comments (11th ed. Foundation Press 2011), 14, 45, 185, 195, 420, 456, 460, 509, 515
Strauss, P. , and Sunstein, C.
 The Role of the President and OMB in Informal Rulemaking, 38 Admin. L. Rev. 181 (1986), 146, 150
Strauss, P. , Smith, T. Jr. , and Bergkamp, L.
 Rulemaking, in G. Bermann et al. , Administrative Law of the European Union (ABA Sect. Ad. L. & Reg. Prac. 2008), 299
Stephan, P.
 The Futility of Unification and Harmonization in International Commercial Law, 39 Va. I. Int'l L. 743(1999), 245
Sullivan, E. , and Massaro, T.
 The Arc of Due Process in American Constitutional Law (Oxford Univ. Press, 2013), 74
Sullivan, K.
 Two Concepts of Freedom of Speech, 124 Harv. L. Rev. 143(2010), 64
Sunstein, C.
 Cognition and Cost-Benefit Analysis, 29 J. Leg. Stud. 1059(2000), 225
 Cost-Benefit Analysis and the Separation of Powers, 23 Ariz. L. Rev. 1267(1981), 150
 Empirically Informed Regulation, 78 U. Chi. L. Rev. 1329(2011), 366
 The Most Knowledgeable Branch, U. Pa. L. Rev. (2016), 148, 299, 335, 514
 The Office of Information and Regulatory Affairs: Myths and Realities, 126 Harv. L. Rev. 1838(2013), 148
 Risk and Reason: Safety, Law and the Environment(2002), 224, 225
 Section 1983 and the Private Enforcement of Federal Law, 49 U. Chi. L. Rev. 394 (1982), 530
 Simpler: The Future of Government 180-84(2013), 339
 Standing and the Privatization of Public Law, 88 Colum. L. Rev. 1432(1988), 448
 Valuing life: Humanizing the regulatory state U. Chicago Press(2014), 337
 What's Standing after Lujan? Of Citizen Suits, "Injuries," and Article III, 91 Mich. L. Rev. 163, 165(1992), 410, 429, 432
Sunstein, C. , and Lessig, L.
 The President and the Administration, 94 Colum. L. Rev. 1(1994), 29, 33, 128, 173
Sunstein, C. , and Miles, T.
 Depoliticizing Administrative Law, 58 Duke L. J. 2193(2009), 164, 512

Sunstein, C., and Thaler, R.
  Empirically Informed Regulation, 78 U. Chi. L. Rev. 1349 (2011), 15 Nudge (2009), 15
Taylor, S.
  Making Bureaucracies Think (Stanford 1984), 142, 336
Thach, C.
  The Creation of the Presidency 1775-1789 (1923), 124
Thayer, J. B.
  American Doctrine of Constitutional Law, 7 Harv. L. Rev. 129 (1893), 19
Thomas, R.
  Prosecutorial Discretion and Agency Self-Regulation, CN1 v. Young and the Aflatoxin Dance, 44 Admin. L. Rev. 131 (1992), 227, 353
Tozzi, J.
  OIRA's Formative Years: The Historical Record of Centralized Regulatory Review Preceding OIRA's Founding, 63 Admin. L. Rev. 37 (2011), 364
Tribe, L.
  American Constitutional Law (3d ed. Foundation Press 1999), 28, 63, 427
Truman, H. S.
  Memoirs: Years of Trial and Hope (1956).
Tushnet, M.
  The Constitution of the United States of America: A Contextual Analysis (Hart 2009), 28
Tyler, A.
  Setting the Supreme Court s Agenda: Is There a Place for Certification?, 78 Geo. Wash. L. Rev. 1310 (2010), 428
Underkuffler, L.
  Property and Change: The Constitutional Conundrum, 91 Tex. L. Rev. 2015 (2013), 97
Vdzquez, C., and Vladeck, S.
  State Law, the Westfall Act, and the Nature of the Bivens Question, 161 U. Pa. L. Rev. 509 (2013), 526
Verkuil, P.
  A Critical Guide to the Regulatory Flexibility Act, 1982 Duke L. J. 213, 142
  A Study of Informal Adjudication Procedures, 43 U. Chi. L. Rev. 739 (1976), 81, 288
  Privatizing Due Process, 57 Admin. L. Rev. 963 (2005), 93
  Rulemaking Ossification—A Modest Proposal, 47 Admin. L. Rev. 453 (1995), 343
Vermeule, A.
  Conventions of Agency Independence, 113 Colum. L. Rev. 1163 (2013), 179

The Cycles of Statutory Interpretation,68 U. Chi. L. Rev. 149(2001),456,473,476

Vladeck,D.

Unreasonable Delay, Unreasonable Intervention, The Battle to Force Regulation of Ethylene Oxide,in Administrative Law Stories(P. Strauss ed. 2006),351,515

Wald,P.

Regulation at Risk:Are Courts Part of the Solution or Most of the Problem?,67 S. Cal. L. Rev. 621(1994),452

Wagner,W.

Administrative Law, Filter Failure, and Information Capture, 59 Duke L. J. 1321 (2010),366

A Place for Agency Expertise:Reconciling Agency Expertise with Presidential Power, 115 Colum. L. Rev. 2019(2015),6,128,132,148,150,176,335,337,380

Walch,T. ,ed.

At the Presidents Side—The Vice Presidency in the Twentieth Century(1997),124

Walker,C.

Federal Agencies it the Legislative Process:Technical Assistance in Statutory Drafting,a report for the Administrative Conference of the United States(2015),485

Inside Agency Statutory Interpretation,67 Stan. L. Rev. 999(2015),484,502

Wallach,L.

Accountable Governance in the Era of Globalization:The WTO,NAFTA,and International Harmonization of Standards,50 U. Kan. L. Rev. 823(2001),249

Wander,W. ,Hebert,F. ,and Copeland,G.

Congressional Budgeting:Politics,Process and Power(1984),121

Watts,K.

Proposing a Place for Politics in Arbitrary and Capricious Review,119 Yale L. J. 2 (2009),455

Watts,K. ,Herx,M. ,and Murphy,R.

A Guide to Judicial and Political Review of Federal Agencies(2d Ed. 2015),455

Webb. ,J. ,and Yackee,S.

Testing the Ossification Thesis:An Empirical Examination of Federal Regulatory Volume and Speed,1950-1990,80 Geo. Wash. L. Rev. 1414(2012),343

Wechsler,H.

The Political Safeguards of Federalism:The Role of the States in the Composition and Selection of the National Government,54 Colum. L. Rev. 543(1954),22

Weko,T.

The Politicizing Presidency:Tlie White House Personnel Office(1995),134

Welborn,D. ,Lyon,W. ,and Thomas,L.

Implementation and Effects of the Federal Government in the Sunshine Act(1984),395

White, L.

The Federalists:A Study in Administrative History(Macmillan 1948),173,232

Wildavsky, A.

The New Politics of the Budgetary Process(2d ed. 1992),121

Wilmarth, A. Jr.

The Dodd-Frank Act s Expansion of State Authority to Protect Consumers of Financial Services,36 J. Corp. L. 895(2011),116,219

Wilson, J. Q.

Bureaucracy:What Government Agencies Do and Why They Do It(Basic Books 1989), 15

Woodward, B. , and Broder, D.

Quayle's Quest:Curb Rules,Leave "No Fingerprints," The Washington Post(Jan. 9, 1992),153

Woolhandler, A.

Public Rights, Private Rights, and Statutory Retroactivity, 94 Geo. L. J. 1015 (2006),357

Wunderlich, G. , Rice, D. , and Amado, N. , eds.

The Dynamics of Disability:Measuring and Monitoring Disability for Social Security Programs(National Academies Press 2002),230

索 引

§1983：参见《民权法案》
9/11：参见911袭击事件

A

Abortion：堕胎、人工流产26-27,63
Adjudication：裁决41-54,274-298；
 参见Administrative Procedure Act《行政程序法》；
 Due process 正当程序；
 Process of proof 证明过程；
 Agency structure 行政架构：185,346,384
 APA definitions《行政程序法》定义：75,203-204,265,275,386,417,444；
 Formal adjudication 正式裁决：24-25,80,119,206-207,209,211,218,222,227,275-287,288,302；
 Informal adjudication 非正式裁决：120,287-289,320,370,418；
 Internal review 内部审查,280；
 Licensing(except professional licensing)许可（职业许可除外）：24,35,47,51,54,75-77,80,94,186,206-208,211-212,218,220-222,241,244,263,265,275-277,284-287,288,290,293,295,304,306,367,369,375-376,394,450,502,523；
 On-the-record adjudication 基于记录的裁决：278-287；
 Opportunity to be heard 听证机会：75,261,277；
 Political oversight in on-the-record proceedings 在基于记录的程序中的政治监督：330-344,380-382；
 Requirement of hearing on the record 基于记录进行听证的要求：78,184-186,206,209,221,275-276,279-280,283,306-307,312,332,461,469；
 Requirement to justify decision 使行政决定具有正当理由的要求：48,213,291,336,367,370,491,505-507；Retrospective nature,357；
 Sanctions：56,194,221-222,230,253,277,283,287,363-364,366,460
Administrative agencies 行政机关：
 参见Adjudication 裁决；
 Cabinet departments 内阁部门；
 Independent regulatory commissions 独立规制委员会独立规制委员会；
 Rulemaking 规则制定；
 Agency review of initial decisions 行政机关对初步决定的审查：280-281；
 Bureaucratic routine 日常行政活动：206,229；
 Congressional relations 国会关系：379；
 Departmental bureaus 部门下辖的局：8,

---

* 页码为原书页码，即本书页边码。

174-175；

Independent executive agencies 独立行政机关：175-178,179,184；

More political than courts 超越司法的政治：378-382；

Technocratic nature of 技术官僚的性质：176,308,332,335,514

Administrative Conference of the United States 美国行政会议：177-178,205-206,249,264,402-403；

Studies by 研究：33,52,122,258,271,297,298,326-327,340,385,392,394-395,485.

Administrative judge 行政法官：184-185

Administrative law judge 行政法法官：

参见 Administrative judge 行政法官；

Administrative officials；

Generally：184-187；

Adjudication：206,258；

Bias：30,91,279,381；

Importance of decision to agency fact-finding 在行政决定中行政机关进行事实认定的重要性：411,460,463-469,506；

Internal review 内部审查,280；

On-the-record adjudication 基于记录的裁决；78,184-186,209,221,275-283,306,319,324,332,461,469；

Political insulation of 政治孤立：182,374；

Separation of functions 职能分离：279-282,285；

Social Security Administration 社会保障管理局：229-231

Administrative officials 行政官员：

参见 Administrative law judge 行政法法官；

Presidential control of administration 行政的总统控制；

enforcement officials 执法官员

Administrative Procedure Act 行政程序法：

参见 Adjudication 裁决；

Exhaustion of administrative remedies 行政救济穷尽；

Final agency action 最终行政行为；

Freedom of Information Act《信息自由法》；

Government in the sunshine《阳光下的政府法》；

Investigation 调查；

Judicial review 司法审查；

Judicial review standards 司法审查标准；

Ripeness 成熟性；

Rulemaking 规则制定；

State administrative procedure 州行政程序；

Standing 起诉资格；

Table of Statutes 法律一览表；

Generally：263-267；

Action "committed to agency discretion by law," 行政机关依法行使裁量权作出的行为,424；

Attorney General's Manual 检察总长指南：13；

as "Due Process," 作为"正当程序"78；

History of [enacted without opposition] 没有反对意见的立法史：263-264；

Interpretive styles 解释模式：477；

Proprietary functions (special treatment of) 专有职能(特别对待),300

Administrative state 行政国：

Development of 发展：23,54；

Digital age 数字时代：268；

The new property 新财产权：81；

Problem of agency inaction 行政机关不作为的问题：292；

Use of intransitive legislation 不及物立

索引 557

法（间接立法）:44
Adversarial model of adjudication 裁决的对抗模式:206,258,278,284,323;
　参见 Inquisitorial model of adjudication 裁决的纠问模式:206,258;
　Polycentric model of adjudication 裁决的多中心模式:286-287,306,331
Advisory committees 咨询委员会:
　参见 Federal Advisory Committee Act《联邦咨询委员会法》:251,376-377
Affordable Care Act《平价医疗法》:
　参见 Patient Protection and Affordable Care Act《患者保护与平价医疗法》
Agriculture, Department of 农业部:
　Animal and Plant Health Inspection Service 动植物检疫局:173-174,374;
　Grain Inspection, Packers and Stockyards Administration 谷物检验、包装和畜牧场管理局:173;
　Judicial Officer 司法官员:280;
　Milk marketing 牛奶销售:214-215,294-295,423-424;
　National food supply 国家食品供给:227;
　Required to implement legislation 执法要求:350;
　Secretary of 部长:126,132,359,528;
　United States Forest Service 美国林业局:174,203,205,250-251
Alaskan Native Corporations 阿拉斯加原住民公司:250
Aliens 外国人:
　参见 Immigration 移民:239-241,363;
　Congressional authority to regulate 国会的规制权:239-241;
　Distinction between aliens and citizens for due process purposes 基于正当程序目的将外国人与国民予以区分:240,414;

Freedom of Information Act《信息自由法》:318,385-386
Alito, Samuel 阿利托,塞缪尔:61,188
All Writs Act 全令状法案:450-451
Alternative Dispute Resolution 替代性纠纷解决:
　参见 Negotiated Rulemaking Act《协商式规则制定法》:296-298;385
American Bar Association 美国律师协会:14,35,343,403,455;
　Section of Administrative Law and Regulatory Practice 行政法和规制实践分会:14,35,343,403,455
American National Standards Institute 美国国家标准协会:191,248,338,347
AMTRAK: National Passenger Railroad Corporation 国家铁路客运公司
Anti-discrimination 反歧视:21,74,212,235,392,525;
　Armed forces 武装力量:21;
　Common carriers 一般运人:212;
　Employment (Public and private) 雇佣:148-149,217,235,253,392,525;
　Private education 私人教育:437;
　Procurement 采购:148,253,531;
　Housing 住房:234-236,297
Anti-Drug Abuse Act of 反药物滥用法1986:360,385
Antitrust and Antitrust Division 反垄断和反垄断部门:35,201,211-212,387,497;
　参见 Federal Trade Commission 联邦贸易委员会联邦贸易委员会;
　Justice, Department of 司法部下辖
Appointments 任命:
　参见 Removal from office 免职;
　Generally:133-141,172,178-179,374;
　Appointments Clause 任命条款:254-255;
　Congressional delay 国会迟延:7,102;

Constitutional limits on empowerment 授权的宪法限制,36-40；

Judicial as political 政治性司法,163-164

Appropriations 拨款：

参见 Congress 国会；

Legislative process 立法过程；

Office of Management and Budget 管理与预算办公室；

Generally：111-116,378；

Congressional Budget Office 国会预算办公室：113,121；

As means of political control 政治控制的手段：126,382；

Incentive for "user fee" financing "使用者付费"的资助激励：115-116；

Omnibus appropriation bills 综合拨款法案：110-111；

Restraint on rulemaking 规则制定的限制：350-351

Arbitration 仲裁：

参见 Alternative dispute resolution 替代性纠纷解决：188,296；

International context 国际背景：246-247；

Private rights 私权利：16

Attorney General 检察总长：

Federal 联邦：134,197-199；

State 州：4,193；

White House Counsel compared 白宫法律顾问：152.

Automotive safety 机动车安全：

参见 National Highway Transportation Safety Administration 国家高速公路交通安全管理局：15,320-321,522；

Passive restraints, including air bags 消极限制,包括安全气囊：504-506,513；

Rearview cameras 后视摄像：334

B

Banking 银行业务：

参见 Federal Reserve Board 联邦储备委员会；

Federal Open Market Committee 联邦开放市场委员会；

Fee-supported regulation of 收费规制：116；

Public-private mixture 公私混合：254；

Regulation 规制：190-191,193,218,506-507

Bankruptcy 破产：

Adjunct to District Courts 附属于地区法院：169；

Requirement of Article III judicial review 第三条司法审查的要求：28,31,156,169-170

Bill of Rights 权利法案：

参见 Constitution 宪法；

Fundamental rights 基本权利；

Substantive due process 实质性正当程序；

Generally：17-18,57-62；

Fifth Amendment 第五修正案：24,57,59,71-73,74,94,255,260；

First Amendment 第一修正案：4-5,57,63-66,73,83,105,116,181,187；

Fourteenth Amendment 第十四修正案：24,27,57-61,66,74,76,83,236-237,464-465；

Fourth Amendment 第四修正案：57,66-71,208,260,367；

Incorporation 整合：61-62,76,78,80,83,94,464-465；

Ninth Amendment 第九修正案：26,57,63；

Second Amendment 第二修正案：61；

Sixth Amendment 第六修正案：62,93

Black, Hugo 布莱克,雨果：46

索引　559

Board of Immigration Appeals 移民申诉委员会：
　　Justice, Department of 司法部下辖
Border protection 边境保护：
　　参见 United States Customs and Border Protection 美国海关和边境保护局
Brandeis, Louis 布兰代斯，路易斯：383
Brennan, William 布伦南，威廉：89, 417
Breyer, Stephen 布雷耶，斯蒂芬：15, 402, 472, 477
Bureau of Indian Affairs 印第安人事务管理局：
　　参见 Interior, Department of 内政部下辖
Bureau of Land Management 土地管理局：
　　参见 Interior, Department of 内政部下辖
Bureau of Prisons 监狱管理局：
　　参见 Justice, Department of 司法部下辖
Bureau of Reclamation 复垦管理局：
　　参见 Interior, Department of 内政部下辖
Bureau of the Budget 预算管理局：153；
　　参见 Office of Management and Budget 管理与预算办公室
Burger, Warren 伯格，沃伦：294, 296, 406
Bush, George H. W 布什，乔治·H. W：
　　Impact assessment administration 影响评估行政：150, 152, 334
Bush, George W. 布什，乔治·W.：
　　Divided government 分裂的政府：103-104；
　　Regulatory Policy Officers 规制政策官员：271, 376；
　　Unitary presidency 统一管理：334

C

Cabinet departments 内阁部门：
　　参见, Department of 各部门；
　　Generally：171-174；
　　Agencies as sub-units of 次级行政机关，203, 374；
　　Council of Ministers compared 与部长会议作比较：5-10, 118, 259；
　　Independent regulatory bodies compared 与独立规制组织作比较：9, 180；
　　Origins 起源：33
Campaign finance 竞选财务：
　　参见 First Amendment 第一修正案；
　　Lobbying 游说；4-5, 64, 105, 116-117, 435
Cancer 癌症：
　　参见 Carcinogens 致癌物
Capture 俘获：
　　参见 Lobbying 游说；
　　And advisory committees 咨询委员会：251, 399；
　　And self-financing 自筹费用 115-116；
　　Revolving door 旋转门：405
Carter, President Jimmy 吉米·卡特总统：134, 333, 379
Centers for Disease Control 疾病控制中心：
　　参见 Health and Human Services, Department of 健康和卫生服务部下辖
Certiorari, writ of 调卷令：
　　参见 Supreme Court 最高法院
Chamber of Commerce 商会：69, 149, 224, 253, 353, 366
Cheney, Dick 切尼，迪克：153
Chevron space 雪佛龙余地：
　　参见 Deference 尊重；48-49, 493-501, 510-511；
Chief Information Officers Council 首席情报官会议：268, 271
Chief Technology Officer 首席技术官：271
Choice between adjudication and rulemaking 在裁决和规则制定之间的选择：Generally：356-360；
　　Briefly defined 简要定义：206-207；356-357；
　　Constitutional distinction 宪法区分：75,

260-263
Circuit courts 巡回法院：
　参见 United States Circuit Courts of Appeal 美国联邦巡回上诉法院
Citizen participation 公众参与：
　参见 Intervention 干预；
　Public interest model 公益模式；
　Citizen suits 公民诉讼：199，223，290，410，429-439；
　Comparatively robust 相当坚定的：249；
　Digital age issues 数字时代问题：24，266，400-401；
　Online resources and data 在线资源和数据：13，310-312，392-393；
　Private "attorneys general" and Qui Tam 私人"检察总长"和要求取得罚金的起诉：199，290，293-294，430；
　Private enforcement 私人执行：199-202，289-296；
　Rulemaking 规则制定：310-312，324-326，352-356，433-436；
　Standing, and Supreme Court resistance to 起诉资格和最高法院的抵制：429-439
Citizens to Preserve Overton Park 市民对奥弗顿公园的保护：320-321，462-463，503-509
Civil Aeronautics Board 民用航空委员会：
　参见 Deregulation 放松规制：39，214，284；
　Deregulation of air transport 航空运输的放松规制：213-214，284
Civil commitment 民事责任：
　参见 Due process 正当程序
Civil penalties 民事制裁：68，157，416
Civil Rights Act 民权法案：Section 1983 第1983节：85，237，518，525-526，528，530
Civil Service 公务：
　参见 Administrative agencies 行政机关；
　Administrative judges 行政法官；

Administrative law judges 行政法法官；
Administrative officials 行政官员；
Appointments 任命；
Merit Systems Protection Board 功绩制保护委员会；
Office of Personnel Management 人力资源办公室；
Generally：181-187；
Employees 雇员：37，133，137，176，181；
Inferior officers 下级官员：36-38，40，124，133-134，140，190；
Principal officers 主要官员：35-36，40，124，141，171-74；
Reform Act of 1978 1978 年改革法案：402；
Senior Executive Service 高阶文官职位：37，134，175，181，183，185，375；
Tenure 任期：7，80，133，138，140，181-182，184，253，266，287
Claims Court 索赔法院：
　参见 Court of Federal Claims 联邦索赔法院
Classified Information Procedures Act of 1980 机密信息程序法：93
Clean Air Act 清洁空气法：
　参见 Environmental Protection Agency 环保署
Clean Air Scientific Advisory Council 清洁空气科学咨询理事会：
　参见 Environmental Protection Agency 环保行政机关
Clean Water Act 清洁水法：
　参见 Environmental Protection Agency 环境行政机关
Climate change 气候变化：14，224，336，401，425，436，515
Clinton，William J. 克林顿，威廉 J.：32，53，102，111，138，144，145，147，153，177，

索引 561

270,297,334,379,381,400
Code of Federal Regulations 联邦规章法典:12,274,300,353,370
Codex alimentarius 食品法典:247
Commerce, Department of 商务部:172, 173,244,297,385,399;
    International Trade Administration 国际交易管理局:244;
    National Institute of Standards and Technology 标准和技术协会:248;
    National Technology Transfer and Advancement Act《国家技术转让和促进法》:247-248,348
Commodity Futures Trading Commission 商品期货交易委员会:31,56-57,158,179,349
Common carriers 一般承运人:76,210,212-213,306
Competitiveness Council 竞争力理事会:150,152
Comptroller General 审计总长:
    参见 Government Accountability Office 政府问责办公室
Comptroller of the Currency 货币监理官:
    参见 Treasury, Department of 财政部下辖
Compulsory Process 强制性程序:
    参见 Inspection 检查;
    Required forms and reports 法定形式和报告:
        Generally:366-368;
        APA lacks provision for《联邦行政程序法》缺乏规定:360-361;
        As evidence in criminal proceedings 在刑事诉讼中作为证据:367;
        Enforcement 执行:198,233,267;
        Privilege against self-incrimination 反对自证其罪的特权:71-73;

Subpoena 传票:70-73
Congress 国会:
    参见 Appropriations 拨款;
    Congressional Research Service 国会研究服务中心;
    Government Accountability Office 政府问责办公室;
    Legislative control of administration 行政的立法控制;
    Generally:100-123; Bicameral nature 两院制的性质:4,100,103,108-111;
    Committees and staff 委员和职员:105-121;
    Congressional Budget Office 国会预算办公室 113,121;
    Dysfunction 功能失调:6,103;
    Filibuster and cloture 冗长辩论和结束辩论:102,108;
    Growth of staff 职员增长:42;
    Incumbency 义务:6,104;
    Legislative process 立法过程:105-111;
    Librarian and Library of Congress 图书管理员和国会图书馆 121-123;
    Obstructive rider 设置阻碍者:110-111;
    Oversight hearings 监督听证会:118-121,332,378-382;
    Political polarization 政治极化:6,11,20-21,101-103,112-113
Congressional Budget and Impoundment Control Act of 1974 1974年《国会预算和截留控制法》:113,130
Congressional Budget Office 国会预算办公室:参见 Congress 国会
Congressional Research Service 国会研究服务中心:121,377;
    Reports 报告:102,109,245,340,343,349
Congressional Review Act of 1996 1996年《国会审查法》:52,119,122,269

Constitution 宪法：
　　参见 Amendment 修正案；
　　Bill of Rights 权利法案；
　　Due Process 正当程序；
　　Federalism 联邦主义；
　　Standing 起诉资格；
　　Substantive due process 实质性正当程序；
　　Generally:17-28；
　　Amendment process 修正过程:19,23；
　　Cause of action for violation 违法的行为事由:201,526；
　　Constitutional facts 宪法事实:420；
　　Counter-majoritarian difficulty 反多数困境:19,25；
　　Judicial "amendment" 司法"修正":23-28；
　　Limitations on tort actions against states 对起诉州的侵权行为的限制:519；
　　Review preclusion 司法审查的排除:419,458-461；
　　Supremacy 至上:18-19；
　　Theories of constitutional review 宪法审查的理论:19,23-28,59-62
Consumer Finance Protection Bureau 消费者金融保护局:218,219,349
Consumer Product Safety Commission 消费者产品安全委员会:179,443
Copyright Royalty Board 版权委员会:123,140,306
Corporations 公司：
　　First Amendment 第一修正案:64；
　　Fifth Amendment 第五修正案:72-73；
　　Persons 个人:58,71-73
Cost-benefit analysis 成本效益分析：
　　参见 Impact analyses 影响分析；
　　Opinion in writing 书面意见；
　　Transparency 透明度；
　　Generally:330-344；
　　Early development 早期发展:141-144；

Element of record 记录要件:342；
Executive order 12,866 12866号行政令:144-150,336-340
Council of Economic Advisors 经济咨询理事会:152,155
Council on Environmental Quality 环境质量理事会：
　　参见 National Environmental Policy Act《国家环境政策法》
Court of Federal Claims 联邦索赔法院:60,170,422,520,531
Court of International Trade 国际贸易法院:170,233
Courts 法院：
　　参见 District courts 地区法院；
　　Federal Courts 联邦法院；
　　Standing 起诉资格；
　　Supreme Court 最高法院；
　　United States Circuit Courts of Appeal 美国联邦巡回上诉法院；
　　Generally:155-171；
　　Appointment or election 任命或者选举:4-5；
　　Case or controversy 案件或者争议:417,433,437-438；
　　Common law and statutory interpretation 普通法和法律解释:200-202；
　　Impact of selecting the docket:在待决诉讼表中作出选择的影响 162-165；
　　Necessary judicial functions 必要的司法职能:54-57,156,420,458；
　　Primary agency jurisdiction 行政机关首要管辖权:449-450,499-500；
　　Single judicial hierarchy 单一的司法层级:5；
　　Stare decisis 遵循先例:25,162-165,198,201-202,481
Critical Mass Energy Project 临界聚能项

目:391

D

Data.gov 政府数据网址:12

Data Quality Act of 2001 2001年《数据质量法》:366

Declaratory Judgment Act《宣告式裁判法》:414

Defense,Department of 国防部,174,204,252

Deference 尊重、遵从:

 参见 Judicial review standards 司法审查标准;

 As an ambiguous term 模糊性术语:490-502;

 Auer deference to agency interpretation of regulations 对行政机关作出规章解释的奥尔尊重:501-502;

 Chevron deference to agency interpretation of statutes 对行政机关作出法律解释的雪佛龙尊重:493-500;

 Skidmore[and American Trucking]deference to agency interpretation of statutes 对行政机关作出法律解释的斯基德莫尔和美国卡车运输协会尊重:486-490;

 To agency secondary inferences 对行政机关的二次推论:467-469

Delegation of adjudicatory power 授予裁决权:

 参见 separation of powers 分权;

 Generally:54-57;

 Constitutional or Jurisdictional facts 宪法或者司法事实:55,460

Delegation of legislative power 授予立法权:

 另见 Legislative control of administration 行政的立法控制;

 Generally:41-54;

Judicial review as the coin of its purchase 应由法院作出的司法审查:50,421;

 To private bodies 对于私人组织:189,191,347-349;

 with no law to apply 无法可依:59

Deregulation 放松规制:

 Economic regulation 经济规制:213,284,352,403,431;

 另见 Civil Aeronautics Board 民用航空委员会

Dingell,John 丁格尔,约翰:269,307

Disability insurance 残疾人保险:

 参见 Social Security Administration 社会保障管理局

Discharges 排放:222,223;

 参见 Pollution 污染

Disclosure as regulation 规制披露:218,223,365-366

Discretion 裁量:

 另见 Judicial review standards 司法审查标准;

 Mandamus 书面训令;

 Sovereign immunity 主权豁免;

 As an ambiguous term 模糊性术语:129;

 Availability of judicial review 司法审查的可得性:416-419,424-427;

 In choosing between rulemaking and adjudication 在规则制定和裁决之间进行选择:358;

 In choosing procedures 程序选择:274,327-329;

 Judicial review of exercise 行使裁量权的司法审查:502-512;

 Political and legal discretion compared 与政治和法律裁量作比较:129-130,426;

 Refusal to enforce the law 拒绝执法:291,350,425;

 Supreme Court certiorari function 最高

法院调卷令功能:160
District Courts 地区法院:
 另见 Federal Courts 联邦法院;
 Generally:169-170;
 venue for non-statutory review 非法定审查的审判地:412-414
Dodd-Frank Wall Street Reform and Consumer Protection Act of 2010 2010年《多德-弗兰克华尔街和消费者保护法》:116,191,219,349-350
Domestic Policy Council 国内政策理事会:
 另见 Executive Office of the President 总统的执行办公室;155,271
Draft 起草:
 参见 Selective Service 选择性服务
DREAM Act 梦想法案:132
Drug Enforcement Administration 药品执行管理局:
 参见 Justice, Department of 司法部下辖
Drugs:
 参见 Controlled substances 受控药物
Due process 正当程序:
 Generally:74-94;
 Adjudication not rulemaking 裁决而非规则制定:260-262,308;
 Conflicting models 冲突模式:230;
 Custodial institutions 监护组织:236-239;
 Formal rulemaking 正式的规则制定:306;
 Informal adjudication 非正式的规则制定:276,287;
 Inverse condemnation 逆向征收:94-97

E

E-governance 电子政府:13,268,271,319,366,393,400-401;
 参见 Citizen Participation 公众参与;Social Media 社交媒体

E-Government Act of 2002 2002年《电子政府法》:268,271,319,393
Economic impact analysis 经济影响分析:
 参见 Cost-benefit analysis 成本-效益分析
Economic Stabilization Act of 1970 1970年《稳定经济法》:255
Education, Department of 教育部:173,233,297
Ehrlichman, John 埃利希曼,约翰:126
Eisenhower, Dwight D. 艾森豪威尔,德怀特 D.:102
Electronic Freedom of Information Act《电子信息自由法》:155,268,304-305,392-394
Electronic reading rooms 电子阅览室:268,304,393
Eleventh Amendment 第十一修正案:517-519
Emergency Price Control Act of 1942 1942年《紧急状态价格控制法》:255
Emissions 排放:
 参见 Pollution 污染
Endangered Species Act《频危物种法》:131,234-235,381
Energy, Department of 能源部:
 And Federal Energy Regulatory Commission 联邦能源规制委员会:204
Environmental Defense Fund 环境保护协会:146,351,406,444
Environmental impact statement 环境影响说明:
 另见 National Environmental Policy Act《国家环境政策法》,Council on Environmental Policy 环境政策理事会;
 Generally:141-142;234
Environmental Protection Agency 环保行政机关:Generally:176-182;

Alternative dispute resolution 替代性纠纷解决:297;

Chevron 雪佛龙:493;

Clean Air Act 清洁空气法:44,48,176, 221,269,323,326,330-331,377,422, 485,493 513;

Clean Air Scientific Advisory Council 清洁空气科学咨询理事会:377;

Clean Water Act《清洁水法》:297,530;

Disclosure of toxic releases 排放有毒物质的披露 365-366;

Greenhouse gases 温室气体 336,425-426;

Hybrid rulemaking 混合规则制定:307;

Independent executive body 独立执法组织:37;

OIRA supervision 信息与规制事务办公室的监管:150;

Reveal scientific data 披露科学数据:322;

Rulemaking 规则制定:129,221-223;

State implementation plans 州执行计划:195

Equal Employment Opportunity Commission 平等就业机会委员会:179

Equal protection 平等保护:另见 Fourteenth Amendment 第十四修正案;58-60,62

Estoppel against the government 以禁止反言起诉政府:510,532

European Union 欧盟:17,134,178,181, 238-249,257,299,402,521:

Codification of laws,compared 与法典化比较:263,475;

Due process of lawmaking,compared 与立法的正当程序:5,17,261;

Pre-enforcement review of regulations, compared 与规章先予执行的审查比较:419;

Prosecutorial discretion,compared 与检控裁量权比较:292;

Telecommunications 通信:395

Evidence 证据:

Agency and judicial rules of evidence 行政机关和法院的证据规则,278-280;

Official and judicial notice 行政和司法通告:277,279-280

Ex parte communications 单方面接触:

另见 Separation of functions 职能分离;

In adjudication 在裁决中:131,184, 380-382;

In rulemaking 在规则制定中:312, 324-326

Ex parte,in camera judicial consideration of matter 秘密地对事项作出司法考量的单方面:

Classified and security sensitive matter 机密和安全敏感事项,243;

FOIA exemption application《信息自由法》的排除适用:389

Executive Office of Immigration Review 移民审查行政办公室:

参见 Justice,Department of 司法部下辖

Executive Office of the President 总统的行政办公室:

另见 Office of Information and Regulatory Affairs 信息与规制事务办公室;

Office of Management and Budget 管理与预算办公室;

President;Presidential control of administration 行政的总统控制;

Generally:151-155;244;

Institutional presidency 组织的负责人: 127,151-152;

Office of Science and Technology Policy 科学与技术政策办公室 155,401;

Office of the United States Trade Representative 美国贸易代表办公室:

155，244；
　　Policy "czars" 政策参谋：151
Executive orders 行政令：
　　另见 Cost-benefit analysis 成本-效益分析；
　　Table of Statutes 法律一览表；148-149.
Exhaustion of administrative remedies 行政救济的穷尽：Generally：444-446；
　　Issue exhaustion 促成穷尽：446

F

Facts：
　　参见 Evidence；
　　Findings of fact 事实认定；
　　Judicial review 司法审查
False Claims Act《虚假索赔法》：290，297；
　　Qui tam suits 代位政府的告发人诉讼：199，290，430
Fannie Mae 房利美：191
Federal Advisory Committee Act《联邦咨询委员会法》：Generally：399-400；267，
　　And negotiated rulemaking 协商式规则制定：346；
　　As obstacle 障碍：401
Federal Aviation Administration 联邦航空管理局：
　　参见 Transportation, Department of 交通部下辖
Federal Bureau of Investigation 联邦调查局：
　　参见 Justice, Department of 司法部下辖
Federal common law 联邦普通法：201-202
Federal Communications Commission 联邦通信委员会：
　　另见 Independent Regulatory Commission 独立规制委员会；
　　As independent regulatory commission 作为独立规制委员会：35，39，179；

Antitrust 反垄断：211；
Deference to jurisdictional determination 对管辖权决定的遵从：496；
Effect of Sunshine Act 阳光法案的影响：394-396；
Ex Parte 单方面：324-325；
Fees 费用 50-51，166；
Harmonization 协调：247；
Listener intervention 听众介入：293-296；
"modify" rate regulation 修正费率规章：480；
Primary responsibility for statutory interpretation 法律解释的主要责任，499-500
Federal courts 联邦法院：
　　另见 Delegation of Adjudicatory Power 授予裁决权；
　　District courts 地区法院；
　　Judicial Review 司法审查；
　　Supreme Court 最高法院；
　　United States Circuit Courts of Appeal 美国联邦巡回上诉法院；
　　Generally：159-171；
　　Appointments as political 政治任命，163-164；
　　Case or Controversy requirement 案件或者争议：417，433，437-438；
　　Courts or tribunals 法院或者审判席：201-202；
　　Diversity jurisdiction 异籍管辖权：156；
　　Federal question jurisdiction 联邦问题管辖权：413；
　　not administrative judiciary 非行政的司法机构：5
Federal Crop Insurance Corporation 联邦作物保险公司：510，532
Federal Deposit Insurance Corporation 联邦存款保险公司：202，218

索引 567

Federal Docket Management System 联邦诉讼管理系统:268,271,400

Federal Election Campaign Act《联邦竞选法》:116

Federal Election Commission 联邦选举委员会:105,509

Federal Energy Regulatory Commission 联邦能源规制委员会:35,52,119,175,179;

另见 Energy,Department of 能源部下辖

Federal Highway Administration 联邦高速公路管理局:

参见 Transportation,Department of 交通部下辖

Federal Home Loan Mortgage Association 联邦家庭贷款和抵押协会:191

Federal Housing Finance Agency 联邦住房金融局:218

Federalism 联邦主义:

参见 Eleventh Amendment 第十一修正案;

Generally:3-4,19-23;

Anti-commandeering 反对征收:20,194;

Cooperative federalism 合作联邦主义:194-196;

Spending Clause 开支条款:195

Federal Labor Relations Authority 联邦劳工关系部门:141,217,282,381,399,511-512

Federal (National) Maritime Commission 联邦(国家)海事委员会:39,381

Federal Open Market Committee 联邦开放市场委员会:

参见 Federal Reserve Board 联邦储备委员会

Federal Power Commission 联邦电力委员会:39;

另见 Federal Energy Regulatory Commission 联邦能源规制委员会

Federal Privacy Act 联邦《隐私法》:396-399

Federal Register 联邦公报:12,145,301,303,311-313,347,353,436;

Office of:347-348,435

Federal Reserve Board 联邦储备委员会:35,39,179-180,218-219,349,471,495;

Federal Open Market Committee 联邦开放市场委员会:135-136,188,190

Federal Rules of Evidence 联邦证据规则:278,280

Federal Tort Claims Act《联邦侵权索赔法》:520-526,528-529,532;

Discretionary function exemption 裁量职能的例外:522-23

Federal Trade Commission 联邦贸易委员会:

另见 Independent regulatory commissions 独立规制委员会;

Budget 预算:114;

Congressional hearing abuse 国会听证滥用:381-382;

"Executive" agency 执法机关:138;

Hybrid rulemaking 混合规则制定:269,327;

Shared Antitrust responsibilities 反垄断共同责任:211-216

Federalism 联邦主义:

Generally:3-4,19-23;

Cooperative federalism 合作联邦主义:20,195-196;

Diversity jurisdiction 异籍管辖权:156;

Due process constrained by considerations of 通过考虑……来限制正当程序:85;

Federal agencies and state law claims 联邦行政机关和州法诉求:158;

Federal persuasion,not command 说服而

非命令:194;
Resources for research 研究资源:19-21;
Political safeguards of 政治保障:22;
Spending clause 开支条款:20,194;
State sovereign immunity from private actions under federal law 根据联邦法州对私人诉讼的主权豁免:517-518

Fifth Amendment 第五修正案:24,57,59,71-73,74,94,255,260;
另见 Bill of Rights 权利法案;
Constitution 宪法;
Takings 征收

Final agency action 最终行政行为:
另见 Judicial review 司法审查:Generally:440-444;
Agency soft law 行政机关软法;442;
Failure to act as 行为缺失;444;
If agency action is operative 如果行政行为是有效的:441;
Presumption of reviewability of 可审查性假定:416-419

Findings of fact 事实认定:
另见 Evidence 证据;
Judicial review 司法审查;
ALJ responsibility 行政法官的职责:467;
Constitutional facts 宪法事实:420;
Goldberg requirement for due process Goldberg 案在正当程序上的要求,91;
In informal proceedings 在非正式程序中:320;
On-the-record adjudication requirements 基于记录的裁决要求 466;
Primary and secondary inferences 首次和第二次推断:467-468;
Rulemaking 规则制定 332;
Review of factual findings 事实认定的审查:462-471;
Trial, with and without jury, compared 与

有或者无陪审团的审判进行比较:465
Financial Industry Regulatory Authority 金融业监管局:189-191
Financial Stability Oversight Council 金融稳定监管委员会:
参见 Treasury, Secretary of the 财政部长
First Amendment 第一修正案:
另见 Bill of Rights 权利法案;
Constitution 宪法;
Campaign finance 竞选财务;
Consumer protection 消费者保护:Generally:63-66,73,83,105,116,181,187
Food and Agriculture Organization 粮食和农业组织:
参见 United Nations
Food and Drug Administration 美国食品和药品管理局:
另见 Health and Human Services, Department of 卫生和公众服务部;
As health and safety agency 卫生和安全行政机关:221,227,247;
Budget constraints 预算限制:114;
Cigarettes 香烟:65,480;
FOIA experience《信息自由法》经验,385,387;
Good Guidance practice 最佳指南实务:303,345;
Pre-enforcement review of rule 规则的先予执行审查:416-417,442,446;
Priority choices 优先选择:227,291,353;
Risk assessment 风险评估:225;
Rulemaking 规则制定:313,322
Fourteenth Amendment 第十四修正案:
另见 Bill of Rights 权利法案;
Constitution 宪法;
Equal protection 平等保护;
Generally:57-61;
Incorporation 整合:61-62,76,78,80

Fourth Amendment 第四修正案：
　另见 Bill of Rights 权利法案；
　Compulsory process 强制性程序；
　Constitution 宪法；
　Generally：66-70；
　Administrative subpoenas 行政传票：367；
　Judicial review 司法审查：66，208；
　Probable cause requirement 合理事由要求：70；
　Searches and inspections distinguished 调查和检查的区分：66-70，208，260；
　Welfare visit 福利家访：363
France 法国：5，164，201，250，381，483，523；
　Code Civile 民法典：475，483，521
Frankfurter，Felix 法兰克福特，菲利克斯：61，79，83
Freddie Mac 房地美：Federal Home Loan Mortgage Association 联邦住房抵押贷款协会
Freedom of Information Act《信息自由法》：
　另见 Office of Government Information Services 政府信息服务办公室；
　Generally：384-392；
　Department of Justice Guide 司法部指南：12；
　E-FOIA《电子信息自由法》：392-394；
　Exemptions 豁免：387-388；
　FOIA.gov 信息自由法网站：388；
　Government in the Sunshine Act compared 与《阳光下的政府法》比较：394-396；
　Interpretation 解释：388；
　OPEN FOIA Act of 2009 2009 年《开放的信息自由法》：385；
　Presidential attitudes 总统旨意：388；
　Promoted rulemaking records 促进规则制定的记录：321-322；
　Reverse FOIA action 反《信息自由法》诉讼：392；
　Vaughn index 沃恩指数：389
Friendly，Henry 弗兰德利，亨利：91，92，288，390
Fuller，Lon 富勒，朗：286
Fundamental rights 基本权利：
　另见 Bill of Rights 权利法案；
　Constitution 宪法；
　Substantive due process 实质性正当程序；
　Incorporation 整合：61-62，76，78，80；
　Unnamed rights 不成文的权利：26

G

General Accounting Office 审计总署：
　参见 Government Accountability Office 政府问责办公室
General Mining Law of 1874 1874 年《采矿法》：250，356，374
General Services Administration 总务管理局：251-252，298；
　Regulatory Information Service Center 规制信息服务中心：311
Germany 德国：Constitutional courts，compared 与宪法法院比较：51；
　Due process of lawmaking，compared 与立法的正当程序比较：5，261，299
Ginsburg，Ruth Bader 金斯伯格，鲁斯巴德：27
Gonzales，Alberto 冈萨雷斯，阿尔贝托：178
Good Guidance Practices 最佳指导实务：
　参见 Food and Drug Administration 食品和药品管理局；
　Soft law 软法
Gore，Al 戈尔，阿尔：153
Gorsuch，Anne 戈萨奇，安妮：177
Government Accountability Office 政府问责办公室：

Generally:122-123;
Comptroller General 审计总长:122-123,134-135,137;
History 历史:153;
Powerful overseer 有影响力的监督者:377
Government contracts 政府合同:Procurement 采购
Government employees' liability 政府雇员责任:413-414;
Defenses available 可获得的辩护:527,530
Government in the Sunshine《阳光下的政府法》:
Generally:394-396;
Independent commissions only 独立委员会:171;
Rulemaking impact 规则制定影响:318-319
Government Performance and Results Acts《政府绩效法》:342
Grain Inspection, Packers and Stockyards Administration 谷物检验、包装和畜牧场管理局:
参见 Agriculture, Department of 农业部下辖
Guidance:
参见 Soft law 软法

H

Habeas corpus, writ of 人身保护令:241,412,414,420,459
Hard look review 严格审查:
参见 Judicial review standards 司法审查标准;
Rulemaking 规则制定
Harlan, John Marshall 哈伦,约翰·马歇尔:417
Hazardous waste 有害废物:20,119,195,215,222,228,326
Health and Human Services, Department of 卫生与公众服务部下辖:
另见 Food and Drug Administration 食品和药品管理局;
National Institute of Occupational Safety and Health 全国职业安全和健康协会;
Social Security Administration 社会保障局;
Centers for Disease Control 疾病控制中心:310,376-377;
Disability grid 残疾人资格:360;
FOIA experience《信息自由法》实务,386;
Health, Education, and Welfare, Department of 健康、教育和福利部门:180,292,390,397;
National Institutes of Health 全国健康协会:253,376;
SSA made independent 独立行动的社会保障局:177,180
Health, Education, and Welfare, Department of 健康、教育和福利部门:
参见 Health and Human Services, Department of 卫生与公众服务部;
Secretary of 部属的
Holder, Eric 霍尔德,埃里克:297
Holmes, Oliver Wendell 霍姆斯,奥利弗·温德尔:162,308
Homeland Security, Department of 国土安全部:
Generally:240-243;
ADR:297;
Transportation Security Administration 交通安全管理局:242-243;
United States Citizenship and Immigration Services 美国公民和移民局:240;

United States Customs and Border Protection 美国海关和边境保护局：233，240；

United States Immigration and Customs Enforcement 美国移民和海关执法局：233，240

Housing and Urban Development, Department of 住房和城市发展部：173-174，233，292

I

Immigration 移民：239-242，352；
　Deportation 驱逐出境：239-241，414，419，425，460；
　Executive detention 行政拘留：241；
　Federal character 联邦特色：239-240

Immigration and Naturalization Service 移民归化局：31，152，414；
　另见 Homeland Security, Department of 国土安全部下辖

Impact analyses 影响分析：
　另见 Cost-benefit analysis 成本-效益分析；
　Environmental impact statement 环境影响评估；
　Paperwork Reduction Act《文书工作削减法》；
　Regulatory Flexibility Act《弹性规制法》；
　Risk Assessment 风险评估；
　　Scientific and technological determinations 科学和技术决策；
　Unfunded Mandates Reform Act《无资助委任改革法》；
　Contribution to "ossification" 促成"僵化"：234，323，343，418，507；
　Element of record 记录要件：342

Implied private right of action 隐含私权的诉讼：200，480-481，530

Incorporation by reference 参引整合：
　and harmonization 融合，247-250；
　and rulemaking review 规则制定审查，338；
　National Technology Transfer and Advancement Act《国家技术转让和促进法》，247-248；
　secret law 秘密法，347-349

Independent Counsel 独立法律顾问：
　另见 Take Care Clause 注意条款；
　Unitary Executive Theory 统一执行理论；138-139；
　Constitutionality 合宪性：139-140；
　Watergate 水门：385

Independent regulatory commissions 独立规制委员会：
　另见 Presidential control of administration 行政的总统控制；
　Removal from office 免职；
　Separation of Powers 分权；
　Generally：9-10，35-41，178-181；
　Application of executive orders 行政令的适用 144-147；
　Congressional oversight 国会监督 118；
　Government in the Sunshine Act《阳光下的政府法》：394-396；
　IRC within IRC precluded 在国内税务局职权范围内：31，140；
　Not a "Fourth branch" 非"第四部门"：39；
　Paperwork Reduction Act《文书工作削减法》364；
　Single-administrator agencies compared 与单一管理者行政机关比较：9-10，35-41

Industrial Standards 工业标准：
　另见 Incorporation by reference 参引整合：Building codes 建筑法典：228；
　Harmonization 融合：191，247-250，348；

Under copyright 根据版权:189,191,347-349;
Use as guidance 用作指南:339,348
Inquiry into mental processes 心理过程的调查:394,508-509
Inquisitorial model of adjudication 纠问式裁决模式:206,258;
另见 Adversarial model of adjudication 对抗式裁决模式;
Polycentric model of adjudication 多中心裁决模式
Inspection:
另见 Compulsory process 强制性程序;
Fourth amendment 第四修正案;
Generally:66-70,361-364;
At the border 在边界:233,240,244,363;
Budget limitations 预算限制:362;
Expert consultants or police 专家咨询或者监管:197,362
Inspectors general 稽查总长:71,375,402;
Impact of report 报告的影响:378;
White House concerns 白宫关注点:378;
Institutional decision 组织决定:373-378
Interior, Department of 内政部:250-252,426,446,512;
Bureau of Indian Affairs 印第安人事务管理局:49,252,390;
Bureau of Land Management 土地管理局:251;
Bureau of Reclamation 复垦管理局:251;
National Park Service 国家公园管理局:250;
Secretary's discretion 部长的裁量,49-50.
Internal Revenue Service 国内税务局:
另见 Treasury, Department of the 财政部下辖:232-233,490;
Impact of budget cuts 削减预算的影响:115,363;

Interpretive rules of 解释性规则:304;
Standing to challenge rulings of 挑战裁定的起诉资格 437
Internal agency review 行政机关内部审查:200-201
International Standards Organization 国际标准化组织:191,248,347
International Trade Administration 国际贸易组织:参见 Commerce Department of 商务部下辖
Internet use and resources 互联网使用和资源:
另见 Disclosure as regulation 作为规章的披露;
E-governance 电子政府;
Electronic Freedom of Information Act《电子信息自由法》;
Regulations.gov 规章的政府网站;
Rulemaking 规则制定;
Transparency 透明度;
Generally:400-401;
OIRA rosters 信息与规制事务办公室名册:365;
Regulatory agenda 规制议程,145;
Resources 资源:12-13;
Soft law 软法:304,353,393;
Interpretive rules 解释性规则:
参见 Soft law 软法
Interstate Commerce Commission 州际商业委员会:14,39,178-179,449
Intervention 干涉:
另见 Public interest litigation 公益诉讼;
Generally:293-296;
judicial "standing" differs 不同的司法"起诉资格",296;
Supreme Court resistance 最高法院抵制:409-410,430-437
Inverse condemnation 逆向征收:

参见 Takings

Investigation 征收调查：

　参见 Compulsory process 强制性程序；Inspection 检查

J

Jackson, Robert 杰克逊，罗伯特：202,259

Johnson, Andrew 约翰逊，安德鲁：136-138

Judicial review 司法审查：

　另见 Discretion 裁量；

　Exhaustion of administrative remedies 行政救济穷尽；

　Final agency action 最终行政行为；

　Judicial review standards 司法审查标准；

　Mandamus 书面训令；

　Ripeness 成熟性；

　Standing 起诉资格；

　Statutory Interpretation 法律解释；

　Generally：409-454；

　Abstention 弃权：449；

　Agency non-acquiescence 行政机关的非默许 231,510；

　Allocation as organizing concept 作为组织概念的配置 439,456；

　Condition of valid delegation 有效授权的条件：421；

　Congressional controls 国会控制：420-421；

　Court-ordered or statutory deadlines 法院命令或者法定的最后期限 146,349-352；

　Declaratory Judgment Act《宣告式裁判法》：414；

　Declaratory judgment analogy 宣告式裁判分析：417-419；

　Department of Justice control 司法部控制：198-199；

　Enforcement decisions 执法决定 291-293；

Explicit preclusion 明确排除 419-423；

Failure to act 行为缺失：350,444；

Freedom of Information Act《信息自由法》：385,435；

Geographical effects 地理效果：231,499-500；

Implicit preclusion 暗示的排除：423-424；

Interlocutory matters 中间事项：440-441；

Limited to official reasons given 对行政说理的限制：283；

Matters committed to agency discretion 行政机关行使裁量权的事项：424-427；

No law to apply 无法可依：49,129,426；

Pre-enforcement review 先予执行审查：309,418；

Preliminary relief 初步救济 450-451；

Presumption of reviewability 可审查性假定：416-419；

Primary jurisdiction 优先管辖权：449-450；

Remand without vacatur 无取消诉讼令的撤回：452；

Remedies 救济 451-453；

Rulemaking petition 规则制定的请愿：426,512；

Soft law 软法：354；

Single judicial hierarchy 单一司法层级：5；

Statutory and non-statutory review 法定和非法定审查：411-416；

Statutes conferring 法律授予：411-412；

Threshold issues 门槛问题：427；

Tort action as a form of review 作为审查形式的侵权诉讼：521-531；

Unreasonable delay 不合理的推迟：350,444

Judicial review standards 司法审查标准：

　另见 Findings of fact 事实认定；

Deference 尊重；
Discretion 裁量；
Freedom of Information Act《信息自由法》；
Inquiry into mental processes 心理过程的调查；
Rulemaking 规则制定；
Soft law 软法；
Statutory interpretation 法律解释；
Arbitrary, capricious as factual standard 作为事实标准的专断和反复无常：469-471；
Arbitrary, capricious in exercising judgment or discretion 在运用判断或者裁量上的专断和反复无常 502-509；
Consistency 一致性：506-512；
Constitutional facts 宪法事实，420；
 De novo review 重新审查：385，461，463-464；
 Distinguishing "arbitrary, capricious" and "substantial evidence" 区分"专断和反复无常"和"实质性证据"：462-464；
 "Hard look" review 严格审查：309，312-314，329，469，512-514；
 Interpretation of regulations 解释规章：501-502；
 Procedural choices 程序选择：313，327-329；
 Relevance of political oversight 政治监督的相关情况：330-332；
Questions of fact 事实问题 462-471；
Questions of law 法律问题：490-502；
Role of ALJ judgment 行政法官作出裁判的角色：467-468；
Substantial evidence 实质性证据 464-469；
 Unreasonable delay 不合理的推迟：514-515；

Use of relevant factors 运用相关因素：291，313，504
Judiciary Act of 1789 1789 年的《司法法》：43
Juries 陪审团：55，62，169，278，280，464-468，521，529；
 Constitutional right 宪法权利：61，62，157
Just compensation 合理补偿：
 参见 Takings 征收
Justice, Department of 司法部：
 另见 Attorney General 检察总长；
 FOIA Administration《信息自由法》行政执法；
 Independent Counsel 独立法律顾问；
 Solicitor General 副司法部长：Generally：196-199，267；
 Antitrust Division 反垄断部门：35，180，211，387；
 Board of Immigration Appeals 移民申诉委员会 240；
 Bureau of Prisons 监狱管理局：152，236；
 Civil Division 民权司 198；
 Drug Enforcement Administration 药品执法局：296，436；
 Executive Office of Immigration Review 移民审查行政办公室：240；
 Federal Bureau of Investigation 联邦调查局：71，152，196，383；
 Office of Legal Counsel 法律顾问办公室 177，198，292；
subpoena enforcement 传票执行：368

K

Kagan, Elena 卡根，埃琳娜：145
Katzmann, Robert 卡茨曼，罗伯特：108，472
Kennedy, Anthony 肯尼迪，安东尼：434，435，437，438
Kennedy, John F. 肯尼迪，约翰•F.；373

索引 575

Korean War 朝鲜战争:46,149

L

Labor, Department of 劳工部:
  另见 Occupational Safety and Health Administration 职业安全和健康管理局;217,229;
  Office of Workers' Compensation Programs 工人补偿计划办公室:279,329,463,477;
  Secretary of 部属的;132,289,291,350;
  Supervised union elections 受监督的联合选举,291;
  Wage and Hour Division 薪资和工时司:355,442

Labor regulation 劳工关系:
  另见 Federal Labor Relations Authority 联邦劳工关系部门;
  Labor, Department of 劳工部下辖;
  National Labor Relations Board 国家劳工关系委员会;
  Occupational Safety and Health Administration 职业安全和健康管理局;
  Economic conditions of labor 劳动的经济条件;217-218;
  Unemployment compensation 失业补偿;217,229,360;
  Wage and hour regulations 薪资和工时规章;132,355,442;
  Workers' compensation 工人赔偿 54-55,221

Legislative control of administration 行政的立法控制:
  另见 Appropriations 拨款;
  Congressional Review Act of 1996 1996年《国会审查法》;
  Delegation of legislative power 授予立法权;
  Government Accountability Office 政府问责办公室;
  Separation of Powers 分权;
  Agency participation in drafting legislation 在起草立法中行政机关的参与;486,489;
  Appointments 任命;31,36-38,102;
  Constituent representation 选民代表;104;
  Constitutional prohibition of executive function 执法职能的宪法禁止;31,135;
  Influence of legislative history 立法史的影响 471-473,484-487,489;
  Legislative veto precluded 被排除的立法否决;31,52;
  Ombudsmen 监察专员;104,298,401-403;
  On-the-record proceedings 基于记录的程序,381-382;
  Oversight hearings 监督听证会;118-121,332,378-382;
  Participation in removal impermissible 在未许可免职的参与;122,137;
  Requirement of statutory authority 法定职权的要求;44,298

Leventhal, Harold 利文撒尔，哈罗德:50,421

Librarian and Library of Congress 图书管理员和国会图书馆:
  参见 Congress 国会

Licensing(except professional licensing)许可(除职业许可以外):
  Generally:284-287, APA special treatment of initial licensing《联邦行政程序法》上对初步许可的特别处理:75-77, 206-207, 275-277;
  International trade 国际贸易;244;
  Intervention by opponents 反对者的介入,293-296;

Sanctions 制裁:287;
Use of soft law to elaborate standards 运用软法详细阐述标准:304,354
Lieber,Francis 利伯,弗朗西斯:482
Lisbon Treaty 里斯本条约:299
Lobbying 游说:
　Generally:116-118;150,272,307,331,338,366,399,489;
　Relationship to campaign finance 竞选财经关系:105,116;
　"Revolving door"旋转门:118,405;
　Lobbying Disclosure Act of 1995 1995年《游说披露法》:118
Locke,John 洛克,约翰:42-43,45

M

Madison,James 麦迪逊,詹姆斯:29
Magistrate judge 治安法官:70,169
Mandamus and Venue Act of 1962 1962年《书面训令和审判地法》:415
Mandamus,writ of 书面训令:414-415,451,457,514,518-519;
　Scope of review 审查范围:414-415
Marshall,Thurgood 马歇尔,瑟古德:292,477
Medicaid 医疗救助:21,229,235
Medicare 医疗保险:229,415,423
Merit Systems Protection Board 功绩制保护委员会:181,185-186
Mine Safety and Health Review Commission 采矿安全和健康审查委员会:186
Model State Administrative Procedure Act (Revised) 州行政程序示范法(修订):11,203-204,369-370
Motor vehicle safety 机动车安全:
　参见 Automotive safety 机动车安全

N

National Archives and Records Administration 国家档案和记录管理局:
　另见 Federal Register 联邦公报;
　Office of Government Information Services 政府信息服务办公室;298,348
National Association of Radiation Survivors 全国辐射幸存者协会:86,90,158,406,420,459
National Conference of Commissioners on Uniform State Laws 统一州法全国委员会:11,369
National Environmental Policy Act of 1969 1969年《国家环境政策法》:141,234,268,311,336
National Fire Protection Association 国家火灾防护协会:191,347
National Highway Transportation Safety Administration 全国高速公路交通安全管理局:
　Airbags 气囊:178,504-506;
　Birth of "hard look"严格审查的产生:320;
　Internet availability of General Counsel opinion letters 总法律顾问意见书的网上获取:393;
　Inspector General's report 稽查总长的报告:378
National Institutes of Health 全国健康协会:
　参见 Health and Human Services,Department of 卫生与公众服务部下辖
National Institute of Occupational Safety and Health 全国职业安全和健康协会:
　另见 Health and Human Services,Department of 卫生与公众服务部下辖;

索引

Occupational Safety and Health Administration 职业安全和健康管理局：226,310,360,376-377

National Institute of Standards and Technology 全国标准和技术协会：
 参见 Commerce, Department of 商务部下辖

National Labor Relations Act《国家劳工关系法》：445,492

National Labor Relations Board 国家劳工关系委员会：
 另见 Independent regulatory commissions 独立规制委员会；New Deal origin 源于新政：39,179；
 Responsibility to define "employee" 定义"雇员"的责任：491-492,495；
 Treatment of ALJ findings 对行政法官认定的处理：467-468，

National Maritime Commission 国家海事委员会：
 参见 Federal Maritime Commission 联邦海事委员会

National Park Service 国家公园管理局：
 参见 Interior, Department of 内政部下辖

National Passenger Railroad Corporation (AMTRAK) 全国旅客铁路运输公司：187-188,254-255；
 Appointments 任命：188；
 Non-delegation doctrine 不授权原则：23,40-41,45,47,136,187,255；
 Privatization 私有化：136

National Research Council 国家研究委员会：114

National Security Agency 国土安全行政机关：241

National Security Council 国土安全委员会：155

National Technology Transfer and Advancement Act《国家技术转让和促进法》：
 参见 Commerce, Department of 商务部下辖

National Traffic and Motor Vehicle Safety Act《国家交通和机动车安全法》：320

National Welfare Rights Organization 国家福利权利组织：194,294,406,437；
 Native Americans 美国原住民：20-22,49,142,145,250,252,269,297,342-343,390

Navy, Department of 海军部：172,388-389

Negotiated rulemaking 协商式规则制定：
 Generally：345-347；
 in Model State APA 州行政程序示范法：371

New Deal 新政：14,22,39,142,179,191,194,217,263,330

Nixon, Richard M. 尼克松，理查德·M.：126,143,299,504

Non-delegation doctrine 不授权原则：
 参见 Delegation of legislative power 授予立法权

North American Free Trade Agreement《北美自由贸易协定》：261

Nuclear Regulatory Commission 核规制委员会：
 另见 Independent regulatory commissions 独立规制委员会；
 Advisory Committee on Reactor Safeguards 核反应堆安全防护咨询委员会：377；
 Atomic Safety and Licensing Appeals Board 原子能安全和许可申诉委员会：280；
 Competitor intervention 竞争者介入，295；
 Discretion to set rule-making procedures 设定规则制定程序的裁量，326-329；

Health and safety regulator 负责健康和安全方面的规制者,220-227;

Impact of separation of functions constraints 职能分离影响的限制,282;

International responsibilities 国际责任:137,244;

Overseeing state regulation of nuclear medicine 对州核动力机械规章的监督:195

O

Obama,Barack H. 奥巴马,巴拉克·H.:

And Independent regulatory commissions 独立规制委员会:147;

Assumed responsible for agency actions 行政行为的假定责任:131-132;

Czars 高参:151;

Divided government 分裂的政府:102-103;

EO 12,866 changes 变化:153,271;

FOIA《信息自由法》:388,401;

Regulatory review 规制审查:339;

Transparency 透明度:334,365,401

Occupational Safety and Health Administration 职业安全和健康管理局:

另见 Labor,Department of 劳工部;

National Institute of Occupational Safety and Health 全国职业安全和健康协会;

Generally:223-226;

Benzene choice as regulatory target 作为规制目标的苯处理:307-308,377;

Budgetary constraints 预算限制:114,362;

Enforcement priorities 执法优选事项:352-353;

Injury database 损害数据库:366;

Inspections 检查:68-69,197;

Occupational Safety and Health Act《职业安全和健康法》:225,469;

Occupational Safety and Health Review Commission 职业安全和健康审查委员会:186-187;

State programs 州计划:195

Office of Advocacy 辩护办公室:

参见 Small Business Administration 小企业管理局

Office of Government Information Services 政府信息服务中心:

参见 National Archives and Records Administration 国家档案和记录管理局;298,384,402;

Ombuds function 监察职能:298,384

Office of Information and Regulatory Affairs 信息与规制事务办公室:

参见 Cost-benefit analysis 成本-效益分析;

Executive Office of the President 总统行政办公室;

Office of Management and Budget 管理与预算办公室;

Paperwork Reduction Act《文书工作削减法》;

Presidential control of administration 行政的总统控制;

Regulatory Plan 规制计划;

Generally:154-155,270-272;

Agency avoidance 行政机关规避:344;

EO 12,866 第12866号行政令:144-148,150;

Impact of action 诉讼效果:333-334,351-352;

Lack of Transparency 缺乏透明度:334-335,337-338;

Lobbying 游说:272,338;

Predecessors 先驱:143-144;

reginfo.gov 政府网址,12

Office of Legal Counsel 法律顾问办公室，参见 Justice, Department of 司法部下辖

Office of Management and Budget 管理与预算办公室：
  另见 Executive Office of the President 总统行政办公室；

Office of Information and Regulatory Affairs 信息与规制事务办公室：
  Presidential control of administration 行政的总统控制；
  Generally: 153-155；
  Administration legislative proposals 行政的立法提议: 142-144, 485；
  Advisory committees 咨询委员会: 376；
  Agency watchdog 行政机关监督: 402；
  Appropriations 拨款: 113-114；
  Dispute resolution 争议解决: 146；
  Guidance respecting standards 有关标准的指引, 348

Office of Personnel Management 人力资源办公室: 181-182, 510

Office of Price Administration 价格管理办公室: 256；
  另见 Price controls 价格控制

Office of Science and Technology Policy 科学和技术政策办公室：
  参见 Executive Office of the President 总统行政办公室

Office of the United States Trade Representative 美国贸易代表办公室：
  参见 Executive Office of the President 总统的行政办公室

Office of Workers' Compensation Programs 工人赔偿项目办公室：
  Labor, Department of 劳工部下辖

Officers 官员：
  参见 Civil Service 公务

Ombudsmen 监察专员：

Generally: 401-403; 43, 104, 298, 384

Open government 开放政府：
  参见 Transparency 透明度

Opinion in Writing 书面意见: 33-34, 40, 124, 141-150

P

Paperwork Reduction Act of 1980：
  另见 Office of Information and Regulatory Affairs；
  Generally: 364-365; 70, 142, 267, 401；
  And Independent regulatory commissions 独立规制委员会: 171-172

Patent Court 专利法庭: 170

Patient Protection and Affordable Care Act 《患者保护和平价医疗法》: 21, 66, 195, 484, 500

Pension Benefit Guaranty Corporation 养老金福利担保公司: 274

Political question 政治问题: 129, 175

Politics, as source of democratic legitimacy 政治作为民主合法性的来源: 8-9, 201

Polycentric model of adjudication 多中心裁决模式: 286-287, 306, 331；
  另见 Adversarial model of adjudication 对抗式裁决模式；
  Inquisitorial model of adjudication 纠问式裁决模式

Positivist trap 实证主义陷阱: 84, 87, 239, 459

Posner, Richard 波斯纳, 理查德: 89

Postmaster General 邮政总长：
  参见 United States Postal Service 美国邮政局

Preclusion of judicial review 司法审查的排除：
  另见 Exhaustion of administrative reme-

dies 行政救济的穷尽；
Final agency Action 最终行政为；
Ripeness 成熟性；
Explicit statutory preclusion 明确的法定排除：419-423；
Implicit preclusion 暗示的排除：423-424
Preemption 优先购买权：19-20，246
Presidential control of administration 行政的总统控制：
　另见 Appropriations 拨款；
　Office of Information and Regulatory Affairs 信息与规制事务办公室；
　Office of Management and Budget 管理与预算办公室；
　Opinion in writing 书面意见；
　Paperwork Reduction Act《文书工作削减法》；
　Regulatory Plan 规制计划；
　Removal from office 免职；
　Rulemaking 规则制定；
　Unitary executive theory 统一执法理论；
　White House staff 白宫职员；
　President generally 总统：123-155；
　and Independent regulatory commissions 独立规制委员会：10，35，38-40，140，146-147，178-180，379；
　Article II authority：28，36-41，123-125，199，430；
　Avenue for private participation 私人参与的路径 272，338；
　Digital age impact on power 数字时代对权力的影响：400-401；
　Executive Order 12291 第12291号行政令：144；
　Executive Order 12498 第12498号行政令 183；
　Executive Order 12866 第12866号行政令：144-148；

Parliamentary democracy compared 与议会民主比较：5-6，8，10，103，118，259，401，474；
Political and law-constrained discretion 政治和法律限制的裁量：129-130，415
Price controls 价格控制：97，214，255-256，421，423
Prison Litigation Reform Act of 1996 1996年《监狱诉讼改革法》：238，445
Prisons 监狱：291；
　As custodial institution 监护组织：236-239；
　Due process considerations 正当程序的考虑：86，236，525；
　Privatization 私有化：192，236
Privacy legislation 隐私立法：
　参见 Federal Privacy Act 联邦《隐私法》
Privatization 私有化：93，136，192，236，248，448
Procurement 采购：
　另见 Court of Federal Claims 联邦索赔法院；
　Privatization 私有化；
　Generally beyond scope here 超越范围：204，252-253，517，531-532；
　Contract remedy as Due Process 通过正当程序的合同救济：85-86；
　Contractual remedy limited to money damages 限制于金钱损害赔偿的合同救济：520；
　Defense Department 国防部：174，531；
　Government Accountability Office role 政府问责办公室职能：123；
　Public Services 公务：234；
　Use of ADR 替代性纠纷解决的运用：298；
　Use of executive orders to regulate 运用行政令进行规制：148-149

Professions, regulation of 职业规章:
参见 Due process 正当程序; 188-191, 215-217;
Accountants 会计师: 38-39, 189;
Anti-trust considerations 反垄断考虑: 189;
Brokers 经纪人: 56-57, 189-191;
Non-delegation issue 不授权问题: 189;
Occupational licensing typically state law 州法上的职业许可: 11, 22, 75

Public choice theory 公共选择理论: 15, 43, 45, 105, 120, 475

Public Company Accounting Oversight Board 公众公司会计监督委员会:
另见 Securities and Exchange Commission 证券交易委员会; 31, 36, 38-40, 54, 128, 134, 140, 146, 178, 180, 189-190

Public contracts 公共契约:
参见 Procurement 采购

Public interest litigation 公益诉讼:
另见 Citizen participation 公众参与;
Intervention 介入;
Article II concerns 第二条关注点, 293, 410;
Fee-shifting statues 费用转移支付法律: 200, 406;
Public interest model and actors 公益模式和行为者: 89, 405-408;
Public interest theory 公益理论: 293-296;
Unrepresented interests 未代表的利益: 410

Public lands 公共土地:
Generally: 250-252; 220, 448;
Advisory committees 咨询委员会: 251, 399;
Grazing 牧场: 44, 220, 251-252;
Minerals 矿产: 96, 250-251, 254;

Water 水资源: 55, 176, 195, 210, 220, 223, 228, 251, 252, 460, 530

Public liability 公共责任:
参见 Federal Tort Claims Act《联邦侵权索赔法》;
Sovereign immunity 主权豁免

Public participation in administrative proceedings 行政程序中公众参与:
参见 Citizen participation 公众参与

Public utilities 公用事业:
Generally: 212-215; 11, 22, 24, 29, 193, 205, 207, 228, 254, 275, 299, 306

Q

Quayle, Dan 奎尔, 丹: 150, 152-153, 509

R

Ratemaking 规则制定:
另见 Common carriers 一般承运人;
Public utilities 公用事业;
Generally: 209-215;
APA procedures similar to licensing《联邦行政程序法》上类似于许可的程序: 75-76, 207, 265, 306-307

Reagan, Ronald W. 里根, 罗纳德·W.: 143-144, 146-147, 152, 155, 177, 183, 379, 504

Real I. D. Act of 2005 2005 年《真实身份法》: 241

Record on review 审查记录:
另见 Ex parte communications 单方面接触;
Contacts with President in Rulemaking 在规则制定中与总统的联系: 331-332;
Informal proceedings 非正式程序: 320;
Inquiry into mental processes 心理过程的调查: 394, 508-509;

Logging contacts in rulemaking 规则制定中的联系记录,326,331-332;
On-the-record adjudication 基于记录的裁决,278-281,467-469;
Rulemaking record 规则制定的记录,311,324-326,342,376
Regulations.gov 规章的政府网站:12;
electronic docket 电子记事表:325;
FDMS:271,400
Regulatory Accountability Act of 2015 2005年《规制责任法》:266
Regulatory Flexibility Act《弹性规制法》:
Generally:340-344,142,268,311;
Required impact statements 法定影响评估:142,268,311,340-344;
Role in notice-and-comment rulemaking 通告评议规则制定的功能:341
Regulatory Identification Number 规制识别码:310-311
Regulatory impact analysis 规制效果分析:
参见 Cost-benefit analysis 成本-效益分析
Regulatory Information Service Center 规制信息服务中心:
参见 General Services Administration 总务管理局
Regulatory plan 规制计划:
另见 Presidential control of administration 行政的总统控制;
Unified regulatory agenda 统一的规制议程:
Generally:144-145,Available 可获得的:12,310;
Creates pre-notice opportunity 创造预先通告的机会:270
Regulatory Policy Officers 规制政策官员:
另见 Presidential control of administration 行政的总统控制;270-271,374,376

Regulatory review 规制审查:339
Rehnquist,William 伦奎斯特,威廉:86,292
Religious Freedom Restoration Act of 1993 1993年《宗教自由重建法》:65-66
Removal from office 免职:
另见 Civil Service 公务,Presidential control of administration 行政的总统控制;
Separation of powers 分权;
Generally:133-140;
Congressional participation prohibited 被禁止的国会参与:122,137;
Double institutional layer of for cause protection prohibited 被禁止事由保护的两个组织层面:31,189-190;
"For cause" constraint "正当事由"的限制:9,31,137-140,148;
Independent regulatory commissions 独立规制委员会:9,39-40,137-140,178-181;
Social Security Administrator 社会保障管理者:177,228
Rent-seeking 寻租:94,109,210,213,215,245
Required forms and reports 法定形式和报告:
参见 Paperwork Reduction Act《文书工作削减法》
Research,federally funded 联邦资助的研究:121-122,234,300
Retroactive application 溯及性适用:
In adjudication 在裁决中:358-359;
Rulemaking as prospective 预期的规则制定:357,452
Ripeness 成熟性:
另见 Exhaustion of administrative remedies 行政救济的穷尽;
Final agency action 最终行政行为;
Generally: 446-449; 417, 428, 439-

440,452

Risk assessment 风险评估:

另见 Cost-benefit analysis 成本－效益分析;

Impact analyses 影响分析;

Scientific and technological determinations 科学和技术决策;

Generally:224-227;

Advisory bodies 咨询组织:310,377;

Complexity 复杂性:308;

Inevitable exercise of judgment 不可避免的判断运用:462;

Revealing data 披露数据:313;462,522-523

Roberts,John 罗伯特,约翰:21,396,500

Roosevelt,Franklin Delano 罗斯福,富兰克林·德拉诺:39,138,151,179

Ruckleshaus,William 拉克斯豪斯,威廉:177

Rulemaking(Notice and comment)规则制定(通告评议):

另见 Administrative Procedure Act《行政程序法》;

Choice between adjudication and rulemaking 在裁决和规则制定之间的选择;

Cost-benefit analysis 成本-效益分析;

Delegation of legislative power 授予立法权;

Impact analyses 影响分析;

Judicial review 司法审查;

Judicial review standards 司法审查标准;

Negotiated rulemaking 协商式规则制定;

Office of Information and Regulatory Affairs 信息与规制事务办公室;

Presidential control of administration 行政的总统控制;

Regulations.gov 规章政府网站;

Regulatory plan 规制计划;

Soft law 软法;

Unified regulatory agenda 统一规制议程;

Generally:298-356;

"Command and control" rules disfavored 不被支持的"命令与控制"规则:222-224;

"Concise general statement of basis and purpose" 对基础和目的作出简明扼要的陈述:302,312-313,320,329;

"Direct final" rules "直接的最终"规则:344-345;

"Due process" generally inapplicable 一般不可适用的"正当程序":260-263;

Failure of legislative analogy 立法缺失:308-309;

Formal rulemaking 正式的规则制定:306-307;

Good cause exemption 正当事由豁免:207,302-303,344;

"Hard look" review 严格审查:309,312-314,329,469,512-514;

Hybrid procedures 混合程序:307,327,403;

"Interim final" rules "临时的最终"规则:344-345;

"Logical outgrowth" 逻辑结果:312;

Notice and comment required 法定的通告评议:352-356;

Paper hearing 书面听证:319-320,323,326,328-329,333,513-514;

Petition for 请求:207,349-356,433,436;

Prospective nature 预期性:357,452;

Publication 出版:301-302;

Rulemaking record 规则制定记录:311,324-326,342,376;

Unorthodox rulemaking 非正统的规则制定:344-345

S

Scalia, Antonin 斯卡利亚，安东尼：47，53，54，199，402，530；
    Concurrence 同时发生，38，202；
    Textualism 文本主义：38，472，477，479；
    Lebron 勒布朗，40，187；
    Replacement 替代，102，103，352，Dissent 反对意见，139，202，498，499；
    FOIA《信息自由法》，387；
    Allentown Mack 艾伦顿·马克，470，471；
    Chevron 谢弗林，496-500；
    Overton Park 奥弗顿公园，506

Scientific and technological determinations 科学和技术决策：
    另见 Findings 认定；
    Impact analyses 影响分析；
    Risk assessment 风险评估；
    Generally：221-227；
    Advisory committees 咨询委员会 376-377，399；
    Complexity and necessity for judgment 判断的复杂性和必要性：285，308，317，322；
    Difficulties for judges 法官面临的困难：327，514；
    Discretionary function 裁量职能：522；
    Need for transparency 透明度的必要：333，335；
    Political interference 政治干预：132-133，225-226；335

Scope of judicial review 司法审查范围：
    参见 Judicial review standards 司法审查标准

Search 搜查：
    参见 Fourth Amendment 第四纠修正案

Securities and Exchange Commission 证券交易委员会：
    另见 Public Company Accounting Oversight Board 公众公司会计监督委员会；39-40 218-219；
    Aiding and abetting 帮助和教唆：480-481；
    Budget 预算：114；
    Chenery 切纳里：357-358；
    Mandatory rulemaking 强制性规则制定：349；
    Private remedy for regulatory violation 规制违法的私人救济：530；
    Rule-obstructing congressional rider 国会的规则阻止者：110-111

Selective Service 选择性服务：445

Self-regulatory organizations 自我规制的组织：190

Senior Executive Service 高阶管理职位：
    另见 Civil service 公务；
    Generally：181-182，37，134，185，375；
    Separation of functions 职能分离：另见 Ex parte communications 单方面接触；

Separation of powers 分权；
    Combinations of functions permitted 被允许的职能合并：20；
    Formal rulemaking 正式的规则制定：207，306；
    Licensing：206，285；
    Model state act 州示范法：369；
    On-the-record adjudication 基于记录的裁决：201，278-284，380-382；
    Rulemaking permits institutional decision 允许组织决定的规则制定：230，312，324-326；
    Separation of powers compared 与分权比较：32-41；
    Separation of powers 分权：另见 Congress 国会；

索引

Courts 法院；
Federalism 联邦主义；
Independent regulatory commissions 独立规制委员会；
President 总统；
Removal from office 免职；
Generally：7，28-57；
Aggrandizement 强化：29；
Appointments 任命：135；
Balance of power 权力平衡：18，29，126，427；
Checks and balances 制衡：30，32，104，126，144，183，337；
Civil service and 公务 182-184；
Congressional agencies 国会机构：123；
Encroachment 侵占：29；
Formalism/functionalism 形式主义/功能主义：40，480；
Independent regulatory commissions 独立规制委员会：184-186；
Mixed bodies 混合组织：187-192；
Separation of functions compared 与职能分离比较：32-41
Sherman Antitrust Act of 1890 1890年谢尔曼反垄断法：201，211，387，497
Skidmore weight Skidmore案权重：304，488，490，493，496-500，502；
另见 Deference 尊重
Small Business Administration 小企业管理局；
另见 Regulatory Flexibility Act《弹性规制法》：142；
Office of Advocacy 辩护办公室：341
Social security 社会保障：228-232，446；
另见 Due process 正当程序
Social Security Administration 社会保障局；
Generally：228-232；
Administrative Law Judge functions 行政法法官职能：185，229，258；
ALJ management issues 管理问题：279；
Appeals Council 申诉委员会：229，231，258，280；
Conflicting procedural models 冲突的程序模式：230；
Congressional inquiries 国会质询：120；
Creation 创制：177；
Disability insurance due process 残疾人保险正当程序：87-92；
Grid for disability insurance 残疾人保险资格：360；
Initial state administration 最初的州行政：80；
National coherence 国家的一致性：231
Soft law（"guidance"）软法（指引）：
Generally：8，207-208，303-305；
Benefits of 福利：354，376；
D.C. Circuit resistance 特区巡回法院抵制：352-356；
E-FOIA availability《电子信息自由法》的可得性：393；
Finality issues 最终性问题：442-443；
Influence on judicial review 司法审查的影响：497-499，501；
Internal law of administration 行政的国内法：374；
Interpretive rules 解释性规则：355-356，372；
Incentives to "promulgate mush" "混成一团的发布"的动机：355，501-502；
Model State Act treatment 州示范法处理：372；
Notice and comment distinguished 与通告评议区分：329，355-356；
Notice and comment required(not soft law) 法定的通告评议（非软法）：352-355；
Rule-making avoidance 规避规则制

定:345;
　Source in bureaus 在局处的资料:376;
　Use of industrial standards 运用工业标准:339,348
Solicitor General 副司法部长:49-50,182。198-199,267;
　Permission to appeal 允许上诉:50,198;
　Supreme Court advocacy 最高法院辩护:198-199,267
Sovereign immunity 主权豁免:20-21,102,194,267,398,413,416,517-530,535;
　Absolute immunity 绝对豁免:526-528;
　Discretionary function 裁量职能:522;
　Qualified immunity 有条件豁免:526-528;
　Waived by APA 被《联邦行政程序法》豁免:519-520;
　Waived by Civil Rights Act § 1983 被民权法 1983 节规定豁免:525-526;
　Waived by Federal Tort Claims Act《联邦侵权索赔法》豁免:521-525,528-529
Spending Clause 开支条款:
　参见 Federalism 联邦主义
Standards 标准:
　参见 Industrial standards 工业标准
Standing 起诉资格:
　另见 Citizen participation 公众参与, Intervention 介入;
　Public Interest Litigation 公益诉讼;
　Generally:429-439;
　　As Article II issue 第二条的问题:293,410;
　　Constitutional elements 宪法因素:156,429-430;
　"Informational" injury"信息"损害:435;
　"Injury in fact"事实损害:429-430,432-434,437,438;
　Participation at agency level distinguished 与行政机关层面的参与作比较:292,295-296,423,429;
　Procedural error/injury 程序错误或者损害:432-433,435-436;
　Prudential requirements 审慎要求:428-430,432,434;
　Redressability/remediation 可救济性/补救:429,432,437;
　Relationship to public participation:199,292,295,423,430-432;
　Required significant stake 法定重要的利害关系:429;
　Third party standing 第三人起诉资格:429;
　Traceability/causation 可追溯性/因果关系:429-430,432,437;
　"Zone of interests""利益区间":429,433-434
State administrative procedure 州行政程序:
　另见 Due Process 正当程序;
　Federalism 联邦主义;
　Professions,regulation of 职业规章;
　Constitutional due process controls 宪法上的正当程序控制:58-59,74;
　Little addressed 少有表述:11;
　Research resources 研究资源:14;
　Relation to federal programs 与联邦计划的关系:23,58-59,257;
　Revised Model State Administrative Procedure Act 修订的《州行政程序示范法》:288-289,369-372
State,Department of 国务院:172-174,240,381;
　Secretary of 部属的:139,387
Statutory interpretation 法律解释:
　Generally:471-502;
　另见 Constitutional avoidance 宪法规避;
　Agency level 行政机关层面:484-490;

American court practice 美国司法实务：471-484；

Dictionaries 词典：472,476-480,482,485；

"Elephants in mouseholes" 在老鼠洞里的大象：51,495；

Legal Process school 法律过程学派：475-477；

Legislative intent 立法意图：108,417,474-476,482-484；

"Plain meaning" 字面意义或者通义：472,479,482；

Purposivism 目的主义：108,472,475,477,482-484；

Relationship to common law 与普通法联系：201-202；

Textualism 文本主义：28,202,376,472,476-477,479-485,502

Steamboat Safety Act of 1852 1852年《汽轮安全法》：39,178

Substantial evidence 实质性证据：

参见 Judicial review standards 司法审查标准

Substantive Due Process 实质性正当程序：

另见 Fundamental Rights 基本权利；60-63,68,74,76,83,94,308,474

Subpoena 传票：

参见 Compulsory process 强制性程序

Sunstein, Cass 孙斯坦，科斯：147

Supremacy of federal law 联邦法至上：

参见 Preemption 优先购买权

Supreme Court 中国法院：

另见 Courts 法院；

Solicitor General 副司法部长；

Generally：159-165；

Apex of single judicial hierarchy 单一司法层级的顶端：5；

Case or controversy requirement 案件或者纠纷的要求：417,433,437-438；

Certiorari as discretionary jurisdiction 作为裁量性管辖的调卷令：159-160；

Impact of jurisdictional discretion on stare decisis 遵循先例的管辖权裁量的效果：162-163；

Importance of circuit court conflict 巡回法院冲突的重要性：511；

Limited control over administration 对行政的有限控制：160-161；

Selection of justices and politics 司法和政治的选择：163-164；

Stare decisis in statutory interpretation 在法律解释中的遵循先例：164-165；

Writ of certiorari 调卷令：159

Sweden 瑞典：69,197,363；

Administrative enforcement, compared 与行政执法比较：69

T

Take Care Clause 注意条款：

参见 Presidential control of administration 行政的总统控制；

Unitary executive theory 统一执法理论

Takings 征收：57,95,97,521；

As substantive due process concern 实质性正当程序的关注点：94-97；

Fifth Amendment 第五修正案：57,94；

Inverse condemnation 逆向征收：95-96；

Regulatory takings 规制性征收：95

Tax Court 税务法庭：36-38,170,232

Telecommunications 通信：

参见 Federal Communications Commission 联邦通信委员会

Tennessee Valley Authority 田纳西流域管理局：191,234,254,494

Tenure of Office Act《官职任期法》：136

Thomas, Clarence 托马斯，克拉伦斯：23,

45,47,61
Tort action as a form of review 作为审查形式的侵权诉讼：
 另见 Citizen participation 公众参与；
 Civil Rights Act Section 1983 民权法第1983节；
 Federal Tort Claims Act《联邦侵权索赔法》；
 Sovereign Immunity 主权豁免；
 Generally：521-530；Against government officials 起诉政府官员：524-529；
 Constitutional tort 宪法侵权：201,526,528-529；
 Discretionary function exemption 裁量职能排除：522-523；
 Qualified privilege or absolute immunity 有条件特权或者绝对豁免：526-528；
 Regulation as a substitute for tort liability 在侵权责任上作为替代的规章：19,220-221；
 Relation to ordinary judicial review 与一般司法审查相联系：55,434,456；
 Substitution of federal agencies for their employees 为其雇员替代联邦机构：521-524
Toxic chemicals 有害化学品：
 另见 Environmental Protection Agency 环保机关，Occupational Safety and Health Authority 职业安全和健康管理局；
 Generally：220-226；
 Internet disclosure of toxic releases 有害排放的网上披露：365-366；
 Modeling impact 建模效果：323
Trade 贸易：244-247；
 Customs 海关：175,233,240,244-245,362-364,497,498；
 Duties 关税：232,244,498；
 Export controls 出口控制：137,244；

 Harmonization 融合：243,245,247-249；
 Tariffs 关税：233,497
Trade press 贸易新闻：403-405
Transatlantic Trade and Investment Partnership 跨大西洋贸易与投资伙伴关系：249
Transparency 透明度：
 另见 Electronic Freedom of Information Act《电子信息自由法》；
 Freedom of Information Act《信息自由法》；
 Government in the Sunshine Act《阳光下的政府法》；
 Incorporation by reference 参引整合；
 Office of Information and Regulatory Affairs 信息与规制事务办公室；
 Regulations.gov 规章政府网站；
 And opacity 不透明：333；
 Congressional requirement of impact analyses 影响分析的国会要求：144；
 Impact of open government 开放政府的影响：317-319；
 Open Government Directive 开放政府指示：365,401；
 Openness Promotes Effectiveness in our National Government Act 在国家政府法中公开促进了有效性：384
 Presidential practices 总统实务：333-334；
 Unkept promises 未兑现的承诺：144,146,150
Transportation, Department of 交通部：
 另见 National Highway Transportation Safety Administration 全国高速公路交通安全管理局；
 Federal-state regulation of hazardous materials transportation 有害物质运输的联邦与州的规制：194-195,215；
 Federal Aviation Administration 联邦航空管理局：36,175,178,247,355,398,520,522,524；

Highway planning 高速公路计划:174,320-322;

Important safety regulator 重要的安全规制者:178;

Presidential rulemaking interventions 总统对规则制定的介入:126,334

Transportation Security Administration 交通安全管理局:

参见 Homeland Security, Department of 国土安全部 treasury, Department of the 财政部:

另见 Internal Revenue Service 国内税务局; 10,113,115,153,172-173,175,180,190,232,363,392,398;

Comptroller of the Currency 货币监理官:218,506-507;

Financial Stability Oversight Council 金融稳定监管委员会:219;

Secretary of 部属的:219

Truman, Harry S. 杜鲁门,哈利 S.:46,134,149,384

Tucker Act 塔克法案:520

Twenty-Fifth Amendmen 第二十五修正案:123-124

U

Unemployment compensation 失业补偿:

参见 Labor regulation 劳工关系

Unfunded Mandates Reform Act of 1995 1995年《无资助委任改革法》:20,142,268,340-344

Unified Regulatory Agenda 统一规制议程:145,207,268,301,310-311,341;

参见 Regulatory plan 规制计划

Unitary Executive theory 统一执法理论:28-29,33,124,127,131,137,149,152,172

United Kingdom 英国:10,409;

Lack of specialized administrative courts, compared 与缺乏专门的行政法院比较:409

United Nations 联合国:245-246,389;

Food and Agriculture Organization 粮食和农业组织:247

United States Army Corps of Engineers 美国陆军工程兵团:123,252

United States Attorney's Office 美国律师办公室:196,198

United States Citizenship and Immigration Services 美国公民和移民管理局:

参见 Homeland Security, Department of 国土安全部

United States Courts of Appeals 美国上诉法院:

Generally:165-169;

Circuit split 分开的巡回法院:66,159,263,304,359,391,452,510-512,530;

Emergency court of appeals 紧急上诉法庭:256;

En banc review 全体出庭的审查:167;

Geographic nature 地理性:159-160,165-168,231,411,487,490,511;

Precedent 先例:159,167-168;

Review of special courts 特别法庭的审查:170;

Special role of District of Columbia Circuit 哥伦比亚特区巡回法院的特别功能:168,412,422;

Uniformity interest 一致性利益:160-161,169,231,327-328,487,490,510-511,514,530

United States Customs and Border Protection 美国海关和边境保护局:

参见 Homeland Security, Department of 国土安全部

United States Forest Service 美国林业局：
  参见 Agriculture, Department of 农业部下辖
United States Immigration and Customs Enforcement 美国移民和海关执法局：
  参见 Homeland Security, Department of 国土安全部下辖
United States International Trade Commission 美国国际贸易委员会：244
United States Postal Service 美国邮政局：188, 191, 254, 386；
  Postmaster General 邮政总长：137, 191
Uruguay Round 乌拉圭回合：246

V

Veterans 退伍军人：90-91, 197, 250, 355, 420, 459, 501
Veterans Affairs, Department of 退伍军人事务部：173；
  Veterans' Administration 退伍军人管理局：420, 422, 459
Vice President 副总统：
  另见 Twenty-fifth Amendment 第二十五修正案；4, 123-124, 146；
  Growing responsibilities for overseeing domestic regulation 不断增长的监督国内规章的责任：127, 152-153；
  Executive Order 12,866 第12866号行政令：150, 153；
  Separation of powers considerations 分权考量：152
Volpe, John 沃尔普, 约翰：126

W

Wage and Hour Division 薪资和工时司：
  参见 Labor, Department of 劳工部下辖
Wald, Patricia 瓦尔德, 帕特里夏：331, 333, 337-338
Warrant 确保：
  参见 Fourth Amendment 第四修正案
Watergate 水门：
  参见 Independent counsel 独立法律顾问
Welfare administration 福利行政：
  参见 Due process 正当程序；Federalism; Social Security Administration 社会保障局；
  Generally：228-232；
  Federal reliance on Spending Clause to support state programs 联邦根据开支条款对州计划予以支持：20, 194；
  Housing programs 住房计划：235；
  Initial state administration 最初的州行政：80-82, 193；
  Food stamps 食品券：229-230, 288
White, Byron 怀特, 拜伦：28, 138, 157
White House Counsel 白宫法律顾问：152
White House staff 白宫职员：
  参见 Executive office of the President 总统行政办公室
Wikipedia 维基百科：401
Workers' compensation 工人赔偿：
  参见 Labor regulation 劳工关系
Workplace safety and health 工作场所安全和健康：Occupational Safety and Health Administration 职业安全和健康管理局
World Trade Organization 世界贸易组织：246-247, 249, 531

图书在版编目(CIP)数据

美国的行政司法/(美)皮特·L.施特劳斯著;徐晨译.
—北京:商务印书馆,2021
ISBN 978-7-100-17623-1

Ⅰ.①美… Ⅱ.①皮…②徐… Ⅲ.①行政法—美国 Ⅳ.①D971.221

中国版本图书馆CIP数据核字(2021)第044287号

权利保留,侵权必究。

美国的行政司法
〔美〕皮特·L.施特劳斯 著
徐晨 译

商务印书馆出版
(北京王府井大街36号 邮政编码100710)
商务印书馆发行
北京艺辉伊航图文有限公司印刷
ISBN 978-7-100-17623-1

2021年4月第1版 开本710×1000 1/16
2021年4月北京第1次印刷 印张39½
定价:148.00元